대행스님 법어집

허공을 걷는 길

표지 題字 : 대행 스님
게송 서체 : 한마음체 (대행 스님 친필)

너와 나와 이미 죽으니
이름 없는 이름이여
너와 나와 함께 죽으니
이름 없는 이름이여
자타가 둘 아니게 더불어 나투니
이름 없는 이름이여
안과 밖이 없이 텅 비어 고요하니
둘 아닌 둘의 이름 없는 이름이여
이름조차 없는 그 이름이여

1998년 6월 14일 뉴욕 대법회에서 읊으심

허공을 걷는 길

대행스님 법어집

허공을 걷는 길

국외지원법회 1

엮은이 / (재) 한마음선원 출판부
펴낸이 / (재) 한마음선원
펴낸데 / (재) 한마음선원 출판부

1판 1쇄 2011년 3월 20일
3쇄 2015년 5월 9일

출판등록 2000.12.15. 제 2000-16호
430-040 경기도 안양시 만안구 석수동 101-62
전화 (031)470-3100 팩스 (031)470-3116
http://www.hanmaum.org/

값 30,000원

ISBN 978-89-91532-09-0
ISBN 89-950859-0-8 (셋트)

대행스님 법어집

허공을 걷는 길

국외지원법회 1

대한불교조계종
한마음선원

발간사

부처님의 가르침은 모든 중생을 열반의 저 언덕에 이르게 하는 지혜의 뗏목이며 삼계에 비할 바 없는 보배이다. 여기에 실린 대행 스님의 말씀 또한 보배이니, 마음을 열고 이 법어를 읽을 때 걸림 없는 지혜와 다함 없는 공덕을 얻게 될 것이다.

스님께서 늘 강조하시는 생활과 불법이 둘 아닌 도리는, 하루하루의 삶 그대로가 불법에 어긋나지 않는 한마음의 묘리 바로 그것이다. 그러나 현대 과학 문명은 이러한 마음의 도리를 도외시한 나머지, 생명의 경시는 물론 자연환경의 파괴와 같은 재앙을 자초하고 있다.

스님의 가르침은 정신과 물질, 인간과 자연 그리고 종교와 과학이 조화를 이루며 발전하는 새 시대의 길을 일러 주신다. 이 전집 또한 그 길을 열어 보이고 있으니, 한마음으로 읽어 가다 보면 끝내 나와 너 또는 나와 대상이 하나를 이루어 무엇을 하든 걸림이 없는 경지를 체득하게 될 것이다.

스님의 법어는 화려하지는 않지만 깊고 그윽하다. 물이나 공기가 그러한 것처럼 누구에게든 차별을 두지 않으므로 마시고 호흡하는 데 조금의 어려움도 없다. 아무쪼록 이 법어집과 인연 닿는 모든 사람들이 고(苦)에서 벗어나 널리 세상을 이롭게 하는 자유인이 되기를 간절히 발원하는 바이다.

불기 2555년 3월

서혜원 합장

국외지원법회분 출간에 부쳐

대행 스님 법어 전집『허공을 걷는 길』의 네 번째 기획물인 국외지원법회분이 출간되었습니다.『허공을 걷는 길』 국외지원법회분은 1987년 산호세지원 개원 법회를 시작으로 2001년 독일 법회에 이르기까지 국외 지원들의 개원과 이운, 법당 준공 등 지원에서 주최한 법회와 신도들과의 담선법회, 외부 단체가 주관한 초청법회, 언론 매체들과의 대담 등으로 구성되어 있습니다.

국외 포교의 장이 일천했던 시기에 법회의 규모와 숫자에 상관없이 법을 구하는 자리라면 멀다 않고 법석을 펼치신 스님의 열정과 자비가 더욱 절실하게 느껴지는 국외지원법회분은 척박한 환경 속에서도 진리를 향한 뜨거운 법담들이 오가는 생생한 현장을 그대로 전해 주고 있는 귀중한 자료입니다.

앞서 발간된 정기법회 · 법형제법회 · 국내지원법회분과 마찬가지로 스님 특유의 어투와 법회의 현장감을 살리기 위해 독자들의 이해를 돕는 정도로 최소한의 편집 과정을 거쳤습니다.

법문 분류

초청법회의 경우, 외부 단체가 주관하여 스님을 초청한 법회와 지원이 생성되기 전 지역 불자들의 요청으로 개최된 법회를 초청법회로 분류하였습니다.

외래어 표기

본 법어집의 편집 원칙은 구어(口語)를 그대로 살리는 것이지만, 외래어에 대해서는 검색 등의 편의를 위해 현행 외래어 표기법을 따랐습니다.

한글 표기

표준어법상 일반 명사로서의 '님' 은 '임' 의 옛말이며 지금은 '임' 이 표준어지만 법문 중에 보편적으로 사용되고 있는 '님' 은 하늘님 · 주님 등과 연관되어 있어 '임' 을 사용할 경우 스님께서 말씀하시는 뜻과는 동떨어진 느낌을 주게 되므로 불가피하게 '님' 으로 통일하였습니다. (예: 님이시여, 님의 소식)

찾아보기

찾아보기에서는 법문 이해에 도움이 되는 비슷한 말과 준말은 같은 항목으로 분류하였으며 본문 중에 해당 단어가 없이 그 뜻만 실려있는 경우도 같은 항목으로 분류하였습니다. (예: 스님 · 승려, 신족통 · 신족)

일러두기

1. 대행 스님 법어집 발간 계획

한마음선원 출판부에서는 30여 년에 걸쳐 설하신 대행 스님의 방대한 육성법문을 문자화하여 보존하고, 앞으로 대행 스님의 가르침을 여러 형태의 책으로 발간함에 있어 그 바탕으로 삼고자 본 법어집을 발간하게 되었다. 전집의 형태로 엮은 본 법어집은 법회별로 묶어 전 27권으로 발간할 예정이며 완간 후의 법문이나 추후에 정리될 법문은 이어서 발행할 계획이다.

법어집의 발간 순서와 법회별 법문의 분량은 다음과 같다.

1)정기법회 4권 / 2)법형제법회 2권 / 3)국내지원법회 3권 / 4)국외지원법회 3권 / 5)일반법회 5권 / 6)특별법회 5권 / 7)담선법회 5권

* 권수나 발행 순서는 사정에 따라 달라질 수 있다.

2. 편집 원칙

본 법어집은 읽는 이로 하여금 마치 법회 현장에 있는 듯한 느낌이 들도록 육성법문 그대로를 문자화하는 것을 편집 원칙으로 삼았다. 이러한 원칙에 따라 스님께서 말씀하신 단어가 사전적인 의미와 달리 사용되었거나, 비유와 예화가 법문에 따라 조금씩 다른 경우도 그대로 두었다. 이에 대해 독자들은 사실에 대한 시비곡직보다는 스님께서 전하려 하신 참뜻을 마음으로 새기는 데 힘쓰기 바란다. 그러나 독자의 이해를 돕기 위해 법문의 본뜻에서 벗어나지 않는 최소한의 경우에 한하여 표준어법으로 바꾸는 작업을 하였다. 이는 문자가 지닌 표현의 한계에 따른 고육지책이었음을 미리 밝힌다.

또한 세간의 말로는 드러낼 수 없는 법의 세계를 표현하심에 있어 스님 특유의 조어(造語)를 사용하시는 경우도 있다. 이에 대해서는 차후에 만들어질 용어해설이나 색인 작업을 통해 그 뜻을 보다 명확히 할 것이다.

3. 법문 분류

법회의 형식, 시기, 대상, 목적 등에 따라 크게 일곱 가지로 분류하였다.

1) 정기법회: 1986년 8월 24일 이후부터 매월 셋째 주 일요일, 한마음선원 본원 법당에서 일반 신도들을 대상으로 한 정기적인 법회에서 설하신 법문

2) 법형제법회: 1990년 8월 5일 이후부터 매월 첫째 주 일요일, 한마음선원 본원 법당에서 법형제회의 거사들을 주 대상으로 한 정기적인 법회에서 설하신 법문

3) 국내지원법회: 1987년 6월 9일 이후부터 국내 지원이 주최하여 열린 공식적인 법회에서 설하신 법문 (법당 준공 및 이운식과 관련된 법회 포함)

4) 국외지원법회: 1987년 5월 24일 이후부터 국외 지원이 주최한 공식적인 법회에서 설하신 법문 (법당 준공 및 이운 법회, 담선법회, 외부 단체가 주관한 초청법회, 방송 대담 등 국외에서 설하신 모든 법문 포함)

5) 일반법회: 1982년 10월 17일 이후부터 정기법회나 법형제법회가 정례화되기 이전에 가졌던 법회로, 형식이 그에 준하는 법회에서 설하신 법문 (신행회 창립법회, 신행회 초청법회, 금요친견법회 포함)

6) 특별법회: 1982년 10월 17일 이후부터 열린 행사법회, 초청법회, 특별법회 또는 대담 형식의 법회에서 설하신 법문

7) 담선법회: 1982년 10월 17일 이후부터 열린 소집단과의 비교적 자유로운 토론과 질문 형식으로 이루어진 법회에서 설하신 법문

4. 법어집의 활용

본 법어집 27권은 대행 스님 법문의 원전 역할을 하게 되며, 이후에 발간되는 스님 법문과 관련된 모든 서적과 외국어 번역본, 그리고 법문의 데이터베이스화와 인터넷상에서 대행 스님 법문을 활용할 때 그 근거가 된다.

이러한 이유로 각각의 법문을 그 형식과 시기에 따라 구분하고, 내용에 따라 단락을 나누어 어떠한 형태로 활용하더라도 그 내용의 근거를 쉽게 확인할 수 있도록 하였다.

차 례

국외지원법회 ①❷③

모두가 한마음 한 진리로 돌아간다 / 열반에 이르는 길 / 이렇게 만난 게 인연이다 / 생활을 자재로이 해 나가는 도리 / 자신의 영원한 친구 / 온 누리의 뜻이 같이 하는 오계 / 참 도심(道心)을 아는 길 / 부처와 중생은 항상 둘 아니게 돌아간다 / 삶 가운데 자유스러운 불의 번쩍임이 곧 불교다 / 마음의 도리를 배우는 까닭 / 자유스럽게 들이고 내는 그 마음이 곧 부처 / 선과 악을 다 놔야 대권을 얻을 수 있다 / 무심과 유심이 한데 합쳐 돌아가는 진리 / 만법을 들이고 내는 마음의 핵심 / 다 버리지 않는다면 다 얻을 수 없다 / 종교의 참뜻 / 일체 부처님이 한 찰나에 들고 나는 도리 / 한마음으로 사랑을 주고받는 진리 / 자신을 바로 볼 수 있어야 진짜 인간이다 / 한마음 주인공에 모두 맡기고 사는 것이 죽는 공부다 / 내 중심을 잡아야 바른 생활을 할 수 있다 / 두 팔을 벌리면 우주 천하가 다 내 품에 들어온다 / 우리는 진리 속에 있다 / 무한 능력은 우리들 속에 다 있다 / 정신세계로의 통로 / 마음 핵심, 한 점에 우주가 들썩거린다 / 마음공부를 해야 하는 이유 / 관하는 것은 자부처와 둘 아니게 설하는 법설이다 / 구경경지 / 진리를 모른다면 사람의 도리도 다할 수 없다

국외지원법회 ①②❸

믿음을 돈독히 하는 법 / 영원한 삶에 이르는 길 / 마음의 무명을 벗어야 한다 / 불바퀴를 넘나드는 도리 / 세상과 우주를 굴리는 진리 / 관법 / 마음의 문을 여는 제사(祭祀) / 한 찰나에 들고 나는 내 마음의 주처 / 불바퀴를 굴리는 마음의 핵심 / 높고 낮음이 없는 한마음 / 내 마음의 주인 / 실천궁행하는 것이 참선이다 / 정신계의 계발 / 마음은 고정된 게 없다 / 오계의 공덕 / 참자기 / 마음 한 점의 통신 / 일체가 다 내 몸 아님이 없다 / 내 마음의 뿌리를 믿어라 / 진리를 알아야 삶을 알 수 있다 / 주인공은 일체제불과의 통신처 / 오고 감이 없이 오고 가는 마음의 불빛 / 허공 가운데 핀 연꽃 / 일체 보살들이 응해 주시는 도량 / 무조건 믿어야 나를 발견할 수 있다 / 한마음의 음파 / 가정과 불법 수행 / 둘 아닌 자비의 행 / 지혜의 눈 / 각자 자성이 참스승이다 / 진리는 그대로 모두에게 이롭다 / 진리에 순응한다면 고는 없다 / 만불이 깨달아도 그 진리는 동일하다 / 일체 만물만생의 통신처 / 진실한 믿음 / 바깥으로 찾지 말고 안으로 찾아라 / 내 한생각이 그대로 법이다 / 허공에 두루 통하는 한생각 / 에너지 세상으로의 진화 / 한마음의 오계 / 체 없는 마음의 천도 / 보이지 않는 나와 하나가 되는 길 / 정신계의 자기를 믿고 찾아라 / 조건 없는 사랑이 참계율이다

국외지원법회 I

업을 지니지 않는 도리

산호세지원 개원법회

1987년 5월 24일

(입정을 시작하며) 마음을 한데 모아 탁 놓으시고선, 눈은 꽉 감지도 말고 뜨지도 말고…. (입정을 마치고)

한자리를 하게 된 것을 영광으로 생각하면서, OO선생님과 OO보살님이 이 자리를 마련해 주시고 여러 회장님들, 여러 신도 여러분이 한마음 한뜻으로서 이 지원을 만들어 주셨습니다. 그래서 오늘 이렇게 앉아서 여러분과 같이 토론 겸 또 설법이라기보다도 우리 생활에서 그 뜻을 한데 모아 한마음으로 돌아갈 수 있게끔 했으면 좋겠습니다.

우리가 지금 제일 시급한 것은 젊으나 늙으나 다 내 몸 하나를 끌고 가는 데에 역점을 둬야 한다는 것입니다. 내 몸을 어떻게 끌고 가느냐는 문제에 의해서 내 가정을 끌고 나가는 데에 문제점이 있고 사회, 아니 국가…. 우리는 국가를 등지고 온 게 아니라 내 마음속에 국가를 두면서 항상 여념이 없이 부지런하게, 뛰면서 생각하고 생각하면서 뛰는 이러한 것을 통해서 내 몸을 건강하게 이끌고 갈 수 있는 그런 능력을 길러야 한다는 문제가 있습니다. 또 그 반면에 아까도 얘기한 바와 마찬가지로 내 가정을 이끌고 가는 데는 내가 나를 알아야 끌고 갈 수 있는 그런 능력이 생긴다고 봅니다.

그러면 우리가 어떠한 여건에 의해서 이렇게 내 몸을 내가 이끌고 갈 수 있는 능력을 얻을 수 있나 이것을 말씀드리죠. 사람에게는 누구나가 부처님이 될 수 있는 여건이 80%, 90% 된다고 했습니다. 그런데 우리 자신이 그것을 활용을 못하고 항상 이 세상의 노예처럼 또는 습에 젖어서 살고 있습니다. 참선이라는 것은 여러분이 모두 큰스님한테 화두를 받아서 해야 한다고 하는데 난 그게 아닙니다. 그 화두 받는 것도 옛날입니다. 지금 우리는 시공이 없이 뛰어야 하고 시공이 없이 뛰면서 생각할 수 있는 그런 시대라고 봅니다. 그렇다면 우리가 지금 이 몸을 끌고 가는 데 그 몇 가지가 있지만 우선적으로 한 가지만 얘기하죠.

내가 나를 발견하는 데는 어떠한 점에서 발견을 할 수 있을까? 여러분이 예를 들어서 수억겁 광년 전서부터, 그럼 거기서부터 얘기하죠. 미생물로서 태어났다고 볼 때 그럼 그것이 모습을 바꿔 가면서 진화해서 바로 나투면서 화하는 것입니다. 그럼 어떻게 해서 그렇게 화하게 되느냐? 그 씨 심었으면 그 씨대로 또 태어나야 할 텐데 왜 그 씨대로 태어나질 않고 자꾸 모습이 바뀌느냐? 이런 문제입니다. 생명들은 즐거우나 고가 닥치나 항상 이런 것을 빠져나가려고 애쓰는 그런 능력이 스스로 주어져 있기 때문입니다. 쉽게 말해서 자기가 구덩이에 빠졌으면 반드시 나오려고 하는, 애를 쓰는 마음이 생긴다는 얘깁니다. 그러는 반면에 사람은 차원이 높아지고 바로 진화력을 갖게 되는 거죠, 진화력. 능력을 얻게 된다 이겁니다. 바꿀 수 있는 능력을 얻게 된다. 내가 구덩이에 빠졌다 할지라도 반드시 구멍을 찾아서 나올 수 있는 그런 여건을 찾는다 이 소립니다. 그 마음이 아주 자기를, 길을 인도하는 것입니다.

그 마음이 어디서부터 좇아 나오느냐 하는 문제입니다. 여러분의 영원한 생명에 의해서 마음은 바로 수천수만 가지로 낼 수 있다는 여건입니다. 그렇게 수천수만 가지의 마음을 낼 수 있는 여건이 되기 때문에 바로 차원이 높아질 수도 있고 차원이 낮아질 수도 있는 것입니다. 그래서 이 세상의 업보도 윤회도 인과응보도 거기서 모두 가져오는 거죠. 그렇다면 여러분이 이날까지 수억겁 광년을 거쳐 오면서 그렇게 쫓고 쫓기면서 그 치열한 싸움에, 치열한 개발에, 치열한 진리에 의해서 우리가 고등 동물로서 오기까지 얼마나 치열한 피를 흘렸겠습니까?

그런 반면에 우리는 그 잠재의식 속에, 카세트라고 표현합시다. 잠재의식 속의 그 카세트에 수억겁에 거쳐서 감기고 감기고 또 감기고, 그 얽히고설키고 한 업보와 또는 인과응보와 유전성과 모든 것이 거기 감겨 있는 것입니다. 그래서 팔자 운명은 여러분이 해 놓고 받는 거지 누가 갖다 주는 것도 아니고 뺏어 가는 것도 아닙니다. 자기 한 것만치입니다. 그렇다면 그 업보에 의해서 또는 인과응보 유전성에 의해서 병고도 가난도 모두 거기서 각본대로 나오는 것입니다. 연예인들이 감독한테 대사나 모든 걸 받아서 각본대로 영화를 하듯이.

그런데 불법에는 팔자 운명이 없다 이런 문제가 있습니다. 그건 왜? 지금 아까 내 몸 하나 끌고 가는 데도 그러한 여건이 주어져야만이 끌고 갈 수 있다는 얘깁니다. 그런다면 그 잠재의식 속에 얽히고설킨 그 자체를, 일차적으로는 그 모든 걸 녹여야 된다 이 소립니다. 녹일 때에 어떤 사람은 '그 모든 것을, 망상을 끊어라.' 이럽니다. 어떻게 끊어집니까, 그게? 끊어질 수 있겠습니까? 그것은, 즉 말하자면 바로 인과의 줄이, 어떻게 보이지 않는 줄이 끊어지겠습니까? 그러나 여러분이 그 망상이 있기 때문에 부처를 이룰 수 있다는 것을 생각하십시오. 망상은 끊는 게 아니라 녹이는 겁니다. 녹이는 게 아니라 둘이 아님을 알게끔 해 주는 것이 바로 녹이는 겁니다. 우리가 그 습을, 그 살아나오던 악하고 선한 습을, 거기서 각본대로 나오는 모든 걸 그 자리에다 다시 놓는다면, 맡겨 놓는다면 그대로 녹아 버리는 겁니다. 카세트에다 노래를 넣어 놓고 카세트에다 (녹음 안됨) … 한 것을 그대로 그것은 고마운 것이다. 나를 테스트하기 위해서 '모든 것은 여기에서, 잘못된 것도 여기에서 나를 다지고 테스트하기 위해서 나에게 잘못된 거를 주는 것이다.' 하고 맡겨 놓으면 그건 스스로 잘돼. 여러분이 그것을 지엄해서 실천적으로 생활에서 해 보신다면 그것이 납득이 될 겁니다. 이건 거짓이 아닙니다.

그렇게 하는 반면에 또 한 가지는, 우리 몸에 이런 게 있습니다. 간이나 위나 심장이나 콩팥이나 대장 소장이나 이자나 방광이나 어느 부분을 막론해 놓고 모든 생명들이 일차 이차 삼차 사차 오차까지, 뼈의 세포까지 생명체들이 전부 얼개미 같은 그런 법망을 쫓아다니면서 운행을 하고 있습니다. 여러분은 그거를 자세히 모르는 분들도 있고 아시는 분도 계시리라 믿습니다. 그러면 운행하는 그 생명들은 어디를 따르느냐? 내 한생각에 따르게 돼 있습니다. 그것은 바로 나이기 때문입니다. 바로 그것은 옛날의 태초의 내 모습이기 때문입니다. 그리고 내 마음이기 때문입니다. 그래서 한마음의 그 뜻, 한 점의 마음에 이 우주를 삼킬 수 있는 능력이 모두 여러분에게 주어져 있다는 그 사실을 아셔야 됩니다. 그렇기 때문에 그 한생각에 의해서 주인공에 감사하게 맡겨 놓고 안되는 거는 안되는 것대로 되게 하느라고 이렇게 다지기 위해서, 나를 가르치기 위해서 이렇게 끌고 가는 주인공을 참 감사하게 생각하면서 능력을 기르는 겁니다.

그런데 축이 있습니다, 축. 우주의 축이 있는가 하면 인간의 축도 있습니다. 이것이 바로 마음에서부터, 이 축에서부터 오관을 통해서 정신으로 가서 이 전체의 몸을 통하게 돼 있습니다. 그러니까 마음 한 점, 그 한 점에 달렸습니다. 여러분이 구덩이에 빠지느냐, 안 빠지느냐도 한 점 마음에 달려 있으니 이 생각 하나를 귀중하게 생각하십시오. 아무렇게나 생각해서 아무렇게나 던지고 자식들한테도 아무렇게나 욕을 하거나 부부지간에도 아무렇게나, 조금만 잘못해도 "저런 도둑놈 같으니…" 아, 이렇게 말을 마구 하거든요. 그 생각, 그 말 한마디가 얼마나 사람에게 중요한지 모릅니다. 그대로기 때문입니다. 그것이 금방 그 자리에서 닥치진 않아도 그냥 그대로 닥치기 때문입니다. 여러분은 그것을 소홀히 생각하고 방치해 두고 아무렇게나 살고 있는 분이 많이 계시리라고 믿고 또 그렇지 않은 분들도 많이 계시리라 봅니다. 그렇다면 그 한생각이 내 몸을 끌고 가는 데 역점이 되고 또는 운전수가 되고 또는 사공이 된다는 얘기죠. 그러면 나침반도 될 수 있죠.

그래서 그 축이 모든 거를 행해 나가는 데는 여러분이 용광로와 같다. 용광로와 같아서 잘못된 거, 잘된 거 모든 거를 거기다 맡겨 놓으면 그냥 녹아 버린다. 이런 인연줄이라는 게 그렇게 무서운 겁니다. 이열치열과 같이 뜨거운 물은 뜨거운 물이 녹인다는 문제가 있습니다. 그런 거와 마찬가지로 자기가 죄업을 스스로서 지은 거는 스스로서 그것을 녹여야지, 강제성을 띠어서 녹이는 것도 아니고, 칼로 끊어서 끊어지는 것도 아닙니다. 그러니 오늘 내가 말씀해 드릴 것은, 우리가 일차적으로 내 몸 하나 건강하게 끌고 다닐 수 있는 여건을 갖는다면 바로 가정을 끌고 갈 수도 있는 것입니다. 그건 왜냐?

아까 내가 죽이는 것도, 잘못된 것도 잘못된 것이 아니다 이렇게 얘기한 거에 대해 한마디 하고 넘어가겠습니다. 한 몇 해 전입니다. 어느 신도가 정성을 보름 동안 지극히 들였는데 말입니다, 남편이 승진을 하려고 정성을 들였는데 끄트머리에 뭐가 나왔냐 하면 승진이 안되고선 좌천이 됐습니다. 그러니까 그 신도가 그냥 울고불고 그래서 그랬습니다. "안되는 것도 법, 되는 것도 법이야." 그렇게 인제 쫓아 보냈죠. 그런데 서너 달 만에 와서 뭐라고 그러냐면 "참 감사합니다." 그러는 거예요. "왜 그러냐?" 그러니까 아빠 대신 다른 사람이 승진이 돼 가지고 월남에 갔다 이겁니다. 월남에 가서 해골로 왔습니다 이거야. 그러니 얼마나 감사합니까? 그 뒤에 아빠는 또 승진을 했습니다. "아이고, 감사합니다." 하고선 울기에 "그것 봐." 그러고선 난 아무 소리 안 했습니다. 사람이 지내 보고 겪어 보고 자기가 걸어 봐야 알아요.

모든 것을.

그러니까 우리가 그렇게 집념 있고 좀 인내 있게 기다리면서 지켜보면서 연구하면서 발전하면서 나가야지 그냥 절이나 하고 그냥 갖다 기도나 하고 그런다고 해서 되는 게 아니야. 이건 기복이야, 어디까지나. 자기를 떠나서 '신이여, 나를 도와주시오.' 관세음보살, 문수보살, 지장보살, 무슨 약사보살, 집신 무슨 조왕, 뭐 용왕 죄 찾고 그러는데 그게 아니라 사람이 고정관념이 없다 아까 그랬죠. 고정관념이 없기 때문에 고정 행도 없고, 보는 것도 고정된 게 없고 듣는 것도 고정된 게 없고 가고 오는 것도 고정된 게 없고 먹는 것도 고정됨이 없어. 그래서 이 '색즉시공 공즉시색' 한 것이 바로 그 뜻이야. '이것이 색이면서도 공했고 공이면서도 색이다. 너희가 보이면 보이는 그 물질이 다 공했느니라.' 이 소리거든. '너희 보이는 물질은 다 공했느니라.' 그렇게만 얘기해 놨지 자세히는 안 해 놨기 때문에 그냥 색즉시공 공즉시색 이렇게 외우기만 해. 공 즉 색이다 하는 것은 '보이는 게 전부 공해서 한 찰나에 고정됨이 없이 돌아가는데, 그 찰나찰나 돌아가는 것이 그대로 꽉 차서 돌아가느니라.' 하는 뜻입니다.

그러니 너희가 한 찰나에 돌아갈 때 내가 이렇게 돌아간다고 해서 한 찰나에 누구를 만났을 때 어떤 거를 할 때 내가 했다고 하겠느냐. 어떤 사람을 만났을 때 내가 만났다고 하겠느냐. 어떤 거를 들었을 때 내가 이렇게 들었노라고 말하겠느냐. 어떤 거를 봤을 때 내가 봤다고 하겠느냐. 이렇게 해서 모든 걸 귀합해서 바로 그것이 '나' 이자, '참나' 이자 바로 공했느니라, (몸을 가리키시며) 이것이. 탑돌이 하듯 노상 돌아가고 있어, 이게. 오관을 통해서 노상 돌아가고 있다 이 소리지. 그러니 이 돌아가는 것을 누가, 어느 누가 '내가 부처'라고 말하며 '내가 중생'이라고 말하겠습니까? 그렇기 때문에 부처 중생은 둘이 아니니라. 동서가 둘이 아닌데 어찌 남녀가 둘이겠는가. 마음은 체가 없어서 무한량인데 어찌 남녀를 구별해서 너는 성불하고 너는 성불 못하느니라 하겠느냐? 어린애가 코를 찔찔 흘리고 와도 그것이 바로 법담의 대상이요, 바로 스승의 대상이요, 일체 만물만생이 다 스승이며 중생이며 바로 부처 될 수 있는 그 생명을 가지고 있노라 했단 말입니다. 불성이 있으니까.

그러니 우리가 이 마음 자체를 깨닫는 데는 깨닫는다고 하지 말고 '아! 감흥이 됐어. 느꼈어.' 이러고, 이렇게 해서 깨달았다, 한 소식이다 이러는 거는 열반경지에까지 이르러서, 그릇이 다 비워졌을 때, 비고 나서 거기에 찰나찰나 내가 먹을 수 있고 줄 수 있고 맛을 알고 맛을 알게 해 주고 할 때 그것이 바로 열반의 경지라는 거야.

그러니 오늘날의 불교가 이렇게 기복으로만 나가기 때문에 자신을 알지 못하고 자신을 깨닫지 못하고 자신의 그 모든 일체 만법의 맛을 모르고 먹을 줄 모르고 줄 줄도 모르고 이거는 막막하기가 한량이 없어. 그러니 관절이 아프니 관절을 어떻게 처리해야만이 낫는지 그것도 모르고 누가 그러는지도 모르고 어디서 오는지도 모르고 어떻게 해야만 가는지도 모른다 이거야. 그럼 여러분이 죽는다 산다 이것이, 사후에 어떻게 되느냐? 이 문제들도 여간 참 문제점이 되는 게 아닙니다. 그런데 그 사후가 바로 지금이 있어야 사후가 있는 거지 지금 없는데 뭘, 뭘 가지고 말입니까?

어저께도 내가 얘기했지만 굼벵이가 매미가 될 수 있는 것은 그 근본 축이 있기 때문에 될 수 있다. 영원한 자기 생명이 있기 때문이다 이 소립니다. 그러면 대의적으로 봤을 때는 영원한 생명이 있기 때문에 매미가 될 수 있죠. 그런데 매미가 돼서도 스스로 돼 있기 때문에 자기 마음의 차원이 조금, '나는 왜 기어다니기만 할까, 왜 저렇게 날지 못할까?' 할 때 날게 될 수 있는 진화력이 생긴단 얘깁니다. 그래서 그렇게 됐건만도 굼벵이가 매미가 된 것도 모르고 매미가 굼벵이였다는 것도 모릅니다. 그렇기 때문에 이 병이 어디서 왔는지, 내가 이걸 어디로부터 어떻게 해야 처리가 되는지 그것조차도 여러분이 모른단 말입니다. 그러니 인생이 늙어 가면서 얼마나 허무합니까? 벌써 이 세상에 생겨났다 하면 뚜벅뚜벅 죽으러 가는 형편이니 얼마나 허무합니까, 인생이. 고생은 고생대로 죽도록 하고, 쳇바퀴처럼 말입니다. 돌아가면서 자식 기르느라고 햇빛 주랴, 묵은 빚 갚으랴, 이건 여념이 없이 그냥 돌고 돌고 또 돌고 돌다가 머리는 허옇게 세어지고 인제 수족은 못 쓰게 되니 얼마나 허무한 문제입니까? 그런데 허무하지 않다는 사실을 알려면 이 도리를 꼭 공부해야 합니다. 여러분은 늙으나 젊으나 이 몸이 있을 때 그 도리를 알아야 진화력이 생겨서 바로 화하게 되는 것입니다. 그래야 죽지 않는 도리를 알게 되고 끄달리지 않는 도리를 알게 되고 업을 지니지 않는 도리를 알게 되는 것입니다.

여러분은 만날 기복으로 그저 밥이나 해 놓고 떡이나 해 놓으면 부처가 잘 먹는 줄 알지만 여러분의 부처가 다 먹어치우고 가지 않습니까? 생각해 보십시오. 이 부처가 '더 가져 오너라, 덜 가져 오너라, 많이 가져 오너라, 맛있는 거 가져 오너라, 다 내가 먹겠다.' 이럽디까? 그러니 기독교나 가톨릭교나 불교나 기복으로 해서는 안 됩니다. 모두 말들은 좋지. "부처가 어디 있습니까?" "마음에 있습니다." 또 "하나님이 어디 있습니까?" "마음에 있죠." 이런 말들이야 뭐 누군 못합니까? 실천이 문제지. 그 근본의 실천이 문제라. 한 걸음 한 걸음 떼 놓을 때 공짜로 떼 놓지 말라 이겁니다. 말을 하면 그 뜻과 말과 행이 같아야 돼.

여러분이 따로따로 있지만 우리가 한번 이렇게 만날 때 여기 전부 앉아 있지만 둘이 아닙니다. 한마음입니다, 그대로. 그러나 여기서 나가서 헤어졌을 때는 너고 나입니다. 그래서 한 찰나에 이렇게 만나서 이럴 때는 원력이 있는 스님네라면 스님네한테 충전을 해 갑니다. 충전 있죠? 전기에 꽂아 놓으면 충전되듯이. 충전이 돼서 한 일주일 가면 또 충전이 빠져. 그럼 또 와야 돼. 그러니까 여러분이 자가발전소가 그대로 있으면서 가설이 된 데에 용도대로 자기가 스위치 눌러서 쓸 수 있는 그러한 여건의 능력을 기르시라 이 소립니다. 그것이 바로 자유인이요, 그것이 바로 자유인의 법칙이며, 그것이 부처며 그것이 보살의 행위며 그것이 진리 아니겠습니까? 부처는 가만히 있으면 부처고 생각냈다 하면 법이고 법신이고 아, 움죽거렸다 하면 화신인데 어째서 화신 따로 있고 법신 따로 있고 부처 따로 있고 아니, 중생이란 이름 따로 있고 그렇게 이름이 많아야 합니까? 그거는 우리가 한마음 한뜻으로서 조화를 이루려니까, 회전을 하려니까 이름을 지어 놓은 것뿐이에요.

여러분도 이름이 제각각이죠. 이름은 각각이나 그 이름이 해 줍니까? 이름은 우리가 어떠한 일을 할 때, 아무개야 부를 때 필요한 것이기 때문에 우리 인간이 이름을 지어 놓은 것뿐입니다. 그러니 이 능력에는 이름, 이런 것이 다 필요 없죠. 그러나 필요 없지 않다는 것은 그것도 하나도 버릴 게 없는 진리다 이겁니다. 그거 하나도 버릴 게 없다. 우리가 이름을 모르면 불러서 일을 시킬 수가 없고 이름을 불러서 서로 웃을 수가 없고 얘기할 수가 없고 조화를 이루지 못한다. 그러니 그 능력을 길러서 모든 걸 안다면 이 몸도 그냥 그대로 실상이 되는 것입니다. 실상이 된다 이겁니다. 오늘은 여기까지만 얘기해 드리려고 하는데 질문하십시오. 질문하신다면 또 답변을 해 드리죠.

이 비행기가 오나 안 오나, 그것도 걸리고 안 걸리고 이런 걸 다 조사하기 위해서 세워 놓은 안테나와 같은 이 머리가 오관을 통해서 전부 다섯 가지의 문제를 다 가지고 있는 것입니다. 그건 뭐냐? 첫째 천체영사기와 천체망원경, 천체라 그랬습니다. 그냥 보는 망원경이 아니라 마음속의 망원경 말입니다. 눈 아닌 눈, 눈뜬 사람의 눈 말입니다. 그래서 천체망원경, 그 다음에 숙명통, 저 컴퓨터 천체입니다, 이게. 그 안테나 하나에 다 걸린다, 여기 다 와서 통신이 된다 이 소립니다. 이게 안테나라면 말입니다, 머리라면. 망원경, 컴퓨터, 탐지기, 또 천체무전통신기, 또 가고 옴이 없는 신족, 즉 말하자면 그것을 무전통신기라고 보는데 이 모습 없는 모습들이 가고 오는 거, 이것은 신족통이라고 합니다. 이거와 더불어 모든 게 한데 합쳐서 천이통, 이것이 천체무전통신기라고 얘기했습니다. 이걸 다시 한 번 말하자면 천체망원경, 또 천이통, 천체무전통신기, 또 컴퓨터, 탐지기 또는 모습 없는 모습 즉 말하자면 책정기, 또 영사기, 즉 말하자면 영사기를 뭐라고 할까요? 신족통이라고 해도 됩니다. 이걸 비교해서 얘기하는 거니까. 그것은 스크린처럼 자꾸 돌아가는, 물체가 보이는 거를 말하는 거죠. 그러니까 물체 없는 물체가 오고 감이 없이 오고 가는 거를 말하는 겁니다, 신족통은.

그러니까 그 다섯 가지를 책정기가 모든 것을 오관을 통해서, 이게 안테나라면 전부 와 닿는 겁니다. 우주의 근본도 여기 와 같이 닿고, 인간들의 근본도 여기 와 같이 닿고, 또 물속의 생명들도 전부 여기 와 닿고, 무정물의 생명도, 식물의 생명도, 흙의 생명도, 물의 생명도, 허공의 생명도, 지수화풍의 생명들이 전부 여기 와서 닿는 것입니다. 그렇기 때문에 찰나찰나 용도에 따라서 그것을 쓰는 것입니다. 태풍이 왔다 하면 태풍이 온 대로 그것이 내가 된다면, 이게 내가 된다면 내가 나를 죽일 리가 없습니다. 이해가 갑니까? 이해가 갑니까, 안 갑니까? 안 가죠?

대중 가운데서 예.

큰스님 그렇죠. 그러니까 이 모두를 그렇게 해서 자유권을 얻으실 수 있게끔 하시려면 첫째 이게 문제입니다, 아까 얘기한 거. 모든 건 주인공을 믿고, 자기 참주인공을 믿고, 주인공이란 아까 쭈욱 얘기했죠. 주인공이란 꽉 찬 나라고. 이 안테나와 같다고요. 그러니까 그것을 믿고 거기에다 모든 것을 '안되는 것도 거기서밖에는 못해.' 하고 맡기고, 또 되는 거는 감사하게 거기다 생각하고 이렇게 나갈 수 있다면, 그러면서 그대로 부지런히 뛰면서 거기 생각하고 그런다면 앞으로 그런 여건이 머지않아서 주어질 거라고 봅니다. 자기를 꼭 반드시 찾게 됩니다. 그것은 찾는 게 아니라 발견하는 겁니다. 누구나가 다 있기 때문입니다.

그럼으로써 여러분이 병고에 휘달리는 것도 다 해결할 수 있고 또 "자빠져도 코가 깨져. 왜 이렇게 안돼?" 그러는 것도 해결할 수 있고요. 껄껄 웃으면서 '참 즐겁구나. 사람이 이렇게, 이렇게 즐거울 줄이야. 허무함이 없이 이렇게 즐거울 줄이야.' 이렇게 생각하고 갈 수 있는 그 느긋함, 원력, 그것이 한데 합쳐서 에너지로 화해서 누구든지 길을 가다가도 소가 죽어 갈 때 아프지 않고 죽어서 그 모습을 화하게 만드는 그런 여건이 주어집니다, 무명만 벗겨 주는. 이러한 능력을 여러분이 다 가질 수 있을 때 여러분이 보살이며 부처며 법신입니다. 그것을 여러분이 다 충만히 가지고 계시리라고 믿으면서, 앞으로 복수비잔가 뭔가 그것도 모릅니다만 그거를 내게 되면 수차 자주 올 겁니다. 알래스카에도 지원이 생겼습니다. 그러니까 우리가 자주 만날 것을 기약하면서 한마음으로 다지고 다져서 이 공부를 해 보십시오.

내가 어떤 때는 이러한 생각을 합니다. '야, 그 사람을 꼭 만나야만 내가 뭘 일러 줄 텐데 이걸 어떡하면 좋은가?' 하고선 생각을 합니다. 그러면 그 사람이 천리 밖에 나갔다가도, 그 사람은 그래도 이 안테나가 좀 움죽거리는 사람이니까 '아이고, 이거 스님이 부르시는구나!' 하고 빨리 옵니다. 얼마나 편리합니까? 우리가 전화가 있어도 전화번호를 모르면 못해. 그런데 하물며 이 사방을 다 통하는데 얼마나 좋습니까.

그래서 여러분에게 공부도 할 겸, 또 한 가지 부탁할 것은 여러분 가정에 화목을 가져 오는 데는 속이 상하는 일이 있고 여자가 잘못하든 남자가 잘못하든 어떠한 거를 무릅쓰고 '아! 주인공 당신밖에는 해결을 못할 거야.' 남편이 술을 아주 과하게 먹는다거나 또 안 들어온다거나 또는 성질이 이상해서 그렇다거나, 또 병이 들렸다거나 그래도 '당신밖에는 해결 못해. 당신이 해결할 수밖엔 없어.' 하고선 그냥 거기다 맡겨 놓고 말로는 좋게 해 드려요. 언제나 따뜻한 데 사람이 고이게 돼 있지 냉랭하고 추운 데 고이는 건 하나도 없어요. 여러분, 그 뜻을 아주 잘 짐작하세요. 언제나 사랑하면서 이 말로 좋게 얘길 해 주면, 아무리 속 썩이는 말을 하고 속 썩이는 일을 하고 들어왔다 할지라도 "여보, 당신 참 피로하지요." 하고서 좋게 얘기해 주고 (가슴을 짚으시며) 여기다가 하소를 하란 말이야. 그러면 가만히 생각하니까 자기가 무척 잘못하고 들어왔는데도 번연히 알면서도 좋게 말해 주거든. '이거, 이거 내가 자중할 수밖에 없어.' 한 번, 두 번, 세 번 이럭하다 보면 '아! 이거 안되겠구나.' 그때는 사랑이 하고 싶어져. 그래서 가정으로 따뜻한 데로, 피로하면 자꾸 따뜻한 데로 들어오게 돼 있어.

모두 여러분의 탓이지 누구의 탓도 아니에요. 나는 어떤 때는 그럽니다. 야, 네가 때에 따라서는 여자도 됐다가, 또 동생도 됐다가 누이동생도 되고 딸도 되고 어떤 땐 할머니도 되고, 어머니도 돼 드려라. 그렇게 안 하면 따뜻하질 못해서 때에 따라서 속상하면 나가게 돼 있어. 그런데 나갔다가도 들어오게 돼 있다 이거야. 속상하면 들어오게 돼 있어. 그러니 얼마나 가정이 화목해지고 좋을 수 있겠느냐. 사람이 화목하게 질서 있게 또는 능력 있게 자유스럽게 아주 사랑하면서, 진짜 이 도리를 알아야 사랑할 줄 아는 겁니다. 사랑을 하고 이렇게 살다 보면 거 참, 시간 가는 줄 몰라. 그런데 그렇질 못하면 만날 만나면 싸우고 눈 노리고 좋은 말 안 하고 이렇게 되니 가정이 뭐가 따뜻해. '아, 들어가면 또 그럴걸.' 하고 나가. 나가서 술 한 잔 먹고 이리저리 풀다가 들어오거든. 바깥에서 속상하는 일이 있으면 안에 와서 풀어야 할 텐데 그렇질 못하다 이거야. 여러분이, 남편은 아버지가 돼 줄 때가 있고 할아버지가 돼 줄 때가 있고 또 친구가 돼 줄 수 있고 때로는 남편이 되고 때로는 동생도 돼 봐라 이거야. 그러면 화목한 회전이 돼서 우리가 참, 단란한 가정을 이룰 수가 있지 않겠는가.

그러니 불법은, 불이라는 것은 생명을 말하고, 일체 모두 생명을 말하고 법이라는 것은 말씀을 말하는 겁니다. 불교나 불법이나. 그건 말씀을 말하는 겁니다, 좋은 말씀을. 그냥 말해서 떨어지는 거는 한데 떨어지는 말입니다. 그러니 불교라고 하면 가톨릭교나 기독교나 전부 그 안에 들어 있는 겁니다. 그건 진리니까. 불교 아닌 사람이 어디 있습니까? 생명 없고 마음낼 줄 모르는 사람이 어디 있습니까? 예? 그게 불교입니다. 그렇기 때문에 그대로 생활이에요. 여러분 몸뚱이가 화두요, 생활이 참선이요, 우리가 그대로 행하는 것이 전부 참선이자 진리자 생활입니다. 그러니 둘로 보지 마세요. 법당에 들어오면 벌써 저 부처님하고 내 형성된 이 몸뚱이하고 둘이 아니요, 그 부처님 마음하고 내 마음하고 둘이 아니요, 그 도리를 알게 되면, 둘이 아닌 도리를 알게 되면 저런 이파리하고도 말을 할 수 있는 겁니다. 그뿐입니까? 나라에 어떠한 문제가 생겼다 할지라도 저런 이파리 하나가 군사가 되는 것입니다. 헤아릴 수 없는 저 이파리 생명체, 저 이파리 하나하나가 다 군사가 돼서 나라를 보존할 수 있는 그러한 일이 있습니다.

예전에는 칼과 창과 활을 가지고 싸움터에 나가서 싸우고 호국불교를 한다고 몸뚱이가 나가서 했지만 지금 시대는 그렇질 않습니다. 앉아서 할 줄 알아야 하는 것입니다. 마음을 조절해야 싸움을 이기든지 말든지 하지 않습니까? 또 장사를 해도 그래요. 직원들의 마음을 헤아릴 줄 알아야 그리고 조절할 줄 알아야 그 회사를 잘 운영해 나가지. 나라뿐만 아니에요. 가정도 그렇습니다. 그럼 사회도 다 그렇죠. 상업을 해도 그렇고 공업을 해도 그렇고 모든 게 다 그렇죠. 무역을 해도 그렇고 말입니다. 그것도 상업이니까. 정치를 해도 그렇습니다. 그럼 국방부에서 군인들을, 육해공을 다 그냥 해결할 수 있는 겁니다.

그러니 우리가 실천이 없는 것을 거짓으로 그냥 말만 해 드리는 게 아니라는 것을 아주, 그 뭐라고 말할까요? 진심으로 내가 나를 발견하는 데 역점을 진실히 두십시오. 그럼 내가 말한 이 외의 것도 다 알게 되는 것입니다. '야, 이렇게 광대무변한 거 난 처음 봤어. 이 허공에도 생명들이 이렇게 우글거리는구나. 아하, 그렇기 때문에 비행기가 이렇게 그냥 못 뜨는구나.' 이런 것도 알게 되고 지리 혈맥도 알게 되고,

우리가 지리학이라고 하는 것도 진짜 지리학을 써 놓질 못하는 것입니다. 우리가 이 공부를 하면 지리학이라기보다도 이 지리 혈맥, 모든 청룡 황룡 백호, 이 전체를 알게 되는 것입니다.

여러분이 그 도리를, 나를 발견하십시오. '나'라 그런다고 또 '나를' 이러지 말고요. 여러분이 나입니다. 예수가 '나를 믿어라.' 이러니까 전부 자기 하나, 이걸 믿으라는 줄 알고 말입니다. '나' 하면 벌써 일체 한마음입니다. 그러니 이 벽을 치면 봇장이 울려야지. 나를 따르라 그랬지 '나' 한다고 나를 믿으라고 그런 것은 아니지 않습니까? 여러분이 같이 한 나지, 어째서 개별적인 나입니까? 그러니 기독교든 가톨릭교든 불교든 둘이 아닙니다. 지금 지구라는 것이 항아리라면 항아리 속에 같이 살면서 웬 말이 그렇게 많고 그렇습니까? 항아리 속에 같이 우글우글하면서 아니, 내집 네집 찾을 게 뭐 있습니까, 한 항아리 속에서. 난 그게 딱하다 이겁니다, 모두가. 세상에 이럴 수가 있어요? 이렇게 도리를 몰라 가지고야 어찌 지구 바깥을 나가서 우주의 섭리를 다 터득하겠습니까? 아무리 권력자고 아무리 이 나라의 대통령이라 할지라도 나는 눈 하나 깜짝 안 합니다. 왜? 어차피 사람이 한 번 죽지 두 번 죽지 않아요. 여러분, 생각해 보세요. 그러니 죽는 것도 사는 것도 다 주인공한테 맡겨 놔. 뭐가 그렇게 억울합니까? 그렇게 죽는 것도 사는 것도 다 맡겨 놓는 반면에 나를 발견할 수 있는 그 계기가 와요. 저승길에 들어가야 저승 이치를 알지 어떻게 압니까? 안 그렇습니까? 허허허. 그렇기 때문에 너는 저승으로 들어가기 위해서 너를 버려라 이랬거든요. 그랬는데 저승에 들어가기는커녕 살았다고 바둥바둥하는 겁니다. 그렇게 바둥바둥 이것 따지고 저것 따지고 이것 따지고 저것 따지니까 저승에 들어갈 수가 없죠.

예전에 어느 길을 걸었습니다. 그런 길을 걷다 보면 그게 낮이 되면은 뜨근뜨근합니다. 그래서 밤에도 뜨근뜨근합니다. 거기 드러누워서 밤에 보면 그렇게 좋을 수가 없습니다. 세상에 세금을 달랍니까? 누가 자리를 달랍니까? 가랍니까, 오랍니까? 말이 없단 말이야. 얼마나 편안합니까, 조용하고. 하늘을 쳐다보니 별이 총총하고. 근데 그 총총한 별이 나란 말입니다. 나와 둘이 아니요, 이 세상이 다 나와 둘이 아니요, 내가 발 없는 발이 수없이 두루 할 수 있는 법이 있는 거고 또 손 없는 손이 두루 내 손이니 얼마나 거룩하고 좋습니까? 그러니 아주 몸뚱이가 없어지는지 있어지는지 그것조차도 모르는 거야, 얼마나 좋았던지.

그랬는데 아, 그러고 가니까 길 없는 길을 내 자성이 나를 가르치는데 아, 가다 보니까, '야! 이 길은 길이 아니야.' '어떤 것이 길인데요?' '저기 저게 길이지.' 하고 저기를 가리키는데 거기는 천야만야 한 산이라. 거길 가리키는 거야. '좋아! 내가 일단 나를 버린 이상에야.' 미련퉁이지, 얼마나 미련스럽습니까? 그 산을 그냥, 그냥 드어 잡아 선 거야. 밤이나 낮이나 허, 발도 옮기지를 못해요, 그믐밤에는. 나무가 그냥 참참 쌓이고 그러니까. 그때는 누가 나를 인도하느냐 하면 산비둘기, 낭떠러지가 있으면 벌써 그냥 모두가 울어 주는 거야. 햐, 여기 낭떠러지라고 말이야. 그러면은 낭떠러진 줄 알고 주춤하고 섰으면 틀림없어. 뱀이나 비둘기나 새나 전부 친구들이야, 모두가. 그거를 실천적으로 내가 알았을 때 야 참, 이 무르팍을 쳤다니까. '이렇게 공감이 될 수가 없구나. 내가 말로만, 이 뜻으로만 안 거하고 실천을 이렇게 해 놓은 거하고 이렇게 차이가 나다니. 세상에 이럴 수가 있나.' 그때서부터 뭐든, 지나가는 소의 눈만 봐도 눈물이 글썽글썽해져요. 왜? 그것이 내가 아닌 게 없기 때문이야. 죽으러 가면서 그 눈에 눈물이 글썽글썽하단 말이야. "응, 너 아프지 말고 그 몸을 벗어." 그러면 벌써 그 영혼은 나하고 체인지가 되는 거야. 그러니까 때리니 아나, 죽이니 아나. 우리 마취한 거나 마찬가지지. 그러면 그냥 좋게 벗는 거지, 뭐.

콩깍지도 익은 거는 건드리기만 해도 싹 벗겨지고 익지 않은 거는 벗기면 그 살이 그냥 콩에 짝짝 붙습니다. 그러니 얼마나 아픕니까?

그와 같은 겁니다. 여러분이 이 도리를 알면 아프지 않고 내가 삶의 보람을 가지고 살다가 왜, 옷이 그렇게 헤지지 않았어도 부자는 좀 벗어서 놓지요, 가난한 사람은 그냥 다 헤지도록 입어야 되고. 그런 것처럼 여러분은 좀더 부유하게 마음을 넓게, 물리가 터지게, 지혜가 있게 이렇게 이 마음의 공부를 하시기를 참 바랍니다. 그리고 요다음에 또 만나면 실천에 좀 옮겨서 '아, 내가 이렇게 해 보니까 이렇더라.' 하는 얘기 좀 들려 주십시오. 꼭 그러기를 믿습니다.

내가 그래도 한국에서는 덜 힘이 듭니다. 왜냐하면 그렇게 하는 사람들이 지금 많기 때문에, 남편이 일을 하다가도 집에서 뭐 급한 일이 있으면 벌써 무슨 일이 있나 하고선 전화를 하면 영락 없죠. 그런 것도 그렇고 집에 무슨 일이 있어서 '여보, 빨리 들어와.' 하면 그냥 거기서 벌써 '아, 집에 무슨 일이 있는 거 같은데.' 이럭하곤 빨리 들어오고 그러니 그것이 바로 통신이라, 무전통신. 자력의 무전통신기. 그렇기 때문에 그 엄마도 불러들일 수 있는 그런 게 있어요.

여러분은 어떠한 일이 닥쳐도 눈 하나 깜짝거리지 마세요. 다 거기다 맡기고 '네가, 모든 것을 당신이 하시는 건데….' 그러고 딱 맡기고선 눈 하나 깜짝하지 않아도 다 그렇게 되는 거예요. 자기가 생각하는 거 자기가 몰라요? 예? 얼마나 좋은 법인데 이 부처님이 가르쳐 준 팔만 사천 법문을 책에서만, 금강경을 달달달달 외우면 우리 집안이 좋아질 텐데, 아픈 것도 나을 텐데 이러고 외우지 마시고 전체 이걸 보세요. 세상 돌아가는 걸 보시면 끼리끼리들 모여 있다는 사실을 아셔야 합니다. 병원엔 아픈 사람만 모이고, 허허허. (대중 웃음) 아니 아, 생각해 보세요. 한번 휘이 둘러보세요, 안 그런가. 사는 것도 그렇고 모든 게 끼리끼리…. (녹음 안됨)

집을 하나 지으려고 생각을 했는데 금방 설계가 나왔어. 이게 과학이 아닙니까? 그래 설계가 나오니까 또 집이 턱 섰어. 이게 과학이 아니에요? 내가 먹고 싶다 그러니까 밥을 턱 갖다 놨는데 아니, 이게 과학이 아니에요? 이게 얼마나 신비합니까? 여러분은 신비한 걸 모르고 살아요, 진짜 신비한 거를. 그리고 공기가 있어서 내가 사는 거를, 그 신비한 걸 몰라요. 우리가 물이 없어도 못 살고 하여튼 지수화풍이 없으면 못 살아요. 내 몸도 지수화풍이기 때문에 지수화풍 없이는 못 살아요. 전부가 다 그래요. 그렇다면 우리가 공기를 사서 쓴다 이렇게 생각해 보세요. 물을 사서 쓴다, 바람을 사서 쓴다, 또는 불을 우리가 사서 쓴다, 일일이 이렇게 사서 쓴다면, 다른 것은 다 사서 써도 좋지만 이 공기만은 사서 쓴다면 정말 난리납니다. 허허허. (대중 웃음)

그러니 여러분이 요가를 한다 뭐를 한다 하는 그것도 도(道) 안에 즉, 내 자동적인 심성을 깨달으면 도라고 합니다. 그 안에 다 들어있는 겁니다. 춤출 줄 몰라도 저절로 손이 돌아가면서 몸이 흔들어지면서 춤을 추게 되니 그것도 운동이요, 춤을 추니 남이 볼 때도 좋은 거요, 잘 추면 보기 좋으니 좋은 거요, 웃으니 좋은 거요, 서로 화목해지니 좋은 거요, 전부 좋지 않습니까? 춤뿐이 아니에요. 모든 게 다 그래요. 일상생활이 전부 그렇단 말입니다. 손을 하나 이렇게 드는데도 내가 이거 운동하려고 강제로 막 그러면 이게 참 부자연스럽지 않아요? 좀 하다 보면 아프기도 하고요. 그러나 그렇지를 않습니다. 이것은 그냥 몸이 자기 멋대로 움직이기 때문에 내가 힘이 안 들어요, 각자 여러분이. 그러니까 춤출 때도 춤도 스스로서 추어지게끔 할 수 있는 그 능력이 모두 여러분 주인공에 다 있습니다. 그러니 오늘은 여러분의 질문이 있으면 합니다. 또 지루하시면 그만두시고요. 지루하시면 그냥 우리….

대중 가운데서 스님이 지루하시지요.

큰스님 아니, 나는 지루한 것도 없고 지루하지 않은 것도 없고 이렇게 사는 사람입니다. 그냥 물 흐르듯이 말입니다. 이 도라는 것은 너무나 위대하고 당당하고 참 신비하고 도도한 겁니다. 이 도리들을 모르시고 항상 하나님이시여, 주여, 부처님이여, 이러고 이름만 가지고 뭐가 되는지 모르겠습니다. 그러니까 우리가 그런 것을 벗어나서 자기 이 몸이 집이요, 법당이요, 그 안에 언제나 부처가 계신 것을 아셔야 됩니다. 그것을 발견한다면 '왔다' 죠, 뭐 지금 말로. 허허허. (대중 웃음)

그러니 우리 한번 진행해 봅시다. 얼마큼 진전이 있나. 우리 저 선원에서는 진전이 많습니다, 남녀를 막론해 놓고. 지금 대학원 나온 학생은, 지금 대학원 다니는 학생하고 둘이 좀 통했거든요. 그래서 남들도, 폐병 앓는 친구들이나 뭐 이런 사람들도 말없이, 그 사람더러 얘기도 안 하고, 그 사람은 모르니까 자기가 건져 주는 거죠. 그래서 낫게 해 가지고 같이 다니고 그럽니다. 그런 것을, 하나를 해도 자신으로서는 얼마나 보람 있는 얘깁니까? 우리가 물질을 주는 것도 보시지마는 뜻으로써 무주상 보시 하는 것도 보시입니다. 말해 주는 것도 보시요. 그러니 세 가지가 다 보시니까 이 보시를 그냥 물질로 주는 한 가지만 보시로 알지 마세요. 고아원에 찾아가서 물건을 갖다 준다 그래요. 그거 뭐 먹어치우면 고만이지, 뭐. 뿌리를 도와줄 수 있는, 에너지를 넣어 줄 수 있는 그런 거를 가져야 앞으로 개들이 생존해 나갈 때 기를 펴고 나가고 빛을 보는 거지. 그게 진짜 무주상 보시예요.

질문자1(남) 제가 다른 사람들 질문을 유도하기 위해서 먼저 질문을 드리겠습니다. 큰스님께서 말씀하시는 것에 대해서는 하나 의심이 없고 그런데 도를 얻는다, 도를 깨닫는다 뭐 그럴 때, 사람들이 만약에 자기가 도를 얻었다 그럴 때 어떤 기준이 되는 그런 것을 우리가 알 수 있으면 더 좋겠습니다. 잘못하면 혹세무민하는 그런 경우가 될 여지가 많기 때문에 과연 도를 얻었다는 것이 어떤 상태인지 그런 걸 저희들이 말로라도 알았으면 좋겠습니다.

큰스님 그전에도 선원에서 그런 말을 자주 들었습니다. 어떤 사람이 도를 이뤘다고 그냥 뭐 날뛰고 한 소식을 얻었다고 좋다고들 그랬다는데 천만의 말씀이라고요. 나를 발견했을 때는 바로 그때가 공부할 때라고 봅니다. 그게 한 소식이 아니라 내 스승을 내가 발견했다 이 소립니다. 그래서 내 스승을 내가 발견했을 때는 한 소식 얻었단 말도 하지 마라. 그래서 한 번 죽기 어려워라 했더니 두 번 죽기 어렵더라. 두 번 죽기 어려워라 했더니 세 번 죽기 어렵더라 이런 게 있습니다. 그건 왜냐하면 한 번 나를 발견했으면 바로 그것을 스승으로 삼고 자기가 공부를 그때서부터 해야 할 그 단계입니다. 그럴 때에 이것이 스승이 자기를 다지고 공부시키기 위해서 때로는 귀신으로도 나오고 또 좋은 곳도 이렇게 환상으로 나옵니다. (녹음 안됨)

놔서 그때 다시 보임을 해서 숙달을 해야 합니다. 그때에 둘이 아닌 걸 알게끔 다 숙달을 하게 되면 그 다음에 뭐가 나오느냐 하면 둘이 아닌 까닭에 너와 나와 나툰다 이거야. 내가 네가 되고 네가 내가 될 수 있는, 일체 만물이 그냥 내 한생각으로 한꺼번에 군사를 수만 명 만들 수 있는 그러한, 또 한 명도 없앨 수 있는 그러한 그 나툼이 있어야만이 그때에 열반경지에 이른다고 봅니다, 이름해서 그것도. 그러니 그 세 단계, 단계 없는 단계를 다 넘어서 우리가 그대로 손가락 하나를 들어도 이 우주가 전체, 아까 이 안테나 말했죠. 이 손가락 하나가 안테나라면 이 손가락 하나를 들어도 우주가 전체 들려야 하는 것입니다. 이것이 바로 한 소식이라고 이름해서 그것도 그러는 것이니 나를 내가 참, 깨달았다 하더라도 그것은 깨달은 게 아니라 발견한 거다 이겁니다. 그러니 깨달았다는 말은 하지 말라 이거야. 허허허. 한 소식 얻었단 말도 하지 말고. 단, 내가 나를 발견했다 하면 '발견은 했으나 지금부터 공부지, 뭐.' 이렇게 나가야죠. 자기가 겸손하지 않는다면 이 우주의 섭리와 더불어 같이 한마음으로서 회전이 될 수가 없습니다. 그건 자기가 높기 때문입니다.

개구리 속에 개구리를 건지러 들어가려면 내가 개구리가 돼야 개구리를 건질 수가 있는 것입니다. 자기가 높아서 개구리에게 사람의 모습으로 간다면 개구리가 모두 달아나가. 그렇지 않겠습니까? 뱀 소굴에 들어가려면 뱀이 돼야만이 뱀을 건질 수가 있고 또 짐승들 속에 들어가려면 내가 짐승이 돼야 돼. 사자 굴에 들어가려면 내가 사자가 돼야 하고 호랑이 굴에 들어가려면 내가 호랑이가 돼야 하고. 그렇기 때문에 모든 건 둘이 아닌 까닭에 내가 네가 될 수 있고 호랑이가 될 수 있고 호랑이가 내가 될 수 있다면 무명만 쳐도 그것은 나로다가 바로 화해서 그냥 요리가 될 수 있는 것입니다.

그래서 저 남전 스님인가? 이름도 잊어버렸네. 그 스님이 고양이를 들고 "동당 서당의 공부하는 사람들 중에 대답 한마디 해 봐라. 너희가 대답 한마디 한다면 이것을 죽이지 않고 너희가 대답을 못한다면 내가 목을 칠 것이니라." 이랬는데 그것을 그렇게 남전 스님이 칠 때에 그건 고양일 죽인 게 아니라 그 도반들로서는 공부를 시키기 위해서 방편으로 보였고 또 진실로서는 그 고양이의 허물을 즉, 무명을 쳐 줬고 그 고양이는 바로 그 당시에 자기가 된 겁니다. 그래도 두드러지지 않았으니 얼마나 묘합니까? 참 이렇게 좋은 법을 우리가 앞으로 증득해서 우리가 갖는다면 늙고 젊고가 어디 있습니까? 우리 몸이 있어 가지고 저승에 들락날락할 줄 알아야 됩니다. 허허허.

그러니까 오늘은 이걸로써 설법을 끝내고 우리 앞으로 한마음으로 다지고 다져서 참 이 마음 도리에 감응이 돼 가지고 요다음에 "아이, 생활에서 실천을 이렇게 이렇게 하니까 그대로 됩디다." 하고 한번 말해 볼 수 있는 그런 여건을 가지십시오. 우린 반드시 그렇게 해야 할 것입니다.

마음의 향기

모건힐지원 개원법회

1988년 5월 1일

다리 저린데 편안히 앉으세요. 여기 처음 개원식을 하고 여러분과 같이 이렇게 한자리에 앉게 된 것을 참 기쁘게 생각합니다. 또 한 가지 짚고 넘어가야 할 일이 있는 것은, 전자에 저쪽에 있을 때 번잡한 일이 있었으나 그것은 다 공부의 과정이라고 생각하시고 지금은 여러분과 같이 공부하고자 이 한자리를 만들었습니다.

이 자리는 조금 하다가 그만둘 자리가 아닙니다. 또 스님네들이 이 스님 저 스님 바뀔 일도 없고, 바뀌어 봤자야 선원에서 바뀔 것입니다. 공부하는 사람들이 이것저것 탓을 한다면 저승에 어떻게 들어가서 저승 일을 알고 죽은 사람을 볼 수 있겠습니까. 그래야만 하는데 죽은 세상에 갈 사람들이 산 세상에서 산 얘기들을 하고 산 싸움들을 하기 때문에 죽은 세상, 죽은 사람을 자세히 못 보는 것입니다. 그렇기 때문에 산 세상을 똑바로 못 보죠.

우리가 지금 공부하려고 하는데 여러분을 가만히 보면 제일 시급한 게 병입니다. 또 가난입니다. 한국이나 미국이나 이것이 시급한 문제고, 또 한 가지는 지금 현시점에서 물실과학으로써 문명이 발달되고 물질적으로는 아마 최고라고 해도 과언이 아닐 겁니다. 그런데 여기 분들은요, 지금 한국에서 스님네들이 오셨다 하더라도 모든 분들이 말입니다, 좀더 적극적이었으면 좋겠고, 불심은 있다 하지만 진정한 불심이 별로 없는 거 같습니다.

(법당에 들어와 앉는 신도들을 보시며) 지금 몇 신데?

대중 가운데서 5분 전이요.

큰스님 5분 전이면 됐네, 뭐. 10분 전도 되지 않았으니까. (잠시 사이)

우리가 사람이 되기도 참 어려운 겁니다. 사람 되기 어렵고 정법 만나기 어렵고 깨달아서 부처님 되기 어렵다는 얘기가 있습니다. 그런데 고등 동물로서, 인간으로서 등장을 해 가지고도 부처님의 뜻을 등한시하고 말에만 얽히고 이론에만 얽혀서 자기 자성을 발견하지 못한다면, 물질로서 등장을 한 과학이라든가 또는 문화 문명이 다 이렇게 발달이 됐어도 우리는 앞으로 물질에 끄달리고 물질에 말려서 죽을 겁니다. 물질을 만들어 놨으면 그 물질을 우리가 굴리고 사용을 해야 할 텐데도 불구하고 우리는 물질에 끄달리고 있는 것입니다. 지금 탐지기나 컴퓨터를 보십시오. 또는 수소폭탄이나 핵폭탄을 보십시오. 지금 여러 가지 물질들이 많이 나와서 등장하고 있습니다. 그런데 여러분은 여러분의 마음으로부터, 마음내는 것으로부터 몸이 움죽거리면서 활용을 해 가지고 만들어 가지고 지금 그 기계에 말리고 있습니다. 더욱이 우리 미국 사회에서는 더하다고 볼 수 있겠죠.

그럼 불법이 어떤 겁니까? 우리 가톨릭교니 기독교니 알라신교니 불교니 이걸 넘어서서 불(佛)이라는 것은 영원한 생명의 그 뜻을 말씀하신 거고 교(教)라는 건 좋은 말씀을 말하신 겁니다. 사람 쳐 놓고 생명 없는 사람이 어디 있으며 사람 쳐 놓고 그 마음의 활용으로써 말씀 없는 분들이 어디 있겠습니까? 제일 중요한 것은 이 교다 저 교다 따지지 말고, 그건 이름인 것입니다. 그거를 떠나서 그거 있기 이전에 여러분의 바로 자성, 저기 내가 이렇게 써 붙였습니다만 '자성이 본래 청정함을 알라.' 이런 말입니다. 왜? 자성은 본래 알고 있는데도 불구하고 또 알라고 했나? 이걸 뒤집어서 한 번 더 생각해 볼 점이 있으리라고 믿습니다. 왜? 자성이 본래 가지고 있는 건데 가지고 있는 걸 또 알라고 했을까 이겁니다. 자성이 본래 청정함을 알라. 여러분이 생각할 때 청정하다 하면 아주 위대하고 깨끗하고 제일 높은 것을, 그리고 제일 깨끗한 것을 이렇게 말씀하실지도 모르죠. 그러나 부처라는 것도 없는 것을 청정이라 합니다. 크고 작고 깨끗하고 더럽고, 위아래고 여자 남자고 통틀어 이것은 둘이 아닌 까닭에 내세울 게 없는 것이 청정입니다.

그럼 거기에 대비해서 한마디 해 드릴까요. 그럼 도대체 청정은 무엇이며 공했다는 것은 무엇이며 평등하다는 것은 무엇이며 부처가 없다는 것은 또 무엇인가? 이럴 것입니다. 여러분이 공했다는 이유를 말씀드리자 하면 여러분은 고정됨이 없이 보고 듣고 행하고 만나고 가고 오고 이렇게 조금도 어긋남이 없이, 쉴 것도 없이 한 찰나 찰나 넘어가면서 돌아가고 있습니다. 그러니 어떤 사람을 만났을 때 나라고 하며, 어떤 말을 들었을 때 내가 들었다고 하며, 어떤 거를 만났을 때 봤을 때 먹었을 때, 가고 왔을 때 어디를 가고 왔다고 할 수 있겠습니까? 모두가 공했습니다. 그러니 나라는 존재를 세울 게 없다 이겁니다. 그걸로 말미암아 공했다, 무다 이런 말씀들을 하셨습니다.

또 거기에 대비해서 인체적으로 우리가 마땅히 알아야 될 일이 있습니다. 정맥 동맥이 오르고 내립니다. 사람이 잔다고 정맥 동맥이 쉽니까? 쉬지 않습니다. 자나깨나입니다. 숨을 들이쉬고 내쉬는 것도 자나깨나 들이쉬고 내쉽니다. 그런다면 이 숨을 들이쉬고 내쉬는 반면에 모든 이 생명체들은 수십억 마리가 나한테 지금 있습니다, 모든 여러분한테. 만약에 그것을 중생이라고 생각한다면 그 중생이 건강해야 대표인, 즉 말하자면 자기가 건강한 것입니다. 마음도 건강하고 말입니다. 그런데 그걸 어떻게 중생을 건강하게 해야 내가 건강하다는 것을 알 수 있을까? 사람은 생각을 내려면 천만 가지 생각을 낼 수 있는 거고 내지 않으면 바로 마음이 있기 이전이라고 합니다.

그래서 옛날에 내가 어느 산중에 다닐 때 이런 말을 했습니다. '얘야, 저기 저 묘지가 아비의 묘지고 저것은 자식의 묘지인데 자식이 생각할 때는 아비가 자식으로 하나가 돼 버리고 아비가 가만히 있으면 자식이 그냥 아비로 하나가 돼 버리니 그건 무슨 연고냐?' 그거야. 아, 그걸 알았어야지. 내가 나의 소리를 듣는다 하더라도 그것은 깨친 게 아니야. 그렇기 때문에 나를 발견해 가지고도 수차에 구르면서 자기가 체험하고 자기가 알아야 할 일들이 무척 있는 거죠. 무의 세계와 유의 세계가 둘이 아님을 배워야 되고, 느끼고 알아야 합니다. 그런데 그거를 몰라서 말이야, 한참이나 이슬을 맞아 가면서 그 고통을, 말을 하려니까 고통이지 나는 고통이라는 것도 그때는 생각을 못했어, 너무 모자라서.

그러다 보니까 '아하!' 생각나는 게 있었어. 뭐냐? '마음은 체가 없다. 무한량이다. 광대무변하구나! 그러니까 아비로 하나가 되려도 하나가 되고 자식으로 하나가 되려도 하나가 될 수 있고 둘 다, 그러니까 이리로 가도 하나요, 저리로 가도 하난데 하나도 없을 수도 있고, 하나의 씨가 수억만의 씨가 될 수도 있고 꽃이 필 수도 있고 열매를 맺을 수도 있고 향내를 낼 수 있고 두루 할 수 있다. 모든 것은 조화를 이루면서 그렇게 평등하게 쉴 사이 없이 돌아가고 있고 그렇구나!' 하는 걸 느꼈어. 그래서 그때에 내가 픽 웃은 것이 뭐냐 하면 '아이구 참, 모든 것은 아빠가 정해 놓고 아빠가 하고….' 그 아빠라는 것도 고정되지 않아. 내가 '님이시여!' 하면 님이 되고 '아빠!' 하면 아빠가 되고, '친구!' 하면 친구가 되고, '아버지!' 하면 아버지가 되고, '관세음보살!' 하면 관세음이 되고, '지장!' 그러면 지장이 되고, 용신 또는 지신 모두가, 목신 이런 것도 다 내가 하자는 대로 그게 되는 거야. 그렇기 때문에 삼십이응신이 들이고 냄을 능히 걸림 없이 내고 들인다 이런 거야.

그러니까 어떻게 해서 그러면 둘이 되겠느냐? 둘이 아닌 까닭에 한 손으로 들려면 한 손으로 들고 두 손으로 들려면 두 손으로 들고 모두 모아서 같이 들려면 드는 것이 바로 이 무한의 진리다 이거야. 부처님이 계시기 이전에도 그렇게 진리는 있었고 부처님이 그 뒤에 여러분한테 가르치신 것은 여러분이 모르기 때문에 다시 반복하면서 가르치신 거다. 진리는 이러하다. 그래서 그때 당시에 여러분이 살림살이를 하고 사는데 어떻게 사느냐에 따라서 방편으로 또 설하셨고 지금은 지금 시대에 맞게 또 방편을 써서 설하는 것이 옳은 일이라고 볼 수 있겠죠.

그럼 제일 시급한 게 병이라고 그랬는데 우리가 몸이 건강해야 마음도 건강하고 아주 패기 있게 나갈 수 있는 그런 영력이 생기거든. 그렇기 때문에 몸을, 모든 것을 버리는 데서 살 수 있다. 이런 거는 무엇을 뜻하느냐? 내 몸속에 수십억 마리가 들어 있는데 그 수십억 마리가 미생물에서부터 생겨 나온 나야. 수십억 년이라고 해도 되겠지만 수십 광년이라고 해도 돼. 수십 광년 전에 미생물에서부터 생겨서 거듭거듭 모습을 바꿔 가면서 진화돼서 사람으로까지 온 것이 길게 늘이면 긴 것이고 짧게 말을 한다면 바로 나의 존재의, 수억겁 광년 전의 내 모습이 지금 여러분 배 속에 들어 있다 이 소리야. 그럼 배 속에 들어 있는 시발점의 모습이 바로 내 배 속에 있는가 하면 종점의 모습이 바로 지금 현세에 이렇게 있다는 얘기야.

그러면 종점이냐, 시발점이냐? 그게 없다. 종점도 아니고 시발점도 아니야. 내가 수시로 변해서 돌아가고 진화해서 돌아가니까. 2차원으로 있던 사람이 4차원으로 될 수도 있고 4차원에 있던 사람이 5차원 6차원 7차원까지 갈 수 있고 9차원 즉, 십이인연의 뜻을 다 알고 자유인이 돼서, 사방이 툭 터져서 오심력을, 즉 말하자면 원심력을 얻어서 원통을 굴리게 된다는 거지. 그렇게 될 때 바낕에서 굴려야 원통은 굴려지지 그 원통 안에 들어서는 그 원통을 굴릴 수가 없다 이 소리야. 반드시 바깥에 서서야 이것이 굴려진다. 그러니까 우리는 이 원통 속에서도 벗어나야 된다. 몸 속에서 벗어나야 된다. 실체면서도 환이다 이거야. 환이면서도 실체다. 그건 왜? 내가 어저께도 얘기했지만 나무 이파리가 떨어졌다고 해서 나무가 죽는 법은 없어. 나무가 잘라졌다 그래서 나무뿌리가 잘라진 것은 아니야. 그러나 우리 지금 부처님 공부 하는 건 방편으로 얘기할 뿐이지 나무가 자기 뿌리를 무명에 가려서 못 보듯이 우리 인간의 뿌리는 육안으로 볼 수가 없기 때문에, 내놓을 수 없기 때문에, 쥘 수가 없기 때문에 자기 뿌리를 자기가 발견하지 못하는 것뿐이야.

그러면 그런 대로 이 모두가 한마음으로 결집해서 회전을 시키는 데는, 전력이 이렇게 와 있고 가설이 다 돼 있어. 가설이 돼 있고 전력이 돼 있으면 용도대로 끌어 쓰는 건 자기에게 달렸다 이거야. 그러니까 이것이 부처의 뜻입니까? 아니다. 이것입니까? 아니다. 그냥 용도에 따라서 전력을 끌어 써라 이거야, 바로. 그러면 몸에 지금 병 증세가 있다 하더라도 한순간에 이 생명체들이 전부 내가 생각하는 대로 따라 주거든. 그러니까 파워를 일으켰다 할지라도, 만약에 간염이다 하더라도 간염이라면 파워를 일으켜서 한 부분이 마비가 돼서 들어가는 형상이거든. 그러나 내가 파워를 일으키기 이전의 선장이 이 한마음으로 돌리는 데는 영락없이 파워 일으켰던 게 다시 되살아나. 되살아나니까 간염이라는 건 한순간에 없어지는 거야. 의정 날 것도 없어. 의정을 낸다 하면 벌써 자기 자신을 못 믿는 거라 이거야. 믿지 못하고 그러니까 놓지 못하고, 놓지 못하니까 물러서고 이런 거 아니야? 수억겁 광년을 거쳐 오면서 살던 그 습에 의해서 믿지 못하는 거야. 믿고 놔야지. 믿지 못하면 놓질 못해. 놓지 못하는 까닭에 한마음으로 돌아가질 않아.

그러니까 자기가 자기 죽이는 법은 없다 이거야. 그러니까 자기가 자기를 살리는 거라. 공부라고 할 건 없지만 제일 중요한 공부가 자기 주장자를 발견하는 거지. 주장자가 없으면 축이 없는 프로펠러와 같아. 축이 없는 맷돌과 같고. 축이 없는, 즉 말하자면 뭐라고 할까? 비행기가 뜰 때 축이 없으면 돌아가지 않듯이. 그러니까 모든 이 마음을 깨쳐야 된다. 그런데 그저 불가에서들은 조금만 느끼고 알았으면 깨쳤대. 또 기독교에서는 타의에서 조금만 소리가 들리고 뭐가 보이면 그것도 또 성령 받았대요. 이럴 수는 없어. 부처님이 가르친 뜻은 그게 아니야. 한 번도 죽어야 하고 두 번도 죽어야 하고 세 번도 죽어야 해. 그래서 살아 있으면서 열반이지 이 몸뚱이가 죽고 나서 열반이 아니야. 이거는 기독교니 불교니 이거를 떠나서 우리의 마음공부를 하는 거지.

그래서 스님네들이 이 순색의 옷을 입었을 때 여러분은 존경하고 성스럽게 생각하는 그 마음 그지없어야 한다 하는 것은 벌써 인생으로 태어나서 여러분보다 모든 것을 물질적으로라도 딱 버리고선 입산했다. 입산을 해서 이 검지도 희지도 않은 옷을 입었어, 이건 뜻으로 표현을 할 때. 그랬을 때는, 즉 말하자면 집을 지을 때 기초를 한 거와 같다 이거야. 집은 못 지었어도 기초는 했다 이거야. 그러니 우리가 이 공부를 하려면 한 번쯤은 몸부림쳐 볼 수 있고 한 번쯤은 미쳐 볼 수 있고 한 번쯤은 울어 볼 수 있고 한 번쯤은 웃어 볼 수 있어야 이 도리를 안다 이 소리야.

이것은 생활 떠나서 없고 몸을 떠나서 부처를 찾을 수가 없어. 그래서 법당에 들어가면 저 법당의 부처님과 내 몸과 둘이 아니요, 저 부처님 마음과 내 마음과 둘이 아니요, 저 부처님의 생명과 내 생명이 둘이 아니야. 그래서 마음을 한번 둥굴리고 일 배를 할 때 천 배를 할 수가 있고 천 배를 해도 일 배도 못하는 사람이 있어. 상식적으로 우리가 생각해 봐요. 여러분의 마음속에 향도 있고 불도 있고 이렇거든. 그런데 인등을 백 일만 켜러 다닌다면 벌써 진리는 끊어진 거라. 항상 본래 켜져 있는 거라. 좋은 마음을 내고 좋은 말을 해 주면 향기가 두루 하는 거라.

그래서 이 모든 것을 본래 알기 때문에 자성본래불이거든. 그래 저기에도 그렇게 해 놨어. "자성이 본래 청정함을 알라. 자성이 본래 생멸이 없음을 알라. 자성이 본래 모든 것을 갖추어 가지고 있음을 알라. 자성이 움직임이 없이 들이고 냄을 알라. 자성이 본래 불(佛)임을 알라." 이러한 것을 우리가 한번 뒤집어서 생각해 볼 점이 있다면 얼마나 좋은 법이 거기서 생산이 되는지 모릅니다.

여러분 마음이 고정됨이 없이 공해서 돌아가는 거기는 용광로와 같다. 용광로에다가 모든 것을 놓고 돌아간다면, 믿고 돌아간다면 바로 생산이 돼서 자동적으로 물건이 현재 50%로 나오게 돼 있어. 그러니 우리가 몇 분 안 되지마는, 공부하려면 진실히 여기서 공부할 수 있는 그런 계기를 가지고, 단 한 분이라도 좋습니다. 깨씨 하나를 가지고 수천수만 개의 깨씨를 내듯이, 또 보이는 데만 이렇게 여러분이 계셔서 계신 게 아닙니다. 일체 만물만생이, 유생 무생이 꽉 찼어.

여러분이 안다는 게 있다면 아는 것에서 벗어날 수가 없어. 모른다 해도 아니 되고 안다 해도 아니 돼. 모든 것은 다 내 자성에, 자성 주인공에 모든 것을 맡겨 놓고, 지금 여러분이 맡겨 놓고 가고 있어요. 놓고 가고 있는데 걸레 빨아서 그냥 아무렇게나 쭉 짜서 세숫대야에 담아 놓듯이 그렇게 놓고 가라 이거야. 이게 금이 아니니까. 여러분이 신발 벗어 놓을 때 이게 금이라면 저기 벗어 놓고 들어올 수가 없었죠. 여러분이 아무리 금덩이, 돈을 많이 가지고 있다 하더라도 그건 여러분이 관리하는 거지, 여러분 게 아니야. 여러분 거라고 생각했다가는 오산이야.

옛날에도 선지식께서 이런 말씀을 하셨죠. 네 가지 요건을 들어서 말씀하셨어요. 부인을 넷을 두었는데 죽게 돼서 그 첫부인에게 가자고 그러니까, 생략해서 말을 하겠어요. 죽을 때 같이 가자고 그러니까 안 가더라는 거야. 그래서 사계절이 올 때마다 더우면 얇은 거 입히고 추우면 두꺼운 거 입혀서 너를 그렇게 위했는데 아니, 가자는데 안 가느냐고 말이야. 그렇지만 어떻게 이 몸뚱이가 가겠습니까? 다 내버리고 가죠, 몸뚱이도. 둘째 부인한테 또 가자고 그러니까 "그렇게 내가 너를 좋아서 따라다녔는데…." 하니까 "네가 좋아서 나 따라다녔지 아, 내가 좋아서 너를 따라다녔느냐."고 하더라는 얘기죠. 돈이죠. 돈 가져갈 수 없죠. 그 다음에 자식을 가져갈 수 없고 그 다음에는 자기와 자기입니다, 인제. 그건 죽으나 사나 따라갑니다. 올 적에도 따라왔고 갈 적에도 따라가야죠. 따라간다는 언어도 붙지 않는 자리죠. 말할 줄 몰라서 생략했습니다만 그렇다고 모두가 허망하다 생각하진 마세요. 우리는 실질적으로 영원한 것입니다.

가을이 돼서 단풍이 떨어지긴 해도 그것을 몸이 허망하다고 생각은 하지 마세요. 붓대를 잘 틀어쥐었다면 한생각에 바로 잘 그려서 또 나올 수도 있고 못 그려서 소도 될 수 있고 그런데 그 여러 가지 모습을 가지고 나오는 것도 자기 마음에 달린 겁니다. 그러니 한생각 그렇게 놓고 간다면 얼마나 여러분은 자유로서의 주권을 가지고 이 세상에 끝간 데 없이 그렇게 삶의 보람을 느끼시겠습니까? 난 얘기하다가도 어떤 땐 잊어버려서 얘기도 못합니다. 여러분이 좀 나한테 말씀할게 있으면 해 보세요. 우리가 제일 급한 것이 지금 이 이론적인 말이 문제가 아닙니다. 만 가지 말을 한다 하더라도 그건 쓸데없는 거고 행이 문제입니다.

어느 사람이 미국에 들어와야 하는데 들어오지를 못했습니다. 왜? 폐가 약하고 간염으로 애쓰기 때문에 그분 하나만 떼어 놓고 와야 됐습니다. 그런데 그분이 이렇게 생각을 했답니다. '아, 스님이 그러시는데 내가 그럴 수가 있나. 이 몸뚱이 속에 있는 내 이 마음들이 다 한마음인데 내가 그럴 수가 있나.' 하고 찍기 전에 그렇게 단호히 생각을 하고서 아예 자신 있게 들어갔답니다. 절대 그럴 리 없다. 진찰해 보고 그럴 때 정말 그렇게 단호히 생각하고 가서 찍으니까 아주 깨끗하다랍니다. 깨끗해서 나와서 생각을 할 때 '아, 이거는 부처님께서 나를 이렇게 가려 줘서 엑스레이만 안 나왔지 또 병이 속에 있겠구나!' 이렇게 생각을 했더라는 겁니다. 그러고선 왔어요. "속에 병이 아직 있지 않겠습니까? 이거 가려만 주셨겠죠." "아니다. 부처님 뜻은 거짓이 없다. 한번 생각했으면 그냥 의정을 놔라. 의심을 마라. 그대로다." 그랬죠. 그래서 미국에 들어와서 지금 그 사람이 6개월 째 잘 지내고 있습니다. 근데 이름도 또 잊어버렸습니다.

한생각이 그렇게 한 찰나에 내 몸을 완성시킬 수가 없습니다. 이건 억지로 못하는 겁니다. 병원에서 30%를 해 준다면 여러분의 마음이 70%의 그 능력을 가져야 됩니다. 이 몸뚱이 속의 오대양 육대주에 다 채워진 이 중생들이 바로 여러분 아닙니까? 여러분이 또 그 속에 들어 있는 중생이 아닙니까? 내 몸뚱이가 크다고 해서, 작다고 해서 중생이 따로 있는 건 아니죠. 그러니까 부처 중생이 따로 없다 이 소리죠. 이 책도 보세요. 백지와 글자가 한데 붙었죠. 글자와 그 백지 종이하고 떼려야 뗄 수 없는 사실이 바로 몸뚱이와 몸뚱이 속에 있는 중생들입니다. 이게 한데 합쳐서 회전하고 돌아가니까 결국은 공했다. 결국은 부처라는 것은 세울 게 없는 게 부처다. 그런 것이 여러분이에요.

그런데 가난이라든가 내가 이 자리가 좋고 저 자리가 좋고, 또는 부모 천도를 시켜야 할 텐데 뭐, 별 오두개 덩어리 같은 고통을 다 받는 겁니다. 그런데 부처님께서도 사성제를 설하셨지만, 인간 되기 어렵다 그랬는데 인간이 돼 가지고 이렇게 오는 것은 고가 고가 아니라 참인간이 되게 하기 위한, 성숙되게 익어 갈 수 있는 그 계기를 주는 길이다, 이렇게 생각한다면 아주 감사하기만 할 거예요. 감사한 마음을 가지고 통틀어 한마음의 기준을 알아서 모든 걸 놓고 간다면, 이 모두가 한마음이 돼 주면 모든 게 성능이 아주 좋아지고 말입니다. 에너지가 생기고 찐덕찐덕한 에너지가 생겨서 뼛속에도 그것이 생기니까 너무나 넘치고 흘러서 여러분의 기운은 줄지 않고 항상 그 기운을 가지고 '아이, 난 좀 쉬어야겠다.' 하면, 기운 조금 빼면 편안하게 쉬고 또 기운을 조금 넣으면 일어나서 일하고 아, 이거 마음대로 아닙니까? 그러고도 살기가 얼마나 편리하겠습니까?

그래서 고(苦) 하나만 감사하게 생각할 줄 안다면 집(集)도 없고 멸(滅)도 없고 도(道)도 없다 이런 게 나옵니다. 그리고 그 여러 가지 고통이 오는 것을 성숙 과정이라고 생각할 때 봄에 봄동산에서 눈이 녹아내리는 그 물소리와 같아. 법음과 같아. 그러니 얼마나 이게 좋은 법인지 모릅니다. 아마도 여러분이 그 맛을 보지 못했다면 '이거 뭐! 에이그, 당장 오늘 하루 먹고 살아야지. 내가 벌어야 살지, 뭐 어째야지.' 물론 누가 벌지 말라나요? 사랑을 하지 말라나, 뽀뽀를 하지 말라나. 아니, 좋은 옷을 입지 말라나. 입되, 갖되, 먹되, 사랑하되 하지 말라 이거야. 하지 말되 하라. 진짜 사랑을 알라. 진짜 자비를 알라 이거야. 애정이나 사랑이라는 것은 자비에다 대면 아무것도 아니다. 자비는 그렇게 잘못되고 잘된 것을 따지지 않는 것이 자비야.

만약에 예를 들어서 부처님께서 뭐를 하나 불쌍해서 꼭 해 주려고 하면서 "당신 업보가 있어서 정성을 들여야겠습니다." 한다면 벌써 그것은 이익을 줄 수가 없어. 그건 내가 체험을 해 봤기 때문에 알아. "당신은 죄가 있어서, 몸이 아프니까 시주를 안 하면 병 안 나아." 이렇게 할 수도 있겠지. 또 '당신은 업보가 많으니까, 인과응보가 많으니까, 유전성이 있으니까.' 이런 문제가 붙는다면, 하여튼 무조건이지 이유가 붙으면 이익을 줄 수도 없고 서로 주고 받음이 없이 줄 수가 없어.

그래서 나는 이런 생각을 했어. 응, 이건 내가 마음먹기에 달렸는데, 저 사람이 가난해서 정성을 못 들인다고 해서 '저거 무슨 복을 받겠나! 무슨 공덕이 되겠나.' 이럴 필요가 없다고 생각해. 무조건 내 할 일만 하면 되는 거야. 남이야 죄를 지었든지 안 지었든지 상관할 게 없어. 남이 욕을 하든지 말든지 그건 나하고 상관이 없어. 내 할 일만 하면 돼. 왜? 미생물도 선사의 내 모습이요, 모든 일체 만물만생이 다 내 모습이고 나야. 그런데 나를 죽일 순 없잖아. 죽이는 것도 살리는 거고, 살리는 것도 죽이는 수가 있고, 살리는 건 살리는 거고 죽이는 것도 살리는 거고 그래. 사람이 몸이 없어졌다 그래서 죽는 것은 아니니까. 한 사람 몸으로 인해서 열 사람, 스무 사람, 백 사람이 고통을 받을 때 그 한 사람의 무명을 벗겨 주는 것도 자비야. 그것을 예전에 부처님께서는 안락사라고 했지.

그러니 우리가 사람사람이 진짜 50%만 가지고 사람이라고 할 수는 없으니까 무의 50%, 유의 50% 이렇게 해서 100%를 가지고 인간의 노릇을 한다. 그래서 그것을 사무 사유 한데 합쳐서 본다면 그것이 바로 100%다 이거야. 그래서 제일 시급한 게 지금 모두 각자 나, 나라는 것을 발견하는 것입니다. 아니, 부처님 앞에다 떡이나 해 놓고 밥이나 해 놓고 절이나 하고 비는 것이 부처님 법이라 생각한다면 오산이야. 사람이 귀신 노릇을 하니까 귀신이 있지 사람이 귀신 노릇 하지 않는데 무슨 귀신이 있겠나.

그전에 이런 예가 있었지. 아, 산에 가서 자는데 언제나 잘 때는 묘지를 베고 잤겠다. 아, 그런데 귀신이 막 머릴 풀어 산발을 하고 자기 집에 침입했다고 그러는 거라. 만약에 타의에서 들어오는 것을 자의로 만들지 않는다면, 내가 항복을 받을 줄 모른다면 또 항복을 할 줄 모른다면 문제가 생겨. 바로 미신이 돼 버리고 말아. 자기가 자기를 발견했어도 그걸 커버를 못한다면 그건 미신이 돼 버리고 말아. 또 이 도리를 알면 미신도 자의, 자신을 만들 수가 있고. 그래서 미친 사람들을 시식을 지내서 낫게 해 주는 게 아니야. 타의에서 들어온 그 마음을 내 마음과 둘이 아니게끔 코치하면 그 사람이 정상적인 사람이 돼. 자기가 있는데도, 자기 주장자가 있는데도 또 하나가 들어가니까 순간 자기가 됐다가, 순간 딴 사람이 됐다가 즉, 싸우는 거라. 그러니 미친 짓이 안 나와? 그러니 우리 이 마음이 제일 첫째 문제예요, 이 마음이.

그러니 오늘부터 마음공부, 즉 말하자면 기독교 믿는 분들은 '심주여!' 하고 모든 것을 안으로 돌려, 안으로 의지하고. 바깥에서 찾지 마라. 바깥에서 구하지 말라고. 바깥으로 끄달리지 말라고. 지금 내가 나온 것도 그렇고 움죽거리는 것도 그렇고 모든 것은 나의 주인공에 의해서, 바로 자성에 의해서 나왔다 이거야. 그러니까 자성에 의해서 나왔다면 자성에다 다시 놔라 이거야. 모든 것이 자성에 의해서, 거기에서 병이 생겼다면, 병이 생기게 한 놈이라면 병이 낫게도 할 수 있는 능력이 있어. 그러니 거기다가 놔라. 병이 생기게 할 수 있는 재주가 있었는데 병을 낫게 할 수 있는 재주가 없겠어? 한번 뒤집어 놔라 이거야. 병뿐이 아니야. 사람 사는 데 모든 것이 다 그래.

그래서 이 도리를 아는 사람에 한해서는 돈 한 푼 없이 맨손 들고 저기 나가도 다 이 오방신장이라든가 호법신장이라든가, 또 화신이라든가 보신이라든가, 다 자기한테 있는 거야. 수십억이 우립을 하고 있어. 그런데 뭐가 걱정이야. 다 그것을 없으면 없는 대로 갖다 주고, 먹을 게 없으면 먹을 게 없는 대로 갖다 주고 다 갖다 바쳐. 바치는데 그것을 얻어먹는 것도 아니야. 자기가 당당하게 먹는 것뿐이야. 당당하게 쓰고 당당하게 갚고 당당하게 먹어. 그렇게 당당하고 도도하면서도 그렇게 그냥 나 아님이 없이, 내 아픔 아님이 없이 그렇게 서로 울 때는 같이 울어 줄 수가 있고 웃을 때는 같이 웃을 수가 있는 그런 아량과 지혜가 생겨.

그러니까 안양의 신도님들은 자기 생활에서 그냥 씁니다. 쓰되 내가 깨달았다는 생각조차도 하지 말라고 합니다. 그것은 내가 나를 발견했어도 한참, 육조 선사는 깨달아 가지고도 12년을 돌았어. 왜 그랬을까? 한 번 죽어서 나를 발견하고 또 한 번 죽어서 너와 나와 둘이 아님을 알았고 또 한 번 죽어서 너와 나와 둘이 아님을 알기 때문에 둘이 아니게 나툼을 알았다 이거야, 이름해서 그것도.

여러분이 말로만 듣고 그냥 귓전으로 흘려 버리지 마시고 자신이 행을 그대로 해 보시라 이 얘기야. 우리 스님네들은 이직껏 무슨 주사를 맞으러 다닌다, 뭐 한다 하는 게 없어. 그게 자랑이 아니야. 병원에 가는 것도 법이요, 안 가는 것도 법이니까 말이야. 허나 한번 요동치고 한번 정말 몸부림치지 않고서 나를 발견하겠어? 그 습이 끼었는데. 그러니까 그렇게 해서 주사를 안 맞고도 '어, 네가 아프게 한 거 네가 낫게 해라.' 하고 네가 낫게 할 수 있는 그 능력을 가졌다는 믿음을 가졌을 때 한순간이야. 그런데 구태여 좋은 거 먹을 필요가 뭐 있고 구태여 남이 좋다는 거 다 할 필요가 뭐 있고 남이 가면 낫는다 하는 거 다 쫓아다닐 필요가 뭐 있어. 내가 의사를 가지고 있고 내가 간호원을 가지고 있고 내가 관세음을 가지고 있고 지장을 가지고 있고 다 가지고 있는데.

또 한 가지 얘기해 드릴까요. 여러분이 상식으로나 의식적으로 감각이나 청각이나 뭐, 시각적으로나 이런 모든 것을 종합해서 들어오는 것을 요것조것 따지지 않고 말이에요, 모든 것을 자기를 믿고 참, 그 소용돌이 속에 그냥 탁 놨을 때 그 묘법이 거기서 나오는 거라.

그래서 여기서는 인제 앞으로요, 토요일날 일요일날 이럴 때 여러분이 오신다면 그대로 예불 모시고 난 끝에 정근을 하되 자성본래불을 부를 겁니다. 석가모니불 삼송 하고 자성본래불을 할 겁니다. 하되 아무리 좋은 이름이라도 아무리 좋은 법이라도 바깥으로만 불렀다 하면 이건 탈이야. 그러니까 안으로 부르되 안에서 바깥으로 나오고, 바깥으로 나오되 또 안으로 들고 이렇게 해서 굴려서 정근을 하고, 30분 하고 난 뒤에 좌선을 하고, 또 좌선이라고 해서 '난 좌선을 하지.' 요런 생각을 하고 좌선을 하면 아니 됩니다. 그건 좌선이 아닙니다. 그건 참선이 될 수 없으니 좌선이나 입선이나 와선이나 행선이나 이런 것이 다 참선이라는 하나의 그 의식을 가지고서 자기가 그대로 좌선을 하시되 일어나든 앉았든, 그 앉는다 일어난다 이런 생각 없이 말입니다, 시공이 없이 돌아가니까. 그런 것을 결정해서 고정되게 나를 묶어 놓지 마세요, 마음을. 그러고서 30분 하든 1시간을 하든 그건 시간을 짬 있는 대로 하고 난 뒤에는 찬불가로 들어가죠.

그렇게 해서 자기가 살아나가는 데 답답함을 가지고 있는 사람이라도 그 모든 것을 바깥으로 내뿜어서 안으로 넣고, 안으로 해서 바깥으로 나가고 그렇게 해서 한 일 년만 그렇게 한다 하더라도 자기 발견은 할 수 있지 않을까 이렇게 보죠. 지금 저 보살님은 두 달만에 자기 소리를 들었으나 그 이치를 모르기 때문에 다른 데로 에너지가 샜다고 그런 말을 하는데요, 그러니까 우리가 생활에서 그렇게 자기가 자기를 발견하게 되면 스스로 눈물이, 봄이 오면 눈이 녹아서 흘러내리는 물소리와 같이 그저 눈물이 흐를 거예요. 그러니 그게 다 자기 습과 업이 녹아내리는 소리죠.

여러분이 그렇게 해서 앞으로는 공부들 열심히 하기로 하고, 여기 조용한 이 장소를 택한 것은 바로 그 뜻이 있었던 겁니다. 우리가 안다 모른다 이론을 가지고 행을 한 번도 해 볼 수 없고 목마르면 물 한 그릇 마실 수가 없는, 누가 배고파서 죽는다고 해도 밥 한술 줄 수 없는 그런 사람이라면 그걸 어떻게 사람이라고 하며 만물의 영장이라고 할 수 있겠습니까? 그리고 어떻게 부처님의 불자라고 하며 부처님의 제자라고 할 수 있겠느냐 이 소립니다.

그러니 애들이 놀 때는 애들 좋게 애들이 돼 주고 어른이 놀 때는 어른이 돼 주고 젊은이들 놀 때는 젊은이가 돼 줄 수 있는 이러한 지혜 있는 사람이 돼야 하고 살림을 하더라도 아내가 남편한테 안된 일을 할 때는 그것을 말을 해서 싸우고 할 게 아니라 좋은 말을 해 주고 따뜻하게 해 줘요. 사람은 늙으나 어린애나 따뜻한 데 고이게 마련이지, 추운 데로 가는 사람은 없어. 그러니까 말은 좋게 해 주고 속으로 자기 주인공에 모든 것을 '저 사람 주인공도 저러지 않도록 몸을 끌고 다니게 해.' 하고 맡겨 놓으세요. 운전사가 몸을 끌고 다니지 않아? 그러니 운전사가 잘 끌고 다니게 주인공에 믿고 맡겨 놓으라 이 말이지. 그런다면 그 에너지가, 자기의 에너지가 그쪽으로도 연방 가고 옴이 없이 가고 오거든. 그래서 착해지고 그렇게 나쁜 버릇은 버리게 되고 그렇게 하니 말로 나쁘게 하고 싸움을 하지 말라 이겁니다.

그러니 하나하나 우리가 이 세상에 인간으로 태어났다면 칼을 뽑았다 할 수 있는데 칼을 뽑은 그 자체가 바로 화두라고 생각을 했을 때는 화두를 덧붙이지 마세요. 내가 이 몸뚱이 나온 것이 화두야. 그런데 이 화두도 벗어야 할 텐데 이 화두에다 덧붙인다면 언제 그거까지 다 벗겠습니까? 이 마음이 문제라, 마음 문제.

미국 사회에서도 그렇거니와 여기에서도 여러분이 참, 느끼고 체험하고 깨달아서 자재권을 가질 수 있다면 얼마나 좋겠습니까. 어저께 여러분이 "내일도 바람이 불고 이러면 이거 어떻게 하나!" 하고 걱정을 하셨는데, 우린 홑것을 입고 무척 추웠습니다. 어저께 제일 추웠어요. 그래서 아이구, 이거 홑것을 입고 왔는데 홑것 입고 온 걸 알아야지 어떻게 홑것 입고 온 걸 모르냐 이거야. 아이, 세상에 모두가 전체가 지수화풍인데 아니, 엉뚱하게 글쎄, 홑것 입고 온 걸 몰라? 그러니까 오늘은 홑것 입고도 괜찮은데요. 알고 있는 겁니다. 내가 알고 있는 이상 전부 바람도 알고 있고 흙바람도 알고 있고 추운 것도 알고 있고 물도 알고 있고 흙도 알고 있어요. 일체 만물만생이 다 알고 있어. 우주간 법계에서 알고 있어. 그래서 천지의 근본이 마음의 근본이라. 태양의 근본도 마음의 근본이니 어디 딴 데 가서 찾지 말라. 삼천대천세계에 일체 만물, 유생 무생의 근본도 바로 내 한마음의 근본이니 딴 데 가서 구하지 말라.

우리 한 분 한 분 체험을 하면서 실천에 옮겨보는 데 노력합시다. 내가 여기에 한 달 만에 꼭꼭 오려는지 한 달 조금 넘어서 오려는지 그거는 모르지만 될 수 있으면 한 달에 한 번씩 우리 만납시다. 그리고 일주일에 한 번씩 꼭 와서 좌선하시면서 그 도리를 좀 적어 보십시오.

악업 선업이 공하니 모두가 금강신이다

초청법회(뉴욕 한인회관)

1989년 6월 17일

오늘 여러분과 같이 이렇게 한자리를 하게 된 것을 참 감사히 생각합니다. 우리는 왜 나를 먼저 알고 나를 먼저 믿어야 하며, 참나를 알아서 자유스럽게 살 수 있는, 여유 있는 살림을 할 수 있는 '나'라는 자체가 어디서 왔는지 어디로 가는지 그쯤은 알아야 하겠기에 우리는 부처님께서 그 뜻을, 그 길을 가르쳐 주신 고마움을 잊어서는 절대로 안 된다고 생각합니다. 그렇기에 오늘 왜 이 공부를 안 하면 안 되는가 하는 과정, 우리의 생활하고 직결돼 있는 문제 등등을 짤막하게, 오늘 법회에서 연결해서 말씀드리겠습니다.

'나'라는 주인공을 발견하는 데는 물론 여러 가지 화두며 또는 여러 가지 문제가 있겠지만 그것들은 너무도 길고 멉니다. 제가 이 자리에서 체험한 바로 봐서는 내 마음으로부터 내 몸이 있다는 것을, 그렇게 가깝게 있는데도 불구하고 멀게 찾는다면 참 어렵다는 점을 말씀드리고 싶습니다. 가까운 것은 윗눈썹과 아랫눈썹과 같은 위치에 있죠. 그런데 아랫눈썹과 윗눈썹이 그렇게 가까이 있는데도 자기가 보지 못해서 그게 먼 줄 알고 있죠. 그러니 여기서부터 얘기할 게 아니라 부처님께서도 사제법을 먼저 설했듯이 첫째, 인간이 태어나기 이전에 우리는 수억겁 광년을 거치면서 쫓고 쫓기면서 그 뼈저린 삶을 그렇게 살아오면서 진화돼서 인간까지 이렇게 됐다는 그 점입니다. 그러나 사람이 어떻게 해서 이렇게 또 등장을 하게 되는지, 그거를 얘기 안 하면 이해가 안 가기 때문에 여러분한테 또 그 점을 잠깐 말씀드릴까 합니다.

여러분은, 물론 여러분뿐만 아니라 모두가, 이건 의학적으로도 그렇지만 엄마와 아버지의 몸을 받는다 하는 것은, 예를 들자면 상점에 가도 사과는 사과대로 배는 배대로 놓였습니다. 금방에는 금이 놓이고, 넝마전에는 넝마가 놓였습니다. 일체가 차원에 따라서 그렇게 끼리끼리 모두 차원대로 살고 있습니다. 그런데 여러분이 차원대로 살고 있는 그 자체가, 지금 정자와 난자를 생각해 보십시오. 어머니와 아버지가 만날 때 바로 차원대로 인연 따라 만납니다. 그렇다면 엄마 아빠에겐 무엇을 받느냐? 몸을 받습니다. 아버지의 뼈를 빌리고 어머니의 살을 빌려서 몸뚱이를 받았습니다. 그거는 어떻게 해서 받느냐? 그것은 물론 여러분의 영원한 불생불멸의 근본적인 영혼과 또 자기의 의식 자체와 정자 난자가 한데 합쳐질 때에 삼위일체로 같이 포함됩니다. 엄마 아빠의 정자 난자가 있어도 여러분 속의 영혼 자체가 거기에 포함이 되지 않는다면 임신이 되지 않죠. 그래서 임신이 됐다 하면 딱 몸 하나만 받습니다, 여자든 남자든. 왜 내가 이런 이야기를 하는지 나중에 잘 체험해 보십시오. 그래서 여자든 남자든 하나가 생성된다면 그 많은 수십억 마리의 물질은 다 물로 흩어져 버리고 맙니다. 물로 흩어져 버리고 딱 하나가 부모에게서 받는 것입니다. 과거에 자기가 살던 그 업식, 악업이나 선업이 거기 포함돼서 자기가 짊어지고 그 몸 받는 대로 바로 결부되는 겁니다, 그거는 자기가 한 거만큼.

그래서 부처님께서는 그것을 '고 집 멸 도'의 사제법으로 설해 주셨습니다. '고덩어리니라.' 우리 인간이 살아나가는 데 왜 '고'라고 그랬을까요? 악업 선업이 거기 포함돼서 여러분 육신의 세포에서 회전을 하고 있습니다. 인간도 혹성과 같아서 법망이 있는데 모든 세포가, 육신으로 봐서는 이게 법망입니다. 세균이 나갈 때도 들어올 때도 적응을 할 수 있는 세포가 있으니까요. 그러니까 예를 들어서 부모의 인연이든 자식의 인연이든, 자식이 부모가 되고 부모가 자식이 되고 이런 인연들, 또는 짐승이 사람 되고, 사람이 짐승으로 퇴보되고, 병신으로 퇴보되고 승화되고 이러한 인과가, 그 악업 선업이 모두 접해서 거기에서 수십억 마리가 지금 회전을 하고 있습니다. 그러니 때로는 즐거운 생각이 나오고 때로는 속상한 일도 나오고, 때로는 우환이 생기고 때로는 병고가 생기고 절망이 생기고 이러한 것이 수없이 발산을 합니다, 그 악업 선업에서.

그래서 부처님께서 모든 것에 속지 말라 이랬습니다. 환상에 속지 말라. 거기서 일어나는 대로 모든 것을 놔라 이겁니다. 방하착 하라고 그랬습니다. 그러면 우리가 작업을 어떻게 해야만 되나? 우리는 모든 것을, 거기서 나오는 거든지 또 오관을 통해서 들어오는 거든지 모든 것을 맡겨 놓아야 합니다. 여러분이 계시기 때문에 우주도 있고 생활도 있고 생존도 있고 부처도 있고 모두가 있는 겁니다. 여러분이 없다면 아무것도 없는 겁니다. 어떤 것이 먼저냐? 여러분이 먼저입니다. 여러분이 계시기 때문에 부처가 있는 거지 여러분이 계시지 않는다면 부처가 없습니다. 그렇기 때문에 내가 말씀드리고 싶은 것은, 여러분이 넘어지면 여러분에게 일어날 힘도 있다는 겁니다. 이열치열이라는 말이 있듯이, 여러분 속에서 나오는 것을 다시 그 자리에 놓는다. 거기 맡겨 놓는다. 여러분이 생활하시는 거니까 생활의 모든 것을 이렇게 안 하면 공덕은 없는 겁니다. 바깥에서 타력 신앙으로 믿는 분들은 공덕이 될 수 없습니다. 복은 좀 받을지언정, 위안은 될 수 있을지언정 공덕은 없다는 겁니다. 모든 것을, 그 업보를 녹일 수도 없거니와 이 모두를 놓지 않는다면 자기의 모든 그 수십억 마리의 악업 선업이 녹을 수가 없습니다.

그래서 악한 마음이 나오든지 선한 마음이 나오든지 모든 것을, 선하게 나오면 감사하게 생각하고 악한 마음이 나오면 '내 주인공만이 나를 악하지 않게 해 줄 수 있는 것이다.' 하는 것을 믿고, 또 잘되면 감사하게 생각하고, 내가 병신 안되고 이렇게 성한 몸으로 다니는 것만 해도 감사하게 생각하고 첫째 나라는 아집을 버려야 하고, 욕심을 버려야 합니다. 그렇다고 해서 욕심을 버려야만 한다는 건 아닙니다. 즉 말하자면 나라는 아집만 버린다면 거기 뭐 붙을 게 있겠습니까? 나라는 것만 죽는다면 뭐가 붙을 게 있습니까? 모든 것을 그렇게 내 주인공에, '나'라는 것도 놓고 나오는 대로 다 놓으세요. 바깥에서 들어오는 대로 안에서 폭동이 일어나는 대로 거기에 끄달리지 말고 하나하나 놓는 대로 그 수십억 마리가 자동적으로 진화가 됩니다. 여기 육신 속에서는, 즉 말을 하자면 간장 공장이니 위 공장이니, 이자 공장, 방광 공장, 소장 공장, 대장 공장, 공장이 많습니다. 이것을 지배할 수 있는 내 마음, 그 지배인 사장은 항상 두뇌로부터 사대로 통신을 하는 겁니다. 그렇기 때문에 다 거기에 놓는다면 하나하나가 자동적으로 진화돼서 보살이 될 수 있는 것입니다. 거기 놓지 않는다면 자기가 악업 선업 지은 대로 독 안에 들어도 면치 못한다는 뜻이죠.

그러나 용광로에 쇠를 넣듯이 하나하나 놓는다면 새 쇠로서 생산이 돼서 다시 여러 가지 이름을 가지고 나가듯이 이 몸뚱이 속에 있는 중생들도 보살로서 화해서 털구멍을 통하고 눈구멍을 통하고 콧구멍을 통하고 귓구멍을 통해서 나고 들면서 보살행을 하는 거라. 여러분이 속지 않는다면, 그대로 그것을 다 녹인다면 금강신이 된다는 얘기죠. 거기에서 그것을 다 녹일 때엔, 그렇게 놓을 수 있는 그 마음이 철저하다면 아주 물이 없는 마른 땅에, 갈라진 땅에 물을 촉촉이 주는 거와 같다. 돌을 골라 버리는 거와 같다. 체로 치는 거와 같고 또는 풀 뽑아 버리고 그렇게 해서 물을 잘 주면 그냥 아무 소리 없이, 갈라지지도 않고 손색이 없이 싹이 나와서 바로 발현이 돼 가지고 자라서 열매가 열리고 무르익어서 만 가지 맛을 낼 수 있는 그러한 그 열매가 열린다는 겁니다. 그것이 바로 자성을 깨치는 겁니다.

그런데 그것을 놓지 않고는 절대로 나를 발견할 수 없어. 그것을 카세트로도 비유했습니다만 카세트에 먼저 넣은 게 있더라도 나중에 또 넣으면 아까 게 없어지고 또 넣으면 또 없어지고 또 넣으면 또 없어지고, 여러분이 이 세상에 나올 때 그 악업 선업의 카세트를 짊어지고 나온 것을 바로 그렇게 놓고 간다면 그렇게 비고 또 비고 또 비고 그러니, 여러분은 항상 그릇이 비니 어느 거라도 담을 수 있는 거고 담으면 없어지고 하는 거와 같은 거죠.

그래서 자기 주인공이 왜 색이 공이요 공이 색이라고 했는가. 여러분의 전생과 지금 현생이 둘이 아니고 그렇기 때문에 움죽거리고 말하고, 이러기 때문에 이 모두 색이 공했다 이겁니다. 여러분은 찰나의 생활을 하고 계시지 않습니까? 여러분은 '인간이 어떻게 사나. 어디서 왔나. 지금 어디를 걷고 있나.' 생각해 보신 적이 있으신가 한번 생각해 보십시오. 인간은 항상 찰나 생활에서 살고 있습니다. 인간이 아무리 오래 산다 하더라도 한 철입니다. 그런데 여러분이 그렇게 한 찰나 듣는 것이 고정됩니까? 보는 것이 고정됩니까? 말하는 것이 고정됩니까? 만나는 것이 고정됩니까? 가고 오는 것이 고정됩니까? 모두가 고정됨이 하나도 없어요. 먹는 것까지도. 크게는 공생이요 공용이요 공체요 공식까지 같이 하고 있는 겁니다. 우주 전체 삼라만상이 다 말입니다.

그런데 그중에 여러분이 차원에 따라서 용도에 따라서 자기한테 주어지는 대로 자기는 찰나 생활을 그대로 하고 있다는 뜻입니다. 여러분의 차원대로, 여러분의 생각대로 지금 살림을 하고 계십니다. 아주 장단 맞춰서 가락대로 놀고 있습니다. 그런데 여러분은 크든 작든 자기가 옳다고 그러는 겁니다, 모두가. 크든 작든 옳은 것은 옳고 그른 것은 그르다 하는 것은 인간이 살아나가는 데에 있는 거고, 부처님께서 가르칠 때 그르고 옳은 것을 그렇게 가르쳤다면 아마도 부처님은 이 세상에서 모든 것을 버리고 모든 것을 얻을 수가 없었을 겁니다.

육조 선사도 깨달아 가지고도 12년을 그렇게 굴렀어. 왜 그랬는가? 우리가 깨달았으면 나와 내가 바로 부착이 돼서, 부(父)와 자(子)가 한데 부착이 돼서 둘이 아니게 나를 발견해 가지고 진짜 의정을 얻을 수 있는 것입니다. 거기서 진짜 공부야. 그래 12년을 공부할 때 무엇을 했을까? 그때는 모든 것을 버렸기 때문에 버린 것을 버려서 하나하나 자기가 돼 봤습니다. 닥치는 대로 바로 자기가 돼 봤습니다. 죽은 세상에 마음이 있는 거든 없는 거든, 귀신이든 선신이든, 어떤 거든지 자기가 돼 보고, 어떠한 사람이든지, 어떠한 짐승이든지 자기가 돼 봤습니다. 아니 돼 본 것이 없이 다 돼 보고 나니까 그렇게 둘이 아니고 내 몸 아닌 게 없고 내 사랑 아닌 게 없고 내 아픔 아닌 게 없고 내 자리 아닌 게 없고 내 손 아닌 게 없고, 모두 그 뜻을 알았답니다. 그러니 바로 그분은 "내가 항복을 했고 항복을 모두 받았느니라. 중생은 나를 보고 깨치지만 나는 중생들을 보고 깨쳤느니라. 나는 길에서 와서 길을 여러분한테 가르치고 길로 가노니 본래 산 것이 없기 때문에 죽을 것이 없느니라." 하셨습니다. 이것이 여러분이 모두 알아야 할 점입니다.

우리가 기독교인이든 또는 가톨릭교인이든 알라신교인이든 남묘호랑개교인이든 우리 불교인이든, 그것은 이름일 것입니다. 또 종교를 믿든 믿지 않든 그것도 좋습니다. 누구를 막론해 놓고 자기를 먼저 알아야 한다는 겁니다. 또 역으로 말하자면, 어느 절이든지 어느 기독교든지 가톨릭교든지 나가는 것을 이리로 오너라 이러는 게 아니라, 우리는 어느 누구를 막론해 놓고 이 마음의 도리를, 자력 신앙으로서 자기 주처를 발견하고 자기가 만법을 들이고 낼 수 있는 자유권을 즉, 원심력을 얻어서 나가야 한다 이 말입니다.

불가에서는 오신통이라고 합니다만 지금 현실의 말로는 아마 천체망원경이라고 해도 과언이 아니고, 그걸 천안통이라고 할 수 있겠습니다. 컴퓨터는 아마 숙명통이라고 해도 과언이 아닐 겁니다. 타심통은 탐지기라고 해도 과언이 아닐 겁니다. 천이통은 아마 무전통신기라고 해도 과언이 아닐 겁니다. 신족통은 가고 옴이 없는, 바로 빛보다 더 빠른 그런 빛이라고 할까요, 광명이라고 할까요? 누진통은 우리가 이 다섯 가지의 이 깊은 자체를 자유스럽게 굴리는 겁니다. 우리가 이 세상을 다 본다고 해도 도가 아니라고 했고, 듣는 거를 다 들어서 수집을 한다 하더라도 도가 아니라고 했고, 남의 속을 빤히 알아도 도가 아니라고 했고, 남이 과거에 어떻게 살다가 뭐가 됐다가 사람이 됐다 뭐, 당신네들은 과거에 어떠했다 이래도 도가 아니야. 단, 있다면 그 다섯 가지를 동시에 다 자기가 터득을 해서 그 다섯 가지 통 속에서 벗어나야 누진으로부터 자기가 굴릴 수 있는 바로 자유권이야. 이 과정을 거치지 않고는 여러분이 자유스럽게 살 수 없어요.

그렇기 때문에 이 모두를 볼 때에 불교다 하면 그저 갖다가 놓고 복 빌고, '관세음보살, 잘되게 해 주시오! 문수보살, 잘되게 해 주시오! 산신, 어린애 낳게 해 주시오! 무슨 일 없이 해 주시오! 지장보살, 좋은 데로 가게 해 주시오! 약사보살, 병 낫게 해 주시오!' 이렇게들 이름이 각각 나가는데 그것은 일심에서, 모든 한마음에서 다 나가는 겁니다. 마음은 체가 없어. 체가 없어서 지금도 그 마음이 저 꼭대기로 올라가서 높이 떠 보세요, 마음이. 그리고 아래로 내려다보세요, 어떤가? 마음은 빛보다도 더 빠르고 어디라도 가까움과 먼 데 그런 것이 없습니다. 가깝고 멀고가 없어. 모든 것이 생사를 초월하고 시간을 초월하고…. 처음에 우리가 주인공에다 놓는다면 그 이익은 벌써 시각적으로나 후각적으로나 청각적으로나 촉각적으로나, 감각 지각으로나 모두가 발현이 돼. 발현이 되니까 나를 얼른 발견할 수가 있다. 그러니 첫째 자기한테서 나오는 거 자기한테다 놔라. 자기 주인공이 자기를 형성시켰다. 자기를 이끌어 가지고 채우고 다닌다. 자기 주인공밖에는 자기를, 병을 낫게 해 줄 수 없다. 자기를 건강하게 이끌어 가지고 간다. 내 가정을 이끌어 가지고 간다. 모든 걸 믿고 자기한테서 나오는 건 무조건 자기한테 놔야 된다 이런 문제입니다. 거기에서는 운전수가 차 끌고 다니듯이 일체 만법을, 모든 것을 자기가 그렇게 쓸 수 있다는 그 사실입니다. 오늘부터라도 그렇게 할 수만 있다면 그것이….

또 한 가지 재밌는 얘기가 있죠. 인간에게 주인공이라는 그 문제는 자가발전소와 같다. 내 가정의 누구누구, 자식, 부모 또는 남편, 아내 이렇게 마음으로 알고 있기 때문에 그건 가설입니다, 가설. 여러분은 자가발전소에서 가설이 된 이 줄만 보시지 줄 속에 든 것은 못 보시는 겁니다. 이 거죽의 줄만 보고 진짜 이 줄 속에 전력이 들어오는 거는 보이지 않죠. 전력이 들어와서 불이 들어오는 건데, 불 들어오는 것만 알고 이 줄만 보이지 전력이 들어오는 건 보이지 않는데, 보이지 않는 거라고 해서 그것이 없다 이럴 수는 없는 겁니다. 귀머거리가 천둥 번개 하는 거 없다고 하면 귀머거리 아닌 사람은 귀머거리가 그렇게 한다고 해도 그것을 싸우지 않고 '쟤는 귀머거리니까 그렇거니.' 하고, 없다고 아무리 고집을 세워도 '그래, 그래. 너는 없을 거다.' 이렇게 하고 안아 준다는 말이 있습니다만 우리는 아는 것도 모르는 것도 누구를 좋아하고 깔보지도 말고, 높이 보지도 말고 내려다보지도 말고 항상 자기와 같이만 생각하면 그것은 손색이 없을 것입니다.

지난번에도 얘기했지만 그렇게 좇아다니면서 애를 쓰고 벌었지만 진짜 갈 때는 돈더러 가자고 그러니까 안 간다는 거죠. 자식도 따라갈 수 없고 또 부모 형제도 따라갈 수 없고 자기 몸뚱이도 따라갈 수 없는 것입니다. 단 하나 있다면 자기 영혼 자체 주인공 주처가 바로 자기를, 의식을 가지고 영원히 세세생생 이끌고 갈 수 있는 거죠.

여러분 앞에 순서 없이 이렇게 말씀드리는 것은, 이 진리가 본래 순서가 없습니다, 문도 없고. 그래서 문이 없어서 문을 못 찾는 거죠. 문이 너무 많아서도 못 찾는 거고요. 그러니 제일 가깝게 여러분한테 있습니다. 그것은 반드시 핵이 있으면 질량이 있고 질량이 있으면 핵이 있듯이, 여러분의 몸뚱이가 오븐이라면 그 질량이 있는 것으로 맛있게 해 먹을 수 있는 거, 자기가 먹고 싶은 것대로 해 먹을 수 있다는 그 말이죠.

그러나 우리 불자들은 항상 자기는 모자라는 걸로만 생각하죠. '나는 중생이니까….' 하고. '중생과 부처와 둘이 아니다.' 예전에 유마힐 거사가 이런 말을 했죠. 병문안을 가니까 '중생들이 나아야 내 몸이 낫는다.'고 한 그게 무슨 소릴까요? 지금 가만히 생각해 보세요. 내 몸 속의 중생들이 건전하게 회전해 주고 그래야 내 이 몸뚱이가 건강하죠? 몸속의 중생들이 건강치 못한데 내 몸뚱이가 건강하겠습니까? 그래서 아래로는 중생을 제도하고, 아주 가깝게 생각하세요. 멀게 생각하면 안 돼요. 여러분이 위로는 지혜를 구하고, 참주처를 믿고 아래로는 이 중생들을 제도하는 것이 바로 놓는 겁니다. 그렇게 해서 내 몸부터 벌써 알고, 내 몸이 그렇게 해서 악업 선업이 다 녹아지면 오무간지옥도 무너져. 그러면 금강신이 되죠.

그럼 그게 녹아서 보살로 돼 가지고 보이지 않는 데서 벌써, 내 생각을 내 생각이 더 잘 아니까 나고 들고 나고 들고 해서 윤회에 끄달리지도 않죠. 또 유전성도 벗어나죠. 업보도 무너지죠. 다 그렇게 되니까 어떠한 현상이 있느냐? 모두가 금강신이다. 그러면 '참 구족하구나!' 이런 거, '삼십이상이 구족하구나!' 또 그렇게 되면 털구멍을 통해서 들고 나면서 내가 불쌍한 사람을 길 가다 봤을 때, 소가 끔벅끔벅하고 도살장으로 끌려갈 때, 내가 가다가 어린애를 봤을 때, 처참한 사람을 봤을 때 꼭 '저 사람을 내가 도와준다.' 이런 생각 없이도 보면 그대로 자동적으로 건져져. 그래서 삼십이상이 구족하면 삼십이응신이 다 천백억화신으로 화해서 여러분한테뿐만 아니라 하다못해 벌레까지도 건질 수 있다는 문제가 거기에 있는 것입니다.

그러니 여러분 마음속에 부처가 있는 것이지 여러분을 벗어나서 부처가 있는 것이 아닙니다. 여러분이 없으면 부처도 없고, 여러분이 계시면 부처도 있는 것입니다. 그것이 무엇일까? 그래서 부처님 그분께서는, 예를 들어서 가난한 사람한테는 관세음보살로 나투시고, 또 좋은 데로 못 가서 애원하는 사람들한테는 지장으로 나투시고, 또 몸이 아파서 애를 쓰는 사람 앞에는 약사로 나투시고, 물에 가다가 애원하는 사람한테는 용왕으로 나투시고, 길을 가다 험악한 일을 당할 때는 그걸 그렇게 자력으로서 신앙을 갖고 붙잡고 가는 사람, 그런 사람들은 뭐, 붙잡는다 안 붙잡는다도 없이 스스로서 그렇게 되니까 지신이 도와주죠. 항상 그렇게 자기가 아는 것 자기가 더 잘 알아. 그렇기 때문에 봐 준다 안 봐 준다, 맡긴다 안 맡긴다 나중엔 그것도 없어져. 그래서 둘로 보지 않는 거다. 둘로 보지 않고 체험을 하고 이렇게 나가는 거다.

내가 오늘 너무 길게 말을 했나 보죠? 두서없이 말입니다. 내가 두서없이 말을 하더라도 여러분은 이렇게 하세요. 내가 혀가 짧아서 '바담 풍' 했더라도 여러분은 '바람 풍' 하고 똑바로 듣고 똑바로 행하신다면 그것이 바로 공덕이 되고, 가정에 이익이 되고 화목이 되고 우환이 없어지고 초월해지고 늠름해지고 떳떳해지고, 이렇게 되는 것입니다. 그것이 바로 원심력이에요. 여러분이 바로 부처라는 이름을 갖게 되고 또 부처라는 이름을 갖게 되기 이전에 그대로 보살행을 하시는 거죠. 부처는 가만히 있으면 부처고, 한 발 내려딛고 생각하면 그것은 법신이고 움죽거렸다 하면 화신이거든. 그게 따로따로 있는 건 아닙니다.

내일 여러분이 질문을 해 주신다면 우리 서로가 토론하는 시간을 또 가져 보는 것도 좋지 않아요? 오늘도 간단하게 누가 말씀해 보십시오. 이렇게 여러분 앞에 말씀드리는 것을 '왜 저 사람이 저렇게 말을 할까?' 하고 생각을 하는 분들도 있습니다. 저는 있는 얘기 하지 없는 얘기는 안 합니다. 부처님도 있는 거를 깨달으셔서 49년 설해 주시고 몸소 행으로 보여 주셨고, 저는 심부름꾼으로서 지금 똑바로 길을 인도해 드리는 것도 바쁜데, 말을 함부로 해서 여러분이나 나나 또 악업이 되고 선업이 돼서 또 벗어나지 못할 그런 문제를 가지고 올 수는 없거든요. 난 벗어나려고 그러는 건 아니거든, 여러분 문제지. 여러분은 창살 없는 감옥에다 자기를 넣고는 꼼짝 못하게 하는 경향이 많습니다.

여기 제가 오고 며칠 안 되는 동안에 욕도 많이 먹었습니다만 도매금으로 생각하지 말아 줬으면 하는 생각이 있습니다. 나는 누구를 막론해 놓고, 누구를 뺏고 뭐 자시고 그런 것도 없습니다. 여기 와서 들으면 듣는 대로 두는 거지 다른 절에 나가는 걸 누가 '여기 오너라.' 이럽니까? 세상에 그렇게 부동하고 그런 사람은 그렇게 안 합니다. 여러분이 이 도리를 공부한다면 아마 절의 모든 일들을 더 잘해 나가시면서 스님네들에게 공양을 더 잘하고 또 불쌍한 사람을 더 이끌어 주시고 그럴 분들이지 그렇게 나쁜 사람이 되지는 않으시겠죠. 공부하는 게 무슨 죄가 있습니까? 서로 토론하고 그러는 게 무슨 죄가 있다고요. 또 스님네들이 돈 벌어먹으려고 스님네들 됩니까? 죽어야죠, 그럼. 스님네들은 벌레가 된다 하더라도, 으스러진다 하더라도 각오가 서야 되는 겁니다. 그래서 항상 떳떳한 겁니다. 지금 금방 죽는대도 떳떳하죠! 양심이 부처니까. 언젠가는 누구든지 다 갈 건데 뭐, 그 뭐 걱정입니까? 질문할 거 없습니까? 질문할 거 없다면 내일 뵙고요.

질문자1(남) 질문 하나 하겠습니다.

큰스님 예.

질문자1(남) 큰스님! 어느 종교 단체를 막론하고 우리가 교회면 교회, 절이면 절을 중심으로 해 가지고 신자나 신도 분들이 많이 모이게 됩니다. 모이는 것은 현실적으로 특히 서울뿐만이 아니라 여기 워싱턴에서도 하나의 신행 생활면에서나 또는 종교적인 면에서 모이는 그런 측면도 많이 있지만, 우리가 이민 생활을 하면서 또는 서울에서 생활을 하면서 모여서 정보도 교환하고 즐거운 시간을 갖기 위한 어떤 하나의 방편으로 종교 활동이 이루어지는 면도 있다고 보겠습니다.

그러나 제가 생각하기에 가장 중요한 것은, 질문이 좀 길어집니다만 여기에 오신 분들뿐만 아니라 여기 밖에 계시는 분들도 여러 가지 괴로움을 많이 얻고 있습니다. 자식이 죽었다든지 병에 걸렸다든지 또는 사업에 실패했다든지, 흑인촌에서 장사를 하는데 강도가 칼을 들고 들어와서 위협을 한다든지, 그것뿐 아닙니다. 여러 가지 그런 고민을 우리가 지금 어깨에 걸머지고 있는데 이런 고민을 과연 어떻게 없애면서, 부처님의 법으로써 이런 문제를 해결하면서 좀더 편안한 생활을 할 수가 있는가 하는 면에 있어서 스님께 구체적으로 한 말씀 더 부탁을 드리겠습니다.

큰스님 지금 여러분한테 제가 말씀드렸죠? 그런데 말할 때는 모든 게 흥미가 나지 않습니다. 그러나 여러분이 이거를 좀더 아주 진실히 아시고 공부하셨으면 합니다. 여러분이 여러분을 믿으라는데도 못 믿는다면, 이름을 믿습니까, 허공을 믿습니까, 형상을 믿습니까? 나는 이렇게 가르칩니다. 불당에 가서 부처님이 계시거든 그 부처님의 형상은 내 형상이고 그 부처님의 마음은 내 마음이고 그 부처님의 생명은 내 생명이니 둘이 아니게 둥글려서 삼 배를 올리되, 삼 배를 하지 못할 처지라면, 급하면 일 배를 만 배로 알고 해라. 여러분이 육신으로 108배를 하시고 염불을 외우시고 그렇게 하시는 분들도 많고, 금강경도 외우시고 이러는데, 그렇게 하지 말라는 건 아닙니다. 단 하나, 거죽으로 그렇게 끄달린다면 아니 된다는 문제죠.

사리불이 풀밭에 앉아서 좌선을 하시는데요, 유마힐 거사가 지나가다가 "당신이 앉아 있다가 일어나면 선은 끊어지지 않습니까?" 하니까 그때서야 툭툭 털고 일어나면서 껄껄 웃으면서 "그럼 그렇지!" 하더라는 얘기도 있습니다. 이 세상에 지금도 (탁자를 두드리시며) 현재 이것도 돌아가고 있습니다. (컵을 들어 보이시며) 이것도 돌아가고 있죠. 우주 개공이 여기도 다 들어 있습니다. 이것도 지수화풍 아니면 아니 되죠. 그렇기 때문에 바람도 흙도 모두 있어야 되겠죠. 그러니까 그 모두가, 여러분도 지수화풍으로 뭉쳐져 가지고 지수화풍을 먹고 살아요, 지금. 지수화풍 속에서 금도 나오고 별의별 것 다 나오지 않습니까? 지수화풍을 먹고 살고 있어요. 고마운 줄도 모르고요. 그저 돈 벌어 살 줄만 알아요. 여러분의 생명이 지금 그렇게 살고 있는데도 공기도 고마운 줄 모르고 바람도 고마운 줄 모르고 불도 고마운 줄 모르고 물도 고마운 줄 몰라요. 돈 안 주고 쓰는 거니까. 아니, 돈을 주고 사서 우리가 생명을 산다면 그거는 얼마나 귀한 겁니까? 그런데도 고마운 줄 모르거든요. 한 번도 생각해 본 예도 없어요. 그러니까 여러분도 지수화풍으로 뭉쳐졌으니 지수화풍을 먹고 살고, 지수화풍에서 나왔어요. 물주머니에서 나왔거든요. 그러니 그것이 진리죠.

그렇기 때문에 내가 아까 '그렇게 병만 낫게 하는 것은 도가 아니다.' 이런 것은 다섯 가지를 가졌는데 한 가지만 알아도 도가 아니고, 다섯 가지를 다 송두리째 굴릴 수 있어야 그게 불바퀴를 굴린다 이런 뜻이죠. 그래서 이 통 속에서 바깥으로 나와야 통을 굴릴 수가 있는 거죠. 그렇기 때문입니다. 그래서 여러분한테 지금 깨쳤다 깨치지 못했다 하기 이전에 무조건 자기가 자기를 믿고 들어가라. 어떤 불상이 있다 할지라도 자기 주인공에 같이 계시다면 어떠한 거든지, 하다못해 풀포기도 꽃도 식물도 다 자기 주인공 안에, 역대 조사도 부처도 다 있어. 귀신도 그 안에 다 들어 있어요. 아까 악업 선업이라고 그랬죠. 다 들어 있으니 거기다가 그 모든 것을, 병을 앓는다 하더라도 거기서밖에는 병을 고칠 수 없다 할 때 병이 낫게 됩니다. 어느 땐 병을 가지고 이렇게 올 때, 그럴 때 나는 "병 있는 거 알았으면 병 좀 내놔 봐. 고쳐줄게!" 그러죠. 그러면 아무 소리 없이 그냥 가요.

그러나 아프다고 한 사람과 그 병이 있으면 내놓으라고 한 사람이 있기 때문에, 그거는 누가 고쳤을까요? 그 마음과 마음이 서로가 합하지 않으면 인연이 없는 거야. 무조건, 이유를 붙이면 그런 건 안 돼.

이유는 붙지 않아. 부처님 법엔 이유가 붙지 않아. 무조건 자비, 사랑을 주면, 공을 던지면 튀어오듯 만약에 여러분이 그렇게 해서 "참, 감사합니다." 할 때 "여보! 당신이 있었기 때문에 당신의 병을 고쳤지 당신이 없었더라면 당신의 병을 어떻게 고쳤겠소. 오히려 내가 감사하오." "아이구, 스님! 내가 감사합니다." 이것을 누가 했겠소? 한 사람도 없으면서도 한 거는 분명히 있거든, 그 사람도 있고 나도 있으니까. 그것이 부처님 마음과 더불어 일체가 다 둘이 아니게 회전하게 됩니다. 독불장군 없어. 소도 언덕이 있어야 비비고 이렇듯이, 여러분도 여러분이 있어야 비빌 데가 있듯이 여러분이 모른다 안다 이러기 이전에 그래도 뭐가 있어야 비빌 수 있지 않겠어요?

오늘, 너무 실례가 많은 것 같지만 여기에서 바쁘게 사시니까 될 수 있으면 뛰면서 생각하고, 생각하면서 뛰더라도 여유 있는 마음 살림, 이렇게 사시도록 이 공부 열심히 안 하시렵니까? 어느 절에 나가도 좋으니까, 그것은 막지 않아요.

우리가 서로 이런 공부 할 때 도반으로서 같이 토론하고 이렇게 할 수 있다면 그 얼마나 좋으리까? 그런데 여기 와서 며칠 가만히 보니까 그냥 왜들 그렇게 삭막하게 이 외국, 타국에 와서까지 그렇게 해야 됩니까? 서로 이해하고 사랑하면서 "나는 이 절에 나갑니다." "그럼 잘해야지. 이 공부 열심히 해서 누구나가 다 깔보지 말고 업신여기지 말고, 아무 절이고 나가고 싶은 데로 나가." 이것이 바로 우리 불자들이 해야 할 일입니다. 이렇게 하지 않는다면…, 난 아무도 미워하지 않아요. 다 간대도 미워하지 않아. 여러분이 나를 싫다고 가라고 해도 좋아요. 전 아무것도 바라는 거 없어요. 단 하나 있다면 여러분 생활에, 여러분이 몸을 끌고 다니는데 건강하고, 이게 벌써 몸속에서 중생들이 건강하면 몸이 건강합니다.

어떤 사람의 어린애를 병원에서 못 고친다고 내다 놓았는데 며칠이 되니까 그냥 살아나더라는 겁니다. 그건 왜? 그 사람이 그렇게,

자기 엄마가 자기 자식을 낫게 한 겁니다. 그 마음이라. 구덩이에다 넣느냐, 구덩이에서 꺼내느냐는 한생각에 달렸어요. 참, 저기 우리 광주에서 저 선생님이 오셨는데, 광주지원에 조선대학 교수님들이 많이 오시는데 또 의사 되시는 분들도 오시고, 많이 체험을 하고 계시거든요. 과학자는 과학자대로 의사는 의사대로 교수는 교수대로 서로 도반으로서 토론하고 이래요. 그 뭐 그렇게 근심을 하고 그냥 그렇게 애를 쓰는지 몰라요. 난 이 절에 나가니까 못 가고 난 저 절에 나가니까 못 간다, 그런 게 없어요, 우린. 그렇게 토론하고도 그냥 전부 헤어지고 그러거든요. 서로 스님네들도 왔다 갔다 하고 말이에요. 얼마나 좋은지 모르는데 괜히 그래요.

오늘 여러분하고 말이 길었습니다만 내일은요, 설법을 하기 이전에 여러분과 토론하는 데 역점을 둡시다. 그러면 아마 뭔 소리가 나올 거 같아요. 난 설법을 하겠다 이러고 빼 가지고 이렇게 하지 못하기 때문에 이 모양이에요. 허허허…. (대중 웃음) 그러니까 좀더 좋게 봐주시고요. 감사합니다. (대중 박수)

생활 불교로서의 산 가르침

초청법회(뉴욕 한인회관)

1989년 6월 18일

여러분과 어저께 저녁에도 같이 앉아서 말씀드렸습니다만 오늘도 이렇게 같이 앉아서 또 토론하게 됐습니다. 그것을 기쁘게 생각하는 것은, 한국도 아니고 외국에 여러분이 오셔서 이만큼 살기까지 얼마나 노고가 많으셨나 하는 생각을 하니 그렇고, 우리가 처음에 어디 가서 시작을 하면 무척 고생을 하고 그러는 걸 생각할 때, 또 어디를 처음에 가서 내 집이 없이 이틀이고 사흘이고 열흘이고 떠돌 때를 생각해 본다면 여러분이 처음 여기에 오셔서 얼마나 고생을 했나 하는 생각도 해 봅니다.

그러는 반면에 여기에 계신 여러 한국분들하고 같이 앉아서 이런 말을 하고 싶습니다. 불교라고 하는 이 말 자체가, 불이라는 것은 영원한 생명을 말하는 것입니다. 또 교라는 것은 말입니다, 고등 동물인 인간으로 태어났다면 좋은 말을 해 줄 수 있는 능력을 갖췄기 때문에 말씀이라고 하는 겁니다. 그래서 종교입니다. 그래서 불교입니다.

그런데 어느 종교를 막론해 놓고 결국은 불교죠. 생각 없는 사람은 없으니까요. 더 재미있는 것은 여러분의 생각입니다. 진리가 돌아가는 대로 여러분의 생각도 빨리 돌아간다면 좋겠는데, 지금 불교를 믿고 이렇게 다니는데 여러분이 죽어서 천당에 간다든가, 죽어서 승천한다든가 또는 그 죄업을 사하게 하기 위해서 다닌다든가, 우리가 죄를 짓고 나서 죄를 사하기 위해서 다닌다는 생각을 가질 때마다 여러분은 이미 진리와는 늦는 겁니다. 그 생각 차이가 얼마나 중요한지 모릅니다. 제가 이런 말씀을 드리면 '저 사람 참, 구름 잡는 소리 한다.'고 욕을 하겠지만 어저께도 얘기했듯이 이 찰나의 생활이라는 것이, 애들이 세대 차이라고 하듯이 생각 차이가 그만큼 아주 어렵습니다. 생각 차이가 얼마나 나는지 모르겠습니다.

우리가 기복이다 하면 벌써 타력으로 나가면서도 죄가 있으니까 죄를 사해야 하기 때문에 백팔 배를 해야 하고 정성을 들여야 하고 여러 가지 문제를 가지고 있습니다. 그런데 그게 아닙니다. 누가 죄를 벗겨 주고 씌워 주고 그러는 게 아닙니다. 여러분이 사시는 것을 누가 대신해 주거나 씌워 주거나 대신 벗겨 주거나 이런 것이 없습니다. 단지 여러분의 마음 따라 있습니다. 그대로 마음의 도리를 퍼뜩퍼뜩 재빠르게 지혜롭게, 즉 말하자면 그것을 지금 애들은 계발이라는 말로 많이 쓰고 있는데 말로는 할 수가 없는 이치가 거기에 붙어 돌아갑니다만 찰나에 돌아가는 이 자체를 우리는 용도에 따라서 잡아서 씁니다. 그런데 어느 절에 다녀도 여러분의 생각은 항상 죄를 덮어쓰고 죄를 덮어 씌워 주고 그럽니다. 이걸 어떻게 해야 되죠?

여러분이 과거에 어떠한 것을 짊어지고 지금 현생에 나왔기 때문에 과거도 없을 뿐 아니라 미래엔 가지 않았기 때문에 없고 지금 현재도 찰나이기 때문에 없는 것입니다. 붙을 게 없죠. 그런데 우리가 여여하게 그대로 지금 걷고 있습니다. 내가 마음먹고서 이걸 해야겠다 하면 하는 거고, 내가 이것을 죄가 있어서 못한다 하는 생각은 하지 않으셔야 됩니다. 마음은 체가 없는 것이고 죄도 체가 없는 것입니다.

아까도 과거 아닙니까? 일 초 전도 과거죠. 일 초 전에 무슨 죄를 지으셨습니까? 지었다고 생각하면 지은 거고 안 지었다고 생각하면 안 지은 건데, 안 지었다는 생각도 말고 지었다는 생각도 마시라 이겁니다. 그러되 내가 그대로 가는 길, 내가 하고 가는 길에 그대로 일체 만법을 자유스럽게, 여여하게 씀씀이를 쓰고 가는 것이 그대로 불교며 바로 여러분의 선행입니다. 그럼 악하게 해도 그것이 선행이냐? 이렇게 하신다면 그건 어폐가 있는 말이겠죠. 그런데 악하게 하는 것도 여러분의 마음속에서 나오는 거고 선하게 나오는 것도 여러분의 마음속에서 나오는 거니까 말입니다.

어떤 스님이 이렇게 말을 했대요. 예전에는 스님네들이 밭도 파고 채소도 많이 심어 먹었습니다만 거름을 갖다 져다 주는데 "얘야, 가서 공양 좀 빨리들 해라." "누가 오십니까?" 하니까 "오늘은 달 스님이 오시는데 인사를 해도 아니 되고 인사를 안 해도 아니 되느니라." 그러더랍니다. 만약에 지금 여러분이 악한 것도 선한 것도, 옳다 그르다 이런 것을 놔 버린 채 그대로 맡겨 놓고 가신다면 아무리 악한 마음이라도 그대로 보살의 마음으로서 정립이 되면서 바뀌지면서 이렇게 진화가 되면서 여러분을 좋게 이끌어서 선행으로 끌고 갑니다. 이건 자동적이죠.

오신통 하면 거기 심성이 들어가죠, 심성! 지금 시쳇말로 심성이 들어가지 않고는 사람이 살 수도 없거니와 모든 일체가 심성이 없이는 없는 거죠. 그래서 우리가 이 마음의 주인공에 모두 놓고 가는 사람들은, 이렇게 길을 인도하는 이 이치가 바로 천문학이기도 하고, 철학이기도 하고 어저께도 얘기했지만, 천체물리학이기도 하고 모두가 과학적입니다. 여러분이 생각했으면 반드시 거죽으로 나와서 움죽거립니다. 내가 애를 데리고 저기 가겠다 했으면 바로 그 자리에 가 섰습니다. 이것이 '생활이 과학' 아닌가요? 그런데 과학도 물질이라면 한계가 있는 것입니다. 심성이 들어가지 않고는 한계가 있죠.

근데 그 심성이 무엇인가? 지수화풍이 종합이 돼서 이것이, 즉 말하자면 광력이나 자력 전력 입력이, 통신력이 모두가 종합돼서 자료가 충만히 여러분 앞에 있기 때문입니다. 우리가 의학을 배우지 않았어도, 예를 들어서 의사한테 30% 맡긴다면 70%를 여러분의 마음으로써 그것을 보강해야 하듯이 '채워야 한다' 이런 문제도 있죠. 그것뿐만이 아닙니다. 모든 것이 다 그렇습니다.

난 오늘 여러분이 안 오시면 안 오시는 대로 오시면 오시는 대로 그저 그렇습니다. 여러분한테 이익을 보자고 온 것이 아니기 때문입니다. 내가 만약에 여러분한테 이익을 보자고 여기를 왔다면 내 양심이 알고 있기 때문에 저 법계에서 다 알고 있는 것이요, 법계에서 알기 이전에 내가 내 양심을 알고 있기 때문에 이 배 속의 중생들이 다 알고 있겠죠. '요놈, 나쁜 놈!' 그러고 우글우글우글해서 귀찮겠죠.

우리 저 법사님들도, 즉 말하자면 경, 학이나 선을 겸해서 여러분 앞에는 충분히 이익이, 공덕이 될 것이며 생활도 모두가 편안하시리라고 자부합니다. 모두가 그렇게 실험으로 배웠으니까. 우리가 먹기 위해서 사느냐 살기 위해서 먹느냐는 말도 있죠. 그렇듯이 이익을 바라면 얼마나 바라며 또 이익을 바라서 그것을 충당해 가지고 살면 얼마나 살겠습니까. 그런데 한 가지 안타까운 것이 있는 것은 여러분이, 한국에서 사시는 분들은 그걸 모릅니다. 저는 이런 생각을 합니다. 제가 자리를 잡기 전에 객지에 나가서 그렇게 돌아다닐 때에, 먹을 거나 입을 거나 그런 것도 생각지 못하면서 그 추운 데, 부산에서는 재첩국이라고 합니다만 돌로다가 그 조개를 깨뜨려서 빨아먹은 생각이 납니다. 여러분도 돈 가져오신 분들은 고생을 안 했겠지만 처음에 돈 안 가지고 여기 객지에 나오신 분들은 얼마만큼 고생을 해서 지금 밥이라도 자시고 계신지 그것 참, 그건 아마 본인들이나 아시지 누구도 모르실 테죠. 근데 전 그게 이해가 갑니다. 그것이 생각나는 겁니다.

그러니 여러분이 지금 뛰면서 여여하게 살 수 있는 방법은 바로 이 길밖에 없다는 겁니다. 생활하면서 이 생활을 그냥 참선으로 돌리는 공부입니다. 자기 빼놓고는 없는 겁니다. 아까도 얘기했듯이 화두를 임의적으로 받아서 내가 '이 뭣고?' 한다든가 시심마를 한다든가 이런 문제를 가지고 있을 때, 그것은 백지장 하나 사이입니다, 생각 차이가. 그건 좀 진실하지 못합니다. 그러나 '얘들아, 오늘 달 스님이 오시니까 인사를 해도 아니 되고 인사를 아니 해도 아니 되느니라.' 하는 것은 화두를 주기 이전입니다. 화두를 줘서 의정을 내는 게 아닙니다. 이건 튕겨 주는 일이죠. 어떻게 대치를 해야 될까요? 또 백장 선사는 삽하고 괭이하고 가지고 밭을 파러 나갔는데 "야, 이놈들아! 밭을 파도 아니 되고 아니 파도 아니 되느니라." 이랬거든. 어떻게 대치를 해야 되겠습니까? 여기에서 좋은 보배의 그 맛이 나오는 것입니다. 여러분이 이 세상에 난 것이 그대로 태초요, 여러분이 이 세상에 났기 때문에 그것이 그대로 화두요, 그대로 생활이요, 그대로 생활 자체가 참선이며 바로 선행이며 그렇죠, 뭐.

제 말이 틀리다면 여러분이 질문해도 좋습니다. 여자고 남자고 노인이고 또 누구를 막론해 놓고 질문하시고 서로 토론하고 이렇게 하신다면 아마 더 좋으리라고 믿습니다. 제가 이 마음속에 지금 태산같이 '저 우주도, 저 어떤 혹성도, 저 월세계도 바로 네가 될 수 있고 네가 월세계가 될 수 있다.' 이래도 듣지 않을 겁니다. 그 마음이 모두가 합일점으로 인해서, 복사체질로 인해서 모두가 분산되고 모아지고 할 때 우리가 그것을 조절할 수 있는 것은 내가 그 마음이고 내 마음이기 때문에, 마음은 체가 없기 때문에 그것이 바로 한 찰나에 그게 내가 될 수 있고 내가 그가 될 수 있고 이러니 얼마나 부처님 가르쳐 주신 그 뜻과 진리가 광대무변하고 묘하고 좋으냐 이겁니다.

또 어떤 때 이렇게 생각이 됩니다. 이것은 진실하게 자기 주인공을 믿고 진실하게 받아들일 수 있는 사람이 아니라면 아무리 얘기를 들어서 달달달달 외운다고 해도 이익이 없습니다. 그건 왜냐? 내 마음과 그 마음과 모든 일체 마음이 합일해서 돌아가질 않기 때문입니다.

인소야하고 야비하기 때문에. 부처님께선 그걸 용납 안 하죠. 못났든지 잘났든지 진실하게 서로 한마음으로 돌아갈 수 있는 폭넓은 지혜가 필요하죠. 그래서 위로는 지혜를 얻고 아래로는 중생을 제도해서 천백억 화신으로서 진화를 시키는 그런 작업을 우리는 생활 속에서 해야 되지 않나. 시대가 변해서 지금 물질세계로서는 얼마나 부딪쳐 돌아가고, 인구도 점점 증가되고 또는 물질도 또 부족되는 수가 있죠. 뭐, 얘기할 건 없지만 앞으로 젊은이들을 위해서라도 우리가 이 도리를 잘 안다면 조절하고 살 수 있는 그런 지혜로운 자유인이 되겠죠. 어떠한 물질이든지 한계가 있는 거니까.

그러나 똑같은 물건을 여러분이 사다 놓고 쓴다 할지라도 어떤 사람은 10년을 썼는데 단 2년을 못 쓰고 망가뜨리는 사람이 있거든요. 또 욕 먹을까 봐, 저건 저 구름 잡는 소리 한다고 또 그럴까 봐요, 허허. 아니, 그런 생각들을 하실는지도 모르죠. 그렇기 때문에 그보다 더 지독한 소리가 있는데도 못하죠. 여러분이 아주 저 미쳤다고 할 정도로 이 세상의 모든 우주 천지가 우리의 마음에 달렸다는 것을 말하고 싶습니다만 말하지 않으렵니다. 미친 사람이 될 테니까요. 그게 무서워서가 아닙니다. 옛날에 네 마음부터 찾으라고, 마음부터 찾아야 한다고 하니까 "저놈 죽여라." 그래서 죽였죠. 땅 위로 배가 다닌다니까 그건 절대 있을 수 없다고 저놈 저, 구름 잡는 소리라고, 미친놈이라고 그랬죠. 또 지구가 돈다고 하니까 그 미친놈이라고 했죠. 그런데 지금 공중으로 배가 다니고 있고 지구는 물론이거니와 (탁자를 두드리시며) 이런 거 하나도 그냥 있질 않으니까 어떡하죠?

하여튼 불교가 목탁이나 치고 밥이나 내려 먹고 또 죄나 씌워 주고 죄나 씌워 받고 이러는 게 불교가 아닙니다. 부처님께선 그것을 가르친 게 아닙니다. 세대가 앞으로 2세대, 3세대 영원히 나가도록 여러분은 바로 지혜로운 진리를 탐구해서 일체 만법의 모든 것을 자유자재할 수 있는 그런 만법을 가져야 합니다.

지금 과학이 발달이 됐다 하더라도 빛으로다가 할 수 없는 일을, 부처님께서는 한생각에 빛보다 더 빨리 하셨습니다. 바로 여러분이 할 수 있는 겁니다. 여러분은 부처님이 아니어서 못한단 말은 하지 마세요. 인간이기 때문에 95%가 갖춰져 있습니다. 즉, 5%만 뛰어넘으세요. 육체는 한계가 있지만 마음은 뛰어넘어도 뛰어넘은 사이가 없는 것입니다. 우리가 이렇게 해서 토론을 자꾸 해 나가다 보면 여러분에게 정말 내가 속에 있는 말을 할 수 있고 정말 그렇게 할 수 있는 분들이 된다면 여러분은 땅을 치고 울어도 시원치 않고 하늘을 보고 껄껄껄껄 미친듯이 웃어도 시원치 않을 겁니다.

도라는 게 무엇인지, 인간이 살아나가는 것이 무엇인지, 지금 어디로 걷고 있는지, 그리고 또 어디서 왔는지, 지금 내가 뭣 때문에 이럭하고 있는지, 여러분은 지금 어떻게 하고 계십니까? 그러면 젊은 분들은 가을이 돼서 낙엽 진 노인네들의 떨어진 낙엽을 밟고 가십니까? 자기는 그런 낙엽이 안 된다고 그러고 낙엽을 밟고 가십니까, 지금? 여러분은 이 뜻만 이루신다면 내 가정의 살림, 내 몸의 살림, 아니 국가적인, 사회적인, 우주적인 모든 살림들을 자기가 조절할 수 있고 길을 걸을 수 있다는 그 사실을 아실 겁니다. '그러면 몸이 죽는 것인데…' 이러시지만 영원한 것입니다. 나무의 가랑잎이 떨어진다 해서 나무 죽는 법은 없으니까요. 본래 산다 죽는다 하는 게 없죠. 우리나라는 이렇게 불을 껐다 켰다, 들어왔다 나갔다 하니까 꺼졌다 켜졌다 이런 언어가 붙지만 항상 불이 들어와 있는 나라는 무슨 꺼진다 켜진다 이런 말 자체도 없습니다.

여러분 앞에 두서없이 이렇게 말씀드리는 것은, 우리가 사는 것도 두서없이 살게 되더군요. 여러분이 24시간 사시는 것도 두서없이 그저 사시고 계시더군요. 계획도 없더군요. 누구 만난다는 계획도 없이 문간에 나가다가 누구를 만나면 그냥 같이 가데요. 내가 저 문간에 나가다가 누굴 만나면 내가 어딜 가야겠다, 점심이라도, 술 한 잔이라도 먹어야겠다 하고 계획을 세우지도 않았는데 문간에 나가다가 턱 만나서는 그냥 가서 술 한 잔 먹습디다. 그리고 어저께도 얘기했지만 자식과 아내, 부모 형제를 만나고 친구를 만나도 계획 없이 그대로 자동적으로 이렇게 바꿔지고 이렇게 사시고들 계시죠. 난 여러분한테 계획을 세워서 말할 줄 모릅니다. 그게 싫다면 할 수 없는 거죠.

그런데 전 조금도 거짓이 없습니다. 여러분의 아픔은 제 아픔입니다. 여러분이 앞으로 자손들을 위해서, 가정에서 밥을 먹게 돼도 항상 감사하며 먹게 해 주는 것도 좋습니다. '우리 부모가 그렇게 애를 쓰고 피땀을 흘려서 벌어다가 이렇게 밥을 먹게 해 주시는구나.' 하는 생각을 나게 해 주고 (합장을 하시며) 속으로 '아버지 엄마, 감사합니다.' 이렇게 할 수 있는 애들, 조그만 애서부터 그런 걸 길러 주십시오. 감사할 줄 모르는 애들은 나가서 일을 저지를 뿐만 아니라 이 부처님의 진리와 모든 자비 사랑을 모릅니다. 그러니 항상 이 뜻을 간단하게 "너의 주인공은 너를 끌고 다니고 너를 도와준다. 딴 사람은 너를 도와줄 수 없다. 아무리 엄마 아빠가 그렇게 너를 위하지만 네가 저기 바깥에 나갔을 때는 엄마 아빠가 너를 도와줄 수 없다. 그러니까 너를 돕고 다니는 거는 네 주인공밖에는, 너 자신의 주인공밖에는 네 몸뚱이를 보호해 줄 수가 없느니라." 이렇게 일러 주세요, 무슨 일을 당하지 않도록. 그것이 나무로 친다면 뿌리를 도와주는 겁니다. 여러분이 가지를 아무리 붙들고, 잎새를 아무리 붙들고 싱싱하게 만든대도 그것은 아니 됩니다. 뿌리를 썩지 않게, 뿌리를 도와서 항상 싱싱하게 해 주면 바로 그 가지나 이파리가 얼마나 싱싱하겠습니까? 그래서 이것을 조금조금 실험을 해 보세요. 그러면 벌써 느낍니다. 여기 감응이 오고, '아하!' 그러면서 체험이 됩니다.

여러분한테는 이러지만 스님네들이 공부하는 데는 "항상 책을 봐도 네가 보고, 일을 해도 네가 하고, 소제를 해도 네가 하고 일체 모든 거는 너한테서 들고 나는 거니까 그저 네 탓으로 돌리고 모든 것을 묵언하면서 이해하면서 모든 걸 이렇게 돌려서 살아라." 하고선 이렇게 갑니다. 가다 보면 자기를 발견을 하고 그때서부터 둘이 아니게 이것도 돼 보고, 때로는 짐승도 돼 보고 사람도 돼 보고 애도 돼 보고 그저 말없이 그렇게 돼 봅니다. 그것이 바로 나를 깨쳐 가지고 공부하는 시기입니다, 과정! 그것이 둘이 아닌 공부를 하는 겁니다. 모든 걸 항복받는 공부를 하는 겁니다. 처음에는 전체 버렸다가 두 번째, 나를 깨달아 가지고 전체 다시 한 번 자기가 돼 보는 겁니다. 자기가 어떠한 것을 조립을 했다면 스위치를 눌러 볼 때입니다. 그래서 그 과정을 다 겪고 나서 다시 한 번, 세 번째 죽어야 한다 하는 것은 서로 네가 내가 되고 내가 네가 되는 나툼, 아무거든지 된다 할지라도 물들지 않는 거, 어떠한 거든지 말입니다.

그러니 그러한 것을 다 알았을 때에, 우리가 천문학 박사라도 그것은 심성천문학이 아니라면 참, 반쪽짜리밖엔 안 되지 않느냐? 물질가지고 물질을 볼 때는 참 어렵죠? 우리가 숫자로 따진다면 헤아릴 수 없는 문제들이 많잖아요? 그것도 어지럽게 백팔 배를 하고 무슨 염불을 하고 뭐 그러라는 게 아니지 않습니까. 우리는 이 공부를 시대에 맞춰서 생활 속에서 하라 이렇게 얘기를 해 드리는 겁니다.

예전에 백팔 배를 하고 정성을 지극하게 들여야만 했던 그 시절에는 아낙네들이 밥해 먹고 애 기르고 그럴 때입니다. 그러나 지금같이 여자고 남자고 나가서 일을 해야 하고 시간에 쫓기고 이런 때는 그때대로 또 그대로 마음을 가지고서 참선을 행으로 그대로 해야 될 게 아니겠습니까? 그러면 뭐 구루마 끌어서 하루하루 먹는 사람은 부처님의 혜택도 없고 부처님 될 수도 없겠네요. 또 부처님 믿지도 못하겠네요, 여유가 없으니까. 부자들이 부처님 오신 날 이만한 등을 켜 놓고선 얼마를 냈다 하고 꼬리표를 주욱 해서 붙이곤 턱 걸어 놓은 등도 있고, 아주 가난한 어느 한 여인이 초도 살 돈이 없어서 풀숲에 혼자 기름불을 켜고 앉아 있는데 아무리 비바람이 쳐도 그 불은 꺼지지 않았어, 다른 건 다 꺼졌어도. 그것이 즉, 내 마음의 인등입니다, 인등. 인등은 항상 여러분이 일 초, 아니 그것도 떠나지 않고 이 마음을 내는 것이 바로 인등입니다.

그런데 꼬리표를 해서 붙이고 전기를 달고선 '백 일 동안 기도를 드려 줘야 하니까.' 하고 불을 켠다면 그게 도깨비장난이 아니고 뭡니까? 내가 이렇게 말하면 모두 나를 욕하고 반박하고 그럴 사람들 많지만 욕을 해도 할 수 없는 거지 어떡합니까? 이 세상에 옳은 얘기를 하고 옳은 행을 하고 옳은 길을 인도할 때 아무리 나를 죽인다 하더라도 어쩔 수가 없는 거죠.

'파도 아니 되고 파지 않아도 아니 되느니라.' 할 때 어떻게 대치를 해야 되겠습니까? 생사를 초월하고, 시간과 공간을 초월하고, 세상을 다 초월해 가면서도 그래도 역력하게 여여하게, 그대로 목마르면 마실 수 있는 그 사람을 만들기 위해서 그렇게 튕겨 주셨습니다. 그렇게 스스로서 '아하, 파도 아니 되고 파지 않아도 아니 되는 것이 무엇인가?' 하고 의정을 내야 하는 것이 진짜 우리가 가져야 할 의정입니다. 인위적으로 누가 줘서, 부처님 당시에도 화두를 줘서 공부 가르친 예는 없습니다. 난 그 시절에 살아 보지는 않았습니다만 부처님의 그 뜻, 한 걸음, 한 뜻, 한 말, 몸 하나 움죽거리는 거까지도 전 그것이 바로 법이라는 걸 알게 됐습니다.

그런데 그 중간에 중국으로부터 이렇게 돌아오면서 비구니는 뭐 선지식이라는 말도 못하고 큰스님이라는 말을 못한다, 이런 거, 부처님 당시에 있었던 얘기도 아니고. 그러나 그렇다면 그런 대로 따라야죠, 뭐. 그거야 아, 좋은 대로, 편안한 대로 해 주는 건데 뭐 어떻습니까? 또 더 크면 뭘 하고 작으면 뭘 합니까. 안 그렇습니까? 나 하나 버리고 산다면, 모두 버린다면 큰 것도 작은 것도 신경 쓸 것도 없습니다.

난 어떤 땐 하루에도 몇 번씩 가슴에서 피가 흐를 때가 있습니다. 그것이 뭔 줄 아십니까? 여러분이 가긍하게, 여러분은 모르면서

'난 이렇게, 이렇게 급박하게 무엇을 잃고 무엇을 잃고 아주 외롭고…' 이러면서 살고 있습니다. 이게 남의 일이 아니기 때문에 그런진 몰라도 내 가슴에서는 스스로 느낍니다. 느끼면서도 그것을 담담하게 거죽으로는 안 흘리려고 애를 써도 어떤 때는 할 수 없이 흘리기도 합니다만, 그래서 별호가 뭔 줄 아십니까? 스님들 별호는 뭐 그렇게는 붙이지 않습니다만, "스님은 항상 눈물을 잘 흘리셔." 이럽니다.

그런데 여러분, 오늘 질문들 아니 하시렵니까? 내가 알면 얼마나 더 알며, 여러분이 모르면 얼마나 모르겠습니까? 여러분과 더불어 같이 도반으로서 같이 토론하고 질문하고 대답하고 이렇게 합시다. 아마 앞으로 우리 법사님도 그러실 겁니다. 우리 두 법사님도, 또 지금 한국에 있는 법사님도 다 그러실 겁니다. 한국에 있는 신도님들 회장님들 신행회의 회장님들도 그렇지만 참, 여자든 남자든 이런 공부를 해 가면서 사시는 분들은 사실 아주 여여하게 사십니다. 다 깨쳤다는 언급은 안 하시지만 말입니다. 깨쳤다 할 수는 없는 거죠.

나를 깨쳤어도 육조 스님이 12년이 걸려서 지혜를 얻었듯이 그걸 실험하고 체험하고 지혜를 구하기 위해서 10년 동안 걸렸단 말입니다. 내가 체험 안 해 보고 내가 실험 안 해 보고, 여러분한테 말을 해서 한데 떨어뜨리게끔 해서는 절대로, 그건 누가 되는 일입니다. 그래서 저는 그러죠. '나를 깨쳤어도 깨쳤다는 말은 하지 마라. 실험을 하더라도, 체험을 하더라도, 지혜를 넓히더라도 지금 나는 이만하면 됐다고 하지 마라. 내가 저게 되고 저게 내가 된다 하더라도 내가 부처다라는 말 하지 마라. 부처는 없는 게 부처다.' 그럽니다.

그러면 지금부터 여러분이 질문하시면 우리 서로 대답하고 토론할까요? 어때요?

사회자 큰스님께서는 대화를 통해서 더 많은 가르침을 주십니다. 여러분께서 어제도 나오시고 오늘도 나오셨습니다만 마음속에 간직하고 계신 여러 가지 의문점을 기탄없이 질문을 해 주십시오. 그래서 큰스님의 가르침을 받고 가시면 그대로 훌륭한 인생의 지침이 되실 것입니다.

질문자1(남) 저는 그림을 그리고 있는 사람입니다. 그림 그리는 일이 불교에서 가르치는 참선하는 길과 어떻게 같은 길이 될 수는 없는가. 이렇게 사실 주욱 생각하고 있었어요. 또 그렇게 그림을 그려 왔고요.

그래서 그림을 그리면서 늘 문제가 되는 게 스님께서 방금 말씀하신 대로 역시 마음이었습니다. 땅을 파지도 않아야 되고 안 파지도 않아야 되고, 그게 사실 그림 그릴 때 늘 와 닿는 문제입니다. 어떻게 내 자신이 나로부터 벗어나서 새로운 안목, 그림에도 물론 새로운 안목, 새로운 영역이 있으니까 거기에 내가 어떻게 도달할 것인가 하는 거를 늘 고민하다 보면, 소위 이야기하는 나 자신을 붙잡는다 놓아야 된다 이런 여러 가지 그….

큰스님 간단하게 질문만 해 주십시오.

질문자1(남) 예, 죄송합니다. 그래서 어떤 식으로 자기 마음을 놓아야 되는지 그런 문제에 대해서 조금 더 구체적으로 이야기해 주셨으면 감사하겠습니다. 왜냐하면 제가 생각하기에는 모든 것이 결국 마음에 귀착이 되니까요.

큰스님 어느 시골에 떠꺼머리총각이 하나 있었더랍니다. 근데 나무를 태우면 숯이 나오지 않습니까? 그걸로 땅에다 항상 그림을 그렸더랍니다. 근데 하루는 자기가 여자 생각이 나니까 여자를 그려 놓고 그냥 집에 가서 자고선 저녁나절에 나왔더니 아, 거기 예쁜 여자가 그대로 말을 하더랍니다, 그려 놓은 데서. 그래서 거기에서 말을 하는 소리 듣고 '이 그림에서, 내가 숯으로 그려 놨는데 말을 하네!' 하는 동시에 그 여자도 없어지더랍니다.

그런데 그려 놓은 그 여자가 뭐라고 말을 하느냐 하면 "모든 그림 그릴 때는, 또 살아나갈 때도 생각하지 말라." 하고선 그냥 없어졌거든. 그래서 그것을 믿고 생각을 안 한 겁니다. 인생 살아나가는 것도 생각 안 하고 그저 가다가 보기 좋으면 그린 겁니다. 그래서 그 총각은 그때부터 그림을 그리기 시작을 했고, 지금으로 치면 미술이라고 하죠. 그림 그리기 시작을 해서 그저 어디고 붓과 먹, 종이만 사 가지고 짊어지고 돌아다니면서 그림을 그리기 시작했습니다, 산하도 그리고. 그런데 그렇게 그리고 다니면서 어느 산중에 들어서니까, 노인네 한 분이 혼자 딸을 잃고 두 다리를 쭉 뻗고 울고 있거든요. 아, 시골 초막집에서 그렇게 울고 있으니까 자기 돌아가신 어머니 생각이 나서 그 사람을 끌어다 놓으면서 "왜 우시느냐?" 하니까 자기 딸이 이렇게 나 혼자만 남겨 놓고 죽었으니 나는 어떻게 살라느냐고 울더랍니다. 그리고 또 뭐가 있어야 살지 않느냐고 그러더랍니다. 딸이 바느질품을 팔았는데, 인제는 살 수가 없다고 하더랍니다. 그런데 그런 거 걱정 하나도 하지 마시라고, 따님이 죽지 않았으니 걱정하지 마시라고 그러고선 그날 저녁에 바로 큰 헝겊에다가 종이를 붙여 가지고 아주 찢어지지 않게 만들어서는 거기다가 그림을 그렸습니다. 그 집 딸을요. 야, 보지도 않았는데 어떻게 딸과 똑같이 그릴 수가 있겠습니까? 그러나 심안으로 그 딸을 착 놓고 보니까 아이구, 그 딸이 나오거든요.

그래서 그 딸을 그대로 그렸어요. 큰 배를 하나 그려 가지고 거기 떠억 앉혀 놨단 말입니다. 그러곤 물도 그려 놓고 나무도 그려 놓고 처억 벽에다 걸어 놓고 하는 소리가, 여기서 딸이 저녁이면 나와서 항상 밥을 해 줄 테니 비밀로만 하라고, 나는 딸을 봤다든가, 딸이 이렇게 잘해 준다든가 이런 거를 비밀로 하라고 이렇게 그 그림쟁이가 일러 주고는 갔거든요. 그날 저녁부터 그 딸이 거기서 나와 가지고선 고깃국도 끓여 주고 뭐 밥도 해다 주고 다 하고 그냥 또 새벽녘이면 그리로 싹 들어가면 고만이야.

그럼 그 그림 그린 사람이 어떤 사람이 됐기에 그렇겠습니까? 바로 그것이 무심과 유심이 둘이 아니어서 그렇습니다. 무심이라면 유심이고 유심이라면 무심이니, 아까 얘기했죠. 무심도 아니요 유심도 아닌 그 누가 마음을 가지고 있습니까? 유심도 아니고 무심도 아닌 그 마음을 누가 가지고 있을까? 그래서 그림 하나를 그린다 할지라도 산 그림이요, 글자 하나를 쓴다 하더라도 산 글이요, 말 한마디를 한다 하더라도 산 법이요, 이렇게 되죠.

그러니 오늘부터 걱정하지 마십시오. 허허허…. (대중 웃음, 박수) 내 손이 그리는 게 아니라 바로 진짜 참나 손이 내 손을 이용해서 그린다는 생각을 꼭 믿으세요, 그렇게 주인공을. 그럼 꼭 거기서 살 길이 나와요.

질문자2(남) 저뿐만이 아니라 이 세상을 살아가는 모든 사람들의 거의 공통적인 의문과 생각일 걸로 알고 제가 스님께 질문을 드리겠습니다. 인간의 삶이랄까 생명이랄까 궁극적인 의미, 아니면 인간으로서 그 존재의 의미를 아무리 책을 많이 보고 어떤 스님께 많은 말씀을 들어도 왜 존재해야 되는지 그 이유조차 모르겠습니다. 때로는 많은 노인 어른들이 '아, 인생은 허무한 것이다. 뜬구름 같은 것이다.' 이렇게 말씀들을 해 주시고 그럴 때 과연 인생이 그렇게 뜬구름 같은 것이고, 그저 주어진 생명을 시한부까지, 언젠진 모르지만 그때까지 유지하고 그냥 죽어서 없어지는 것이 과연 인생인 것인지, 늘 거기에 어떤 답을 찾질 못하고 있습니다. 이런 기회에 스님께서 과연 우리 인간의 궁극적 삶, 아니면 존재의 의미가 어떤 건지 설명을 해 주시면 대단히 감사하겠습니다.

큰스님 그것을 비교해서 한번 이렇게 말씀해 드렸으면 좋겠네요. 여기서 지금 물건들이, 종이나 비품이 많이 나갑니다. 헌쇠든지 넝마든지 이런 것들이 많이 나가죠, 종이도 그렇고. 그것이 재생돼서 나오죠? 많은 게 재생돼서 나옵니다. 그리고 또 이 금도 반지가 됐다가 가서 팔면 금방으로 가져갑니다, 금이기 때문에. 그러면 거기서도 재생이 돼서 다시 나옵니다. 귀고리로도 나오고 팔찌로도 나오고 반지로도 나오고, 이렇게 다른 물건이 돼서 다른 이름이 돼 가지고 나오죠. 그 다른 이름이 돼 가지고 다른 물건이 돼 가지고 나올 동안만 안 보이는 겁니다.

병원에 가서 수술을 할 때도 가만히 보면 자기가 자기 수술을 하는 걸 보고 있을 때가 있죠? 허허허…. 그리고 그게 죽는 게 아닙니다. 그러면 재생돼서 나온 것을 지금 보시면서도 죽는다고 생각하십니까? 인간은 최고의 바로 음…, 뭐라고 그럴까요? 아주 고등 인간이라고 볼 수 있겠죠. 최고의 인간이죠. 그리고 영혼이라는 그 말 자체는 살아서나 죽어서나 그대로입니다. 그 생명 자체의 근본은 줄지도 않고 늘지도 않습니다. 의식 자체는 바로 영혼이라고도 하고 혼백이라고도 하고 영이라고도 합니다. 하지만 그것은 의식 자체입니다. 불성이 아닙니다. 영원한 생명의 그 불성이 아니라는 얘깁니다.

그러니까 의식 자체는 이랬다 저랬다 할 수 있지만, 즉 말하자면 기름 또는 운전수, 차 이렇게 생각하면 되겠죠. 그러니 허무한 것이 없습니다. 이 도리를 알고 보면 여러분이 그걸 느끼지 못하고 알질 못하기 때문에 그렇지, 아무도 없어도 거긴 꽉 차 있고 꽉 차 있어도 아무도 없고 이래요. 여러분이 이렇게 많아도 그 빈껍데기만 있다면 없는 거죠. 자기라는 걸 모르고 말입니다. 좀 생각해 보시는 그런 기회를 가지세요.

댁은 고민이 많은 사람이야. 그러니까 될 수 있는 대로 앞으로 남들을 위해서 살아 줘야 해. 그러니까 자기만 위해서 사는 게 아냐. 그러니 오늘부터는 '야, 주인공! 너 오늘 하루 참 잘 지냈는가? 오늘 하루도 또 잘 지내게 나를 잘 끌고 다녀야지. 내 주인공밖에는 나 끌고 다니는 놈이 없으니까.' 이렇게 당신 주인공을 진실히 믿고 그렇게 모든 걸 거기다 부탁해 놓아요. 그러고 살아요. 그렇게 석 달만 꾸준히, 하여튼 그 사는 거 일체 다, 그렇게 하면 뭔가 자기가 느끼는 점이 있을 거야. 그럴 때 나한테 요다음에 오거든 얘기해 줘. 알았죠?

질문자2(남) 네.

큰스님 나는 얘기만 하는 게 아니에요. 지금 현재 살아나가는 도리를 가르쳐 드리는 거지 말로 떨어지게끔 하는 게 아니에요. 버리는 게 아니란 말입니다. 여러분이 지금 이 도리를, 천체를 가지고 있는 겁니다. 천체의 질량은 여러분이 가지고 있고, 천체의 질량 속의 핵을 여러분이 가지고 있는 겁니다. 미쳤다고 해도 할 수 없는 거죠. 뭐 어떡합니까, 그거. 그러니 현실로 목마를 땐 꼭 마셔야 되겠기에 이러는 겁니다. 우리 현실이 산 불교니까 산 불교지 죽은 불교는 없는 것이죠. 하지만 첫째, 자기부터 알아야 하고 자기부터 믿어야 하고, 자기부터 이끌어 나가야 하는 그런 도리를 모르고서 항상 타의에서 구하고, 타의에서 항상 허무하게 생각하고 이런다면 안 되죠.

지금 노인네들도 이 도리를 알면 정말 머리가 허옇게 세었다가도 검어질 거예요. 왜? 걱정 근심이 없고 '야 참, 이런 게 도리로구나.' 그러고 그냥 기쁜 마음이 들어가니까 그럴 거 아닙니까? 예. 아마, 당장 밥 먹을 게 없어서 죽그릇에 숟가락을 몇 개 꽂아 놓곤 "야, 노인! 잡수시오!" 하고 갖다 놔도 '야, 이렇게 이런 것이 참!' 하곤 그걸 먹으면서도 허망하기는커녕 싱글벙글할 거예요, 아마. 허망한 건 아닙니다, 절대!

또 질문하실 거 있으신가요?

질문자3(남) 언제나 대자연의 진리를 체험하신 것을 글과 말씀으로써 저희들에게 이렇게 전해 주시는 것을 영광스럽게 생각합니다. 제가 자기 주인공을 찾다 보니까 이런 게 나옵니다. 부처님께서 깨달으셨던 생, 노, 병, 사 중에 늙고 죽는다는 것에는 의문점이 없습니다. 그리고 병도 제 마음이 강한 사람은 자기 병을 고칠 수가 있는 것 같습니다. 근데 의문점이 바로 생이에요. 그래서 '불교에서 말하는 생이 무엇이냐?' 그랬더니 '업이다. 네 업연에서 네가 여기 나왔다.' 그러니까 '그 업연이 뭐냐.' 그랬더니 '제8 아뢰야식에 네가 전생에 지은 업연이 있기 때문에 너의 부모와 인연이 있어서 왔다.' 이러는데 제가 지금 계곡에 빠진 게 뭐냐 하면, 내 전생이 뭐냐? 그럼 내 전생에 대해서 좀 밝혀 주실 분이 계셨으면 했는데 마침 스님이 오셔서 아주 기쁘게 생각하고 있습니다. (대중 웃음) 그것을 지금 스님께서는 '모든 걸 다 놔라.' 이렇게 말씀하시는데, 모든 걸 다 놓음으로써 좋기는 좋은데 한 가지 뒷꼬리는 아직까지도 그게 있습니다. 그래서 그걸 어떻게 풀어 나가야 될 것인가에 대해서 스님께 여쭤 보고 싶습니다.

큰스님 지금 전생에 대해서 물어 오셨는데 만약에 여러분의 전생이 없었다면 지금 현생은 없습니다. 만약에 여러분의 전생이 없다면 송장일 것이고 육신이 없다면, 또 보이지 않으면 무효일 것입니다. 또 생각이 없다면 목석일 것입니다. 그렇기 때문에 전생이 없는데 어떻게 현생이 있겠습니까? 바로 곧 전생이 현생입니다. 현생이 전생이고요. (대중 웃음) 그거 뭐 다른 거 없습니다. 선생님 그대로예요. 우리가 죽을 때 허무하지 않다 하는 것은 옷이 헐었으니 아무 데나 앉아도 그냥 괜찮거든. 이제 늙고 그랬다고 해서 이 옷이 헐었다고 그러는데요, 아무 데나 앉아도 그냥 뭐 흙 묻었다고 걱정할 거 없고 뭐, 그렇거든요. 그래서 새 옷 입는 거보다 헌 옷 입는 게 아주 좋죠.

그래서 아무리 노인네가 늙었어도 허무하지 않은 겁니다. 이 늙었다는 것이 이게 옷이 헐었다는 얘기인데 이왕 늙어 버렸으니 아무 데나 앉은들 누가 어떠랴 이러고요. 참, 그 마음이 지혜롭고 크면 이 우주 안에 그 마음이 꽉 찼는데 무엇이 부러울 게 있으리. 그러니 그러한 마음을 가진 분은 밥 굶을 필요도 없고 용돈 안 줄 사람도 없어요, 또. 그런 마음을 가진 사람일수록 누가 어디서 나와도 나와서 우리가 허무하게 살지 않도록 돼 있습니다. 틀림없습니다, 그건. 여러분이 해보십시오. 그렇게 즐겁습니다. 즐거운 거보다도 허무하거나 그렇지 않다고요. 늙어지면 뭐 허무하다고 그러는데요, 젊은 사람들이 요새 허무하다는 소릴 더 잘해요. (대중 웃음) 노인네들은 외려 덜해요. 그것 참, 어떻게 거꾸로 됐는지 그래요. 지금 이분처럼 말이에요. 그래서 우리가 허무하다는 게 왜 허무한가 그거부터 알아보려면 나부터 알라 이겁니다.

질문자3(남) 근데 왜 절에서는 업장 소멸을 해야 된다 하고 업을 강조를 많이 하고 심지어는 영가 천도 내지 운동을 하는데 말이죠, 그러니까 스님 말씀하고 이게 혼동이 와요.

큰스님 아이, 혼동할 거 없어요. 사람의 근기에 따라서 아무것도 모르는 사람은 꼭 천도를 해야만이 좋은 줄 알기 때문에 그렇게 안 하면 마음이 안심이 안되는 그런 근기를 가진 사람 앞에는 잘 차려 드려야죠. 웬 소리예요. 안 그래요? 또 그렇지 않는 사람은 밥 한 그릇 놓고도, 자기 먹는 밥 한 그릇 놓고도 천도를 하고 또 남아. 아, 사람 근기에 따라서 있는 거죠. 그러니 이것도 잘못되는 게 없고 저것도 잘못되는 게 없어요. 하하하. 안 그렇습니까? 또 이것 보십시오. 사람이 상을 크게 차려 놨습니다. 그러면 여러분이 뭐뭐 뭐뭐 비싼 걸 사다 놨는지 싼 걸 사다 놨는지 그걸 다 잘 압니다. 그렇기 때문에 싸게 사다 놓은 것은 혼백도 다 알게 되는 거죠, 자기가 알고 있기 때문에. 하하하. (대중 웃음)

제사를 지내는데 며느리가 돈이 많이 드니까 이거 안되겠거든. 남편이 돈 십만 원을 주는 걸 가지고 오만 원은 떼 놓고 오만 원 가지고 가서 장을 다 봐 왔단 말입니다. "여보, 장 봐 왔소? 어머님이 잘 잡숫던 것도 사 오고?" 그러니까 "예." 그러기에 아들은 그런 줄로 알고 좋아서 인제 그랬는데, 상을 차려 놨어요. 싼 거를 사다가 이렇게 해 놨거든. 그래도 그 아들은 그것을 의심 안 하고 그냥 지극한 마음으로 했고, 며느리가 그렇게 싼 거를 그만큼 해 놨다는 거를 알기 때문에 시어머니 시아버지도 그만큼 차렸다는 거를 알고 있었다 이겁니다.

그래 그날 저녁 꿈에 "얘야, 네가 싼 것만 요렇게 해다 놨으니 지금 너의 할아버지도 모두 계신데 내가 가져갈 것도 없느니라." 아, 그러거든요. 그러고 꿈을 딱 깼어요. 그래서 날더러 와선 뭐라고 그러느냐 하면 "이런 꿈을 꿨는데 어떡해야 하나요?" 그러기에 허, 내가 웃었어요. 하하하. (대중 웃음) 세상에 자기 마음먹는 대로 조상도 알게 돼 있고 우주간 법계에서도 알게 돼 있고 보살도 알게 돼 있고 부처님도 알게 돼 있는 겁니다. 여러분이 알고 있기 때문에 알고 있는 겁니다. 또 아직 진화가 되지 않은 어떠한 짐승이 있다 하더라도, 그게 시각이나 촉각이나 후각을 통해서 알고 있다 하더라도 이쪽에서 그만큼 아는 사람이 이것을 통해 보면 그쪽에서 그때서야 아하! 사람의 마음을, 문을 열어 주니까 그쪽에서 알고 있는 겁니다.

그렇듯이 영령들도 그래서 알게 되기 때문에 우리가 천도시킬 때 여러분이 상 하나 차렸다고 해서 그런 것만 생각지 마시고, 이 모든 걸 둥글려서 마음의 원을 그려서, 원으로서 그 원심력을 생각하면서 둥글려 놓는다면 이 원 속에는 다 있지 않습니까? 일체가 다 있는데 아니, 뭐 그리운 게 있겠습니까, 거기? 예? 아니, 이 세계뿐만 아니라 전체가 다 있는데 모자랄 게 뭐 있겠습니까, 원을 그려 놓으면. 그 원심으로서 제사를 지극하게 드린다면 아마 가게도 도매상이고 또 어느 호텔이고 음식점이고 뭐, 그런 데로 아니 다니는 데가 없지 않겠습니까?

그러니 그렇게 마음 쓰는 자손들의 영령들 조상들은 그냥 항상 뷔페식 하는 데 가서 잡숫고 상점에 가서 항상 자기 가지고 싶은 대로 갖고 또 상점에 가서 자기 입고 싶은 대로 입을 겁니다, 아마. 벽도 없고 볏장도 없으니까. 물도 없기 때문에 건너갈 것도 없고 오고 가고도 없이, 시간 공간도 없이. 그러니 여러분이 마음을 넓게 쓰세요. 무슨 요거 하나 있다, 요거 차렸다 하면 영령들도 조상들도 요거 하나 차린 것만 알아요. 그렇기 때문에 마음을 좀 넓게 가지세요. 그리고 그렇게 하세요.

그리고 또 한 가지 지금 질문하시는데, 그 모든 것은 여러분이 생각하기에 달린 거지 업이 있다, 내가 아까 얘기했죠. 생각을, 이 환상천을 훌쩍 뛰어넘고 또는 그러한 기복적인 생각에서 훌쩍 뛰어넘으세요. 과거도 없고 현실도 찰나 생활이니까 없고 미래는 안 왔으니까 없고, 아예 없다. 내가 지금 생각하는 대로 좋게 생각하라. 좋게 생각하면 그대로예요. 아시겠죠? 쓸 것도 없고 씌울 것도 없는 겁니다. 부처님이 벗겨 주려고 애를 썼지 씌워 주려고 애쓴 건 아니에요. 그러니 우린 쓰지도 말고 누구 씌워 주지도 말고 그럽시다.

질문자3(남) 예. 그러면 그렇게 됨으로써 다음에 또 뭐가 나오느냐 하면 지금 스님의 말씀을 듣고 여기서는 마음이 굉장히 좋은데 나가면 또 달라져요. (대중 웃음) 상대편이 공격을 해 옴으로써, 아니면 내가 공격을 행함으로써, 바로 이게 습이라고 그러는데요, 이 습을 어떠한 수행 과정에서 없애야 하는지….

큰스님 이렇게 하세요. 어떤 악이 나오더라도 악도 그놈이 하는 거고 선도 그놈이 하는 거고 뭐, 별 생각이 다 드는 것도 '아유, 이런 생각 드는 것도 내 주인공밖에는 생각나게 할 수 없는 거니까 없애는 것도 거기밖에는 없지.' 이렇게 모든 건 거기다가 그냥 밀어 던지세요. 지금 처음이니까 그렇지, 그렇게 줄창 해 보세요. 요다음에 또 내가 말할 거니까요. 그리고 또 좋을 거니까요.

질문자3(남) 글쎄, 그렇게 스님 말씀을 따르고 행하는 사람이 많습니다, 종교를 떠나서. 그러면 해 나가는 게 참, 물렁해 가지고 주위에서 뭐라고 그러냐 하면 '저런 바보 천치! 저런….' 이렇게….

큰스님 이렇게 하세요. 말을 하되 유순하게, 저 사람을 나쁘게 생각하지 말고 그대로 말을 하라는 겁니다. 하지, 말을 누가 하지 말라고, 바보처럼 비켜서라고 하는 게 아니에요. '말을 하되 하지 말고' 이 소립니다. 그러니 말을 하되 이 마음속으로다가 저 사람이 나쁜 사람이다 하는 마음을 갖지 말고 그대로 말을 해라 이겁니다. 그러니 그렇게 말을 하려면, '말을 하되 하지 않고 말을 하지 않되 말을 하라.' 이거죠. '땅을 파되 파지 말고 땅을 파지 말되 땅을 파거라.' 허, '달 스님이 왔는데 인사를 하되 인사를 하지 말고 인사를 하지 않되 인사를 해라.' 이랬으니 거 참, 우리가 요런 거를 자꾸 토론하고 살다 보면요 한바탕 울 때가 있겠죠. 또 질문하실 분이 계시면 질문하세요.

질문자4(남) 저는 지금까지 무종교인데요, 대행 스님께서 오신다는 것이 어떻게 인연이 돼서 이렇게 뵙게 된 것 같습니다. 근데 제가 알고 싶은 거는 세 가지가 있습니다. 첫번째는 그리스도가 진짜 이 세상에 왔다 가셨는지요?

큰스님 뭘요?

질문자4(남) 예수 그리스도요. 또 부처님은 정말 이 세상에 존재하다 가셨는지, 그게 한 가지가 알고 싶고요. 또 그리스도께서는 죽으면 천당에 간다 지옥에 간다 하는데, 불교에서는 뭐 극락세계로 간다 그러는 거 같던데 그 둘이 어떻게 비교가 될 수 있는지, 어떤 게 좋은 건지. 그리고 세번째는 대행 스님께서 이 불교에 입문하시기 전에 다시 어떤 선택의 기회가 있어서 이슬람교라든가 불교를 선택하실 기회가 있으시다면 그 중에 어떤 거를 선택하실 건지 그 세 가지를 좀 답변해 주셨으면 좋겠습니다. (대중 웃음)

큰스님 봐요. 난 그렇게 생각합니다. 지금 말씀하셨는데 사람이 아니라면 어떻게 예수라는 이름이 이날까지 살아 있겠습니까. 근데 예수도 죽지 않았고 부처도 죽지 않았어요. 난 죽은 줄 알았더니요. 하하하…. (대중 웃음) 그리고 날더러 또 뭐라고 그랬죠? 뭐라고 그러셨어요?

사회자 천당 지옥하고….

큰스님 뭘요?

사회자 기독교에서 천당 지옥이라고 그러고요, 또 불교에서 극락

세계라 그러는데 비교를 해서 질문하셨습니다.

큰스님 예. 천당 지옥이라는 것도 현실의 내가 없다면, 어떤 사람이 이런 말을 했죠. 참 재미있는 얘기를 하나 할까요. 여러분이 귀신짓을 하지 않으면 귀신 없습니다. 하하하…. 그렇기 때문에 여러분이 벌겨 놓고 지옥이니 천당이니 하는 거지, 천당 지옥이라는 언어가 없어요. 여러분이 지어 놓은 거예요. 그리고 예수도 부처도 죽지 않았고 지옥도 이 자리 천당도 이 자리입니다. 여러분이 없지 않는 이상, 여러분이 있는 이상 그분들도 죽지 않았습니다. 또 뭐라고 말했는지 또 잊어버렸습니다. 하하하….

질문자4(남) 불교에 입문을 하셨기 때문에 불교를 좋다고 말씀을 하시는지 모르겠습니다만 다시 태어나셔서 선택할 길이 혹시 생긴다면 그 여러 가지 중에 어떤 걸 다시 택하시겠느냐.

큰스님 예. 참 좋은 질문 하셨네요. 어이, 난 이따 걱정도 안 하는 사람인데. 아니, 지금 생각도 안 하는 사람인데 날더러 죽으면 뭘로 태어나겠느냐고 그러면 어떡합니까? 에이그! (대중 웃음) 그것은 여러분의 생각에 의해서 주어지겠지만 나는 이날까지 그대로 무슨 뭐가 된다, 죽으면 뭐가 된다, 누가 잘했다 못했다, 부처가 된다, 예수가 뭐 이렇다, 천당에 간다 지옥에 가면 어쩌나, 무슨 남자 여자 뭐, 이런 거 한 번도 생각해 본 예가 없어요. 그럼 어떡합니까? 생각해 본 예가 없는데 뭐라고 대답하죠? 바로 지금 이대로가 아닐까요.

그러니 처음 인연이 돼서 무종교라고 하셨는데 참, 이런 걸 믿든 저런 걸 믿든 오늘 이 시간부터라도, 지금 마음 편안하게 사시지만 그래도 사람이 길을 걷다 보면 자갈밭이 생길는지 가시밭이 생길는지 그거는 어느 용도에 따라서 닥칠지 몰라. 그러니 자기 자신의 주인공을 믿고 그렇게 길을 걸으세요, 뚜벅뚜벅. 아셨죠? 네.

질문자5(남) 스님이 쓰신 책을 한번 읽어 봤습니다. 그런데 다른 말씀이야 다른 거하고 다 비슷하신 거 같고요, 그저 이렇게 대충 봤는데 마지막으로 말씀 중에서 외계에 대해서 말씀하셨더라고요.

큰스님 뭘요?

질문자5(남) 외계요.

큰스님 외계요, 예.

질문자5(남) 그리고 외계인에 대해서도 말씀하시고요. 그저 그냥 훑어서 이렇게 봤는데 지금 한 얘기와 전혀 다른 얘기죠. 그 외계인들과 우리들의 관계, 또 그 관계가 앞으로 어떻게 전개돼 나갈 건지 거기에 대해선 말씀 안 하셨더라고요. 그 말씀 마저 해 주십시오. (대중 웃음)

큰스님 외계인이 따로 없는 겁니다. 지금 지구 안에서도 모르게 어떠한 지역에서 살면 외계인입니다. 그렇기 때문에 세계적으로 봐도 우리가 모르는 고장도 많습니다. 그리고 모르는 그러한 생명들이 우리보다 더 고도로 발달이 돼서 살아가는 분들도 또 있고요. 우리만 이렇게 고도로 발달을 하고 이렇게 진화가 돼서 인간으로서 우리만 산다는 생각은 버리셔야 될 겁니다, 아마.

질문자5(남) 스님께서 화성에 원생물체가 있다고 말씀하셨어요. 잘 살고 있다고요.

큰스님 예. 모두가….

질문자5(남) 그런데 이 미국 땅에서 거기 가 봤더니 별거 없다고 와서 그러대요. 스님 아니면 이 미국 사람들 둘 중에 하나가 장난질치는 건데요.

큰스님 있죠. 그런데 잘 살고 있다는 그 사실이 아마도 맞을는지 모르죠. 왜? 모습이 꼭 보여야만 잘 살고 있는 건 아니니까요. 이 모습 없는 모습, 이것은 우리보다도 벌써 한 계단 초월해서 넘어갔다고 볼 수 있는 겁니다.

질문자5(남) 답일 것 같습니다.

큰스님 네?

질문자5(남) 스님이 정답을 내리셨습니다. 미국 사람들을 이기셨습니다, 스님. 얘네들은 아직 잘 모르는 것 같습니다. 스님 말씀이 옳습니다. (대중 웃음, 박수)

사회자 오늘은 질문 시간을 줄이고 법회를 마치도록 하겠습니다. 다음 토요일, 일요일도 또 시간이 있습니다. 큰스님의 법문이 있으니까 궁금하신 점은 그때 또 질문을 드리도록 하고 일주일 동안 열심히 공부해 주십시오. 그러면 큰스님의 설법을 이것으로 마치도록 하겠습니다.

큰스님 그리고 그 동안에 어떠한 조그마한 문제라도 자기가 해서 즉, 체험을 하고 자기가 긍지를 가지고 자기가 '아, 이걸 할 수 있는 거라면 이것도 할 수 있다.' 이렇게 나갈 수 있는 그런 길을 꼭 발견하십시오. 꼭 깨치고 안 깨치고 그것이 아니라 길을 가다 보면 자기를 알게 될 걸요. 뭐 꼭 그렇게 어려울 것도 없어요.

사회자 전부 일어나셔서 목탁 소리에 맞춰서 큰스님께 합장 반배를 올리겠습니다.

일체 생명들이 상응하고 돌아가는 주인공

초청법회(뉴욕 한인회관)

1989년 6월 24일

지난번에 여러분과 같이 앉아서 여러분한테 기초적인 말씀을 드린 것 같습니다. 그러면 지금 기초적인 얘길 안 해도 괜찮겠습니까? 예? 말씀해 보세요.

대중 가운데서 새로 오신 분들이 있으니까요, 기초적인 부분을 간단히 좀 말씀해 주시고 넘어가 주시면 감사하겠습니다.

큰스님 간단히 비유해서, 우리 생활이 우주와 더불어 같이 내 마음에 직결돼 있고 마음으로 인해서 생활이 직결돼 있는 사실과 더불어 여러분은 '생활 속의 내가 어떻게 살아나가야만 되느냐. 어떠한 것이 불법이냐. 우리 생활이 불법이냐, 그리고 진리며 길이냐. 그렇지 않으면 우리를 떠나서 어느 부처님이 계셔서, 신들이 계셔서 여러분을 도와주느냐.' 하는 것을 한번 생각해 보십시오. 여러분이 없으면 아무것도 없습니다. 지난번에도 그렇게 말씀드렸죠.

그래서 아무리 좋은 말을 해도 지금에 당해서는 도저히 그런 얘기는 필요 없을 것 같습니다. 왜냐하면 지금 여러분이 여러분 자체부터 발견해야 하니까요. 그리고 발견을 못한다 하더라도, 발견을 못한다 한다를 떠나서 '나부터 발견해야겠다. 나로 인해서 참나가 있다. 참나는 나를 수억겁 광년 전에서부터 이렇게 지금까지 이끌어 가고 있다. 앞으로도 끌고 갈 거다.' 하는 거를 진실히 믿어야 합니다. 여러분은 바깥에서 끄달리면 안 됩니다.

그래서 여러분이 여러분 내면의 주인공을 믿어야 하는데, 주인공이라 하면 개별적인 여러분 하나를 가지고 주인공이라고 하는 건 아닙니다. 그렇기 때문에 우주와 마음이 직결돼 있다. '우주의 근본이 인간의 근본이요, 태양의 근본도 인간의 근본이요, 천지의 근본도 인간의 마음의 근본이니라.' 하는 말이 있죠. 그렇듯이 바로 여러분이 그 한마음이라는 그 말 자체는, 여러분이 지금 이렇게 움죽거리고 다니는 것은 여러분 몸뚱이 속의 수십억 마리가 회전을 해 주기 때문에 여러분이 다닌다는 사실입니다. 그러면 어떤 것은 움죽거려 주고 어떤 것은 안 움죽거려 주고 그래야만 되겠습니까? 그럼 어떤 것이 움죽거릴 때 내가 움죽거린다고 하겠습니까? 여러분은 바로 그 수십억 마리의 대표인 입니다. 한마음, 한생각이 대표를 하고 있습니다. 회장 격이나 사장 격이죠. 이 오장 육부에, 또는 세포에 어떠한 자기 소임을 맡아 가지고, 예를 들어서 위 공장을 한다고 합시다. 그래서 공장장이 있다고 합시다. 그럼 그걸 지배를 하는 거는 바로 여러분입니다. 마음입니다. 그런데 그 공장 하나뿐만이 아니거든요. 이것도 소우주라고 할 수 있는 혹성입니다.

지난번에 얘기해 드린 거를 그대로는 못하지만 처음 오신 분들이 계시다고 그대로 하라고 그래서 지금 그대로 합니다. 이것은 열 번을 들어도 들어야 합니다. 그러면 어떻게 해서 주인공이라고 하는 자체가 개별적인 내가 아니냐? 내 몸속으로도 수십억 마리가 지금 회전을 하고 있는가 하면, 내 마음으로 짓는 그 찰나가 고정됨이 없이 공해서 돌아가거든요. 바깥의 외부의 일도 바로 나 자체 개별적인 것만은 아닙니다. 이것은 바깥으로도 개별적인 나가 아니요, 내 속에 있는 생명들과 내 생명이 둘이 아니다 이 소립니다. 여러분이 지금 사는 거를 '내가 이렇게 살고 있지. 나야, 내 거야!' 이럴 수가 없죠. 지금 여러분 몸속에 얼마나 많은 생명들이 살고 있습니까? 그런데 그렇게 회전해 주고 생명을 유지시키고 또 여러분을 이끌어 가고 말도 하게 하고 똑똑하게 다니게도 해 주는데 아니, 내가 혼자 나라고요? 그러면 여러분 몸속에 들어 있는 그 생명체들을 무시하는 거죠.

그러니 모두가 둘이 아니게 한마음으로 서로 고정됨이 없이 돌아가는 그 자체, 내부나 외부나 같이 돌아가는 거, 공생 공용 공체 공식 하고 이 우주 전체가 시공을 초월해서 돌아가고 있다. 한마음으로 돌아가고 있다. 그런데 개별적인 나 하나가 어디 있겠습니까? 하지만 그것을 총합해서 주인공이라고 한다면 내 근본 주인공에다가 맡겨 놔야죠. '야! 나를 억겁 전년에서부터 이끌어 온 것도 바로 내 주인공이요, 나를 형성시킨 것도 내 주인공이요, 지금 끌고 가는 것도 바로 내 주인공이요, 그러니 내 주인공밖에는 해결할 수가 없다. 내가 아픈 것도 내 주인공밖에는 낫게 해 줄 수 없다. 내가 가난한 것도, 이끌어 주는 것도 바로 내 주인공밖에 없다. 내가 일이 막혀서 안되는 것도 내 주인공밖에 해결할 수 없다.' 이렇게 진짜 방황하지 않고, 물질적으로다가 끄달리지 않고, 옆에서 누가 죽는대도 눈 하나 깜짝거리지 않고 여기다 맡길 수만 있다면 이 사람은 저절로 바로 승천이 돼요. 여러분은 여러분 각자, 여러분 한 분이 없으면 아무것도 없습니다. 상대도 없고 생활도 없고 부닥칠 일도 없고 부처도 없고 아무것도 없습니다. 여러분이 계시기 때문에 부처가 있는 것이고 진리가 있는 것이고 생활이 있는 것이고 바로 가정이 있는 것이죠.

그러니까 바깥으로 끄달리지 마시라는 것은 세 가지 여건이 있습니다. 하나는 나를 발견하는 데 목적이 있다. 둘째, 내 몸을 이끌어 가는 데에 있다. 셋째는 내 가정과 모든 사회를 끌어가는 데에 목적이 있다. 그것은 왜냐하면 부처님을 믿는다면서 여러분은 너무 멀리서 찾습니다. 부처님이 가죽 속에, 모두 이 원 안에 전체가 들어 있다면, 주인공이라고 하는 것은 그 안에 풀포기 하나 빼놓지 않고 같이 다 들어서 동일하게 돌아가고 있는 것을 말합니다.

그런데도 부처님이 나 이외에 따로 있는 줄 알고 '나 좀 잘되게 해 주시오. 우리 아들 좀 잘되게 해 주시오.' 하고 칠성한테 가서 빌어야지, 산신한테 가 빌어야지. 여기 가서 빌고 저기 가서 빌고 그러다가 보니까 용왕이 있다는 데까지 가서 무슨 거북이나 미꾸라지나 뭐 이런 것에다 이름 써서 갖다가 넣고선 그것도 또 잘해 달라는 거죠. 이렇게 하다 보면 여러분은 귀신 아닌 귀신짓을 하는 겁니다. 부처님은 그렇게 가르친 게 아닙니다. 여러분이 귀신짓을 한다면 여러분이 죽어도 그 의식이, 습성이 그대로 남아서 요다음에 나와도 또 그 습성 그대로 가지고 나올 겁니다. 그러니 그 습을 떼지 못해서 또 그렇게 허우적거리고 고생을 할 테니…. 사람으로만 태어나는 게 아닙니다, 또. 털옷을 입을 수도 있고, 하하하…. 뱀 허물을 쓸 수도 있는 거고 인간의 허물을 쓸 수도 있는 거지만, 인간도 얼마나 차원이 천차만별로 많습니까?

살아나가는 걸 가만히 생각해 보세요. 지난번에도 얘기했지만 상인은 상인대로 또는 정치인은 정치인대로 화가는 화가대로 또 과학자는 과학자대로 철학자는 철학자대로, 아주 누가 가라지 않아도 자연스럽게 같이 끼리끼리 모여서 끼리끼리 장단 맞추고 끼리끼리 그렇게 모두가 그 춤에 맞춰서 사는 거죠. 그러니까 우리가 의학적으로나 철학적으로나 문학적으로나 또는 미술적으로나 천문학적으로나 천체물리학적으로나 이러한 문제 등등이 여러분 앞에 기술로 주어진 대로, 과목으로 주어진 대로, 그냥 과목이라고 합시다. 그러니까 장사를 하더라도 규모 있게, 이 주인공 자기가 있기 때문에 한다는 겁니다.

그럼 이 몸뚱이는 참자기의 시봉자밖엔 안 돼요. 즉 말하자면 시자다, 또는 심부름꾼이다 이렇게 말해도 되겠죠. 이 자기 마음 주인공이 고집이 세어 가지고요, 마음이 동하질 않으면 한 발자국도 떼어 놓지 않거든요. 여러분도 살아 보셨죠? 내가 하기 싫고 내가 아니다고 할 때는 아주 그냥 전혀 몸이 움죽거리지 않습니다. 그러니 그게 누구의 심부름꾼이겠습니까? 자기의, 자기가 심부름꾼이죠. 그러니 자기가 가장 선한 척하고 가장 좋은 일을 잘하는 것처럼 물질로 도와주고 뭐를 한다 하더라도 내 주인공에다 맡기고 '주인공, 주인공이, 내 참나의 주인이 다 하는 것이고 즉, 주인 거지, 나는 관리인이요 심부름꾼이다. 부지런히 뛰면서 생각하고 생각하면서 뛰는 이러한 바쁜 세월에서 그대로 나는 심부름을 부지런히 하고 내 주인공의 그 뜻에 의해서 부지런히 뛸 뿐이다.' 이렇게 생각하신다면 어떠한 걸 막론해 놓고 해결 못하는 것도 없습니다. 또 못한다 할지라도 안되는 것도 고정되지 않고 되는 것도 고정되지 않기 때문에…, 그 말뜻을 아시겠습니까?

우리가 지금 생활을 하는데 '고정됨이 없다' '공했다' 하는 것은, 여러분이 잡숫는 것도 고정되게 김치만 잡숫는 분도 없고 빵만 잡숫는 분도 없어요. 어떤 땐 이것 먹다 어떤 땐 저것도 먹고 그러는 거지 어떻게 그렇게 고정되게 한 가지만 잡수시겠습니까? 만남도 그렇고 가고 오는 것도 그렇고 이 세상 사는 게 다 고정됨이 없는 것입니다. 그래서 한 찰나 생활이며 고정된 게 없으니까 공했다고 하는 겁니다. 그러니 내가 한 말을 되하고 되하더라도 다시 한 번 새겨 보시기 바랍니다. 첫째, 나를 발견하는 데 목적이 있는 거다 하는 거, 오늘부터라도.

여기 내가 온 지 며칠 됐습니다. 여러분이 나를 보고 "나는 이러이러합니다." 하고 내가 "알았습니다." 하고 서로 헤어졌을 때 마음이 어떻던가요? 여러분이 주인공이 그렇게 진실하게 믿어진다면 나도, 모두가, 모든 일체 생명이 다 같이 호응을 하고 돌아가는 겁니다. 마음이 그렇게 없다면 인연이 없는 일이죠.

그러니 내 몸속에 있는 그 생명들도 주인공에다 모든 것을 일체 놓는다면 악업이나 선업이 다 자동적으로 녹아 버리고 그 생명들이 바로 보살로 화해서, 여러분의 털구멍으로 들고 나면서 여러분을 나쁘게 하기보다 오히려 보호하고 간다 이겁니다.

그러니까 여러분은 바깥으로 끄달리지 말고 그 주인공을 진실히 믿어라 이겁니다. 내가 죽은 걸 보는 것도 주인공 때문이요, 남한테 따귀를 맞는 것도 주인공, 자기 탓이에요. 자기가 그 눈에 보이니까 맞은 거지 눈에 안 보이면 맞을 리가 있나? 자기 탓이지. 나는 잘했는데 왜 저 사람이 때렸느냐고 하지 마시라 이거죠. 자기가 있기 때문에 맞은 거지. 그러니까 맞은 것도 자기 탓이죠. 어저께 어떠한 문제가 생겼으니까 맞는 겁니다. 꼭 때려야만 맞는 게 아니라 불순한 일을 했으면 불순하게 들어오고 선한 일을 했으면 선하게 들어올 겁니다. 그러니 나를 깨닫는 데에 목적이 있는 거고 나의 병도, 나를 건강하게 끌고 가는 것도, 가난하게 끌고 가는 것도 모든 게 주인공입니다. 여러분이 체험하고 그것을 연구하고 또 지혜를 기르면서 그렇게 해 나가신다면 스스로 그렇게 됩니다. 지금 간단하게 요렇게 여러분한테 말씀드린 거, 그 외의 말을 더 할 게 없습니다. 왜냐하면 여러분이 여러분을 발견을 해야 그때서부터 진짜 공부니까요.

그런데 깨치지 못했다고 해서 내 가정을 화목하게 할 수 없는 건 아닙니다. 여러분이 그렇게만 해 나가신다면 오늘부터라도 내 마음이 편안하고 내 마음이 편안하면 남의 마음도 편안하고 한 가정이 화목하고, 야! 내가 밥을 굶어도 허허 웃을 수 있는 그런 여유가 생겨. 나로 인해서 옆에서 운다 하더라도 내가 거기다가 놓고 가면 저기까지 밝게 불이 들어와서, 나한테 들어오면 저기도 들어와서 우는 것을 뚝 그칠 수가 있어. 그런데 그걸 못 믿어. 번연히 알면서도 못 믿는 사람, 그건 배냇병신이지.

여기 며칠 와 있으면서 여러분 앞에 그렇게 일러 드리는 것은 실험을 통해서 체험을 해 보시고 체험을 통해서 자기를 자기가 한번 생각해 볼 수 있는, 자기 이세들을 생각해 볼 수 있는, '내가 지금 어디서 와서 지금 어디로 가나. 지금 무엇을 하고 걸어가고 있는가.' 한 번쯤

생각해 볼 수 있는 그 여유를 가지시라고 말씀드리는 겁니다. 어떠한 병이 있는 분들도, 음식이나 그런 게 모두가 약입니다. 밥도 약인 걸요. 빵도 약이고요. 안 먹으면 죽으니까. 살기 위해서 먹는 거죠. 그게 전부 약이에요. 그러니 자기의 체질에 맞춰서 음식을 조절하면서 자기 주인공에 모든 것을 맡겨 놓는다면, '너밖에는 내 병을 고칠 수가 없어.' 이렇게 믿어 준다면, 아마 어떤 사람을 그렇게 믿어 준다 해도 생명을 걸고 모두 바칠 겁니다. 그런데 하물며 내 몸을 이끌어 가는 내 속의 오장 육부의 모든 세포의 몸에 들어 있는 것은, 전자에 내가 태어나기 이전부터 인과로 인해서 업식이 뭉쳐서 이렇게 됐다 하더라도 그것은 악하게 하든 선하게 하든 바로 내 몸을 이끌어 가는 친구입니다. 한마음의 친구예요. 그럼 나하고 둘이 아니에요. 그게 움죽거려 주지 않는다면 내 몸이 지금 다닐 수가 없으니까. 그러니까 나다, 누구다, 내 거다 이런 생각도 마세요. 내 몸도 내 게 아니니까, 각자.

여러분이 가게를 하는데 영 되는 노릇도 없고 또 가난하고 마음이 이렇게 일어나고 이러는 것도 모든 것을 주인공에 맡겨 놓고 언제나 그렇게 생활을 해 보시고, 요담에 내가 왔을 때 다시 질문을 하세요. 그때는 '내가 이만큼 이만큼 지내다 보니까 이렇습니다.' 하고. 근데 '이거는 안됩니다.' 이러는데, 안되는 것도 거기서 나오는 거거든. 그것도 놔야지, 또. 그런데 그 안되는 것도 고정됨이 없기 때문에 금방 돌아간다 이거야, 놓으면. 수레바퀴 돌아가듯, 쳇바퀴 돌아가듯. 그러니까 요 마음을 발견하는 거, 또 가정을 이익 하게 하는 거, 몸을 이익 하게 하는 거, 내 자식을 이익 하게 하는 거, 내 가정을 좀더 윤택하게 할 수 있고 화목하게 할 수 있는 그러한 일만, 지금 여러분한테 그것만 가지고 얘깁니다. 거기서 가외로 나가는 것은 여러분의 마음이고, 거기서부터 돼야 여러분은 그것의 의미를 압니다.

그리고 또 우리가 체험을 해 봐야 '아하! 이렇게 신성하고 맛 좋은 것은 난 처음 봤어. 처음 먹어 봤어. 처음 느껴 봤어.' 이러는 거지 남이 느낀 것은 내 게 아닙니다. 아무리 내가 그렇더라도 '여러분한테 내가 이익을 줍니다.' 또 '여러분한테 내가 특별히 무슨 뭐를 잘합니다.' 이렇게 해서도 아니 됩니다. 여러분이 스스로 느끼고 스스로 알고 스스로 내가 목마를 때 물을 마실 수 있는 '스스로 자유인'이 돼야 됩니다. 그래야 정말이지 위로는 지혜로운 마음과 우주를 다 집어삼켜도 눈 하나 깜짝하지 않는 그러한 자유인이 되실 겁니다. 그런다면 무엇이 걱정입니까?

이런 일이 있죠. 여러 신도님들이 공부를 하고 나가는데, 어디 앉아서 죽어 가고 있는 사람을 보게 됐거든. 아주 그냥 복통이 일어나서 애를 쓰고 있는데 공부하는 신도가 거길 지나가게 됐어. 그럴 때 '아유, 주인공! 저 사람이 곧 집으로 가게 해야지 저렇게 아파서 일어나지 못하게 하면 어떡하는가.' 하고선 자기가 생각을 했더래요. 그러니까 오 분도 안 걸려서 그냥 툭툭 털고 일어나서 가더라는 거야. 그러니 우리가 공부하는 일은 나만 위해서가 아니라 길을 지나가다가도 선처를 베풀 수 있고 또는 차를 타고 가다가도 베풀 수 있고 여러 가지로 다 이익을 베풀 수 있는 겁니다, 사람에게만이 아니라 짐승에게도.

지금 질문하실 게 있으면 질문하세요. 어떠한 문제, 어떠한 것을 해도 유치하거나 그런 게 아닙니다. 인간이 살아나가는 데 유치한 게 어디 있습니까? 하나도 빼놓을 수 없는 문제들이죠. 그러니 질문하실 분 있으면 질문하세요.

사회자 지난번에는 남자 분들만 질문을 하셨다고 보살님들께서 불만이 있었어요. 이번 기회에, 오늘 내일밖에 시간이 없습니다. 질문을 하시면 큰스님께서 좋은 법문 해 주실 겁니다.

큰스님 그리고 또 여러분이 어떠한 과정이든지 저를 본 후에 '난 스님을 뵙고 어떠한 점이 좋았다.' 이런 것도 얘기한다면 그것을 가지고 신심이 일어나서 자기도 그렇게 해 볼 수 있는 여건이 생긴다고 봅니다. 그러니 여러분이 질문을 하시고 또 그렇게도 저렇게도 말씀해 보십시오.

질문자1(남) 인간이 먹기 위해서 삽니까, 살자고 먹습니까?

큰스님 살자고 먹는 것도 아니고 먹자고 사는 것도 아닙니다.

질문자1(남) 아니, 그러니까 결론을 내셔야죠.

큰스님 하하하….

질문자1(남) 아니, 그건 누구든지 다 할 수 있죠. 먹자고 사는 거냐, 살기 위해서 먹는 거냐?

큰스님 그건 이론입니다.

질문자1(남) 아니죠. 그러니까 제가 보기에도 저부터 다 달라요.

큰스님 그러면 농사를 짓는 데 땅을 파야 옳겠습니까, 파지 않아야 옳겠습니까? 한 말씀 해 보시죠.

질문자1(남) 저는 인간이 먹기 위해 사는 거냐 살기 위해서 먹는 거냐? 그걸 지금 물어보는 것입니다.

큰스님 살기 위해 먹는 것도 아니고 또 먹기 위해서 사는 것도 아닙니다, 사실은. 왜냐하면 우리는 스스로 이렇게 지금 걷고 있는데 그것은 우리가 목마르면 그대로 먹어야 하고 그렇기 때문에 먹기 위해서 사느냐 하는 그 생각을 하기 이전에 벌써 (물컵을 들어 보이시며) 이 물은 먹었습니다. 생각하기 이전에 벌써 먹어 버렸으니 어떡하죠? 뭐라고 말을 해야 될까요? 그건 군더더기가 되죠. 그래서 여러분이 '내가 이것을 살기 위해서 먹나 또는 먹기 위해서 사나?' 이런 걸 생각할 여지가 없습니다. 그런 생각 하기 이전에 벌써 먹었고 변소에 갔고 벌써 다 했으니까요.

그러니 그렇다 저렇다를 다 놓으시고, 맡겨 놓으시고 내가 있기 때문에 참나가 있고 참나가 있기 때문에 그게 근본입니다. 영원한 생명의 근본! 근본은 우주의 근본이기도 합니다. 그러니 내가 아는 거 모르는 거 모든 것을 거기에 놓으십시오. 그리고 아는 걸 그대로 쓰는 거지요. 그러니 그냥 거기에 맡겨 놓으십시오. 아는 것도 참자기가 알기 때문에 아는 거지, 자기 겉껍데기는 생각이 없다면 목석인데, 생각을 낼 수 없으니 목석이 아니겠습니까? 그럼 생명이 없으면 송장이죠. 육체가 없으면 안 보이니까 무효죠. 모두가, 이건 삼위일체가 무효로 돌아갑니다. 그러나 삼위일체가 구성돼서 같이 공존하고 있기 때문에 '한 사람' 입니다. 그래서 한, 한이라는 게 들어가죠, 거기서 알아 내면. 바닷물도 한 그릇이라고 할 수 있고 이런 것도 한 그릇이라고 할 수 있고 사람 하나가 전체 우주라고도 할 수 있는 겁니다. 그러니 실험도 해 보지 않으시고 이렇다 저렇다 하지 마시고 무조건입니다.

여러분에게 형상을 믿으랬습니까, 나를 믿으랬습니까? 허공을 믿으랬습니까, 이름을 믿으랬습니까? 자기 끌고 다니는 자기를 믿으라는데 왜 못 믿어요? 차가 운전수를 믿지 않으면 누굴 믿어요? 운전수가 차를 끌고 다니는 건데, 운전수가 끌고 다니지, 구덩이에 처박는 것도 운전수지 다른 건가요? 기름을 넣는 것도 운전수요, 차를 거꾸로 박는 것도 운전수요, 그리고 좋은 데로 끌고 가는 것도 운전수요. 그러니 어떡합니까? 믿고 모든 것은 거기에 맡겨 놔야죠. 여러분이 만약에 장님이라면 여러분의 참자기는 눈뜬 사람이라고 볼 수 있겠죠. 그러니 눈뜬 사람을 쫓아가야죠. 바로 여러분이 눈뜬 사람이자 눈뜨지 못한 사람입니다. 왜? 물질세계도 그렇게 육안으로만 봐서는 알 수가 없으니까요, 심안으로 봐야 되니까. 그래서 '심안과 육안이 둘이 아니다. 이 공부를 해서 나를 발견하면 이게 심안이나 육안이나 둘이 아니다.' 하는 겁니다.

그러니 아무리 이 공부를 모르셨다 하더라도, 내가 나의 주인공을 믿지 않아도, 믿어도 일단 지금 가랑잎이 떨어질 때가 차차차차 와가지고 지금 가을의 벌판을 걷고 있거든요. 그런데 뭣이 그렇게 원통해서 내 주인공 내가 믿으라는데 왜 못 믿느냐 이겁니다. 그래서 노인네가 되셨으면 애가 될 거고 애가 됐으면 늙어질 겁니다. 여러분은 영원하게 죽고 사는 게 없을 겁니다. 내가 그런 소린 가끔 잘합니다. 낙엽은 떨어졌을지언정 어찌 나무뿌리가 죽을 수 있겠는가. 그 나무는 가을이 오고 겨울이 오고 그래서 가랑잎은 다 떨어졌지만 그 나무는 자긍하며 내 마음의 봄이라고 생각하면서 봄을 기다리고 있죠. 영락없이 봄이 오면 물이 오르고 벌써 싹이 트고 그러죠. 그래서 우리는 그런 물질 아닌 참나를 발견함으로써 바로 현상으로 나오는 겁니다. 여러분이 물질 아닌 내 주인공과 물질인 나와 둘이 아니게 공존하고 있는 그 자기 주인공을 진짜로 믿는다면 무의 생각, 무심으로 보이지 않는 데, 남이 모르는 데 생각을 했어도 모두가 이게 현상으로, 바깥으로 내가 행을 하고 있는 겁니다. 그러니 생활이 과학이 아니고 뭐겠습니까? 딴 데 가서 찾지 마시고 생활 속에서 찾아야 합니다.

나를 못났느니 잘났느니 하지 마시고 나를 찾되 이 모습도 보지 마시고, 여러분이 여러분을 발견하신다면 내 마음도 꿰뚫어보는 동시에 역대의 부처님도, 아니 석존의 마음도 꿰뚫어보실 수 있는 그런 여건이 될 수 있습니다. 그게 바로 한자리 아닐까요? 천체가 도량입니다. 변소간은 도량이 아닙니까? 부처님 앉혀 놓은 데만 도량입니까? 여러분이 계신다면 여러분이 앉아 계신 데, 여러분이 서 계신 데, 여러분이 물건을 파는 데, 여러분이 일을 하는 데 바로 거기, 자기가 있는 자리에 부처는 계신 겁니다. 왜 질문들 안 하세요?

질문자2(남) 오늘 처음 나왔습니다. 제가 여태까지 뭐 아는 게 별로 없어서 그냥….

큰스님 소리가 안 들립니다. 요리로 오세요.

질문자2(남) 네. 불교에 대해서 아는 것이 많이 없기 때문에 혹시 잘못된 생각이 있더라도 좀 가르쳐 주십시오.

큰스님 그냥 앉아서 편안히 하세요. 같이 공부할 수 있는 도반 여러분이신네요, 뭐.

질문자2(남) 제가 이해하기로는 대부분 예수교 같은 경우에서는 이원론을 통해서 신이 있고 그 다음에 중생이 있다 이랬는데 이쪽은 어떤 게 맞는 것인지? 제가 여태까지 느끼고 있는 것으로 볼 때는 자기가 우주의 한 부분인데 자꾸만 자기 자체를 내세우기 때문에 고뇌가 오고 번민이 오고, 그 다음에 남 잘사는 거 보면 배가 아프고 그런 것 같습니다. 그런데 자기를 잊어버림으로써 그 뭐라고 그럴까요? 번거로움에서 벗어나는 것이 좋지 않겠느냐 이렇게 생각합니다.

그런데 만일 이 우주가 정(靜) 속에서 동(動)으로 흘러서 움직이는 현상의 하나로 볼 때, 만일 '나도 그 속의 하나니까 별 수 없다. 그 속의 하나니까 흘러가는 대로 흘러가자.' 이렇게 생각하게 된다면 자기 자신에 대한 발전이라든가, 자기 의식이 이 우주에 기여할 수 있는 그런 공간이 없지 않나 이런 생각이 듭니다. 그리고 또 그것에 대해서 어떤 차이가 나는지 말씀해 주십시오. 그러니까 수동적으로 이 우주의 한 현상으로서 나라는 걸 버리고 잊어버림으로써 자기의 그 고해를, 괴로움을 잊어버리지 않습니까. 그것도 있지만 거기에서 나라는 마음을 제가 잘 모르겠습니다. 자기 자신을 인식하고 자기 개체를 찾음으로써 부처님이 될 수 있는 건지 그건 잘 모르겠습니다, 제가 불교에 대해서 깊은 지식이 없기 때문에. 자기가 이 우주에 대해서 이바지할 수 있는 어떤 공백이 있습니까?

큰스님 그렇게 비유를 한마디 해 볼까요. 물이라는 친구하고 흙이라는 친구하고 바람이라는 친구하고 불이라는 친구, 넷이 아주 절친했대요. 그래서 그 네 친구는 서로 상의를 했죠. '야, 동떨어져서 우리는 살 수가 없다. 그러니 우리 넷이 한데 합치면 무엇인들 안되겠느냐?' 그러고 상의를 했대요. 상의를 해서 나 흘러가는 대로 흘러가고 너 흘러가는 대로 흘러가는 게 아니라 그 네 친구가 한데 동일하게 되니까 거기에서 그만 생명이 생기더랍니다. 그래서 거기서 생명이 나니까 이 네 친구가 그걸 기르기 위해서 아주 소중하게 생각을 하면서 길러 냈대요. 그러니 그 네 친구가 껍데기가 돼 주면서, 지금 여러분이 자식을 낳아서 기르는 것도 여러분이 껍데기가 돼 주면서도 그게 부모입니다. 부모면서도 껍데기죠. 이거 한번 생각해 보세요. 이 물 한 컵이 있는데요, 이것도 지수화풍으로 인해서 컵이 생겼습니다, 이게. 이 네 친구가 한데 합작이 돼 가지곤 이게 된 겁니다. 왜 성과가 없습니까? 합작을 하면 되죠. 마음은 체가 없으니까 모든 게 우주 전체가 즉, 근본이 너의 마음이니라. 바다에다가 수천 방울의 물을 넣는다 할지라도 두드러집디까?

질문자2(남) 그렇지만 여기서 말씀드리고 싶은 게 '우주가 너희 마음에 있나니라.' 하는 것은 그러니까 중용에서도 지금 말씀하신 돌고 돈다는 것이 결국은 정 같지만 사실은 그 속에서 동으로 움직이고 있죠, 우리가. 그것을 자기가 이해를 하면 많이 깨닫게 된다고 제가 느꼈는데요, 그럼 결국 우주라는 것이 자기 마음에 있고, 그러니까 우주를 자기 마음에 갖는다는 얘기는 결국은 우주에 흘러가는 그 순리를 이해하는 걸로 생각됩니다. 지금 아까 공장 얘기도 말씀하셨는데 그거는 제가 분명히 이해가 잘 안 갑니다만 거기에서 자기가 이 사회에 이바지 할 수 있는 일이라든가 그런 여지가 별로 보이지 않는 것 같습니다.

큰스님 아니요. 이거는요, 50%는 보이지 않는 세계고 50%는 보이는 세계이기 때문입니다. 선생님은 50% 보이는 세계만 보고 지금 얘기하시는데 안 보이는 세계와 보이는 세계를 같이 가지고 계십니다, 선생님이 지금. 아주 간단하게 그냥 선생님한테 적용하죠.

그럼 선생님이 생명이 있다, 생명이 있으니까 마음을 낼 수 있다, 마음을 낼 수 있으니까 육신이 움죽거린다는 얘깁니다. 그런다면 내가 모든 것을 합해서 저 사람한테 마음을 좋게 해 주면 그 마음도 좋게 돌아옵니다. 그런데 내가 악하게 '저놈 내가 두고 보자. 때려 죽인다.' 이러고 생각을 하고 있으면 그쪽에서도 그냥 '그래, 두고 보자!' 이렇게 됩니다. '저놈은 아주 만날 꼬장꼬장하고 저래!' 이러면서. 그것이 어디에서 나오느냐? 바로 마음속에서 나오는 겁니다. 그렇다면 그건 체가 없는 겁니다. 그냥 흘러가는 대로 흘러가는 게 아닙니다. 어디까지나 그것은 이렇게 같이 한마음으로 돌아가면서도, 공생 공용 공체 공식하면서도 너와 내가 있는 것이 차원입니다, 그게. 차원에 따라서 용도에 의해서 자기가 큰 그릇이냐, 작은 그릇이냐, 그러면 종지의 물이냐 이것밖엔 아니 됩니다. 그러니까 무조건, 무조건 큰 거냐 작은 거냐 그런 것을 따지지 마시고 내 주인공을 진실히 믿고 '나를 형성시킨 건 내 주인공이다. 나를 이끌어 가는 것도 주인공이다. 내가 아픈 것도, 낫게 하는 것도 내 주인공이다. 내 가정을 이끌어 주는 것도 내 주인공이다.' 모든 게 주인공입니다. 내가 있기 때문입니다. 그렇게 해 나간다면 여러분 중에 선생님이 만약에 나를 내가 발견했다 하면 그때서야 이 질문이 헛되다는 거를 아실 겁니다. 자기가 목견해서 체험을 안 해 보고는 도저히 이것은 모르는 일입니다.

질문자2(남) 근데 그게 문제가 있습니다. 교회를 나가도 우선 믿지 않으면 교회에 오지 말라 이렇게 얘기를 하지 않아요? 그러니까 저는 그걸 받아들일 수가 없습니다. 받아들이고 들어온다면 불만이 없죠. 이 인간에게는 지능이 있고 감정이 있지 않습니까? 대부분의 감정은 아침에는 동정하고 싶지만 저녁에는 화가 나기도 하고….

큰스님 화가 나는 것도 동정하는 것도 다 자기가 아니에요.

질문자2(남) 그런데 여기도 마찬가지겠죠.

큰스님 마찬가지가 아니라요, 이런 게 있어요. 타력 신앙이냐 자력 신앙이냐. 타력에다 하나로 모아 놓고 믿으라 하는 거냐, 자기 자신의 주인공을 믿으라 하는 거냐 이 문제입니다. 그렇게 아니 하시든지 그럭하시든지는 선생님의 자유예요. 그런데 그 자유를 어떻게 사용하느냐의 문제입니다, 그 자유를. 내 주인공을, '내가 이름을 믿을 거야, 허공을 믿을 거야? 내가 저 스님을 믿을 거야? 난 못 믿어. 내가 혼자 왔다 혼자 가는 길이요. 나 대신으로 똥도 못 눠 줘, 저 사람이. 내 아내라도 대신 아파 줄 수 없고 대신 죽어 줄 수 없고 대신 먹어 줄 수 없고 대신 똥 눠 줄 수 없고 대신 잠도 자 줄 수 없어. 그러니까 나는 내 주인공을 진짜로 믿겠어!' 한다면 옳게 되겠죠.

그러나 그렇지 않고 그 외의 어떤 사람을 믿고 어떤 사람에게 착을 두고 어떤 사람을 나쁘다 좋다 하고 온통 끄달리고 돌아가면 그거는 선생님한테 해로울 겁니다. 그러니 무조건 자기 자신의 주인공을 믿으시고 그렇게 실험을 통해서, 남은 평생을 두고도 연구를 하고 실험을 하고 과학자들은 그러는데 이렇게 한번 무조건 자기를 좀 믿어 보면 안 됩니까?

질문자2(남) 아니, 그렇게 말씀하시면 제가 할 말이 없는데 제가 촛점이 빗나간 거 같습니다.

큰스님 아니, 그 모든 건 빗나가는 게 아니에요.

질문자2(남) 저도 왜 이러느냐 하면 이런 걸….

큰스님 모르는 거 아는 거 다요, 다 거기 맡겨 놓으세요. 그럭하시면 좋아요. 그 이유는 붙지 않습니다. 거기 이유가 붙을 것이 없습니다.

질문자3(여) 스님께서 저희들보고 주인공을 믿으라고 그러시잖아요? 그리고 모든 것은 주인공이 해결을 해 줄 거라고요. 그런데 저희가 태어날 때부터 영혼은요, 저희가 말하는 운명대로 태어나는 거 아니에요, 스님? 그러면 저희가 지금 살아갈 때 나라는 존재, 나는 어떻게 해서 다른 사람들하고 다른 이 내가 됐으며, 나는 또 언제부터 나라는 존재가 됐으며, 이런 나라는 존재가 살아가는 데 일어나는 일들이라든가 그런 것들도 제가 태어날 때부터 필연적으로, 불교에서는 우리가 살아가는 인생에도 우연은 없고 모든 것은 필연이라고 그러잖아요? 그러니까 저희 이 몸을 이끌고 나가는 그 주인공도 태어날 때부터 저의 운명대로 이 필연에 의해서 움직여지는 게 아닐까요?

큰스님 그것을 그렇게 말씀을 한다면 또 말이 조금 길어지는데요,

내가 수차 이런 말을 했죠. 여러분이 태어나시기 이전, 수억겁 광년이라고 그랬는데 그거는 떠나서라도 댁이 태어나기 이전에 살던 어떠한 일, 악업이든지 선업이든지 짓고 산 그 차원대로, 즉 말하자면 엄마 아빠의 정자와 난자 속에 들어가서, 수십억 마리가 있는데 다 이게 거기 들어갑니다. 들어가서 몸 하나를 받고 나옵니다. 그것은 아버지의 뼈, 어머니의 살을 받아서 몸 하나를 딱 받죠. 그럼 수십억 마리가 모였다가 다 흩어집니다. 다 흩어지고 그 한 몸 받은 데 가서 자기가 태어나기 이전의 악업이나 선업 즉, 그 의식 자체가, 업식이 거기에 포함이 됩니다. 포함이 돼서 이 세상에 등장하는 거죠. 그러면 여러분은 과거에 내가 지은 업의 인연에 따라서 좋게 한 것은 좋게 받을 것이고 언짢게 한 것은 언짢게 받을 것입니다. 모르고 저지른 것은 모르고 받게 마련이고 알고 지은 것은 알고 받게 마련이다. 이러한 것이 여러분 속에 그냥 수십억 마리가 지금 있습니다. 그것이 바로 영식입니다.

그러면 그것이 어떤 때는 기쁘게도 해 주고 어떤 때는 잘되게 해 주다가도 어떤 때는 그 잘된 것이 망하게도 해 주고 어떤 때는 속상하게 해 주고 어떤 때는 병들게 해 주고 어떤 때는 남편하고 이혼하게 해 주고 여러 가지로 고정됨이 없이 그대로 돌아갑니다. 그럼 그것을 고(苦)덩어리라고 이름하죠. 그런데 내가 말하는 것은 과거도 현실에 짊어지고 나왔으니, 짊어지고 나온 데서 나오는 데에 따라 되놔라 이거야. 지난번에 카세트 얘기 했죠. 카세트에 담긴 말도 내가 지금 또 집어넣으면 앞서 넣은 거는 없어진다. 그러니 연방, 넣으면 없어지고 넣으면 없어지고 넣으면 없어져서 그것이 과거에 어떠한 인과로 인해서 업을 가졌어도, 지옥고를 당해도, 악업을 지었어도 다 녹아들고 무너진다 그 소립니다. 예를 들어서 이열치열이란 말이 있듯이, 그렇게 나온 자리에다 되놓는다면 그 카세트에 넣는 것처럼 없어진다는 얘깁니다.

그러니 거기다가 모든 걸, 업이 있다, 나는 죄가 많다, 이렇게 수많은 이름들의 업, 팔자 운명 이런 것들을 넣지 마시고, 팔자 운명이라는 언어도 붙이지 마시고 '내가 죄가 얼마나 많기에 이러나?' 하는 생각도 마시고 그런 생각이 나거든 그냥 자기 주인공에 맡겨 놓으세요. '모든 게 당신 속에서 나온 거니까 당신 알아서 할 수밖엔 없지.' 하고 놓고 모든 게 좋게 되면 '아, 감사하구나!' 하고 또 놓고 아, 그럭하라는데 뭐가 어려워요, 그게. 하이 참! 업이라든가 이런 거는 모두 과거에 지은 것이지 어떠한 물질이 아니에요. 자꾸 물질에 다가오는 거죠.

그러니까 모든 게 내 몸에, 내 가정에 다가오니까 그것을 녹이는 데도 일차적으로 이익이고 내 마음을, 내가 참나를 발견하는 데도 또 이익이고, 내 자식들을 이끌어 가는 데도 이익이고, 부부지간에도 이익이고, 모든 게 나 하나의 자가발전소에서 불 하나 켜면 내 아들이다 딸이다 뭐, 부부다 부모다 형제다 하는 데 가설이 다 돼 있거든, 본래. 그러니까 여기만 누르면, 발전소에서 치켜올리기만 하면 그쪽으로도 다 불이 들어오게 돼 있어. 그렇듯이 다 녹아진다는 얘깁니다. 그러니 얼마나 좋습니까?

그러니 이것이 생활 불교며 생활 참선이며 바로 이것이 좌선도 되고 참선도 되지요. 마음 편안하면 좌선이거든. 그러니까 내 마음으로 그 창살 없는 감옥에다 내 몸을 꼭 훑어 넣고 옴쭉 못하게 하는 좁은 마음을 갖지 말고 그런 거를 탁 털어. 마음은 벽도 없고 지붕도 없고, 우주도 갈 수 있고 내가 지금 여기에 앉아 있어도 내 집엘 갈 수 있다, 볼 수도 있다 이런 것 좀 생각해 보시면서 앞으로 내 가정과 내 몸과 내 자식 이세를 튼튼하게 하고, 부모의 은혜를 갚기 위해서도 여러 가지로, 남을 원망하지 말고 증오하지 말고 욕심내지 말고 나라는 아집을 갖지 말고 모든 것은 내 탓으로 돌리면서 모든 걸 주인공에다 놓는다면, 그리고 부지런히 뛰면서 생각하고 생각하면서 뛰는 그러한 발전적인 여러분이 된다면 아마 자유인이 될 겁니다. 그 자유인이라는 것은 삶의 보람을 느끼면서 살 수 있는 그런 여여함입니다.

그러니 이게 틀렸다면 틀린 대로 내가 가더라도 서 스님한테 여줘 보시고요. 저 스님이나 나나 둘이 아닌 것입니다. 여러분이 그것을 잘 아시고 어떠한 문제가 있든지 스님한테 여쭤 보시고 상의를 하고 상담을 해서 그 고충을 면하십시오. 그렇게 노력하시면 여러분한테 당장이라도 이익 합니다. 나는 여태 그렇게 알고 있습니다. 서울에서도 그렇고 어디 가서 며칠을 묵었어도, 산호세에 며칠을 묵었어도 그분들은 다 눈물을 흘리면서 감사하다고 합니다. 왜? '당신이 없었더라면 내가 이 법을, 이렇게 좋은 법을 알 수가 없었다.' 하고요. 여러분은 저 만난 지가 며칠 안 되고 그러니까 될 수 있는 대로 여기 스님한테 여쭤서 주인공을 믿고 맡겨 놓는 그런 공부를 열심히 하십시오. 우리가 불법의 굉장한 얘기를 몰라서가 아니라 우리 각자 발견하는 데 문제가 있기 때문에 그걸 자꾸 강조하는 겁니다, 여러분의 생활 속에서.

이 영령이라는 것은 체가 없어서 지금 요기 앉아 계신 분만이 아니라 어떠한 용도에 따라서 청한대도 수십, 즉 말하자면 삼십이응신이라는 말이 있죠. 천백억화신이라는 말도 있고요. 이렇듯이 여러분이 그렇게 공부를 하시면 여러분 몸도 그 속에 수십억 마리가 다 화해서 보살이 되니 어찌 금강신이 아닙니까, 네? 털구멍을 통해서 오르고 내리고 들고 나고 어디든지 요구하는 데에 응해 주시니 어찌 천백억화신이 아니십니까? 그러니 여러분이 다 계시기 때문에 부처가 계신 거지 여러분이 안 계시다면 어찌 부처님이 계시겠습니까? 이렇게 여러분과 나와 또 우리 스님네들도 다 같이 이렇게 앉아 있으면 여러분과 다 똑같이, 둘이 아닌 것입니다. 누가 높고 얕고가 없습니다.

그러니 이다음에라도 '야, 스님이 이럭하시는 건 참 잘못하고 가십니다.' 이렇게 지적할 일 있으면 지적해 주시고 내가 또 여러분이 잘못된 게 있으면 '이럭하면 안 됩니다.' 이러고, 지적할 일 있으면 지적하시고 내가 지적해 드리고, 또 내가 없으면 우리 스님한테 그렇게 해서 지적해 주시고 또 지적을 받으시고, 이렇게 서로 한마음이 돼서 오손도손 서로 의논성 있고 욕심 없이 해 나간다면 여러분은 크게 자유인으로서 공부를 해서, 하다못해 배추를 한 포기 판다 하더라도 참 즐겁게 떳떳하게, 당당하게 할 것입니다.

지난번에 얘기한 거 생각해 보셨습니까? 땅을 파도 아니 되고 아니 파도 안 된다는 거, 그것 좀 생각해 보셨어요? 어떻게 해야 옳을까요?

사회자 큰스님, 마지막으로 한 분이 꼭 질문을 드리고 싶다고 그랬습니다.

큰스님 그럼, 한 분 질문하셔야죠.

질문자4(남) 대단히 감사합니다. 제가 간단히 질문을 두 가지만 하겠습니다. 모든 생명체가 생겨날 때 큰스님께서 말씀하신 거와 같이 지수화풍이 인연 따라 온다 하는 다윈의 진화론하고 같은 한 학설과 기독교에서 얘기하는 창조론, 결국 만물을 창조하셨다는 기독교 진리가 있고 또 지금에 와서는 미국에서 제삼 이론이 나왔는데 즉, 우리가 E·T 영화를 봤지만 수억의 별들이 있는데 거기에 생명체가 있을 것이다, 그 중에서 한 생명이 이 지구상에 와서 태어났을 것이다 하는 그런 세 가지 이론이 나왔는데 큰스님께서는 어떻게 보시는지 간단히 좀 답변해 주시고, 그 다음에 책을 보니까 스님께서는 깨치셨다 또는 도통을 하셨다 이러는데 그 깨치는 순간이 있으면, 그 깨치고 난 후의 감상을 말씀해 주시면 감사하겠습니다. (대중 웃음, 박수)

큰스님 지금 세 가지 논이 나왔습니다. 진화론이라든가 또는 창조론이라든가 또는 무슨, 뭐라고 그랬죠, 또?

질문자4(남) 제삼 세계에서 생명이 들어왔다.

큰스님 네. 그렇게 말씀하시는데요, 그것을 아주 가깝게 보십시오. 우리가 쓰레기통에다가 질척질척한 모든 쓰레기를 갖다 넣는데요, 뚜껑을 꼭 닫았다가 그 이튿날, 한 이틀 된 연에 그걸 열어 보니까 생명체들이 그냥 와르르 하고 일어났습니다, 거기서. 막 날아 나왔습니다.

그거는 어떻게 생각하십니까?

모든 이 지수화풍의 근원에서 생명이 생김으로써 어떤 것을 지적해야 되느냐? 그것은 이게 옳다 저게 옳다 이러기 이전에 우리가 진리를 가만히 생각해 보는 것도 있지만 여러분이 자기를 발견해 보면 그것은 어느 정도 나온다는 얘깁니다. 왜냐? 지금 여러분이 다 지수화풍으로 뭉쳐진 뭉치들입니다. 그런데 지수화풍이 아니라면 지수화풍을 먹지를 못하죠. 여러분은 지수화풍을 먹고 삽니다.

그런데 지수화풍을 먹고 살기 때문에 생명이 나오는 것입니다. 간단히 생각해서 우리는 그대로 질척질척한 데서 생기기도 하고 알로도 생기고 태로도 생기고 화해서 생기고 이러는 문제, 이 부처님의 말씀이 난 옳다고 지적합니다. 왜냐하면 이 네 가지 사생에 대해서, 이건 이다음에 여러분이 발견한 뒤에 스스로 아셔야 되는 건데 미리 얘기하면 어떡합니까? 이 사생이 말입니다, 부처님께서 사생을 두고 말씀하신 그대로 우리는 지수화풍에서 나온 것이며 지수화풍에서 나왔기 때문에 사생이라는 말씀을 하신 겁니다. 그냥 간단하게 이렇게 봅시다. 여러분이 스스로 발견하신다면, 진짜 저기 나가서도 알아볼 수 있습니다. 빵을 먹다가 쓰레기하고 내버렸는데 아, 이놈의 빵 속에서 벌레가 그냥 꾸역꾸역 나오는 겁니다. 네? 그거 못 보셨습니까? 그거는 생명이 아닙니까? 어떠한 생명체가 생겼든지 그것이 살기가 귀찮고 괴로워. 그러다가 이게 옳다 이게 옳다 이러고 그냥 가다 보면 스스로 진화가 되는 거야. 예를 들어서 토끼가 앞다리 뒷다리가 아주 똑같으니까 내리막을 뛸 수가 없어, 쫓기긴 하는데. 잘못 뛰어갔다가는 엎드러져서 잡아먹힐 수밖에 없고 그러니까 생각을 하기를 '이거 잡아먹힐 수밖에 없다.' 하는 순간에 '아이구, 앞다리가 짧아야겠다.' 이런 생각을 했거든요. 지금 앞다리, 뒷다리가 똑같습니까? 앞다리가 짧습니까?

대중 가운데서 짧습니다.

큰스님 짧죠? 짧을 거예요. (대중 웃음) 사람도 못난 것이 그대로 있는 게 아니고, 모르는 것이 그대로 있는 게 아닙니다. 아는 것도 그대로 있는 게 아니고, 똑똑한 것도 그대로 똑똑하게만 있는 게 아닙니다. 어떤 때는 못난 짓도 하고 어떤 때는 똑똑한 짓도 하고 또 어떻게 보면 자꾸 바뀌어요, 사람 마음도. 그래서 모자라는 대로 그대로 있는 게 아닙니다.

예전에 우리 선원에서 이런 예가 있었죠. 다리가 이렇게 돌아가서 바로 놓으려고 해도 자꾸 돌아가요. 그게 어느 때부터 그랬느냐 하면 경기하고 난 뒤부터 그렇다는 거거든요. 근데 어떻게 어떻게 공부하고 다니더니만 아, 그게 바로 섰어요. 바로 서 가지고 다니는데, 그럼 그 사람은 이렇게 다리가 자꾸 돌아가야만 하는 사람으로 뭐 어디 꼬리를 붙여서 매달아 놨습니까? 그 사람이 어떻게 잘 생각을 해서 그것을 보고 가다 보니까 아, 바로 섰다 이거야. 그러니 고정됨이 없다 이거예요. 네? 똑똑한 사람도 또 건강하던 사람도 내일 어떨지 모레 어떨지 몰라. 그러니까 '나 건강하다.' 이런 자부심을 갖지도 말고, 또 '나는 이렇게 아프니까 죽겠다.' 이러지도 말고, 항상 중심 중도 중용으로서 내가 행을 그대로 하면서 참다운 인간으로서, 남을 원망하지 말고 모두 자기가 있으니까 자기 탓으로 돌리면서, 이익은 못 보고 좀 해를 보더라도 자기 탓으로 돌리십시오. 그리고 남을 사랑하시고 내 몸과 같이 생각하시고 모두 내 형제같이 생각하시고 노인네는 내 부모같이 생각한다면 조금도 남을 원망할 데가 하나도 없고 또 나한테 나쁜 일이 닥칠 일이 하나도 없습니다. 그럼 이만 해도 되겠습니까?

사회자 또 하나의 질문이 있었는데요.

질문자4(남) 마지막에 그 깨쳤다는 순간의 감상을 말씀해 주십시오.

큰스님 그것 참! 잊을 뻔했습니다. 저는요, 이날까지 깨쳤다는 생각도 없었고요, 깨치지 않았다는 생각도 없이 그냥 이렇게 길을 걸어가고만 있습니다, 지금. 그러니 편안한 것 하나는 뭐냐? 아무 데 앉아노

흙이 묻을 걱정이 없고 아무 데 앉아도 땅세 내라는 사람도 없고, 허허허…. 아니, 세금 내라는 사람도 없어요. 그거 한 가지 좋습디다, 길 걷는 데. 그리고 또 한 가지 있죠. 내가 꼭 저기를 가야겠다고 하는 목적이 없고, 진리가. 그렇기 때문에 노비를 누구한테 얻으러 다니지도 않습니다. 그러니 잘 이해해 주시고 생각대로 생각하십시오. (대중 웃음, 박수)

사회자 네, 그러면 오늘 법회 시간도 많이 지났기 때문에 아까 말씀드린 대로 이것으로 큰스님 말씀을 마치도록 하겠습니다. 그리고 또 내일 시간이 있으니까 내일 또 좋은 질문 많이 하셔서 좋은 가르침 받으시기 바랍니다. 그러면 일어나셔서 큰스님께 삼 배를 드리겠습니다.

생활선 그대로가 참선이자 진리

초청법회(뉴욕 한인회관)

1989년 6월 25일

질문자1(남) 저는 금생에 스님하고 얘기해 보는 것은 오늘이 처음입니다. 제가 그동안 미국에 와서 여러 가지 스트레스를 많이 받는 바람에 불교 경전을 읽게 됐습니다. 경전을 읽을 때마다 마음이 시원해져서 요새는 불교에 대한 책을 아주 많이 보고 있습니다. 제가 어제 김정빈 님이 쓰신 『무』라는 책을 보니까 그 속에 생활선이라는 게 있어요. 그 생활선에 자생 화두라고 있는데 이때까지 저희가 보고 알고 있기로는 뭐, 결택(決擇)이라는 게 있다 그러대요. 스승하고 제자하고 결택을 해서 화두를 받고, 그리고 또 선이라는 건 선방에서 하는 걸로 알고 있는데 생활선이라고 해서 조금 그 범위를 넓게 말씀하신 걸로 이해하고 있습니다. 그 생활선에 대해서 한 말씀 해 주셨으면 감사하겠습니다.

큰스님 간단하게 말씀드리겠습니다. 여러분이 지금 생활하시면서 우주 진리가 더불어 같이 시공을 초월해서 돌아간다는 건 아시죠? 아십니까?

질문자1(남) 그런 것 같습니다.

큰스님 예. 그런 거 같습니다가 아니라 그렇습니다. 그렇다면 우리 인간의 몸속에서도 시공을 초월해서 잘 땐 자고 모두 움죽거리고 그렇게 찰나찰나 돌아가죠? 또 우리 살아나갈 때도, 지금 현재에도 말씀하시고 이렇게 고정됨이 없이 돌아가고 있죠? 그러니까 그게 전부 생활이죠?

질문자1(남) 네.

큰스님 네. 그 생활이 요만큼도 빈틈없이 행선(行禪)입니다, 행선!

질문자1(남) 생활 자체가.

큰스님 예. 생활 자체가 행선이자 진리이자 과학이자, 이게 전체 물리학도 됩니다. 이건 전체입니다. 그러니 그 전체는 내가 있기 때문에, 각자 내가 있기 때문에 전체라고 하는 거죠. 그 전체가 있기 때문에 내가 있는 거고요.

그러니까 나부터 알아야 모든 걸, 전체가 직결돼 있는 이 마음을 알 수 있고, 전체가 직결돼 있으니까 주인공이라고 할 수밖에요. 찰나찰나 돌아가니까 어떤 것을 할 때에 나라고 할 수 없으니까 공했죠? 모두가. 그래서 주인공이라고 하는 것이고, 거기에서 모두 하는 거니까 일하면서도 똥 누면서도 밥 먹으면서도 항상 그대로 여여하면서 참선이며 행선입니다. 이것이 진리입니다. 생활을 떠나서는 진리라는 거는 없고 참선이라는 것도 없는 것입니다.

그러니 모두 어렵게 생각하지 마시고 우리 생활에서 하나하나, 눈물을 흘리든지 괴롭든지 외롭든지 또 고달프든지 즐겁든지 그 모두가 다 내가 있기 때문에 있다는 것입니다. 그러면 나한테서 나오는 걸 나한테다 되놓는다면, 맡겨 놓는다면 모든 게 유유하게 걸림이 없이 돌아가고, 그렇게 되자 모든 것이 화목해지고 내 가정이 윤택해지고 내 마음이 편안해지고 그 갈등이 죄, 스트레스가 다 없어지고 업장이 다 녹아진다 이 소립니다. 그러니 그것이 바로 마음 편안하니 와선이고 모든 게, 와선이니 입선이니 참선이니 하는 게 따로 있는 게 아닙니다.

그러니 행선이 그대로 참선이고 진리니 그대로 여러분이 잘 생각하세요. 왔다 갔다 하지 마시고요. 수십억 마리가 같이 돌아가는 자신의 주인공을 믿으라는데 왜 안 믿습니까? 왜 안 믿겠습니까, 또. 지금도 끌고 다니는 그 주인공을 말입니다. 어저께도 얘기했듯이 운전사는 바로 여러분의 몸을 끌고 다니는 그 마음이라는 거죠. 줄지도 않고 늘지도 않는 기름은 여러분의 그 영원한 생명의 근원이라고 볼 수 있겠습니다. 그러니 여러분은 불법이다, 불법이 아니다라는 걸 떠나서 내 마음으로서의 나를 진짜로 믿고, 내 거죽을 믿지 말라고 부처님께서도 말씀하셨죠. 내 거죽을 믿지 말고 너부터 알면 나의 속도 알 수 있느니라 하고요. 그러니 생활선이라는 게 바로 그런 것입니다. 이해가 가시도록 하기 위해서 한마디 해 드린 겁니다.

질문자1(남) 그러면 자생 화두라는 건 또 뭡니까?

큰스님 자생 화두는 선생님을 말하는 거죠. 선생님 살아 계시죠?

질문자1(남) 예.

큰스님 그랬으니까요. 나 살아 있는, 자생이라는 뜻입니다. 그것이 꼭 다를 필요가 있을까요?

질문자1(남) 그러니까 직장에서 우리가 부딪치는 문제, 생활상에서 부딪치는 문제도 화두가 된다는 말씀입니까?

큰스님 그럼요. 전부 화두죠. 지금 우리가 이렇게 앉아 있는 것도 참선이자 화두이자, 자기 몸뚱이가 있음으로써 화두인 것이죠.

그래서 일을 하면서 어떤 사람이요, 지난번에 이런 얘기가 있었습니다. "스님, 저는 회사의 공장장으로서 참, 이 문제를 어떻게 해야 해결이 될는지 모르겠습니다." 했습니다. 그래서 "너 주인공 있잖아!" 그랬습니다. 주인공이라는 것은 어떠한 것을 나라고 할 수 없는, 체가 없는 그 마음의 전체기 때문에 회사에 가도, '수만 명이라도 좋다. 한마음으로 돌아갈 수 있는 그런 문제가 바로 주인공 아니야?' 그냥 오며 가며 이렇게 해 버렸습니다. 그 사람은 그것을 응용해서 몇 프로씩 그것을 조금씩 이해하면서 잘 다독거려서 거기서는 데모를 하지 않고 끝났답니다. 그러니 그것이 여러분한테도 좋고 또 회사에도 좋고 하니 얼마나 좋겠습니까?

어저께도 얘기했지만 우리는 공생과 공용과 공체와 공식을 하고 지금 이렇게 돌아가는 겁니다. 그러면 (탁자를 두드리시며) 이것도 돌아가고 있는 거죠. 어느 것 하나 안 돌아가는 게 없습니다. 그러니까 물질세계의 50%에 억눌려서 50%의 무(無)의 세계의 그 참뜻을 모른다면 우리가 살기가 급박하고 어렵습니다. 그래서 안 보이는 세계의 그 모든 부처님 세계와 더불어 조상의 세계, 영령의 세계, 무정물의 세계, 모든 목신의 세계, 용신의 세계, 모든 일체, 무의 세계 전체가 한데 합친 50%가 유(有)의 세계 이 전체에 한데 합쳐서 한 손에 들고 여러분이 자유스럽게 사실 수 있다면 그것처럼 좋은 일은 없을 것입니다.

기독교다 가톨릭이다 불교다 이걸 떠나서, 그건 여러분이 이 세상에 태어나서 살기 위한 방편으로 여러분의 이름을 지어 놓는 거와 같습니다. 우리 가정의 첫째 아들 아무개, 이렇게 지어 놓듯 종교도 기독교, 가톨릭교, 불교, 이렇게 이름을 지어 놓은 것입니다. 그러니까 여러분이 폭을 넓혀서 우주의 근본 자체가, 모두 인간의 마음의 근본에 결부됐다는 거를 좀더 잘 아시면서 이 공부를 해 나가신다면 자리를 딴 데로 찾으러 다닐 필요도 없을 겁니다. 산으로 다니면서 기도를 한다고 외칠 것도 없고, 내 남편도 돌보지 않고 자식도 돌보지 않으면서 음식을 바꿔 가면서 기도를 하러 석 달이니 뭐니 하러 다닐 필요도 없고요. 어느 절에 가든 어딜 가든 자기가 마음 내키는 대로 가서, 법당에 가서도 부처님을 볼 때 '아! 저 부처님의 생명이 내 생명이고 그 마음이 내 마음이고 그 몸이 내 몸이니 그 거룩함을 말로 어찌 다 하리까.' 하면서 감사함을 뜻하면서 마음으로 둥굴려서 내 마음의 주인공에 한마음이 돼서 일 배를 올리면 천 배, 만 배가 되는 것입니다. 이래야 일 배를 올려도 공덕이 되지 만약에 바깥으로 찾는 그러한 기복으로만 나가신다면, 아마도 시주를 천만 번 했다 할지라도 그건 공덕이 없을 겁니다. 시주를 하셨어도 위안은 될 수 있을지언정 나의 공덕은 얻지 못하고 나를 발견하진 못할 겁니다.

그러나 내 주인공에 모든 것을 맡겨 놓고 그렇게 시주를 한다면 아마 그 시주는 여러분의 무의 통장에 예금이 되고 또 달러 이자까지 붙을 겁니다. 하하하…. (대중 웃음) 그러니 여러분이 모든 걸 잘 아셔서…. 지금 여러분하고 며칠 이렇게 지났는데요, 여러분이 저를 만나서 이렇게 말씀을 하시면 "알았습니다." 해도 그냥 그대로 대답도 아니요, 그냥 믿고 말씀하신 거기 때문에 그 말씀하신 분이나 대답한 나나 둘이 아닌 것입니다. 그러니 얼마나 좋습니까? 그것이 바로 공덕이 될 수 있는, 바로 여러분의 이익이 되고 나는 나대로 여러분이 좋으면 나도 좋고 웃음이 나고 그러니 어찌 한마음이 아니겠습니까? 어찌 공생·공용·공체·공식화 할 수 있는 우리 한마음의 도리가 아니겠느냐 이겁니다.

여러분이 질문하는 데에서, 우리가 생활하는 가운데 참다운 도리가 있을 것 같아서 이렇게 합니다. 그러니 여러분이 또 질문하실 게 있으면….

질문자2(여) 어쩌면 너무 좀 무리한 질문일지도 모르겠는데요, 한 몇십 년 전에 출가를 하시기 전에요, 스님이 그야말로 양반 댁의 귀한 처녀로서 부모님들도 말리셨을 거거니와 또한 그 주위에 있는 분들도 보통 여자들이라면 그야말로, 시집가서 그저 아들딸 많이 낳고 남편 하늘같이 떠받들고 잘 살아라 하는 시대에, 자유의 여신상이 있는 이 미국 땅에 사는 여자들보다도 더 자유로운 생각을 하시면서, 그렇게 깊은 산까지 가셔서 출가를 하시게 됐는데 그와 같은 크신 결단을 어떻게 하실 수 있었는지요. 그걸 물론 저희가 『도』와 『무』 이런 책을 통해서도 조금 엿볼 수는 있지만 스님의 말씀을 직접 듣고 싶습니다.

큰스님 말이 길겠으니까 그냥 아주 간략하게 회답을 하겠습니다.

여러분이 지금 살아나가시면서도 그렇듯이 저는 인간이 살아나가는 것이 쳇바퀴 돌듯 한다고 생각을 했습니다. 밥 먹고 똥 누고 자고, 또 일어나서 또 밥 먹고 또 자고, 도대체 흥미가 없었죠. 허허, 그 24시간 동안에 잠시 잠깐 웃고 말하고. 우리 집안이 그때에 아주 몰락하게 됐습니다. 그랬으니까 상당히 비통한 생각도 했겠지만 또 밥을 굶고 있는 사람이 그때는 무지하게 많았습니다. 그래서 나는 이런 생각을 했죠. '이렇게 쳇바퀴 돌듯 하는 이런 세상에서 차라리 내가 남한테 보이지나 않아서 부잣집에 가서 훔쳐다가 저런 집에 몰래 좀 갖다 줬으면…' 이런 생각을 했죠.

그래서 밤에 잘 때 잠을 이루지 못했습니다. 새벽까지 잠을 이루지 못할 때가 아주 많았죠. 그거 훔쳐다 주느라고 말입니다. 하하하…. 그런데 그것이 실천으로 옮겨지지 않은 것은 당연하겠지만, 그러한 생각을 하다 보면 잠을 이루지 못했죠. 그런 때가 있었습니다. 그런 관계상 그저 어떻게 살다 보니까 그냥 그런 거지 누가 입산을 하겠다 안 하겠다 뭐, 나는 그렇게 그냥 누가 하지 마라 할 그런 귀한 몸이 아닙니다. 여러분같이 귀한 몸이 못 돼서 누가 못 가게 하고 이런 일도 없었고, "너는 옷이 없으니 옷 하나 입어라." 이러고 우리 식구들도 뭐 하나 나를 준 예가 없고, 혼자 떠돌아다니다 보니까 그렇습니다. 더 말할 수 있겠습니까? 그러니까 그것이 사실이니까요.

질문자3(남) 우리가 인간의 몸을 받고 태어나서 가장 근본적인 의문에 관해서 질문을 드릴까 합니다. 그것은 다름이 아니라 우리가 어디서부터 와 가지고 어디로 가는 것인가.

과거로부터 성현들도 그것을 얻기 위해서 많은 수도를 해 오신 걸로 알고 있습니다. 책을 통해서 즉, 배움을 통해서 알기로는 전생으로부터 윤회가 돼 가지고 여기까지 우리가 왔고 다음 생에도 또 윤회가 된다고 알고 있습니다만, 더 근본적으로 이것을 탐구해 나가다 보면 태초에 과연 우주가 어떻게 생겨났는가? 이 우주 만물과 우리 인간 생명, 그런 것들이 과연 어떻게 생겨났는가? 기독교 성경에서는 창세기에 언급이 있습니다만 그건 도저히 수긍이 안되는 얘깁니다. 큰스님께서 거기에 대해서 많은 깨달음이 있으시리라 믿고 어떻게 이 우주가 생겼는가, 한마음은 어떻게 있어 왔고 또 우리는 과연 어디로 갈 것인가에 대해서 좀 말씀해 주시기 바랍니다.

큰스님 그렇게 거창하게 생각하지 마세요. 아까도 얘기했듯이 '이 우주의 근본 자체가 여러분 마음에 직결돼 있다.' 이런 거는 여러분 몸이 오대양 육대주도 될 수 있어요. 그래서 이 속 내용을 보시고 뇌를 보세요. 얼마나 복잡하고 거대하게 돼 있나. 그것을 볼 때에 여러분이 나로부터 알고 간다면 아하! 우리가 맘대로, 좀 오래 살려면 오래 살고 '이젠 옷을 좀 벗어야겠다' 그러면 벗고 이렇게 되는 겁니다.

그러니까 우주 천하 만물만생이 다, 벌레에서부터 진화되는 것은 생각에, 마음에 의해서 진화가 되는 겁니다. 그러니까 의식 자체가 바로 요런 거다 하고 모르면, 귀도 먹고 그러면 벌레는 벌레대로 벗어나질 못하고 있다가 어떻게 가다 보면 벗어나게 되겠죠. 인간도 그렇습니다. 살다 보면 차원에 따라, 전체가 차원이 크고 작은 관계상 눈이 뜨여지고 귀가 뜨여지는가, 이러한 문제에 의해서 편안하게 살 수 있는 여러분이 될 수도 있고 편안치 못하게 사는 여러분이 될 수도 있는 것이, 바로 중생이다 부처다 하는 그 백지장 하나 사이에 있는 것입니다.

그러니까 그거 먼저 생각하지 마시고 공부를 진짜 하려면 무조건, 무조건 자기를 끌고 다니는 자기 주인공을 진짜로 믿고 거기다 일체 만법, 생활을 다 맡겨 놓고 '당신만이 해결할 수 있고, 당신만이 나를 끌고 다닐 수 있고, 당신만이 내 가정을 이끌어 갈 수 있고, 내 몸을 건강하게 할 수 있다. 그렇게 할 수 있는 것은 내 주인공밖에 없다. 대신 가 줄 사람도 없고 대신 먹어 줄 사람도 없다. 내가 혼자 와서 혼자 지금 길을 걷고 있다.' 이런 걸 아셔야 합니다. 그림으로써 침나를 발견하고 감응이 될 때, 그 때에 한번 하늘을 쳐다보고 울고 한번 땅을 내려다보고 땅을 치고 울 때, 그 때 바로 사람이 되는 겁니다. 진짜 자유인 말입니다.

그렇게 모두 아는 거, 알려고 하는 거, 이런 걸 다 놓으십시오. 내가 여러분한테 뜻을 몰라서 답변을 안 해 드리는 게 아닙니다. 여러분은 바로 내 동생 같고 자식 같고 형제 같은 겁니다, 모두. 저 연세가 높으신 분은 내 부모 같고 모두 이렇습니다. 남 같지가 않습니다. 그러니까 일 년이 되든 한 달이 되든 정해 놓지 말고, 그것은 여러분의 차원에 따라서 빨리 싹이 날 수도 있고 더 빨리 클 수도 있고 아주 밑에서 싹도 나지 않는 분도 있습니다.

그런데 열반이라는 것은 뭔 줄 아십니까? 비유하자면 콩이 익었을 때 아주 잘 익었다면 요렇게 까면 그냥, 이렇게 건드리기만 해도 탁 벌어지죠. 그런데 덜 익은 거는요, 속껍데기가 짝짝 붙어 가지고는 이렇게 까도 안 까집니다. 그것이 바로 우리가 죽음에 임해서 고생을 하고 죽는다는 뜻입니다. 안 까지니까. 까지기는 해야 할 텐데 안 까지거든. 그래서 아픔을 그렇게 견디지 못하고 애를 쓰다가 결국은 몸을 벗는다는 이치입니다. 그러니 여러분이 가고 싶으면 그냥 툭 건드리기만 해도 콩깍지가 탁 벗어지게끔 할 수 있는, 자유스러운 생활을 하시도록 노력하신다면 얼마나 좋겠습니까?

바로 동생 같기 때문에 그럽니다. 그러니까 그렇게 우리가 해 나갈 수 있는 대로 해 나가면서 이 생각 저 생각 하지 말아라. 이 생각이 나거든 맡겨 놓고, 저 생각이 나거든 또 맡겨 놓고, 울고 싶거든 이걸 붙들고 울고 감사하거든 이걸 붙들고 감사하고, 그렇게 한 일 년 계속 가 봐. 진짜로 그렇게 못하기 때문에 모두 겉껍데기로서 애를 쓰는 것뿐이야.

그러니까 여러분이 없으면 아무도 없어, 응. 내 몸에 불이 붙었을 때 남이 불을 꺼 주는 게 아니라 제가끔 자기 불 끄느라고 애를 써. 누가 불 꺼 주는 사람 없어. 그러니 자기가 자기를 가엾게 생각하고 불쌍히 생각하고 자기 주인공한테 감사하고. 그러니 주인공은 자기를 얼마나 위하고 가르치려고 노력하고, 때로는 그렇게 많은 살림살이에서 자기 마음을 떠보기 위해서 이것도 보여 주고 저것도 보여 주고 꿈으로도 보여 주고 생시에도 보여 주고 이런단 말이에요. 그런 데에 속지 말라 이거야. 자기 주인공이 자기를 가르치기 위해서 그러는데 왜 속아? 응? 그래서 '환상천도 넘어서라. 모든 것에 속지 말라.' 부처님께서 말씀하신 겁니다. 우리 그렇게 해 보자고요, 네?

질문자4(남) 저는 '현대과학과 불교'라는 주제에서, 그 분야에 대해서 질문을 드리겠습니다. 현대물리학에서 가장 큰 줄기는 시간과 공간에 관한 상대성 이론과 그의 내실을 밝힌 양자역학을 들 수 있는데, 우리가 예를 들어서 한 물체를 분석해 보더라도 자꾸만 쪼개 나가면 분자, 원자, 나중엔 소립자 즉, 극미립자의 세계까지 볼 수가 있는데, 그 극미립자의 세계는 입자의 나타남과 없어짐 즉, 생멸의 세계가 아주 무상합니다. 현대의 물리학에서 양자역학의 결론은 그런 시간과 공간 속에서 그 입자의 나타남과 없어짐의 근거를 부여하는 것이 장이라고 불리워지는데, 반야심경에서 나온 거랑 오늘 서두에서 스님이 말씀하신 거와 같이 공생 공심 공용 공체 공식 하고 고정됨이 없이 찰나찰나 돌아가는 이 한마음과 어떤 상관관계가 있지 않나 그래서 질문드려 봤습니다.

큰스님 네, 그것이 상관이 있고 말고요. 그러니까 우리가 지금 물리학이나 과학적으로 그런 입자, 소립자까지도, 지금 살림하는 데도 조그마한 데까지도 우리는 지금 하고 가고 있죠. 그렇듯이 그러한 것이 나타나는 것은, 지금 근본적인 지수화풍으로 일체가 다 뭉쳐져 있기 때문입니다. 지수화풍이 아니라면 그런 맨 끄트머리의 소립자까지도 있을 리가 없죠.

그래서 핵이 있으면 바로 전자가 있고 전자가 있으면 전자가 바로 핵이 되고, 핵을 보호하고 있고 이런 문제가 있는 거죠. 그러나 물질하고는 정반대로 우리가 그런 거를 연구하려면, 한마디로 말해서 망원경으로 본다 하더라도 어떤 한계를 두고 봅니다. 그러나 심안이라는 것은 어디가 멀다, 수천, 수만억 광년이다 할지라도 내가 요기 보는 거와 같은 겁니다. 이것이 둘이 아닙니다. 시간과 공간이 초월돼서 둘이 아니게 보는 거죠. 그러면 그것을 가서 보느냐? 그게 아니죠. 자기의 마음의 그 밝은, 면경과 같은 밝은 마음으로 본다면 앉아서 그 모든 것을, 천체를 볼 수 있고, 반을 볼 수가 있고, 어떤 부분적인 걸 볼 수가 있는 그러한 것을 불가에선 천안통이라고 하는데 우리가 천체망원경이라고 어저께도 비유를 했습니다.

그러면 심성이 아니고는 절대로 다 볼 수가 없다는 얘깁니다. 이게 그래서 무위심, 즉 말하자면 무심과 유심이 같이 혼합이 돼서 행을 할 수 있는 그 봉을 본다면 과학자들도, 천문학자들도 진짜 그 이름 없는 천문학이 되지 않을까 이렇게 보죠. 이름만 천문학이 돼서 되는 게 아니라, 정말이지 천 가지의 그 뜻이 다, 내가 보는 눈이 그대로 문이 돼서 벽도 없고 걸림 없이 내가 볼 수 있다면 연구를 하면서도 자기가 자재할 수 있는 문제죠. 그래서 보기만 해도 도가 아니니라 이랬거든요. 본다고만 해서는 무슨 이익이 있어야지. 또 듣는다고만 해서도 이익이 없고, 남의 속을 안다고만 해서도 이익이 없고, 또 남이 어디서 어떻게 왔다는 걸 안다고 해도 이익이 없단 말입니다. 그건 왜? 잘 들으세요, 이걸. 그거 왜 이익이 없느냐? 무꾸리를 하러 가니까 '새 달에 너는 죽을 운수다.' 이걸 무꾸리장이가 안다고 합시다. 족집게처럼 안다고 합시다. 그러면 죽을 운수만 알았지, 남의 속만 알았지 그것을 자유스럽게, 죽을 거를 이렇게 갖다 놓고 저렇게 갖다 놓고 마음대로 할 수 있는 그러한 자력이 없기 때문에 그것은 도가 아니다라는 얘기죠.

그러니 그 다섯 가지로 인해서 누진을 통해서 지리학이나 이러한 것도 그냥 자유자재죠. 이 지역이 좋다, 여기가 좋다 이러한 문제도 자유스럽죠. 이것이 좋은 것도 아니고 언짢은 것도 아니니 그것은 무엇이겠느냐 하는 그런 문제도 있는 거죠. 그러면 그건 내가 정하는 대로 그냥 법이에요. 힘이 없는 사람이 그렇게 하면 오히려 흉내가 되지만, 이 마음의 도리를 길러서 그렇게 하는 사람들은 그게 법이 되는 것입니다. 그래서 남의 말을, 경을 만약에 흉내를 낸다면 자기 몸이 해쳐지고, 즉 말하자면 '야호!' 하면 안으로 들듯이 흉내내는 그 말이 자기한테 그냥 반영이 돼서 자기가 좋지 않게 됩니다. 그러니까 그것이 중생의 흉내내는 그런 모순된 일이라고 볼 수 있겠죠.

그러니까 우리가 그러한 것을 진짜로 아시려면 잘 공부하세요. 젊은이니까 앞으로 창창하지 않소? 그러니 잘 공부를 하면 보는 것도 듣는 것도 아는 것도 참, 모두를 알아도 그것을 누가 안다고 하지 않고 말없이 그대로 길을 지나가다가도 건질 수 있고 길을 가다가도 오다가도 건질 수 있는 거야, 그것은. 응?

어저께도 얘기했지만, "나무 한 동 가지고 은혜를 갚을 수 있겠냐?" 하는 그 소리를 듣고 그분이 '아이구! 알았다.' 하고서 그때 나무를 동댕이치고선 그냥 그 자리에 앉아서 은사 스님한테 절을 삼 배를 올리고 "감사합니다." 했거든. 그래 "뭐가 감사하냐?" 하니까 그냥 가만히 합장을 하고 싱긋이 웃고 앉아 있거든. "아하! 그러면 부처님의 골수를 얻어서 너는 오늘 그 집의 물 한 그릇의 그 이치를 알겠구나!" 하고선 비켜나셨대요. 그래서 그분은 그렇게 어려운 집을 그 해에 마름을 받게 하고 자연히 보리쌀 뜨물을 안 먹고 쌀밥을 먹게 하더랍니다. 그러더니 그 동네 일판에서 둘째 가라면 섧게 먹고살기가 훌륭하게 됐더랍니다. 그래서 부처님께 해마다 공양을 잘 올리고 그 집의 자손들이 불가에 또 인연을 맺고 그래서 크게 부처님의 뜻을 이루었다는 얘기가 있습니다. 그렇듯이 여러분이 남의 흉 볼 사이가 어디 있습니까? 남을 원망할 사이가 어디 있습니까? 지금 나 가기도 바쁜데, 지금 얼마나 남았습니까? 가을이 돌아 닥치면 어떡합니까? 그러니 내 마음에 봄이 오도록 해야 겠습니다.

옛날에도 이런 말이 있죠. 요거 한마디만 하고 끝내죠. 어떤 스님이 아주 영하다고, 정말 제일이라고 하는 스님이 계셨답니다. 그런데 옛날에는 마적, 도둑이 많았죠. 그러한 산도둑이 떼로 몰려서 얘기를 했습니다. "저 스님이 그렇게 유명하다니 내가 한번 만나 보리라." 그래서 칼을 들고서 그 스님이 오시는 길을 지키고 있었습니다. 그러면서 스님이 오시니까 하는 소립니다. 자기 속말로 '흥, 저렇게 묘하다는 스님이 내가 여기서 자기를 죽이려고 하는 것도 모르고 그냥 와, 저렇게.' 하고 아주 방탕한 웃음을 웃었죠.

그런데 스님이 오시니까 도둑은 거기서 그렇게 얘기했습니다. "당신이 아무리 유명해 봤던들, 또 당신 가슴에는 뭐 철판을 깔았기에 칼이 안 들어가겠느냐? 당신이 아무리 유명하다 할지라도 이 칼은 사정없이 당신의 가슴을 찌를 수 있고, 가슴을 찔러서 뭐가 그렇게 유명한 게 있나 한번 째 보고 싶다." 이랬거든요. 그러니까 그 스님이 있다 하는 소리예요. 껄껄 웃으면서 "추운 겨울에 고목을 자른들 꽃이 나오겠나? 봄이 오면 스스로 이 고목에서도 꽃이 피고 스스로 열매가 열릴 것을 말이야. 그러니 그 뜻을 알게." 하시더랍니다. 그래도 수십 년을 마적으로 다녔으니 경험도 있고 그렇지 않겠습니까? 그러니까 그만 그 소릴 듣고 칼을 뚝 떨어뜨렸어. 뚝 떨어뜨리면서 거기서 그냥 삼 배를 올리고 그 도둑들, 꼬마 도둑들도 다 그 스님의 제자가 됐다는 얘기가 있습니다. 물론 나한도 다 그렇게 해서 제자가 된 그런 이치도 있지만 이러한 일로 인해서 제자가 된 분들도 여러 분이 그 당시에 있었다 합니다.

그러니 여러분이 좀더 이 마음의 도리, 내 마음의 봄은 항상 봄이지 사계절이 따로 있는 게 아닙니다. 그러니 여러분의 마음속에 봄이 와서 물이 흐르고 그 물맛이 좋고, 열매가 열려서 수많은 맛을 낼 수 있는 그런 열매를 무르익히신다면 그렇게 좋을 수가 없을 겁니다. 그러니 그 만 가지 열매의 만 가지 맛을 낼 수 있는 그런 여러분의 마음가짐가짐을 가지시고 봄의 마음을 가지시기를 간절히 빕니다.

내 한마음의 법설

뉴욕지원 개원법회

1989년 12월 10일

여러분과 더불어 한마음 법에 동참하면서 우리가 도반으로서 같이 하기를 빕니다. 우리는 어느 종파를 막론하고 또 어느 종교를 막론하고, 지구가 버스라면 한 버스 안에 타고 그 버스가 어디로 갔다가 구르는지도 모르면서 네 종파 내 종파, 너희 종교 내 종교 찾을 바가 없다고 봅니다. 여러분은 진리를 탐구하고 오직 나로부터 나를 알고, 나를 앎으로써 내 가정이 있고 상대가 있고 사회가 있고 국가가 있고 세계가 있고 우주가 있다는 것을 다시 한 번 생각해서 견고하게 마음에 다짐해야 합니다.

지난번에도 얘기했지만 역사를 잘 가져오고 못 가져오는 것은 우리 마음에 달려 있습니다. 또 불제자로서 문을 찾아서 들고 문을 찾아서 나오려고 하는 그러한 강설만이 아니라 부처님이 가르쳐 주신 그 마음의 법설을 알아야 합니다. 한 마디 한 마디 여러분이 하시는 그 말씀이 그대로 법설인 것을 아시고, 한 발 한 발 걸어가면서 영원한 내 길을 걸어가는 데에 사심 없이 부처님의 마음을 꿰뚫어볼 수 있는 그런 마음이며, 일체 만물과 더불어 같이 한마음 한뜻으로 소화를 이루며 공존하는 것을 기필코 알아야 합니다. 우리가 조그마한 밥이나 놓고 떡이나 놓고 비는 것이 종교가 아니고 또 불교가 아닙니다. 밥이 있기 이전에 나 자체를 깨닫는다면, 아니 깨닫기 이전에도 나를 믿고 나부터 바로 발견을 해야 하는 것이기 때문에 현재의식 자신이 자기 '자신'을 믿어야 합니다.

심봉이 없이 맷돌 굴러가는 법도 없고 심봉이 없이 차가 구르는 법도 없고 심봉이 없이 이 모두 천체가 돌아가는 게 없습니다. 핵이 없이 에너지가 없고 에너지가 없이 우리가 활동을 할 수가 없는 겁니다. 그리고 또 물질을 만들어 낼 수도 없고, 우린 천체물리학이면서 또는 과학이면서 공학이면서 지리학이면서 천문학이면서 의학입니다. 이것을 통틀어 하나로 뭉쳐서 지금 한마음에서 물리가 터지기를 기원하면서, 내 마음과 내 마음이 터지면 바로 둘이 아닌 도리를 알게 되고, 둘이 아닌 도리를 알게 되면 둘이 아니게 나툼을 알게 되고, 둘이 아닌 나툼을 알게 되면 열반을, 열반 아닌 열반을 알게 되고, 그 뒤에는 그대로 여여함을 알게 될 때에 바로 우리가 찰나 생활을 완성시킬 수 있는 것입니다. 색이 공이요, 공이 색이라고 한, 세 가지로 요약할 수 있는 바로 그 문제를 자신으로서 그대로 여여하게 타파할 수 있는 것입니다. 여러분은 그 뜻을 알게 되면 자유자재할 수 있는 자유권을 얻어서 부처님의 뜻을 그대로 반영하면서 삼천년 전 부처님이 아니라 현실의 자기 자신으로서 부처님의 그 마음과 마음이 서로 계합이 되는 것입니다.

예를 들어서 금강경이든지 화엄경이든지 법화경이든지 또는 반야경이든지 모든 경을, 달달달달 외운다 하더라도 그 뜻을 모른다면 법설이 아니라 바로 강설입니다. 그렇기 때문에, 우리는 내가 나를 모르기 때문에 내가 나를 못 믿고 타의에서 구하는 타력 신앙이 돼서는 안 되며 내가 나를 알기 위해서 반드시 자력 신앙으로서 행을 해야 된다는 조건을 절대로 잊어서는 아니 될 것입니다.

그런 반면에 기초적인 문제는, 여러분이 이 세상에 몸을 받아 가지고 나올 때 거기는 의학이 종합되는 문제가 있겠죠. 정자 난자는 바로 엄마 아버지를 비유하는 겁니다. 그러면 엄마 아버지가 있는 데에 근본적인 영원한 자기의 불씨가 거기 들지 못하면 이 세상에 출현할 수가 없는 것입니다. 그렇기 때문에 삼합이 한데 계합이 될 때에 어떠한 현상이 나오느냐 하면 아버지의 뼈를 빌리고 어머니의 살을 빌려서 이 세상에 탄생할 때에 바로 과거에 자기가 살던 그 의식과 그 핵이, 바로 그 마음이 동시에 거기 계합이 돼서 삼합이 한데 합쳐져서 사람 하나가 등장하는 겁니다. 등장을 할 때에, 즉 말하자면 엄마 아빠의 그걸 받아서 수십억 마리가 한데 모일 때에, 몸 받을 때 그것이 다 없어지고 하나가 딱 몸을 받는 겁니다. 그게 엄마 아빠의 몸을 받는 겁니다.

그런데 그렇게 다 없어진 그 자체가 왜 내 몸, 형성되는 그 몸에 올까? 그것이 바로 자기가 과거에 살 때에 인(因)으로 인해서 과(果)가 뭉쳐진 이 몸뚱이기 때문입니다. 여러분 그 마음속에 속상한 거, 가난이 오는 거, 또 괴로움이 오는 거, 고독함이 오는 거, 허무감이 오는 거 모든 일체가, 또 병이 생기고 서로가 서로를 부딪고 아픔을 겪는 이 고통이 바로 그 인으로 인해서 과가 된 그 자체, 악업 선업이 뭉쳐 있어서 거기에서 여러 가지로 나옵니다.

부처님께서는 거기에 속지 말라고 하셨습니다. 돌아가는 대로 찰나찰나 돌아가면서 그것이 자꾸자꾸 형성돼서 자꾸 나오니, 마음이 나오니, 그 잠재의식 속에서 자꾸 현재의식으로 나오니 그거에 속지 말고 모든 것을 거기에다 놔라, 쉬어라 이랬습니다. 거기에 속지 말라. 그래서 그 마음과 더불어 같이 돌아가는 거를 우리가 핵과 에너지가 이렇게 풍부하게 있는데도 불구하고 바깥으로 끄달리면 그 도리를 모르는 거죠. 그러니 거기에서 나오는 데 속지 마라 하신 뜻은, 지금 네 마음도 고정됨이 없고 보는 것도 고정됨이 없고 듣는 것도 고정됨이 없고 가고 오는 것도 고정됨이 없고 먹는 것도 고정됨이 없고 만남도 고정됨이 없느니라. 그랬으니 공했느니라. 전체 일체가 다 공했으니 거기에, 마음이 나오는 거에 속지 말라. 개별적인 하나가 주인공이 아니라 모든 것을 합해서 포괄적인 하나로 돌아감이 바로 주인공이니라. 공했기 때문이다. 그러니 그 공한 데다가 모든 것을, 그 자리에서 나오는 거 그 자리에다가 바로 놓고, 맡겨 놓고 '당신밖에 나를 형성시킬 수 없고, 당신밖에 나를 이익 하게 이끌어 줄 수 없고, 당신밖에 내 병을 낫게 해 줄 수 없고, 당신밖에 우리 가정을 화목하게 할 수 없고….' 모든 것에 속지 말고 거기에서 나오는 모든 것을 거기에다가 맡기고 살아라. 일체 문을 찾아서 나가려고 하는 자, 문을 찾아 들어오려고 하는 자는 보살 될 자격도 없거니와 불자 될 자격도 없느니라. 이 말이 틀리걸랑 항의하세요.

마음은 체가 없어서 벽도 없고 봇장도 없고 다 없어. 툭 터졌어. 툭 터졌으니 거기에 속지 말고 모든 것은 자기가 가고 싶은 대로 가는 것이 그대로 여여함이요, 삼재가 드는 거, 운명 팔자 이런 것도 다 없느니라. 공했어. 어디 붙을 자리가 없어. 병도 붙을 자리가 없고 가난도 붙을 자리가 없고 여러분은 여러분의 마음 한생각이 그렇게 부족해서 고통을 받는 것이지 여러분의 마음이 그렇게 완벽하다면, 그대로 여여하다면 무엇 때문에 고통을 받습니까.

여러분은 항상 남의 말을 들으면 그대로 이렇게 하지 말고, 남의 말을 들으면 받아들이되 모든 것을 둘로 보지 말고 하나로 볼 수 있는 사람이라야만이 사랑을 할 수 있고 자비를 베풀 수 있는 그런 도리가 생기며 바로 천백억화신으로서, 내 몸뚱이 인(因)으로 인해서 과(果)가 생긴 그 악업 선업의 생각들이 전부 보살로 화해서 천백억화신이 돼서 나고 들 때에 삼십이상이 구족하고 삼십이응신이 바로 화해서, 모습을 바꿔 가면서 여러분이 원하는 대로 응해 주신다고 그랬습니다. 내 말이 틀리면 틀리다고 그러세요. 그런데 여러분은 자기를 한 번쯤 생각해 볼 수 있는 그 여유를 갖지 않습니다.

우리는 일하면서 생각하고 생각하면서 뛰고 뛰면서 생각할 수 있는 이 생활이 그냥 참선이라는 걸 아셔야 합니다. 묵선이자 행선이고 행선이자 바로 참선인 것입니다. 그러니 생각이 일어나는 모든 거, 여러분은 아프면 아픈 대로 한 번도 생각해 보지 않죠. 어디서 이 아픔이 나온 것인가? 여러분이 글을 읽을 때에 백지 생각은 한 번도 해 보지 않으셨죠. 글자만 풀이하느라고 야단법석이지 그 글자를 쓴 저 종이를 한번 생각해 보셨습니까? 여러분이 자기가 살고 있는 데에 어디서 왔는지 어디로 가는지, 지금 무엇을 하고 있는지 한번 지켜보셨습니까?

또 망상을 끊어야 한다고 그러는데 난 그렇게 생각하지 않습니다. 부처님께서 가르쳐 주신 뜻은 그게 아닙니다. 손가락을 이렇게 쳐들었을 때에 손가락만 보지 마시고 손가락 하나의 그 어디에 참뜻이 있는가를 한번 생각해 보신다면 그 손가락이 아닙니다. 그와 같이 망상은 바로 우리가 부처를 이룰 수 있는 근원이고 거름입니다. 그런데 끊어야 한다, 끊어야 한다 이러는데 끊기는 뭐를 끊습니까. 가서 물을 베어 보십시오, 물이 끊어지나. 지금 마음공부를 하는 것은 폭포수가 내리는데 틈을 주지 않는 그와 같은 마음 법을 배우는 것입니다. 비행기 프로펠러가 돌아가는 데에 거기에 샐 틈이 없는 그 도리를, 시간과 공간이 초월된 이 세상을 우리는 보는 것입니다.

그렇기 때문에, 아까 말한 대로 도로 돌아갑니다. 그러니 계(戒)가 문제가 아니라 일체가 다 둘이 아니기 때문에 내 모습으로 볼 수 있는 그런 자비가 생기는 것입니다. 우리는 지금 시대에 따라서 변천해 가는 이 진리를 타파하고 또 이것을 우리 자신들이 알아야 합니다. 우리가 큰 그릇이라면 큰 그릇을 쓸 수 있지만 작은 그릇이라면 거기 작은 물건밖엔 못 들어갑니다. 그와 같이 우리 마음이 탁 터지고 모두가 둘이 아닐 때에 자유자재할 수 있는 여건이 생기는 것입니다.

왜 고를 당합니까. 왜 뭣 때문에? 그래서 오늘 저렇게 해 놨죠. 홍인 선사가 육조 스님한테 바로 법설을 하시는 데, 금강경 법설을 하시는 데 해당됩니다. 여러분한테 간단하게 빨리 이렇게 직결되는 문제죠. 어찌 알았으리까, 어찌 알았으리까, 어찌 알았으리까, 어찌 알았으리까. 저 '불(佛)' 자 하나가 말하는 겁니다. 저 불 자 하나는 바로 여러분의 영원한 생명의 근본 핵입니다. 그 핵이 아니면 우리가 돌아갈 수가 없습니다. 돌아갈 수가 없다면 자기 먹고 싶은 대로 해 먹을 수가 없는 거죠. 에너지는 바로 여러분한테 지금 있는 것입니다. 뭐가 있는 줄 아십니까. 광력이나 전력이나 자력이나 통신력이 그대로 여러분한테 주어져 있기 때문에 오신통이라는 이 자체가 바로 에너지입니다. 여러분이 갖추어 가지고 있는, 여러분의 몸이 오븐이라면 그 속에 넣어서 마음대로 먹고 싶은 대로 먹을 수 있는 그러한 재료입니다. 보는 거, 듣는 거, 우리가 육근으로 인해서 육진 육식, 이것이 총 죄다 한데 합해서 '십팔' '심' '소연' '식'이 바로 그겁니다. 그것도 요 말 조 말 따로따로 배울 게 없어요. 그 마음입니다. 결국은 돌아가서, 팔만대장경이 옴치고 옴치고 돌고 돌아서 마음 '심' 자 하나입니다. 저 '불' 자 하나예요. '불교' 이러죠. 불은 영원한 생명의 근본, 불심입니다. 좋은 말씀이라고 해서 교(敎)입니다. 그래서 불교니까 벌레 하나도 불교 아닌 것이 없다 이런 말입니다.

그런데 기독교니 가톨릭교니 불교니 이걸 따지고 이렇게 소견에 의해서 요만한 그릇에서 헤어나지 못하는 이러한 사람이 돼서는 아니 됩니다. 어디든지, 내가 어느 소굴에든지 들어가 봐야 바로 호랑일 잡을 수가 있고, 떡 그릇에도 엎드러져 보고 똥 그릇에도 엎드러져 봐야 '아하, 바로 부처님이라는 것은 대(對)가 없는 게 부처님이로구나!' 이걸 아실 겁니다, 아마. 부처님이라는 것은 어느 개별적인 부처님, 사람이 부처님이 아니라 부처님의 그 넓고 넓은 광대무변한 마음 그 자체, 그것이 바로 부처님입니다. 아까 얘기했죠. 부처님은 찰나에 사시는 분입니다. 우리도 지금 찰나에 삽니다. 그전에도 항상 그런 말을 했지만 우리가 한 철이라 하면, 봄이 오면 잎이 피고 꽃이 피고 열매가 맺고 그러다가 가을이 오면 잎이 떨어집니다. 앙상한 가지만 남죠. 그런 것이 잎이 떨어졌다고 해서 그 나무가 죽는 법이 없고 뿌리가 없는 것이 아닙니다. 바로 이 몸이 떨어지는 거와 같습니다. 그러니까 이 몸이 떨어진다고 해서 죽는 것이 아니기 때문에 생사가 둘이 아니다. 본래 난 것이 없기 때문에 본래 죽을 것도 없느니라 이런 것입니다. 우리 마음이 물질이 아닌 이상, 여러분 마음을 내놓으라고 그러면 내놓으시겠습니까? 그러나 진짜 마음을 내놓는 분이 있고 진짜 마음을 못 내놓고 우물쭈물하는 분이 있죠.

우리가 이 마음을 그대로 찰나에 완성할 수 있는, 따져 보면 한 철에 우리는 사는 겁니다, 낙엽 떨어지듯. 그런데 하물며 나무도 한 철 낙엽이 져서 이파리가 떨어진다고 해서 울지 않고 인내로써 참고 견디면서 아무리 비바람이 치고 눈보라가 치고 그렇게 추워도 봄이 오길 기다리는 인내는 물러서지 않는데, 우리는 사람으로서, 고등 동물로서 조금만 추워도 그저 방황하고 온통 야단법석입니다. 조금만 화가 나도 "당신이 그랬어! 뭐 어쨌어!" 애가 조금만 저거 해도 신경질, 자기가 신경질나면 애한테 그냥 마구 신경질내고 말이야. 자기가 신경질나면 부인한테로 가고 부인이 신경질나면 또 애한테로 가고, 연방 이렇게 돌아가니 그게 무슨 짝입니까. 왜 속습니까. 화가 나더라도 모든 것을 한 번 굴려서 내놓을 수 있을 때에 비로소 좋은 말이 나갈 수 있고 바로 좋은 일이 생길 수 있는 것입니다.

그러니 모든 거는 한 뿌리다, 이럴 때에 저 전기 가설과 같아서 한 식구라 하면 벌써 가설이 된 한방 식구입니다. 그래서 내가 불을 켜면, 식구들이 불을 못 켠다 할지라도, 밝게 못 산다 할지라도 내가 스위치를, 즉 말하자면 '주인공밖에 우리 가정을 화목하게 이끌어 줄 수 없다.'라고 믿을 때에, 바로 진정코 믿을 때에 거기에서 바로 밝아지니 식구들이 밝게 사는 거죠. 그러니 이것이 무량수와 같고, 한생각을 잘 못하면 무량수와 같이 죄가 붙는다는 얘기죠. 그러니 죄가 붙을 자리도 없고 또 본래 죄가 없기 때문에 붙을 자리가 없다는 그 자체를 아시란 얘기입니다. 이것도 아니고 저것도 아닌 그 가운데에 무엇이냐. 이렇게 닥치는 대로 용도에 따라서 오면 오는 대로 우리가 그냥 대치해 나갈 뿐이지, 무엇이 살고 무엇을 해야 하고 무엇이 죽어야 하고, 무엇이 있습니까? 그런데 모두들 '이것을 해야만 이게 된다. 이게 업을 벗는다.' 이러는데 이거는 언어도단이에요.

여러분은 그냥 지금부터라도 병도 붙을 자리가 없고 가난도 붙을 자리가 없고 업도 붙을 자리가 없고 팔자도 운명도 다 붙을 자리가 없으니 그대로 '거기서밖에는 해결할 수 없다.'는 그 믿음을 가지고 나가신다면 머지않아서 아마 '아하, 이런 것이구나!' 하고 아실 것입니다. 망상을 끊으려고 하지 마시고 망상이라고 속지 마시고 거기에 놓으시라는 겁니다. 용광로와 같이 말입니다. 용광로에 넣는 작업만 한다면 새 쇠가 생산이 돼서 이름을 가지고 딴 데로 나가는 거는 자동적입니다. 그러니 여러분은 그저 용광로와 같이 아시고 거기에 놓는 작업만 하시고 '거기서밖에 해결 못한다.'는 작업만 하실 때 바로 자가발전소와 같이 그렇게 통합니다.

아까 내가 얘기했죠, 오신통은 재료라고. 여러분한테 재료지, 오신통 바로 그 자체도 벗어나야 그 재료를 쓸 수 있는 것입니다. 오신통 안에 매여 있다면 오신통을 굴리지 못하는 겁니다. 그렇기 때문에 오신통 그 자체에서도 벗어나야 그 재료로다가 오븐에 넣어서 해 먹을 수 있는 것입니다. 이것은 자유스런 일입니다. 우리가 종교를 믿을 때 씌워 주고 씌워 받고 이렇게 해서는 절대로 지금 현시대에는 안 된다고 봅니다. 예전에 그렇게 믿고 습으로 그렇게 해야만 된다는 그 고집, 그렇게 하지 않으면 안 된다는 그 고집도 다 버리고 현재에 들어오는 대로, 닥치는 대로 살아가면서 좀더 생각할 수 있는 여유를 가지신다면 우리는 참으로 자유인이 될 것입니다.

우리는 지금 어떻습니까? 우리 몸 안에 말입니다, 수십억 마리가 들어 있어서 그것이 샛별같이 지금 돌아가고 있습니다. 우리 이 몸뚱이는 혹성과 같습니다. 그렇다면 저 은하계가 지금 저렇게 돌아가면서 별들이 총총히 돌아가고 있습니다. 그 생명들이 말입니다, 반짝거리면서. 그래서 그 마음들이 바로 샛별같이 일어나는 그 한마음으로 뭉친 걸로 볼 때 그게 가정살이라면 바로 거기에서 마음을 한데 모아서 전기를 단 겁니다. 그게 태양입니다.

그래서 그 전기는 움죽거리지 않지만 사람들이 밝음을 보면서 돌아가면서 움죽거리는 거죠. 이 혹성은 그와 같이 그렇게 돌아가면서 움죽거리는 거죠. 나는 여러분이 생각하다시피 무식한 사람입니다만 무식한 것이 따로 없습디다. 아무리 유식하고 상식이 많고 아무리 지식이 많아도 이건 지식으로 하는 게 아니고 상식으로 하는 것도 아니고 이거는 학식으로 하는 것도 아닙니다. 잘 아는 권세로 하는 것도 아니고 거지라서 가난해도, 부자여서 어떠한 권세가 높다 할지라도 그거는 평등한 것입니다, 이 공부는. 왜? 어려우면 어려운 대로 더 해야지.

그리고 법당의 부처님을 보면 부처님이 거기에만 있는 줄 아시는데 여러분이 변소에 가면 변소에 여러분이 계시기 때문에 부처님이 계신 거 아니겠습니까. 여러분 몸뚱이가 혹성이라면 바로 에너지가 있고 거기 핵이 있느니만큼 여러분이 시자가 될 수도 있고, 기독교에서는 종이라고 합니다만, 그러면 그런 대로 그 종이 없어도 안 되고 불교에서 말하듯 시자가 없어도 아니 되죠. 보이지 않으니까 무효죠. 망상이라고 그러는데, 마음을 내는 게 없다면, 그 마음내는 게 없다면 목석이죠? 그 마음을 끊으라는 겁니다. 왜 끊습니까? 그 마음으로 인해서, 그 찰나찰나 생기는 마음으로 인해서 바로 내가 완성되는데.

또 우리가 핵이 있다 하면 그 움쭉도 안 하는 심봉이 있음으로써 우리는 그 능력에 의해서, 힘에 의해서 멧돌이 덜덜덜덜 자동적으로 돌아가는 것입니다. 맷돌뿐입니까? 기계도 그렇고 다 그렇죠. 우리 마음도 그렇죠. 우리 생명의 근본이 없다면 어찌 우리가 이렇게 다닐 수 있으며 마음을 낼 수 없다면 목석이니 그건 바보고 멍청이죠. 목석이죠. 육체가 보이지 않는다면 무효죠, 또. 그러니 삼합이 한데 합쳐서 돌아가는 찰나의 이 생활, 이것이 바로 그대로 여여하고 그대로 완성된 이 생활이다 이겁니다. 이렇게 말하면 어폐가 있겠지만 그런 것입니다.

나는 여러분이 각처에서 안 오시든 오시든 그건 상관 안 해요. 한 명이든 두 명이든 좋아요. 나는 벌어먹기 위해서 여기 온 것도 아니고 여러분의 재산을 뺏으려고 온 것도 아니고 내가 부처다 그러고 자랑하러 온 것도 아니고, 중생도 아니고 부처도 아니고 아무것도 아니에요, 나는. 용도에 따라서 나한테 닥치는 거를 마다하지 않고 가려고 애를 쓰지도 않습니다. 뭐가 갈 게 따로 있고 뭐가 올 게 따로 있습니까. 시간과 공간이 초월됐으며 가고 오는 시발점과 종점이 따로 없는데.

어떤 때는 이렇게 생각하죠. 스님네들이 차비를 얻으러 왔을 때에 '허! 어디 갈 데가 저렇게 있어서 차비를 얻으러 오노, 응?' 하고요. 어디 갈 데가 그렇게 바쁩니까. 이 자리에서 이 자리로 옮기고 이 자리에서 이 자리로 옮기는 거밖에는 없어요. 옮김도 없는 건데. 공부를 하는 사람이 그런 인내도 없고 한 발짝 한 발짝 떼 놓을 때에 정말이지 이 두 발자국이, 한 발은 크고 한 발은 작고 이런 것을 똑같이 만들려면 그런 고통이 없이 어떻게 그런 평등한 평발을 만들 수가 있겠습니까?

여러분, 질문이 있다면 하십시오. 내가 그저 잘 알아서 대답을 하려고 하는 게 아니라 우리가 도반으로서 서로 토론하고 이렇게 가는 거죠. 여기에서는 젊고 늙고 그런 것도 없습니다. 여기서는 소승 대승도 없습니다. 잘 알고 못 알고도 없습니다. 우린 진실, 마음, 이걸로만이 갈 수 있는 것입니다. 누가 나를 흉을 하든 안 하든 또 잘못한다 하든 그런 거 나하곤 상관이 없습니다. 내가 하고 싶은 대로 던져 보고 싶은 건 한번 던져 보기도 하고, 찔러 보고 싶은 건 한번 찔러 보기도 하고, 그러고 싶은 건 그렇게 하는 거지. 안 그렇습니까? 그렇다고 해서 아무렇게나 막 하지 않습니다. 왜? 둘이 아닌 까닭에 그게 내 몸과 같으니까. 그것도 역시 부처님의 가르침으로써 내가 아마 그렇게 생각하는 것도 자비인지 모를 겁니다. 난 부처님의 뜻을 따라서 이렇게 이 마음을 좀더 알고 넓히는 데에 목적을 세웠던 거죠. 내가 절이나 많이 만들어서 그렇게 하려고 했던 것도 아닙니다. 생각조차도 없었습니다. 귀찮습니다, 오히려. 그러나 귀찮다고 오는 거를 마다할 수도 없는 거고, 그저 가다가 이 몸이 떨어진다 할지라도, 가다가 낙엽이 진다 할지라도 그냥 그대로 가는 데까지 가는 것뿐입니다.

그러나 그거는 가는 데까지가 아니라 영원한 거라고 봅니다. 여러분이 지금 사는 거, 이 찰나의 생활을 사는 거 요것만 보고 사시지 말고, 우리가 늙었으면 젊어지고 젊었으면 늙어진다는 것을 아셔야 할 겁니다. 늙었다고 해서 허무하게 생각 마시고 젊었다고 해서 기가 양양해서 그렇게 오만과 자만을 갖지 마시고 그저 항상 앉으나 서나 자나 깨나 그대로 일하면서 생각하고 생각하면서 일하는 것이 그대로 자유요, 그대로 여여한 것이요, 부처님이 가르쳐 주신 그 뜻입니다. 그렇게 해 보시면 아실 겁니다. 자기가 해 보지도 않고 만날 남을 원망하고 남을 탓하고 그러는 사람은 안 됩니다. 부처님은 그렇게 가르친 게 아니거든요.

여러분이 진짜 자기를, 진짜 자기 주인공을 믿는다면, 오늘부터 진짜 믿는다면 애고가 없어요. 왜? 그 인과로 인해서 얽히고설킨 게 그냥 싹 가차없이 무너지기 때문입니다. 오간지옥이니 화탕지옥이니 그러한 문제가 전체 무너지는 것입니다. 인과에도 얽매이지 않고 윤회에도 얽매이지 않고 시간과 공간에도 얽매이지 않습니다. 내가 생각할 때는 우리가 시간과 공간에도 얽매이고 있고 지배를 받고 있다 이겁니다.

제가 모자라는 게 있으면 지적해 수십시오. 나도 배우는 사람에 속하지 안다는 사람에 속하지 않습니다. 나는 벌레가 됐을 때에 바로 부처라고 할 수 없고 또는 사람이 됐을 때에 부처라고 할 수 없고 부처가 됐을 때 부처라고 할 수도 없는 것이 진리라고 봅니다. 그럴 땐 내가 뭐가 됐을 때에 나라고 할 수 있겠습니까. 여러분이 아버지 노릇 하고 어머니 노릇 하고 그럴 때에, 아버지 노릇 할 때에 나라고 할까요, 아들 노릇 할 때 나라고 할까요? 또는 남편 노릇을 할 때에 나라고 할까요? 언제 나라고 할 수 있겠습니까? 바로 나라고 할 수 없는, 내놓을 수 없는 그 평등 진리가 부처님입니다, 부처님! 그런데 말이 많고 잘하느니 못하느니 체계가 없느니 뭐가 없느니 하고 난잡하게 야단들 하시는 양반들은 아직까지도 자기의 그 본뜻을 몰라서 그럽니다. 나는 이렇게 생각합니다. '나라는 존재가 뭐 있을까. 단 하나 있다면 지금 말할 뿐이고, 그대로 먹을 뿐이고 잘 뿐이지 구차하게 무엇을 했다고 하고 무엇을 안다고 하고 무엇을 볼 수 있다고 하는 것일까. 가도 가도 끝도 없고 또는 시발점도 없는데.'

여러분이 여기에서 벗어날 수 있으시다면 참으로 훌륭한 여러분이 돼서 가족에게도 또 사회에 나가서 일을 하더라도 조금도 손색이 없을 겁니다. 오늘 한생각을 잘하셔서 성과를 꼭 이루시고 가십시오. 어떠한 괴로움이라도 오늘 아예 그냥 뿌리를 뽑으실 생각을 한 번쯤 해 보시는 게 좋을 것 같습니다. 그리고 그 다음에도 그렇고 또 그렇게 해서 뿌리를 뽑는 것이, 나중에 다 뽑아졌을 때 허허! 하고 하늘을 쳐다보고 한번 웃지 않으면 아니 되고 아래를 내려다보고 한번 울지 않으면 아니 되고, 그리고 서서 여러분 전체 한번 둘러보지 않으면 아니 된다는 그런 이치가 있습니다. 난 그런 것 같습니다.

요 다음 주일날은 여러분의 질문을 받아 가면서 꼭 하겠습니다. 질문보다도 서로 토론하시는 게 어떻습니까? 질문해 보시려면 질문해 보시죠.

사회자 예. 지난번에 오셨을 때도 역시 여러분 질문을 받으시고 답변하시고 그러셨습니다. 토론 법회를 항시 하십니다. 그러니까 서슴없이 궁금한 점을 질문해 주시면 감사하겠습니다.

질문자1(남) 제가 한 말씀 여쭙죠, 스님. 언젠가 제가 석주 스님의 습득 후에 쓴 글을 보니까 '그 얼굴 그것이 바로 부처님일세.' 하는, 한글로 쓴 화제를 봤습니다. 저는 여기 미국 온 지 얼마 안 됩니다. 한 넉 달밖에 안 됐어요. 그런데 그것이 어느 절에 가도, 저쪽 절에 가도 이 얼굴이고 이쪽 절에 가도 이 얼굴이고 오늘 개원한 이 절에 와도 이 얼굴이다 이거예요. 결국 제가 말씀드리자 하는 요점은 부처님 말씀에, 금강경에도 '위타인설(爲他人說)이 삼천대천세계 칠보를 보시하는 것보다도 낫다.' 이렇게 했어요. 현재 이 얼굴이 어느 자리에 가도 이 얼굴, 요 얼굴이더라 이거예요. 그러면 뉴욕에 한인이 30만 명도 넘는다는데 어떻게 우리 불교 신도는 요것밖에는 안 되느냐 이 말이에요. 네? 안 답답해요?

큰스님 아이, 선생님 참얼굴이 그냥 그대로 보입니다.

질문자1(남) 안 답답해요? 저는 답답한 게, 불교 신도가 적어서 답답한 게 아니라 우리 한국 민족은 불교와 더불어 자랐고 더불어 생활해 왔고 우리 마음의 고향, 우리 문화재의 고향, 모든 우리의 재산은 불교에 묻혀 있어요. 저는 흔히 기독교인들한테도 사정을 합니다. "야, 너 절에 안 가도 좋으니까 일 년에 두 번이라도 절에 다만 몇만 원씩이라도 갖다 바쳐라." "왜, 미쳤다고?" 이렇게 반문을 합니다. 그러면 난 그래요. "우리의 고향은 우리 조상이 남긴 문화재요, 조상이 남긴 모든 학설과 모든 고전과 그것들이 절에 다 있다. 99%가 절에 있다. 그것을 관리하고 보존하는 거는 불교고 스님들이다. 관리비는 줘야 될 거 아니야, 너." 안 그래요, 여러분? 뭐, 불교 안 믿어도 좋으니까 절에 일 년에 두 번 다만 몇만 원씩이라도 갖다 바쳐라. 그것은 우리 조상이 남긴 유물을 보존하기 위한 수단이라고 너는 생각을 해라. 조상의 낯을 잊어 먹은 민족이 많아요. 필리핀 민족은 자기 말도 까먹었고 언어도 까먹었고 문자도 까먹고 역사도 없고 아무것도 없어요. 필리핀 민족이 우리보다 더 더운 데 살아서 까매요. 까만데, 너 어느 인종에 속하느냐고 그러면 백인이라고 그래요, 역사가 없기 때문에. 그래서 이런 역사 저런 역사가 우리 불교에 묻혀 있으니까 어떻게 하든지 불교 믿는 인구를 불려야 되겠다 이겁니다, 능동적인 불교를 확립하기 위하여.

사회자 선생님, 죄송합니다. 질문을 짧게 해 주시면 감사하겠습니다.

질문자1(남) 예. 뭐, 할 사람이 없는 거 같으니까 내가 저기…. (대중 웃음) 저 스님, 능동적인 입장에서 불교 신도를 어떻게 늘리겠습니까? 그 방안을 강구하고 듣는 사람들한테 '너 부처가 되리라.' 하는 게 중요한 게 아니라 우선 우리 불교도의 수를 늘려야 되는데 어떻게 한번 방도를 강구해 주시면 그것이 신도로서 더 낫겠어요. 질문 이만 마치겠습니다.

큰스님 예. 선생님이 말씀하시는 거 잘 들었습니다. 그리고 천 번 만 번 이해합니다. 하지만 지금 불교든 가톨릭교든 기독교든 다 타력신앙으로 가고 있습니다, 내가 볼 때는. 그러나 기독교를 다니든지 가톨릭교를 다니든지 불교를 다니든지 나는 상관 안 합니다. 단 하나 있다면 자기 주처를 똑바로 보고 자기 주처를 믿고 거기서 물러서지 말라 이겁니다. 타의에서 구하지 말라. 자의에서 구함으로써 불교지, 그 생명 어디로 가느냐 이겁니다. 다 생명이야, 응? 생명을 떠나서 부처님이 어디 있으며 생명을 떠나서, 각자 자기를 떠나서 어디 기독교가 있고 예수가 있고 하나님이 있느냐 이겁니다. 하나님이라는 것은 자기 완성이 하나님이야. 자기 지혜가 바로 하늘님이야. 일체 통신력이 바로 한울님이야. 그것이, 삼합이 한데 합한 것이 바로 불교야.

그런데 아니, 걸상을 쪼르라니 동그랗게 놨는데요, 요 걸상에 앉아서 요 걸상이 내 걸상이라는 겁니다. 항상 내리고 타고 내리고 타고 하는데요. 자기 걸상이 어디 따로 있습니까. 그러니까 여러분은 독불장군이 없다는 속담의 말이 있듯이 우린 공생·공용·공체·공식화 하고 있는데도 불구하고 항상 그렇게 하니까, 여기 보십시오. 저 선생님이 말씀하신 바와 같이 전부 불자 아닌 게 없어요. 저런 나무도 그렇고 전부 일체 만물만생이 다 불자인데도, 불자는 불자 그대로예요, 불자! 생명에 의지해서 다 여러분이 이렇게 말하고 다니는 겁니다. 그러니까 자(子)지, 불자(佛子). 난 무식해서 이렇게 하는 거거든요.

그런데 보십시오. 그렇게 내 거 네 거를 나누니, 이 불자 중에서도, 도량 중에서도 이 신도 저리로 갈까 봐 걱정, 저 신도 저리로 갈까 봐 걱정, 이 걱정은 왜 합니까. 안 온들 어떻고 온들 어떻고. 그것도 부처님의 뜻이다 이겁니다, 그것도. "어느 절에든지 다 가서 들어라." 이러면 오히려 절에 충실하게 나갈 수 있는 진짜 사람들이 됩니다. 나는 그래요. 나는 법당에서 설법할 때도요, 그전에도 그랬습니다. "야, 나보다 더 훌륭한 데가 있으면 가서 잘들 들어라. 다들 가거라." 이럽니다. 거짓말을 하는 게 아닙니다. 난 그런 것을 한 번도 걱정해 본 일이 없습니다.

또 여기 몰게지(mortgage), 몰게지 하는데 몰게지를 못 내서 못 한다 이런 것도 난 걱정해 본 예가 없어요. 그냥 내가 한다고 생각했으면 그냥 하는 거지 뭐, 그렇게 말이 많고 그렇게 걱정이 많습니까. 신도 안 올까 봐 걱정도 할 것 없어요. 왜? 한 사람이면 어때요? 한 사람만 사람이 돼도 이 세상을 손 안에 쥐고 다 해내. 뭐 걱정입니까, 그게.

중 될 때에 옷 입으려고 한 것도 아니고 먹고 살 양으로 한 것도 아니야. 진짜 자기 밥을 내려 먹을 수 있을 때에 사람 되는 겁니다. 내 밥 나 먹는 거지 누가 갖다 줘서 먹습니까. 그러다가 그전에 내쫓겼습니다만. (대중 웃음) 내 밥 나 먹는다고 했더니 말입니다, 내쫓겼어요. (대중 웃음) 그러나 이것도 너무 용렬해서 내가 내 탓을 한 거지, 그분이 바로 스승입디다. 모든 게 스승 아닌 게 없어요. 내가 잘했다고 해서 '아이구, 이거 내가 옳은 소리 했는데 저분이 저렇게 틀렸어.' 이러면 벌써 자기가 틀린 겁니다. 자기가 틀린 거예요. 이렇게 마음을 가질 수 있는 여러분이 계신다면 지금부터라도 자기 소원이 왜 안 이루어집니까.

항상 자기 부처는 자기한테 있는 반면에 천백억화신이 보살로 화해 가지고, 부처로 화해 가지고 응해 주시는데, 부처의 일심인데 일심 속에서 다 나가는 겁니다. 이 마음은 체가 없어. 응? 이 허공에 꽉 차려도 차고 비려도 비고 맘대로 할 수 있는 게 그거거든. 여러분이 마음을 모르시걸랑 여기 앉아서 지금 여러분 집에 갔다 와 보세요. 갔다 와 보시면 알 겁니다. 빛보다 더 빨라요. 아주 좋죠? 그런 거와 같습니다. 우리가 아무리 우주 전체를 탐험해도 그건 도가 아니니라. 이런 말이 있습니다. 심안으로 전체를 탐험해도 도가 아니니라 했습니다. 본다고 해도, 가고 옴이 없이 가고 온다고 그래도 도가 아니니라. 숙명을 안다, 무심을 안다, 누진을 안다 이런다 해도 도가 아니니라. 누진으로 벗어나도 누진도 벌써 공했느니라 이거야, 누진까지도.

그러니 여기서는 말을 잘해야 되겠다 못해야 되겠다 이런 거, 커야 되겠다 작아야 되겠다 이걸 떠나서 "내 가정이 우선 어려운데 이거는 어떻게 관(觀)해야만 됩니까?" 기도라는 건 없어. 왜? 이 주인공을 믿는 것도 '아, 주인공밖엔, 내 주인공밖에 해결할 수 없어.' 이렇게 관하면 했지, '나를 잘되게 해 주시오.' 안되면 '이거 왜 안됩니까. 해 주시오.' 이렇게 해서는 아니 된다 이거야. 이건 벌써 둘이야. 이건 기도야. 이게 기도지, 기도라는 거는 어폐가 있어. 직접 관해라 이거야. 목마르면 직접 마셔라 이런 소립니다. 내가 자고 싶으면 그냥 자고. 야, 이 하늘이 열 쪽이 난다 하더라도 내가 자고 싶으면 자는 거고. 아니, 이게 (몸을 가리키시며) 죽으면 어떻고 이따가 죽은들, 좀 있다가 죽은들 아, 그깟 놈의 거, 죽든 살든 어차피 이 낙엽은 떨어질 거 귀찮게 그걸 왜 움그러쥐고선 그럽니까. 그러니 죽을까 봐 겁나니까 이건 이러지도 못하고 저러지도 못하는 그 고가 많이 생기는 겁니다.

좀더 놓으십시오. 죽고 사는 데도, 생사도 좀 놓으십시오. 반야심경을 번역하다가요, '생과 사를' 이렇게 얘길 한 데다가 '에이, 애들도 귀찮게, 그냥.' 그러고 '죽은 세상 산 세상'이라고 했죠, 무식하게. 지금 조그만 초등학교 다니는 애들도 다 그것을 외우고 듣는데, 노래들을 하고 그러는데 아니, 그걸 모르면 어떡합니까. 그것도 내 망령된 마음인지 모르죠. 그것도 착인지도 모르죠. 그러나 착도 착이요, 착이 아닌 것도 아닌 거요, 아닌 것도 아닙니다. 그러니 그대로 그냥 애들도 들을 수 있게끔 한 거죠.

그러니까 저 불성에 대한 네 가지 조건, 이거를 보세요. 내 어찌 알았으리까, 응? 참, 좋지 않습니까? 그럼 '내가 어찌 알았으리까.' 이걸 떠나서 한번 안으로 들여 보세요. 저게 자유자재권입니다. 나는요, 요거 한마디 할까요? 아주 내가 잊지 못할 스님, 저 월정사에 한암 스님이 계셨습니다. 내 할아버지 같기도 하고 아버지 같기도 했습니다. 아버지라는 이름을 불러 보지도 못한 채 그렇게 됐기 때문에 상당히 그 마음에서 지워 버릴 수 없는 그런 분이 됐고 또 그분 제자이신 탄허 스님을 잊지 못하기도 했습니다. 지금까지도 그 생각을 하면 눈물이 줄줄 흐릅니다. 사람이 통달을 했든 안 했든 그걸 떠나서 우리는 알아야 됩니다. 원수 진 사람은 빨리 잊어버릴지언정 은혜를 받은 건 잊지 말라고 했습니다. 난 그렇게 말하고 싶고 또 그렇게 해야 된다고 생각합니다. 그런데 스님께 그 얘길 들었습니다.

부처님께서 제자들을 데리고 나섰을 때 해골에다가 대고 큰절을 하시니까 "왜 사생자부 어버이신데 그 해골에다 절을 합니까?" 했대요. 그러니까 부처님께서 "내 부모도 될 수 있고 내 형제도 될 수 있고 내 위 할머니도 될 수도 있고, 모두가 그렇게 될 수 있는 건데 어찌 절을 안 하겠느냐?" 거기서 제자들이 통곡을 하면서 "미처 그것을 몰랐습니다."라고 했대요. 그 얘길 듣는 순간 나는 무엇이 터졌느냐 하면 '야,

시간과 공간을 초월한 그 마당에서 윤회가 따로 없이 찰나의 생활이 그대로 나오는구나.' 우리가 죽고 사는 것도 이 자리에서, 죽는 것도 여기서 죽어 가고 살아오는 것도 여기서 살아오고, 찰나에 같이 한자리에서 그렇게 나고 죽고 돌아가는데, 또 그뿐입니까. 이 집에서 살다가, 구름이 한데 모였다가 바람이 불면 흩어지곤 딴 구름하고 또 모여요. 그러니 한 철 생활이 아닙니까. 그러니 내 부모 네 부모 가릴 게 없더라고요. 내 자식 네 자식이 영원히 내 자식 네 자식이어야 할 텐데 부모가 됐다가 자식이 됐다가 자식이 됐다가 부모가 됐다가 형제가 됐다가, 또 딴 집에 태어났다가 딴 집에서 또 한 식구가 됐다가 이 집에서 됐다가, 또 짐승으로 됐다가 사람으로 됐다가 온통 이렇게 혼란이 오니까 그것이 탁 터지면서 뭐가 생각났느냐 하면 '허허, 그 해골 하나가 이 세상을 다 완성시키고도 남음이 있구나!' 이런 생각을 했죠. 그리고 너무나 좋고 기뻐서 정말 미친 것처럼 펄펄 뛰면서 울었습니다. '야, 이 해골 하나가 나를 이렇게 참….' 그 해골이 있기만 하면 뭘 합니까? 부처님께서도 그걸 가지고 제자들에게 말씀해 주셨으니까 거기서 인제 세상이 다 떠오르는 겁니다. 그리고 우리가 지금 이 집에서 남편과 자식과 아내와 다복했지만 저 집에 가서 또 태어나서 싸우고 온통 울고 찢고 이러는 사람이 있는가 하면 어떤 사람은 서로 다복하게 살고 이러니 어느 부모를 내 부모 아니다라고 볼 수가 없더라는 얘기죠.

그러니 찰나 생활을 그대로 여여하게 할 수 있는 그런 지혜력을 가지고 우리가 살아나간다면 앞으로 불교인이니 불교인이 아니니 따질 것도 없습니다. 나는 그것도 생각해 보지 않았습니다. 여기에 기독교인이 많고 가톨릭교인이 많다고 하지만 가톨릭교다 불교다 기독교다 이런 걸 떠나서, 진리를 배우는 데 무슨 그 이름이 상관이 있습니까. 저 물건을 사 와서 뜯어서 먹는데 그 상표가 무슨 상관이 있습니까? 여러분이 상표를 보고 삽니까? 물건을 보고 먹고 살지. 그러니 불교인들도 우리가 거기로도 갈 수 있고 이리로도 올 수 있고 여러분이 좀더 지혜를 얻고 나라는 존재를 안다면 모두가 부처님 법 아닌 게 없습니다. 그러니 난 여러분이, 정말 진정코 이건 진실한 말입니다, 한 분도 안 와도 여기 꽉 차 있습니다. 허공에는 생명들이 없는 줄 아십니까? 생명들이 너무 많기 때문에 비행기가 이렇게 (손을 위로 올리시며) 뜨지 못해요. 이렇게 굴러가게 되지. 왜? 터지거든. 안 그럴까요? 내 생각엔 그럴 것 같은데, 그럴 것 같은 데가 아니라 그렇습니다.

그리고 여러분이 이 지수화풍으로 뭉쳐진 몸뚱이기 때문에, 자력과 광력과 전력이 충만히 있기 때문에 땅바닥에 이렇게 발을 딛고 다녀요. 또 이 법망이, 세포가 바로 법망입니다. 이 땅에도 법망이 있어요. 그리고 자력이 있습니다. 그렇기 때문에 알맞게 이렇게 딛고 다니고 붕 뜨질 않죠, 붙기 때문에. 그래서 신도인 천체물리학 박사는 항상 그런 일이 있으면 "내가 연구해서 지금 해 놓은 게 있는데 그걸 어디 어느 나라에서나 할 수 있게끔 한생각 내 줄 수 없겠느냐?" 하고 청탁이 오죠. "그러기에 서독에 태어나지 왜 여기 태어났느냐?" 그 양반이 그러는 분이죠. 그러면 "서독이 따로 있고 한국이 따로 있습니까? 그렇게 생각하신다면 천체물리학자 박사 자격이 없습니다." 그랬죠.

그리고 앞으로는 이 지하실에서 애들 한 여섯 팀은 공부할 수 있을 것 같습니다. 둥그렇게 테이블을 해 놓고 애들은 거기로 가게 해서, 신발 신고 들어가게 해서 밝고 명랑하게 한글도 조금 배우고 또 불교도 좀 배우고, 나라는 존재도 좀 알게 이렇게 이끌어 주는 그런 방식으로 했으면 하고 생각하고 있습니다. 아직 이르더라도 말입니다. 그렇게 생각을 하면 그렇게 되겠죠.

여러분도 오늘부터 생각을, 한생각을 잘하시면 구덩이에서 나올 수도 있고 한생각을 잘못하면 구덩이로 빠질 수도 있으니 부처님, 여러 부처님들이 이런 말씀을 하셨죠. '사찰은 많으나 그 사찰에 사람이 있어야 부처가 있느니라.' 이런 말씀 하신 기억이 납니다. 그러니 기독교든 아니든 우리가 한 달에 매 일요일, 토요일부터 일요일까지 항상 여러분 각자를 위해서 오시는 분들에게 관하는 걸 알려 드리니 그날 오셔서 관하는 걸 배우고 또 여기에서 말씀하시겠지만 그렇게 날짜 아닌 날짜를 정해 놓았으니 여러분이 틈이 있는 날에 오시면 됩니다. 그러니 그렇게 아시고 앞으로는, 앞으로는이 아니라 우리가 말 한마디 이렇게 하고 나면요 백 년이 흘러요, 또. 그렇기 때문에 변하지 않는 음식을 아주 직속 직속 해 잡수세요. 그러니 한생각만 잘하면 그냥 즉석에서 해결할 수 있는 문제가 있죠. 그것이 즉석요리입니다. 용탕 말입니다. 그러니 조그마한 개구리탕도 즉석에서 해 먹을 수 있고 용탕도 즉석에서 해 먹을 수 있다. 저 문 바깥이 저승이고 문 안이 바로 이승이라는 그런 뜻에서 이승 저승이 따로 없습니다.

그러니 우리는 오직 나 자신부터 믿고 나 자신부터 지켜보고, 나 자신부터 실험을 통해서 체험을 하고 체험을 통해서 앞으로 그 자신을 알아서 자유인이 돼서, 아니 자유인이 되기 이전에 모든 것을, 배운 걸 무너뜨리지 않고 그렇게 할 수 있는 방법은 자기한테서 나오는 거 자기한테다 놓는 거밖엔, 맡기고 사는 거밖에 없습니다. 여기 여러분 가운데도 아주 편안하게 사신다는 분이 계십니다. 해결할 수 없는 건(件)이 아주 무겁게 어깨를 누르고 머리까지도 누르고 있었는데 그렇게 생각하니까 몸이 편안하고 그것이 다 해결이 되더라는 그런 것이 있습니다. 여러분이 있기 때문에 부처가 있지 여러분이 없으면 뭐가 있습니까. 아무 필요 없습니다. 필요 없는 게 아니라 없습니다, 아주.

참, 방석을 저렇게 해다 주신 분에게도 인사 한마디 못했지만 나는 충분히 했다고 봅니다. 우리가 서로 마음만 통한다면 무엇이 그렇게 답답합니까? 하나도 답답한 거 없어요. 두고 보십시오. 내가 거짓말 하나. 부처님이 거짓말 한 예도 없고 나 역시 못났지만 거짓말하고 싶지도 않고. 내가 거짓말을 안 하고 사는 것도, 껍데기가 벗어질 날이 불과 얼마 안 남았는데 무슨 거짓말을 하고 그럽니까. 진정한 말을 해도 다 못하는데. 그러거나 말거나, 그저 한다 안 한다를 떠나서 '내가 이게 틀리다면 벌레를 만들어도 좋으니까!' 이런 생각으로 아주 각오하고 버린 사람이니까 어차피 버린 거 아주 확 버려 버렸죠. 여러분, 감사합니다. 요다음에 만나실 때는 질문들을 하시고 토론합시다. 감사합니다.

찰나로 돌아가는 완성된 세상

기자 대담(뉴욕지원)

1989년 12월 12일

큰스님 지금 보이지 않는, 잠재해 있는 세계 50%와 현재 50%가 한데 계합이 돼서 모든 걸 한 주먹에 넣고 내가 안다 모른다를 떠나서 떳떳하고 당당하게, 그러면서도 겸손하고 숙여진 자체의 뜻을 가지고 뚜벅뚜벅 우리가 걸어가는 사이 없이 걸어가 보세요. 얼마나 좋을까요.

기자(남) 저희들은 전혀 수양하고는 관계 없는 사람들이 돼서 이런 걸 가끔 느낍니다. 그렇게 닦으신 분들은 아주 세상 사람과는 다르게 인연을 끊으신 걸로. 그래서 어떤 즐거움이나 기쁨이나 이런 걸 다….

큰스님 그런 게 아니에요. 즐거운 건 즐겁고 또 남이 울면 그저 좀 안됐고 남이 웃고 좋아하면 또 좋고, 이렇게 될 수 있는 그 정확성, 이런 걸 얻을 수 있는 거죠.

기자(남) 제가 그 말씀을 처음에 꺼낸 거는, 혹시 스님도 한국에 계시다가 미국에 오시면 '아! 참 이런 건 신기하구나.' 하는 그런 감정을 갖고 계시나 싶어서…. 그런 건 없으십니까?

큰스님 신기한 것도 신기하지 않은 것도 없는 가운데 우리가 때에 따라서 '아, 이런 건 참 좋구나!' 하는 것도 있지만 근데 내 이 마음이요, 아무리 태산 같은 걸 봐도 언짢아하는 것도 없고 좋아하는 것도 없고 그대로 닥치는 대로 씀씀이를 그냥, 그냥그냥 걸어가고 있는 것뿐이죠.

기자(남) 아까 저 선생님 말을 들으면서, 전에도 그런 의문을 좀 가졌습니다. 원효 대사인가요, 그분이 해골바가지에 담긴 물을 마셨는데 아침에 일어나 보니까 그거였더라 하는 그 말씀, 조금 전에 나왔는데요, 저는 그 얘기를 들을 때마다 아예 그냥 무지하면 그게 다 되는 게 아니냐. 그렇지만 사람이 무지하면 그게 어디 사람이라고 할 수 있을까요.

큰스님 무지가 아니에요. 사람이 무심으로 생각을 안 했을 때, 보지 않았을 때, 그냥 무심으로 먹었을 땐 아주 잠도 잘 자고 좋았죠. 깨서 보니까 장구벌레가 우글우글하니까 그때 구역질이 났다. 이건 일체 만법이 다 생각에 달려 있다. 한생각이 중요하구나! 하는 얘깁니다.

기자(남) 저는 그 얘기를 들을 때마다 어떤 생각을 하느냐 하면 분명히 우리가 살고 있는 이 현실이 얼마나 추악하고 괴로운 게 많은데 그거를 모르는 거보다도 철저히 알아야 되지 않겠느냐. 알고서는 그걸 뛰어넘고 이겨야 되지 않겠느냐 그런 생각을 제가 하거든요.

큰스님 번연히 알면서도 그건 현재의식에 불과하죠. 알려고 아무리 그래도 그거는 모든 것이 헛되게 돌아가는 현재의식밖엔 안 되죠. 그리고 현재의식으로써 결단을 내리죠. 인간의 뇌도 한 뇌이면서도 한쪽은 잠재해 있는 의식 쪽이고 한쪽은 현재의식 쪽이죠. 그래서 이것이 한데 계합이 돼서 써야 되는 건데, 결단을 내려야 하는데 이 현재의식 쪽에서 그냥 결단을 내리고 말죠.

그러니까 참나가 사는 게 아니죠. 이 고깃덩어리가 움죽거리는 게 운전수가 있어야 움죽거리는 거지, 마음이 움죽거려야 이 몸도 움죽거린다는 얘기죠. 그런데 이것이 나 자체, 참나 핵이 즉, 차가 굴러가려면 기름이 있어야 되죠. 그런데 그것을 생각 안 해요. 글자를 읽을 때 이런 거 생각해 보셨어요? 글씨만 보지, '이 백지가 있어야만 글씨를 쓸 수 있구나!' 하는 걸 생각해 보셨어요? 또는 '땅속을 파서 기소가 튼튼함으로써 집을 지을 수가 있구나. 기둥을 세울 수가 있구나.' 하는 거요.

기자(남) 한 가지 여쭙고 싶습니다. 저는 기독교인인데요, 타 종교에 대한 배척 같은 건 전혀 없고 다 이렇게 수렴해서 이해하려고 그러는 자세가 있는데, 저 같은 무지한 사람도 목사님 설교는 상당히 이해가 잘되거든요. 그런데 꼭 같은 상황에서 스님들 말씀을 들으면 상당히 어렵습니다, 깨닫기가.

큰스님 아니요. 저도 어느 땐가 가톨릭교를 좀 믿어 본 적이 있었습니다만 우리가 그냥 자신이 잘못한 걸 회개를 한다, 다시는 그런 짓은 안 해야지 하고서 회개를 하는데 잘못하기 이전에 잘못을 좀더 안 한다면, 이렇게 자꾸 노력을 하고 나간다면 잘못 저지르는 게 별로 없습니다. 그런데 내가 잘못하고도 신부님한테 가서 고해 성사를 하고 그러면 죄가 다 없어진다 그러고 '내가 거기 가서 고하면 될 걸, 뭐.' 이렇게 위안을 하면서 그렇게 돌아서고 자꾸 그래 보세요. 자기가 잘못한 거 반성이나 하겠나. 자꾸 거기 가서 떠맡기죠.

기자(남) 그러니까 제 얘기는 말 자체가 상당히 어렵다는 그런 말입니다.

큰스님 네. 말 자체가 어렵다고 그러는데요, 이것이 현재의식으로 그냥 '하나님 아버지시여!' 하는데, 이 세상 일체 만물만생이 살아나가는 거, 전체 내 앞에 용도에 따라 오는 것도 전부 '하나님이….' 이렇게 내밀고 거기다 모아 놓죠? 하나를 가지고 전부….

신도(남) 하나님한테 맡긴다고.

큰스님 네. 맡긴다는 말이죠. 그런데 우리가 지금 가르치는 거는 하나님이 딴 데 있는 게 아니라 바로 나한테 있다. 나로부터 이 세상이 벌어진 거고 나로부터 상대성 원리가 생긴 거다 이거야. 그러니까 나부터 알아야 과거 현재 미래 모든 그것이, 과거가 지금 현재고 미래가 현재고 현재도 찰나니까 모두가 이 찰나 생활 속에서 그대로 '너는 뚜렷하게 너고 나는 뚜렷하게 나고.' 이렇게 하면서 찰나찰나 돌아가는 이 찰나의 완성된 세상을 살 수가 있다 하는 것입니다.

기자(남) 1980년대가 가 버리면 20세기의 마지막 10년이란 그런 말을 요즘에 많이 쓰는데요, 혹시 신년 들어서 저희 교포들한테 좀 일러 주시고 싶은 권고의 말씀 있으시면 몇 말씀 해 주시죠.

큰스님 그래요. 주처가 어디 있느냐고 묻는다면 모두 각자 자기한테 있지. 자기한테 있어야만 자기가 자기를, 영혼을 구원을 받고 심판도 자기한테서 나오는 거고, 모든 게 그러니까 자기 주처에 하나님이 있고 바로 자기 주처에 주님이 계시지 않을까. 그러니 타의에서 구하지 말라. 자의에서 구한다면 영원히 영혼을 구할 수 있다. 또 기독교에서는 그렇게 해야 빨리 알아듣고 불교에서는 '바로 자성불은, 본래자성불은 자기한테만 있다.' 하는 말을 하고 싶습니다.

기자(남) 좀 죄송한 말씀 하나 여쭙겠습니다. 세속적인 일이지만 전두환 대통령께서 백담사 가 계시는 것에 대해서 어떻게 생각하시는지요? 허허허.

큰스님 아, 그분이 거기 가고 싶어서 갔겠지요, 뭐. 글쎄, 내가 뭐 그런 걸 상관합니까? 그분이 가고 싶어서 갔을 거 아닙니까? 가기 싫으면 안 갔을 거고.

기자(남) 거기 가서 진짜 불법을 깨닫고 생활하시면 마음의 평화를 누릴 수 있겠죠.

큰스님 근데 진짜 불법보다도 우리 사는 게 그냥 불법이에요. 불이라는 건 영원한 생명의 근본을 불이라고 해요. 교는 우리가 좋은 말을 서로 나누는 게 교입니다. 그렇기 때문에 그걸 말씀이라고 해서 교라고 그러는 건데 불교 아닌 것이 없어요. 왜? 벌레도 생명이 있고 꿈틀거리고 그래도 '시간적인 시각'을 가지고 사는 거란 말입니다.

기자(남) 제가 언뜻 들은 얘기지만, 어떤 사람이 이런 말씀을 하시더군요. 불교는 종교가 아니고 학문이다. 저는 그 이상 듣지를 못했는데 그 사람이 어떤 뜻으로 그랬을까요?

큰스님 이 불교에서는 스님네들을 세 가지로 이야기합니다. 하나는 경을 읽고 글을 많이 읽어서 학으로 풀이를 해서 강의를 하고 강설을 하고 이러면 학승이라고 할 수 있죠. 또 선승이라고 하는 것은 즉, 보이지 않는 50%와 보이는 50%를 즉, 보이는 50%가 보이지 않는 50%로 들어서, 보이지 않는 50%와 보이는 50%를 한데 계합을 시켜서 다시금 이 세상에 내고 들이고 자유스럽게 살 수 있는 그런 그 마음의 지혜를, 길을 인도하는 길잡이가 되는 선이죠, 선승. 그리고 또 행정승 즉, 행정만 하는 승이 있고 또는 그림을 잘 그려서 절 같은 데도 그림을 그리고 부처님을 그리고 그러는 스님이 계시고 또 염불을 잘하시는 스님이 계시고, 그러니까 스님도 여러 가지죠.

기자(남) 불교도 계속 사람들이 수행하게 하려면 그렇게 퍼져 나가야 되지 않습니까? 그런데 이건 의식의 문젠데 젊은이들이 현재 이런 사회에서 태어나서 뭐, 이렇게 현란한 빌딩도 보고 그러고 사는데 불교의 제례라고 하는 것이 부처님도 계시고 좀 울긋불긋하고 뭐 이렇게 현대인의 감각에 맞지 않는 그런 것 때문에 젊은이들을 상대로 포교하는 데 좀 지장이 있을지도 모르니까 거기에 대한 어떤 개선책이라든가, 말이 좀 이상합니다만 그건….

큰스님 그거는 사람들이 몰라서 그렇지, 울긋불긋하게 표현한 것은 이 세상 돌아가는 색신을 말해요. 우리 지금 세상 모두, 늙고 젊고 애기고 또 남녀 이런 것을 전부 돌아가면서, 또 나무는 나무대로 꽃이 피고 푸르고 또 물은 물대로 흐르고, 모든 것이 사계절이 있어서 봄이 되면 이렇게 꽃이 피고 가을이 되면 또 떨어지기도 하고 열매를 맺기도 하고 추수도 해 들이고 이러는 거를 전체 한데 모아서 이것을 울긋불긋이라고 할 수도 있죠, 뜻으로 생각한다면. 근데 그거를 잘못 생각을 한다면 마구니 소굴이라고도 할 수 있는데 그것이 아니라 마구니도 수용할 수 있어야 수행을 제대로 할 수 있는 거죠. 우리가 마구니라고 피하고 나쁘다고 피하고 좋다고 갖고 이런다면 이 진리를 탐구할 수가 없어요.

기자(남) 의식 같은 거는 현대인들, 특히 젊은이들 감각에 맞게 조금….

큰스님 글쎄, 난 그래요. 누구나가 다 자기 자신의 그 주인공은, 진짜로 자기 내면세계를 믿고 모든 걸 거기 돌려놓으면서 '거기서밖에는 해결할 수 없지. 난 고깃덩어리야.' 이렇게 한다면, 이게 얘길 하자면 길어서요. 그러니까 간단하게 말해서 내 주인공으로부터 나를 형성시켰고 나를 이끌고 가고 있으니 지금 모든 가정과 사회와 국가가 모두 편리하게 공존하고 잘 굴러갈 수 있는 이런 마음을 갖는다면, 얼른 쉽게 말해서, 우주 천지의 근본이 내 근본에 직결돼 있다는 것입니다. 직결돼 있으니까, 직결돼 있는 나 자신의 주인공을 믿고 거기에 되돌려놓으면서 용도에 따라서 전력을 쪼그맣게 쓸 거면 쪼그맣게 쓰고 동력을 크게 쓸 거라면, 그 전기를 끌어서 쓰듯이 모두가 바로 나한테 있는 거죠. 이게 자가발전소와 같은 거고 용광로와 같은 거니까 바로 나 자신부터 그렇게 믿고 나 자신으로부터 나를 잘 이끌어 가지고 갈 때 행복하고 또 자유권을 얻는 것입니다. 또 나를 굴릴 수 있고 나를 굴리기 때문에 남을 굴릴 수가 있고 이익 하게 해 줄 수가 있다. 한생각을 내서 무주상 보시를 할 수 있고 또 유주상 보시를 할 수도 있다는 것입니다. 즉, 둘이 아니게 현실적으로도 무심적으로도 항상 남을 돕고 산다는 얘기죠.

기자(남) 스님, 제가 사진을 한 장 찍었으면 좋겠습니다.

큰스님 사진은 찍어 뭐 해요?

기자(남) 그래도 저희 신문에 쓰려면 어차피….

신도(남) 사실 불교를 이해하려면 말로 해 가지고 안 돼요. 그리고 아까 철학 얘길 하셨는데 불교를 연구해 보시면요, 이건 철학에 그치는 게 아니고 종교에 그치는 것도 아닙니다. 뜻이 참 묘합니다.

큰스님 그러니까 시발점에서 종점으로 간다 그럴 때 종점에서 또 다시 올 때 시발점이 되고 시발점이 종점이 되고 이러니까 끝간 데 없이 돌아가는 것이 진리고 길이고 도가 아닐까 이렇게 생각합니다. 내가 이렇게 말을 해도요, 소용없지.

신도(남) 불교의 참면모를 아시려면 이거는 뭐, 이론 가지고 되는 일이 아니라서요.

큰스님 자신을 알아야, 그래서 부처님께서도 그랬죠. "너 자신부터 알라. 너 자신부터 안다면 나 자신을 알 수 있느니라. 내 마음을 알 수 있느니라. 꿰뚫어볼 수 있느니라. 네 자신을 꿰뚫어보지 못한다면 내 자신을 어찌 꿰뚫어보겠느냐." 하셨습니다. 그래서 지금 말씀하신 것처럼 불교는 무슨 그, 얼른 쉽게 말해서 어떤 분들은 마구니 소굴이라고 그런다는 말도 들었거든요. 불교가 귀신집이다. 근데 난 안 그래요. 불교 쪽이 그런 게 아니라, 내가 이 옷을 입었다고 그런 게 아니라 이 승보라는 건 이 세상의 진리는 검지도 않고 희지도 않다는 뜻입니다. 이게 그 뜻입니다. 마구니다 마구니가 아니다 이렇게 나눈다면 어떻게 진리가 그냥 끝간 데 없이 이렇게 갈 수 있겠습니까?

기자(남) 어떤 측면에서는 흔히들 그런 생각을 하는데요, 성경에 보면 '진리를 알지니 진리가 너희를 자유롭게 한다.' 그런 성경 구절이 있거든요.

큰스님 그래요.

기자(남) 상당히 그 말 자체에서부터도 굉장히 불교적인 느낌이 듭니다.

큰스님 아유, 어떤 거는 같지 않은가요? 이거 보세요. 만약에 지구가 버스라면 우리가 기독교인 불교인…, 이름입니다, 그거는. 다 막론하고 한 버스를 탔습니다, 지금. 그런데 거기 앉아서 요건 내 걸상이고 이건 네 걸상이고 이러고 소견머리 없이 싸우는 셈이나 똑같아요. 그래서 그 버스가 어디로 굴러서 어따 자기를 갖다 놓는지도 모르면서 그렇게 하고들 있거든요. 그러면 어때요, 생각이? 그러면 우리도 지금 이 속에, 배 속이나 세포에 수많은 생명들이 존재하고 있습니다. 그런다면 지금 선생님이 여기를 왔다가 저기 돌아갔다가 저기 갔다가 이래도, 지금 그 생명체들은 이 몸뚱이가 지금 어디로 돌아다니는지 모릅니다. 이걸 혹성이라고도 볼 수 있죠. 혹성 가운데에 별성이 있다고도 볼 수 있는데 그 별성이 들어 있으면서도 혹성이 어디로 돌아가는지 모르고 살거든요.

기자(남) 기독교에서는 말입니다, 하느님을 모르고 깨닫지 못하면 곧 죄거든요.

큰스님 그래서요?

기자(남) 그렇지만 결국 인간이 무지하고 못났고 미천하기 때문에 모르는 건데 사실 그게 죄가 되지 않는 거 아닙니까? 그러면….

큰스님 아이 참. 죄도 없고 죄를 쓴 것도 없고…. 이 불교에서는요, 본래 밝아서 영원히, 예를 들어 심봉은 움죽거리지 않으면서도 그 힘으로 맷돌이 돌아가죠? 그러니까 본래 이 세상에 나온 게 없기 때문에 죽을 것도 없다 이 소립니다. 그러니까 아까도 얘기했듯이 '진리를 모르면 죄니라.' 하는 것도 그건 말이 안되고요, 죄라기보다는 내가 모르니까 이 세상은 미생물에서부터 진화되면서 쫓고 쫓기면서 이렇게 해서 마음이, 얼른 쉽게 말하자면 계발이 됐다고 할까요? 그렇게 해서 진화돼서 사람까지 이렇게 오지 않았나. 그러나 우리가 지금 당장 이 세상 돌아가는 것을 깨달으면 다 알게 되는 것이 뭐냐? 내가 죽어도 이 몸뚱이가 가을 이파리 떨어지듯 하는 거지, 그 나무의 뿌리가 죽는 게 아닙니다.

그렇듯이 우리 이 몸뚱이를 가지고 사는 사람들은 현실, 그 물질만 가지고 생각하고 살거든요. 물질이 어디서 왔는지, 그럼 지금 물질이 어디로 가고 있나? 지금 뭘 하고 있나? 지금 내가 움죽거리는 건 뭣 때문에 움죽거리나? 그러면 생명체들이 그렇게 많은데 소임을 맡아가지고 장 공장이니 위 공장이니 간장 공장이니 방광 공장이니 소장 대장 공장이니 이런 공장에서 일하는 지배인은 누군가. 자기란 말입니다. 그럼 자기의 마음 하나가 모든 것을 지배를 하느냐. 한마음으로 그렇게 지배를 해야 돼. 그걸 지배를 해야 하나의 님, 나, 한울님 이런 것도 모두 있죠. 그럼 그건 일체 통신력, 또 하늘님 이러는 건 일체 모두가 하나로 돌아가는 그 지혜를 말합니다. 내가 하나님이 돼야 그 지혜도 또 통신도 다 통하지 않느냐는 문제죠.

지금 선생님이 이러고저러고 얘기하면 난 그 대답을 멍청하게 또 딴 걸로 말하고 그러는데요.

기자(남) 제가 워낙 무지해서 그럽니다. 그건 받아들일 테니까요.

큰스님 하여튼 기독교 불교가 따로 없고, 그건 자기의 소견이지 누가 뭐 나누어 놓은 게 아닙니다. 그러니까 이 우주 천지의 근본도 기독교인이든 불교인이든 전부 불교입니다. 그거는 생명 없는 게 없으니까. 또 윗사람이 아랫사람한테 좋은 말 안 하는 게 없습니다. 또 애들끼리도 좋은 말 하는 때가 많죠? 그럴 때 그것이 교(敎) 아닙니까? 그렇기 때문에 종교는 따로 있는 게 아니라 우리가 가지고 있는 게 종교고 우리 살림살이가 종교고, 우리 살림살이를 떠나서는 종교가 없어요.

기자(남) 예. 잘 새겨듣겠습니다.

큰스님 근데 새겨듣기보다도 이게 당연한데, 이게 참, 인간이 나온 것에서부터, 이게 과학이면서도 천체심성물리학이면서도 의학이 들어가고 의학이 들어가면서도 천문학이 들어가고, 이게 안 들어가는 게 없습니다, 우리 사는 이 세계가. 그런데 그거를 분리해서 네 종교 내 종교 하며 한생각을 그렇게 좁게 하기 때문에 두 손을 쩍 벌리면 이 우주 천지가 다 들어올 수 있는 그런 지혜를 얻지 못하는 거죠.

그러니까 아까도 말했듯이 늙은 사람이 젊어지고 젊은 사람이 늙어지고 또 나쁜 짓을 하는 사람이 나쁜 짓 한 것만치 짐승의 몸을 가지고 좌천할 수도 있고, 또 짐승의 몸이 다시금 인간의 몸으로 탈바꿈을 할 수도 있는 겁니다. 그렇기 때문에 '우리가 한생각 하기에 달렸다. 한생각을 잘해야 한다. 폭넓게 지혜를 가지고 모르는 사람을 봤을 때도 내 모습같이 생각을 하고 내 아픔같이 생각하고, 모든 것은 나같이만 생각한다면 된다.' 이렇게 말하고 싶죠. 그렇지 않습니까? 모두가 둘 아니게 보려면, 그걸 강제로 그러는 게 아니라 나 자신을 먼저 알면 내 부모 아님이 없고 내 자식 아님이 없고 또 내 형제 아님이 없고 내 아픔 아님이 없고 내 몸 아닌 게 하나도 없어요. 풀 한 포기도 내 몸 아닌 게 없어요, 내 스승 아닌 게 없고. 그러면 어떤 사람이 일체 만물을 보고 만약에 깨달았다면 그 일체 만물이 깨달은 사람을 보고 또 깨닫겠죠.

기자(남) 제가 이거 밤새도록 몇 번씩 좀 돌려서 계속 들어야지 이해를 하겠습니다.

큰스님 하여튼 이해를 하고 안 하고 간에요, 책에 있는 말들은 아닙니다.

찰나 생활 그대로가 참선

뉴욕지원 법회

1989년 12월 16일

오늘은 오하이오 주립 대학 선생님들, 또 지금 박사 학위 과정에 있는 분들, 이런 공부하시는 분들이 오셨습니다. 그리고 여기 주립 대학에 계시는 교수 분들도 계십니다. 그래서 우리 식구들이 조용히 앉아서 질문도 하고 토론도 할 수 있는 시간이 될 것 같습니다. 참 오래간만에 이런 기회가 된 것입니다. 그러니 서로 허심탄회하게 질문하고 서로 대답하고 토론하는 데에 서로가 함이 없이, 질문함이 없이 대답하는 사이 없이 합시다.

그런데 서로 질문하기 이전에, 사람들은 종교라 하면 타의에서 구하고 무슨 조주 선사의 화두니 무자 화두니 이러한 화두를 잡아 가지고 공부를 해야 한다는 견해가 많습니다. 그런데 내가 공했는데, 그것은 내 껍데기에다가 또 껍데기를 씌워 놓고 화두가 끊어지지 않기를 바라면서 그렇게 사는 사람들과 똑같죠. 진리를 한 번 더 내다보세요. 내가 남의 말을 듣기 이전에 한번 내다보시라고요. 모든 상점이나 사람들, 자기 소임을 맡아서 하는 사람들이 끼리끼리들 모이지 않는가. 그것이 바로 상점에 가도 끼리끼리 모여 있고 금방에 가도 금방이기 때문에 금이 모여 있고 넝마전이기 때문에 넝마가 모여 있고 무쇠전이기 때문에 무쇠가 모여 있듯이 그것이 갖은 각색으로 찰나찰나 바뀌면서 끼리끼리 모여 있는 인연법 이 자체가 바로, 지금 살고 있는 찰나 생활이라는 이 자체가 그대로 참선이라는 걸 아셔야 하겠습니다.

지난번에도 얘기했듯이 자기로부터 세상이 생겼고 자기로부터 상대가 생겼고 자기로부터 가정이 생겼습니다. 그러니 자기 없으면 모든 게 없을 거 아닙니까? 그러니 자기로부터 자기를 먼저 믿고 알아야 되겠죠. 그래야 모든 오신통 재료를 뛰어넘을 수 있을 것입니다. 그거는 뭐냐 하면 심안으로 보는 거, 과거를 아는 거, 남의 마음을 아는 거, 가고 옴이 없이 가고 올 줄 아는 거, 또 듣는 사이 없이 온 누리의 모두를 다 들을 수 있는 거, 이것을 바로 오신통이라고 하는데 그것을 오신통이라고 하는 것은 여러분의 자성신의 재료이기 때문입니다. 그런데도 불구하고 자기는 자기대로 보려고도 안 하고 항상 남이 밥을 먹여 주지 않을까 해서 위대한 이름을 가진 사람에게서 그저 화두나 받아 가지고 이렇게 하는 방식은 예전의 부처님 당시에도 없었습니다. 그런데 지금 현재 이렇게 발전이 되고 천체물리학으로서 또 과학으로서 공학으로서 천문학으로서 이렇게 가는 시점에서, 또 진리를 본다 하더라도 찰나의 생활이며 바로 우리가 평등진리며 그런데도 그것을 한번 생각해 보지 못하고 항상 남에게 끄달려서 공부를 하려고 하니 그것이 나올 리가 있나요.

여러분이 가정에 있는 사람이나 지금 학교에 나가서 교사 노릇을 하는 사람이나 또는 학생이나 또는 상업을 하는 사람이나 누구를 막론해 놓고 허심탄회하게 질문을 할 수 있는 그런 여건을 오늘 가져 봅시다. 어때요? 질문하실 거 없어요?

질문자1(남) 지금 조주 무자를 말씀하시는데요, 조금 전에도 제가 스님께 말씀드렸듯이 안양에 계실 때 제가 한번 찾아가서 조주 무자에 대해서 여쭤 본 적이 있습니다. 그런데 그 이듬해에 제가 뉴욕에 와 가지고 『무』라든가 그런 책도 읽어 본 적이 있는데, 그 책을 읽어 본 결과 모든 것은 한마음의 결과다, 한마음에 놓는다는 말씀을 하셨습니다.

큰스님 우리가 지금 여기 걸어왔죠? 차 타고 와서 또 여기 걸어 들어왔죠?

질문자1(남) 예.

큰스님 발자취를 짊어지고 오셨습니까, 들고 오셨습니까?

질문자1(남) 생각 없이 했습니다.

큰스님 생각 없이 했죠? 또 신발을 벗어 놓고 들어오실 때에 신발을 들고 오셨습니까, 신발을 '저거 내가 여기다 벗어 놓으면 안 되는데…' 하고 들어오셨습니까?

질문자1(남) 물어보고 들어왔습니다.

큰스님 네?

질문자1(남) 신발을 어디다 놓느냐고 물어보고 들어왔습니다.

큰스님 아이, 물어본 거 그거야 가외로 덧붙이기로 돌아가는 거고요. 여러분이 생각할 때도 그렇고 걸을 때도 항상 뒷발자취가 없습니다. 걷기는 분명히 걷고 있는데 발자취는 끌어안고 다니는 게 없죠. 그러면 지금 남편이 됐을 때, 댁이 남편이죠?

질문자1(남) 네.

큰스님 그런데 몇 남매나 두셨습니까?

질문자1(남) 둘 뒀습니다.

큰스님 예. 그 자식이 와서 "아빠!" 그럴 때는 무엇이 됩니까?

질문자1(남) 아빠가 되겠죠.

큰스님 예. 그렇게 자꾸 찰나찰나 자동적으로 돌아가는데 무슨 거기에 조주 화두가 붙어야 하고 무자 화두가 붙어야 하고 꼬고 앉아 있어야 하고 이럽니까? 내가 여유가 있어서 앉고 싶으면 앉고 서고 싶으면 서고 번 네 내나보려면 내나보고 또 생각나면 생각하고, 그대로 여여하고 그대로 바로 댁이 있기 때문에 세상이 벌어진 거니까 댁이 화두며 세상 돌아가는 게 바로 참선 아닌가요?

찰나찰나 자동적으로 돌아가는 이 시점에서 또는 평등한 진리에서 우리가 그걸 탐구하려고 지금 노력을 하고 있는데 여러분은 내 몸이 있으니까 상대가 있다는 걸 모르고 또 거기다가 남한테 화두를 받아 가지고 그거 끊어질까 봐 24시간 애를 쓰고 있다 이겁니다. 그러면 댁에서 가고 오는 것이 전부 고정된 게 있습니까? 보는 게 고정된 게 있습니까? 듣는 게 고정된 게 있습니까? 만남이 고정된 게 있습니까? 하나도 고정된 게 없어요, 먹는 것까지도, 생각하는 것도. 이 생각을 금방 했다 저 생각 또 하게 되고 저 생각 금방 했다 이 생각 또 하게 되고. 그래서 찰나 생활이라고 합니다, 그대로 여여하다고.

그래서 저기 '본래 내 자성이 청정함을 어찌 알았으리까.' 하는 네 구절을 써 놨죠. 불(佛)이라는 것은 핵과 같은 겁니다. 기계가 돌아가는 데 중심자, 중심, 심봉과 같고요. 그렇다면 간접적으로 그 심봉에 의지하고 힘에 의지해서 기계가 돌아가는 그 자체를 볼 때 그 심봉이 꿰지지 않았으면 여러분이 어떻게 차를 타고 왔겠습니까? 그런데 인간에게도 그런 핵과 같은 심봉이 있어요. 영원한 생명의 근본. 그거는 움죽거림이 없이도 아주 광대무변하게 힘을 낼 수 있는 자력이 있단 말입니다. 그럼으로써 거길 따라서 간접적으로 우리가 여러 가지 마음을 내는 것이 바로 그게 돌아가는 거죠. 그걸 에너지라고 하죠. 에너지는 바로 핵을 싸고 있는 거죠. 그래서 그 에너지가 움죽거리는 바람에 바로 물질인 나의 이 기계는 돌아갑니다. 그래 삼위일체가 구성돼 가지고 계합이 돼서 같이 길고 짧음이 없이 돌아가기 때문에 쪼그만 거 하나를 우리가 볼 때도 전체를 볼 수가 있는 거죠. 물리가 터지는 거죠.

여러분 중심이 아니라면, 정맥 동맥이 동시에 돌아가지 않는다면, 또 여러분 속에서 그 생명들이 수억 마리가 세포나 오장 육부의 모든 소임을 맡아서 운행해 주지 않는다면 여러분이 지금 움죽거릴 수가 없습니다. 속의 의식들이 즉, 마음들이 전부 한마음이 돼서 움죽거려 주지 않는다면 지금 죽은 송장이 돼요. 그렇기 때문에 이 마음들과 내 악업 선업이 한데 뭉친 이 자체, 바로 그 속에서 악도 나오고 선도 나오고 가난도 나오고 안되는 것도 나오고 아이 글쎄, 자빠져도 코가 깨진다고, 될 만하면 안되고 왜 그렇게 안됩니까? 또 될 때는 또 되고. 이런 것이 다 이것을 한데 합쳐서 전자에 내가 한 거만치 인연을 가지고 나온 바로 인과입니다.

그러니 그 인과를 내 마음과 더불어 같이 한마음을 만들려면 다 거기 놓아야 합니다. 이열치열이라는 말이 있듯이 자기한테서, 거기서 형성시킨 거고 나온 거니까 다 거기서밖에는 해결할 수 없다는 믿음과 더불어 말입니다. 여러분이 이 세상에 나올 때도요, 어머니 아버지 정자 난자를 비롯해서 몸 하나가 나와요. 그럴 때 예전 말로는 아버지의 뼈를 빌리고 어머니의 살을 빌려 이 세상에 탄생하니 20, 30이 당도해도 철이 없어서 부모의 생각을 못했다는 얘기가 회심곡에 있듯이 말입니다. 그랬듯이 여러분이 모두 피를 받고 또는 살을 받고 뼈를 받은 게 엄마 아빠에게서 몸을 받은 거란 말입니다. 그러나 이 속에 지금 생명들이 있는 거는, 인으로 인해서 과가 된 것은 댁네들이 예전에 이 세상에 태어나기 이전에 살면서 행해 온 행적이란 말입니다. 행적의 인연이야. 인연들이 모두 같이 이렇게 지금 포함된 겁니다. 그러니 거기서 나오는 거 거기다가 되맡겨 놓고 이전에, 과거에 거기서 내가 저지른 거니까 나로 인해서 인연이 된 그쪽에서 한마음으로 모든 것을 녹일 수밖에 없고, 거기서 병도 낫게 할 수밖에 없고 잘되게 하는 것도 거기요, 못되게 하는 것도 거기니 못되게 하는 것을 잘되게 또 돌아가게 할 수 있는 것도 거기입니다. 시간과 공간이 초월돼서 돌아가기 때문입니다, 진리가!

여러분, 공부하셔서 다 아시겠죠? 나도 아는데 여러분이 모르시겠어요? 지구가 여러분을 모시고 어디로 놀고 있습디까? 지구를 벗어나야 그걸 알죠. 그렇듯이 내 몸에서도 내가 벗어나야 나를 맘대로 굴릴 수 있는 거예요. 지금 이 은하계에 별성들이 있듯이 이 몸속에 지금 하나하나 생명들이 돌고 있어요, 혹성을 위해서. 그래야 혹성이 움죽거리죠. 혹성이에요, 이게. 별성들이 있는 집합소죠, 이게. 그런데 거기에서 한마음이 돼서 모든 걸, 내 주인공밖에는 믿을 곳이 없고 내 주인공밖에는 나를 이끌어 갈 수 없다는 그 믿음과 더불어 어떠한 용도에 따라서 온다 하더라도, 어떠한 큰일이 생긴다 하더라도 모든 것을 거기에 맡겨 놓고 '거기서밖에 해결 못해.' 하는 그 믿음을 진실하게 가져야 일체 만법을 다 들이고 낼 때에 거리낌없이 들이고 낼 수 있는 겁니다.

그러니 자기가 화두 아닙니까? 그리고 자기 탓이고. 안되고 되는 것이 모두 누구 탓입니까? 자기 탓이지, 자기가 있는데. 만약에 언덕이 없거나 소가 없어도 소가 언덕에 비비지 않을 겁니다. 언덕이 있기 때문에 소가 가서 비비거든. 내가 있기 때문에 모두 상대가 있는 거고 부딪치는 거고 또 잘못되는 일도 있고 잘되는 일도 있는 것입니다. 그런 것을 해결할 수 있는 것이 여러분의 자성, 바로 주인공입니다. 주인공이라는 것은 왜 주인공이라고 그랬느냐? 이 우주 천지의 모든 생명의 근본이 바로 인간의 마음의 근본에 직결돼 있다는 그 사실. 그러니 내 주인공에 이 세상 우주 천지를 다 집어넣어도 결국은 그릇이 좁지 않다는 점. 다 내놔도 줄지 않는다는 점. 영, 영, 영, 영 수만 개를 써 놔도 영은 영이지, 그게 없단 말입니다.

마음은 체가 없어서 벽도 없고 봇장도 없고 허공이야, 다. 이 허공도 공했어, 전체가. 그런데 뭐가 어지러울 게 있습니까? 그 마음을 모르시면 여러분이 사시는 집을 한번 방문해 보십시오, 여기 앉아서. 어디에 뭐가 놓여 있고 어디에는 뭐가 놓여 있고 그런 사실을 여기 앉아서 여러분은 다 알고 계시지 않습니까? 우리가 이런 공부를 한다면 그와 같이 어떠한 혹성이든 어떠한 별성이든 어디든, 또 어떠한 사람의 마음이든 꽃의 마음이든 이걸 읽을 수가 있고 이것이 한마음으로 돌아갈 수가 있다는 사실입니다.

인간은 고등 동물이고 또는 만물의 영장이라고 했습니다. 그런데 만물의 영장이기커녕 만날 그냥 뜬구름처럼 헤어졌다가 모였다가 하면서 이 물바퀴 소용돌이 속에서 거기에 그냥 부딪치고 부딪치고 부딪치고 그러니까 항상 고통스럽게 사는 겁니다. 여러분은 여러분 속에 의사도 있고 관세음도 있고 지장도 있고 칠성도 있고 산신도 있고 지신도 있고 용신도 있고 거기 다, 약사도 있고 그 주인공 안에 일체제불이 다 계신 겁니다. 또 일체 중생이 다 거기 있고, 일체 의사가 다 거기 있고 간호원도 있고 전부 있어요. 그런데 왜 딴 데 가서 찾습니까? 보이지 않는 데 약이 수두룩하고 보이지 않는 데 의사가 있고 아니, 별게 다 있는데, 가난하면 가난을 극복하고 일으켜 세워 줄 수 있는 관세음이 있고, 바로 그 주인공 안에 전부 다 있는데 왜 따로따로 찾습니까?

그림을 보고 찾고 그림을 보고 믿고 말을 듣고 믿고 또는 이름을 보고 찾고, 칠성에 가서 빌어야 명이 길고 약사한테 빌어야 병이 낫고 또 좋은 데로 가려면 지장을 찾아야 하고, 명이 길려면 칠성에 가서 빌어야 하고 또는 무슨 사건이 나면 산신에 가서 빌어야 하고 어린애를 못 낳아도 산신에 가서 빌어야 하고…. 도대체 이게 무엇입니까? 아니, 만물의 영장이기 이전에 귀신들이지, 그게 사람이 귀신 노릇을 하니까 귀신이 있는 거지 사람이 귀신 노릇을 안 하고 사람 노릇을 하는데 무슨 귀신이 있겠습니까?

여러분이 잘 한번 생각해 보고 무슨 부적이다, 팔자 운명이다 또는 '내일 이사 가면 어떨까?' '부적을 써다 붙여야지.' '내 몸이 아프니까 이거 어디서 사고가 났나?' 하고 두리번거리는 그런 사람이 돼서는 안 됩니다. 즉각 알아야지. 병이 나면 즉각 '어허, 여기서 악업 선업으로 뭉쳐진 과(果)로서 나온 거지. 아이고, 그 과로 내 몸에서 나온 건 바로 내 몸 안에서 한마음으로 고쳐야 되는 것이다.' 이거야.

여러분이 살어오실 때 넘어지면 여러분이 일어나지 누가 일으켜 줍디까? 그리고 대신 먹어 줍디까, 대신 아파 줍디까? 대신 죽어 줍디까, 대신 자 줍디까? 대신 똥 눠 줍디까? 아니, 대신 누가 해 줍디까? 이 세상에 자기가 혼자 왔다가 가을이 되면 혼자 낙엽 떨어지듯이 갑니다. 그랬다 다시금 이 세상에 나올 땐 봄이 와야 다시 잎이 피듯이 잠시 중지됐다가 또 나오거든. 그런데 잠시 중지가 아니라, 의식에 끄달리고 물질에 끄달리던 의식이 그냥 남아서 들어간 사람은 어디로 자기가 갈 바를 몰라. 그래서 저런 나무한테도 지접을 하고 또는 어디 집 짓는 데 가서 지접을 하고 대감도 되고 거기 그냥 어떤 약한 사람한테, 그렇게 그냥 기복으로 믿는 사람한테 들어가는 거야. 그 집으로 들어가고 저 집으로 들어가서 괴롭히는 거지.

이래도 그렇게 기복으로 믿으시겠습니까? 그리고 중심을 두지 않고 자기 주인공을 모르는 사람 앞에는 집이 빈집과 같아 오고 가는 사람들이 다 들어와서 자. 오고 가는 사람이 다 들어와서 자면서 거기서 그저 집이 헐어지건 말건 들어와서 그냥 북덕거리고 있다가 또 나고, 또 북덕거리고 있다 나고 그렇기 때문에 집이 그냥 얼른 망그러지지. 그런 셈이나 같아, 이 몸뚱이가. 그러니 이 몸뚱이 속의 그 생명들이, 즉 말하자면 의식 자체가 딴 데서 들어오는 유전성이나 세균이나 이런 것도 여기 주인이 없어 가지고 뭐 다스리지 않으니까 즉, 부모가 없어 가지고 고아들이 한데 모여서 저희들끼리 북덕거리는 거와 똑같아요, 지배인이 없으니까. 그래 가지고는 바깥에 있는 거 다 끌어들여서 서로 춤을 추니 이 몸뚱이가 뭐가 되겠습니까? 이 몸뚱이가 집과 같은데.

그러니 여러분이 '저이는 뭐, 말만 했다 하면 항상 저렇게 말이 많은데 저 말이 어디서 저렇게 나오나?' 이러겠지만 이게 진리라, 전부. 내가 없는 말 하지 않아요. 여러분은 첨단을 넘어가는 공부들을 하신 분들인데 아니, '우리가 지금 세상에서 찰나 생활을 하고 있구나. 이게 한 바가 없이 그냥 자꾸 자동적으로 돌아가는구나.' 아, 이걸 왜 몰라요? 그러니 거기 업이나 운명이나 팔자나 이런 거 붙을 사이가 없어요. 그렇게 생각을 하고 그 도리를 알아야죠. 한생각에 달려 있는 겁니다.

그래서 왜, 아주 약하고 보잘것없는 사람은 얕보여서 주먹으로 한 대 맞는 수도 있죠. 저 사람은 정말 아주 너그럽고 저 사람은 참 사람다운 사람이다 할 때는 거기 손 못 댑니다. 그러나 덤벙덤벙하고 그저 사기나 치고 이러는 사람들은 주먹 아니라 발길에 차이고 그냥 모가지도 눌리고 그런다고. 그런 거와 같이 그렇게 주인 없이, 주모가 없이 내가 흔들린다면 보이지 않게, 보이게 사방에서 끄달리는 겁니다. 그러니 자빠져도 코가 깨지지. 그러니 될 듯해서 하는데 안되는 거야. 이게 뭐냐? 그게 과(果)다 이거야. 인(因)으로 인해서, 내가 나오기 이전의 인으로 인해서 지금 현상에서 과로 뭉쳐 있다.

이걸 다 녹이려면 '주인공, 당신만이 해결할 수 있다.' 하고 거기 다 다 놔야 그것이, 전자의 그 인으로 인해서 과가 된 것이 다 녹아서 마음이 전부 한마음으로 뭉쳐져서 천백억화신으로 화하는 거야. 그러니까 몸뚱이 속에 있는 마음들이 보살로 화한다 이거지. 그럼으로써 내 이 혹성 하나에 '나'가, 보살들이 수호하고 다니죠. 보호하고 다니니까 누구 하나 나한테, 강도가 온다 하더라도 강도가 칼을 떨어뜨릴 만큼 그렇게 그 수호신이 수호하고 다니죠. 그래서 보신 화신 수호신, 그 모두가 나한테 있어서 천백억화신이 보호하고 다니다가 내가 한생각을 냈다 하면 그냥 한 찰나에 그 모든 것을 해결하는, 즉 말하자면 법설을 하시곤 그냥 한 찰나에 나시는 거라. 그러니 어느 국토에, 즉 말하자면 어느 혹성에도 나 아닌 데가 없고 나 아님이 없고 내 집 아님이 없어요.

지금 과학자들은 태양이 타 버리면 지구도 집어삼킬 수 있고, 또 팽창되면 집어삼킬 수도 있고, 타 버리면 다 타 버리고 뭐, 이런 말들을 하기도 하고 그럽디다만 우주의 모든 물질, 형성된 모든 별성, 이런 것이 바로 우리의 마음들입니다. 나 하나 별 하나 이러듯이, 내 몸 하나 그 혹성 하나 이러듯이 말입니다. 그러니까 우리의 마음들이 지금이 지구에서 우리가 이런 공부를 함으로써 너무 팽창되면 조절할 수 있고 또는 타 버리게 되면 타 버리지 않게 조절할 수 있고 항상 조절할 수 있으니까 이러한 것이 영원히, 이것이 모든 게 돌아가면서 나 아님이 없이 될 수 있어야 둘 아닌 도리를 안다 이겁니다.

그런데 글쎄, 조주 화두를 나한테 묻다니, 자기가 공했다는데 조주 화두가 어디 있어, 음? 자기가 공해서 없는데 조주 화두가 어디 있느냐고? 만약에 이게 조주 화두라면 고정되게 이렇게 들고 있어야 되나? 때에 따라서는 열기도 하고 때에 따라서는 덮기도 하는 게 이게 바로 찰나 생활이야. 여러분이 학술로다가 다 읽고 문을 찾아서 이렇게 들어오는 사람, 문을 찾아서 나가려고 하는 사람은, 물질만이 문을 찾고 물질만이 문을 찾아 들어오려고 하지 체가 없는 마음이 무슨 문을 찾고 무슨 문을 찾아 들어오려고 하겠느냐 이거야.

아까 얘기했듯이 어떤 집에서 무슨 일이 생겼다, 급하다 이렇게 얘기를 들었으면 금방 이 주인공에 맡겨 놓으면 금방 여기에서 거기에 알맞은, 몸이 아파서 뭐가 어떻게 됐다 그러면 금방 자기 속에서 약사가 그리로 그냥 통신하면서, 바로 광력이 빛보다 더 빨리 갑니다. 그렇게 해서 거기 그 몸으로다 찰나에 들어가서 찰나에 해결하고 찰나에 나. 이러한 도리가 얼마나 무궁무진한지 모릅니다.

그러나 우리는 그러지를 못합니다. 내가 지금 물 한 그릇을 이렇게 먹어야 할 때 우주 천체가 먹고도 이 물 한 그릇이 되남아요. 그래서 중생들을 다 먹이고도 또 남아. 무슨 뜻인지 모르시겠습니까, 아시겠습니까?

우리 먹는 밥 한 그릇을 놓고도 천도를 할 수 있습니다. 여러분이 부모가 돌아가셨을 때 물질로서만 촛불을 켜 놓고 향을 피워 놓고 위패를 써 놓고 하기보다도 내 마음의 향을 피우고 내 마음의 촛불을 켜고, 그것이 인등이거든. 그걸 켜 놓고서 가만히 그 은공을 갚는 마음, 그 은혜를 갚는 마음, 모든 걸 주인공에다 맡겨 놓고 관하는 그 마음이야말로 이 세상을 다 줘도 바꿀 수 없는 그런, 위로는 바로 묵은 빚을 갚는 일입니다. 또 아래로 햇빛을 주려면 그런 능력을 길러야만이 아래로 햇빛을 줄 수 있는 그런 일이 되기 때문에 그것 역시 상구보리 하화중생으로 돌아갈 수도 있고 모두가 다 그렇죠. 몸으로, 위로는 모시고 아래로는 이 육신 안에 들어 있는 생명들을 제도하면서 이렇게 가지만 우리가 바깥으로는 부모를 모시고 있죠. 그런데 육의 부모나 법의 부모나, 부처님 조상이나 육의 조상이나 둘이 아닌 겁니다. 왜? 부모가 자식을 생각하는 마음이나 부처님이 중생들을 생각하는 마음이 똑같습니다. 둘로 보지 마세요, 그것도. 왜 구차하게 삽니까? 왜 그렇게 얼기설기 해 놓고, 자기가 해 놓고 자기가 고달프게 삽니까? '주인공' 하면 그 안에 부처도 중생도 또는 육의 부모의 조상도 다 같이 응하고 계신데.

그래서 나는 항상 이렇게 생각합니다. 내가 맛있는 걸 먹으면 우리 육의 부모, 그 전의 부모도 부처님도 다 거기서 받으시고 또는 내가 맛없는 걸 먹으면 맛없는 것대로 또 같이 먹고. 그러면 이 배 속에 들어 있는 중생들도 다 같이 먹지 않습니까? 여러분도 다 그렇죠? 여러분은 보고 응감만 했지, 이 중생들이 다 달래서 이 입만 빌려 주곤 넣는 거예요. 넣을 때 맛만 보고 진짜 먹는 건 이 속에서 다 먹거든요. 목구멍에 넘어갈 때, 씹어 가지고 넘어갈 때 여러분은 맛만 보는 겁니다. 허허허. 그러고서는 그 속에 들어가면 다 제가끔 섭취를 합니다. 작업을 하면서, 먹으면서 작업을 하면서. 작업을 안 해 주면 자기가 자꾸 먹을 수가 없거든. 작은 고기가 큰 고기의 지느러미를 다 소지해 주고 자기가 거기서 얻어먹고 있듯이 말입니다. 이 세상 사람들이 다 주고받고 주고받고 이렇게 먹고 살거든요.

여러분, 생각해 보세요. 지수화풍이 얼마나 고마운가. 지수화풍이 계합이 되지 않았으면 생명이 나질 않았어요. 그런데다가 얼마나 고마운가 보세요. 우리는 공기가 조금만 없어도 숨을 쉬지 못하고 죽어요. 그런데 고맙다고 한 번이나 해 봤습니까? 허허허. 또 물이 없어도 우리는 죽겠지요. 그래도 물이 고마운 줄 모르죠. 물이 있을 때는 펑펑 씁니다, 그냥. 아까운 줄 모르고. 그렇게 고마운 거를요. 그래서 물도 절약을 하되, 아주 광신적으로 절약을 하라는 게 아니에요. 정도껏 분수껏 써라 그거지. 불도 그렇고 물도 그렇고. 이 물만 그런 게 아니라 우리는 흙을 딛고 흙에서 나는 걸 먹고 흙에서 자랐어요. 그러니 모든 것이 우리는 지금 고마운 거죠.

그러니까 어떠한 게 고마우냐. 자기 몸뚱이 자체가 바탕이 된다면 그 바탕 속에 자기 근본이 있기 때문에 고마운 거죠. 그게 고마운 줄 알면, 자기가 자기 고마운 줄 안다면 천체가, 우주 법계가 다 고맙다는 그 마음 뜻이 전체 한마음으로 들어갑니다. 그러니 안되려야 안될 수가 있어야지. 모두 한마음으로, 보이지 않는 데서 보이는 데로 나오게끔 돌봐주는데 어찌 안되겠습니까? 보이지 않는 데서부터 보이는 데로 나오는 거거든요. 그게 심성과학이에요. 천체물리학이라고 해도 되고요. 모두 이 몸뚱이가 여러분이 아니라 그 몸뚱이 속의 영원한 자기의 근본이 자기예요. 그러니까 그 참자기가, 즉 말하자면 소라 껍데기를 해 놓고 그 알맹이가 그 소라 속에 들어가서 소라라고 하는 거죠. 그래서 그 집이 나쁘면 또 갈아서 들어가요. 그럼 껍데기 속에 껍데기가 있고 껍데기 속에 또 껍데기가 있거든요. 제 말이 틀립니까? 그렇듯이 우리는 지금 껍데기를 끌고 다니는 겁니다. 잘 끌고 다니죠. 어디가 부숴지면 안 되니까요. 부딪쳐서 바숴져도 안 되고, 집이 고장이 나고 망가지면 내가 집에 들어 있을 수가 없고 말입니다.

그렇기 때문에 그 뜻을 본다면, 죽은 분들 천도시킬 때에도 그렇고, 제사 지낼 때 위패를 해 놓고 하죠. 거기 안주하라고 하는 거거든요. 안주할 데가 없으면 지접을 못하니까. 꽃이라도 갖다 놓고 거기 안

주하라고 하죠. 그래서 산소에 가거나 이래도 꽃을 한 송이 이렇게 가져가죠. 잠시라도 우리가 서로 보이지 않더라도 그 마음만은 같이 상봉하자고 말입니다. 그러나 혼백은 거기만 있는 게 아닙니다. 거기만 계신 게 아니고 그건 체가 없기 때문에 어디고 상봉할 수 있는 겁니다. 그러나 자기 몸뚱이가 있기 때문에 법의 부모든 육의 부모든 다 여기다 넣고 그냥 집으로 삼아서 여기서 살게 해 드려도 되지 않습니까? 아니, 부모가 따로 있는 게 아니니, 체가 없는 거니까 그 혼백을 내 속에다가 다, 주인공 안에다 넣어 놓으면 그냥 내가 되는 거야, 그냥. 내가 집이 돼 드리는 거야.

그런데 왜 바깥으로 끄달리고 잘되게 해 달라고 빌고…, 잘되게 해 주기는 뭘 잘되게 해 줘? 자기가 거기다 넣고 그렇게 거기다 모셔 놓고선 주인공으로 다 그냥 일체다 할 때 바로 그 혼백도 자기 마음 쓰는 대로 배우는 거라고, 물리가 터지고. 그래서 만 중생을 다 제도할 수 있는 보살로 화할 수가 있지 않습니까? 이렇게 실천할 수 있는 공부가 우리들이 있기 때문에 있는 것을 모르고 이사를 가도 항상 '아이구, 이거 어느 날 이사 가야 좋을까? 올해는 또 삼재가 안 들었을까? 우리 아빠가 언짢으면 어떡하지? 우리 자식이 언짢으면 어떡하지? 상점을 하는데 영 안돼. 그럼 뭐가 잘못되지나 않았나. 조상이나 어떻게 잘못되지나 않았나.' 조상은 왜 들먹입니까, 글쎄? 아니, 자식들을 길러서 그렇게 해 준 것도 고마운데 조상 탓을 왜 생각을 합니까?

물론 죽으면 냉정하고 사정이 없고, 죽은 사람은 산 사람하곤 정반대죠. 언제 적의 부모고 언제 적의 자식입니까? 그렇기 때문에 자식 부모라는 걸 아예 상실하고 있거든요. 그렇기 때문에 해를 입힐 수도 있는 거죠. 그러니까 모두 인연에 따라서 해를 입히는 걸 바로 과라고 그럽니다. 그러니까 모든 걸 주인공에다 맡겨 놓고 우리가 늠름하고 당당하게 사신다면 앞으로 부모도 또는 자식도 또는 형제도 잘 이끌어 갈 수 있는 문제죠. 걱정할 거 하나도 없어요. 그런데 괜히들 석성인

거야. 괜히들 발버둥일 치는 거야.

저거 보세요, 저 네 구절 써 놓은 거. 본래 내 불성이 말입니다, 누구나가 각자, 청정함을 어찌 알았으리까 이런 겁니다. 청정한 건 움죽거리지 않는 심봉을 말해요. 맷돌에 심봉 끼우는 거 있죠? 맷돌로 비유해야 빨리 아시겠지. 그리고 또 내 불성이 어찌 여여함을 알았으리까? 우리가 하루살이처럼 그냥 찰나찰나 돌아가죠. 그러니까 걸릴 것도 없고 안 걸릴 것도 없는, 걸린다 안 걸린다 언어도 붙지 않는 이 세상을 살고 있다 이거야, 지금. 우리 할아버지가 계신데 손자들이 "할머니! 할아버지!" 이러고 부르면 금방 할아버지 할머니가 되고 아들이 와서 또 부를 때는 금방 아버지가 되고 엄마가 되고 이렇게 찰나찰나 돌아가는데 뭐가, 뭐가 붙을 자리가 있습니까? 그러니까 여여하죠. 내 어찌 여여함을 알았으리까? 내 어찌 일체 모든 것을 갖추어 가지고 있음을 알았으리까? 일체 만법을 내 능히, 능히라는 거는 내 주인공과 더불어라는 말입니다. 능히 들이고 냄을 어찌 알았으리까? 자유스럽게 들이고 냄을 어찌 알았으리까 이 소리야.

저 불이라는 것은 여러분의 핵이에요. 불, 불 자, 저 하나는 어떠한 움죽거림도 없이 바퀴가 굴러가게 하는 겁니다. 바퀴가 굴러가게 하려면 바퀴 가운데에 탁 끼워 놔야 바퀴가 굴러가죠, 그 힘으로. 그러나 바퀴는 굴러가지만 그 심봉은 굴러가지 않죠. 그냥 힘만 주고 있죠. 그 힘이 없더라면 바퀴가 굴러갈 수 없듯이 우리도 그렇습니다. 내 주인공이 아니라면 이 바퀴가 찰나찰나 돌아갈 수가 없는 거죠.

우린 한 식구입니다. 오하이오 주에서 온 학생이자 선생이고 선생이자 박사고 그렇습니다, 모두. 그런데 마음공부 하는 분들은 나 아님이 없고 모두가 내 아픔 아님이 없기 때문에 저분들은 보이지 않는 데서나 보이는 데서나 누구도 건드리지 못할 겁니다. 왜 줄 모르시죠? 아마 모를 겁니다. 더군다나 보이지 않는 데서는 어떠한 이라도 서슴지 않고 찰나에 들어서 도와줍니다. 그러니 걱정할 게 하나도 없다 이 소립니다. 걱정을 안 하면 안 하는 대로 그렇게 귀하게 내 마음이 크고 그런다면 가정도 부유해지고 걱정 하나도 할 게 없어요. 앞일에 대해서 걱정할 거 하나도 없이 주인공에 맡겨 놓고, '주인공이 나를 이끌어 가는데 누가 건드린단 말이냐.' 이러고 가는 겁니다.

예전에 내가 산에 다닐 때도 누가 나를 건드리나 했더니, 귀신이 침입했다고 온통 야단을 할 때도 허, 문틈에 사이가 뜨지 않았는데 바람이 들어올 사이가 어딨느냐 이거야. '하하, 이것이 바로 나한테서, 내 주인공에서 나를 테스트해 보려고 이렇게 나온 거구나.' 하고선 그렇게 생각하니까 그냥 그게 싹 없어지는 겁니다. 싹 없어지고 껄껄 웃게 되더군요. 허허, 벌써 이건 노출이 되고 네가 알았구나 하고 말이야. 그걸 테스트해 보려고 했는데 금방 알아 버렸으니 뭐, 또 할 게 없잖아. 그러면 모르는 거를 또 테스트해 본다고. 그러니까 여러 가지로 어떠한 잘못이 있고 어떻게 잘못되더라도 그것은 주인공이 나를 테스트해 보려고 그런 거니까 '감사하구나!' 하고선 둥글려서 돌려놓으면 그때 가서는 금방 싹 없어지는 겁니다.

인연의 굴레

뉴욕지원 법회

1989년 12월 16일

옛날에는 머슴을 부릴 때에 상당히 악하게 부리는 수가 많았습니다. 소작을 주면 곱을 받고, 못 갚으면 이자의 이자를 받고 이자의 이자를 받고….

그런데 어떤 지주가 사람을 부리는데 청지기를 두고 부렸는데, 아, 가서 소작료를 받아 오라면 가난하니까, 밥을 굶을 지경이니까 못 받아 오는 겁니다. 그러면 못 받아 온다고 야단법석이 나고 뭐, 매를 때리고 그랬죠. 그런데 매를 맞아도 가 보면 없으니까 어쩔 수가 없이 그냥 오게 되죠. 그러면 그 사람이 그렇게 명을 내려요. 젊은 사람들은 돈 해 올 때까지 머슴을 살고, 자식들도 있고 부모도 있고 그런데 글쎄, 어떻게 붙들려 가서 돈 갚을 때까지 거기 가서 삽니까? 그렇지 않으면 딸이 있거나 그렇다면 딸을 뺏어 가서 돈 가져 올 때까지 묶어 두는 거죠.

그렇게 나쁘게 악행을 저지르고 돈을 모아서 천석꾼이 되고, 천석꾼이 되니까 만석꾼이 되고 싶어서 동네 고을 안을 그냥 전부 망하게 만들어 놨죠. 살 수가 없어서 전부 흩어지고, 그렇지 않으면 그 집의 종으로다가 매여서 살게 되고, 그러면 빚을 못 갚죠. 그렇게 악행하던 사람이 죽어서 떡 가 보니까 말입니다, 문서가 있는데, 이거는 자기 곳간에 들어가 보니까 남 준 것은 하나도 없고 오히려 장부에 전부 자기가 돈 뺏어 먹고 사기쳐 먹고 또 소작을 주면 몇 곱쟁이로 받고 그런 기록이 전체 있는 겁니다.

그러니까 그거를 보고 옥황상제가, 말하자면 사왕천으로 이 사람을 처리하라고 내보낸 거죠, 지금 우리 법정에서 하듯. 그러니까 어디로 가겠습니까? 그냥 독사지옥으로 떨어졌단 말입니다. 의식 자체를 독사굴에다 넣으면요, 독사로밖에는 태어나지 못해. 그러니까 독사로 태어나면 뱀 종류인데 그걸로 습이 들어서 거기서 헤어나질 못해요. 그걸로 살던 습이 또 남아서.

그러니까 무서운 거는 뭐냐 하면 자기가 악행을 저지른 그 의식 자체가 그 뱀 몸에, 이 세포에, 가죽 비늘에, 이 속 오장 자체에 전부 들어서 그 뱀도 악독하게 만드는 거야. 악독한 의식들이 다 있으니까 말이야. 그렇게 해서 뱀으로 천 년을 구르다가 어느 때에 어느 절 돌담을 이렇게 돌다가 보니까 목탁 소리가 찡하게 들리고 종소리가 들리거든요. 그래서 어느 순간에 딱 멈춰 서 있다가 돌담을 돌아서 다시 올라가서 보니까 큰 넓적한 돌이 하나 있거든. 그 밑에 들어가서 있으려니까, 이것이 거짓이 아니라 아주 실질적으로 있었던 얘기예요. 오늘은 이런 얘기를 해야 되겠어요.

그래 넓적한 바위 밑에 가 있으니까 스님네들이 시식을 지내고 정성을 들이고 그러고선 밥 조금하고 과일하고 뭐하고 뭐하고 담아서 돌에다 갖다 놓거든요. 돌에다 갖다 놓고선 스님네가 하는 소리가 '너희 축생들도, 벌레들이라도 이 밥을 먹고 모든 걸, 옷을 벗어라. 언제까지나 그렇게 하고 있지 말고.' 하고 마음으로 그러면서 그걸 갖다 놓습니다.

우리도 그런 예가 많이 있었죠. 갖다 놓으면 새들도 와서 먹고

쥐도 먹고 다람쥐도 먹고 뱀도 먹고 그래요. 그렇게 그 밑에서 가만히 듣다 보니, 은은히 소리가 들리거든요. 그걸 들은 것도 사람으로 살 때에 그래도 부처님한테 가서 한 번이라도 빌었기에 그 인연으로 그거를 들은 거예요. 그 사람이 죽기 전에, 살아 있는 뱀을 이렇게 땅꾼이 쥐고서 쭉 훑어서 껍데기를 벗겨서 그냥 보약이라고 하고 그걸 그냥 구워서 토막을 내서 먹었거든. 그러니까 천 년을 그렇게 헤매는데 땅꾼한테 붙들려서 자기 몸뚱이도 막 훑이는 거지. 그러니까 수백 번 그런 거를 당하고 이러면서 지내 오다가 그렇게 된 거예요, 인제. 내가 한마디를 빼먹었어요.

그래서 간곡한 그 소리를 듣고서 돌에 올라가서 그 밥을 먹었어요. 먹고는 자기가 회상하기를, 자기의 그 예전 의식 자체가 나오는 거예요. 악업 선업이 다 여기 자기한테 들어 있으니까 조금이라도 인정 쓴 거는 인정 쓴 것대로 여기 있거든요. 부처님한테 가서 잘되게 해 달라고 빈, 그래도 그런 인연이 있어서 거기에 들어온 겁니다. 퍼뜩 생각이 나는데 자기는 그저 이 밥을 먹고라도 이 옷, 모습을 벗었으면 하는 그런 마음이 들었대요. 그래서 그 밥을 먹고서 거기에서 인제는 다시는 먹고 싶은 마음이 없더래요. 그래서 먹지 않고 있다가 그 돌 밑에서 허물을 벗고 그냥 천도가 됐더래요.

그래서 사람으로 천도가 돼서 살고 있는데 어떠한 인연을 만났느냐 하면, 시키는 대로 안 한다고 볼기를 때리고 몹시 부렸던 그 사람, 그래서 다리까지 병신이 된 그 사람을 만난 겁니다. 그런데 그 사람은 양반의 집에 태어나고 이 사람은 또 그 집에 가서 일을 하게 됐어요. 그런데 하인으로 살던 그 사람은 양반의 집에 태어나서 그렇게 인자할 수가 없어요. 그러니까 이 사람이 머슴 노릇을 하는데도 아주 그 주인이 인자하거든요. 그런데 자기가 지금 살고 있는 그 집의 주인도 그렇게 됐다는 사실을 모르고, 또 머슴 노릇 하는 사람이 전자에 양반으로서 그 사람을 몹시 부렸다는 것도 모르고 그렇게 살아요, 그냥.

그런데 그 주인이 그렇게 인자할 수가 없어요.

그런데 이 사람은 전자에 회개를 했지만 뱀 모습만 벗겨졌지 그 악독한 인연에 따라서 과가 된 거는 몸속에 다 그냥 들어 있는 거예요. 언제든지 주인의 눈을 속이고 마음을 속이고 이러는 거예요. 뭐를 해 오라면 그저 좀 남겨서 주머니에 넣고, 이렇게 그 습이 그냥 남은 거예요. 그런데도 그 주인은 그거를 알면서도 "에휴, 불쌍한 사람이 좀더 먹은들 어떻고 우리가 덜 먹은들 어떠랴." 이렇게 주인은 그런 거예요. 본래부터 그렇게 착했으니까. 그렇게 착하게 주인이 그러면 그거를 고맙게 생각을 했으면 좋겠는데 그렇질 않거든요. 그런 걸 자주자주 보게 되자 느끼는 바가 있으니까 이 주인이 그 머슴을, 즉 말하자면 과거의 자기, 천 년 전 얘기예요, 인제. 그렇게 연결이 되면요. 그게 벗어날 수 없어요.

그렇게 됐는데 어느 날 그 양반 부부가 절에 갔어요. 절에 가서 그 머슴이 자기가 그렇게 잘해 주는데도 나쁜 일을 하니 좀더 착한 사람이 되게 해 달라고 빌었어요. 그러니까 스님이 하는 소리가 "그 사람은 당신이 예전에 머슴 노릇 할 때 몹시 못살게 굴던 바로 그 양반이오." 하거든요. 그러니까 그걸 곧이듣지 않으려 해도 곧이듣지 않을 수가 없는 겁니다. 그래서 독사로 돼 가지고 떨어졌다가 부처님의 인연으로 또 사람으로 이렇게 태어났는데, 당신이 착해서 이렇게 와서 빌어주니 이걸 내가 말을 해 주노라고 하면서 그렇게 얘길 해 주거든요.

그래서 그 소리를 듣고 집에 내려와서 곰곰이 생각을 한 겁니다. 아, 저 사람이 마음만 고친다면 오늘부터라도 저 죄가, 모든 것이 사해질 텐데, 무너질 텐데…. 그런데 그런 생각이 전혀 없고 오히려 속일 줄만 알고 그저 몇 섬을 들여오면 몇 섬은 빼먹기가 일쑤고 그렇거든요. 그래서 아예 종 문서를 태워 버리고 "너는 자유인으로서 나가서 좋은 일을 해라. 그런 나쁜 일을 하지 말고 좋은 일을 해야 요다음에 자식들한테도 그런 일이 미치지 않느니라." 하고 내보냈거든요. 집도 주고 논마지기 줘서 이렇게 해서 내보냈어요.

그래서 그 논마지기 줘서 내보내서 농사를 짓고 사는데 거기에 스님이 오셨어요. 근데 그 사람이 그 아내를 너무 두들겨패요. 너무, 말도 못해요. 술 먹었다 하면 그냥 작대기든 뭐든 아랑곳없어요. 전자의 그 악독함이 들어서. 그러니까 맘대로 그렇게 두들겨패는 거죠. 두들겨 패니까 참, 살 수가 없었어요. 자식은 낳고 사는데 도저히 살 수가 없지만 예전에야 그렇게 뛰쳐나갈 수가 있었나요? 그러니까 거기 어느 담 모퉁이에서 울고 서 있는데 스님이 지나가거든요. 그래서 붙들고선 “스님, 스님! 저는 어떻게 살아야 합니까? 잘잘못을 막론하고 술만 먹으면 들어와서 매일같이 저렇게 때리고 벽에다가 그냥 머리를 잡아서 치고 그래서 이 골이 흔들리고 너무나 이거는 못살겠습니다.” 하니까 “이 사람은 악독하게 그렇게 살았던 사람이고 너는 또 뱀을 있는 대로 죽였어, 두들겨패서.” 그러는 겁니다. 하하하. “그래서 네 남편은 뱀이 화해서 사람이 된 거고 또 그렇게 얽힌 거야. 너는 뱀을 두들긴 그 남자가 바로 여자가 된 거다. 그래서 이렇게 만난 인연이기 때문에 네가 때린 것만큼 너는 맞을 것이다. 그러니 어떻게 면할 길이 없으니 내가 일러 주는 대로 하라.” “어떻게 해야만 쌍방이 다 죄가 사해지겠습니까?” 하고 물었어요. “첫째, 그저….” 예전에는 자리가 있죠. 돗자리요. 돗자리 수효가 얼마나 많소. “돗자리를 두르르 말아서 아주 때리기 좋은 데다가 놔둬라. 그러면 그걸로다가 몇 번 맞으면 그거는 사할 수가 있느니라. 그래서 너희가 그것이 사해지걸랑 아무 데 산골짜기 절에 오너라. 내가 일러 줄 게 있느니라.” 아, 그러고 가시거든요.

그래서 그대로 했어요. 손 싸게 쥐게끔 만들어 줬거든요. 그랬더니 얼큰히 술을 먹고 들어오더니만 그저 손에 닥치는 대로 쥐니까 그걸 쥐고 그냥 뭐 사정없이 때린 겁니다. 하루 이틀 사흘 그렇게 실컷 때리고 나서 잠을 자더래요. 잠을 자고 나더니만 “내가 당신을 왜 그렇게 때렸지? 이상해. 여보, 당신을 왜 이렇게 내가 때렸지?” 하면서 자다 깨 가지고 "미안하오." 하고 손을 쥐면서 다시는 때리지 않더래요. 그래 그때서부터 절에 가자고 그랬더래요. 그 얘기는 안 하고 "스님이 지나가시는데 우리 내외를 오라고 합디다." 하니까 "글쎄, 가야지." 하고 그렇게 착해졌더래요.

그래서 둘이 갔어요. 둘이 갔는데 스님 말씀이 "전자에서부터 너희는 서로서로 원수를 갚고 서로서로 그랬어. 그런데 이제 이쪽에서 원수를 다 갚았으니까, 때려서 다 갚았으니까 이제 피장파장이 됐는데, 앞으로 얽히고설킨 그 인과가 또다시 얽혀지면 이거는 뭐, 끊으려야 끊을 수 없이 오백 년이든 천 년이든 또 간다." 그때에 나 같은 사람이 있었던 모양이에요. "그러니까 너 자체에, 바로 네 마음 안에 부처님이 계시니 거기다가, 항상 부처님한테다 맡겨라. 네 자성 부처님이 거기 계시다." 이랬대요. 난 '주인공'이라 했는데 그분은 그랬대요. 그러니까 항상 마음을 이렇게, 가슴을 이렇게 안고선 항상 부처님을 모셨대요. 그러고선 부처님만이 해결해 줄 수 있다고 이 내면세계에 그렇게 했대요.

그랬는데 그 후로부터 그 사람들이 착해지고 모범이 돼서 참, 그 사람으로 인해서 그 동네의 많은 사람이 아주 많은 깨달음을 얻고 사는 법도도 배웠고 또는 농사짓는 법도 배웠고 인간의 도리, 의리, 도의, 사랑 이런 것도 배웠고, 그래서 그 고을 바닥이 전부 그분을 아주 스승처럼 모셨대요. 그랬으니 미래도 그렇게 잘될 테죠. 그러한 문제가 있었는가 하면, 사람 자체도 우리가 끼리끼리 이렇게 만났다 이럴 때 그거는 누가 뭐래도 벌써 인연이 있으면 그렇게 만납니다. 좋은 인연으로 똑같이 만나면 모르지만 만약에 원수를 갚으려고 인연이 된다면 큰 탈이죠.

내가 설법할 때도 그런 얘기 한 예가 있어요. 저 깻벌레하고 거미를 농사짓는 데 너무 죽여 가지고요, 그게 그만 형제로 나와 버렸어요. 그 원수를 갚으려고 형제가 돼 가지고 나와서 글방에 다니는데 스님이 오셔서 그 애들을 보시고는 깜짝 놀라시면서 그 영감 마나님한테 일러 준 겁니다. "저 아들들은 바로 형은 깻벌레고 아우는 거미니 내가 시키는 대로 하시오. 만약에 그렇지 않으면 며칠 안 있어서 당신은 전부 뼈다귀만 남고 다 긁혀 없어지오." 하거든요. 그래서 깜짝 놀라서 "그러면 말씀을 듣겠습니다." 하니까 옛날이면 이렇게 촘촘하게 철망으로다가 병아리 나가지 못하게 요렇게 막아서 동그랗게 이렇게 하죠. 그런 거를 크게 해서 놓고 거적을 두르고 그 안에 겻불을 해서 놓고 그러고는 글방에 갔다 오기 전에 항아리 속에 들어가서 뚜껑을 꼭 덮고 아무리 엄마를 부르고 배고프다는 소리를 해도 나오지 말고 인기척을 내지 마라. 그래서 한 시간이 지나고 그렇게 두 시간이 지나고 그런다면 막 욕설이 나올 테니 그래도 아무 소리 마라. 그래서 아무 소리가 나지 않을 때에, 한 시간이 지난 연에 독 속에서 나와서 여길 봐라 그랬어요.

이건 내가 인간 세상에 지금도 그렇게 되고 있다는 거를 알려 주는 겁니다. 거짓말인 줄 알지 마세요. 그럭하고 들어가 가만히 있으려니까, 딴은 올 시간이 돼서 오더니 "엄마, 배고파! 밥 줘! 어디 갔어?" 하면서 그냥 아래 위로 온통 찾고 돌아다니더니, 나중에는 "시간이 다 됐는데 이 연놈 어디 갔어?" 이러고 나오더래요. "시간이 다 됐는데 이 연놈들이 어디로 갔어? 원수 갚으려고 내 힘을 다해서 이렇게 인간의 모습을 가지고 나와서 다시 깻벌레로 돌아가고 거미로 돌아가야 할 시간이 다가오는데 어디로 갔느냐. 이 연놈 어디로 갔느냐." 그러더래요. 그냥 독 안에서 소스라친 거야, 그 소리를 듣고.

그래 가지고는 막 욕을 하고 울면서 말이에요, 아우성을 치면서 "너나 나나 이제는 원수 갚을 시간이 점점 넘어가. 그러니 이 연놈들 원수를 갚지 못하고 가는 이 심정은 뼈가 녹듯이 아프다." 그러면서 아, 울면서 그러더니 그 소리가 안 나더라는 거예요. 그래서 한 시간 후에 나와 보니까 한쪽에는 깻벌레고 한쪽에는 거미인데 그냥 철망에 아주 가득히 우물우물하더라는 거예요. 자기가 죽인 대로의 수효야, 그게. 그렇게 우물우물하니까 징그러워서 볼 수가 없는데 거적으로 이렇게 막아 놨으니까, 그 아까 뭐라고 그랬죠? 불, 겻불 놓은 거에서 연기를 쐬고서는 전부 하나하나 죽더라는 거야. 죽는데, 스님이 척 앞에 들어오시더니 "이거를 다 무명을 벗겨 줘야 되겠다." 하시더라는 거예요.

그렇게 양쪽을 다 살린 거예요. 스님이 서서 가만히 보고 계신 동안에, 철망에 걸쳐져서 전부 죽더라는 거죠, 전부 무명을 벗겨 줘야겠으니까…. 그래서 한데 모아서 사람 하나 만들고 한데 모아서 사람 하나 만들고. 그게 뭐냐 하면 주인공이, 지금으로 치면 주인공이 그 수백 개의 의식들을 다 여기다 넣고 요리를 한 거죠. 즉, 거미의 의식이나 깻벌레의 의식을 다 주인공에 그냥 맡겨 놓은 거예요. 맡겨 놓으니까 내가 마음이 돌아가듯이, 바퀴가 돌아가듯이 여기서 자꾸 돌아가면서 인간의 그 모든 삶을 배운 거예요, 여기서. 배워서 환토를 해서 사람으로 천도를 시킨 거죠. 천도를 시키니 그 깻벌레들은 체가 없으니까 의식 자체를 수백 개를 그렇게 한데 합쳐도 그것은 하나를 내려면 내고 하나도 없애려면 없앨 수 있는 거거든요.

그래 그 사람들한테, 영감님하고 마나님하고 그렇게 두 분더러 "인제 다시는 그런 것을 하지 마라. 하나 둘 죽이는 것도 그런데 너무 못할 노릇을 시켜서 그렇다." 그건 왜냐하면 산 채로 갖다 놓고 불을 질렀거든. 그냥 통에다가 오줌을 조금 담아 가지곤 거기다가 집게로다가 잡아넣어 가지고는 왜, 이만큼씩 한 게 씩씩거리죠. 그런 거 그냥 담아 넣어 가지고, 그것이 또 죽지 않고 어디 나가면 깻벌레가 깨한테로 또 올라갈까 봐 아예 그냥 불을 질러 놓고 거기다 태운 거죠. 그러니까 타면서 모든 생각을 한 것이 악이 된 거죠.

그런 거와 같이 지금 우리가 살아나오면서 모두 남의 탓을 하는데 남의 탓 하나도 할 게 없습니다. 죽어도 살아도 남의 탓 할 게 하나도 없어요. 왜 안되느냐 이런 것도 남의 탓 할 게 없어요. 왜냐하면 자기 탓이죠. 왜 그런 줄 아세요? 과거에 있던 걸 지금 현실에 짊어지고 있습니다, 현실적으로. 그것이 바로 내 몸뚱이 속의 세포에 모두 주둔하고 있는 겁니다. 난 너를 떠나지 않겠다는 거죠. 그러니까 자빠져도 코가 깨진단 말이 있죠. 그러니까 그게 누구 탓이냐 하면 자기가 전자에 지어 놓은 바로 과(果)죠. 그러니 그것을 내가 제거하려면 그렇게 하지 않으면 안 된다는 얘기죠. 그러니까 얼른 쉽게 말해서 많은 직원들을 부리는데, 내 요거 말하기 전에 한마디 할까요. 지금 현실에 있는 얘기를 합니다.

어느 신도가 회사의 사장입니다. 그런데 직원들을 부리면서 옷을 지어서 수출해요. 국내에서 파는 게 아니에요. 그런데 그 옷이 말이에요, 그것이 어디로 빠지는지 하루에 두 벌 아니면 세 벌씩 항상 빠지는 거예요. 그게 가죽인데요, 아주 보들보들한 가죽이란 말이에요. 그게 하나면 백만 원이 넘어가는 거죠. 그런데 그게 하루에 두 개씩 세 개씩 그냥 없어지는 거예요. 그것 참 이상스럽지 않아요? 그런데 증거는 잡지 못했으나 누가 가져간다는 건 알고 있거든. 두 사람이다 이거야. 그래서 하루는 곰곰이 생각을 했어요. 그러다가 그 사람한테 아주 열쇠를 맡기기로 했어요. 허허허, 이렇게 했죠. '네가 집어먹으니까 너한테다 맡겨야겠다.' 그래서 둘을 불러 놓고 그날 그랬죠. "항상 이렇게 도둑을 맞는데 내가 아무리 생각해도 자네밖엔, 자네 둘밖엔 믿을 데가 없어." 허허허. (대중 웃음) "자네 둘밖엔 믿을 데가 없으니 자네가 이 곳간 열쇠를 갖고 이것을 자네가 지켜 주게." 그 대신에 그 두 사람을 관리인으로 아주 추켜세워 놨어요. 또 봉급을 더 주기로 하고요. 이렇게 그날부터 아주 직원들한테 다 선포를 했죠. 그러고 나니까 그날부터 없어지지 않는 겁니다. (대중 웃음) 그러니까 회사가, 이 공장이 점점점점 늘어 가는 겁니다.

그렇듯이 우리가 마음속에 어떠한 악업이든지 선업이든지 있을 때에 믿고, 믿어야 됩니다. 그 악업의 의식, 선업의 의식이 한두 명의 의식입니까? 내 마음의 주인공이라면 한마음이라는 뜻이거든요. 그러니 내 마음의 그 모두를 그저 용도에 따라서 다가오는 대로 '이건 당신밖에, 주인공에서밖엔 해결할 수가 없어. 너밖엔 해결할 수 없는 거야. 너한테서 나온 거니까.' 예를 들어서 네가 도둑질하는 거니까 네가 도둑질을 막을 수밖에 없다 이 소리예요, 얼른 쉽게 말해서. 그러니까 거기에 그냥 잘하는 거든지 못하는 거든지 맡겨 봐라. 잘한 거는 감사하게 생각하란 말입니다. 그래 북돋아 주는 거거든. 감사하게 생각하고 안되는 것은 '아이고, 안되는 것도 네가 하는 거니까 되게 하는 것도 너밖엔 없다.' 그러고 믿어야 돼요. 그래서 다 믿고 거기 맡겼을 때, 열쇠까지 다 맡겼을 때 비로소 '야, 정말이지 우리의 이 하나하나의 마음을 이렇게 한마음으로 자기와 똑같이 대접을 해 주는데 우리가 그냥 있을 수는 없지.' 얼른 쉽게 말해서 방편입니다, 이게. 말을 하려니까 그렇게 하는 겁니다. 자기와 똑같은 대접을 해 주는데 우리가 그냥 있을 수 없으니까 이분을 갖다 건강하게, 이 집도 건강하게 해야겠다 이거야. 그러니까 아프면 아픈 대로 거기에 놓으면 거기서 그냥 해결이 돼. 왜냐하면 세포 하나하나 모두 소임을 맡아 가지고 있는 공장장들이거든. 그 공장장한테 다 맡겼으니까 공장장으로 인해서 그 직원들이 다 그냥 한마음이 된 거야.

우리 공장이 좀 많습니까? 여기 한 몸 안에, 한 혹성 안에 공장이 얼마나 많습니까? 식도 공장 위 공장 간 공장 이자 공장 소장 대장 공장 뭐, 방광 공장 콩팥 공장, 허허허, 우습겠네. 공장이 한두 군데가 아니거든. 그 직원은 또 얼마입니까? 그러니 여러분이 생각할 때 모든 것은 그 한마음의 주인공, 자기한테다 놔야 돼요. '거기서밖엔 해결할 수 없구나.' 할 때에 거기서 의식 자체가, 그냥 마음이 이렇게 똑같이 숭배를 해 주고 똑같이 그렇게 생각을 하고 믿고 돌아가니까 뭐가 되느냐 하면 그 마음이 바뀌어요. 마음이 바뀌어 가지고 나중에는 보살이 돼 버려요. 이 사람이 부처라면 이 사람 부처라는 그 마음에 의해서 아주 그냥 진짜 호법신이 되고 화신이 되고 보신이 되고 법신이 되고 거기 전체가 그냥 호법신장도 되고 그래 가지고는 보호하고 다니죠. 그러다가 이 주인이 마음이 더 넓어져서 정말 지혜로운 마음으로 이 세상의 물리가 터져 가지고 모든 걸 알게 되면 거기서도 다 알게 돼요. 그럼으로써 그게 천백억화신으로 화한다 이 소리입니다.

그러니 여러분이 진짜 가난을 벗어나고 업보를 벗어나고 인과응보를 벗어나고 모든 데서 벗어날 수 있다면, 그러면 자기가 벗어나기 때문에, 인연이라는 게 부모의 인연도 있잖아요, 형제의 인연도 있고. 전자 과거도 있지만 현실도 그렇게 돼 있잖습니까. 그러니까 모든 걸 거기다 놓으면 과거도 현실도 다 그냥, 그 얽히고설킨 인연줄이 다 소멸돼요. 소멸되면 지금 현실에 소멸되고 현실에 알았기 때문에 미래는 저절로 그냥 자유스러운 거예요. 그러니까 미래 걱정 하지 말고 지금 현실에 그렇게 할 수 있는 사람이 돼야 미래는 걱정할 것도 없이 그냥 자동적이죠. 오늘 없는 내일이 어디 있겠어요. 그렇기 때문에 과거 없는 오늘이, 내가 없는 거예요. 연쇄적으로 항상 시간과 공간을 초월해서 돌아가는 것뿐이니까요.

이 세상에 태어나는 사람이 수백이라면 죽는 사람도 수백이 될 수 있어요. 그래서 죽고 살고 죽고 살고 이렇게 자꾸 쳇바퀴 돌듯 하죠. 그런 가운데 우리는 이생에 태어났다 하면 나중에 가을이 와서 가랑잎 떨어지고 그러듯이 벌써 죽을 길을 가는 거죠. 그리고 또 늙었다 하면 다시 돌아서 살아날 봄이 올 수 있는 그런 계기가 되기 때문에 다시 살아 나올 수 있는 애가 될 수 있는 문제죠. 그래서 사람이 늙으면 애가 될 수 있는 문제고 또 태어나면 늙을 수 있는 문제고. 그렇기 때문에 항상 쳇바퀴 돌듯 해요. 그런데 아까도 얘기했지만 사람으로 태어나서 살다가도 짐승이 될 수도 있어요.

그러니 옛날 얘기뿐만 아니라 보이지 않는 데서는 이런 예가 있었어요. 이건 현실에 무지하게 많이 겪는 얘깁니다. 이건 누가 말을 하면 거짓말이라고 할 수도 있는 문제죠. 그럼 고만이죠, 뭐. 어떤 사람이 아내가 죽었어요. 삼 남매를 두고 죽었어요. 그런데 여자만 얻으면 죽어요. 그러니까 할 수 없이 물어서 물어서 나한테 찾아왔어요. 하도 가난하게 살면서 같이 벌었는데 돈을 막 벌자 그 사람은 죽었어요. 그렇기 때문에 너무 거기 애착이 강했던 모양이에요. 그러니 그 죽은 아내에게는 그렇게 사랑하던 남편, 그렇게 사랑하던 자식이 뚜렷하게 있는 겁니다. 그 사람은 그 집에 그냥 살고 있는 거예요. 그러니까 부인만 얻었다 하면 그저 며칠 안 가서 병들어요, 그냥. 그러니 어떡해요. 그래서 여자를 셋을 죽이고 여자를 안 들이는 거예요, 이제. 금방 왔는데 금방 며칠 안 가서 병이 들고, 멀쩡했던 사람이 병이 들어서 죽게 되고 그러니 무서워졌던 거죠. 그래서 왔더라고요. 그래서 내가 웃으면서 "걱정하지 말아요, 내가 해결해 줄 테니." 하고 씽긋이 웃고선 그냥 어서 장가들라고 그랬어요.

그래서 어떻게 해 놓은 줄 아세요? 묘하죠. 장가를 들게 하고 그 의식을 갖다 그 여자한테 넣어 준 거예요. 어때요? 그럼 그 몸뚱이를 빌려서 그 여자가 사는 거예요. 둘이 아니에요. 그럼 그 여자도 몰라요. 모르면서 잘 살 수 있어요. 더욱더 사랑할 수 있고, 둘이 아니니까. 의식 자체가 둘이 아니에요. 갖다가 한데 체인지 시켜 놓으면 그대로 하는 거예요. 이런 소리 한다고 또 그냥 흉내내다가 괜히 혼나지 말고요. 잘 알아서 하세요. 하하하. (대중 웃음)

아마도 얘네들은 할 수 있을 거예요. 한 소식은 가지고 있으니까. 모두 한 소식 얻어서 그렇게 하는 게, 그것도 수없이 내가 말을 튕겨 주니까 여러분이 '그렇게 할 수도 있겠구나!' 하는 걸 느끼지, 먹어 보지 않은 음식 맛을 알겠습니까. 그래서 내가 튕겨 주는 거예요. 누구라도 급하면 그렇게라도 해 줘라 하는 뜻에서. 이거는 정말 아주 실질적으로 있었던 얘기가 너무 많아서 어떤 걸 할지 몰라요. 그러나 내가 이런 얘기를 하면 내가 건방진 사람이 되고 잘 아는 사람이 되고 잘하는 사람이 되고 해 준 사람이 되고 이렇기 때문에 말하고 싶지 않죠. 이건 누구도 모르는 거 인제 처음 말하는 거예요.

그래서 그 집은 스님이 그냥 그렇게 해서 좋게 어떻게 잘해 준 줄만 알지 그 정도는 모르죠. 알면 또 기분 나쁠 것 아닙니까. 괜히, 아무 일도 없는데. 허허허. 그래서 그 집이 안락하게 참, 애를 기르고 잘 살아요. 그리고 재산도 없어지지 않고 상당히 잘 살고 있어요. 그러니 남을, 한 가정을 이익 하게 한다는 거, 이것도 고마운데 죽은 영혼들도 또는 산 사람들도 또는 어느 짐승도, 어떤 때는 "소가 병이 났습니다." 그러고 전화가 오죠. 젖소나 또는 시골에서 부리는 소 이런 것 때문에도 전화가 오죠. 개가 병이 나도 전화가 옵니다. 나는 그러게 쓰레기통이라니까요. (대중 웃음) 하하하. 아니, 쓰레기차!

그런데 그것이 사람이 아픈 것과 다르지 않아요. 아프면 똑같아요. 이것 참, 나는 얘기할 거리가 많아요. 항상 지내는 게 그거니까. 쓰레기차가 얘기할 게 뭐 있어요? 쓰레기 얘기 할 거밖에. 그랬는데, 지금 뭔 얘기를 하다가, 응! 개도 그렇고, 그래서 전화가 오면 내가 말하자면 개 속으로 들어가야 되죠! 만약에 내가 의사라면 개 의사가 돼야죠. 허허허. 그래 들어가서 오래 있으면 물든다고 그랬죠. 예전에 부처님께서 "아무개 보살아, 너는 돼지 속에 들어가서 너무 오래 있으면 돼지 물이 드니까 빨리 나오너라." 했다는 얘기도 있습니다.

그래서 개를 고치려면 개가 돼야 된다. 돼지를 고치려면 돼지가 돼야 돼. 그 속에 들어가 보지 않고는 돼지의 심정을 모르고 개의 심정도 모르고 꽃을 한번 응시해 보지 않으면 꽃의 심정을 모르고 그런 거죠. 그렇듯이 그 속에 들어가 봐야 그 심정을 안다 이거죠. 그런고로 어느 사람이든지 타심통이라는 게 그게 그거예요. 남을, 속을 안다는 거는 둘이 아닌 까닭에 알 수 있는 겁니다. 과거에는 어떻게 지내 왔고, 과거에 어떻게 살다가 지금 현실에 어떻게 지내고 있고 미래는 어떻게 갈 것인가. 그런 것도 알지만 아는 것 가지고 이게 부처님 진짜

법이 아니라는 겁니다. 그렇기 때문에 알면 그것을 포함해서 현실의 모든 것을 작업을 해서 자기가 녹일 수 있고 스스로 벗어날 수 있게 하기 위해서 그러는 거란 말입니다.

어느 보살이 있었습니다. 그이 남편이 교육장을 했습니다. 그랬는데 하루는 정성을 들인다고 하면서 편지가 오기를, 그 토굴까지는 아주 머니까요. 거기서 오려면 한 60리 가량은 되겠죠. 그런데 버스를 타고 와도 거기 오려면 한 너덧 시간, 아니 너덧십 리는 될 거예요.

신도(여) 여섯 시간요! 여섯 시간도 더 걸려요.

큰스님 예. 여섯 시간요? 그런데 그때에 정성을 들이면서 뭐라고 그러느냐 하면 교육장인데 교육국장으로 발령을 받기 위해서 그랬는지 그때 승진을 하려고 애를 썼습니다. 그래 나는 뭐라고 그랬느냐 하면 "이번에는 승진을 하지 마라." 이랬습니다. "왜 그렇습니까?" 하기에 "승진을 하면 너는 죽는다."라는 얘기를 했죠. "승진을 하면 아니 되니까 승진을 하기 이전에 오히려 낮추게 됐으면 좋겠다." 하는 말을 했죠. 그랬더니 왜 그러냐고 해요. "그런 건, 나는 무꾸리할 줄 몰라. 그러니까 내 말을 듣는다면 좋을 거고 내 말을 안 듣는다면 어쩔 수가 없는 거지 어떡하느냐?" 그랬어요.

그때도 그 말을 하기 싫어서, 죽는단 말을 안 하고 생명이 위태하다고 그랬어요, 참. "생명이 위태하니까 그러지 말아라." 그랬죠. 하루는요, 내외가 술을 얼근히 먹고요, 그 남편이 뭐라고 그러느냐 하면 "스님은 아무것도 모르십니다. 스님은 사회 경험이 없고 산에만 처박혀 있어서 모르십니다." 이거예요. '처박혀 있다'고 그러진 않았어요. (대중 웃음) "산에만 계시기 때문에 이 현 실정을 모르십니다." 이겁니다. "나는 꼭 이번에 승진을 해야 되겠습니다." 그러니 거기다 대고 또 말을 할 수가 없었어요. '참, 어쩔 수가 없구나!' 그러고 돌아서서 나가고 난 뒤에 내 마음에서 눈물이 주르르 흐르데요. 도저히 그것은 내가 막을 수가 없어요. 말을 안 들으니까.

그래서 그날로 그냥 토굴로 올라갔어요. 거기서 다시금 며칠 있다 내려오니까 집이 비었어요. 승진을 해 가지고 벌써 발령을 받아서 춘천으로 갔다는 거예요. 돈을 먹였어요, 글쎄. 왜냐하면 내가 안되게 했거든, 자꾸. 그러니까 돈을 먹여서라도, 그냥 승진이 돼 가지고 간 거예요. 아이, 참 내. 기가 막혀서! 식모하고 애들만 있고 애들 둘을 데리고 그냥 간 거예요, 내외가. 발령을 받아 가지고. 이건 정말 실질적으로 내 가슴아팠던 얘깁니다. 그 문고리를 붙들고 말이에요, 눈물을 한없이 흘렸어요. 왜? 하나는 '저렇게 진실로 믿으러 다니는 사람도 저렇게 죽는구나!' 하고 부처님께 누가 되고, 불도량에 누가 되고 하나는 '참, 독안에 들어도 면치 못하는 거는 이런 거구나.' 이럭하고선 '아, 할 수 없지 뭐, 어떡하나!' 그러면서 난 그 길로 너무나 마음이 그래서 그냥 다 찢어진 바지 하나 입고 주머니에다가 칫솔 하나 넣고요, 그러고는 치약도 없이 소금 조금 집어넣고는 그냥 그 집을 떠나서 그냥 간 거예요. 있을 수가 없어요. 그래서 서울로 오기 시작한 거예요. 신도 집에 와서, 그 여관 하는 집에 있었어요, 잠깐.

얘기를 들으니까 웬걸 며칠 안 있더니 차 사고가 난 거예요. 국장이 됐다고 차가 나왔거든. 차가 나오니까 차 타고는 내외가 아주 좋다고 그냥 춘천 어딜 돌다가 차가 구른 거예요. 그래서 남편은 즉사하고 여자는 골이 전체 깨지고 이 뒤꿈치가 그냥 나가고요, 요만큼요. 이렇게 나가고, 이 뼈가 다 아스라지고 골이 다 깨지고, 다 그냥. 그렇게 의식을 잃어버린 거죠. 그래서 할 수 없이 사람을 시켜서 병원에다 입원을 시켰는데 보름이나 깨어나지 않았어요. 머리를 홀딱 깎고선 그거를 모두 꿰맸죠. 여기 꿰매려니까, 뼈를 꿰매려니까요 뼈가 산산조각이 나서 꿰맬 수가 없는 거예요. 뒤꿈치는 뒤꿈치대로 나갔죠. 그러니까 꿰매는 것만 꿰매고 쪽이 떨어져서 없어진 거는 그냥 뭐, 이렇게 얽어매 놓고는, 없는 거죠. 그게 진이 묻어서 인제 딱딱하게 되면 그게 뼈가 되겠죠.

그런데 그때 내 말을 믿지 않는 사람은, 내가 불쌍해서 말을 해 주면 그렇게 들어야 할 텐데 안 듣는 사람은 어쩔 수가 없더라고요. 그거는 인력으로 못해요. 그래서 입원을 시켜 가지고 보름 만에 깨어났어요. 깨어나고선 한 보름 있다가 기부스한 거를 가만히 보니까 애들은 졸망졸망한 게 5남매나 됐어요, 그때. '아이구 참, 기가 차구나! 이왕지사 그랬더라도….' 그러고선 이래요. "스님, 스님! 왜 죽는다고 그러지 생명이 위태하다고 그랬어요. 죽는다고 그랬으면 내가 그냥 죽기 기약을 하고 말리기나 했죠." 이러더라고요. 그러니까 꼭 죽는다고 그래야 죽어요? 생명이 위태하다고 그랬지. 그게 쏠쏠하고 좋지 '너는 죽는다' 이래야 속이 시원한가요?

그래서 이 기부스한 거를, 가만히 생각하니까 이 다리를 잘라야 되겠더라고요. 그래서 할 수 없이 기부스를 뜯으라고 그랬어요. 뜯고 여기에다가 얇은 베니어에다가 솜을 넣고 감아서 양쪽에다 들이대고 붕대로 감아 줬어요. 감아 주고선 이렇게 뻗고 있으면서 친구들 불러다 화투를 하라고 그랬어요. 하하, 고도리를 하라고. 그랬더니 친구들 불러다 놓고 노냥 화투를 하고 그렇게 하고 있으면서 정신을 쉬면서 이거를 그냥, 그냥 살린 거예요.

그래 가지고선 큰 가마솥에다가 북어를 넣고 산에서 풀 뜯어다가, 내가 시키는 대로 풀 뜯어다가 넣고는 삶아서는 그걸 한 그릇씩 하루 세 그릇씩 먹인 거예요, 그냥. 그래 가지고 이 진이 나서 뼈가 된 거예요. 발뒤꿈치도 그대로 나오고. 그래서 걸어다니고 지금 펄펄 날죠, 지금도 "스님!" 그러고. 그렇게 하면서 또 그전에는 없었던 이치가 생긴 거예요. 보상금이 나가게끔, 그전에 안 줬는데, 그게 생겨서 보상금을 탄 거예요. 그래 서울에 집을 사고선 이사를 왔죠. 그랬다니까요. 그래서 애들 다 길러서 공부 다 시켜서 외국으로 보내고요. 지금 아들 하나마저 장가들여서 잘 살고 있답니다.

신도(여) L.A. 있다고 전화 안 왔어요?

큰스님 그래서 있는데 그게 왜 그렇게 됐느냐? 그게 어디서부터 온 건 줄 아십니까? 전자에 자기 형이 버스에다가 기름을 끼얹고 버스 안에 들어가서 속상하다고 그냥 불을 지르고는 죽었어요. 원인은 거기에 있는 거죠. 그래 그걸 막아 주기 위해서 "올 한 해만 참고 있어라." 그랬는데 아, 그걸 안 믿어요. 이떻게 합니까?

그러니 여러분이 부모가 하는 모든 문제가 이세로 떨어진다는 것도 좀 아시고, 유전이라는 것도 무서운 거라는 걸 아시고 그저 우리는 순수하게 모든 것을 맡겨 놓을 수밖에 없는 겁니다. 그러면 그 모두가 다 그냥 뭉청뭉청 무너져 버려요. 오늘 이렇게 조용히 앉아서 이런 얘기 저런 얘기 합니다만 그 얘기뿐만 아니에요.

OO철물점이라고 하는 집이 있었어요. 원주에서 제일 갑부였죠. 그랬는데 내가 그때 상원사를 짓기 위해서 3만 원만 시주하라고 그랬습니다. 3만 원이면 그때에 화폐개혁 되기 전이니까 뭐, 그 집으로 봐서는 우리가 커피 한 잔 사 먹는 거와 똑같은 이치였어요. 그 집은 부자였으니까. 3만 원만 시주하랬더니요, 뭐라고 그러는지 아세요? 저이는 돈만 안다는 거죠. 그러고 픽 하고 그냥 나간 거예요. 그래서 나가는 놈 뒤에다 대고 "이거 달라는 건 거저 달라는 게 아니다. 이걸로 미끼를 삼아서 당신 남편의 생명의 위험을 내가 커버…." (녹음 안됨)

… 봤거든요. 그래서 그 재무가 나한테 "스님, 저걸 고쳐 주고 가셔야지 어떻게 그냥 발길을 돌립니까?" 했습니다. 그래서 거기 그 자리에서 그냥 합장을 했어요. 합장을 하고 나니까 이제 그 미친 게 나왔단 말입니다. 그래서 그 이튿날 회장네 집에 가니까 케이크를 사 가지고 왔더군요, 내외가 나아서. 그건 또 딴 소리를 하네, 내가.

신도(여) 스님, 지금 막 믹스를 하셨어요.

큰스님 그 집은 그 집대로 그랬고 또 이쪽은 이쪽대로 딴 집이야. 그래서 미쳐서 이제 어디로 나갔어요, 자식을 버리고. 그래서 자기 계수나 동서가 돌아오게 해 달라고 그 애들서껀 모두, 큰집에서 귀찮으니까. 그렇게 와서 그러기에 걱정 마시라고 그러곤 그냥 말았더니만 그 이튿날 제 발로 걸어 들어왔어요. 그렇게 좋은 일이 있으면 말을 조금만 들었으면 얼마나 좋아요. 우리가 재판을 해도 서기한테 다 저거 해서 검사한테 다 서류를 써 가지고 또 변호사도 불러서 이럭해서 그 서류를 드려야 뭐 석방이 되든지 또 죄가 감해지든지 이럴 거 아닙니까, 글쎄. 근데 그것을 근거로, 그 정성을 근거를 삼아서 돼야 될 거 아닙니까. 아무 근거도 없이 내가 뭐라고, 재판장이라도 뭐라고 말을 하냐고요. 일로 따지자면 말입니다. 그런 것도 돼요. 그래서 참, 그 집도 그 3만 원이 뭐라고 나중에는 남의 집에 살게 되고 애들은 뿔뿔이 헤어져서 또 뭐 일가친척으로 헤어지고 그 많은 재산이 다 없어졌죠.

우리가 살아나가는 데 그만큼 여러분의 그 주인공 자체가 그렇게 보배란 말입니다. 여러분의 그 주인공 보배는 이 세상을 주고도 바꿀 수 없는 보배란 말입니다. 그렇기 때문에 어려움을 거기에서 다 해결할 수 있는 그 요량을 가르치기 시작했습니다. 하도 그렇게, 그렇게 문제가 되니까, 그때서부터 가르치기 시작한 겁니다.

그래서 인제는 모든 사람이 그렇게 좋아해요, 자기네들이 그 도리를 배우고 나가면서. 그러니 자기 자신의 주인공을 믿으라는데도 못 믿으면 누굴 믿습니까? 자기 몸뚱이를 끌고 다니는 자기 자성의 그 근본을 믿으라는데도 못 믿으면 믿지 말라죠, 뭐. 자기 몸뚱이 끌고 다니는 자기 믿으라는데 못 믿으면 믿지 말라죠, 뭐. 내가 걱정될 일 하나도 없죠. 허허허. 내가 돈을 벌려고 그러니 걱정이 되나. 뭐, 그렇게 안 하면 자기네 앵하지 뭐, 내게 무슨 걱정이 있습니까? 그래서 지금도 아유, 그런 건이 한 둘이 아니에요. 그냥 매일이에요, 매일 그냥. 하여튼, 몇 시지, 지금?

시봉스님 9시 10분이니까 한 시간 반 넘게 하셨어요.

큰스님 한 시간 반? 뭐가 그렇게 시간이 빨리 갔냐? 아니, 질문하실 분 있으면 질문 좀 하세요, 9시 반까지만. 못 믿죠?

질문자1(남) 예!

큰스님 아리송해요?

질문자1(남) 아리송하죠. 하하하.

큰스님 하하하, 아리송한 게 없어요. 자기 자신이 이날까지 수억 겁 광년을 거치면서 끌고 온 겁니다, 진화돼서.

질문자1(남) 근데 지금 이 물질세계는 원자라는 기본 원소가 있어서 그것들이 모였다 흩어졌다 하면서 쭉 변화해 가니까 그런 건 이해가 가는데, 예를 들어서 지금 스님 말씀하셨듯이 저한테도 주인공이 있고 모두가 주인공이 있는데 그 주인공은 전부 다 같은 주인공입니까?

큰스님 예.

질문자1(남) 그러면….

큰스님 핵은, 핵은 똑같죠.

질문자1(남) 예. 그럼, 몸이 의식이라든가 무의식이라든가 의식 작용을 하는데 이 몸이 인제 없어지면, 없어진다는 게 다른 형태로 이렇게 변화되어 가지고 해체가 되면 그 의식 작용이 다 같이 없어지는 게 아닙니까?

큰스님 아니죠.

질문자1(남) 그리고 그 마음 작용이라는 것도 그러니까 누워 자면서 가만히 생각해 보면 아무 의식이 없거든요. 그러니까 지금 스님 말씀하시는 거는 어떤 늘 행해 오던 습관이 어딘가 남아 있단 얘긴데, 그 마음이라고 얘기하는 건 아주 추상적이 돼서….

큰스님 아니에요. 이게 잠재해 있는 의식이 있잖아요?

질문자1(남) 예.

큰스님 현재의식이 있고. 근데 현재의식에 아주 그게 침체되면요, 그냥 이 잠재의식으로 받아들이게 돼 있거든요, 자동적으로. 의학적으로 봐도요, 골이 반쪽이 짜개져 있습니다. 그래서 한쪽은 현재의식이고 한쪽은 잠재의식 쪽으로 돼 있어요. 그래서 이게 합일된다면 사대도 다 흩어져서 통신이 되는 거죠. 그런데 이것이 언제든지 사람들 가만히 보면 잠재의식까지 통과가 되지 않고 이렇게 통과를 만날 해도 이 현재 의식으로만 그냥 판단을 내리고 맙디다. 그러니까 그거를 잘 생각하셔야 돼요. 그러니까 의식이 있어서 혼백이, 내가 해 보니까 알겠습니다. 어느 날 천도를 하면서 막 날더러 법당에 좀 앉아 있어 달라고 부르더군요, 남은 바빠 죽겠는데. 왜 바쁜 줄 아세요? 묻지 않으세요? 아, 사람이 죽었는데 말입니다, 혼백이 가는 데가 어디로 가느냐 하면요.

질문자1(남) 혼백이 있습니까? (대중 웃음)

큰스님 의식 자체를 말해요. 아유, 그거는요. 그렇게 무조건 믿어요. 자기가 그런 의식이 없다면 지금, 지금 송장인 거예요, 그게 없으면. 핵이 있고 핵을 싸고 있는 게 바로 에너지예요. 에너지가 있기 때문에 바로 지금 움죽거리고 말하고 있어요. 그러니까 그 삼합이 같이 돌아가면서 배합이 돼서 돌아가면서 찰나찰나, 지금 찰나 생활을 하고 있어요. 그러니까 믿지 않아서는 안 되죠. 그게 공했단 말입니다.

질문자1(남) 예. 그래서 지금 현재 이 형태를 유지하고 방금 큰스님이 말씀해 주신 그 의식세계 그런 게 지금 현재는 있어요. 있는데, 이 몸이 다 해체되는 그 순간에는 해체가 됨과 동시에 그게 의식세계가 있다가 분리가 돼서 또 마음의 세계가….

큰스님 이거 봐요. 나는 살아서 앉아 있으면서도 내가 수천수만 개로 나가서 일을 하는덴 어떡하죠?

질문자1(남) 그거는 지금 살아서 계시는 동안에 이 마음이 움직이는 거, 마음이 이렇게 나타나는 건, 그거는 제가….

큰스님 아니죠. 아니에요. 그렇게 생각하지 마세요. 우리가 그런 의식이 없다면 이 세상에 어린애가 태어날 수가 없습니다. 정자와 난자, 이렇게 한데 합쳐져서 될 때 자기의 그 의식 자체 혼백이 아니라면, 거기 가서 한데 합쳐지지 않는다면 임신이 안돼요. 그걸 보통 삼신이라고 그러고 삼합이라고 그래요. 삼합이 되지 않는다면 인간 하나가 등장할 수가 없어요. 생산이 안돼요.

그래서 이런 말이 있죠. 부처님께서 아니, 그런 말씀도 다 해 놓으셨지만 어느 승려 둘이 사형 사제가 있었거든요. 우린 모두 사형 사제입니다, 나는 은사가 되지만. 사형 사제가 이렇게 둘이 공부를 하고 있는데 둘이 다 통달한 분들입니다. 통달을 한 분인데 예전에는 나라에 인군들이 스님네들 직위도 이렇게 해 주고 그랬지, 그냥 스님네들끼리 마음대로 한 예가 없어요. 그랬는데 하루는 그 나라의 인군이 참, 사람을 시켜서 정성을 들이러 온 거예요. 지금 부인이 태기가 없어서 태자가 생겨나지 않는다면 이 왕손을 잇지 못한다고 와서 정성을 지극하게 들이거든요. 그러는데 자기도 모르는 사이에 걱정 마시라고, 태자는 꼭 낳으시게 될 거라고 이렇게 말을 해 놓고 아무리 태자 될 사람을 찾아도, 그 스님이 그 의식 혼백을 찾아도 태자 될 만한 사람이 없어, 아무리 찾아봐도.

그래서 형제 중에 의논을 한 겁니다. "얘 아무개야, 너 태자로 가거라." 그러니까 내가 또 망건 쓰고 이거, 아이고, 귀찮아. 어떻게 사느냐 이거야, 또. 응? 그러니까 나는 거기 가서 버선 신고 뭐 하고, 아이구! 그거 다 귀찮다 이거야. 그러니까 "형님, 난 안 갔으면 좋겠어." 하니까 "그래, 태자 될 만한 사람이 어디 있니? 네 눈으로 봐라. 전부 둘러봐라." 그렇게 태자가 될 수 있는 그런 꿈을 가진 사람이 하나도 없다 이거지. 그러니까 우리네로 말하자면 참, 쓸 만한 집에 물건을 보내는데 그 품질이 그 집으로 들여보낼 수 없는 것이겠죠. 그래서 할 수 없이 동생이요, "그러면 한 철 또 망건 쓰고 귀찮아도 할 수 없지." 그러곤 들어가서 앉아서 그냥 그 집으로 갔어요. 몸뚱이는 거기 앉아 있으면서 그냥 갔다고요. 허허허.

신도(여) 아니, 안 죽고요?

큰스님 죽었지. 하하하.

신도(여) 예.

큰스님 그래서 태자로 한 철 살다가 그냥, "형님, 나는 웬만하면 남한테 넘겨줄 데가 있으면 넘겨주고 바로 오리다." 이러고 약속을 하고 갔거든요. 그래서 중간에 태자 할 만한 사람이 있으니까 도로 그냥 왔대요. 그러니까 어느 때에 가서 또 태어나 가지곤 늦게 만났죠. 그러니까 이이는 머리가 하얀데 열 몇 살에 또 만난 겁니다. 그러니까 "야, 형님!" 이게 태어났어도 그 모든 것을 알고 있으니까 "형님, 또 이렇게 태어나서 이게 뭐요, 이게. 우리 인제는 아예 이 몸 어떻게 벗어납시다. 귀찮게 두지 맙시다." 이러니까 "그러자!" 그랬대요.

그래서 이렇게 길잡이가 되는 사람도 될 만한 사람이 지금처럼 구지비끼리 해서 아마 나오나 봐요. 왜냐하면 나와서 이렇게 하기도 귀찮거든요, 사실. 그러니까 천 년에 한 사람 나기 힘들고, 오백 년에 한 사람 나기 힘든 거예요. 이 공부라는 거는 천 년에 한 번 만날까 말까 해요. 구지비끼리 해서 뭐 저거 하고 그러고 나오기 싫으니까 안 나오는 사람도 있고. 그래서 발령이 나야 어쩔 수 없이, 구지비끼리에 뽑혀서는 할 수 없이 나오는 겁니다.

그러니 여러분도 이 도리를 알면, 다시는 그렇게 끄달리고 살지 않고 자유인으로서 이 세상을 살다 보면 미래는 뻔한 거 아닙니까? 오늘 없는 내일이 어찌 있겠습니까? 그러니 오늘 악으로 산 사람은 미래가 바로 뻔하죠. 그래서 "아, 저 사람이 잘 죽었어. 그이 잘 죽었어. 죽어야 할 사람이야." 이런 사람이 있는가 하면 "아유, 그 사람 참, 법 없어도 살 사람인데 그것 참, 더 살았으면 좋을 거를…." 이런 사람이 있는 거예요. 남들이 그런 말을 할 때 벌써 하나는 지옥으로 가고 하나는 천당으로 가겠죠. 승천하겠죠.

그러니까 그 사람 사는 행이 어떠냐, 마음을 어떻게 썼느냐, 남한테 말을 어떻게 하느냐? 인간이라면 그래도 만물의 영장이라고 했으니 좀더 남한테 시간도 지켜야 하고 도의 의리도 지켜야 하고 또 말을 한마디 했으면 그것을 실천해야 하고 또 올바른 생각으로 항상 남을 이익 하게 함으로써 내가 이익 하게 되고 남을 따귀를 때리면 내가 꼭 따귀를 맞아야 하니까 남이 따귀를 때리더라도 그냥 거기서 그쳐야지 내가 도로 따귀를 때리려고 한다면 얽히고설키고 요다음에 또 만나서 또 따귀 때리고 그래요.

그러니까 오늘은 체계는 없지만 인연의 관계를, 본래 진리가 체계가 없는 겁니다. 그냥 여러분이 금방 아버지가 됐다가 금방 남편이 됐다가 금방 아들이 됐다가, 이렇게 체계가 없는 거예요. 그냥 찰나로 돌아가면서 사는 찰나 생활이죠. 이것을 통달해서 안다면 이게 완성품입니다. 아주 자유롭고 찰나 생활이고 우리 인간이 났다가 구름으로 모였다가 또 흩어져서 딴 구름으로 모이고 이렇듯이 한 철이고요. 일생이 한 철이고 지금 우리가 사는 것이 찰나 생활이고. 그것을 누가 끌고 다니며 그것이 왜 부처님께서 공했다고 했는가? 어떤 거 하나 내가 했다고 할 수 없으리만큼 많거든요. 여러분이 아버지가 됐다 또 자식이 됐다 남편이 됐다, 수없이 돌아가면서…. 생각, 보는 것 듣는 것 모두가 그렇거든요. 그러니 공했죠. 근데 부처님께서는 공했다고만 했는데, 색이 공이요 공이 색이다 이랬는데 나는 거기 한마디 더 붙여서요, 공한 것은 왜 공했느냐 하면 고정된 게 하나도 없고 그냥 찰나로 돌아가니까 그렇다 이 소리예요.

오늘은 인연 관계의 얘기를 했습니다. 오늘은 여러 분도 오지도 않고 호젓하게 저, 오하이오 주 박사님들 석사님들, 허허허, 모두 와 가지고선 이렇게 오붓했습니다. 참, 13시간 12시간 차를 타고 오신 분들이니까요. 물론, 자기들 위해서 왔겠지만. 나를 위해서 온 것은 아니지. 하지만 그래도 어딘가가 둘이 아닌 까닭, 마음이 있기 때문에 항상 광력, 전력, 자력, 통신력 이런 게 충만하게 인간에게, 지수화풍 바탕 속에 다 있거든. 이것도 우주 개공이 여기에도 있거든요. 지수화풍으로다가 이게 만들어진 거거든. 그렇기 때문에 이 이름을 가지고, 이거를 뭐라고 부르죠? 뭐예요, 이름이?

질문자1(남) 컵이요.

큰스님 컵이죠. 컵이라는 이름을 가지고 생산이 돼서 나온 거죠. 그러니까 컵이라는 이름을 가지고 나오기까지 지수화풍이 아니라면 컵이라는 이름을 가지고 이 세상에 출현 못했다 이거죠.

그럼 이걸로써 마치죠.

항상 밝은 마음의 본각

뉴욕지원 법회

1989년 12월 17일

엊그저께도 한자리에서 우리가 함께 한마음의 도리를 배웠습니다. 그러나 배웠다기보다는 우리 마음으로 받아들일 수 있는 그 마음이 중요합니다. 여러분은 못생긴 이 껍데기인 고깃덩어릴 보지 마시고 그 마음, 그 마음은 이 세상 우주 전체를 탐험을 해도 손색이 없는 마음이니, 이 자리를 증득해 주시길 바랍니다.

지난번에도 얘기했지만, 종파나 종교를 초월해서 우리 마음 도리를 배우는 데는 누구나가 다 똑같습니다. 그렇지만 재차 말씀드릴 것은 우리는 타력 신앙을 믿어서는 안 된다는 점입니다. 어떤 종교를 믿든지 그것은 말 안 하겠습니다. 그러나 지난번에도 얘기했듯이 불교 아니라도, 어떠한 종교를 믿더라도 마음이 단합이 되고 저리로도 갈 줄 알고 이리로도 올 줄 알아야 합니다. 그건 왜냐? 자력 신앙을 믿음으로써 모든 사람들을 이해할 줄 알고 시간을 지킬 줄 알고 도의 의리 사랑 자비까지도 모두 베풀어 줄 줄 알게 된단 말입니다. 우리가 내 마음을 모르고서 어떻게 남에게 베풀어 줄 수 있겠습니까? 남을 어떻게 알며 모는 일체 만물만생의 그 마음을 어떻게 읽으며 헤아릴 수 있겠습니까?

여러분이 여기 오실 때는 제가끔 마음을 먹고 제가끔 어떠한 종류의 문제들을 다 들고 여기 오실 때, 부처님께서는 부처님 마음으로써 모든 것을 그 마음 하나에서 천백억화신으로 화해서 여러분이 원하시는 대로 응해 주십니다. 그건 부처님이기 이전에, 여러분이 만약에 본각을 이루셨다면 여러분 마음속에서 모습 없는 모습으로서 가는 사이 없고 오는 사이 없이 응해 주십니다. 그건 항상 꺼졌다 켜졌다 하는 언어가 붙지 않는 밝음이기 때문입니다.

그 밝음은 어디서 오는가? 우리는 지수화풍으로 바탕이 돼 있기 때문에 거기서 생명이 났고, 그 생명이 났기에 광력과 전력과 자력과 통신력이 충만하게, 바탕이 튼튼하게 돼 있다는 사실을 아셔야 합니다. 그것이 충만하게 있기 때문에 그 다음에 오신통이라는 재료가 있습니다. 지난번에도 말씀드렸지만 재차 이런 말을 또 여러분 앞에 해야 하는 것은 그것을 아리송하게, 납득하지 못한 채 있는 분이 있기 때문이고 처음 오신 분이 계시기 때문입니다. 만약에 내가 나한테서 벗어나지 못한다면 우리는 그렇게 바탕이 돼서 재료가 돼 있는 이 자체를, 그 재료를 굴릴 수가 없습니다. '자기 근본 주인공' 이럴 때 '근본'이라 하면 영원한 생명의 근본을 말합니다. 핵! 그 핵은 어떤 데서 힘이 되느냐. 지수화풍으로부터 바탕이 되는 광력과 전력 자력 통신력이 거기 충만히 받침이 돼 있기 때문에 핵은 그 힘이 되는 것입니다. 그런데 그 에너지는 어디에서 힘을 받느냐? 바로 핵에서 힘을 받습니다. 그 에너지의 힘을 받는 것은 무엇인가? 사람들이나 어떠한 물질이나 다 그렇습니다. 이거 하나도 그대로 있지 않고 찰나찰나 지금 돌아가고 있습니다. 그렇다면 그 생각이 얼마나 중요한가를 한 번 더 생각해 볼 수 있는 여유가 생기셨으면 좋겠습니다.

우리가 자식을 기르나 부모를 모시나, 엊그저께도 얘기했죠. 부모의 은혜를 갚으려면 묵은 빚을 갚아야 하고 아래로는 햇빛을 줄 수 있는 그런 능력을 길러야 한다고요. 그 능력은 무엇인가? 우리가 갖추어 가지고 있습니다. 그래서 갖추어 가지고 있는 이 자체의 내 몸 하나가 넓게 생각하면 혹성도 될 뿐 아니라 우리 생활 속에서 생각한다면 우리의 집도 되고 그 다음에 음식을 해 먹을 수 있는 오븐도 됩니다. 그건 왜 그런가? 여러분은 그렇게 삼위일체로 갖추어 가지고 있기 때문입니다.

여러분은 고정되게 하는 게 한 가지도 없습니다. 부처님께서는 "색이 공이요, 공이 색이니라." 하셨습니다. 여러분이 그 소식을 알려면 벌써 시간과 공간의 초월됨을 알아야 하고 비밀로써 인과가 바로 주어진다는 사실을 아셔야 합니다. 인과는 여러분 몸에 있다는 사실이죠. 여러분이 없으면 아무것도 없으니까. 어떤 사람은 불교 가톨릭교 기독교 이렇게 갈라서 모두 그러시는데 어떠한 종교를 믿든지 타력에서 찾지 말고 자력에서 자기를 알아야겠습니다.

여러분이 불교라고 해서 안 오신다 하더라도 저는 눈 하나 깜짝 안 합니다. 이렇게 무지렁이 같고 아무것도 아니지만 아니, 돌방망이라도 좋습니다. 하지만 내가 나를, 즉 말하자면 여러분을 나와 같이 생각하고 내 모습같이 생각하고, 내 아픔, 바로 내 마음같이 생각하기 때문에 여러분 앞에 서 있는 것입니다. 이것은 여러분의 생각에 달렸습니다만 내가 생각할 때는 진리가, 사람 사는 이 모두가, 일체 만물만생이 다 돌아가는 이치가, 모두가 공생입니다. 그리고 공용입니다. 공체고 공식합니다. 이걸 재차 이렇게 말씀드리는 것은 여러분이 좀더 이 진리를 탐구하고 한번 생각해 볼 수 있는 그 여유를 드리려고 하는 것입니다.

'주인공' 하면 천지 만물만생의 근본이 다 인간의 마음 근본에 직결돼 있다는 그 사실, 그렇기 때문에, 직결돼서 초월해서 돌아가기 때문에 주인공이라고 한 겁니다. '색이 공이고 공이 색이니라.' 하는 건 둘로 보지 말라는 뜻입니다. 그리고 '찰나에 돌아가는 이치니라.' 이런 뜻을 가르치기 위해서 그렇게 하신 겁니다.

그리고 또 한 가지 재차 말씀드릴 것은, 목성이나 토성이나 이런 딴 데 혹성과 이 몸의 혹성이 뭐가 다른 게 있습니까? 몸을 한데 합쳐서 치면, 즉 말하자면 혹성이고 이걸 벌겨 놓고 본다면 별성들이 모인 즉, 은하계라고 해도 됩니다. 그건 왜? 여러분 속에 세포 하나하나를 별성으로 보신다면 어떻겠습니까? 다릅니까? 정맥 동맥을 통해서 오르고 내리면서 돌아가는 이 이치가 말입니다. 그러면 그것은 어디서 생긴 건가? 여러분이 나오기 이전에 과거의 인(因)으로 인해서 과(果)가 돼서 뭉쳐서 나한테 악업 선업이 다 같이 이렇게 운행을 하고 있기 때문에 이 혹성이 움죽거리고 있습니다.

이걸 왜 재차 말씀드리느냐? 왜 한 말을 또 하느냐 이러지만 여러분은 어저께 밥 먹고 오늘 왜 또 밥을 먹습니까? 그 이치를 생각해 본다면 알 수 있을 것입니다. '주인공' 하는 것은 직결된 그 근본을, 전체 포괄된 직결된 마음을 주인공이라고 합니다. 그렇다면 그 주인공의 하나로 들리는 그 마음이 마음을 내서 내놓는 말 한마디가 얼마나 중요한지 모릅니다. 여러분은 이 공부를 하시면서 위로 부모를 모시고 아래로 자식을 기르는 데 모진 소리를 하지 마십시오. 너는 고렇게 하니까 못되느니 너는 고렇게 하니까 안된다느니, 이게 모질게 말하면 '요놈아, 네가 고렇게 행동을 하면 깡통을 찰 날이 멀지 않았다.' 한국에서 요러거든요. 또 부모를 모시는 데도 그렇고, 자식을 기르는 데도 그렇고 서로가 다 똑같습니다. 아무리 속이 썩더라도 이 말 한마디가, 생각이 그대로 실천이 된다는 걸 아셔야 됩니다.

그래서 조심조심하시라는 겁니다. 그래서 내가 모든 것은 주인공에 맡겨 놓고 잘못되더라도 "얘야, 너 배 안 고팠니? 너 어딜 그렇게 다녀왔니?" 잘못하고 들어왔더라도 그것은 부모의 책임입니다. 모든 게 딴 사람의 책임이 아니에요. 철딱서니없는 애들이 만약에 나가서 잘못됐다면 부모가 그걸 물어줘야 하고 부모가 해결해야 합니다. 그렇듯이 부모와 자식이 둘이 아닌 것입니다. 가설이 돼 있지요. 자식이라는 가설, 부모라는 가설. 그렇기 때문에 말을 함부로 한마디 해 내던진 것이 그것이 정통으로 들어가 맞는다면 그거는 그렇게 안 되고는 안 됩니다. 독 안에 들어도 못 면하죠. 그러니 부모한테도 그렇고 자식한테도 그렇고 여러분이 말조심하고, 위로는 묵은 빚을 갚을 줄 알아야 하고 아래로는 햇빛을 줄 줄 아는 그 능력을 기르시라는 뜻입니다. 말 한마디 함부로 하지 마십시오. 생각 한 번 잘하면 위로 올려놓을 수도 있고 생각 한 번 잘못하면 아주 구덩이에 빠지게 할 수도 있는 것입니다.

그리고 또 한 가지 재차 말씀드릴 것은, 이 몸속에 악업 선업의 생명들이 수없이 지금 돌아가고 있습니다. 그런데 어느 부분이 나빠졌다 하더라도 '거기에서 고장난 거니까 거기에서 해결할 수 있다.' 하는 것을 진실히 믿으세요. 왜? 딴 사람 이름이나 형상이나 아니, 그런 거는 믿는데, 위대한 사람을 믿고 그러기는 하는데 말입니다, 왜 자기 자신을 믿으라는 것은 못 믿느냐 이겁니다. 자기 자신이 모든 생명의 그 의식을 이끌어 가지고 가는 지배인과 같은 건데 어째 자기 자신을 못 믿습니까? 그래서 자기 자신을 믿음으로써 자기 영원한 생명의 근본도 거기서 터득할 수가 있고, 이 세상의 모든 만생만물의 근본이 똑같이 돌아가는 걸 알게 되고, 찰나찰나 나투어서 내가 생각만 하면 그저 일체제불이, 일체 보살이, 기독교에서 말하면 전체 하나님이, 성모마리아든지 또는 예수 그리스도, 그 십대 제자 모두가 한생각에, 한생각에 일어나는 겁니다. 한생각에 찰나에 여기 들었다가 좋은 법설을 하고선 한 찰나에 나가신다 이겁니다.

그게 바로 광명이며 광선이며 그것이 바로 도인 것입니다. 그런데 이 방통 안이 지구라면 항상 같이 돌아가면서도 그걸 모르고 만날 네 것 내 것, 내 종교 네 종교, 나라는 종교 또 나라는 문제가 있는 겁니다. 아, 서로 공생하고 있고 공용하고 있으면서 사장이 '나'라고 이렇게 한다면 직원이 따를 수 있겠습니까. 회장이 '나'라고 한다면 사장이 따를 수 없듯이 또는 공장장 이런 사람들이 직원을 부릴 때 내가 제일이라고, 내가 시키는 사람이라고 고개를 흔들고 고개를 빳빳이 든다면 직원들이 어떻게 따르겠습니까? 사람이 환경에 따라서 공장장이 됐을 때는 직원들과 자기와 둘이 아니게 생각을 하고 이끌어 줄 수 있는 그 풍부한 지혜가 필요하다 이겁니다.

그렇듯이 불교나 불교를 안 믿는 사람이나 불교 아닌 게 없어요. 왜? 저기 불(佛) 자 하나 써 놨지요. 저게 여러분의 근본입니다. 그러니까 불이다 하는 것은 영원한 생명의 근본, 그 자체의 밝음을 바로 불이라고 합니다. 여러분이 자손들한테 말씀을 하거나 학교에 보내서 교사가 제자들한테 말을 하거나 좋은 말씀을 하는 게 바로 말씀입니다. 그래서 교(敎)라고 그런 겁니다. 그러니 불교 아닌 것이 하나도 없지 않습니까? 생명 없는 사람이 어디 있겠습니까?

그러니 불교다 불교가 아니다 이러는 데서 서로 뜯고 뺏고 서로 좇고 서로 밟고 이러는데 이러한 짓이 없어야만이 우리는 사람 된 도리를 그대로 하는 겁니다. 사람으로 태어났으면서도 사람의 도리를 못한다면 사람이 만물의 영장이라는 소리는 아주 쑥 빼셔야죠. 그렇게 하지도 못하고 그렇게 행하지도 못하고 말도 그렇게 못하고 뜻도 그렇게 갖지 못하면서 어떻게 만물의 영장이라고 하겠습니까. 그리고 어떻게 부처를 이루며 어떻게 부처님의 제자가 될 수 있는 자격을 갖겠습니까? 어느 종교를 막론해 놓고 말입니다.

재차 말씀드릴 것은, 여러분이 괴로우면 나도 괴롭습니다. 이건 거짓이 아닙니다. 내가 마음속으로 말을 하면서도 이 마음속에, 이 가슴속에서 그저 눈물이 흐를 때가 많이 있습니다. 왜 그런가? 나는 오늘 죽어도 내일 죽어도 그런 겁 따위는 없습니다. 왜? 여러분도 지금 태어났다 하면 죽으러 가는 길입니다. 또 죽으러 갔으면 태어날 길입니다. 그러니 무엇이 죽고 무엇이 살고 이런 것입니까? 그동안에 사람 노릇을, 어떻게 심부름을 잘하고 살 수 있느냐 이런 것이 문제입니다. 어떠한 생각을 하고 어떠한 행을 하고 어떻게 하느냐는 얘깁니다. 아까도 2시로 작정을 해 놨는데 2시 반이 돼도 시간을 지키지 않았습니다. 난 미국은 한국보다도 더 시간을 잘 지키는 줄 알았습니다. 나는 요만큼의 시간도 소중하게 생각합니다. 말을 소중하게 생각하고 자기가 해 놓은 말은 절대로 지키는 그러한 여러분이 되시고 또 나도 그래야 한다고 생각하고 있습니다. 이날까지 저는 말 한마디 허투루 하지 않았고, 또 거짓으로 종교를 뼈다귀 우려먹듯이 이름을 팔아서 착복하고 사기하고 그런 것도 용납할 수 없습니다.

여러분 가정의 식구 중에 어떠한 문제가 있다면 모든 건 주인공 밖에는 해결할 수 없다는 믿음을 가지십시오. 내 주처를 빼놓고, 내 마음 빼놓고 뭐가 있습니까? 나를 빼놓고 뭐가 있다면 있다고 말씀하십시오. 기독교를 믿든지 불교를 믿든지 어떠한 거를 믿든지 간에 말입니다. 자기가 없으면 모든 것이 없는 것입니다. 자기부터 믿고 자기부터 알아야 모든 세상 돌아가는 걸 알고 평진리를 알고 우리 인간이 어떻게 해야 자유인이 될 수 있는가 이런 것도 알게 됩니다. 즉 말하자면 50%의 무(無), 50%의 유(有) 이것을 한데 합쳐서 중용을 할 수 있는 그런 능력 있는 자유인이 되는 것입니다.

그래서 그거를 배울 때는 첫째 모든 것을 주인공에 맡겨 놓는다. '주인공만이 해결할 수 있다. 주인공이 수억겁 광년 전에서부터 이끌어 온 것이다. 지수화풍을 바탕으로 삼아서 그것이 온기가 생기고 생명이 생기고 그래서 살다 보니까 이렇게 인간까지 이르렀다. 그랬으니 나를 이렇게 이끌어 가지고 지금도 가고 있다.' 이걸 믿는다. 어떠한 형상을 믿을 건가, 이름을 믿을 건가, 허공을 믿을 건가. 아무것도 믿을 게 없다. 대신 죽어 주는 사람, 대신 똥 눠 주는 사람, 대신 아파 주는 사람, 대신 먹어 주는 사람, 대신 자 주는 사람이 없다. 혼자 왔다가 혼자 가는 길에 인간이 좀더 자유스럽게 살아 보자. 그럼으로써 내가 자유스럽게 살 수 있어야 남도 자유스럽게 해 줄 수 있다. 이런 거를 우리가 깊이깊이 생각하시면서 이 공부 아닌 공부를 자신으로서 음미해 볼 수 있는 여유를 가지십시오.

그리고 본각을 이루지 못한 사람은 첫째 주인공한테 모든 것을 오늘부터라도 맡기세요. 거기서 형성시키고 거기서 이끌어 가고, 내 가정도 화목하게 할 수 있고, 잘못된 자식이나 부모가 있다면 거기에서, 조상을 생각할 때도 거기에서밖에는 해결할 수 없고 좋은 데로 가게 할 수 있는 것도 거기예요. 천백억화신이 나투면서 그 주인공 안에서, 마음속에서 다 나오는 거니까 그렇게 해서 고칠 수 있고요. 때로는 의사가 되고 때로는 관세음이 되고 약사가 되고 또는 간호원이 될 수도 있고 때로는 지신도 되고 용신도 되고, 허공신도 되고 삼신도 되고 신장도 되고. 이 세상에 보세요. 경찰서에 가면 신장들이 많지요. 그러면 도리천의 옥황상제다 하면 누구입니까? 대법원장입니다. 그러니 세상에 다 있는 것이 그대로 우리에게 있는 거지, 둘이 아닙니다. 여러분은 잘못하면 바로 경찰서에 갑니다. 사람이 미운 게 아니라 그 마음을 잘못 쓰는 게 바로 잘못이죠.

내가 '본각을 이루지 못했다.' 하는 거는 내가 나를 발견을 못했다는 뜻입니다. 그럴 때 첫째는 무조건 거기에 맡겨 놓고 모든 일천만 가지 다 들이고 내는 데, 거기에 맡겨 놓으십시오. 거기서만이 해결할 수 있으니까. 안되는 것도 거기서 안되게 했으니까 되게 하는 것도 거기밖에 없다 이렇게 생각을 할 때 빨리 돌아갑니다. 왜? 시간과 공간이 초월해서 돌아가니까 말입니다. 엊그저께도 얘기했지만, 폭포수가 내려올 때에 틈이 있습디까, 없습디까? 비행기가 날아갈 때에 이 프로펠러가 틈이 있습디까, 없습디까? 그렇게 초월돼서 돌아가는 겁니다. 그러니 여러분이 닦는다는 생각은 말고 틀도 없어서 면경도 없고, 면경이 없어서 먼지 앉을 것도 없고, 먼지 앉을 것이 없어서 닦을 것도 없다는 육조 스님의 말씀도 한번 생각해 볼 의미가 있지 않습니까?

그러니 우리 자체가 첫째, 그렇게 놓을 수 있고, 두번짼 실험을 통해서 지혜를 구합니다. 여기 지금 오하이오 주에서 온 여러 박사 코스 학생 여러분도 있고, 또 박사인 분들도 여기 있는데 오하이오 주에서 12시간 13시간을 오셨습니다. 거기도 지금 회원들이 많이 있습니다. 내가 이번에 가지 못하니까 대표로 해서 이십여 분이 오셨죠. 또 여기 학교의 교수 분들도 오시고요.

우리가 우리 나름대로 자기 자신을 발견했을 때는 지혜를 구하는 겁니다. 실험을 통해서 지혜를 구합니다. 정말 나를 발견했을 때에 진짜 실험을 통해서 자기가 지혜를 구하는 겁니다. 지혜를 구함으로써 물리가 터집니다. 천체 물리가 터집니다. 그럼으로써 둘 아닌 도리를 알게 되고 그때 가서는 나는 하난데 내 마음은 마음대로 나툴 수가 있는 겁니다. 꽃이 되려면 꽃이 되고 컵이 되려면 컵이 되고, 다른 데 별성이 되려면 별성이 되고, 혹성이 되려면 혹성이 되고 그 마음대로, 바다가 되려면 바다가 되고, 모두가 일체 만물만생이 나 아님이 없고 내 자리 아님이 없고 바로 내 몸 아님이 없고 내 아픔 아님이 없는 그 도리를, 평등한 도리를 알게 되는 그 지혜를 얻습니다.

그럼으로써 이름 없는, 이름 아닌 열반, 거기를 뛰어넘는다면 뭐가 오느냐. 그대로 세상에 갔던 자리로 다시 돌아옵니다. 처음에 내가 갔던 자리로 다시 돌아옵니다. 다시 돌아와서 볼 때는 보는 눈이 달라지고 행이 달라지고 모든 게 달라집니다. 왜? 그대로 찰나니까요. 그대로 여여하니까요. 그대로 자유스러우니까요. 유무가 다 자유스러워지니까요. 보이지 않는 데나 보이는 데나 다 자유스러워지니까요. 그래서 그대로 여여함을 어찌 알았으리까. 저기에 네 구절을 써 놨습니다. 청정함을 어찌 알았으리까. 내 불성 말입니다. 내가 그런 줄 어찌 알았으리까 한 겁니다. 여여함을 어찌 알았으리까, 갖추어 가지고 있음을 어찌 알았으리까. 일체 만법을 들이고 냄을, 여여하게 들이고 냄을 어찌 알았으리까 이겁니다.

이만하면 이 찰나 생활이 완성돼! 아주 통달한 자유인이 될 때 비로소 그 자유인은 자기 자신에 의해서 마음대로…. 그 광력이 본래 뒷받침되어 있나고 아까 그랬시요. 그것이 있기 때문에 가는 사이 없고 오는 사이 없이 오고 가. 내 몸뚱이는 항상 눈을 뜨고 다니고 살림을 하면서도 그것이 일상생활의 삼매이니라. 삼매! 눈을 감고 있어야만 삼매가 아니라 모든 일상생활을 여여하게 하면서도 삼매에 들어서 항상 끊임없이 모든 나 아닌 내 모습이 전부 응해 줍니다. 여러분이 백 명이 온다면 오실 때에 각각 다 문제를 들고 옵니다. 소원도 똑같은 걸 들고 오는 분이 없습니다. 그렇다면 똑같이 가져오질 않았는데 보살이 어떻게 똑같은 역할만 하겠습니까? 보살은 같되 용도는 달라. 그래서 약사니 관세음이니 지장이니 칠성이니 독성이니 산신이니 용신이니 이렇게 이름하는 겁니다.

왜냐? 부처님 한마음에서 나가는 겁니다, 그게. 본각에서, 밝은 본각에서. 그러니까 병을 가지고 오는 사람한테는 약사가 돼 주고, 가난을 가져오는 사람한테는 관세음이 돼 주고, 또 오래 살지 못할 사람 앞에는 칠성이 돼 주고, 죽어서 갈 사람 앞에는 지장이 돼 주고, 이렇게 여러 마디를 안 해도 아시겠지요? 그렇게 돼 주는 한마음 속에서 여러 가지 이름이 나가는 것입니다. 그게 이름이 아니라 실천이 나가는 것입니다. 그런데 상대방에게 가르치려니까 무슨 보살이니 무슨 보살이니 무슨 보살이니 이렇게 얘길 한 겁니다.

그래서 여러분이 본각을 깨친 사람한테는 그 지혜를 탐구하기 위해서 자기가 한생각 던져 놓고, 법우님들이 같이 모였을 때 어떠한 가정에 무슨 일이 있으면 딴 사람이라도 아무 소리 없이 비밀로 한번 탁 던져 보는 겁니다. 던져 놓고 그것이 어떻게 되나 지켜볼 때 바로 자기가 지혜를 얻고 물리가 터지는 것입니다. 그럼으로써 그 사람 이익되게 해 주고 나 물리가 터지니 좋고 지혜를 구하니 좋고 모두가 좋은 것입니다. 그래서 한 가지만 하는 게 아니라 시시때때로 자기 앞에 다가오는 대로 가정이든지 신행회의 도반들이 어떠한 문제가 있을 때에 자기가 던져 보는 것, 그런 지혜를 구하는 겁니다.

또 셋째, 지혜를 다 구했으면, 그만큼 인제 물리가 탁 터졌을 때는 주인공도 없고 나도 없어요. 여러분, 이것을 똑바로 아셔야 됩니다. 주인공도 없고 나도 없어. 그래서 그냥 자유스러워. 대(對)가 없는 게 한마음이지 대가 있다면 한마음이 될 수 없고, 대가 있다면 부처님이 될 수 없어. 부처님이라는 이름도 날 수 없어. 대가 없다는 그 뜻은 아까 얘기했지요, 약사도 되고 관세음도 되고, 한마음 속에서 그렇게 된다고. 여러분이 들고 오는 게 각각 다른 걸 들고 오니까 각각 될 수밖에. 그거는 이 모습, 형상이 다니는 게 아니니까 마음은 체가 없어서 수만 개가 될 수도 있고 수천 개가 될 수도 있고 수억겁 광년을 한 찰나에 다 다닐 수도 있고, 벽도 없고 봇장도 없고 툭 터졌어. 그러니까 여러분도 모두 그렇게 되면서 우리가 그렇게 지혜를 구하고 그래서 물리가 터진다면 탁탁 죄 터졌어, 어디고. 응? 그때는 자기에 따라서 내 가정과 내 사회와 내 국가의 모든 것을 이끌어 갈 수 있는 능력이 충만하다고 했어. 그럼으로써 나라를 구하려면 세계를 알아야 하고 세계를 구하려면 즉, 세계라는 건 지구라고 할 수도 있는 거지. 그걸 구하려면 우주의 모든 것을 다 알아야 된다 이겁니다.

그러니 여러분이 밥이나 해 가지고 떡이나 해 가지고 다니면서, 돈이나 몇 푼 가지고 다니면서 그저 우리 잘되게 해 달라고 하는 것이 종교가 아니다 이거야. 인간이 태어났으면 어디서 왔는지 어디로 가는지 지금 무엇을 하고 있는지, 그것쯤은 지켜볼 줄 알아야 되지 않겠나. 그리고 자기를 한번 관찰해서 찰나에 찰나에 이렇게 바뀌지니, '하, 금방 아버지가 됐었는데 금방 아들이 됐군. 근데 행도 말도 그렇게 모두 하는군. 아, 금방 내가 남편이 됐어, 또. 이렇게 바뀌는 걸 보니까 부처님의 뜻을, 아니 부처님의 뜻보다도 사대 성인들 전체, 성인들 누구든지 이런 말씀을 한 거를 다 알아듣겠구나. 그 뜻으로 본다면 다 알겠구나.' 이것을 알아야 되죠.

그래서 나는 어느 누구를 막론해 놓고 내 가슴 주인공 안에는 예수도 버리지 않고 부처도 버리지 않고 여러 중생들도 버리지 않고 벌레도 안 버리고 풀 한 포기도 안 버리고 모든 걸 다 안 버리고 여기에 다 있다 이겁니다. 그래도 이 그릇이 절대로 작지 않아. 수십억만 개를 영, 영, 영, 영 해 놓는다면 몇이나 된 것 같습니까? 이래도 못 알아듣겠습니까? 그래서 사람이 죽어도 의식을 빼서 이 내 안에다 넣고 한번 굴려서 천도를 시키고선 그 무명은 그냥 태워 버리는 거지요. 금방, 금방 요리를 한 거야. 금방 그렇게 하는 거지요. 그런다면 그뿐일 것을 온통…. 이거 재미있는 거 가르쳐 드릴까요? 온통 차려 놓고 말입니다, 사흘이든 이틀이든 온통 시간을 허비하면서 이 바쁜 세상에, 지금은 뛰면서 생각하고 생각하면서 뛰는 시대인데, 첨단을 넘어가는 시대에 그렇게 해서 되겠느냐는 얘깁니다. 24시간에 사랑할 시간도 별로 없지요. 그러면서도 그 시간을 그렇게 허비합니까.

또 한 가진, 자식이 나빠진다고 저거 하지 말고 그런 시간을 잘 이용해서 따뜻하게 해 주세요. 어느 사람이든지, 노인이든 젊은이든 아이들이든 따뜻한 데로 고이게 마련이에요. 여름에는 시원한 데로 고이게 마련이고요. 여러분이 시원하게 해 주고 따뜻하게 해 준다면 얼마나 조절이 잘되겠습니까? 내가 무슨 말을 하려다가 이 말을 했는지 또 엇갈렸군요. 그저 이 말 하다가 이쪽으로 가고 저쪽으로 가고 이러니 체계가 없단 말 나오죠. 체계가 없더라도 이 세상에서 사는 사람들이 다 잘, 본인들이 생각을 해서 참작하시기를 바라요. 내가 여러분처럼 책에서 배워서 체계 있게 딱딱 말을 하고 그랬더라면 내가 외려 실망했을 거예요. 나는 체계 없는, 시간과 공간을 초월해서 하루가 천 년이 될 수도 있고 천 년이 하루가 될 수도 있고 하루가 일 초가 될 수도 있어요. 그런데 어떻게 착착 체계 있게, 아니, 세상이 체계 있게 돼 있어요? 여러분 용도대로 그냥 사는 거지.

그래서 어느 분이, 인제 요거 한마디 하죠. 내가 아까 얘기하려고 그러다가 잊어버렸어요. 거 참 중요한 얘긴데 그만 딴 데로 샜어요. 예전에 한암 스님이요, 그때는 제가 아주 나이가 적었을 때입니다. 그때는 입산도 하기 전이니까 8·15 해방되기 전입니다. 가니까 저녁 노을이 다 져서 어둑어둑해졌습니다. 그런데 나 같은 사람을 그 방에 들인다고 그 제자들이 보기만 하면 야단났지요. 그런데 "이렇게 늦었느냐?" 그러고선 그 쪼끄만 게, 조막댕이만한 게, 그게 사람 같았겠습니까? 지금도 이런데. 아, 그러니까 아마 불쌍했던 모양이죠. 들라고 해서 들어가니까, 거기는 따로 이렇게 계시기 때문에 누가 얼씬 안 해요. 저녁에 시자나 인제 왔다 갔다 하죠. 그런데 시자는 뭐, 시자가 따로 있는 게 아니라 탄허 스님이 들어왔다 나갔다 하시죠.

그런데 참 재미있는 게 나한테 옛날 얘기 삼아 얘기를 해 주시는 거예요. 무슨 얘기냐 하면 "얘! 넌 어떻게 생각하니? 아무리 어리지만 너는 조금 싹이 보이는 듯하다." 하면서 "여자 남자 가릴 게 없지. 모습은 각각이나 마음은 둘이 될 수 없지." 하시거든요. 그 말씀에 나는 아주 그냥 동감을 했습니다.

그리고 그냥 아버지 겸 할아버지 겸, 아버지 소리도 못 불러 본 내가 얼마나 거기에 참 지극했겠습니까, 마음이. 가면 그저 속을 썩여 드린다고 할까요? 아프게 해 드리면서 그래도 내가 편안하니까 갈 수밖에 없죠. 그래서 가니까 내가 올 줄 알고 그러셨는지 하여간에 그릇에다가 누룽지 한 덩어리를 이렇게 놓고 뚜껑을 덮으셔서 아랫목에다가 이렇게 묻어 놓으셨어요. 그걸 빼서 먹으라고 먹으라고 그러셔요. 그걸 입에 넣고선, 입이 마르니까요 먹고 싶은 생각도 없어요. 배가 그래도 덜 고파야 먹고 싶은 생각이 나지요. 아예 며칠 굶었다 하면 먹고 싶은 생각이 없습니다. 입만 짝 붙어 버리고는 아무 생각이 없습니다. 그래서 가니까 인제 물부터 먹이시더군요. 그러면서 그걸 조금씩만 씹으라하시는 겁니다.

그래서 그걸 씹는데 앉아서 얘기하시는 게 "내가 말이다, 누구도 모르지만 아, 홍성 가기 전에" 예전이라고 그럽디다만 얼마 안 가서 아마 그랬는지 모르죠. 그런데 "예전에 아, 거기 글쎄, 산골이지 뭐냐. 거길 가는데 말이야 아, 젊은 여자가 애를 낳으려고 풀섶에서 그냥 뒹굴더라 이거야. 그랬는데 내가 중이라고 해서 만약에 그걸 그냥 두고 갔더라면 어떡할 뻔했니?" 그래서 귀가 번쩍 뜨였어. "그래서 어떡하셨어요?" 이러고 물었거든. 그러니까 한암 스님이 하신단 말씀이 "중들은 어디를 가려면 바늘 실 가위 이런 거 다 가지고 다니지 않니?" 그러시는 거예요. 아, 그래서 "그렇지요. 그런데 저는 그런 것도 안 가지고 다니는 걸요." 이러니까. "응, 그런 것도 안 가지고 다니는 것도 좋지. 안 가지고 다니면 찢어지지도 않을 테니까." 아, 이러신단 말입니다. 얼마나 재밌습니까? "나는 먹을 것도 안 가지고 다니는데요." 그러니까 "안 가지고 다니니까 이렇게 누룽지라도 생기지 않았니?" 아, 이러신단 말입니다. 그 말뜻이 정말이지 이 세상에서 다 바꿔도 바꿀 수가 없는 말씀입니다, 그게. 옥같은 말씀입니다.

그래서 "그래서 어떻게 됐습니까?" "아, 그런데 말이야, 내가 그런 거를 어떻게 해 봤겠니? 아, 그런데 글쎄, 급하니까 어떡하니? 아, 그냥 뭐 붙들어 주고 그래 가지고는 어린애를 낳게 하고 치마를 덮어 놓고는 그냥 손만 가지고서 억지로 저거 하니까 어린애가 '응아!' 하고 나오는데 말이야, 그 태가 나와야 된다더라. 아, 그래서 태가 나온 뒤에 가위하고 실하고 가지고 있다가 얼른 태를 잘랐구나. 그래 가지고 태를 잘라서는 똘똘 뭉쳐서 거기에 묻어 버리고서는 아, 그 산모를 데리고 어린애를 씻기지도 못하고 그냥 둘둘 말아서 무엇에다 싼 줄을 아니? 아 글쎄, 내 이 속저고리에다 쌌구나. 쌀 게 있어야지 오고 가다 그랬으니." 아, 그러시면서 그 속저고리에다 똘똘 말아서 들고, 어린애 어머니는 어린애 어머니대로 걸을 수가 없어서 한 두어 서너 시간 거기서 참, 자기 옷을 깔아서 주고선 그냥 그렇게 안정을 시켜 가지고서는 그 마을 아래로 내려갔답니다. (녹음 안됨)

그러니까 "글쎄요, 어저께부터 우리는 못 먹고 있는 걸요." 그러더라는 겁니다. 그래서 자기 노비 받은 걸로다 쌀을 사다가…. (녹음 안됨) … 때는 법 아느냐고요? 그래서 "청솔 때는 법 압니다." 이러니까 "어떻게 때니?" 그래서 "한 아궁이 잔뜩 넣고선 가운데다가 마른 북데기를 넣고는 사르면, 앞에서 그렇게 사르면 화다닥화다닥 잘 탑니다." 그러니까 "야, 넌 나이가 어린데 그걸 어떻게 알았니?" 그러거든요. "그게 가난한 탓이죠." 그러고는 말았어요.

그랬는데 청솔가지 때서 방을 뜨끈뜨끈하게 해 놓고는 죽을 쒀서 드리고요. 뭘 해서 줄 게 없으니까. 국도 끓일 게 없으니까. 그래 죽을 쒀 주고서 나중에는 밥을 해서 먹도록 쌀을 사다 한 항아리 해 놓고 나무를 해서 갖다가 쌓아 놓고 이러고 나니까 열흘이 됐더래요. 열흘이 됐는데 열흘 동안을 먹을 거를 해 놓고는 있지만 열흘 가지고 그 어린애 어머니가 도대체 무엇을 해서 먹고 살 게 없더라는 거예요. 가만히 생각해 보시길 바랍니다, 그 말을 내가 왜 하는지? 사람이 용단과 중심이, 인내와 자비가 거기 포함돼야 됩니다.

그리 해 놓고는 어느 마을에 내려가니까, 그전엔 괴질이라고 그랬죠. 장질부사? 장티푸슨가 뭔가? 그거에 동네가 그냥 발칵 뒤집혔더랍니다. 줄을 매 놓고 모두 지키고 그러더랍니다. 그래서 이 스님이 있다 한 소리가 "그게 뭐 그렇게 죽을까 봐 걱정이고 병 옮을까 봐 걱정이냐?" 그러면서 동네 집집마다 다니면서 다 살렸답니다. 그 동네는 그래도 괜찮은 집이 서너 집이 돼서 없는 사람 집까지 쌀을 퍼다가 주고, 허허허. 그러니까 주인의 말도 안 들어 보고 말입니다, 곳간을 열어 보니까 그냥 수십 석씩 있는데 뭐 걱정입니까. 없는 사람들 한 섬씩 그냥 갖다가 퍼다 준 거죠. 그렇게 해서 그 동네를 다 살리고 나니까 있는 집에서 참, 돈을 두둑이 주더랍니다. 그래서 그 집에다 갖다가 주고서 이걸로 장사하고 이걸로 먹고 애들도 공부시키고 그러라고 다 주고, 그렇게 두둑이 줬던 모양입니다.

거기서 그렇게 하고 여기 와서는 "한마디도 얘기한 새가 없다." 이러고 말씀하시더군요. 그래서 "왜 한마디도 안 하셨습니까?" 그러니까 "내가 한 사이가 없기 때문이다." 그러시거든요. 거기에서 나는 얼마나 감동했는지 몰라. 아마도 그 스님한테 지혜를 많이 얻었는지도 모릅니다. 그래서 그 스님도 그렇게 말씀하시면서 "너는 그렇게 어려서부터 그렇게 했다고 나도 알고 많이 들었다." 하시면서 "너는 불쌍할지언정 너는 불쌍하지 말아야 한다." 이런 말씀을 하시거든요. 그게 처음에는 무슨 소린가 그랬죠. 그랬더니 바로 마음이에요. '개별적인 마음이 아니라 포괄적인 한마음, 이것이 바로 대가 없는 바로 참너니라.' 이런 말입니다.

또 한 가지 얘기하죠. 오늘 들은 얘긴데, 오하이오 주에서 이렇게 쭈욱 공부를 하시면서 또 이런 마음공부도 하게끔 시작이 됐습니다. 그런데 오늘 가만히 보니까 말입니다, 야, 이렇게 기쁠 수가 있나. 자기 자신은 발견했더군요. 인제 지혜를 구하면 물리가 터질 것 같아요. 너무나 반가웠습니다. 그래서 내가 이런 걸 물었습니다. "너를 죽이면 너도 없고 죽인 놈도 없고 죽은 놈도 없는데 누가, 바로 그 가운데 누가 부처이겠느냐. 불이겠느냐?" 하고 물었습니다. 그랬더니요, 아무 소리 없더니 "그저 돌방망이죠." 돌방망이라는 그 소리 한마디에, '돌방망이죠.' 한 것도 너나가 없는 소리죠. 하지만 지혜를 구해서 물리가 터지면 바로 자기도 없고 돌방망이도 없을 겁니다만 거기까지 온 것만 해도, 나 발견한 것만 해도 얼마나 그것이 감사합니까?

돌방망이 속에서 수많은 천백억화신이 나고 드는데, 천백억화신도 없고 돌방망이도 없는 것이 불입니다. 그러니 이 암흑 속에서, 환하게 살지 못하고 이 지하에서, 흙 속에서 사는 그런 생명들은 어떻게 하겠습니까. 그것도 그 마음을 한번 던져 준다면 그게 스스로 진화가 되고, 부처님께서는 "너희가 살면서 쫓고 쫓기면서 다 진화가 되니까 스스로 너희가 깨달을 수 있게끔 다 건졌느니라." 했습니다.

우리는 지구가 버스처럼 막 돌아다녀도 모르고 어디로 끌고 다니는지도 모르면서도 큰소리는 탕탕하면서 살죠, 또. 또 한 가지는 내 몸속에서 지금 수십만 개가 그냥 빙빙빙빙 정맥 동맥을 통해서 세포를 통해서 돌아다녀도 내가 어디로 돌아다니는지 그 속의 생명들은 몰라요. 여길 오셨는지 저길 갔는지, 몸뚱이가 혹성이니까 그냥 돌아다니는데 그 안에서 사는 중생들은 모르고 산단 말입니다. 그러니 내가 한마음의 뜻으로 해 줘야, 그 중생들도 내 마음과 둘이 아니어서 다 알게끔 만들어 줘야 내가 지혜가 생기고 또는 한마음이 되고, 내 몸도 모두 건강하게 되고 또는 남의 몸도 건강하게 해 줄 수 있고, 또 잘살게끔 이끌어 줄 수도 있고, 또 못난 사람 물리가 터져서 좀 똑똑하게 만들 수도 있고, 애가 공부를 못해도 이 정신을, 머리를 좀 영리하게 해 줄 수도 있는 그런 능력이 여러분한테 다 주어져 있는데도 불구하고 어디 타의에서 구하려고 애를 씁니까.

딴 데서는 삼 배를 꼭 합니다. 또 부처님 앞에서도 삼 배를 하고요. 나는 어떻게 가르치느냐. 칠정례가 삼 배가 될 수도 있고 삼 배가 일 배가 될 수도 있다. 그럼 말로만 듣지 말라. 팔, 십, 종, 호! 이렇게 했습니다. 그리고 단군은 '팔십일 자'로 이렇게 됐습니다, 팔십일. 그 글자가 말입니다, '일시무시' 이러고 '일종무종' 하면 그 책은 다 압니다, 다예요. 또 나는 이날까지 아무 소리 한 예가 없느니라. 아무 일도 한 예가 없다 이거야. 말 한 예가 없다는 얘기죠. 그러면서도 여전히 말씀을 하신 걸 편집을 해서 팔만대장경이라는 게 나왔지 않습니까. 그걸 축소해서 화엄경을 했고 그걸 축소해서 금강경을 했고 그걸 축소해서 반야심경을 했고 그 반야심경을 풀이해서 지금 하고 있는 겁니다. 그래서 '생과 사'를 어린애들이라도 들으라고 '죽은 세상 산 세상'이라고나 무식한 대로 그냥 했습니다. 틀립니까? 그냥 그저 모자라는 대로 자라는 대로 그냥 사는 겁니다. 무식하지만 무식한 대로 해 놓으면 애들도 들을 수 있습니다. 왜 꼭 어른들만 들어야 하겠습니까.

그리고 노래를 해도 자기 마음 찾는 길의 노래를 지었죠. '일체제불의 마음'이라는 노래도 내가 말을 한 겁니다. '일체제불은 내 마음, 한마음이다.' 이렇게 했더니 그 말 몇 마디 한 거를 가지고 노래를 지어 버렸어요, 다 그냥. 이번에 서울에서 선법가(禪法歌) 카세트 오만 개를 계약했다고 하더군요. 찬불가가 아니라 선법가죠. 또 이렇게 지어 놓은 거는 지어 놓은 것대로, 시 한 수 읊은 걸 그냥 노래로 짓는 거죠. 지을 것이 지금 많은데 서창업 선생님이 그만 돌아가셨어요. 그래서 지금까지 한 것하고 몇 곡, 여덟 곡인지 몇 곡인지는 딴 사람이 지은 것을 거기 붙여서 이번에 계약을 했습니다.

여기 지금 우리 스님들이 앉아 있지만 우리 제자들이 자기 마음 안 찾은' 사람은 하나도 없습니다. 그러나 마음을 찾았어도 찾았다는 생각 하지 말라 이런 말을 했습니다. 안다는 생각도 하지 말라. 왜? 지혜를 구하려면 그 속에 모든 걸 또 놔야 되거든. 그래서 한 번 죽어서 나를 발견하고 두 번 죽어서 둘 아닌 도리를 발견하고 세 번 죽어서 둘 아닌 나툼을 알게 되고, 세 번 죽어서 그렇게 알게 되면 네 번째는 그냥 다시 이 세상으로 돌아와. 그래서 찰나 생활, 그냥 자유스러운 생활을 할 수 있는 그런 능력을 얻음으로써 얻었다고 할 것도 없는 도리를 알게 된다. 그럼으로써 자유스럽게 살 수 있다. 그것이 바로 통달한 자유인이죠.

여러분이, 즉 말하자면 머리가 있든 없든 공부하는 데는 상관없으니 유발 제자든 또는 입산 제자든 둘이 아니게 여러분이 열심히 공부해서 이 세상을 살다가 길에 지나가다가도 소나 개나 사람이나 거지나 그런 사람들을 그저 한생각 내서 건져 주는, 그리고 뒤 걱정은 하지 말아야 됩니다. 믿는 사람은 뒤 걱정 할 필요가 없어요. 가고 옴이 없이 벌써 광력이 나가니까. 인위적으로 광력을 만들어 놓은 건 한계가 있지만 이 광력은 무한량, 한계가 없어요. 그리고 전력이 항상 이렇게 충만하기 때문에 여러분이 그렇게 능력을 기르면 약한 거는 다 집어삼켜서 다시 돌려서 내놓을 수 있으니까요. 내가 지난번에도 얘기했듯이 220V는 120V를 집어먹을 수 있다. 집어먹어 가지고 다시금 왜, 금방에

금 흐트러진 거 조그마한 거 다 넣어서 한 냥으로 이렇게 잘라서 새로 내죠? 그래 가지고 새로 생산을 하죠? 그와 같은 거죠.

그러니까 여러분은 절에 간다 성당에 간다 또 이 절 저 절이다 이런 걸 떠나서, 댁의 안방에도 댁이 있으니까 바로 자유인이 있는 거고 부처가 있는 겁니다. 변소에 가면 변소에도 있죠. 아, 자기가 있으니까 있지. 그리고 자기 몸뚱이가 만약에 자기 주처의 집이라면, 주인의 집이라면 아, 주인이 어련히 알아서 자기 있는 집을 고칠까. 왜 그걸 걱정을 해요? 그러니 한마디로 백두에 신을 신고 다닐 수 있어야 자유인인 것입니다. 그러니 이 세상에 누구나가 다 그 도리를 알아서, 다른 종교를 믿더라도 이 도리만은 꼭 알아서 편리하게들 사세요. 여러분이 편리하다면 내 마음이 그렇게 좋을 수가 없고 이 천지의 모든 사대 성인들, 모든 각을 이룬 부처님들, 예수 그리스도 전부 한마음이라는 걸 아셔야 돼요.

난 이렇게 생각해요. 예수도 '나를 따르라.' 그랬지 나를 믿으란 소리 안 했습니다. 왜? '나를 믿어라.' 이런 소리는 '각자 나를 믿어라.' 이런 소리지, '나를 믿어라.' 그런 게 어디 있습니까? 잘못 오해한 겁니다, 그게 다. 불법만 믿는 사람에게 내가 이런 소리 하는 게 아닙니다. 다 그렇습니다. 나를 따르랬지 믿으라는 게 아니에요. 말 한마디 '나를 믿어라.' 이러면 예수를 믿으라는 줄 알고 여러분은 잘못 생각한 거예요. '나를 믿어라. 하나님은 바로 나한테 있다.' 하는 뜻과 똑같아요.

내가 이런 말을 해서 여러분이 참 '뭐 쓰잘데없는데….' 하고 안 오셔도 나는 하등 상관이 없어요. 내가 이런 거를 해서 여러분이 뭐나 좀 갖다가 준다고 해서 그걸 가지고 내가 봉창에 넣고 살 생각은 없으니까. 나도 낙엽이 될 그런 가을이 얼마 안 있으면 올 테니까요. 그것 올 때까지 올바로 살기도 바빠 죽겠는데 괜히 귀찮게 그렇게 해요? 그러니 여러분, 오늘 잠시 잠깐 이렇게 한 걸로써,

이 세상은 모두가 밝고
이 천지의 모든 산하대지에 만물이 푸르르게 솟으니
태양은 밝아서 모든 만물이 자라고
새들이 지저거리고 봄이 온다고 좋아하면서
깊은 물의 고기는 서로가 서로를 보하면서 재밌게 울부짖더라

하는 그런 말을 하고 싶군요. 그러니 여러분이 하루라도 더 빨리 조금 더 성장하시길, 마음의 성장을 빌어 마지않습니다.

우리 스님도 지혜가 넓어서, 물리가 완전히 터지진 못했어도 한 번 말을 했다면 법설입니다. 그건 아셔야 됩니다. 여러분이 괴롭거나 어떠한 용도에 따라서 들고 오시더라도 한마디 이렇게 하면서 '나, 마음 좀 내 주십시오.' 하고 '한마음 좀 내 주십시오.' 하고 여러분은 그냥 돌아서면서도 항상 여러분의 마음은 정신을 차려서 자기를 믿는 거 잊지 마시고요. 백지도 마주 들어야 손쉽듯이.

그러니까 여러분, 앞으로 기대가 큽니다. 한국에서는 자유인들이 많이 생겨서 좋은데 또 오하이오 주도 자유인들이 불쑥불쑥 솟아나는군요. 그러니 오늘 참 좋았습니다. 아이, 나 이렇게 좋을 줄이야. 정말, 한 분인들 어떻습니까? 두 사람인들 어떻습니까? 많이 모여야만 되는 것이 아닙니다. 나는 그렇게 원하지도 않고 저렇게 원하지도 않습니다. 여러 절에서 '우리 절로 왔으면….' 이러는데, 절이 무슨 우리 절입니까? '여기 왔으면….' 하는 그런 생각도 없습니다. 단 하나, 그 절에 다니더라도, 저 절을 다니더라도, 기독교를 믿더라도 그저 이 도리를 공부했으면 좋겠다 이랬거든요. 그저 내 마음 내 주처를 안다면…. 나로부터 이 세상은 생긴 거고, 내가 이 세상에 나서 태초고, 나를 이끌고 가는 것도 바로 즉, 나인 것입니다.

그러니 오늘은 이걸로써 끝마치고 아무 때라도 시시때때로 저녁

에라도 좋으니까 질문할 게 있으면 우리 스님한테 물어보고 또 거기서 토론하고 이러면서 이끌어 나가시기 바랍니다. 그럼….

진실은 내 생명뿐만 아니라 우주와도 통한다

알래스카지원 법회

1989년 12월 23일

앵커리지의 여러분이, 단 몇 분이라도 내 몸과 가정을 또는 사회를, 전 세계를, 우주적으로도 모두, 한마음의 뜻을 알고 부처님이 49년을 설해 주신 그 뜻을 잘 새겨서 우리 생활에 지침이 되도록 분발하고 노력합시다. 그래서 오늘 여러분 앞에 생활이 부처님 법이라는 것을 알려 드리고, 또는 생활이 그대로 여여한 참선이라는 것을 알려 드리는 것입니다. 그래서 오늘 첫째, 여러분이 어디서 왔는지, 지금 어디로 가는지, 또 지금 현실에 무엇을 하고 있는지 그것을 여러분한테 기초적으로 말씀해 드리겠습니다.

지금 내가 얘기해 드리는 것도 그렇지만 부처님께서 진리를 타파하셔서 여러분한테 설해 주신 것은, 지금 말로 따진다면 천체물리학도 되고 지리학도 되고 천문학도 되고 의학도 되고 바로 공학도 되고, 과학적인 이 생활력 그 자체를 그대로 뜻과 행과 말씀으로 해 주신 겁니다. 그런데 우리가 몰라서 항상 생활 속에서 방황하고 부처님 앞에 가서도 꼭 빌어서 부처님이 해 주실 거를 기대하면서 자기는 자기대로 계발을 못한 채 항상 남한테 기대는 그런 마음이 있다면 어찌 가을에 추수를 해 들여서 내가 곡식을 맘대로 배불리 먹을 수가 있겠습니까? 그와 같이 우리는 자기 자신들이 자기 자신들을 알아서 자기를 자기가 굴리고 맘대로 자재할 수 있는 그런 여건이 여러분한테 다 주어져 있는 것입니다.

그렇기 때문에 오늘 이렇게 말씀드리죠. 여러분이 지금 어디서 왔습니까? 의학적으로 따진다면 정자 난자라고 할 수 있습니다. 그러나 우리가 보통 얘기하자면 아버지의 뼈를 빌리고 어머니의 살을 빌려서 이 내 일신이 탄생했으나 과거의 인(因)으로 인해서 현재의 과(果)가 돼 가지고, 즉 말하자면 몸은 받았으나 이 육체 속에 들어 있는 그 생명체들은 악업과 선업이 한데 뭉쳐서 여러분을 운행하고 있는 것입니다. 그런데 자기가 한 것만치 차원대로 그 속에서 항상 여러분의 마음을, 심기를 어지럽히고 망상에 들게 하고 또 분별을 하게 하고 아집을 갖게 하고 욕심을 갖게 하고, 그러한 마음들이 수차적으로 생기게 하는 것입니다. 위로는 부모에게 효도 안 하고 아래로는 자식을 제대로 이끌어 가지 못하는 그러한 마음들이 자꾸자꾸 솟아 나와서 저 악성적인 풀이 번성하듯 그렇게 나오는 것입니다. 즉 말하자면 부처님께선 그걸 "네가 이 세상에 나온 것이 고(苦)덩어리니라."라고 하셨는데 그 뜻이 어디에 있는가? 지금 여러분 오장 육부, 세포, 모든 것이 악업 선업으로 뭉쳐서 돌아가기 때문에 그것을 고덩어리라고 한 것입니다.

그러면 그런 대로 우리가 지금 여기서 가르치는 것은 바로 악업 선업 그 자체를 여러분은 한데 합쳐서, 마음을 한데 합쳐서 이 속에 들어 있는 생명의 그 의식 자체를 이끌어 나갈 수 있는 지배인이 돼야 된단 얘깁니다. 그 여러 생명들의 마음 의식을 여러분 마음 하나가 지배를 해 나가야만이 한마음으로 이끌어 나갈 수가 있다는 얘깁니다.

그렇기 때문에 여러분은 절에 와서 칠성에게 빌어야 명이 길고 독성에게 빌어야 일이 성사가 되고 관세음에게 빌어야 가난한 걸 면하고 지장에게 빌어야 좋은 데로 가고 또 약사여래 부처님한테 빌어야만이 병이 낫고, 이러한 어리석음은 버려야 합니다. 부처님께서는 '네 한 마음 속에 그 여러 이름이 다 게재돼 있느니라. 그래서 문수 보현이 따로 있는 게 아니라 네 바른팔과 같고 왼팔과 같으니라.' 하셨습니다. 천백억화신은 부처님 마음 하나에서 화해서 바로 여러분에게 응해 주시고, 용도에 따라서 화해서 여러분에게 약사도 되고 또는 지장도 되고 관세음도 되고, 바로 여러분이 원하기 때문에 수차에 그 이름으로 응해 주시는 겁니다.

그렇기 때문에 여러분 마음이, 한마음이 결국은 부처님의 마음과 둘이 아니요, 부처님의 형상이 여러분의 형상과 둘이 아니요, 부처님의 생명이 여러분의 생명과 둘이 아닌 까닭에 또한 일체 중생과 둘이 아니요, 일체제불과 둘이 아니요, 일체 보살이 다 둘이 아니다 이 소립니다. 그럼으로써 여기 법당에 오시면 법당에 오시는 대로 둘이 아닌 까닭에 둥글게 모든 거를 한데 합쳐서 시간과 공간을 초월해서 둥글려서 일 배를 지극하게 올려도 삼 배가 되고 삼 배를 지극하게 올리면 칠정례가 되고 칠정례를 지극하게 올리면 팔정례가 된다 이 소립니다. 팔정례라는 것은 사무 사유, 이 자체를 한데 합쳐서 예를 올리는 겁니다.

이 모두가 그 뜻을 가지고 헤아려야지 말을 가지고 이론적으로 헤아리거나 또는 달을 가리키는 손가락을 보고 이론을 가지고 논의한다거나 이래서는 절대로 아니 됩니다. 그래서 여러분께 왜 주인공을, 당신네들 주인공을 믿으라고 했느냐. 스님네들의 고깃덩어리를 믿으라고 그런 게 아닙니다. 스님네들이 입산을 할 때는 모든 부모 형제를 다 버린 채 입산을 합니다. 입산을 해서 그 진리를 파악하고 실험하고 체험해서 바로 그 조상, 육의 부모의 마음이나 법의 부모의 마음이나 일체제불의 마음, 보살의 마음이 모두가 한마음으로 직결돼 있음을 알게 됩니다. '내 마음의 주인공' 하면 일체 우주와 더불어 이 세상의 일체 만물만생이 근본이 있어서 내 마음의 근본과 직결돼 있는 그 사실이 그대로, 그대로 응용돼서 돌아가고 있습니다. 그렇기 때문에 여러분의 주인공은 모자라는 개별적인 주인공이 아니라 우주적인, 천체적인, 바로 한데 합쳐서 돌아가는 핵심을 말하는 것입니다. 그것이 주인공이라 이 소립니다. 그래도 알아듣지 못하면 다시 한 번 말할까요?

우리가 맷돌 대를 잡고 이렇게 돌립니다. 돌리는 사람이나 맷돌이나 맷돌 심봉이나, 그 심봉을 바로 주인공이라고 한다면, 여러분이 굴리는 그 맷돌, 그건 몸체라고 봅니다. 물건을 넣어서 다 갈아 내는 이 살림살이는 내가 용도에 따라서 콩을 갈려면 콩을 갈고, 어떠한 물건을 갈든지 그것은 여러분의 각자 용도에 따라서 갈아 내는 것입니다. 그와 같이 지금 여러분이 살림살이하는 거와 똑같습니다. 그런다면 그 맷돌, 몸뚱이가 돌아가는 자체의 그 모든 기준, 그 자체의 심봉을 믿지 못한다면 누구를 믿습니까? 보는 것도 고정됨이 없고 듣는 것도 고정됨이 없고 먹는 것도 고정됨이 없고 만남도 고정됨이 없고 가고 오는 것도 고정됨이 없고 말하는 것도 고정됨이 없어서 부처님께서는 "모두 공했느니라. 색이 공이요, 공이 색이니라. 둘이 아닌 까닭에 너희는 너를 먼저 알라." 이렇게 말씀하셨습니다, 반야심경에도 있듯이.

그래서 반야심경에 있는 그 차원을 지금 얘기하려 해도 여러분은 그것을 받아들일 수 있는 그릇이 될 수가 없기 때문에 그거는 생략하고, 지금 여러분 몸뚱이가 현실에 사는데 미래에는 가지 않았으니까 아직 없고 과거는 지나갔으니까 없고 현실에 지금 살아나가는 것도 그렇게 고정됨이 없기 때문에 찰나 생활이라고 합니다. 여러분, 그 찰나 생활이라는 걸 여러분이 생각해 보십시오. 부모를 만났을 때 어떠한 마음이 듭디까? 딸이나 아들로서 말도 행도 뜻도 그렇게 그냥 자동적으로 나가는 것입니다. 여러분이 자식을 만났을 때 바로 부모로서 자식을 대하는 것입니다, 그대로 자동적으로. 남편을 만나고 또 아내를 만났을 때도 역시 그렇습니다. 자동적으로 "여보!" 하고서 그 말과 행, 뜻이 똑같이 자동적으로 나갑니다. 이것이 바로 묘법인 것입니다. 그대로 묘법인 것입니다. 그러니 그것이 고정됨이 없고 그렇게 찰나찰나 바꿔서 돌아가기 때문에 '무(無)' 하기도 했고 '공(空)했다' 하기도 하고 여러 가지로 그것이, 대(對)가 없는 것이 한마음이라고 하는 것도 됩니다.

왜? 부처님은 어떠한 것이든지 내 아픔 아닌 게 없고 내 몸 아닌 게 없고 바로 내 자리 아닌 게 없고, 손도 천이요 바로 눈도 천이요. 아니, 천이라고 그런 것은 무슨 뜻인가? 개수를 따진 게 아닙니다. '도리천' 할 때는 전체를 말하는 것입니다. '여래천' 할 때도 전체를 말하는 것이고. 이 모두가 고정됨이 없는 이 사회에서 이렇게 순간순간 바뀌어서 자동적으로 돌아가는 살림살이, 또 그런가 하면 이 배 속 즉, 오장육부 이 세포에도 고정됨이 없이 찰나에 돌아가는 것이기 때문에 맥박이 똑똑 똑똑 똑똑 칩니다. 그런데 우리는 지금 우리 몸속에서도 한마음으로 지배할 수 있는 내 마음으로 벗어나지 못했기 때문에 내 이 몸속에 들어 있는 생명도 이끌어 갈 수가 없는 것입니다.

여러분은 여러분 속에서 수십억 마리가 운행을 해 주기 때문에 사람이라고 합니다. 그 사람은 모두 한마음으로 시공이 없이 돌아가기 때문에 만물의 영장이라고 합니다. 그런데 만물의 영장이 만물의 영장 노릇을 지금 현실에 하고 있습니까, 못하고 있습니까? 고등 동물이고 사람이고 만물의 영장인데도 불구하고 우리는 항상 방황하고 어디에다 기대는 마음만 갖기 때문에 자립할 수가 없어요. 사람은 어디까지나 자력 신앙을 믿어야지 타력 신앙을 믿는다면 천년만년, 아니 오백 생을 굴러간다 하더라도, 천 년을 굴러간다 하더라도 항상 방황하고 그렇게 이 소용돌이 속에서, 법계 소용돌이 속에서 헤어날 수가 없는 것입니다. 그러니까 고에서 벗어나지 못한다 이 소리죠.

지, 수, 화, 풍 이것이 배합이 되면 성공적으로 한 생명이 생기는 것입니다. 모든 지수화풍이 한데 합쳐서 뭉쳐서 돌아가다가 그것이 바로 온기가 생겨서 탁 터지니까 이것이 조각조각 나서 모든 생명들이 나고 혹성들이 생기고 그랬듯이 말입니다. 부처님이 가르쳐 주신 이 진리는 너무 광대무변하고 너무 무량수와 같아서 여러분이 생각하기에 너무나 엄청난 문제입니다. 그 문제, 엄청난 문제를 풀기 위해서라기보다는 우선적으로 나부터 이끌어 갈 수 있어야 된다 할 때는 내 몸뚱이 속에 이 모든 것이 한마음으로 돌아가야 되기 때문에 그 한마음으로 돌아가는 거를, 바로 천·지·인, 인 속에 모든 생명들이 한마음으로 돌아가는 그 자체를 한데 합쳐서 시공이 없이 돌아가니까 그걸 가지고 바로 주인공이라고 하는 겁니다. 그렇기 때문에 포괄적인 주인공입니다.

여러분이 혼자 '나는 힘이 없는데' '나는 중생이기 때문에' 이러한 생각은 전혀 하지 말고 '내가 죄가 있으니까' '내가 무슨 팔자야' 이러한 소리도 하지 마세요. 모든 것은 생각하기에 달린 겁니다. 여러분이 죄가 있다고 생각하면 죄를 꼭 받을 것이고 '죄가 붙을 자리가 없다.' 아까 내가 말했듯이 '시공이 초월돼서 찰나찰나 돌아가니, 바로 비행기 프로펠러 돌아가듯 하는 거니까 거기 붙을 자리가 뭐 있는가.' 이렇게 생각한다면 그냥 주인공에 모든 걸 맡기고 사세요. 모든 것을 주인공에 맡기고, 내가 아픈 것도 주인공에 맡기면 그 주인공 속에서 약사여래가 될 것이고, 가난한 걸 주인공에 맡긴다면 바로 관세음이 될 것이고, 또는 임신이 안돼서, 또는 어떠한 사건이 생겼을 때 산신이 돼 주고 지신이 돼 주고 용신이 돼 주고, 지장이 돼 주고 칠성이 돼 주고 문수가 돼 주고 보현이 돼 주고 수호신이 돼 주고 법신이 돼 주고, 이 여러 가지 이름들이 한군데서 나오는 것입니다.

그러니 그 한군데 주인공 안에는 모든 칠보가 가득 차 있어. 그래서 여러분이 원하는 대로 바로 털구멍을 통해서 부처님 이 자체가, 그대로 부처가 돼서 이 모든 수십억 마리의 생명들이 화해서 바로 보살로 화한다 이 소립니다. 보살로 화해서 털구멍을 통해서 눈구멍을 통해서 귓구멍을 통해서 나고 들면서 바깥에서 세균이나, 바깥에서 영계나, 바깥에서 유전성이나 병균이 들어오는 것도 다 바로 용광로에 넣어서 없어지듯이 그렇게, 바로 둘이 아닌 까닭에 그러한 것입니다. 안에서 악업 선업이 일어나는 것도, 역시 바깥에서 들어오는 것도 다, 이 물에다 물방울을 수없이 집어넣어도 두드러지지 않는다는 뜻입니다.

마음 의식은 체가 없어서 들어오는 거나 나가는 거나 한꺼번에 모두 그 교차로에서 돌아서 모든 게 없어지는 것입니다. 무너지는 것입니다, 오간지옥도 무너질 것이고 화탕지옥도 무너질 것이고. 오간지옥 하면 여러 가지 지옥이 한데 합친 것이 오간지옥입니다. 그러니까 모든 지옥이 무너지는 까닭에 인과가 끊어진다 이 소리야. 녹아 떨어진다 이 거야. 그건 뭐냐 하면 잔뜩 얼었던 얼음이 봄이 오면 녹아서 흘러내리 듯이, 스스로 흘러내리면 산하대지에 풀들이 무성하고 나무들이 이파리가 피고 뿌리가 싱싱하고, 이렇게 산하대지의 모든 생명들이 일어나서 봄을 맞이하듯, 우리도 역시 마음이 그렇게 모두 녹아지면 과거의 업보라든가 팔자 운명이라든가 이런 것도 다 무너진다 이 소립니다.

그런데 여러분이 이사 갈 때, 무엇을 잘못해서 어떤 날짜를 받아서 가는 것도 아닙니다. 여러분이 가고 싶은 날 가면 그대로 법이다 이 소립니다. 또 누가 삼재가 들었다 이런 것도, 삼재도 그냥 없는 것입니다. 왜? 내가 하고 싶은 대로 하는 것이지 삼재가, 무슨 이유가 거기 붙습니까? 그러니 시공을 초월해서 돌아간다, 찰나 생활이다 할 때는 그 삼재니 팔자니 운명이니 뭐, 어느 달엔 좋고 어느 달엔 언짢고, 꿈을 꾸니까 또 언짢겠다, 좋다 이런 것이 다 무너지는 것입니다. 이렇게 부처님 법이 좋은 법인데도 항상 악용하고 항상 뒤집어쓰고 뒤집어씌우고 이렇게 해서 우리는 고를 면치 못하는 거야. 그러니 언제 벗어납니까?

여러분, 또 들어 보시렵니까? 우리 한 방에 지금 전기가 이렇게 여러 군데 있습니다. 이게 한 식구죠. 그런데 한 스위치를 올릴 때는 여러 군데가 다 불이 들어옵니다. 그와 같이 우리가 처음에는 내 마음 속의 주인공, 용광로와 같은 데다가 모든 거를 넣어라. 모든 걸 맡기고 살아라. 그러면 첫째, 마음이 편안하고 첫째, 가정이 화목하고 첫째, 가난이 좀 없고 또 그 다음에는 우환이 적어지고 재난이 없어지고 재수가 있네 없네 이것이 사라진다 이 소립니다.

또 그런가 하면 여러분이 '그러면 나는 주인공을 그렇게 믿었는데도 별로 좋은 거 없더라.' 이렇게 말하는 사람은 그건 자기 분수를 모르는 사람입니다. 자기의 차원에 따라서, 우리가 그릇에 따라서 이런 걸 담죠. 여러분이 접시면 접시에 담을 음식을 담고 솥이면 솥에 담을 음식을 담습니다. 종지는 간장을 담죠. 그와 같이 여러분이 그릇이 크면 큰 대로 쓰고 작으면 작은 대로 쓰는 것이 이 세상의 진리입니다. 그렇기 때문에 여러분이 좀더 지혜를 넓히기 위해서는 모든 걸 내 주인공에다 맡기고 사셔야 합니다. 여러분이 없으면 이 세상도 없고 가정도 없고 부처도 없고 아무것도 없어요.

그런데 여러분이 바로 이 세상에 나왔으면 나온 것이 그대로 태초요, 지금 사는 것이 그대로 화두야. 그 껍데기 화두에다가 화두를 또 받아 가지고 그거 끊어질까 봐 애를 쓰는 그런 어리석은 것은 지금 이미 지났다는 얘깁니다. 그러니 앉으나 서나 누우나 자나 깨나 그대로 당신이 있으니까 있는 것입니다. 그렇기 때문에 그대로 참선이다 이 소립니다. 참선이자 행선이고 행선이자 묵선이고 묵선이자 그대로 행선이에요, 그대로 참선이고.

그런데 내가 이렇게 여러분한테 말을 해도 오늘은 내 음파가 다시 돌아옵니다. 여러분 마음속에 짝짝 들러붙어야 이 음파가 도로 돌아오질 않는데 여러분한테 해도 그 음파가 나한테 다시 돌아와. 그게 받아들여지지 않아서입니다. 여러분이 이 감응이 되지 않기 때문입니다. 그럴 땐 말을 하다가도…. 내가 책을 읽어서 이론으로 여러분한테 강설하는 게 아닙니다. 진실입니다. 사람은 모르든, 못났든 잘났든 진실만이 우주와 더불어, 또는 이 몸속에 있는 모두와 더불어 한마음인 것입니다. 진실만이 살 수가 있는 것입니다. 그래서 '부처님 성전에 앉아서 우리가 이렇게 한다.' 이러는데 부처님 따로 있고 우리 따로 있는 게 아닙니다.

그럼 그 마음은 어디에서 생기나. 여러분이 아무 소리 말고 지금 앉아 계신 그대로 여러분의 마음이 집에 좀 갔다 오십시오. 갔다 오실 수 있겠죠? 여러분네 가정 말입니다. 어느 선반에 뭐가 놓여 있고 냉장고에 뭘 사다 넣었고 그런 것도 다 보실 수 있지 않겠습니까? 그게 마음입니다. 그 마음이 여러분의 가정에 갔다 오듯이, 저 목성이나 토성이나 은하계나 태양계나 월세계나 우리 지구의 모든 문제를 그렇게 아주 가까운 거리의 내 가정에 갔다 오듯 그렇게 갔다 올 수 있는, 빛보다 더 빠른 이 진리인 것입니다. 그렇기 때문에 무지한 사람을 무지하게 그냥 두라는 게 아니라 무지하게 살다가도, 미생물에서부터 거쳐 오면서 살면서 쫓기고 쫓으면서 피를 흘리고 그러다가, 그래도 자식들은 배 속에다 넣고 또는 등에다 업고 알을 끌어서 저 바깥에다 갖다 놓고, 그러는 그 원인이 어디 있습니까? 사람이 자식을 위하는 마음이나 거미가 자기 새끼들을 등에 업고 비에 떠내려갈까 봐 나무로 기어오르는 그 부모의 마음이나 개구리 알을 개구리가 끌어다가 저 나무 이파리 속에다가 갖다가 놓는 그 부모의 마음이나, 또는 독사가, 독사는 자기 새끼를 낳아 놓으면 그 새끼는 어머니를 먹고 자라. 새끼에게 자기 몸을 다 바쳐서 새끼를 기르는 그 어미의 마음이나 우리 사람의 마음이나 뭐가 다릅니까?

그러니 그렇게 살아가다 보면 뭐가 아쉬운 게 있고 자기가 모자라는 게 있고, 회개를 하고 그러다 보면, 그렇게 하는 게 진화야, 바로. 그래서 나중에 죽어서 그 허물을 벗고 다시 그 마음이, 의식 자체가 바로 사람한테로 들어가서 사람으로 태어난다 이 소립니다. 사람이 잘못하면 짐승의 모습으로 또 들어가고. 이거는 사실입니다. 거짓말이 아닙니다. 그러니 여러분이 지금 사람의 모습으로 산다고 해도 이 도리, 진리를 파악하지 못하고 의식 자체가 세상의 모든 거 그대로 보고 그대로 살다가, 극매고 살다가 그대로 죽으면 승천을 못합니다. 물질적인,

현상적인 것만 보고 살아서 의식이 그렇게 돼 있기 때문입니다. 어저께도 그런 말을 했습니다. 이 세상의 사람들이 전부 물을 보면 빠져 죽을까 봐 걱정하고 있고 불을 보면 타 죽을까 봐 걱정을 하고 있고 독사굴에 가면 무서워서 거길 지나가지 못하고, 이렇게 하니까 사람이 죽어도 혼백이, 즉 말하자면 의식 자체가 강도 못 건너가고 불구덩이도 못 건너가고, 악 소굴에도 못 건너가고 뱀 소굴에도 못 건너가고 귀신 굴에도 못 건너갑니다. 나는 몸뚱이가 없는 의식이어서 물에 빠져 죽을 리도 없는데 고만 못 건너간다 이겁니다. 살아생전에 그런 마음을 먹기 때문입니다.

그러니 여러분이 주인공에 모든 것을 맡겨 놔라 이겁니다. 너는 뭐 이렇게 잘못하느니, 뭐를 어쩌느니, 너는 이렇게 해서 부모 말을 안 듣고 요렁하면 넌 뭐가 안되느니, 깡통을 차느니 뭐, 별소리 다 하죠. 깡통 차는 소린 안 해도 말입니다, 별소리 다 할 거예요. 욕을 해 대고 말입니다. 그런데 그것이 그대로 반영이 되거든요. 그러니 그럭하지 마시고 그 주인공도 있고 내 주인공도 있으니까 내 주인공 스위치를 누르고 '아이, 여기서밖에는 밝게 해 줄 수 없지.' 하고선 거기 스위치를 탁 눌렀을 때 거기까지 불이 들어와요. 그러니 말로 할 필요가 없어. 말로는 조용히 좋게 해 주세요. "얘, 너 밥 먹었니? 어디 나갔다 피곤하지나 않으냐." 번연히 나쁘게 하고 돌아다니는 줄 알면서도 그 말을 그렇게 해 주고 주인공에 맡겨 놔라 이겁니다. 그럼으로써 그 자식은 마음이 그대로 밝아집니다. 그리고 자식만 그런 게 아닙니다. 부부 사이도 그렇고 부모 사이도 그렇고 다 그런 것입니다. 그러니 한생각에 그 깊은 구덩이에서 건져 놓을 수도 있는가 하면 한생각에 구덩이에다가 그냥 집어 처넣을 수도 있는 것입니다. 하하하…. 그러니 우리가 항상 부부지간에도 따뜻하게 따뜻하게, 가서 화투를 하고 들어왔다, 밤을 새우고 들어왔다, 술을 억만 잔을 먹고 그냥 고주망태가 돼서 들어오지 못했다, 또는 보기만 하면 응응댄다, 그러고는 욕을 해 대고 부수고 이러더라도 따뜻하게 대하면 된다 이겁니다. 그냥 그건 다 주인공에 맡겨 버리고 따뜻하게 대해. 그럼으로써 그것은 정반대로 그냥 서로 둘이, 끼리끼리 만난 업이 무너지는 거예요.

이 세상을 보세요. 끼리끼리 모여 있어요. 깡통은 깡통대로 무쇠는 무쇠대로 금은 금대로 그렇게 있죠? 또 사람도 정치인은 정치인대로 상인은 상인대로, 또 택시 운전수는 운전수대로, 그걸 여러 말 안 해도 아시겠죠? 그렇게 끼리끼리 모여 있는가 하면 먹는 것도 끼리끼리 모두 놨어요. 이건 누가 그렇게 놓으라고 그래서 놓는 게 아닙니다. 자동적입니다, 이게. 그러니까 금 간 데 넝마 갈 일 없고 넝마 간 데 금 놓을 일 없다. 그러니까 그렇게 끼리끼리 만났기 때문에 그런 불상사가 생기는 거거든요. 그러니 누구 탓을 하느냐. 바로 자기 탓이다 이거야. 누구 탓 아니에요. 절대로 누구 원망하거나 증오하거나 미워하거나 남의 탓이라고 하거나 저놈 때문에 망했다고 하거나 이렇게 해서는 아니 됩니다. 모든 게 자기 탓이기 때문에 자기 주인공에다, 거기서 나온 거니까 거기다가 맡겼을 때에, 맡겨 놨을 때에 이열치열이란 말이 있듯이 바로 거기서 녹아진다 이겁니다.

여러분한테 기초적인 문제를 이렇게 간곡히 말씀드리는 것입니다. 그러니 여러분이 가정의 그 가난한 거, 괴로운 거, 외로운 거, 고독한 거, 속상한 거, 그런 게 생각나거나 뭐 어떤 때는 죽고 싶은 생각, 이렇게 많이 일어나는 거를 다 놓을 때에 비로소 '아하, 내가 여기 이렇게 스님한테 몇 번 다니니까, 이게 이렇게 하니까 그대로 마음이 편안하더라.' 이렇게 됩니다. 마음이 편안하면 돈도 들어와. 왜냐? 돈이 말입니다, 저 집에 들어가면 물고 찢고 싸움들을 하니까 나는 저 집에 들어가기 싫다 이거야. 돈도 생명이 있는 겁니다, 마음이 있고. 그렇기 때문에 돈이 안 들어와요. 마음이 편안하고 가정이 화목할 때 돈은 '아유, 나는 저 집에 들어가면 나도 참 기쁘고 서로 그냥 그렇게 질서 있게 모든 게 화목하니까 거기 가서 내 마음도 즐겁게 살아야겠다.' 이런 겁니다.

어떤 사람이 이런 예가 있었습니다. 마누라를 넷을 뒀어요. 그랬는데 죽어 갈 때에 첫 마누라한테 "마누라, 나하고 같이 갑시다." 하니까 내가 왜 당신하고 같이 가느냐 이거야. 그러니까 하는 소리가, 남편이 "여보, 당신이 추우면 더운 옷을 입혀 주고 더우면 시원한 옷을 입혀 줬고 또 때가 있으면 닦아 줬고, 그렇게 그 모든 거를 그렇게 지극하게 해 줬는데도 당신은 나를 안 따라가려오?" 하니까 "나는 못 따라가겠소." 했어요. 둘째 마누라한테 말하기를 "당신, 나하고 같이 갑시다." 하니까 "당신이 좋아서 나를 따라다녔지 아, 내가 당신을 좋아서 따라다녔느냐." 이 소립니다, 둘째 마누라가. 셋째 마누라한테 "당신은 나를 따라가지 않으려오?" 하고 물으니까 "당신이 갈 때 내가 다른 데는 더 가 줄 수가 없다. 공동묘지라면 거기까지 갈 거고." 허허허, 또 저 태우는 데 뭐죠?

대중 가운데서 화장터

큰스님 "화장터까지밖에 못 갑니다." 그러거든요. 하하하. 넷째 마누라한테 가자고 그러니까 "여보, 살아나와도 죽어 가도 당신과 둘이 아닌데 내가 어찌 따로 떨어질 수가 있겠습니까?" 그러더라는 겁니다. 그게 무슨 소리냐? 첫째 마누라는 내 몸을 말하는 것입니다. 둘째 마누라는 돈을 말하는 것입니다, 물질. 자기가 좋아서 물질을 따라다녔지 물질이 자기 좋아서 따라다녔습니까? 그러니 돈도 안 따라가겠다고 한 겁니다. 그러니까 당신이 좋아서 날 따라다녔지 내가 좋아서 당신 따라다녔느냐고 하는 거죠. 셋째 마누라는 바로 처자식입니다. 처자식이 그렇게 간곡히 한 식구로서 당신이 죽으면 내가 죽고 당신이 살면 내가 산다고 하던 그 정리도 다 떨어지는 것입니다. 다 떨어지고 '내가 공동묘지밖에는 못 가 드리겠습니다.' 한 겁니다.

그러니 여러분이 무엇을 가져가겠습니까? 내가 평생을 두고 이 몸뚱이를 집을 삼아 내가 이렇게 쓰다듬고 씻고 닦고 바르고, 옷을 시원한 걸 입히고 멋진 것을 사서 입히고 그랬는데도 이게 안 따라간다는 겁니다. 하하. 평생을 데리고 살았는데도 이게 안 따라간다는 거예요. 그런데 하물며 무엇이 여러분을 따라가겠습니까? 대신해 줄 사람이 누가 있습니까? 야, 대신 죽어 줄 수도 없는 거 아닙니까? 대신 아파 줄 수도 없는 거고 대신 먹어 줄 수도 없는 거고 대신 똥 눠 줄 수도 없는 거고, 네? 어떻습니까? 대신 먹어 줄 수도 없는 거고 잠자 줄 수도 없는 거고. 어쩌죠? 그러니까 여러분이 바로 이 세상에 나왔다가, 벌거벗고 나왔다가 벌거벗고 가는 거야. 그런데 무엇을 짊어지고 그렇게 얽매입니까, 무겁게?

원효 대사가 말씀하셨듯이 이 가죽 속에다가 염주를 넣고 다니고 가죽 속에다가 목탁을 들고 다녔으면 무겁지나 않을 것을 이 목에다가 그 무거운 거, 예전에 또 누가 이렇게 굵은 거를 아마 매고 다녔던 모양이죠. 예전엔 나라에서 스님을 국사로 모셨던 일이 많았습니다. 그랬던 까닭에 그런 얘기가 나온 것이죠. 그러니까 좋은 공단으로다가 만든 옷을 입고 가사 장삼을 수하고선 굵은 염주를 척 매고 아, 무거운 목탁을 들고 이러니까 그렇게 말했을 수밖에요. 그리고 또 우리가 생각할 때 저 목탁은 여러분 머리예요. 저 자루 보이시죠? 그거는 채찍이에요. 여러분은 그걸 아셔야 돼요. 우리가 그대로 봐서는 안 됩니다. 우리는 우릴 채찍질 하는 거지 누구에게 채찍질을 하는 것이 아닙니다.

각자 여러분이 그대로 고정됨이 없고 그대로 가져갈 수 없고 그대로 대신해 줄 수 없는 것입니다. 그러한 까닭에, 이 마음은 체가 없기 때문에 누구한테나 밝음을 줄 수 있는 것입니다. 그러니 자식들한테도 남편한테도 부모한테도 그러한 좋은 마음을 갖고, 어떠한 꿈을 꿨더라도 '그것은 나를 가르치기 위함이니 참 감사하구나.' 이렇게 생각하고, 모든 걸 감사하게 생각하고, 거기에서 일체 만법을 들이고 낸다는 걸 아셔야 하고, 자기가 없으면 아무것도 없다는 걸 아셔야 하고, 그 뜻이 그렇게 무궁무신한 마음 법이라는 걸 아셔야 됩니다. 우린 오늘만 마음이 있는 게 아니라, 의식이 있는 게 아니라 세세생생에 끝간 데 없이 그 의식은 떠나지 않고 그 혹성, 저 불성은 그대로 움죽거리지 않는 것입니다.

그래서 지난번에도 얘기했지만, 어머니가 돌아가시니까 스님 된 친구를 불러다가 "우리 어머니 천도 좀 잘해 주시오." 하니까 "아이그, 나지나 않았으면 죽지나 않을 것을…." 이러고서는 뺑 하니 달아나가거든요. 그러니 얼마나 화가 났겠습니까, 친구지간에. 그래서 그 친구는 욕을 한참 해 대고선 그날 병풍을 치고선 이러고 있는데, 잠이 꼼빡 들었는데 어머니가 있다 하는 소리가 "너의 친구가 잘해 줘서 나는 가니 그쯤 알고 내 지금 현재 있는 것은 고깃덩어리니 내다가 모든 것을 태워라." 이러시면서 구름을 타고 가시는 그 어머니를 보고 참 기쁜 마음에 꿈을 깨고선 '아하! 우리 친구가 와서 정말 한생각에 천도를 했구나.' 하고 생각했답니다. 예전에는 어머니나 부모가 돌아가시면 산에 올라가서 3년 상을 그렇게 지낸 역사가 있었는데 고만 그 소리 듣고서 어머니를 다비식처럼 그냥 태워 버리고서 자기는 그대로 그 친구를 따라서 입산했다는 얘기가 있습니다. (녹음 안됨)

어떤 친구가 가난하기가 짝이 없었어요. 요만한 궤짝을 놓고선 기름을 얻어다가 팔았죠. 그게 OO기름집이라고 하는 집이죠. 그런데 그렇게 가난할 수가 없었어요. 가난한 데다가 딸은 미쳤죠. 큰어머니는 간질병으로 그렇게 애를 쓰죠. 또 아버지는 다리가 썩어 들어가고 있죠. 세상에 그런 지망년은 없겠죠. 기름을 그 부인이 몇 개 팔아서 연명을 하고 이렇게 지냈는데 하루는 이렇게 꿈을 꿨답니다. 꿈에서 책을 이렇게 보여주면서 하는 말이, "네가 이만큼을 지내서 이 고통을 다 받아야 하는데, 이 아무개 스님을 찾아가서 오천 원만 그분에게 갖다 드리고 살려 달라고만 한다면 이 책장이 그냥 넘어가느니라. 그러면 네가 살게 되느니라." 이러더라는 거죠. 그런데 책장이 조금만 넘어가면 다 더랍니다. 그때 꿈에 나를 집은 모양이에요. 그래서 그 몇십 리 되는

데를 찾아 올라온 겁니다. 찾아 올라와서 오천 원을 갖다 주면서 살려 달라고 하면서 꿈꾼 얘기를 하는 겁니다. 그러니 그 소릴 듣고서 오천 원을 안 받으려 해야 안 받을 수가 있나요? 장사 없죠. 그래서 그 오천 원을 손에 쥔 채 "그 스님이 어디 가셨습니까?" 이러는 겁니다. 그래서요, "당신이 올 줄 알고 출타하시면서 돈 오천 원을 가져올 테니 받고 내려보내면 다 괜찮으리라." 그렇게 말씀을 하셨다고 그래 놓고는 턱하니 그냥 오천 원을 받아 가지고는 풀섶에 앉아 있던 대로 그냥 앉아 있었죠.

그러고는 갔단 말입니다. 그때서부터 간질병도 없어지고 미친 딸도 그대로 괜찮아서 시집보내고 그 발도 그냥 짚고 다니던 거 버리고, 그 기름 파는 데 어떤 친구가 와서 내 집 기름을 그냥 갖다 줄 테니, 큰 가게를 주면서 여기서 팔라고 그러더라는 거예요. 그래서 기름만 판 게 아니라 기름을 짜는 기계를 주어서 그것도 하고 여러 가지 하다 보니까 지금 부자가 돼서 원주에 큰 빌딩이 세 개나 된답니다. 주인공이 그렇게 좋은 거예요. 여러분! 누가 여러분의 나쁜 거를 다 제쳐 주며 지금 누가 여러분을 끌고 다닙니까. 여러분이 끌려다니는 그 자체는 바로 우리가 지금 타고 다니는 차와 마찬가지지만 그 차 운전수는, 바로 여러분을 끌고 다니는 운전수는 마음입니다. 그리고 그 마음이 에너지를 자꾸 그 차에다 넣어서 끌고 다닙니다. 그것이 어떻게, 이해가 됩니까? 그런데 운전수를 믿질 않아요. 중간에 운전수가 기름도 넣어 주고 또 고장나면 고쳐도 주고 닦아도 주고 아, 이러는데 믿질 않는 겁니다. 그래도 믿지 않아서야 되겠습니까? 오늘부터라도 그렇게 믿으십시오. 여기 앉아 계신 분들이라도 그 공부를 하신다면 수백 수천이 될 수 있습니다. 여러분이 그 공부를 해서 어려운 사람들을 다 건지십시오.

어떻습니까? 제가 오늘 간단하게 이렇게 기초적인 문제를 해명해 드린 것입니다. 이런 얘기 하게 된 것도 감사합니다. 왜냐? 여기 처음에 왔을 때 우리 스님이 입 밖에도 못낸 탓은 바로 여러분 때문입니다. 여러분이 그렇게 막혀서 영 그 말이 먹혀 들어가질 않으니까 스님은 스님대로 고생을 무지하게 하면서 이렇게, 고생이 돼도 박차고 떠나지 않고 여기서 그대로 밀고 넘어갔던 것입니다. 그래서 오늘날에 여러분한테 이런 말을 하게 된 것도, 말만 그냥 여러분한테 하는 게 아닙니다. 여러분에게 말을 했으면 그 책임을 질 수 있는 그런 실천이 바로 나한테 있는 겁니다. 여러분한테 말만 해 주고 실천이 없다면 그것은 이론으로 돌아가는 것이죠. 그러나 아까 얘기했듯이 지수화풍이 있기 때문에 광력, 전력, 자력, 통신력이 거기 충만하게 보존이 돼 있기 때문에 그런 광력도 바로 여러분한테 가고 옴이 없으면서도 여러분한테 말하면 말 책임이 거기 다 갈 수 있다 이 소립니다.

그러니 여러분이 생각할 때 어떻습니까? 여기 우리가 돈을 벌려고 왔다면 이렇게 고생을 하고 우리 스님이 이렇게 애를 쓰지도 않았고, 돈을 벌려고 왔다면 여기 돈을 들이지도 않았을 겁니다. 자기가 희생하고 자기가 고생하면서도 여러분을 위해서 그렇게 지금 밀치고 넘어왔기 때문에 오늘날 여러분한테 내가 이런 말을 할 수 있다는 그 사실은 정말 어떻게 보면 너무나 고마운 것입니다. 어떻게 말로 고맙다고 할 수 있겠습니까? 그러니 여러분은 스님이 이런 말을 하면 들을 수 있는 그릇이 돼야 될 텐데 요만한 그릇에다가 큰 드럼통으로 기름 하나를 부어 줬던들 무슨 소용이 있겠습니까? 그러니까 말 못했던 거죠. 그래서 내가 말을 하면 "스님, 요런 그릇에다 드럼통으로 기름 하나를 부어 줬던들 무슨 소용이 있겠습니까? 저 고생하는 건 말도 못합니다." 하더군요. 허, 그거 그거 당연하지.

그러니 속으로는 아프고 쓰라림을 갖고 또 가엾기도 하고 그렇지만 사람은 고생도 좀 해 보고 그런 걸 밀고 넘어갈 수 있는 인내가 있느냐 없느냐도 거기에서는 생각해 볼 점이 있는 거죠. 그러나 이를 앙다물고 그걸 넘겼다는 사실입니다.

여러분! 여러분이 많지는 않지만 우리가 진실하게 공부한다면 여러분 자식들의 뿌리를 도와주는 거고 뿌리를 싱싱하게 만드는 것입니다. 말로 표현하자면 위로는 묵은 빚을 갚을 수 있는 능력이 되고 아래로는 햇빛을 줄 수 있는 능력이 된다 이겁니다, 여러분이. 그리고 이 도리를 공부하신다면 세세생생에 끄달리지 않는 바로 그러한 법신과 부처가 되시는 거죠. 아니, 보살이 되시는 것입니다, 당신 원하는 대로. 그러니 부모의 은덕도 갚을 수 있고 세세생생에 끄달리지 않고 사실 수 있는 영원한 길이 바로 이것입니다.

여러분이 이 공부만 잘하신다면 향 한 개비 안 꽂아 놔도, 물 한 그릇 안 놔도, 내가 먹는 밥에서도 위로는 내 부모와 더불어 일체제불과, 아래로는 일체 중생이 다 같이 한 그릇 가지고도 먹고 한 그릇이 되남을 수 있는 그 광대무변한 법을 아마 터득하실 겁니다. 여러분 마음에 믿기지 않으시겠지만 무조건 여러분이 있으니까 이 세상이 있는 것이기에 무조건 여러분은 여러분 운전수를 믿으십시오. 어떻습니까? 내가 틀립니까?

오늘 이렇게 간단하게 기초적인 문제를 가지고 했지만 여러분이 열심히 하셔서 나중에 그릇이 더 커진다면 그 커진 그릇에 또 담을 수 있는 그런 여건이 생길 것입니다. 그러니 오늘은 이걸로써 마치겠습니다.

생명의 근본이 바로 에너지이다

알래스카지원 담선법회(통역)

1990년 3월 29일

신도(남) … 자기가 치과 의사면서 치과 의사들을 여러 명을 직접 데리고 운영을 하고 있습니다. 그래서 참 좋은 교훈을 가지고 있었는데, 굉장히 참 가깝게 지냈죠. 제가 "큰스님 오셨는데 한번 같이 뵙자." 하고 이렇게 같이 왔습니다.

큰스님 아니, 치과든지 뭐든지, 그 얘기를 해. 이것은 학술적인 것이 50%라면, 학술적인 거하고 이 생활하고 모든 게 결부돼서 50%라면 무심 즉, 무의 세계의 50%가 거기 대두돼야 이것이 100%를 응용할 수 있는 거야. 의사도 다 그래. 아무리 치과 의사지만, 그래서 인간으로서 지금 살면서 마음이라는 걸 떠나서는 능력을 다 발휘할 수가 없어. 마음이 이렇게 나오기까지 영원한 그 생명의 근본 주처는, 즉 말하자면 기계로 치면 심장과도 같고, 중심 같지. 그 중심으로 인해서 여기에, 지금 시쳇말로 한다면 과거를 아는 것도 여기 붙어 있고, 이게 컴퓨터로 표현이 되고 또는 팩스도 여기 붙어 있고 탐지기도 여기 붙어 있고 무전통신기도 여기 붙어 있고, 그렇게 해서 네 개가 다 붙어 있는 반면에, 즉 말하자면 숙명통도 여기 붙어 있고 그러니까 요 다섯 가지가 이렇게 붙어 있는 이 자체를, 모든 것이 이렇게 돌아가니까 우리가 지금 '주인공'이라고 그러는 거야. 이 중심은 주인이자 이건 공했다 이거지. 전부 공했다 이거야.

신도(남) 계속해서 돌아가니까.

큰스님 응. 계속 돌아가니까. 시간과 공간이 초월해서 돌아가니까. 자기도 그렇지. 자기도, 즉 말하자면 생각을 할 수 있는 건 생명이 있기 때문이 아니냐? 그래 영원한 생명의 근본이 있기 때문에 마음을 낼 수 있다. 마음을 내면 육신이 움죽거릴 수 있다. 그러니까 움죽거리면 이 생활이 전체 거기 부합이 되는 거지. 이 의사 노릇 하는 거든가 뭐, 모든 것이 다 거기에 부합이 돼서 돌아가지.

그래서 지금 거기 선생님이나 학생들이 왜 나를 좋아하느냐 하면 오하이오 주 주립대학에서 연구하거나 석사, 박사 이런 학위 따는 것도 나한테서 지금 공부해서 다 그 논문을 쓴다고. 그런다면 그 선생님도 정신과 박사 뭐, 그 박사들 넷을 한데 모아서, 자기까지 다섯이 뭉쳐서 지금 이 공부를 할 양으로 계획을 잡고 있지, 연구위원을 인제 구성한다고.

근데 우리가 이 공부 하는 거는, 천안통 하면 천문학으로 이렇게 다 하는데 천문학도 거기서 이렇게 갈라지니까, 생물학이나 천문학이나 또는 지리학이나 의학이나 또는 천체물리학이나 과학이나 공학이나 이런 데로 다 물리가 터지거든. 그래서 요 공부를 하려고 그러는 거지. 그래서 자기 주인공 공부를 한다. 자기가 지금 이 생명을 유지하고 있기 때문에 세상이 벌어진 거고 자기가 있기 때문에, 예를 들어 자기가 전공이 치과라면 다른 사람이 발명 못하는 것도 발명을 할 수가 있다 이거야, 이 공부를 하면. 자기가 연구를 해서 할 수 있는 그런 능력이 대두돼 있다 이거죠, 전부. 누구나가 다 그런 걸 가지고 있는데 자기가 못 쓰니까, 모르니까 못 쓰는 것뿐이지.

그래서 어저께도 얘기했듯이 지 수 화 풍이 이렇게 있으니까 사람이 중심이 있게 되고, 몸도 지수화풍이니까. 중심이 돼 있으면 지수화풍은 항상 돌아가는 거야. 그런데 이 지수화풍이 돌아가기 때문에 전력도 여기서 나오고, 자력 통신력 광력 이런 것이 전부 여기서 나온다 이거야. 그렇게 나오면 그 능력으로써 지금 다섯 가지, 아까 그거를 바깥으로 내놓는 거야. 바깥으로 내놓는데 50% 보이지 않는 광력과 전력 자력 이런 것을, 즉 말하자면 인제 이 중심 하나가, 모든 것을 발휘해서 사람한테 모든 그런 걸 충당해 주는 거지. 모두가 낫는 게 '자력' 하면 벌써 모두 기가 없어도 기를 넣어 줄 수도 있고…. 앞으로는 정신 계발을 시키지 않으면, 50% 그 보이지 않는 데서 전력이 나오는 거를 먹지 않고는 앞으론 살기가 힘들어. 오늘도 정신병자들 있는 데를 가 봤지만, 이거를 충전을 해 주면서 고쳐 줘야 하는 거야. 그냥 이론으로만 해선 안 돼. 이 충전!

신도(남) 에너지라고 볼 수 있죠.

큰스님 그럼 에너지지. 이 에너지를 충전하면서, 이게 지 수 화 풍이 있기 때문에 광력 전력 자력 통신력이 충만하다 이거야. 이런 것이 인간에게, 중심에 주어져 있다. 그러면 그 환자에게도 내용적으로는 주어져 있으니까 거기다가 딱 충전을 해. 충전을 해 주면서 자기가 자기를 끌고 가게 만들어 줘.

신도(남) 죽은 밧데리 충전시켜 주는 거와 마찬가지죠.

큰스님 그럼. 그러면 돌아가잖아. 돌아가면 그 정신병자는 나아. 그러니까 그만큼 그렇게 해 줘야 되고, 또 이 말을 해서 자기를 자기가 믿게 만들어서 실천을 할 수 있게끔 만들어 주는 거지.

신도(남) 그 대목, 굉장히 아주 중요한 거 같아요. 제가….

큰스님 음. 그거야 치과도 그렇지만 말이야.

신도(남) 충분하진 않지만 자기도 굉장히 관심을 많이 갖고 있고 평소에 그렇기 때문에 제가 지금 하는 말에 대해서 많이 이해를 했다고 얘기들 합니다.

큰스님 지금 세계적으로 볼 때에 이 공부가 중요한 게 뭐냐 하면 내 몸과 가정 사회 국가 세계 지구 이런 것도, 월세계나 태양이나 모든 것을 조절할 수 있고, 사람의 마음도 조절할 수 있고 이런 것도 거기 대두되고 있거든. 아주 크나큰 일이야.

인간에게 그만한 무한의 능력이 다 주어져 있는데도 인간은 지금 바깥으로 펼쳐진 물건과 바깥으로 이 세계 살아나가는 것만, 지금 50%만 가지고 결정을 하고 살고 거기 쫓아가고 있거든. 그러니 월세계나 다른 혹성이 팽창돼서 이런 조그마한 덩어리 하나 집어먹는 건 유가 아니거든. 또 인간에게도 그래. 이것이 정말 확산돼서 그렇기도 하지만 우리 인간에게 주어진 그 능력을, 반대 방향으로 죽일 수 있는 능력을 지금 많이 연구하고 가잖아. 그렇기 때문에 왜, 자기 욕심 때문에 초가삼간 집을 태운다고 그러지? 빈대들 죽이기 위해서 초가삼간 집을 태운대. 그와 마찬가지로 지구도 우리의 집이라고. 그러니까 우리 집을 태울 수도 있는 거지. 허허허….

신도(남) 제가….

큰스님 그래서 이 탐지기는 남의 속을 다 아는 걸 탐지기라고 그래. 그렇지?

신도(남) 네.

큰스님 그러면 탐지기로 인해서 그 사람이 도둑질을 했는지 사기질을 했는지 그런 거 다 알잖아? 착한 일을 했는지 아무 일 없는지, 그런 걸 다 아는데 이 컴퓨터는 입력을 해 놓으면 모든 것이 다 나와. 그와 같이 인간의 그 컴퓨터는 한계가 없기 때문에 그걸 만들었는데 물질의 컴퓨터는 한계가 있는 거야.

신도(남) 컴퓨터는 한계가 있죠.

큰스님 그러나 인간의 마음의 그 컴퓨터는 한계가 없어. 항상 입력을 할 수 있고 항상 입력으로 인해서 다시 돌아서 바깥으로 나올 수 있으니까. 또 과거에, 내가 이 세상에 나오기 이전에 살던, 우리가 진화돼서 나온 거니까, 인간으로 살았든 짐승으로 살았든 예전에 과거에 살던 그것이 전부 자기 잠재의식 컴퓨터에 입력이 돼 있다고. 지금 현실에 나오는 거야, 그게.

신도(남) 이 사람들한테 궁금한 한 가지 대목이 있겠네요. 서양 사람들이 여태껏 어려서부터 배워 온 거는 하느님이 세계를 창조하고 인간을 하느님의 형상대로 만들었다고 그러잖아요?

큰스님 하나님이라고 그러는 거는 지 수 화 풍이 한데 합치면 하나의 생태가 나와. 미생물이 나와. 생명이 생긴단 말이야. 요것을 한데 합치니까 하나님이야. 하나가 나온다 이거야. 여기에서 하나가 나온다 이거야.

신도(남) 그래서 하나님이에요?

큰스님 응. 그래서 우리들도 하나님이 될 수 있는 거야. 그래서 하나님이 되면 하늘님이 되고 한울님이 된다. 이것은 삼합이 한데 종접을 하는 거지. 즉 말하자면 하나님은 나의, 나 중심이고 하늘님은 지혜고 한울님은 들리는 거야. 모든 것을 듣고 돌아가는 거지. 그렇기 때문에 이것을 포함하면 삼위일체가 된다.

신도(남) 여기서는 영어로 하느님을 God이라고 그래요, God. 그러면 God 하면 그냥 하느님이다….

큰스님 그러니까 바깥으로 찾고 바깥으로 믿으니까 나를 발견 못하는 거지.

신도(남) 그러니까 이 사람들이 여태껏 배워 왔던 바로서는 하느님이 사람을 자기 형상과 똑같이 했다, 하루아침에 만들었다.

큰스님 자기가 자길 만드는 거지, 딴 사람이 만드는 게 아니야.

신도(남) 근데 거기에 반해서 다윈의 진화론이 나왔고 이 지금 큰스님께서 말씀하시는 진화론은 미생물에서부터 계속 진화가 돼 가지고 사람이 나왔다.

큰스님 그래, 그랬어. 그래, 나왔는데 지금부터, 과거부터 져들 게 아니라 과거부터 온 데를 알고 지금 어디로 가는 걸 알아야 돼. 쳇바퀴 돌듯 해. 지금 이 세계에 그 모든, 우주적인 모든 것이 다 쳇바퀴 돌듯 돌아가. 그런데 단 하나는 자기가 지금 바깥을 보고 믿고 바깥을 보고 찾기 때문에 그걸 모르지. 이게 나로부터 지금 내 영혼이 나를 형성시킨 거야. 그럼 뭐냐? 이 영혼이 있기 때문에 즉, 물도 생명이 있고 불도 생명이 있고 흙도 생명이 있고 바람도 생명이 있는 거야.

그러니 이거를 비유해 보자고, 이거. (컵을 가리키시며) 이것은 흙으로 만든 거야. 바람을 쐬어야 돼. 물이 들어가야 돼. 그럼 태양을 쬐어야 돼. 말렸어. 근데 이걸 말려 가지고 바람과 흙과 물이 들어가서 이게 만들어져 가지곤 불에다 구워.

신도(남) 지수화풍이죠.

큰스님 응, 불에다 구워 가지고 이것이 하나가 나오면 뭐가 되느냐? 이게 물건이 되는 거지. 즉 말하자면 찻잔이 되는 거야. 찻잔이라는 이름을 가지고 이 세상에 출현을 한 거야. 이게 하나가 나왔어, 네 가지가 한데 합해서. 그런 거와 같이 지 수 화 풍으로써 지 수 화 풍을 낳은 거야, 우리 이 몸뚱이 자체를.

신도(남) 우주의 모든 근본은 지수화풍에서 다 탄생이 된 거라 이거죠.

큰스님 응, 모든 섭류가 그래. 그렇지, 한데 합쳐서. 그것도 생명이 있으니까. 그래 바람과 모든 걸 한데 합치니까 생명이 하나가, 인간으로서 생명이 하나가 됐다 이거지.

신도(남) 제가 거기까지만 잠깐 설명해 드릴게요.

큰스님 그러니까 사람이 제일 나중 나왔어.

신도(남) 사람이요?

큰스님 제일 나중 됐지. 진화가 돼 올라오는 과정이 있기 때문에.

신도(남) 어느 정도, 이 사람도 조금은 아는 거 같아요. 근데 항시 그 기본적인 게, 제가 지금 이 사람한테 말씀드린 건 우리가 가장 기본적인 거를 상식적이라고 얘기하면서 그 상식적인 거를 항시 저버리고 사는 데서 이런 공부가 필요한 거고, 그걸 우리가 알면서도 사용을 안 하고 저쪽에다 제쳐 놓고 사는 그런 거 같다고 내 의견으로 얘기를 했죠.

큰스님 그래요. 그래서 어떠한 것을, 지금 나무도 접을 붙이고 뭐, 별의별 걸, 의학도 생물학도 그렇고 식물학도 그렇고, 그런 걸 연구를 하거나 이거를 갖다 놓고 저걸 갖다 놓고 저걸 갖다 놓고 이렇게 포함해서 갖다 넣으면 약 하나가 생산이 된단 말이야. 죽이는 약이든지 살리는 약이든지, 하여튼. 그런데 그거 하나 가지고는 안 돼. 즉 말하자면 독불장군 없단 말 있지? 하나가 여러, 그 큰일을 못한다. '우린 뭉쳐야 산다.' 그런 게 있죠? 그런 거와 같이 네 가지가 한데 합치니까 그렇게 됐는데, 합쳐서 하나를 낳는데 이 하나 낳은 것마저도 지수화풍이야. 하나 낳은 것마저도 지수화풍인데 그 지수화풍의 뿌리는 무엇이냐? 바로 사람의 씨요, 뿌리라고도 한다 이거야. 그건 뭐냐? 우리가 말을 할 수 있고 생각을 할 수 있고 움죽거리게 할 수 있고 그런 능력이 바로, 그 묘법이 바로 그게 씨다 이거야.

그러니까 바람도 생명이 있고 눈도 있고 생각이 있고 그래서 부는 거라고. 그래 네 생명들이 같이 한데 합쳐지니까 모든 사랑할 수 있는 생각도 나왔고 거기에서 모든 것이 전체의 그 무한의 능력을 가지고선 나오게 됐다 이거지. 그 하나 가지고는 도저히 안되니까. 그런 것이 스스로서 생산이 된 것이 바로 이 바람과 흙과 물과 불이다 이거야. 그래서 인간은 불씨를 먹고 살고, 지금. 우리가 불, 물 다 먹고 살지? 태양까지도.

그런데 우리 자체가 지수화풍이 있는 반면에 자력이나 전력이나 통신력 광력, 이런 것이 대두돼 있다 이거야. 대두돼 있기 때문에 그러한 것을 이 마음의 즉, 광력이라고 한다. 우리가 지금도 광력을, 즉 말하자면 불로 쬐서, 이렇게 광력으로 쬐서 병을 낫게 하잖아?

신도(남) 네, 레이저로.

큰스님 응. 레이저로 이렇게 하는데, 그것이 인간에게 무한량으로 주어져 있단 얘기야. 가설이 돼 있다는 거야, 전체가. 전력도 그렇고.

그러니까 이 몸속에 수십억 마리가 있어, 이제 지금. 응? 수만 마리가 있다고. 세포에 이게 하나하나가. 그러면 그 의식 자체가 바로 내 인과로써 과거에 살던 그 인연으로 인해서 다 같이 몸속에 있단 말이야. 그 몸속에 있는 게 내 지배하는 마음에 의해서 이 몸속에 있는 마음들이 다 응해 줘. 들이고 내고 들이고 내고 해 줘, 털구멍을 통해서. 기도 넣어 줄 수 있고 다른, 즉 말하자면 식물에도 전부 에너지가 있다 이거야, 약. 즉, 핵이 있고 에너지가 있는데다 액이 있다, 액! 근본적인 그 약 재료, 액.

그러니까 그 에너지를 빼다가 내 병을, 즉 말하자면 'A형' 하면 A형을 A형에다 넣어야 하거든, 피를. 그와 같아. 그러니까 전부 약 아닌 게 없어. 그러니까 무심으로서 여기 무한대로 있기 때문에 여기에서 소임 맡은 대로, 위다 그러면 위에 있는 소임 맡은 공장장이, 즉 말하자면 그 의식 자체가 저 식물 의식 자체와 통하니까 그 의식 자체에서 A형을 빼다 거기 넣어. 그와 같아. 그렇기 때문에 이게 무한량의 능력이 있는 거지. 그러니까 모든 점에서 그 분야를 맡은 그 소임자가 소임을 하게 돼 있거든. 그래서 이자가 고장이 났다, 어디가 혹이 불어났다, 어디가 암에 걸렸다, 이런 문제도 식도면 식도의 소임 공장장이 즉, 지배인을 통해서 다 하듯이 말이야. 그러니까 여기에서 소임이 대뇌를 통해서 인제 바깥으로 나가서 다 이렇게 들이는 거지. 그래서 한마음이 지배자다 이런 거지. 이 도리를 알면 한마음이 지배를 한다, 보이지 않는 세계와 보이는 세계를.

그래서 자연적인 컴퓨터 이 자체에 우리네가 거기다가 입력을 시켜야 자동적으로 이게 되는데 그렇지 않다 이거야. 우리가 비교를 할 때 우리 집에 전화통을 놔야 남의 집에 전화도 할 수 있고 또 내 집에 전화도 올 수 있고 그런 건데, 내 집에 전화통을 놓지 않고 남의 집에 전화 있는 거로 거기 통하려니 돼? 그러니까 바깥으로 '주여! 하나님 아버지시여! 우리들을 형성시켜 주셔서 감사합니다.' 아무리 이래도 거기에 입력이 되지 않는 거야. 통신이 되지 않는 거야. 천체 가설된 통신력이 여기에 다 이 레이더망처럼 돼 있고 여기에 안테나가 있는데 여기에다 해야 이게 통신이 딱 되는데 여기에다 하지 않고 딴 데다가 해, 자꾸자꾸.

그런데 이 공부는 나를 끌고 다니는 자기 운전수를 믿지 않으면 안 돼. 지금 물질적인 이 몸뚱이는 의식만 빠지면 그냥 송장이야. 안 그래? 의사도 그렇고 다 그렇지. 그런데 자기를 끌고 다니는 자기 생명의 근본이, 바로 마음 자체가, 그 생명의 근본이 기름과 같다면 바로 이 마음내는 것이 운전수다 이거야. 그러니까 생명이 근본이냐 하면 생명의 그 근본이 바로 그 에너지지, 그 기름이지. 기름으로 치고 마음내는 것은 차를 운전하는 거라. 이 몸뚱이를 전부 운전하고 다니는 거라. 그러니 운전수를 믿어야지 누구를 믿어? 나 참! 자기를 끌고 다니는 운전수. 안 그래? 표현을 하자면. 그런데 자기 운전수를 믿지를 않는 거야. 뭐, 조금만 저거 해도 그냥 딴 데로 가고 딴 데로 가고 그냥 온통이 마음이 확산이 되는 거야. 점 보러 가지? 또 뭐 하러 가지, 뭐 하러 가지, 물어보러 가지. 또 예언자한테 가지, 뭐 이러는 거야. 자기가 끌고 다니는 자기 운전수는 여기다 놔두고. 그러니 자기 운전수가 해 주려고 그래?

예를 들어서 회사를 해도 회사 직원을 올려 주면서 "아휴, 너 아니면 이거 도둑을 자꾸 맞고 그러니까, 너가 이 열쇠를 맡아야 도둑도 안 맞고 그러겠다." 이랬거든. 그 사람이 바로 도둑질을 자꾸 하는 놈이야. 그걸 알고선 그놈한테다 열쇠를 맡겼거든. 그랬더니 도둑을 안 맞는다는 거지. (녹음 안됨) 과거도 자꾸 꺼내고 현재도 자꾸 이렇게 부착을 시키고 그러는, 중간에서 중개 역할을 하는 운전수가 글쎄, 갖은 짓 다 하는 거라. 그러니 그걸 믿고서 그놈을 시키고 그놈한테다 맡기고 '너밖에 할 수 없다.' 이러고 맡겨야 될 거 아니야!

자네도 꼭 그래야 돼. 그런데 자네 부인도 그렇고 도대체 이거는 이리 왈 저리 왈, 이리 왈 저리 왈, 이거 바깥의 것도 붙이고 안의 것도 그냥 갖다가 부착을 시키고 자꾸 이래서 혼란을 일으키거든. 즐겁게도 하고 괴롭게도 하고 그러는 그놈한테 맡기질 않고 자꾸 확산만 돼 나가. 누굴 원망하고 그냥 모두, 응? 잘했다, 넌 잘했다, 넌 이쁘다 넌 잘못됐다, 넌 밉다 만날 이런 걸로 나가기 때문에 이게 입력이 되질 않으니까, 뭐가 통신이 돼야 입력이 되고 입력이 돼야 뭐 어떻게 주인공이 탁탁 잘라서 정돈을 시키잖아. 무조건 무조건, 그냥그냥 이렇게 해야지.

신도(남) 그것 저것 따질 일이 없잖아요.

큰스님 따질 일이 없지.

불자로서 가져야 하는 마음과 행

알래스카지원 법회

1990년 4월 1일

오늘 이렇게 알래스카의 법우님들하고 한자리를 하게 된 것을 상당히 기쁘게 생각하면서도 여러분이 다 모이시지 못한 것에 좀 섭섭한 마음이 들기도 합니다. 바쁜 세상이라 이렇지 않나 이런 생각도 들어 가고요. 여러분이 바쁘면서도 지금 알래스카가 참 먹고살기도 어려운, 이런 침체된 상황이라 그것도 이해가 가고 저것도 이해가 가고 모든 것을 이해하고 넘기려 생각합니다.

인간은 태어날 때 어머니 아버지의 뼈와 살을 빌려서 이 세상에 태어나지만 그 인과에 의해서 전자에 살던 업을, 악업 선업을 다 지니고, 한 혹성의 한 별성이 움죽거리듯이 이 몸뚱이 속에 생명들이 많이 움죽거리고 있습니다. 그것이 바로 악업 선업이 한데 뭉쳐진 '고(苦)'라고 합니다. 그것은 왜냐하면 과거에 자기가 지은 그 업이 지금 현실에 자꾸 나오는 그런 까닭이지요. 그러니 현실에 지은 것은 미래에 올 것이고 과거에 지은 것은 현실에 나오는 것이니까 여러분이 생각할 때 '이 절에 와서 정성을 지극히 했는데, 왜 나는 한 번이라도 정성들였는데 안되나?' 이런 생각일랑은 좀 버리시고 우리가 생각해 볼 수 있는 여유를 가지신다면 앞으로 알래스카에도 살 길이 생기고, 앞으로 5, 6년만 있으면 여러분이 정말 생기가 날 수 있는 그런 시대가 되지 않나 이렇게 봅니다. 거기서부터 쭈욱 앞으로 알래스카는 정말이지 많은 인사들이 모이고, 개발적인 그 모든 지혜가 생기고, 개발적인 일들이 생기고, 사회가 그만큼 좋아진다기보다도 알래스카 지역이 좋아진다는 문제죠.

이 미국 사회의 세 군데가 알래스카와 더불어 좋아진다면, 전체 조그마한 것까지 친다면 네 군데가 좋아진다고 볼 수 있겠죠. 그렇다면 미국 경제라든가 이런 것도 좀더 살릴 수 있고 빈민이 좀 살 수가 있는 그런 기회가 있지 않을까 이렇게 봅니다. 더군다나 이 알래스카는 땅속에 물자가 많이 들어 있어서 개발이 시작이 된다면 참으로 앞으로 몇십 년에 달하는 문제가 생기지 않을까 이렇게 봅니다. 그래서 지금 조금이나마 '내가 이것을 팔아야 할 텐데 못 판다.' 무슨 이런 문제들을 가지고 있다면, 지금 당장 급하니까 그렇게 하겠지만 될 수 있으면, 조금만 그저 진행할 수 있다면 조금 묵혀 놨다가 해도 몇 곱을 버는 그런 상황이 될 이치가 있죠.

그건 그렇고, 우리가 불자들로서 어떠한 행과 마음을 가져야만이 복과 덕을 쌓고 즉, 공덕이 될 수 있는가? 이런 거를 침착하게 생각해 봐야 하는 문제가 있습니다. 아까도 얘기했지만 어머니 아버지의 그 몸만 받았지 자기가 행한 그 과거의 업보는 자기가 지은 거니까 자기가 모든 걸 들고 지금 현재 나온 겁니다. 그런 거를 여러분이 시주를 하고 정성을 들이고 회비를 내고 이러면서 과거의 업을 제거해야 자식, 이세로 내려가지 않도록 할 수 있습니다. 그것이 즉, 뿌리에서부터 가지로부터 이파리로부터 꽃으로부터 열매로부터 익을 수 있는 그러한 부모의 유전의 그 인과가 있기 때문에, 아들이라는, 자식이라는 그런 게 있기 때문에 부모가 잘해야만이 자식들이나 자기가 이다음에 죽어서 또 태어날 때도 그 자식으로부터 또 받들어질 수 있고 수만 명을 거느려도 손색이 없으리만큼 그런 사람으로서 이 세상에 다시 태어나는 겁니다. 내가 하지 않은 것을 어찌 바라겠습니까? 지금 고통이 있어서 고통스럽다고 애를 쓰기 이전에 내가 해 놓으면…. 요만한 거 하나 에누리가 없습니다, 이 세상에는.

여기 스님이 앉아 있어도 스님을 위해서 여러분이 한 푼, 아니 콩 한 쪼가리 갖다 주는 게 없습니다. 그것은 여러분의 앞 장래를 위해서고 자식들을 위해서고, 자기를 위해서 또 자기 부모 은덕을 위해서입니다. 위로는 은혜를 갚고 묵은 빚을 갚고 아래로는 햇빛을 주면서 또는 뿌리를 길러 줄 수 있는 그런 어머니 아버지의 능력이 돼야만 되고 정성이 도달해야만 되고 그 공덕이 도달해야만이 우리가 참으로 자유스럽게 편안하게 살 수 있는 그런 기초가 되고 또 그런 기반이 다 정해지는 겁니다. 알래스카의 여러분은 너무나 참 어려운 때 여길 오셔서 어려운 시기를 지금 당하고 있기 때문에 그런가 보다 이렇게 이해는 하지만, 없고 있고를 떠나서 불심이 돈독해야 되지 않나 이렇게 봅니다. 모든 것은 빈손으로 왔다 빈손으로 갈 것을, 이 몸뚱이가 얼마나 오래 살겠습니까?

가을이 오면 나무가 낙엽이 떨어지고 낙엽이 떨어지면 그 앙당한 가지는 남아서 눈이 오거나 비가 오거나 흔들림이 와도, 바람이 세게 불면 추워서 애를 쓰고 바들바들 떨면서도 봄이 오기를 기다리는 그 마음과 같이 우리 인간의 마음은 그렇게 인내가 있어야 하고 믿음이 있어야 하고 정성이 있어야 하고, 그러한 마음이 모든 것을 갖다 주는 거지 하지 않았는데 누가 갖다 줍니까? 여러분, 현 세상에서 지금 생활을 하고 계시죠? 생활을 하고 계신데 밤이나 낮이나 일을 나가서 그만큼 하지 않았다면, 내가 움죽거리지 않았다면 그 대가가 올 수 있을까요? 대가는 오지 않습니다.

그것입니다, 바로. 내가 마음의 정성이라도 한번 했을 때 그 마음의 정성이 있었기 때문에 정말 인과응보가 무너지는 것이고 또 마음의 정성, 시주를 한번 했기 때문에 과거에 빚진 거를 갚아 가면서 살 수 있는 것입니다. 또는 내가 한 번 오고 두 번 와서 스님네들한테 절이라도 한번 하고, 참 이거는 나이가 어리든 점잖든 스님은 스님입니다. 여러분이 생각을 깊이 해 보십시오. 여러분 자녀들이 만약에 시집도 안 가고 장가도 안 가고 입산을 했다면, 그 모든 것을, 자기 죽고 사는 걸 타파하면서, 버리면서 머릴 깎고 입산을 할 때 여러분의 마음이 얼마나 아프겠습니까? 그 생각을 해 본다면 남이라고 생각을 하지 마셔야 됩니다. 우리는 아픈 사람을 봐도, 괴로운 사람을 봐도, 외로운 사람을 봐도 내 모습으로 봐야 합니다. 즉, 스님네들을 볼 때 한 번 더 우러러볼 수 있는, 나이가 아무리 어려도 우러러볼 수 있는 마음 가짐가짐을 가져야 합니다. 왜냐? 여러분은 이 세파에서 고생을 하더라도 가정을 가지고 그래도 남편이나 아내를 의지하고 자식을 의지하고 이렇게 살고 있지만 우리 중들은 그렇지 않습니다. 자기 죽는 거까지도 다 버린 채 이렇게 한 걸음 한 걸음 걸어가고 있습니다. 그러니 여러분이 '에이, 저 스님은 나이가 어려서….' 이렇게 생각하면 아니 되십니다. 나이가 어린 그 마음이 그렇게 모든 우주의 삼라만상을 전체의 한마음에다가 얹고 거기에 의지하고, 그 모두를 버리고, 내가 '나'라는 존재를 버리고 여러분을 위해서 방금방금 뛸 때 여러분은 무엇을 생각하십니까?

여기 알래스카에 처음 스님이 왔을 때부터 이날까지 여러분을 위해서 동동걸음을 걷고, 여기 알래스카의 여러분을 위해서 말입니다. 한 분 한 분 어떡하면 이 마음의 공부를 이루게 해서 공덕을 받게 하고, 정말 아까도 얘기했던 거와 마찬가지로 위로는 부모의 묵은 빚을 갚고 아래로는 햇빛을 줄 수 있는 능력을 갖게 할 수 있을까 하는 그 애틋한 마음으로써 돌아서서 울어 가면서 모든 마음의 아픈 것을 이기기 위해서 살다 보니까 병이 나도 돌아서서 울어야만 했고 아파도 울어야만 했고 괴로워도 울어야만 했던, 이 모든 시간을 말입니다. 아니, 3년이라는 세월이 흘렀습니다. 그런데 여기 와 보면 여기대로 신도님들이 그때나 지금이나 마찬가지니 제 마음이 상당히 아픕니다.

오늘도 간부를 뽑을까 해서 여러분을 모시라고 했습니다. 왜? 여러분이 간부를 뽑아서 질서 있게 좀더 한마음으로 뭉친다면 우리는 자기 몸도 건강하게 이끌고 갈 수 있고, 자기 가정도 가난과 우환과 병고와 이런 거를 다 물리칠 수 있는 이러한 가정을 이끌고 나갈 수 있고, 나아가서는 이 알래스카 지역에 좋은 결과가 오도록 하는 이러한 마음가짐가짐을 갖게 할 수 있는 한데 뭉치는 마음, 이걸 가지게 하려고 했습니다.

그런데 나는 이렇게 생각하고 있습니다. 다들 오시지 않았어도 여기 오신 분들이 간부를 정해서 뽑아 놓으면 요다음에 내가 머지않아 또 올 겁니다. 왜냐하면 이번에는 여기 긴히 볼 일이 있고 또 여기 스님도 어떡하고 있나 보고 여러 가지로 일이 있기 때문입니다. 나는 여러분과 한마음으로, 여러분이 될 수 있으면 잘 살고 병고가 없고 우환이 없이 사시기를 바랄 뿐입니다. 그게 바로 우리들 가정이기 때문입니다. 남의 가정이 아닙니다. 내 아픔이지 남의 아픔이 아닙니다. 이건 거짓으로 이런 말 하는 게 아닙니다. 또 여기 스님 역시 그렇고요. 그러니까 참, 이것을 자세히 한마디만 얘기해 드리죠.

어떠한 물질이든지, 물질이라는 건 물건을 말하는 겁니다. 이 세상 꽃나무나 나무나 물질 이런 거나 뭐, 무정물이나 생물이나 동물이나 고차원적인 인간들이나, 인간도 동물이지만 고차원적인 동물이기 때문에 만물의 영장이라고 이름을 부르고 있습니다. 그러니 사람은 부처 될 수 있는 가능성이 99%라고 하는 것입니다. 그건 왜? 사람이 한생각을 잘 돌리면 부처요, 한생각을 못 돌리면 중생이기 때문입니다. 그러나 지금 이것이 모두가 즉, 물 불 또는 바람 흙, 이거 네 가지 요소로서 전체가, 모두 산하대지의 전체가 지수화풍입니다.

여러분 이 몸뚱이도 네 가지가 한데 뭉친 겁니다. 그 영원한 생명의 근본이 여기에 들어가고 어머니 아버지도 지수화풍이기 때문에 정자 난자를 한데 합쳐서 이 몸뚱이를 빌린 겁니다. 그렇기 때문에 이것도 지수화풍이죠? 그러니 여러분이 그 마음 쓰는 것이 바로 그 근본이라고 한다면 몸뚱이는 지수화풍이에요, 이게. 그렇게 네 가지가 한데 뭉쳐진 거죠. 이게 뭉쳐지지 않았다면 이 지금 알래스카지원 이 자체가 전부 이 바닥에 금도 없을 거고 기름도 없을 거고 석탄도 없을 거고 뭐, 보석이 나올 것도 없습니다. 땅속에도 지수화풍 네 가지가 같이 돌아가기 때문에, 땅속에도 공기가 돌아가기 때문에 그것이 다 생기는 겁니다.

이 인간의 몸뚱이도 지수화풍이기 때문에 지수화풍을 먹고 삽니다, 지금 우리가. 물도 없으면 안 되죠? 불도 없으면 안 되죠? 이 모든 물질을 만드는 데도 그렇고 바람이 없으면 생명을 유지 못합니다. 공기가 없어서 말입니다. 흙이 없으면 우리가 딛고 다니지도 못할 뿐 아니라 자원이 나오지도 않습니다. 그렇기 때문에 우린 지수화풍이 고마운 줄 알아야 된다 이겁니다. 그러면 자기 몸뚱이도 소중하다는 거를 아셔야 됩니다. 자기 몸뚱이도 부모에게 받았으니 자기 몸뚱이가 병고 없이 잘 지내고 그래야만이 그것도 효도죠. 그래서 지수화풍으로 뭉쳐졌기 때문에 지금 전기로 인해서 발전소가 생기고, 발전소가 어디서 생깁니까? 바로 물로부터, 여러 가지 지수화풍의 그 이치 때문에 전기도 생기고 광력도 생기고 또는 통신력도 생기고 자력도 생긴단 말입니다. 이 자력이 없으면 우리가 연구도 못할 뿐 아니라 마음이 자유스럽게 오고 가지도 못합니다. 예쁘다 좋다도 모를 것이고 말입니다. 그러니 그 지수화풍 때문에 광력과 전력 자력 통신력이 충만하기 때문에 우리는 마음대로 이 모든 것을 굴릴 수가 있습니다.

짊어지고 나온 과거를 아는 거, 그걸 숙명통이라고 합니다. 그러면 지금 '나 어디서 왔니?' 하는 거를 시쳇말로 컴퓨터라고 할 수도 있습니다. 아시겠죠, 컴퓨터는 다? 탐지기도 아시겠죠? 남의 속을 다 알 수 있는 거. 도둑질을 했는지 뭘 했는지 알 수 있는 거 말입니다. 또 무전통신기, 이런 것도 아시겠죠? 이렇게 통신하는 거, 모두 여러분이 아시죠? 팩스, 이것은 글자 몇 자 써서 종이만 넣으면 그냥 그쪽에 가서 금방 떨어지는 겁니다. 이것을 이 몸이 없는 신족통이라고 그럽니다. 내 마음의 신, 즉 말하자면 신족통. 그래서 몸 없는 몸이 오고 감이 없이 오고 간다 이 소립니다. 이것을 신족통이라고 그럽니다. 천이통을 천체무전통신기라고 그럽니다. 천이통은 내가 물질이 아닌 내 마음이 저리로 전달하면 그냥 전달이 될 수 있고 그쪽에서 전달하면 이쪽으로 전달될 수 있는 통신력을 말합니다. 지금 통신도 군인들은 다 무전통신기를 가지고 하죠. 사업을 크게 하는 사람도 무전통신기로 할 수 있습니다. 차를 타고도 그냥 무전으로다가 전화를 받고 전부 전화를 하고요. 줄이 없어도 말입니다.

그러니까 그러한 것이 우리한테 모두 갖추어져 있다는 얘깁니다. 갖추어 가지고 이렇게 돌아가는 거를, 즉 말하자면 과거를 아는 거, 현재의 마음을 전부 아는 거, 또 무전통신기로 듣는 거, 또는 심안으로 보는 거, 또는 내가 가고 옴이 없이 가고 오는 거, 이 다섯 가지가 다 충만하게 들어 있기 때문에 여러분이 그것으로 인해서 뭐라고 그러냐 하면, 그건 쉴 사이 없이 시간과 공간을 초월해서 돌아가기 때문에 그걸 주인공이라고 하는 겁니다.

여러분의 마음속에는 반드시 자기의 자성, 즉 말하자면 자기 나오기 이전 자기가 있습니다. 그래서 의학적으로도 요 반이 갈라져 있습니다, 골이. 요건 잠재의식 쪽, 요건 현재의식 쪽이에요. 그런데 현재의식 쪽에서 판단을 내리고 괜히 자기네들 생각에서 그냥 판단을 짓고 나가는 겁니다. 그러니까 이쪽으로는 한 번도 생각을 해 보는 여유가 없는 거죠. 깊이 생각을 해 볼 수 있는 여유를 가지셔야 됩니다.

그럼으로써 우리가 누구를 믿습니까? 여기 이 법당에 들어오면 스님의 마음과 이 부처님의 마음과 자기의 마음이 둘이 아니니 모든 것을 여기다가 다 같이 넣고 눙글려서 합장 배를 하고 삼 배를 올린다.

모든 일체의 마음이 둘이 아닌 데다가 한 배는 올리고 또 한 배는 일체 만물이 돌아가는 거, 행으로 돌아가는 데다가 즉, 마음을 내는 데다가, 일체 법에다가 한 번 하고, 일체 승에다 한 번을 합니다. 같이 돌아간다. 이건 고정된 게 없이, 독불장군이 없이, 즉 말하자면 사장이 있으면 회장이 있고 회장이 있으면 사원이 있고, 여러분이 없으면 그분네들이 어떻게 삽니까? 그렇죠? 모두가 이렇게 종합해서 돌아가죠. 이게 하나만 없어도 병신이듯 회사의 직원이 없어도 안 돼. 그렇듯이 한마음 한뜻으로 우리는 시간과 공간을 초월해서 찰나찰나 자꾸자꾸 화하면서 변하면서 돌아가죠. 이것을 승보라고 합니다.

그러면 그 자성 삼보에 삼 배를 올리고 정성을 들일 때, 마음을 확고부동하게 믿음을 가지고 이렇게 둥글려서 일 배를 올릴 때 정성을 지극하게 해서 올리는 것입니다. 부처님은 개별적인 하나의 어떠한 개체를 보고 말하는 게 아니라 전체의 한마음이 한데 합쳐서 돌아가는 거를 부처님이라고 하는 겁니다. 그러니 우리가 지금부터 믿음을 진실하게 가지고, 자기 자성불 즉, 주인공을 진실히 믿으면서 어떠한 아픔이 있으면 '아, 모든 악업 선업의 인과로 인해서 모두 안에서 나오는 거니까, 이 세포 하나하나가, 모두 자기 소임을 맡아 가지고 살아나가는 이 세포의 생명체들이 모두 잘못 돌아가는 거니까 내 주인공에서, 거기서밖에는 해결할 수 없다.' 그러고 주인공에 맡기고 '거기서밖에 할 수 없지.' 하고 맡기고 믿고 그렇게 물러서지 않는다면, 이 생활에서 모든 걸, 자기를 형성시키고 자기를 이끌어 가고, 자기 아픔도 거기서 나온 거니까 거기서 낫게 할 수 있고 그 모두를, 자식들도 그렇고, 위로나 아래로나 모든 잘못되는 것도 '내 주인공만이 해결할 수 있다.' 하고 거기 맡겨 놓으시면요, 이 주인공에서 바로 이 전기선이, 자식이라는 걸 알기 때문에 거기 자식에도 가설이 돼 있고, 부모에게도 가설이 돼 있고, 형제에게도 가설이 돼 있고 그렇기 때문에 이 주인공에다 믿고 '거기에서만이 해결할 수 있다.'고 생각을 할 때 거기까지도 불이 들어오는 겁니다. 한집 안에 가설이 돼 있으면 여기 스위치를 누르면 이 방에 다, 저쪽 방도 이쪽 방도 다 가설이 돼서 저 바깥의 스위치만 누르면 다 들어옵니다. 그렇죠? 여기 스위치 누를 건 여기 눌러서 들어오게 하고 저기 누를 건 저기 누르게 해서 들어오고 그러는 겁니다. 그러면 여기 이 가정에 시설을 해 놓은 그 하나만 가지고서 내가 누른다면 모두가 한꺼번에 어느 방이든지 다 불이 들어올 수 있는 겁니다. 그와 같이 인간에게는 자식과 부모와 형제와 다 가설이 돼 있는 겁니다.

그래서 이거는 자연적인 자가발전소라고 하죠. 이 주인공이 바로 자가발전소입니다. 용광로도 되고요. 그래서 거기다 모든 것을 맡겨 놓는다면 그렇게 여러분이 아시게 됩니다. 하나하나 맡겨 보고 지켜보시면요, 거기서 실험도 되고 바로 체험이 되는 겁니다. 그러면 하나하나 지켜본다, 거기 맡겨 놓고 지켜보는 그런 사람이 된다면, '관해 본다' 이 소립니다. 지켜보는 것이 '관해 본다' 이런 겁니다. 그래서 자주 오셔서 여기 앉아서 단 10분도 좋고 5분도 좋고, 30분도 좋지만 바쁜 때는 5분도 좋고 바쁘지 않을 때는 10분도 좋아요. 여기 앉으셔서 관하시고, 주인공에게다가 자기가 괴로운 모든 거를 맡기고 '당신만이 나를 결정해 주고 당신만이 그것을 알려 주고 해결해 줄 수 있는 당신이 아니겠느냐.' 하고 그렇게 내던져 놓고는 믿고 관해 보시고, 그렇게 관하시면서 철저히 그렇게 해 나가시면 머지않아서 여러분도 여러분의 그 자체 내에서 모든 걸 해 나갈 수 있다는 그 자력을 믿게 되는 것입니다. 그러니 여러분이 밥이나 놓고 떡이나 놓고 빌고 이렇게 해 가는 기복적인 문제만 가지고 한다면 공덕이 하나도 없습니다. 여러분의 마음이 그렇고서야 어떻게 공덕을 받겠습니까?

예전에 달마 대사가 양 무제더러 그랬습니다. 양 무제는 그렇게 오며 가며 공양을 올렸던 모양이죠. 잘하기도 했겠죠. 그러나 "얼마나 공덕이 있겠습니까?" 하니까 "공덕이 하나도 없다." 그랬어요. 여러분! 여러분이 신실하게 마음을 먹고 신실하게 믿음을 갖고 진실하게 내 주인공을 믿으면서 스님네들을 섬기는 마음이 지극하다면 스님네들을 따르면서, 스님네 마음과 내 마음이 둘이 아니니 이 주인공에 믿으면서, 이렇게 길잡이들을 숭배하고 정성스럽게 모시고 하면서 자기의 주인공을 진실히 믿어 보십시오. 여러분을 위해서 해 주는 스님의 그 마음을, 여러분이 그 주인공에다 스님의 마음을 같이 넣고 같이 정성을 지극하게 하면서 둘이 아닌 주인공에다 진실히 하십시오. 그러면 머지않아서 여러분은 평화스럽게 되고 가정이 평화스럽고 내 몸이 건강하게 되고 또는 사회의 모든 일들을 하시는 게 순조롭게 되고 또 순조롭게 되는 반면에 이 알래스카 지역이 정말이지 금덩어리의 장소가 될 것입니다.

나는 여기 처음에 와서 아주 여기 지역이 폐허가 되다시피 해서 빈집들이 무지하게 많다고 들었습니다. 그랬을 때 몇 년만 여기에서 절을 해 놓고 지낸다면 머지않아서 정말이지 기름 나가는 통도 만들 수 있고 금 캐는 작업도 할 수 있고, 여기를 아주 좋은 지역으로 만든다면 사람 살기가 그렇게 좋아지고 돈 버는 장소가 되지 않을까 이런 생각도 해 본 겁니다. 보십시오. 저는 거짓을 하는 사람도 아닙니다. 저는 아는 소리 하는 것도 아닙니다. 왜냐? 나는 이것이 이렇게 좋다 하면 좋게 되는 거고 이것이 언짢다 하면 언짢은 거지 누구의 말을 듣고 또 운수가 그렇고 또 뭐, 들어올 시기가 돼서 들어온다 이런 것도 아닙니다. 사람의 마음을 조절해서 여기에서 할 수 있게끔 빨리 이끌어 주면 빨리 되는 것입니다. 늦게 되고 빨리 되고가 없는 겁니다. 우리들의 마음에 달렸어요. 내년부터라도 작업을 하게끔, 건설하게끔 만드십시오.

여러분 주인공에서만이 해결할 수 있는 겁니다. 자유자재법을 부처님께서 천상천하에 유아독존이라고 하고 나오신 것은 모든 한마음이 대가 없는 것을, 즉 말하자면 모두 한마음으로 묶어서 내가 하나가 나왔으니 독존이요, 그러니까 나 하나 개별적으로 내 마음만 가지고 독존이라고 한 게 아니라, 몸뚱이를 독존이라고 한 게 아니라 모든 사람들 한마음을 가지고 한데 합쳤으니 누구의 마음이 따로 있느냐 해서 독존이라고 했습니다. '나' 나온 게 모두 합해서 독존이야. 그리고 한생각을 냈더니 두루 모두 한마음이더라 이거야, 응? 두루 한마음이죠? 또 두루 한마음을 내니 한마음으로 돌아가고 행을 하고 있어요. 그러니 천상천하에 유아독존이 아니고 무엇이겠습니까? 그러니 우리가 그렇게 마음을 낸다면 내 가정뿐만 아니라 내 친척도 잘 살 수 있는 그런 멋쟁이, 여러분이 자유자재권을 갖는 겁니다.

이러한 공부는 이 세상에서 돈을 산더미같이 갖다 주고도 그것은 가질 수가 없습니다. 배울 수도 없습니다. 우리 이런 인연으로 만난 것도 역시 천세의 인연을 가졌기 때문에 이렇게 만났다고 생각을 하십시오. 옛날에 그런 인연을 뭐라고 표현을 했느냐 하면 아주 깊은 바다 속에서 거북이가 천 년을 공부를 하다가 한 번 물 위로 뚝 뜰 때 구멍 뚫린 뗏목 하나 만나는 것과 같다고 했습니다. 금방 거북이가 뜨는데 뗏목이 별안간에 어디서 납니까? 그 구멍 뚫린 뗏목 하나 만나기가 그렇게 어렵다는 얘깁니다. 별안간에 우리가 인연이 돼서 이렇게 뗏목 만난 거와 똑같은 얘깁니다. 허허바다에서 말입니다.

이런 인연을 그냥 저버리고 여러분이 몸을 벗는다면, 이 도리를 모르고 그 차원에서 이 세상을 떠나서 간다면, 보지 못하고 듣지 못하니 까치둥우리도, 즉 말하자면 음과 양이 한데 합쳐서 벌레든지 새든지 구렁이든지 뭐 어떤 거든지, 즉 말하자면 둘이 잠자리하는 것만 아는 거죠. 그러면 그렇게 할 때의 그 의식 자체만 있어 가지고 거길 들어가는 거예요, 이 영계가. 거기 가서 그냥 태어나면, 뱀의 잠자리에 들어가면 뱀의 모습으로 태어나고 야, 소가 그럴 때 들어가면 소 모습을 타고 들어가는데, 한번 소가 되거나 뱀이 되거나 까치가 되거나 새가 된다거나 물고기가 된다거나 이런다면 그것에서 벗어나질 못하는 거예요, 그 습이 거기 자꾸 붙어서. 자식이다 무슨 어미다 이렇게 해서 그 착이 붙어 가지곤 영 벗어날 길이 없어. 사람 되기가 그렇게 어려워. 그런 까닭에, 사람 되기가 어려운 까닭에 사람이 됐으면 좀더 마음의 세계로

승진을 해야 될 거 아닙니까? (녹음 안됨)

우리는 항상 그 습에, 미생물에서부터 진화되면서 쫓기고 쫓으면서 이렇게 살아오던 그 습 말입니다. 그 습에 젖어 가지고 벗어날 줄 모르는 거죠. 그래 인간까지 벗어났으면 참, 위로 상세계의 그 내 마음의 세계로, 자유스러운 세계로 좀더 승진됐으면 좋지 않겠습니까? 이건 중세계입니다. 하세계로 떨어지느냐, 마음의 세계 상세계로 올라가느냐? 이러는 교차로가 중세계입니다. 그래서 여기는 미생물에서부터, 저 식물에서부터 모두 살고 있는 겁니다. 이것은 어떻게 생각하면 심성물리학이라고 할 수도 있고요, 과학이라고 할 수도 있고 또는 천문학이라고 할 수도 있고, 이게 전부 종합해서 여기에 들어가 있는 겁니다. 인간의 그 종합돼 있는 여여함, 갖춰 가지고 있는 그 여여함, 그 마음, 그 마음이 아니라면 그 모두 어떻게 연구를 해서 지금 이 세계가 발전이 됐겠습니까? 그런데 발전이 됐는데도 모든 큰 무기를, 핵폭탄이나 수소폭탄을 죽이려고 해 놨지 살리는 데에 쓰려고 해 놓은 건 하나도 없어요.

그러니 지금 우리가 살기 좋아진 것은 컴퓨터 하나를 이렇게 만들어도 사람의 마음을 다 알 수 있게끔 만들었으니 얼마나 좋습니까만 이런 공부를 하면 컴퓨터도 나를 감지 못합니다. 탐지기도 나를 감지 못해요. 자유권을 가진 사람에게는 그 탐지기가 나인데 무슨 뭐를 전망합니까? 컴퓨터가 나인데 무슨 업보가 거기 입력이 돼 있겠습니까? 또는 천체망원경이 나인데 망원경이 따로 있겠습니까? 그 망원경은 한계가 있는 거지만 내 망원경은, 심안의 망원경은 한계가 없는 겁니다. 진짜 보배는 여러분의 마음속에 진짜 보배를 가지고 계신 겁니다. 그런데도 그런 거를 등한시하시고 이러신다면 우리가 얼마나 이 몸뚱이를 가지고, 나무 끝에 이파리가 붙어 있겠습니까? 그런데도 불구하고 그렇게 사는 데만 급급해서 하루 버는 것만 생각하시지 내가 한번 생각에….
그러게 한번 생각에 자력의 이 능력으로 그냥 끌어오는 거하고 내 몸뚱이가 좇아다니면서 한 푼 한 푼 버는 거하고는 참 다릅니다. 그렇기에 황소 걸음은 한 발을 떼도 황소 걸음이지만 졸개 걸음은 백 번을 떼도 황소 걸음 한 발 걷는 것만 못하다고 했습니다. 그 뜻은 여러분이 이 도리를 알아야 아실 겁니다.

이 세상의 모든 것이 물질로 된 거는 어떤 한계가 있지만, 물론 물질로서의 자석이라는 것도 무시할 수 없죠. 자석으로 위로 아래로 이렇게 장치만 해 놓는다면 차가 그냥 공중으로 떠다닐 수도 있으니까요. 그 범위 내를 떠나지 않고 달릴 수가 있는 거니까요. 그러나 인간의 이 자력이라는 거는 한계가 없습니다. 우주 천하를 그냥 탐험할 수 있는 이러한 자력입니다. 자력이 없다면 자기가 그렇게 질서 있게 다닐 수가 없는 거고, 이 마음의 눈이 없다면 질서 있게 다니더라도 보지 못하면 안 되니까 보고, 또 모든 물질의 마음을 수집해 알고, 그러니까 이렇게 듣고 보고 알고, 남의 마음을 알고 과거의 모든 것을 알고 이렇기 때문에 그게 자유인이 된다는 겁니다.

그러니 여러분, 오늘 이렇게 몇 분이 안 되시지만 우리는 지극한 마음으로써 단결해 보고 또는 진실히 믿어 보고, 또 스님네들을 진실히 믿고 이 말 저 말 어떻게 하더라도, 콩이 팥이다 하더라도 스님의 말은 믿어야 하고, 그것은 여러분이 공부를 하게 하기 위해서 팥이 콩이라고 할 수도 있습니다. 그래도 믿어야 합니다. 그래도 믿는다면 바로 자기의 수원이 풀어지는 겁니다. 그런데 그걸 콩인데 왜 팥이다 그러느냐고 바둥바둥 그러는 거거든. 그리고 오해가 심하고. 그러니 이거 어디 스님네가 한 계단 넘어가서 정말이지 물이 똥이라고 할 수 있겠습니까? 이 물이 똥이라고 하더라도 믿어야 합니다. 왜?

옛날에 이런 일이 있었죠. 사월 팔일이 돼서 등을 모두 켜 놨습니다. 애를 못 낳으니까 애를 낳게 해 달라고 젊은 보살들이 애를 쓰기도 하고 그러느라 뭐, 수천 명이 등을 달았습니다. 그때 내가 뭐라고 그랬느냐 하면 "등불은 등불이로되 등불이 하나도 없구나!" 이랬습니다. 그랬는데 가만히 보니까, 저 끄트머리에 가난한 어느 농부가 있었습니다. 가난한 농부에다가 아주 찢어지게 어려워서 남들은 눈에 빠진 버선을 벗고 새 양말을 신을 수가 있었는데, 그분은 어려워서 그 젖은 거를 벗고는 맨발로 그냥 시뻘개 가지고 등도 살 돈이 없어서 초 하나만 사들고 온 거를 종이짝으로 둘러 놓고는 글쎄, 거기다가 켜고 있더군요. "허허! 아무리 비가 와도, 아무리 뇌성벽력이 치고 아무리 눈보라가 친다 하고 비바람이 친다 하더라도 저 불은 꺼지지 않겠구나." 그랬습니다. 그 사람이 어떻게 된 줄 아십니까? 지금 원주에서 갑부 부럽지 않아요. 그 사람은 정말 인등을 켰기 때문입니다.

여러분이 촛불 켜는 게 불인 줄 아십니까? 내 마음의 인등을 켜야 됩니다. 인등이라는 것이 무슨 요만한 그릇에다가 꼬리표나 해서 붙이고 불 켜는 게 인등이 아니에요. 여러분의 마음의 불을 켜고 진실하게 스님을 따르고 진실하게 자기 주인공을 믿음으로써 일체제불 일체보살이, 천백억화신이 다 여기 한꺼번에 찰나에 들고 나신다 이겁니다. 내 마음을 떠나서는 절대 공덕을 받을 수가 없거니와 남을 업신여기거나 가난한 사람을 업신여기거나 아픈 사람을 업신여기거나 굶주린 사람을 업신여기거나 또는 못난 사람을 업신여기거나 이러한 마음을 가져도 절대 안 됩니다. 모르는 사람을 보면 '내가 전자에 몰랐을 때의 내 모습이로구나!' 아픈 사람을 봤을 때는 '내 아픔이지!' 이렇게 생각하시고 항상 남의 자녀들이라도, 정신이 오락가락하는 사람들 이런 사람들도 딱 그 주인공에다가 집어서 '아, 내 주인공하고 둘이 아니니까 주인공만이 재를 정상적으로 끌고 갈 수 있다.' 하는 마음을 두신다면 차차차 낫습니다.

모든 게 이렇게 할 수 있는데 여러분이 자유자재할 수 있는 길을 지금 스님들이 가르치는데 영 먹혀 들어가질 않으니까 그냥 주저앉을 수밖엔 없었던 이 사실을 여러분은 아셔야 됩니다. 어쩔 수가 없는 거 아닙니까? 사람이 그릇을 가져와야 담아 드리고, 그래도 따라야 뭐 어떻게 해 보죠. 조금만 이렇게 가다 보면 그저 이게 이건데 이거라고 그랬다고 온통 야단, 이게 저건데 저거라고 그랬다고 야단, 이렇게 되면 한마음으로 굴러서 우리에게 복덕이 되겠습니까? 인등이 되고 그럴 수가 없죠. 무조건, 무조건 따르는 걸로, 무조건 믿는 걸로 이익 되게 하기 위해서 마음을 같이 해 주는 마음이니 일체제불과 스님의 마음과 내 마음과 어디 둘입니까? 이 물을 보십시오. 이 물 한 그릇을 여기다 부으니까 아, 그대로 한 그릇 아닙니까? 한 그릇입니다. 모든 일체 마음과 일체 법, 여러분이 행하는 마음, 또 일체 행하는 육신, 이것이 다 한 그릇이에요.

그래서 오늘 여러 분이 오시지 않았어도 회장님과 부회장님과 총무님과 또 포교부장, 이분을 그렇게, 교화부장이라도 좋고 포교부장이라도 좋습니다만 교화부장으로 이렇게 해도 좋습니다. 그렇게만이라도 내가 있는 동안에 이렇게 선출을 했으면 하는데 어떻습니까? 안 오셨어도 이름만 다 지어 놓으면 되지 않겠습니까? 어떻습니까? 요다음에 내가 와서 또 모일 때는 그때는 쉬울 거 아닙니까? 될 수 있으면 포교부장은 포교를 해서 잘, 그래도 이렇게 조금이라도 포교를 하고 이렇게 해서 여기를 다니게 한다면, 남한테 좋은 일을, 보살행을 할 때에 자기의 가환이 다 없어지고 그렇게 되는 거거든요. 우환 가환 병고, 이게 다 없어지는 겁니다. 그거를 지켜보세요. 내가 말한 게 거짓인가, 아닌가? 반년이라도, 올 일 년이라도 공부하면서 잘 지켜보신다면, 누구라도 말입니다. 한번 자기가 해 보고 체험해 보세요, 어떤가.

그렇게 하신다면 그 다음에 또 여러분이 '아, 이렇게 되는 건데 이렇게 됐구나!' 할 때 그때에 또 질문을 하면 그땐 대답을 좀더 넓게 해 드릴 수 있거든요. 그러니 여러분이 그렇게 하시면 어떨까요? 모두 다 오시지는 않았지만 어떻게 하면 좋을까요? 요다음에 회장님과 전부 뽑아야 하나요? 안 계셔도 뽑으면 되지 않습니까? 그런데 그 도리를 모르니까 그저 그냥 사는데, 그냥 저기 가는데 그게 제일인 줄 아시고,

선후가 벌써 첫째가 이건데, 그걸 모르시거든요. 그래서 우리 한생각이 우리의 행복을 갖다 줄 수도 있고 한생각을 잘못해서 구덩이에 빠질 수도 있다는 그 사실을 영 모르시거든요. 그래 이 마음의 도리를 배워야 할 텐데 마음의 도리, 마음 씀씀이를 배우고 마음을 어떻게 행해야 되는가 이런 것도 배우시고, 지금 우리는 50%만 가지고 살거든요. 보이지 않는 세계의 50%, 과거에 살던 50%, 미래에 올 50%를 가지고 여기 벌충해서 살 수 있는 그런 분들이 못 되니까 고통스럽거든요.

어떻게 하면 좋을까요? 지금 뽑을까요, 요다음에 뽑을까요? 여러분이 하자는 대로 하죠.

딴 사람들은 자유스럽게 살 수 있는 그런 공부를 해서 전부들 모두 한 소식을 얻어 가지고 살고 있는데, 난 그런 사람 가만히 봅니다. 예전에 다 죽어 가던 사람도, 가난하던 사람도 잘 차려입고 오는 걸 보면 "너 세련됐다. 어머, 차를 타고 왔구나. 차 언제 샀니?" 그러면 "야, 그렇게 그렇게 해서 샀죠. 아휴, 지금은 얼마나…. 감사합니다. 정말이지 이런 도리를 내가 못 배웠더라면 어떻게 살 뻔했습니까." 하고 참, 기뻐서 엉엉 울거든요. 그런 사람이 1, 2백 명이 아니고 1, 2천 명이 아닙니다. 왜 여러분은 이목구비 뚜렷하고 잘생겼고, 남만치 코 달리고 눈 달리고 다 생겼는데 여러분이라고 그렇게 못하라는 법이 있습니까? 예? 알래스카 분이라고 그렇게 못해요? 천만의 말씀이에요. 그렇게 하고자 하는 거 못하는 법이 어디 있습니까? 그럼 이것으로써 끝내겠습니다.

마음의 주인

뉴욕지원 담선법회

1990년 4월 5일

큰스님 … 그런데 그 부인이 임신이 됐는데, 그때는 지금처럼 잘 살지도 못했어요. 배는 이만해 가지고 오더니 그 부인이 우는 거예요. 지금도 잊어버리지 않아요. "왜 우느냐?" 그러니까 병원에 가서 진찰을 하니까 애가 거꾸로 있어서 정상으로 애를 낳아도 애가 정상으로 될 수가 없다고 그러더라는 거예요. 그러니 울지 않겠어요? 사는 것도 변변치 않죠, 갖다 낼 돈도 없는데다가 그 지경이 됐으니 그냥 퉁퉁 부어 가지고 이러고 왔어요. 그래서 그렇게 해야지 어떻게 해? "참, 그놈의 의사, 응! 오진을 해도 유만부동이지 그럴 수가 있느냐?" 하고, 내가. 하하하. 오진이 아니죠. 그렇지만 어떻게 그렇게 그럴 수가 있느냐고, 오진이라고 걱정하지 말라고, 뭐가 거꾸로냐고, 오진이니까 내일 모레 가서 다시 보라고 그러니까 "돈이 있어야죠!" 그래요. "돈이 없어도 가서 다시 봐, 내일 모레. 오진이야. 절대 오진이니 가서 다시 봐." 그랬죠.

그래서 그 후에 가서 다시 보니까 애가 조금 비뚤어지긴 했어도 정상이라는 거죠. 채 못 돌아선 거야, 그냥, 허허허. 그러니까 그 얘기 돌아서 줘야 돼요. 억지로 못하죠, 그거. 그래서 아들 둘을 낳고선 그만 됐지만 말이에요. 지금은 드문드문 이렇게 오죠. 그 사람이 남 보기에는 조금 찬 듯해요. 그래서 "옛날 생각을 해 봐. 공부 열심히 해." 그러니까 "알아요." 이러고 그냥 그래요.

그러니까 이 몸 안에서 그 생명체들이 다 소임을 맡아 가지고 있어요. 그냥 어리벙벙하고 사는 게 아니에요. 대장이면 대장 맡은 소임, 소장 맡은 소임, 방광 맡은 소임, 이자 맡은 소임, 직장 맡은 소임, 위, 심장 뭐, 맡은 소임이 다 있기 때문에 어디가 그렇다 그래서 주인공한테 신호하면 벌써 그리로 직접 가요. 의학적으로 볼 때 우리 마음에서 벌써 대뇌로 올라가서 대뇌에서 다 이렇게 통신을 합니다. 가다가 탁 엎드러져서 무르팍이 탁 부딪쳤죠? 그럴 때 이 마음이 '아이고, 아파!' 그러고 일어날 때 벌써 대뇌로 해서 여기 통신이 되는 거예요. 이렇게 아프다는 이 자체가 벌써 신호예요, 그냥. 그러니까 얼마나 빨라요.

그래서 속상한 마음이 들더라도, 그 속상한 게 내 앞에 딱 닥쳤어요. 금방 무슨 말이 들렸어요. 금방 들리는 순간 벌써 여기선 아는 거예요. 그걸 인정해야 돼요. 그냥 그걸 무시하고 에유! 그냥, 부르르 뛰어가서 그걸 방지할 양으로 암만 애를 써도 방지가 잘 안되는 수가 아마 70%, 80%, 90% 다죠. 그러니까 좀 여유 있게, 거기서 안다는 생각부터 해라 이거야, 여유 있게. 거기서 알고 벌써 바깥으로 내 마음의 분신은 털구멍을 통해서 그쪽으로 다니면서 방지를 하거든요, 안에도 그렇고 바깥에도 그렇고.

그러니까 그렇게 아시고요, 열심히 하시면…. 이제 요다음에 서울에 어머니가 오시면 내가 또 알아보죠. 열심히 해야 득남을 하지, 그렇지 않으면 어떻게 득남을 하겠소?

신도1(남) 그냥 생기면 하고 안 생기면 그만두죠.

큰스님 하하하….

신도2(남) 그건 본인 마음이고 또….

신도1(남) 아, 나오면 고생덩어리인데 뭐 안 나오면, 허허….

큰스님 댁의 마음이 참 너그럽소. 그래요. 그렇긴 그렇지만 그래도 부모에게나 누구에게든 한 가족이 서로 사는 울타리죠. 그게 뭐 꼭 있어야 한다는 조건은 없지만 울타리죠.

신도3(남) 공부를 열심히 하면 득남을 할 수도 있다고 가능성을 이야기하시는 거니까 공부하시면 돼요.

큰스님 그럼. 이런 예가 있었어요. 남자가 애를 못 낳는대요. 충이 없대요. 그 어머니가 어느 공장에 밥을 하러 다녀요. 그 아들도 참 키가 후리후리하니 잘생겼는데 너무 고생을 하고 그래서 그런지 어떻게 됐는지 장가를 들었는데 제 구실을 못한다잖아요. 그렇게 안되고 그러더니 그냥 어머니가 정성을 지극하게 들이고는 바로 돌아서서 감쪽같이 나아 가지고 어린애 낳고, 그러고도 또 잘살게 돼서 지금 잘살잖아요. 모두 자기 할 탓이에요.

사람은 부드러워야 하고요. 어떤 집은 아주 산산조각이 나는 집인데, 식구가 같이 만나면 그냥 '너 들어왔느냐. 들어왔으면 먹거나 말거나.' 서로 이러고 사니까 뭐 별 저것도 없고 사는 게 저거 하니까 바깥으로만, 애들이나 어른이나 바깥으로만 나돌았거든요. 근데 그 집에 작은며느리를 하나 얻었어요. 그런데 그 작은며느리가 어떻게 붙임성이 있게 그 식구를 한데 묶어 놨는지, 아주버니 뭐 서방님, 시동생, 그 열 식구나 돼요. 그냥 붙임성 있게 그렇게 잘하니까, 그냥 재미있어서 시아버지도 아예 저녁에 퇴근만 하면 들어오는 거예요, 사과라도 몇 개 사 가지고. 딴 식구들도 그렇고요. 그러니까 자기 할 탓이라는 거죠.

나는 그걸 보고요, '꼭 자기 할 탓이구나!' 하는 거를 또 느끼죠. 그리고 그 집이 그렇게 싸움만 하고 유리창을 한 달에 그냥 몇 번씩 끼우던 집이 유리창 하날 끼우지 않아. 하하하…. 아주 동네에서 소문났었는데, 뒤바뀌어서 동네에서 또 소문이 난 거예요. 하하하…. 그래 가지고 그 집이, 지금은 오히려 참 잘돼 가지고 화목하게 돼서 형님이 아우에게 시간을 내고, "너희들 떠나면 어떡하니? 어떡하니?" 그렇게 화목하게 됐어요. 그래 가지고 지금은요, 뭐 조금만 맛있는 거만 있어도 "아무개네 좀 갖다 주지!" 하고, 지금은 그렇게 다복하게 됐어요. 그러니까 사람이라는 게 화목하고, 또 우리 공부하는 사람들은 더군다나 마음을 평등하게 가져야 되고, 항상 내가 함이 없이 해야 하고 부드러운 말과 부드러운 행이 필요하죠. 아주 제일 필요한 거예요, 사람 사는 데.

그리고 너무나 잘 알아요, 이 친구들이요. 우리가 마음 쓰는 거를 너무 잘 알아요. 그래서 어떤 때 가다가도요, 무르팍이 씀벅씀벅하거나 예전에 부딪쳤던 발목이 시큰하고 디딜 수가 없을 때가 있어요. '얘, 걸음을 걷지 못하게 하면 어떡하니? 허허, 너희 집 망그러지면 너 손해지, 내 손해가 아니다.' 이러면 그냥 금방 괜찮아져서 걸음을 걷죠. 그러니까 모든 게 나 할 탓이에요, 모든 게. 내가 다룰 탓이에요. 이 친구들을 다룰 탓이라니까. 아주 평범한 말로 하는 거예요, 지금. 무슨 도다 뭐다 이걸 떠나서. 이 친구들이 도라고 그러면 눈을 둥그렇게 뜨고 뭐, 좋아할 줄 아세요? 평범하게 하는 것이 그대로 도예요.

가 보세요, 인제. 난 가 보라는 말이 아주…. 여기 부회장님하고 회장님하고 그렇게만 남곤 가 보세요, 인제. (녹음 안됨)

… 가고 오는 마음을 말하는 건데 그거는 원래 팩스로 비유를 해요.

신도4(여) 알아들으세요?

신도5(남) 좋아요. 어렵게 알고 들어야지. (대중 웃음)

큰스님 아니, 뭐 이해가 갑니까?

신도5(남) 아, 예 예.

큰스님 지금 현재의 말로 하니까.

신도4(여) 이 분이요, 여기를 어려서 오셨거든요. 하하하.

큰스님 아니, 그래도 지금 이 박사님은 이것을 알아 두면 좋은 것이 뭐냐 하면, 내가 요 끄트머리 얘기해 드릴게. 그래서 이 레이더망이라는 것은 누진통이거든요, 정신. 그래서 다섯 가지가 몸에, 인간의 마음속에서 항시 이렇게 돌아가거든요. 웃고 있지 마라, 남은 힘들여서 얘기하는데. 그렇죠? (대중 웃음)

시자 스님 저, 스님. 9시 15분인데요.

큰스님 그래, 알았어. 한마디면 끝나, 인제. 그래서 요거를 요렇게 해 놓으면 우리가 자력이라는 거 있죠?

신도5(남) 자력.

큰스님 예. 자석이라는 거는 물질적인 거고, 자력이라는 건 인간에게 무한대로 주어져 있는 거죠. 그래서 자력, 통신력, 광력, 전력 요 네 가지가 여기에 바탕으로, 주춧돌과 같이 바탕으로 돼 있어요. 그래 이 다섯 가지가 돌아가는 게 그 능력으로 돌아가거든요. 그 능력으로 돌아가니까 우리는 자력이라는 능력이, 자석이라는 거는 어떠한 한계가 있지만, 자력이라는 것은 한계가 없어서 끌어당기는 힘도 있고 이렇게 내가 돼 주는 힘도 있단 말이에요. 그러니까 큰, 그 무지한 것도 태평양에서 그냥 없어지고, 소용돌이에 말려서 없어지고 그러는 것도 그런 자력의 힘이죠. 전기가 220V라면 120V를 집어먹어 버려. 아니, 이거는 실질적인 지금 현실이라니까 자꾸 그러네. 웃어? 에이그.

신도4(여) 알고 있어요, 스님.

큰스님 그러니까 이 마음의 능력은 한계가 없는 거예요. 그러니까 자기 주처, 기독교면 심주라고 내가 가르쳐 줘요. 너의 심주는 바로 즉, 하나의 님이다. 너, 너! 네가 없다면 하나님도 없고, 네가 없다면 세상도 모두 없다. 그러니까 너 하나님 속에, 바로 모든 것이 상대성 원리다. 그러니까 너로 인해서 상대가 있는 거니까, 만 가지의 상대가 바로 너로 인해서 생긴 거니까 너를 믿어라. 너 주처를 믿어라. 주님이 딴 데 있는 게 아니다, 네 마음에 있다. 그래서 거기에서만이 하나의 주가, 그래서 심주라고 그래요. 심(心), 심주(心主)야. 그래서 속 말하자면 그걸 믿고 그렇게 당겨서 쓸 수 있다. 앞으로는 그 모든, 몸의 모든 능력이라고 하는 것도 그렇지만 인간의 모든 체력도 집어넣어서 쓸 시대가 오지 않나 이렇게 보죠. 그러니까 박사님에게 제가 어떻게 알아들을 수 있게끔 말을 잘 못하는 모양이죠?

신도5(남) 제가 앞으로 공부 많이 해야 될 것 같습니다. (대중 웃음)

큰스님 하하하….

끊임없는 나그네의 길

뉴욕지원 법회

1990년 4월 7일

질문자1(여) 제가 결혼을 맏아들한테 해서 4년 정도 됐는데도 애기가 없어요. 그러다가 인제 어떻게 해서 애기를 갖게 됐어요. 그래서 애기를 낳았는데 한 한 달 두 달 정도 지나서 애기가, 저도 좀 몸이 약한 편이지만 그래도 병이 있는 편은 아닌데 애기가 굉장히 아팠어요. 갑자기 호흡을 70번, 80번, 120번씩 하고 애기가 고통을 너무 많이 받고 그러는데 이 미국 병원에서는 하다못해 에이즈 검사까지 하더라고요. 진짜 너무 해부학적으로 하다 보니 애를 너무 피곤하게 해요. 그래서 제가 스님께 연결을 했죠, 그 다음에. 우리가 애기를 받았을 때는 정말 그 뭐라 할까요, 하늘에서 주신, 부처님께서 주신 생명인데 이렇게 고통을 받으면 그때마다 그 인연법이라는 게 있지 않습니까. 제가 나이는 어리지만 살아오면서 느꼈을 때에 굉장히 가책 받은 것도 많고 스님한테는 전부 말씀을….

큰스님 요약해. 병원에서 무슨 병이라고 그랬고, 그걸 요약해서 마저 해.

질문자1(여) 병원에서도 굉장히 많이 힘들고 원인을 모른다는 서예요. 많은 박사 분들이 찾아오고 이 선생님 저 선생님 다 오셔도 어떻게 할 수가 없대요. 그래 가지고 스님께서 그때 마침 산호세에 계셨어요. 그래서 연결을 시켜 드렸더니 "그대로 네 주인공만 믿어라. 그 안에 의사가 있다, 그대로." 그렇게 말씀을 하시는데 그 순간 그렇게 끄달렸던 거 있죠? 그냥 내가, 이 애가 살까 죽을까, 얘가 오늘밤을 잘 넘길까. 이런 간절한 마음에서, 얘가 뭐라도 잘 먹을까. 아니면 이 애가 어떻게, 여기서 부모님도 안 계신데…. 정말이에요! 이건 너무나 절실해서 진짜 옆에 엄마 아버지만 계셨어도…. 하지만 안 계시니까 그대로 그냥 부부가 둘이 꼬박꼬박 밤을 새우는 거예요, 어떻게 될까 봐.

그래서 스님께 전화를 드렸어요. 무슨 일이 있으면 그대로 전화를 드리고 "스님! 애기 똥에서 지금 피가 나오는데 이거 어떡해요?" 그러면 또 스님이 그러세요. "너, 이 모든 것이 너로부터 비롯됐는데 너 그렇게 하면, 네가 원인인데 그러면 되냐?" 그러시면서 "주인공만 믿어라." "내가 전부 다 해 놨어. 막아 놨어." 벌써 오셔서 보시고 그것을 다 하셨대요. 그런데 병원에 가면, 제가 지금도 느끼는 게 뭐냐 하면 병원에 가면 변에서 피가 나온대요. 그러니까 3개월 4개월 된 애의 손에서 매일 피를 뽑는 거예요. 이 헤모글로빈 수치가 너무 낮으면 애가 어떻게 되지 않나 해서 수혈까지 할 생각으로 계속 그러고 있지만 스님은 괜찮다고 그러세요. 그리고 애가 계속 산소 호흡기를 했었죠.

여러분, 지금 보시는 애가 바로 그 주인공인데요, 그런데 한 2, 3개월 있다가 산소 호흡기를 떼는데 그때서야 의사가 하시는 말씀이 "아! 철분을 보충해 주면 변에서 피가 나온다." 하니 애는 애대로 고생을 하고, 그래서 스님이 저한테 꼭 그러셨어요. 그때 병원에 갔을 때도 공부를 한 분들은 과학적으로 생각하는 게 있기 때문에 남편하고도 다툼이 많았고 시댁하고도 다툼이 많았어요. "애는 꼭 병원에 가야 되는데 너 미치지 않았느냐, 요새 세상에. 대학까지 공부한 놈이 스님이 그러신다고…." 남편도 믿음을 가지고 있지만 절박한 경우에는 또 그게 아니었어요. 자기 아이가 지금 생사의 귀로에 있으니까.

그러니까 스님은 "괜찮다, 괜찮다. 자꾸만 병원에 가면 애가 너무 피곤하고 검사 과정이 보통이 아니니까." 스님께서 그러세요. "너, 네가 자제하든지 그렇지 않으면 가기 전에 꼭 좋은 일이 있고 애기한텐 아무 일이 없이 금방 건강해진다는 믿음 하나로 가라. 네 의사는 네 마음속 안에 들어 있다." 그 말씀 하나를 믿으면서 병원에 가면 저는 진짜 피가 마르는 거예요, 속으로. '주인공! 얘는 꼭 더 이상 고생시키면 안 돼. 얘가 지금 또 더 아프면 뭐를 또 검사를 할지 몰라. 척추에서 뭐를 뺄지 몰라. 그 고통 더 이상 주지 말고 한마음으로 가자.' 그러고 나서 스님이 가셨어요. 그런데 애기는 그때까지도 산소 호흡기를 끼었던 거예요. 그러고 나서 한 2, 3개월 있다가 스님께 계속 연락드렸고 그 마음 하나로 하니까, 애기가 완전히 낫지는 않아도 그래도 스님 믿고 하니까, 지금 보셨죠? 참 건강해요.

그리고 스님한테 전화드리면 그러셔요. "열심히 해라. 네가 열심히 해라. 내가 함께 있다." 그 말씀, 그 도리, 전 아직도 잘 모르는데 그냥 이렇게 있으면 눈물도 나고 찡하는 마음도 있고 너무나 감사해요. 제가 말주변이 없어서 그런데요, 그 3, 4년 동안 겪었던 고통을 어떻게 이 한순간에 말씀드리겠어요.

큰스님 지금 우리가 여기 이 사람의 이야기를 들어 봐도 그렇지만 수많은 사람들의 고통은 그지없이 괴로웠습니다. 정신병이라든가 그런 분들이 오면 그러죠. "나는 의사가 아니야. 그런 병이 있으면 병원에 가야지 여길 왜 와?" 하고 말은 하지만 그것은 병원에 가서 머리가 안 자란다든가 세포가 잘못돼서 목석이 된다든가 또는 이 집의 애기처럼 산소 호흡기를 끼워 놓고 어린애가 도대체, 그것은 도저히 살릴 수 없다고 했을 때 그 애로점이라든가, 이 집은 더군다나 외아들에다가 그 참, 경로가 여간 괴롭지 않았죠. 그러한 문제들을 우리 자신들이 풀어야 하는 것이 70%는 됩니다. 병원에서 30%밖에는 도저히 해 줄 수 없는 것이, 여러분은 짐작하셨겠지만 그건 누가 담당합니까? 70% 담당은 자기 자신들이 해야 합니다. 그렇기 때문에 이 병, 의학적인 문제뿐만 아니라 우리가 공부하는 것은 항상 이 마음 빼놓고는 없죠.

그러니까 내일은 거기에 대해서 인간 체내에서부터, 마음에서부터 과거로부터 미래로 가는 길을 그대로 여러분한테 자세히 얘길 해 드릴 거예요. 어째서 그런 것인가. 불교에서는 이렇게 이렇게 말을 하는데 우린 현대화시켜서 요거를 말씀드릴 거예요, 우리 인간이 다 갖추어 가지고 있다는 것을.

청정하다는 것은, 이 바다에는 더러운 물이나 깨끗한 물이나 모든 물이 다 모이죠. 아무리 저거 해도 받아들이지 않는 물이 없어요. 다 받아들여도, 수만 가지를 받아들여도 다 깨끗하게 가라앉는 그런 수원지나 같은 물이죠. 그러면 어떠한 것이 청정인가. 그것이 다 모여서 어떤 거를 더럽다 깨끗하다 할 수 없는 것을 그대로 청정이라고 하는 겁니다. 젖는 거, 예를 들어서. 똥물에도 젖긴 젖죠. 그러니까 젖는다고 표현할 수밖엔 없죠. 그러니까 그러한 것을 청정이라고 하고 저기도 써 붙였지만 여여하다는 거, 우리가 지금 찰나 생활을 여여하게 하고 있다는 거, 그 다음에 우리 인간은 지수화풍으로 바탕이 돼 있어서 광력이나 전력이나 자력, 통신력이 충만히 대두돼 있기 때문에 오신통이라는 그 자체의 수레가 그대로 자유스럽게 그 재료를 굴릴 수 있고 쓸 수 있다는 거. 그러니까 여러분도 그렇게 가지고 있다는 겁니다. 모든 것이 그런 게 아니라면 천체물리학이 성립될 수가 없고 과학이 성립될 수가 없고, 공학이 성립될 수가 없고 정신학이 성립될 수가 없고 심리학이 성립될 수가 없고 천문학이 성립될 수가 없습니다. 모든 것이 그 한가운데에서 그 모든 데로, 갖가지로 나온 것입니다.

그러니까 오늘은 여러분의 질문을 받겠어요. 지금 여기서 한마디 했지만 내일 또 자세히 얘기해 드리도록 하겠습니다. 어떠한 사람이든지 평탄하게 일평생을 갈 수는 없는 겁니다. 왜냐하면 내가 이 세상에 나오기 이전에, 나오기 이전에 입력됐던 것이 지금 현재 나오는 것을 숙명통이라고 해요, 인과로 인해서. 숙명통이 바로 그런 거죠. 그래서 만약에 컴퓨터가 숙명통이라면 과거에 입력이 됐기 때문에 현실에 자꾸 나온다는 거죠. 그러면 입력됐던 데다 다시 맡겨 놓으면, 입력을 한다면 앞서 입력한 것은 다 없어지는 그런 도리가 우리 인간에게도, 아주 지금 물질과학적인 문제부터, 이론적인 문제부터, 학술적인 문제부터, 이런 거를 떠나서, 지식적인 것도 떠나서 우리는 그대로 여여하게 자기 자신이 그 재료와 여여함을 다 갖추어 가지고 있다는 사실을 그대로 아셔야 합니다.

또 불교(佛敎)라는 것은 어떠한 국한된 요런 개체를 가지고 불교라고 그러는 게 아니죠. 불(佛)이라는 것은 천체 모든 어떠한 대(對)를 세울 수 없는 것이, 부처라고 세울 수 없는 것이 진리요 길이요, 이러한 문제를 가지고 불이라고 하는 겁니다. 불성이라는 그 자체는 누구나가 다 가지고 있고 어떠한 거든지 다 가지고 있기 때문에 그거를 한데 합쳐도 그릇이 작지 않다 이런 뜻에서 불이라고 하는 겁니다. 한마음이라는 건 어떤 마음이든지 다 있기 때문에, 마음이 있다면 어떤 것이냐? 누구든지 마음이 있죠. 그러니 마음을 나만 가지고 있는 것도 아니고 너만 가지고 있는 것도 아니니까 그걸 한데 합쳐서, 즉 표현을 하자면 그것을 불이라고 하는 것입니다. 그러니까 여러분도 다 불성이 있지만 내놓으라면 내놓을 수 없는 그 불성이 시간과 공간을 초월해서 돌아가니까 이것을 보고서, 즉 말하자면 불이라고 하는 것입니다. 그러니 풀 한 포기도 불교 아닌 게 없습니다. 말 없이 말을 전달하면서 서로 조화를 이루면서 공존하고 있으니까요. 그러니 교(敎)라는 것은, 우리가 좋은 말을 서로 해 주는 것을 말씀이라고 하기 때문에 그것은 여러분이 다 갖추어 가지고 있는 것입니다. 그래서 교입니다. 그러니까 사대 성인들이나 역대 조사들이 다 여러분한테 좋은 말씀을 해 주셨기 때문에 그거는 교입니다. 지금 자녀들한테 여러분이 말을 해도 그것은 좋은 말씀입니다. 그렇기 때문에 교입니다. 그러니 어떠한 국한된 불교가 아닙니다.

그래서 기독교든 가톨릭교든 알라신교든 불교든 기복적으로 나가서는 안 됩니다. 자기 주처에서만이, 자기가 있기 때문에 상대가 있다는 것을 알았고, 내가 있기 때문에 부처가 있는 줄 알았고, 내가 있기 때문에 세상이 벌어졌고, 내가 있기 때문에 태초라는 언어가 붙었고, 모든 것이 우리가 없이는 아무것도 없어요. 그러니 여러분이 열심히 이 자기 자신의 공부를 해서 한마음의 정신계발을 하고 또한 일상생활에서도 참선이라고 하는 거를 아셔야 할 겁니다. 그러니 오늘은, 토요일은 항상 생활 상담과 더불어 서로 토론과 질문을 가질 수 있게끔 하고 그 다음에 일요일은 설법을 하는데 또 공부에 대해서 질문을 할 수도 있는 거고요.

우리가 이 공부를 하지 않고 넘어갈 수는 없다는 점이 있습니다. 우리는 불교인이든 불교인이 아니든 통틀어서 한 배를 타고, 한 버스라고 할까요? 한 지구라면 한 버스를 탄 거죠. 지구도 우리 집일 수가 있는 겁니다, 우리 몸뚱이만 우리 집이 아니라. 우리 몸뚱이 속에도 수많은 중생들이 지금 한 버스를 타고 지금 여길 왔는지 저길 왔는지 모르고 있는 거와 마찬가지로 우리도 지금 지구를 타고 어디로 돌아서 오는지도 모르면서 살고 있습니다. 그러면서도 불교인 기독교인을 서로 달리 본다면 그것은 소인의 행각이라고 볼 수 있겠습니다.

모두가 기복을 떠나서 훨훨 벗고 자유인으로서 자유스럽게 삶의 보람을 느낄 수 있는 길을 걷기 바라면서 항상 이렇게 같이, 같이 이 공부를 하시길 바랍니다. 우리가 벌어먹고 살려면 어디 가 못 벌어먹어서 머릴 깎고 이름을 팔고 뼈다귀를 팔아서 거짓말을 해 가면서 사기를 치겠습니까. 그렇게 해 가면서 가을에 가랑잎이 떨어지면 그뿐인 것을 우리가 그렇게 거짓을 하고 살아서 쓰겠습니까? 여러분과 같이 우리는 속고 속이고 이런 일이 없도록 진실하고 또 성실하게 생각하면서 뛰고, 뛰면서 생각할 수 있는 시대와 맞춰서 마음의 인등을 켜야겠습니다. 또 등을 들고 켜는 거는 행입니다. 마음을 먹었으면, 마음의 불을 켰으면, 바로 생각을 했으면 행을 하는 거와 똑같습니다. 여기 한마음 선원은 어려워서 적은 돈을 가져오더라도, 또 많은 돈을 가져오더라도 등은 똑같이 켭니다. 많이 가져왔다고 딴 데처럼 써 붙이거나 그러는 법은 없습니다. 왜냐하면 자기네들이 했다는 건 더 잘 알기 때문입니다.

몇 불을 했든지 여러분은 아마 더 잘 아실 겁니다. 그래서 우주와 더불어 우리는, 어떠한 혹성과 더불어, 이것도 혹성이니까 모든 게 가설이 됐다는 그런 사실을 알고, 우주간 법계에 모두 가설이 돼서 통신이 된다는 거를 아시면서, 내가 일 전을 했든지 이 전을 했든지, 십 불을 했든지 백 불을 했든지 오백 불을 했든지 천 불 만 불을 했든지 그것은 자기가 더 잘 아는 것입니다. 그렇기 때문에 우주간 법계에 그것이 통신이 되는 것입니다. 그래서 두루 한다고 하는 겁니다. 그러니 여러분이 생각할 때에 '나는 얼마를 시주했는데 왜 써 붙여 주지 않나!' 이러한 생각은 어리석은 생각이라고 볼 수 있겠습니다. 그리고 우리는 그렇게 받았어도 받은 사이가 없고 여러분은 우리를 줬어도 준 사이가 없습니다. 그 뜻을 잘 생각해 보시면 아실 겁니다.

그래서 우리가 이러한 공부를 하지 않고 그냥 갈 수는 없다고 하는 겁니다. 우리 몸 떨어지면 그 의식 차원을 그대로 가지고 죽으니까 까치 둥우리에도 들어가고 뱀 소굴에도 들어가고 소 소굴에도 들어가고 사람 소굴에도 들어갑니다. 그거는 여러분이 눈이 밝지 못하고 귀가 먹어서 의식만 가지고 가기 때문입니다. 그러니 우리가 밝게 보고 밝게 듣고 행할 수 있는 그런 마음의 차원을 가지고 우리가 몸이 떨어진다면 한 찰나에 죽었다가, 남이 볼 때에는 죽었다 하나 현실적으로 본다면 그대로 사는 겁니다. 영원한 겁니다. 죽는 날이 바로 탄생하는 날입니다. 그것은 죽는다고 해서 죽는 게 아니라 사는 날이 그렇게 죽고 살고, 죽고 살고 찰나찰나 돌아간다는 이 진리를 파악한다면 참으로 이것은 안 하고는 그냥 넘어갈 순 없다는 거죠. 그러니 오늘은 토요일이니 질문으로써 서로 토론을 하시기 바랍니다. 그럼 질문할 분….

사회자 질문하실 분들은 손을 드세요. 질문은 가능한 한 좀 짤막하게 요약을 하셔서 듣는 사람이 좀 쉽게 질문의 요지를 파악할 수 있도록 해 주시기를 바랍니다. 그러면 손을 들어 보시죠.

큰스님 아니, 이리로 나오시라고 그래요.

사회자 예, 누구든지 하여튼 질문을 하시고 싶은 분들은 앞으로 나오세요. 여기 자리가 준비되어 있으니까.

큰스님 여기 요 젊은 분한테 드려 보세요.

질문자2(남) 저는 1985년도 1월 17일 이 미국에 와서 보통 이민 1세들이 겪는 야채 가게를 다니기 시작했습니다. 다닌 지 한 일주일 만에 거기에 나오시는 아주머니께서 하시는 말씀이 "미스터 임, 장가들었습니까?" 그러시더라고요. 그래서 "장가는 아직 안 들었습니다." 하고 말씀드렸더니 "종교는 무얼 가지고 있어요?" 그러시더라고요, 저한테 묻기를.

그래서 저는 불교라고 그렇게 말씀을 드렸어요. 그랬더니 젊은 사람이 불교를 가지고 있다니까 좀 이상하게 생각하시면서 하시는 말씀이 "한국에서 30년간을 불교를 믿고 있었는데 미국에 와서 살다 보니까 적응하기 위해서 기독교로 개종을 했다. 그러니까 미스터 임도 개종하는 게 낫지 않겠느냐?" 그렇게 말씀을 하시면서 여긴 아직까지 기독교세가 강하니까 비즈니스를 하기 위해서도 그렇고 미스터 임 아직 장가를 안 갔으니까 절에는 할머니들밖에 안 오시는데 교회 가면 젊은 아가씨들 많으니까 장가갈 수도 있지 않겠느냐?" 이렇게 말씀을 하시더라고요.

그런데 처음 몇 번 말씀하실 때는 좋은 의미로 받아들였습니다.

어른이 말씀하시는 것이기 때문에 "그렇습니까?" 그러고 넘어갔어요. 그런데 자꾸만 그러니까 짜증이 나더라고요. 그래서 다음에 제가 그 아주머니를 불렀어요. 그때도 "미스터 임, 진짜 요번 주 일요일은 교회 같이 가자."고 그렇게 말씀을 하시더라고요. 그래서 "죄송합니다, 아주머니!" 하고 정식으로 부른 다음에 "제가 물론 종교를 불교로 갖고 있기는 하지만 개종은 할 수 있습니다. 기독교로 개종할 수도 있고 천주교로도 개종할 수 있습니다. 그렇지만 그건 다만 마음에서부터 시작되는 일이지 먹고살기 위해서, 장가가기 위해서 종교를 바꾼다는 것은 그건 문제가 있지 않습니까?"라고 말씀드렸더니 그 다음부터 그런 말씀을 안 하셨습니다. 한국에서 불교인이라고 말씀드릴 수 있었던 분들이 여기 와서 기독교로 개종하는 경우들을 많이 봤거든요. 스님이 바로 그런 사람들을 위해서 좀더 구체적으로 어떤 복안을 가지고 계신가, 그런 질문을 드리고 싶어서 이런 긴 얘기를 했습니다. 감사합니다.

큰스님 그런데 개종을 하고 개종을 안 하고 그게 없습니다. 아까도 얘기했지만 우리 마음입니다. 어디에 국한된 불교가 아니다. 우리가 어떠한 상점의 상표처럼 생각하고 이건 내 가게 네 가게 할 수가 없는 것이 진리이기 때문입니다. 그리고 끊임없이 돌아가는 길이기 때문입니다. 시간과 공간을 초월해서 돌아가는 이 지구를 우리 집이라고 한다면 크나큰 일이 있습니다. 우리 몸부터 지킬 수 있는 그런 능력과 또는 사회와 국가를 지키는 그 마음의 능력과 더불어 세계를 조절할 수 있는 능력과 또는 지구를 집이라고 한다면 오래도록 보존할 수 있는 그런 능력도 피치 못할 사정입니다. 널리 생각한다면 우리가 인간으로서 과학이 발전되고 이렇게 기계화로, 물질화로 치닫고 있지만, 파손시킬 수 있는 핵폭탄이나 수소폭탄 모두, 그런 기계화로 돌아가고 있습니다. 그럴 때마다 우리 인간의 생명체가, 자기가 갖추어 가지고 있는 걸 모르는 사람에 한해서는 좀더 약해질 수가 있고 마음대로 살 수가 없지 않은가, 앞으로는 점점 더하지 않을까 이런 생각도 하게 됩니다.

그렇다면 여러분이 그러한 공부를 하고 진리를 타파하고, 석존이 있다 할지라도, 예수가 있다 하더라도 바로 자기 마음에 그 의식 자체를 넣는다면 두드러지지도 않는 것입니다. 예를 들어서 수만 개의 영령을, 영혼을 넣어도 두드러지지 않고 수없이 빼내도 줄지 않는다는 뜻이죠. 그러한 진리를 배운다고 하는 사람들이 자기 스스로 마음을 가지고 창살 없는 감옥을 만들어 놓고 자기 몸뚱이를 옴쭉을 못하게 해 놓을 수 있는 그러한 소인의 행각이라고 그럴까요? 그러면 어떨까요? 지각으로 살아야지 소견으로 살아서 되겠습니까? 우리가 소견으로 살면 지각을 이룰 수 없고 통달할 수가 없습니다. 만날 둘로 보고 '네가 망하게 해 줬느니, 내가 잘했느니…' 내 몸뚱이를 나라고 해서는 절대로 그것은 안 된다는 뜻이죠.

여러분이 지금 차를 가지고 운전수가 가는데 운전수더러 가라고 그래야 그 차를 끌고 가는 거지, 만약에 차더러 "야! 자가용아, 빨리 가." 이러고 아무리 쳐도 자가용은 가지 않습니다. 운전수더러 가라고 그런다면 차를 끌고 갑니다. 그런 것같이 우리 믿음도 그렇습니다. 자기 자신의 주인공을 믿고, 자기 자신의 주처는 전 우주와 가설이 되고 통신이 돼 돌아가고 법계가 다, 내가 아는 거는 다 알고 있게끔 그렇게 통신이 되는 것임에도 불구하고 우리가 마음을 속이고, 그 마음을 속이는 반면에 한 번 속이면 백 번을 속여야 하고 이런 문제가 나온다면 그것이 바로 자기 숙명통의 컴퓨터에 입력이 된다는 뜻이죠.

미래는 오지 않았으니까 없지만 과거도 우리가 지금 달구지에다 잔뜩 짊어지고 현실에 나온 겁니다. 그렇다면 달구지에 짊어지고 나온 그 인과가 어떻게 되겠습니까? 어디를 쳐야 가겠습니까? 그 물건을 끌고 말입니다. 그런데 지금 소를 믿고 이 소가 한 짓이니까 달구지에 이렇게 잔뜩 실은 게 네가 나오기 이전에 네가 해서 입력이 된 거니까 그 입력된 데다 다시 맡겨 놓고 '네가 한 짓이니까 네가 해. 네가 할 수밖에 없어.' 하고 주인공에게 모든 거를 맡겨 놓을 때에 비로소 그 인과는 무너지고 업보도 무너지고 또 유전성도 무너지고 모든 것이 무너지는 겁니다. 삽시간에 무너지는 겁니다. 두고두고 무너짐도 없습니다.

그러나 여러분이 그것을 믿지 않고, 누구를 믿습니까? 형상을 믿습니까, 고깃덩어리를 믿습니까, 허공을 믿습니까? 대신해 주는 사람이 누가 있습니까? 대신 아파 줍니까, 먹어 줍니까? 똥을 눠 줍니까? 자 줍니까, 죽어 줍니까? 누가 해 줍니까? 아무리 친절하지 않아 천에 없어도 대신해 주는 사람은 없습니다. 자기가 왔고 자기가 가는 겁니다. 그러니까 자기가 와서 자기가 할 일을 하고 가야 한다 하는 것은 자기 몸 떨어지기 전에 자기를 알아야 되겠다 이겁니다.

불성이 부(父)라면 자기 지금 현상계에 있는 자기는 바로 자(子)입니다. 현재의식과 잠재의식, 이거를 놓고 볼 때에 잠재의식은 현재의식 속에 들어 있고 현재의식은 잠재의식 속에 들어 있는 겁니다. 그게 두 가지로 따로따로 있는 게 아닙니다. 의학적으로 볼 때도 이 머리, 이 골도 반쪽으로 나 있습니다. 그리고 구멍이 뚫려서 왔다 갔다 하죠. 그것이 바로 통신만 왔다 갔다 하는 겁니다. 거미줄 얽히듯 말입니다. 이 세포가 바로 법계라고 하는 거죠. 우리 지구에도 세포가 있고 인간에게도 세포가 있고 어느 물질에게도 세포가 있습니다. 이런 데도 말입니다. 그렇기 때문에 세포 하나하나가 전부 가설이 돼 있다는 뜻이죠.

그렇다면 가설돼서 이렇게 넘어가니까 무슨 기독교니 불교니 이런 거를 떠나서, 나도 가톨릭교에 입교해서 다녀 봤어요. 신부님한테 고해 성사도 해 봤고요. 그러나 남한테 내가 잘못한 거를 얘기를 해 봤던들 위안은 될 수 있을지언정 나 자신의 그 잘못됨은 없어질 수가 없는 겁니다. 잘못하기 이전에 내가 잘못을 안 하게끔 만드는 것이 바로 인간의 도리라고 봅니다. 그렇다면 기독교니 가톨릭교니 이런 걸 떠나서 우리는 이국에 와서 이런 거를, 이름을 떠나서 같이 이러한 도리를 배울 데가 있으면 어디고 내가 체험해 봐야 나쁜 일이라도 배울 수 있고 좋은 일이라도 배울 수 있습니다. 좋은 거를 봤을 때에 '아! 참 기특하구나.' 은연중에 자기도 그렇게 물들어 갑니다. 또 나쁜 거를 봤을 때 '아이, 나는 저렇게 하지 말아야지. 저게 사람이야?' 이렇게 마음이 드는 겁니다.

그래서 나쁘게 하든지 좋게 하든지 전부 스승 아닌 게 없어요. 그러니 꽃 한 송이 풀 한 포기 물 흐르는 거, 이것이 다 스승인 것입니다. 그러니 우리가 그걸 가지고 따질 필요는 없죠. 그런데 꼭 사람의 몸뚱이를 끌어가려고 하니 그 몸뚱이가 끌려갑니까. 마음이 둘이 아니게 내가 모든 걸 무조건 줄 수 있는 마음이라면 스스로 한마음이 되는 거죠. 몸뚱이가 아무리 멀리 있다 하더라도 마음이 가까우면 바로 내 마음속에 있는 거고, 내 앞에 있는 거기 때문에 멀지 않고 가깝지만 마음이 멀다 하면 앞에 앉아 있어도 천리만리 떨어지는 것입니다.

그러니 우리가 그 뜻을 안다면 한국인으로서 긍지를 가지고 한마음으로 뭉치지 않으면 안 된다는 겁니다. 그렇다고 해서 우리 이 선원에만 와라 이거는 아닙니다. 어디든지 내가 배울 데가 있으면 가서 배워라 이겁니다. 그런데 꼭 부탁할 건 한 가지 있죠. 어디를 가든지 내 주처는 내가 가지고 있다는 거, 이건 잊지 말라 이겁니다. 몸뚱이가 어디를 못 갑니까. 가고 오는 것도 고정됨이 없고 보는 거 듣는 거 말하는 거, 만남 이런 것도, 먹는 것까지도 고정됨이 없어요. 그렇기 때문에 공했다고 하는 거죠. 그렇기 때문에 공한 것도 공했느니라 이거거든요. 분별이 없다면 공한 것도 공했느니라. 그 공한 것을 어떻게 체험합니까? 분별을 하지 않는다면, 공했다는 분별을 하지 않는다면 그 공한 것도 체험할 수가 있느니라 이런 거 말입니다.

그러니까 어려운 말을 하고 이렇게 경서를 놓고 강의를 하듯이 하기보다는 우리 생활 속에서 체험하면서 실험하면서 내 주처에 맡겨 놓고 지켜본다. 이것은 아주 과학적이기도 하고 실험입니다. 그리고 체험을 한다면 자기가 당당해지고 늠름해지고 지각으로 살 수 있는 그런 당당한 인간의 자유스런 행이 저절로 나오죠. 그러니 얼마나 슬기롭고 자유스럽고 좋습니까? 그런데 이 도리를 배우는 데 내가 그 절에 다니니까 못 가고, 다른 교니까 가고, 다른 교기 때문에 불교에 못 오고…. 이런 법이 어디 있습니까? 그것을 가라, 가지 마라 이러지 말고 또 나는 간다, 못 간다를 떠나서 내 마음 주처 즉, 하나님은 딴 데 있는 게 아니라 자기 하나의 님을 발견을 해야만이 모든 님들의 소식을 들을 수 있는 겁니다. 나의 집에 전화를 놓지 않고 남의 집의 소식을 어떻게 듣습니까? 내 집의 안테나를 세워 놓지 않고 남한테서 들어오고 나가는 거를 어떻게 감지합니까? 그렇기 때문에 너부터 알라고 했습니다.

그렇기 때문에 너부터 알았으면 이 세상에 둘이 아님을 알라. 둘이 아님을 알았으면 바로 둘이 아니게 나툼을 알라 했습니다. 그래서 부처님께서는 개구리가 돼서 개구리를 건져 주시고 또 뱀이 돼서 뱀을 건져 주시고 소가 돼서 소를 건져 주시고, 보이지 않는 사람들의 마음이나 보이는 사람의 마음이나 다 건져 주시게끔 돼 있는 것입니다. 그런 것이 나투는 방법이죠. 마음은 체가 없어서 수십 명이 댁의 속에 들어가도 두드러지지 않아요. 그래서 우주 삼라만상의 일체 생명들을 다 여기다가 운집시켜 놓아도 이 그릇이 작지 않다 이 소립니다.

여러분, 그 뜻을 우리가 안다면 여러분 가정에 꽃이 피고 열매가 열리고 또 그 열매가 열리면 무르익어서 그 한 가지의 마음 열매, 즉 말하자면 '제 나무에서 익은 그 과실 속에서 만 가지 맛이 나온다.' 이런 거는 그 속에서 아프면 의사가 돼서, 약사가 돼서 나오고 좋은 데로 못 갔으면 지장이 돼서 나오고…, 이 마음은 체가 없는 겁니다. 절에 가시면요, 산신불공 들이랴 칠성불공 들이랴, 부처님한테 가서 들이랴 용왕한테 들이랴. 이게 뭡니까, 모두? 여러분 가정에서 한마음 속에서 하루에도 몇 가지씩 하십니까? 몇 가지 말을 하시고. 그런 걸 한번 생각해 보십시오. 부처님의 마음이 바로 관세음이요. 그래서 사바세계에다가 관세음이라는 이름을 붙여 놓으시고, 또 이 세상에 잠시 잠깐 봄을 바꿔서 돌아 나오는 것을 미륵이라고 했습니다. 그런데 하물며 한마음 속에서 수천 가지 수만 가지가 나오는데도 불구하고 그거를 따로따로 적어 놓고선 본다면 그것은, 보세요. 백 불을 가져가서 부처님 한 분한테다 정성을 들이면 흐뭇하고 좋을 것을, 쪼개서 따로따로 놓는 것과 같습니다. 그리고 법당에 들어가면 벌써 부처님과 나와 둘이 아니게끔 둥글려서 일 배를 올려도 삼 배가 될 수 있고, 삼 배를 올려도 칠정례 팔정례가 될 수 있는 것이고 백팔 배가 되고 삼천 배가 될 수 있는 것입니다. 한 번만 잘했다 하면 삼만 번을 절한 것보다 일 배 올린 것이 더 귀중하다는 얘깁니다. 허탕한 짓은 할 필요가 없어요.

이것 또 한 가지 얘기할까요? 부처님 여기 놓고 보현보살 놓고 문수보살 놨습니다. 이것은 여러분도 한 사람이 앉아 있는데 가만히 앉아 있으면 부처요, 생각을 냈으면 바로 문수입니다. 또 움죽거렸으면 보현입니다. 어떻게 생각하십니까? 여러분, 안 그렇습니까? 즉, 여러분이 부처요, 여러분이 법신이요, 여러분이 화신입니다. '화신입니다' 하는 것은 마음을 냈다면 재깍 움죽거리고 재깍 움죽거렸으면 바로 이렇게 보하고 모든 것을 해 나갈 수 있으니까 바로 보현이라고 그런 겁니다. 그런 것을, 요 마음을 내면 보현으로 돌아올 때까지 요 과정을 바로 화신이라고 하는 겁니다. 화해서 돌아가니까. 불교를 알려면 잘 알아야지 모르고 설알면 선무당이 사람 죽인다고, 다니면서 몸뚱이는 온갖 고통을 더 받게 되고 없는 사람이 방방방방 뛰어도 돈이 벌리지 않죠. 그러나 있는 사람은 돈이 돈을 벌어 줍니다. 편안하게 앉아서 돈을 벌 수가 있는 거죠. 그렇듯이 여러분은 아무리 몸뚱이로 뛴다 하더라도 한생각에 한 걸음을 뛰는 것만은 못할 겁니다.

오늘 서로 질문 받고 그런다고 한 게 어떻게 이렇게 됐습니까? 그러게 마음대로 못해요. 물 흘러가는 대로 살 뿐이지 어떻게 마음대로 이건 요렇게, 고정되게 '요건 요럽시다, 조럽시다' 해 놓곤 그렇게 똑같이는 못한다 이겁니다. 오늘 가정상담과 더불어 토론하자고 그랬는데 아, 이렇게 될 줄이야 누가 알았겠습니까? 하하하. (대중 웃음) 그래서 본원에서나 여기서나 똑같이 가정을 위해서, 내 몸을 이끌어 가기 위해서…, 여러분이 여러분 몸뚱이를 자유스럽게 끌고 가지 못한다면 어떻게 하시렵니까? 살아나가면서 기가 약해지고 병이 더 많아지고 이럴 때는 어떡하시렵니까? 내가 이 안에서 기를 잡아당길 수 있는 자력, 자석은 물질이지만 자력은 우리 마음의 능력을 말하는 겁니다. 우린 지수화풍이 바탕이 돼 있기 때문에, 아까도 얘기했죠? 광력이나 전력이나 자력이나 통신력이 충만하다고.

그렇기 때문에 우리가 병이 들어도 어떠한 요소에 따라서, 용도에 따라서 거기에 맡겨 놓고 '당신만이 할 수 있어.' 그 보배와 같은 님은 바로 나한테 있는 거지 딴 데 있는 게 아닙니다. 그래서 '모든 내 님이여! 당신밖에는 해결을 못합니다.' 할 때에 간단하게, 여러분이 오시다 넘어졌으면 바로 넘어진 분이 일어나는 겁니다. 그와 같은 겁니다. 자기가 넘어질 힘이 있다면 일어날 힘도 거기에 있다는 얘기죠. 그러니까 거기에서 이 삼라만상이 돌아가듯, 오장 육부에도 오대양 육대주가 돌아가듯 이렇게 소임을 맡아 가지고 돌아가는 생명의 그 의식들을 무시하지 마세요. 바깥에서 벌레를 보면 무시하시죠? 그러나 내 배 속에 있는 그 벌레는 무시할 수 없을 것입니다.

그러니 내 배 속에 있다는 거를 알면 그 생명도 내 생명과 같이 생각할 수 있습니다. 내 생명을 지금 유지해 주는 것도 그 친구들이, 내 몸의 친구들이 다 해 주니까 이렇게 살고 있지 않습니까? 그 친구들이 바로 나예요, 나! 인과로 인해서 온 나라고요. 몸뚱이는 부모에게 뼈를 받고 살을 받았지만 바로 그 인과로 인해서 온 것은, 인으로 인해서 세상에 나올 때 과가 된다는 거, 이것이 바로 내 몸뚱이 속의 세포 하나하나에 들어 있다 이겁니다. 악업이나 선업이 말입니다. 그러니 거기서 나오는 그것도 바로 내 친구라고 생각해야지 중생이라고 생각한다면, 그리고 그렇게 믿지 못하고 맡기지 못한다면 그거는 반란을 일으키게 돼 있습니다.

엊그저께도 그런 말을 했습니다. 우리 신도 하나가요, 회사를 크게 합니다. 그런데 외국에서 물건을 가져오기만 하면 없어져. 그런데 딱 두 사람이 의심이 가는데, 아주 똑똑하고 아주 성실하게 하는 사람인데 꼭 그 두 사람이 의심이 가거든요. 그래서 나한테 와서 묻기를 "인제는 아주 증거를 잡으려도 잡을 수 없이 하기 때문에 큰일 났습니다." 이러거든. 그래서 내가 "그 짐작되는 사람들을 보수를 더 늘려 주고 승진을 시켜 주고 전체 관리를 맡겨라. 당신들 둘밖에 회사를 문 닫지 않게끔 할 수 없다. 당신들 둘밖에 이 회사를 이끌어 가지고 갈 수가 없다고. 또 도둑을 맞지 않게 할 수가 있는 것은 당신들밖에 없다고 믿고 그렇게 맡겨라." 그랬어요.

그랬더니 그 두 사람한테다 열쇠와 모든 걸 다 맡겨 버렸어요, 그 물건 관리를 다 맡겨 버리니까 그 이튿날서부터는 도둑을 안 맞더랍니다. 예, 어때요? 그런데 내가 아무리 하인을 뒀다 하더라도 그냥 "아무개야!" 그러고 불러서 "예!" 그러면 아무 소리 안 하고 업신여기고 심부름을 시키지 않고 그런다면 누가 좋아하겠습니까? 이 배 속에 있는 이분들이라고 안 그럴까요? 여러분이 여러분이니까. 여러분 속에 들어 있는 그 의식 자체도, 생명들도 소임을 맡아 가지고 있는 겁니다. 장 공장이니 소장 공장이니 심장 공장 위 공장 이자 공장 간장 공장 뭐, 모두 하고 있지 않습니까? 방광 공장 콩팥 공장, 공장이 한두 군데입니까? 그런데 지배인이 말입니다, 그걸 업신여기고 어디 파워가 일어나면 그냥 병원으로 쫓아가고 거기 맡기질 않아요. 거기서 파워만 일으키지 않는다면 그 병이 나을 거를 말입니다. 어때요? 이렇게 표현을 해도 그게 이해가 안 갑니까?

신도(여) 이해 가지요.

큰스님 예. 이해가 갑니까? 예, 감사합니다.

신도(여) 자기에게 자신을 맡기면, 그거는 이해를 합니다.

큰스님 예. 예. 그래서 간장 공장에서 병이 났다, 파워가 일어났다 하면 '야, 이 간장 공장에서 병이, 파워가 일어난 거니까 간장 공장에서 가라앉혀야 될 거 아니야? 네가 병나게 한 거니까 네가 가라앉혀.' 하고 주인공에 모두 통신을 한다면 그 주인공에서 대뇌로 해서 모든 공장장한테 전부 배부가 되는 거죠. 그래서 내가 간장이 아프다는 걸 안다면 또 딴 데는 통신이 되지 않고 그 간장 회사에만 통신이 되는 거죠. 허허허…. 어때요? 우습습니까, 내가 말하는 게? 허허허…. 여러분에게 실생활에 적용이 되고 또 이익이 있고 자유스럽게 고통을 덜 받게 하기 위해서 이렇게 애를 쓴다는 거를 여러분은 알아주셔야 할 겁니다. 또 알아 달라고 하는 것도 나도 어리석지요. 뭐 어쩝니까? 여러분이 어떻게 생각을 하든 그런 건 나하고는 상관이 없으니까요. 나만 묵묵히 이렇게 내 자신으로선 속이지 않고 진실하게, 부처님의 이름을 팔아서 이렇게 하지 않고, 또 부처님의 뼈다귀를 팔고 거짓을 안 하고 이런다면 인간으로서, 내가 생각을 해도요 '아이, 거룩하다. 참 착하다. 내일 죽는다 하더라도, 이따 죽는다 하더라도 겁내지 않고 그 끊임없는 나그네의 길을 걸어가는 너 참 착하다.' 이럽니다. 그것은 내 마음이 나를 인증해 줘야 됩니다.

여러분은 여러분의 생각을 돌이켜볼 때 어떻게 살아 오셨는지 여러분이 더 잘 아실 것 아닙니까? 그러니 나하고 무슨 상관이 있습니까. 그런데 좋은 거 한 가지는 우리가 그렇게 해서 주인공에다, 주인공 컴퓨터에 놓는다면 그냥, 그냥 무조건 앞서 것이 없어지고 현재 것이 들어가기 때문에 현재의 그것이 발현이 돼서 용광로에 헌쇠 넣으면 녹아서 새 쇠로 생산이 돼서 나오듯이 그렇게 된다 이겁니다. 그러니 고통이 무너지고 삶의 보람만 생긴다 이 소리죠.

거짓말이라고 생각하시걸랑 여러분도 실험을 해 보세요. 돈이 드는 겁니까, 기운이 빠지는 겁니까, 노동을 하는 겁니까? 왜 못합니까? 일을 하다가도 생각할 수 있고, 뛰어가다가도 생각할 수 있고 밥을 하다가도 생각할 수 있고 일을 하다가도 생각할 수 있는 게 바로 이 도리인데, 예? 참선이 따로 있습니까? 몸을 웅크리고 앉아서 무르팍 고장이 나게끔 하고, 그냥 어깨가 떨어져도 떨어지거나 말거나 한다면, 몸뚱이 떨어지면 언제 어떻게 공부를 합니까. 그런데도 불구하고 앉아서 3시간 4시간 이렇게 해 봐도, 3시간 앉아 있을 때만 지구가 돌아가고 일어나면 지구 안 돌아갑니까? 그러니까 평등하게 항상, 마음이 항상 참선이라야, 행선이라야 된다 이겁니다. 묵선이 행선이요 행선이 참선이다 이겁니다. 무슨 간화선이고 뭐고 그게 어디 따로 있습니까? 우리가 살고, 앉으나 서나 누우나 그냥 참선이야. 이렇게 편리한 공부를 못 하신다면 어떻게 하겠습니까? 오늘 토론한다고 그랬더니 괜히 나만 그냥…. (대중 웃음)

우리 스님네들이 여기 참, 이리 떨어져 있을 때는 이름은 스승이니 제자니 하지만, 첫째 제자 둘째 제자 이렇게 제자라고 하지만 우리 같이 앉아 있을 땐 항상 그럽니다. "우리는 도반이다. 크고 작고가 없다, 공부하는 데는." 이렇게 말하죠. 예전에 부처님 당시에도 부처님께서 그렇게 말씀하셨죠. 제자들을 모아 놓고, 아라한들을 모아 놓고 이렇게 하면요, "너나 나나 같이 앉아 있을 때는 나도 아라한이요 너도 아라한이요 다 아라한이니라." 이렇게 말입니다. 그러니까 우리가 이렇게 모여 앉아 있을 때는 전부 도반들입니다. 의식 절차를 하려니까 이렇게 하는 거지 우리가 도반 아닌 것이 뭐 있습니까. 콩나물 한 시루를 놓고 어떤 게 콩나물이냐고 그런다면 뭐라고 대답하시겠습니까? "어떤 분이 사람이고, 어떤 분이 사람입니까?" 하니까 말을 못하더랍니다. 어떤 분이 사람이라고 할 수가 없거든요, 너무 많아서.

그래서 님이 많아서 님을 찾지 못하고 님이 없어서 님을 찾지 못하고, 이렇게 하니까 님은 어디 있습니까? 님은 여러분이 각자 다 가지고 있는 겁니다. 그래서 님을 딴 데서 찾지 마시고, 내 님은 내가 가지고 있는 겁니다. 내 님은 죽으나 사나 같이, 똥을 누러 가도 항상 같이 다니고, 그 님이 그렇게 좋은 겁니다. 그 님은 보배인 것입니다. 그 님은 이름이 아주 거창하고 그런 게 아니라 아주 작은 데서부터 큰 거고 큰 데서부터 아주 작은 거고 그렇기 때문에 우리는 한시도 떠나서는 살 수 없는 님이십니다. 그 님과 더불어 나는 둘이 아니게 계합이 돼야만이 여러분은 한 소식 했다고 하는 겁니다, 이름해서. 한 소식 해 가지고 진짜 공부하는 겁니다, 그때서부터. 그때는 실험으로 들어가니까. 둘이 아닌 도리의 실험이 들어가니까. 그래서 육조 스님도 12년이 걸려서 했고 달마 대사도 6년을 그렇게, 자기를 깨쳐 가지고도 6년을 면벽하면서 보임을 했습니다.

그냥 모질음을 쓰고 모든 생각이 나는 걸 끊으려고 애를 쓰고 앉아 있는 분들이 너무도 많아요. 아니, 끊으려고 애를 쓰긴 무슨 상관이 있다고 끊으려고 애를 씁니까. 그게 끊어집니까? 칼을 가지고 가서 물을 베어 보죠, 끊어지나. 그만큼 그렇게 물 흐르듯이 작용을 하게끔 생겼기 때문에 목석을 면하고 인간이라고 하는 겁니다. 그런 걸로 인해서 끊임없이 그렇게 꼬리에 꼬리를 물고 생각이 나오기 때문에 부처를 이룰 수가 있고 부처를 이룰 수가 있기 때문에 내 님을 찾을 수가 있는 겁니다. 참, 우리는 정말이지 공이 색이요 색이 공이요, 이것이 이 소식이요 저것이 이 소식이다, 이 소식은 이런 것이다 하고 쳐도 사람의 마음에 적응이 되지 않는다면 그것은 계합이 될 수가 없습니다.

깨닫는 것은 아주 작은 데서부터, 우리 생활 속에서부터 내가 생각할 수 있고 하다못해, 여러분 여기 앉으셨으니까 얘기하죠. 화가 나서 담배를 한번 피우더라도 그 마음이 가라앉고 거기에서 '내가 이렇게 하지 말아야 할 텐데….' 그런 생각이 드는 것이 그 담배 한 대가 그런 게 아니라, 담배를 피우면서 여유를 뒀기 때문에 그것이 바로 잘 굴려서 그때는 "여보!" 하던 소리가 "여보, 이게 우리가 이렇게 살다 보니까 이러고 이러고 했잖소. 에이, 모두 그만둡시다." 이렇게 말도 할 수 있는 겁니다. 그러니까 사람은 사람대로 자기를 자기가 제한할 수 있고 맘대로 할 수 있어야 됩니다.

그러니까 제일 먼저 내 주인공을 진실히 믿고 '네가 넘어졌으면 네가 일어나야지 누가 일으켜 주랴. 너한테서 나오는 거니 너 알아서 해.' 그러고선 '너밖에는 증명해 줄 수 없잖아.' 하는 겁니다. 이 사람이 병원에서 어린애에게 산소 호흡기를 끼우고 치료를 하지만 살리지 못한다는 생각이 들었을 때에, '너, 네가 이 세상에 나왔으니 네가 해결할 수 있는 대로, 너밖에는 증명해 줄 수 없어. 네가 너를 증명하고, 네가 살아나는 것이 증명이니까.' '네가 있다면 너를 살릴 거고 네가 없다면 너를 살리지 못한다.' 할 때에 증명이 되는 겁니다. 참 묘법입니다, 이게. 이 묘법을 돈 받지 않고 가르쳐 주는데도 그냥, 모두들 안 오고 '뭐, 가 봤자 불교 다 똑같지 뭐.' 이러신다면 안 될 일입니다. 내가 감사한 마음이 들면 그대로 운영을 할 수 있게끔 운영비를 십시일반으로 갖다 넣어 주시고, 그것이 마음입니다. 강제로 내라고 그래서 강제로 내는 것도 아니요, 내가 주고 싶어야 주는 거 아닙니까?

어떤 때는 나도 "아휴 스님! 지금 사글셋방을 살다가 쫓겨나게 생겼는데 애들 학교도 못 보내고 이럽니다. 어떡하면 좋죠?" 이럴 때에 첫째, 뭐가 제일 가까우냐 하면 법보다도 주먹이 가깝죠. 그와 같이 나중에 이것이 참 잘된다 하더라도 지금 당장 나앉는다는데 어떡합니까. 그럴 땐 누가 참, 어떻게 가져왔든지 거둬서 다 줍니다, 전세라도 얻고 애들 학교 보내라고. 그럴 땐 서로 십시일반으로 살 수 있는 그런 일입니다. 그러나 난 거짓은 안 해요. 왜? 내가 거짓을 하면 내가 알고 있는 것이 저 법계로 다 퍼질 테니까 말입니다. 그게 제일 무서운 거거든요. 무서워서 그러는 것도 아닙니다, 또. 나 할 도리만 하고 가면 그뿐이에요. 누가 알든지 모르든지 그거 상관없어요.

그래서 어떤 사람은 좋은 일을 한다고 방송국에다가 몇만 불을 내놓고 몇십만 불을 내놓고 이러지만 그 몇십만 불을 받는 사람은 그래도 잘 받는데, 숨어 있는 괴로움을 가지고 있는 사람들이 많아요, 숨어 있는 어려움. 부모가 있으면서도 부모가 병들고 벌지 못해서 등록금을 못 내고 참, 애들이 방황하고 그러는 집들도 많고요. 지금 시절에 밥 굶게 생겼습니까만 참, 밥도 굶는 사람이 많이 있다고 봅니다. 그래서 밀가루 사다가, 감자를 사다 해 먹는 집도 있고, 지금도 그래요. 그럴 땐 우리는 그것을, 우리 신도들 그 안에 있는 분들에게 장학금을 주고 어려운 사람은 그렇게도 해 주고 취직을 못해서 그날그날 벌어먹는 사람은 십시일반으로 또 도와주기도 하고 그럽니다. 서로서로 신행회가 많습니다. 자유 조직이 다양하게 말입니다.

선생님 팀도 있고 또 박사님 팀도 있고 또 상인이나 사장님 팀도 있고 말입니다. 다양하게 계시기 때문에 아주 어려운 사람들은 "야, 살려야겠어." 이런다면 심봉회 또 심연회 이런 회를 불러서 "야! 이것 좀 심연회에서 맡아." 그러면서 한 일 년, 이태, 삼 년 이렇게 나가다 보니까 자기네들끼리 해요, 인제는. 그러니 얼마나 좋습니까. 서로 돕고 산다는 게 얼마나 좋으며, 그것도 좋은데 이 마음공부를 하니까 사람이 전부 마음이 달라지고 몸의 체질도 바꿀 수 있어요.

그래서 우리는 팔자 운명도 없다. 날짜 볼 필요도 없고 자기가 좋다고 하는 날짜가 그대로 좋은 날이다 이거야, 법이고. 얼마나 편리하고 좋습니까? 결혼을 한다면 또 뭘 보고 뭘 보고, 아! 둘이 좋아하면 좋은 거지 뭘 그러냐 이거야. 그렇게들 잘들 봐서 잘들 살았느냐고 그러죠. 그래서 둘은 아주 좋다고 하는데 부모들이 영 거부해 가지고 혼인을 못하는 건 부모 불러다가 요런 얘기 조런 얘기 해 주면 그러냐고 그러고선 그냥 결혼시킵니다. 그러니 그 자식들이 얼마나 좋아하는지 몰라요, 날. 그렇게 해서 그냥 뭐 "절대적으로 안 된다." 이러다가도 그냥 결혼시키니까 말입니다. 그러니 가정에 파탄이 없고 얼마나 좋습니까? 모두가 다복하고 좋고 말입니다. 여러분, 질문하실 것 없습니까? 나만 여직껏 얘기한 것 같습니다.

질문자2(남) 저, 그럼, 질문이라고 그러지 않고 부탁이라고 말씀드리겠습니다, 스님.

큰스님 부탁이라도 좋아요. 난 그냥 누구든지 부탁을 하면요, 사람들이 날마다 부탁을 하는데요, 백 사람이 부탁을 해도 '알았어!' 이거면 그만이에요. 섭섭하게 생각 마세요. 그 뒤에 자기가 참작해서 자기가 지켜보세요, 자기를, 자기 주인공에다. 내 주인공이나 자기 주인공이나 둘이 아니니까. 지켜보시면서 체험을 하세요. 그런 공부에 들어가셔야지, 이거는 그냥 실없이 왔다가 실없이 가고 실없이 말하고 실없이 듣고 실없이 흘려 버리고 만 것은 진전이 없고 계발이 되질 않아요. 그래요.

질문자2(남) 여기서 불교인이라고 하고 사는 사람들, 그런 사람들이 기독교인으로 바뀌지 않게끔 내 종교는 불교라고 떳떳이 말할 수 있게끔 만들어 주는 그런 기회를 자주 가져 주십사 스님께 부탁을 드립니다. 감사합니다.

큰스님 예, 그럭하죠! 그런데 이거는 한번 예를 들어서 얘기하죠. 우리 어떤 신행회에 기독교 회사를 다니는 사람이 있습니다. 그런데 그 회사에서 기독교로 돌리지 않으면 승진도 안 시킨다고 그랬습니다. 그런 말을 했습니다. 그래서 나는 그랬죠. "기독교를 나가든지 안 나가든지 장소는 둘이 아니다."라는 얘길 했죠. 난 어떡하든지 그분네들을 위해서지 나를 위해서는 아니니까 말입니다. 그래서 "그 자리가 바로 이 자리고 이 자리가 그 자리니까 아무 자리에 앉아 있어도 네가 거기 앉아 있으면 바로 네 부처는 거기 계신 거다."라는 거요. 어떤 가정에서 몇 식구를 살리기 위해서 가장을 한다 합시다. 그런데 가장이 아니죠. 거기 가나 여기 오나. 여기 나오지 말라는 것도 아니고 거기 가지 말라는 것도 아니다. 단 하나 있다면 개종을 한단 생각도 말고, 또는 나는 불교인이라는 생각도 말고, 기독교인이라고 생각지도 말고 그분더러 한마디로 해라. "나는 이 장소가 그 장소고 그 장소가 이 장소기 때문에 거기 강당에 가 앉아도 거기가 내 자리고 도량이고, 여기 와 앉아도 도량이니까 그저 아, 나오라면 나가야죠, 직원인데." 하하하…. 이렇게 하라고 그랬습니다. 그랬더니 그 사람은 또 거기서 많이 배웠고요. 그렇게 쭉 하니까 "여보게! 자네 같은 사람은 참, 별 사람일세. 그러니 자네 같은 사람은 내가 끌고 안 끌고 그것은 다 소용없는 짓인가 봐!" 그러곤 승진을 시키더랍니다.

참으로 우리가 그 마음이 너그러우면 그쪽의 마음도 너그럽게 조절할 수 있다는 점입니다. 말로 해서 되는 게 아닙니다. 정신병자가 있어도 항상, 내 집안에 어떤 속상한 일이 있어도 거기다가 맡겨 놓고 '네 주인공하고 내 주인공하고 둘이 아닌데 네 주인공이 똑바로 이 네 모든 마음, 모든 거를 끌고 가거라.' 이러고 거기다가 딱 집어 주면 그대로 잘 끌고 가는 거예요. 그걸 어떻게 말로 다 해서 "야, 집안에 들어오는 거, 너는 요럭하고 요럭하고." 남편도 자식도 다 그렇죠, 딸도 그렇고. 그냥 속상하는 대로 포악을 지르면 들어오기도 싫은 겁니다, 사실은. 그러니 나가 돌죠. 그러니 빗나가죠. 그러니 속썩죠? 돈 들죠? 제대로 가지 못하니, 얼마나 그것이 손해입니까? 그러니 부드러운 말 해 주고요, 남편에게도 또는 아내에게도 부드럽게 해 주고 다복하게 사심으로써 돈이 달아나가다가도, 돈도 생명이 있고 마음이 있으니까 '저놈의 집에 들어갔다간 싸우는 데 그냥 중간에 껴서 못살겠으니까 내가 안 들어가는 게 낫겠다.' 그러고 달아나거든요. 그러니까 화목한 집에 돈도 화목하게 들어올 수 있습니다. 그러니 돈을 좇아다니지 마시고 돈을 끌어올 생각을 하세요. 아시겠어요?

그러니 우리 스스로서 이런 공부를 열심히 하셔야 합니다. 여기 스님네들 깔보지 마세요. 기복으로 이름 팔아서 뼈다귀 팔아서 그렇게 해서 목탁이나 치고 얻어먹는 사람 아닙니다. 당당한 집안에서, 부모 슬하에서 당당하게 공부하다 참, 인간으로 태어나서 이 공부를 하지 않으면 안 된다는 생각으로 당당히 여기 이렇게 선 사람들입니다, 젊은 사람들이. 젊은 사람들 기죽이지 마시고요. 뭐 기를 숙인다고 해서 기

죽을 사람도 아닙니다, 또. 그러니까 여러분이 애로점이 있으면 여기다 모두 한번 의뢰를 해 보고 부탁을 한다면, 알았다고 하는 그 말만 들으셔도 "아휴, 감사합니다." 이러고 돌아서면 그것이 보이지 않는 데서부터 보이는 데로 나오는 것입니다. 그게 심성과학입니다. 생활과학이고요.

우리 생활과학을 우리 자신이 엽렵하게 풀어 볼 수 있는, 그리고 실생활에 적용이 될 수 있는 이런 실천궁행을 하실 수 있도록 우리 공부해 봅시다, 앞으론요. 꼭이요. 제가 요 다음에 올 때는 저 알래스카에 또 무슨 큰 법회가 있습니다. 그래서 거기 올 텐데 미국 사람들도 그렇고 아주 참가를 잘해 주시고요, 난 미국말 못해도 좋아요. 통역해 주는 사람들도 오하이오 주 주립대학의 박사 과정의 사람들이 아주 뭐 대단하거든요. 한 80명이 대단하게 공부합니다. 그래서 그런 것도 아주 좋고요. 논문을 쓰는데요, 그 사람네들이요, 생물학과 뭐 뭐 해서 이렇게 논문을 쓰는데 이 속에서 다 논문이 나간답니다. 이 다섯 가지 문제의 중심에서 심리학 논문을 쓸 수도 있고 논문이 전부 거기서 나간답니다. 그거를 깨달았다는 얘기죠. 참 좋아해요. 그러니 여러분도 앉아서 천리를 보고, 앉아서 저 우주 탐험을 할 수 있는 그런 계기를 가지세요.

그럼 내일 또 마저 여러분한테 적용될 수 있는 말씀을 드리고 오늘은 이것으로 끝낼까요? (녹음 안됨)

스님네들한테 부모를 자세히 써서 주소, 지내는 사람 또는 그 돌아가신 증조부 증조모 또는 조부 조모 아버지 어머니 이런 분들이 있으면, 또 나가서 형제들이 어떻게 됐다거나 그러더라도 그 이름을 써서 봉투에 넣어서 이렇게 해서 갖다 드린다면 그대로, 여러분은 그대로일 겁니다. 그리고 여러분도 알아집니다. 여러분이 알아져요. 되고 안되고는 여러분이 잘 아실 겁니다. 생각을 잘해서 이 공부 열심히 해 보십시오.

그러니 오늘 이것으로써 끝내면서 또 한 말씀 드리자면, 여러분이 자녀들을 데리고 와서 질문도 스님네들에게 하게 하고 그래서 앞으로 여러분이 고생한 것처럼 또 고생을 하게 하지 마시고 어디 나가서 서더라도, 돌 위에 서더라도 살 수 있게끔, 돌아서서 뼈저린 눈물을 흘리지 않도록 이렇게, 아래로는 햇빛을 줄 수 있고 위로는 묵은 빚을 갚을 수 있게끔 여러분이 노력을 하십시오. 그럼 됩니다. 그럼 이것으로써 마치겠습니다.

님의 소식

뉴욕지원 법회

1990년 4월 8일

오래간만에 여러분과 같이 한자리에 이렇게 앉아 봤습니다. 어저께서부터 이 고깃덩어리가 같이 한자리를 하면 한자리를 한다고 생각하시는데, 우리가 마음에 있다면 가장 가깝고 마음에 없다면 가장 먼 것입니다. 가깝게 있어도 먼 것이죠. 이런 도리를 우리 인간으로서는 알아야 한다는 것을 명심하시고요.

불법이라 하면 이 법당에만 있는 게 아니라 여러 가정에 여러분이 행하시는 데에, 바로 그 살아나가는 생활이 불법인 것입니다. 그럼으로써 생활하면서 좀더 느끼고 알고 경험하고 깨닫고, 그대로 실험을 통해서 좀더 지혜가 늘어 가고 알게 되고 이러는 것입니다. 또 생활 자체가 그대로 참선이라는 것은, 시간과 공간이 초월돼서 여러분과 같이 이 우주와 더불어 그냥 쉴 사이 없이 물 흐르듯이 돌아가고 있는 것입니다. 그런데 그저 이런 것이 이렇고 저런 것이 저렇다고 마음을 묶어 놓고 꼼짝 못하고 애를 쓰는 그런 문제들이 있죠.

어저께 그런 말씀을 드렸습니다. 그런데 한 가지 말입니다, 이런 말씀 해 드리기 전에 여러분이 질문을 좀 해 주셨으면 합니다. 질문하실 분은 없습니까? 이 뉴욕이라는 데는 더군다나 더 정신 계발을 하려고 노력을 하시는 분들이 많다고 생각하고 있죠. 부처님 법을 어찌 계발이라고 하느냐? 이러겠지만 지금 젊은 사람들은 계발이라고 하는 게 제일 쉽게 느껴질 것 같아서 말입니다. 없습니까?

질문자1(여) 스님, 안녕하세요. 어저께 스님 법문 들었을 때 넘어진 사람도 그 사람이고 일어나는 힘도 그 안에 있다고 그러셨잖아요? 그와 마찬가지로 이 몸에 어떤 병이 일어나면, 기업하시는 분에 비유해서 말씀해 주셨듯이, 자기를 믿지 못하기 때문에 병이 일어나고 또 그걸 믿지 못하기 때문에 낫지 않는 거라고 그러셨잖아요. 그것을 다시 한 번 좀 구체적으로 말씀해 주셨으면….

큰스님 그것을 대답하기 이전에, 어저께 말하던 그것을 되풀이하면서 다시 구체적으로 들어갑시다, 그럼. 우리가 큰 그릇의 바닷물의 얘기를 한다고 해서, 여러분이 바다처럼 큰 그릇을 가지고 있다면 담아도 손색이 없지만 작은 그릇이라면 큰 바닷물을 집어넣어도 그것은 담기지 않습니다. 그와 마찬가지로 차원에 따라서 그 말도 여러분이 크면 큰 대로 작으면 작은 대로 쓸 때에, 이런 물 뜰 때는 컵을 쓰고 또 (음료수 병을 들어 보이시며) 이런 걸 담을 때는 요런 병을 쓰듯이 이렇게 환경에 따라서, 용도에 따라서 쓰는 것이죠. 그것이 살림살이겠죠?

그런데 말입니다, 지난번에도 와서 여러분한테 말씀을 드렸습니다만, 이것은 근본적으로 여러분이 더 잘 아시리라고 믿고 말씀드리겠어요. 우리는 네 가지의 지수화풍이 바탕으로 돼 있는 것입니다. 그렇죠? 지수화풍이 바탕으로 돼 있기 때문에 몸속에 또 지수화풍이 들어 있으면서 별처럼 그 의식이 찰나찰나 나투면서 소임을 맡아 가지고 움죽거리고 있죠. 그것을 모두가 한데 합쳐서 지수화풍이라고 부르죠? 지수화풍의 그 자원이 있기 때문에, 즉 말하자면 그 연관 때문에 광력과 전력과 자력과 통신력을 충만하게 쓸 수 있는 재료를 가지고 있게끔 근거지를 만든 거죠. 우리가 지금 내부로나 외부로나 다 쓸 수 있고, 천체물리학이나 과학이나 천문학이나 전부 할 수 있게끔 만든 그 자원이 무엇인가? 바로 그겁니다. 지수화풍으로부터 광력이나 전력이나 자력 통신력이 충만하게 인간에게도 주어져 있다는 거죠. 그래서 내부적으로나 외부적으로나 들이고 내면서 마음대로 기를 조절할 수 있고, 기를 넣을 수도 있고 어떠한 약체에 에너지도 반분해서 넣을 수 있고, 즉 말하자면 A형에 A형을 빼다가 보조를 해 주듯이 말입니다. 그러면 일체 만물만생 그 모두가 약이 아니 되는 게 없어요. 모두가 약이죠.

그렇게 재료가 있기 때문에 그 재료를 쓰는 것이 무엇이냐? 바로 수레바퀴라고도 하지만 불바퀴라고도 합니다. 그것을 이름해서 오신통이라고 합니다. 요걸 차근차근히 알아듣기 쉽게 지금 얘길 하는 겁니다. 내가 쉽게 말한다고 쉽게 듣지 마시고 진심으로 들으세요. 그러면 생활에 지침이 될 테니까요.

숙명통이라고 하는 것은 과거와 현재를 연상하는 겁니다. 그건 시쳇말로 컴퓨터라고 말을 할 수가 있습니다. 그 컴퓨터에 시스템을 만드는 것이 인간에게도 모두 주어져 있다. 컴퓨터에 다섯 가지의 시스템이 그렇게 돼 있다 이거죠, 자동적으로. 그건 뭐냐? 컴퓨터는, 즉 말하자면 숙명통이라고 한다면 과거에 살던 것이 입력이 된 것입니다, 컴퓨터에 입력이 다 돼 있습니다. 그런데 입력이 돼 있는데 입력이 된 것이 현실에 자꾸자꾸 나옵니다, 그것이. 지금 저지른 게 아니죠. 그러나 지금 알고 저지르는 건 알고 나오게 돼 있고, 모르고 저지른 건 모르게 나오게 돼 있습니다.

그래서 그건 그렇게 나온다고 보고, 또 거기 대두되는 것은 뭐냐? 우리가 이 업을 즉, 인과의 업을, 악업 선업을 다 지니고 나온 것은 바로 인과에 의해서 여러분의 몸뚱이에 다 있기 때문입니다, 의식 자체가. 내 마음 한마음은 바로 지배인이 되고요. 그렇다면 그 컴퓨터에 입력이 돼서 자꾸 나오는 거니까 그 입력된 데서 나오는 거를, 바로 외부에서 들어오든 내부에서 일어나든 모든 것은 거기에서 입력된 대로 나오는 거니까, 팔자 운명이라고 그러는 것도 거기서 나오는 거야. 그러니 거기다 '팔자 운명도 없고 병 붙을 것도 없고 모든 것은 거기서 나오는 거다.' 하고 거기다가 모든 것을 다시 입력을 할 때 먼저 입력이 됐던 팔자 운명은 즉, 인과로써 입력됐던 것은 다 없어지는 겁니다. 녹아 버리는 거죠.

이렇게 쉽게 말씀을 해 드려도 모르신다면, 이해가 안 가신다면 할 수 없죠. 그래서 그것을 다 놓는 동시에, 그것이 놓으면 놓는 대로 모든 게 앞서 것이, 과거의 것이, 내가 나오기 이전에 살던 것이 다 무너질 때에, 현실에 자꾸 넣으면 없어지고 자꾸 넣으면 없어지고, 이렇게 그릇이 빈다 이겁니다. 그릇이 비게 되면 나를 밝게 볼 수가 있는 거죠. 나를 밝게 볼 수가 있는 동시에 뭐가 거기서 나타나느냐 하면 바로 천안통, 보는 거. 천이통, 듣는 거. 타심통, 바로 남의 속을 아는 거. 신족통, 바로 가고 옴이 없이 가고 오는 거. 이거를 팩스나 탐지기나 망원경이나 무전통신기나 이런 걸로 용어를 붙여도 됩니다. 그러면 그 다섯 가지가 거기 시스템에 다 돼 있습니다.

그런데 과거의 그 업을, 인과를 다 무너뜨려야만이, 그 습을 다 놔야만이 이게 밝게 보인다 이겁니다. 밝게 보이면 뭐가 대두가 되느냐 하면 이 심안 눈으로써 볼 수 있는, 즉 말하자면 천체망원경으로 천안통, 이것이 밝게 보인다 이겁니다. 밝게 보일 때에 이거를 본다고 해서 "나는 저 십 리 밖을 내다볼 수 있고, 저 다른 혹성을 내다볼 수 있으니 내가 이만하면 됐지." 하는 소리는 절대 하지 마십시오. 이건 도가 아닙니다. 손가락 하나가 있다고 해서 내 손이 정상적으로 있다고 할 수는 없는 겁니다, 하나가 있다고 그래서. 이건 병신이에요. 보기만 한다고 해서 되는 건 아니거든요.

또 그 다음에 팩스라고 해도 됩니다. 가고 옴이 없이 가고 오는 것, 이것이 바로 신족통이라고 볼 수 있겠죠. 그럼 요것도 거기에 붙어서 대두돼 있죠. 요것을 또 두 가지를 다 안다고 해서, 이 손가락 두 개만 있다고 그래서 "아이구! 나는 뭐, 이만하면 됐어." 이러지 마세요. 이것도 아닙니다. 요거는 그릇을 비워서 밝게 나를 발견한 뒤에 체험하는 실험 도구입니다. 아시겠습니까? 실험을 하기 위해서는 보지 않고는 실험을 할 수 없고 듣지 않고는 실험을 할 수 없고, 남의 속을 알지 못하면 실험을 할 수가 없고 그런 것입니다. 함이 없이 가고 올 수 있어야만이 다니면서 실험을 하죠.

그래서 이것은 하나를 쓰기 위해서 다섯 가지가 다 필요한 겁니다. 기계 하나를 쓰기 위해서 여러 가지가 거기 부속품으로 다 들어가듯이. 그러니까 그 부속품 하나가 이루어졌다고 기계가 다 이루어진 건 아닙니다. 그래서 요 두 가지를 다 안다고 그래서 다가 아니고, 또 천체무전통신기를, 천이통을 발견했다고 그래서 이것이 다가 아닙니다. 그러니 가고 옴이 없이 간다고 하는 것도 여기에 어떠한 재료죠. 이걸 재료라고 합니다. 그래서 이 다섯 가지에 남을 볼 수 있는 거, 들을 수 있는 거 또는 가고 옴이 없이 가고 올 수 있는 거, 또는 모든 이 소리를 듣고 행하고 이래야만이, 실험하면서 체험하고 체험하면서 당당해지는 그런 자기의 중심이 선다 이거죠.

그 다음에 컴퓨터에는 과거의 모든 것이 입력이 돼 있는데, 제일 시급한 게 컴퓨터에 앞서 입력된 것이 지금 현실에 나오는 거를 거기다 다시 놓는 것입니다. '거기서밖에는 이걸 없앨 수 없고 거기서밖에는 이끌어 갈 수 없고 거기서밖에는 내가 나를 증명해 줄 수 없다.' 하고 거기다 다시 놓는 겁니다. 그래서 부(父) 속에 자(子)가 들어 있고 자 속에 부가 들어 있다. 이것을 증명해 줄 수 있는 것은 바로 내 주인공밖에 없다는 거. 이 숙명통, 여기밖에는 없다는 거죠. 그래서 여기에다 놓고 그렇게 가는 숙명통, 이걸 컴퓨터라고 합니다. 내가 말을 하다가도 잊어버려. 그러니까 컴퓨터, 팩스 또 통신기, 또 뭡니까? 탐지기 또 망원경, 이 다섯 가지가 바로 어디에 속해 있느냐! 마음, 그 지배인에 속해 있다 이겁니다. 이것이 누진에 속해 있다. 누진은, 즉 말하자면 레이더망 중심에 있는, 내고 들이고, 소식을 안으로 전하고 바깥으로 전하고 중심을 지키면서 항상 돌아가면서 시간과 공간을 초월해서 그냥 수시로 찰나찰나 들이고 내는 거를 연락하는 그러한 것이 누진입니다, 이걸 다 소유하고 있는. 그것을 자동적으로 여러분은 가지고 있다는 얘기죠.

물질적인 자석이나, 어저께도 얘기했지만 자석은 자석대로 자석입니다. 아주 훌륭하죠. 물론 서독이나 이런 데서도 그렇고 지금 일본에서도 그렇고 뭐 딴 나라에서도 그렇고, 그 공사를 따내려고 애를 쓰는 나라도 많이 있지만, 그렇게 하고 있는 나라도 있고 말입니다. 공중에 자석으로다가 그냥 쏜살같이 다니게끔 할 수 있는 거죠. 그러나 인간의 자력은 그렇게 광대무변하고 무량수와 같다. 그런 거와 같이 그런 자력만 쓸모가 있는 게 아니라 광력도 쓸모가 있는 거죠. 그 재료에 속해서 말입니다. 그래서 이 광력이나 자력이나 전력 통신력을 모두 두루 쓸 수 있는 것은 바로 우리 몸뚱이가 오븐과 같고 그 오븐에다 재료를 넣고 용탕을 만들어서 요리를 해서 모두, 때에 따라서는 이거 먹고 싶으면 이것 먹고 저거 먹고 싶으면 저거 해 먹고 하듯이 자유자재할 수 있다 이런 겁니다.

그러니 우리가 어디에서 참선을 찾느냐, 참나를 발견하느냐 이겁니다. 참나는 딴 데 있는 게 아니라 내 님을 발견하는 데에 있는 겁니다. 내 님을 발견치 못하면 그 님의 소식은 들을 수가 없습니다. 그런 거와 같이 내 마음에서 나를, 자와 부가 둘이 아니게 계합이 돼야만이, 바로 부처님의 속도 역대 조사들의 속도 전부 한자리 한 그 뜻, 생각만 해도 찰나에 들었다가 찰나에 나시고 찰나에 들었다가 찰나에 나시고 하는 그 나툼, 그것이 바로 자유자재해야 한다 이겁니다. 유구무구하게 말입니다.

그러니 우리가 '불법' 하면 고개를 절레절레 흔드는 분들이 여기 많이 있겠죠. 살기 위해서 먹는지 먹기 위해서 사는지 그건 모르겠습니다만, 이 몸은 백 번 만 번 죽는다 하더라도 나는 죽지 않는다. 돼지처럼 먹고 살기 위해서 내 이름을 팔고 내 성을 팔고 내 뼈다귀를 팔아서 그렇게 할 수는 없겠죠. 가지 말라는 게 아니에요. 누구나가 다 한마음 한뜻으로서 이 우주 삼라만상이 모두가 내 자리 아님이 없고, 강당에 앉아 있으나 법당에 앉아 있으나 변소에 앉아 있으나 거기 내가 앉아 있기 때문에 참나는 거기 있으며 부처님도 거기 계신 겁니다.

그런데 이 자리 저 자리 따지고 이 몸 저 몸 따지고 이 상표 이 간판 따지고, 이 불교가 국한돼 있는 불교인 줄 알고 야단법석인데 그렇지 않습니다. 기독교든 가톨릭교든 불교든 풀 한 포기든 모두가 불교 아닌 것이, 아니 지닌 것이 하나도 없어요. 불은 영원한 생명의 근본이요 교는 말씀이니, 좋은 말씀이니 어떤 사람이 그거 안 지닌 사람 있겠습니까? 그런데 사람들이 모두 자기 마음으로, 자기 소견으로 요렇게 매 놓고서는 자기가 옴쭉 못하는 것이 소견이죠. 중생은 소견을 좋아하지만, 이랬다저랬다 하는 걸 좋아하지만 보살은 거기에 물들지 않고 흔들리지 않아요. 이것은 역대에 부처님이 말씀하신 거고 보살 조사들이 말씀하신 겁니다. 사실은 살아 보니까 그렇기도 합니다. 또는 생사를 버리지 않는다. 보살은 버리지 않는데 중생은 그 죽는다 산다 하는 데에 그만 어지럽게 끄달리죠. 그러니 우리가 오늘 이 시간에 죽는다 하면 바로 이 시간에 사는 날이라고 볼 수 있어야 됩니다. 그러나 보살은 산다 죽는다도 떠나죠.

부처님이 49년을 설했지만, 그리고 팔만대장경이 생겼지만 부처님의 뜻은, 백지와 글과 그 모든 풀이를 한다 하더라도 인간 자체가 그것을 잘 순응하고 따르면서 자기가 자각해야 되는 것입니다. 시대가 변천하는 대로 용도는 달라진다 할지라도, 또 용어가 달라진다 할지라도 그 뜻은 항상 그때나 이때나 똑같은 겁니다. 부처님께서도 "시대가 변천하면 계율을 바꿔도 좋으니라." 하고서 말씀하셨겠죠. 그 말씀을 안 해 놓으셨다면 쳇바퀴 돌아가듯 걸러서 체로 쳐서 돌아가는 중세계(中世界)가 바로 진리라고 볼 수 없겠죠. 그러나 그 말씀을 해 놓으셨기 때문에 항상 자기는 한 말이 하나도 없고 또 하나도 없는 반면에 절대적으로 해 놓으셨다고 봅니다. 그것은 빈틈없다고 보죠. 진리가 그러하니까 말입니다.

그래서 이 사람도 그런 거를 갖추어 가지고 있기 때문에, 여러분 삼국지 보셨죠? 왜, 바람을 순응케 해서 동남풍을 불게 한 누구죠? 제갈공명이요. 우리가 지수화풍으로 바탕이 돼 있기 때문에 그러한 모든, 이걸 말하다가 말고 이런 말을 합니다. 레이저 광선을 쬐어서 치료를 한다 하더라도 그렇고, 뇌도 그렇고 자궁도 그렇고 위도 그렇고 간도 그렇고 모든 게 속에서 그렇다 할지라도, 내가 이 도리를 안다면 자작, 여기 이 친구들이 광력을 끌어서 광선으로써 그 병을 낫게 할 수 있는 그런 자료를 여러분이 가지고 있다는 얘기죠. 이게 거짓이라면, 여러분이 그렇게 체험을 해야죠.

이거는 불법이니까 절에 가서 절을 하고 좌선을 할 때에, 즉 말하자면 내가 앉아 있을 수 있는 편안함이 있고 내가 좀 '아! 조용하게 좀 앉아 있겠다.' 하는 생각이 있어야만이 앉아서 좌선을 하게 됩니다. 좌선이라는 것도 이름입니다. 앉아서 할 때도 그냥 편안하게 앉아서 할 수 있고, 일어나도 일어난다는 생각도 없이 편안하게 일어날 수 있는 것입니다. 그런데 좌선을 한다고 하고 앉아 있으면 일어난다는 그런 생각이 앞선단 말입니다. 그래서 그런 말을 하는 겁니다. 앉아 있지 말라고 하는 것도 아니고 서 있지 말라고 하는 것도 아니고 눕지 말라고 하는 것도 아닙니다. 변소에 가서 앉아 있든지…, 변소에 가서 앉아 있으면 조용해서 생각이 나는 그런 것도, 생각이 많이 나더라도 망상이라고 끊어 버리려고 생각 마시고 '그저 나하고는 상관없어. 주인공이 생각나게 했으니까 주인공 알아서 해!' 하는 겁니다. 생각 없이 할 수도 있고 망상이 나오게 할 수도 있고 망상이 나오게 하지 않을 수도 있고,

그건 자유 아니야? 거기서밖엔 할 수 없으니까. 넘어지는 놈도 거기요 일어나는 놈도 거기니까 말이야. 참 그 마음을 지혜로써 써야지 소견을 좁게 쓰면 항시 종종걸음을 걷게 되고 빨리 서둘러서 내가 깨치고 싶고 이런 거거든요. 빨리 서둘러서 깨치려고 애쓰지도 말고 안 하려고 애쓰지도 말고, 생활 속에서 그대로 여여하게 그대로 하는 게, 그대로 몽땅 그놈이 하는 거니까 무슨 거기에 이유가 붙을 이치가 있어야지, 응?

나는 이렇게 생각합니다. 여러분이 사시면서 나쁘다 좋다 하기 이전에 나쁘다는 생각이 들면 '나쁘지 않게 생각을 하게 하는 것도 주인공, 너 아니냐?' 하는 거죠. 또 좋게 했으면 '아휴, 감사하구나.' 이런 뜻으로 생각하는 거, 이 두 가지밖엔 없겠죠. 어떠한 일이 과거로부터, 인과로부터 닥친다 하더라도 '음, 과거에 입력이 된 거고 입력이 된 것도 네가 한 거니까 입력을 없애는 것도 네가 하는 거.' 하고 다 맡겨 놓고 '주인공! 당신이 있다는 것을 증명을 해 주는 것도 너밖엔 없다.' 하고 거기다가 놓고, 생활 속에서 용도에 따라서, 괴로움이 있다 할지라도 '괴로움을 준 놈도 너니까 안 주게 하는 것도 너다.' 하고 놓았을 때, 상대에서 나를 모략을 하고 들어올 때도 그 사람을 탓하기 이전에 나를 한번 돌아다보고 모든 것을 거기다 맡겨 놓고 '그 사람의 주인공이나 내 주인공이 둘이 아니니 당신밖에는 해결할 수 없어.' 할 때에 그 상대방의 마음이 스스로 녹아져 버리고 내 마음과 같이 착해지고 의리가 있게 되고 서로서로 사랑할 수 있는 그런 마음이 싹트게 되는 거죠.

그러니까 언제나 평등한 마음으로 웃으면서 모든 사람들을 대하고 상대를 대하고 아무리 마구니다 할지라도 마구니라는 생각을 말고 모자란다는 생각을 마세요. 모든 것은 내 모자랄 때 내 모습이요, 내가 나쁜 일을 할 때 내 모습이요, 지금만 내가 살았던 게 아닌 까닭이죠. 그럼으로써 가정에서도 자식이나 형제나 잘못됨이 있으면 모든 건 내 탓으로 돌리고 부드럽게 말을 해 주고 주인공에다 맡겨 놓는 그러한, 주인공에서밖에는 해결 못한다는 그런 믿음을 진실하게 가질 수 있어야 형제하고도 자식하고도 똑바로 잘 나갈 수 있고 공부도 머리가 트여서 잘될 수 있고, 또 뿌리를 돋워 주니까 뿌리가 썩지 않으니 가지가 썩지 않을 것이고 열매가 크게 열려서 무르익어서 만 가지 맛을 내게 할 수도 있는 것이니 말입니다.

그러니 모든 문제가 바로 우리한테 있다는 거죠. 그러니 누구를 나무라기 이전에 나부터 돌아다볼 수 있는 사람, 그래서 부드럽게 말을 해 주고 따뜻하게 해 줌으로써 집을 안식처로 알고 들어오게끔 한다면 남편이나 자식이나 어찌 안 들어오며 또 아내도 나갔다가도 부지런히 들어올 수 있게끔 하는 것입니다, 식구들을 위해서. 서로서로가 위하니까 말입니다. 그럼으로써 이 삼라만상 대천세계가 전부 공존하고 있죠. 그리고 공용하고 있습니다. 그리고 공심입니다. 그리고 지난번에도 와서 그런 얘기를 했지만 고정된 게 하나도 없습니다. 그랬으니 공이 색이요 색이 공이란 말을 했죠. 그 한마디에 두 가지 세 가지가 붙어 돌아갑니다. 공이 색이고 색이 공이라는 것은 둘이 아닌 까닭이요 '나'가 있다는 까닭이요, 나를 찾으면 나 자체도 없이 공했다는 까닭이요 또는 둘이 아니게 이 세상이 공심하고 공용하고 공체로서 공식까지도 한다는 뜻이죠.

그래서 한마음은 대(對)가 없는 것이 한마음이요, 그 한마음은 부처라는 이름도 가질 수 있고 그 한마음은 결국은 길이죠. 그러니 우리 자체가 무엇을 탓하기 이전에 우리부터 돌아볼 수 있는 마음 가짐 가짐, 남을 탓하기 이전에. 그리고 여기 뉴욕에서 기독교는 기독교대로 가톨릭교는 가톨릭교대로 불교는 불교대로 이렇게 쪼개져서 있는데 난 그렇게 생각 안 합니다. 우리가 아무리 잘나고 똑똑하지 않아 천에 없고 그렇다 할지라도 쪼개고 쪼개도 항아리 속에서, 즉 말하자면 구더기가 서로서로 여기 요 자리는 내 자리 요 자리는 네 자리 하고 찾는 거와 같으니 얼마나 이게 쓸쓸하고 애석한 일이겠습니까? 우리는 항아리 속에서 지금 살고 있는 거와 마찬가집니다. 지구 속에서 우리는 인간으로서 만물의 영장이라고 했는데도 불구하고 벌레짓을 하는 사람들이 얼마나 많습니까?

여러분 속에 생명들이 수십억이 있습니다. 그러면 우리가 다니는 데 일로 가고 절로 가고 하는 거를 속의 중생들이, 그 친구들이 다 압니까? 모르면서 이 부분 저 부분을 맡아 가지고, 공장을 맡아 가지고, 소임을 맡아 가지고 그렇게 운영을 하고 있죠. 그리고 서로 싸우죠. 그런데 지배인이 그 마음을, 지금 공부하는 마음을 잘 가지고 있다면 파워가 일어나지 않아요. 싸움하지 않아요. 그리고 세포를 죽이지도 않고요. 세포를 죽이고 파워가 일어나기 때문에 사람의 몸뚱이를 못 쓰게 되고 어떤 한쪽이 굳어지고 모두 이런 문제가 생기지 않습니까?

천지가 한데 합쳐져야 인이 나오고 음과 양이 한데 합쳐져야 인간 하나가 생산이 됩니다. 이러한 문제를 가지고 볼 때 우리 세상 이 천지가 다 돌아가고 우주가 돌아가고 그래서 '나로부터 알아라.' 나의 국토부터 안다면 이 세계 국토를 알고 세계 국토를 안다면 내 국토도 지킬 수 있고 또 지구 국토도 지킬 수 있다. 역사도 영원히 잘 가져올 수도 간직할 수도 있고, 그러는 반면에 집을 지키려면 바로 우주를 우리는 감지해야 된다. 그럼 나툰다는 법은 무엇인가? 태양도 월세계도 다 나 아님이 없다. 왜 그런가? 내가 주장자를 줄 수도 있고 그 주장자를 내가 가져올 수도 있으니 말입니다. 이게 조절입니다. 이 마음은 체가 없어서, 즉 말하자면 금방 화해서 약사도 될 수 있고 부처님도 될 수 있고 보현도 될 수 있고 하니까요. 그리고 문수도 될 수 있고, 생각났다 하면 문수요 움죽거렸다 하면 보현이니 이것이 따로 있는 것이 아니다 이 소립니다.

어저께도 그렇게 말씀드렸죠. 다시 되풀이 한번 해 볼까요? 부처님 마음으로서 사바세계에 관세음을 딱 만들어 놓으시고, 자기입니다.

자기 마음이에요. 동방에 아촉으로 정해 놓으시고 지천국에 지장을 정해 놓으시고, 서천국에는 바로 아미타를 정해 놓으셨어요. 그것이 자기 마음에서 그렇게 정해 놓은 거지 따로따로 있는 것이 아닙니다. 만 명이 깨쳐도 만 명 다 그 부처님의 한마음의 한자리입니다. 이 뜻을 아신다면 내가 잘났다 네가 잘났다 할 것도 없고 그대로 한자리인 것입니다. 그리고 한마음인 것입니다. 그리고 한몸인 것입니다. 그런데 일일이 이거는 따지고 들고 그러니 이 중천세계에서 체로 걸러서 바로 상세계로, 마음세계로 오르느냐 하천세계로 떨어지느냐 하는 교차로, 바로 체에다 거르는 것이 중세계입니다. 그러니 이 중세계에서 모두 여러분이 하시는 대로 그렇게 싸 짊어질 것도 없거든요, 사실은. 과거에 지고 나온 것도 지금 벗어나려고 애를 쓰는데 지금 뭐하러 그렇게 짊어질 겁니까?

전설의 고향을 잘들 보시지만 그건 전설의 고향이 아닙니다. 현실입니다. 여러분이 앞뒤를 모르기 때문에 그러시지 과거에 산 거는 현실이요 현실에 사는 건 미래인 것입니다. 사람이 즉, 짐승이 될 수도 있고, 짐승이 사람이 될 수도 있는 것입니다.

저 포천 어디에서 이런 예가 있었죠. 큰 구렁이가 도를 닦고 있었습니다. 그런데 도 닦고 있는 것은 어떻게 알았느냐 하면 신문에 나고 모두 야단들이 났었거든요. 한 20년 전 얘기라고도 볼 수 있겠죠. 아마 20년 더 됐을 거예요. 그랬는데 그때 군인들이 사단 사단이 그냥 무지하게 거기 주둔해 가지고 천막을 치려고 전부 그 산을 깎았습니다. 그런데 거기 노인네더러 꿈에 "내가 지금 도를 닦고 있는데 앞으로 사흘만 있으면 내가 다 해. 끝나. 그러니까 사흘만 말미를 좀 달라고 그렇게 말씀 좀 해 달라." 하고 노인더러 꿈에 그렇게 부탁을, 애원을 하더라는 거지. "그러면 내가 사흘 만에 내 몸을 딴 데로 옮길 테니까 사흘만 말미를 달라."고 그렇게 애원을 하더라는 거지. 그래서 가서 얘기하니까 군인들은 들어 주지 않는 거지. 그 이튿날 또 꿈을 꿔서 또 가서 얘기해도 안 들어 줘. 그 이튿날, 사흘 되던 날은 아주 간곡히 얘기해서 가서 대장더러 얘기를 하니까 군인이 그런 미신을 들을 수 있겠느냐고 그러곤 안 들었다는 거지. 그랬는데 웬걸 그때 천막을 치고 거기서 전부 자는데 밤에 그냥 억수같이 비가 쏟아져 가지고, 그 얼마나 피곤하겠어요. 비가 오는 줄도 모르게 와 가지곤 그냥 산이 뭉그러져서 전부 일망타진됐어요, 그냥. 근데 그 애원하고 벌벌 떨고 그냥 빌고 빌고 빈 그 노인네 논만 그대로 요렇게 산이 무너져 가지고 막아 주고 그 집만 막아 줬지, 딴 집들은 다 그냥, 그냥….

그래서 나중에 그것을 보니까, 즉 말하자면 예전부터 원 노릇을 하다가 욕심이 너무 많고 남의 거를 너무 갈취를 많이 했기 때문에 구렁이가 돼 가지고 거기서 내내 있다가 나중에 개심을 하고 천 년을 거기서 이슬을 먹고 이파리만 따 먹고 그러고 살았지. 남을 해치지 않고 천 년을 채우려면 사흘 남았는데 그랬단 말이야. 그랬으니 그 동네 일판이 다 그렇게 된 건 그렇게 된 거지만 군인들이 몇백 명이, 아니 그때 몇백 명보다도, 숫자는 다 모르겠어요. 사단이 몇이라니까, 아주.

그런 소리를 듣고 그런 현상을 보고 이래서 말을 하는 게 아니라 겪어 보면 아시겠지만 여러분의 의식이 욕심이나 아집이나 탐심, 남을 탓하는 투기, 이러한 마음을 가지신다면 안 되죠. 우리가 지난번에도 얘기했지만 인생은 가랑잎과 같다 그랬죠. 그런데 우리 인간은 그래도 인간이라고, 만물의 영장이라고 하면서도 저런 나뭇가지보다도 못한 때가 많아요. 가을이 돼서 나뭇잎이 다 떨어져도 그 가지는 벌벌 떨면서도 봄이 오기를 기다리면서 조금도 해치지 않아요. 그런데 하물며 사람이 말입니다, 그 한 철 살기 위해서, 나그네 생활로 한 철 살기 위해서 남을 얼마나도 해칩니까? 꼭 해친다고 해서 해치는 게 아닙니다. 마음 하나 잘못 먹으면 그렇게 해쳐집니다. 거짓말 한 번 하다 보면 그걸 속이기 위해서 백 번은 거짓말을 해야 합니다. 이게 부처님이 가르친 뜻이 아닙니다.

그리고 우리는 한 철 그렇게 살기 위해서 세세생생을 끄달려야만 하는 그런 이치가 있는가 하면 자기의 묵은 빚을 갚을 것도 못 갚고 자기 육을 낳아 준 부모까지도 해를 입고 자식까지도 해를 입게 된다는 그 사실을 여러분은 자세히 모르실 겁니다. 지금부터라도 아십시오. 우리가 밥을 얻어먹고 돈벌이를 해서 살 양으로 머릴 깎고 이 중옷을 입은 게 아닙니다. 이거 보세요. 하루 한 끼니 두 끼니 아무거로라도 배 채우면 살 것을 왜 구태여 그렇게 해서 삽니까! 부처님의 이름을 속이고 부처님의 뼈다귀를 팔아서 이렇게 해서 먹고 살아야 되겠습니까! 부처님이 여기 와도 부처님의 고깃덩어리를 믿으라는 게 아닙니다. 일체 조사들의 고깃덩어리를 믿는 게 아닙니다. 부처님의 그 아리따운 마음을 꿰뚫어서 내 마음과 둘이 아닌 마음을 만들어서 내가 그렇게 베풀라는 거지.

아까 얘기해 드린 거요, 오신통이라는 그 불바퀴 속에서 정신과의 논문도 나올 수 있고 공과의 논문도 나올 수 있고 천문학과의 논문도 나올 수 있고 심리학과의 논문도 나올 수 있고 과학자의 논문도 나올 수 있고 천체물리학자의 논문도 나올 수 있어. 의학의 논문도 나오고, 모두 전체예요. 이 속에서 다 나오는 거니 이것만 터득한다면 여러분이 어떠한 거든지 다 해결할 수가 있는 거죠.

그러니 자기가 나이를 먹었으면 자식들한테라도 줄 수 있는 그런, 능력이라고 할 건 없지만 불가사의한 것도 아닙니다. 모두 갖추어 가지고 있는 것을 발견하는 겁니다. 발견해서 쓸 수 있다면, 앞으로 인간이 살아나가는 데는 점차적으로 기도 약해지고 인간은 자꾸 병도 잦아지고 그럴 시기가 앞으로 다가오지 않나 이렇게 보죠. 왜? 자기 있는 것만 다 쓰고 있는 힘을 다 들여서 정신 노력을 해서 연구를 하고 배우는 것도 너무 그냥 어지럽게 과목을 두고 배우고 이러기 때문에 모든 기가 빠지죠. 기가 없어지면 기를 자꾸 넣어 가면서 써야 될 텐데 기를 넣을 줄을 모른다면, 꼭 차에 기름 넣을 줄 모르듯이 그렇게 된다면 차가 굴러갑니까? 지구도 유지하려면 타의에서 그 모든 것을, 광력이나 전력 자력을 또 끌어들여서 그 모두를 지탱할 수 있는 능력이 있어야 하는데 그런 능력을 가지고 있는 것이 사람의 한마음이란 말입니다. 물도 생명이 있고 불도 생명이 있고 다 생명이 있기 때문에, 그 생명과 둘이 아닐 때에 바로 한마음으로 돌아가기 때문에 그 능력을 개시할 수가 있는 거죠.

여러분 마음은 체가 없기 때문에 물 한 그릇에다가 저 물 한 그릇, 바다가 물 한 그릇이라고 한다면 더러운 거든 깨끗한 거든 거기다 다 부어 보십시오, 두드러지나. 콩 한 알갱이에다가 우주 삼라만상 대천세계 전부를 넣는다 하더라도, 부처님 세계를 다 넣는다 하더라도 그릇이 모자라지 않는다는 뜻입니다. 줄지도 않고 늘지도 않고 이렇게 샘물 나오는 것과 같아서 여러분 마음속의 주인공, 그 주인공 안의 안테나가 바로 샘물이 나오는 수도꼭지와 같은 겁니다. 내가 깨달을 때까지는 그 수도꼭지가 필요합니다. 나중에 그 수도꼭지는 자연적으로 그대로 물이 있는 거기 때문에 수도꼭지다 아니다 할 거 없이 그냥 자기가 먹고 싶으면 퍼 먹고 주고 싶으면 퍼 주고 이러는 거지 여기 수도꼭지를 꼭 쥐어야 된다 이런 것도 없죠.

알고 보면 그렇지만 처음부터 아는 척하고 처음부터 "이거면 족하지." 처음부터 "이것이 없다는데 뭘 절 게 있어?" 아주 그냥 시험도 안 해 보고 자기가 지혜도 넓히지 못한 사람들이 고개를 숙이지 않고 항상 그러는데, 여기 와서 절을 하는 것이 누구한테다 하는 게 아닙니다. 여러분이 익어서, 무르익어서, 고개가 숙여져 두루 자기 나무에서 자기 실과가 무르익어서 만 가지 맛을 낼 수 있는 그런 요소, 또 씨앗이 내년을 바라볼 수 있는, 영원한 내년을 바라볼 수 있는 그런 씨앗이 되라고 그런 거죠. 그래서 자기를 죽이기 위해서 절을 시키는 거지 누가 절을 받기 위해서 그럽니까? 얼마나 귀찮은 줄 아십니까, 그것도? 내가 받는 건 아니지만 그 대상이 된다는 게 얼마나 괴로운 줄 아세요? 그렇지만 마다하지 않고 그냥 심부름을 하는 겁니다. 절을 받는 것도 일종의 심부름이에요, 여러분. 그게 소홀한 일인 줄 아십니까? 제때에 참, 여러분처럼 배고플 때, 먹고 싶을 때 가서 턱 사서 갖다 끓여서 해 먹는 이런 사람들이 아니에요. 남이 주는 대로 그저 맛있는 걸 주면 맛있는 거 나눠서 먹고, 맛이 없는 거 주면 맛이 없는 거 나눠서 먹고, 맛이 있는 거면 그분들이 오면 하나씩 더 나눠 주고 싶어하는 그런 마음이에요. 나는 이런 말을 할 때는 때로는 이 가슴에서 눈물이 흘러요, 그냥.

진실한 것은 자기만이 알지 누가 알아 달라는 것도 아닙니다. 알아 달라는 것도 그건 습이죠. 그것도 인과가 되는 거죠. 알아 달라고 할 게 뭐 있습니까. 내가 아는 것을 우주 법계에서 아는 건데 뭘 알아 달라고 합니까? 부처님이 내 마음에 있는데 뭣 하러 뭣 때문에 바깥에서 그렇게 허우적허우적하고 찾습니까? 내가 내 안에 있다는 걸 믿고 있는데, 그리고 사실이 그런데 어떻게 바깥에서 허우적거립니까? 그거는 부처님에 누가 되는 일이죠.

그래서 나는 항상 그럽니다. 나는 일생을 통해서도, 아니 영원히 죽고 죽고 또 죽어서 가루가 된들 누가 되게 하지 않게 꼭 당신이 해야 한다고 날더러 내가 돌아다보고 그럽니다. 누가 되게 해서는 절대 안 된다고 말입니다. 사람이 살면 이 껍데기 가지고 얼마나 살기에 헛된 말을 하고 살겠습니까. 어저께도 얘기했죠. 내가 만약에 무지렁이가 아니고 만약에 상식이나 학식을 많이 배워서 그렇게 사는 사람 같았다면, 그리고 잘났다면 얼마나 남한테 가증스럽게 거짓말을 잘하고 얼마나 사기질을 잘했을까 하는 생각에서 몸서리가 쳐진다고요. 내가 이렇게 난 게 잘됐고 못 배운 게 잘됐고 정말이지 차라리 어디 가서 한 그릇 얻어먹는 게 낫지 그럴 수가 없죠.

여러분, 한 철 살기에 우리 사람답게 삽시다. 그리고 어떠한 교를 가지고 있든 우리 한마음 한뜻으로 누구를 미워하지 맙시다. 그리고 경계하지 말고, 적어도 마음으로는 그렇게 가짐가짐을 갖고 언제나 항상 말조심하고요. 말조심을 해야 합니다. 사람이 한생각 하고 말 한마디 잘못하면 그게 업보가 얼마나 큰지 모를 겁니다, 아마. 그냥 추측으로 생각하고 그냥 막 생각하고 말하고 이런다면 그건 업보가 큽니다. 그러니 어떠한 잘못이 있다 할지라도 그것은 자기 생각이지 그건 나하고는 상관없이 생각하십시오, 각자. 남이 칼로 찔러 죽인다, "너 이놈! 오늘 저녁에 너를 칼로 찔러 죽인다." 그러더라도 허허! 빙긋이 웃을 수 있는, 그리고 그 사람을 탓 안 하고 겁내지 않고 당당하게 '내가 있으니까 찔러 죽이러 온다지, 내가 없다면 찔러 죽일 게 뭐 있어서 오겠나.' 하고선 웃을 수 있는 사람이라면 그 사람 칼도 들지 못해요.

여러분! 실질적으로 이 세상 살아나가면서 우리가 경험하면서, 부처님 법이 어디 있습니까? 내가 부처님 법이고 내가 부처님 법을 행하고 있고 내 가정이 다 살아나가는 게 부처님 법 아니고 무엇인가. 내가 한 걸음 걷고 말하고 움죽거리는 게 다 부처님 법이니 이것이 참선이 아니고 무엇이며 '이것이 바로 나를 발견하는 재료구나. 부딪치는 게 다 재료구나.' 이렇게 생각하십시오. 그리고 사월 팔일이 닥치는데, 꼭 사월 팔일 날만 부처님 오신 날이 아니라 영원한 오늘이 바로 부처님 오신 날입니다. 항상 내가 있을 때에 부처님 오신 날입니다. 부처님은 열반했다 죽는다 산다 이런 게 없습니다. 열반이라는 것은 죽는 걸 열반이라고 하는 게 아닙니다. 통달해서 여여함을 바로 열반이라고 합니다. 그러니 여러분은 살아 계시면서, 몸을 가지고 있으면서 이 도리를 좀 아셨으면 합니다. 그러니 우리 열심히, 젊은 사람들이 앞으로 더 할 겁니다.

지금 오하이오 주 주립대학에서는 석사 학위나 박사 학위 따는 분들이 이렇게 말하고 있습니다. "스님의 법을 이렇게 중요하게 생각하고 배우다 보니까 논문을 쓸 때 거기서 다 나옵디다." 하고요. 그러니까 애를 쓰지 않고 논문을 써도 아주 슬기롭게 으뜸으로 쓸 수 있게 돼서 참 감사하다고요. 거기는 생물학자니 누구니 누구니 다 여러 사람들이 아주 고르게 있더군요. 그런데 나는 참 놀란 것이 있죠. 예전에 거기에 가서 설법을 하다 그걸 느꼈습니다. "야, 이 속에서 당신네들은 다 논문을 쓸 수 있고 현실로 박사 학위를 받을 수 있구나. 이 속에서 다 나가는 것인데 뭐가 어려울 게 있겠는가!" 이렇게 말입니다, 외쳤죠.

하여튼 여러분이 계시니까 내가 있고 내가 있으니까 여러분이 계시니 우리는 둘이 아니게 모두 같이 공부할 수 있는 도반들입니다. 누가 높고 누가 얕고 이런 것도 없습니다. 우리가 같이 앉아 있으면 그냥 도반이죠. 그러나 여러분의 심부름을 하기에는 너무 좀 무식한 듯하고 못생긴 듯하지만 못생겼다고 나무라지 마시고 마음 하나는 진정하다는 것을 서로 마음으로 주고받으면서 우리 만나면 서로 웃고 이렇게 서로 벗이 돼서 얘기하고 이러고 또 헤어지고 그럽시다.

여기 젊은 스님네들이 말은 잘 못합니다만 몇 해를 그래도 마음 공부를 했으니 여러분이 정히 괴로울 때 "스님, 난 이러이러합니다." 할 때 저 스님네들이 말은 여러분한테 약장사처럼 잘 못해도 "알았습니다." 한다면, 감사하게 생각하고 진실히 믿고 가십시오. 그리고 열심히 공부들 하십시오. 스님네들이 그렇게 심부름을 해 줄 동안에 말입니다.

그러면 이것으로써 법문은 그치고, 내가 엊그저께 말입니다, 문득 저 창문을 내다보면서 이런 생각이 났습니다. 이것도, 하나 생각난 것도 허튼 생각은 아닙니다.

어젯밤에 눈 오더니 날이 밝아 동이 트니
가지마다 백 송이 피고 뿌리마다 이어 가니
천상 저 높은 산 위에는 하얀 눈이 덮히고
골짜기마다 칡뿌리 이어 가고 칡꽃이 만발했으니

길을 걷던 나그네의 대피리 소리는 온 누리에
님의 계심 전달하니
만 꽃이여!
님의 소식 들었는가 하노라

하는 것 말입니다. 이런 생각이 문득 들어서 그냥 한번 이렇게 해 봤습니다. 그럼 감사합니다.

맡겨 놓으면 그릇이 비고 내가 밝아진다

뉴욕 대한신문사 기자 대담

1990년 4월 8일

큰스님 … 그래서 그 컴퓨터에 입력이 된 것을, 거기서 나오는 것을 거기에다가 다시금 맡겨 놓고 거기서밖에는 해결을 못한다는 믿음을 가질 때 그 앞서 입력된 건 지워져 버려. 그러면 빨리 알아듣겠지?

기자(여) 네.

큰스님 그래서 지워지면 지워진 그 상태로 나를 밝게 볼 수 있어. 그리고 내 몸뚱이에 있는 것도 전부 리드할 수 있고.

기자(여) 근데 스님, 맡긴다는 그 상태가….

큰스님 아니, 맡긴다는 거는 진짜로…, 누굴 지금 믿어? 허공을 믿어, 형상을 믿어? 누구 이름을 믿을 수가 있어? 못 믿어. 대신 죽어 줄 수도 없고, 대신 먹어 줄 수 없고, 똥 눠 줄 수 없고 모든 게 그러니까. 그러니까 자기 주처에 입력됐던 것을 자기가 다시금 거기다가 맡겨 놓고 네가 엎드러졌으면 네가 일어나라는 식이야. 그렇잖아!

기자(여) 네.

큰스님 그러니까 거기다 입력을 해 놓은 거를 없애면 내가 그릇이 비워지면서 아주 내가 밝게 보인다 이거야. 내가, 부(父)가 사(子)

속에 들어 있고 자(子) 속에 부(父)가 들어 있거든. 응?

기자(여) 네.

큰스님 응. "아버지여! 부여!" 그러잖아?

기자(여) 예, 아버지여….

큰스님 "아버지여! 부여!" 하는 거는 자기 전생의 조상이야, 즉 영원한. 그것이 바로 컴퓨터라고, 이름지어서 컴퓨터라고 하는 거야.

기자(여) 그러면요, 스님! 우리 인간이 이렇게 자꾸 갈등하고 잘못돼 가고 하는 게 원래 그 입력된 게 잘못됐으니까 이렇게 나타날 수밖에 없네요.

큰스님 그렇지. 부는 어떠한 개체가 아니라 전체에 한데 합쳐진 컴퓨터이기 때문이야. 즉 말하자면 주처, 그거는 맷돌로 맷돌질을 하는데 아래에서 심봉이 꿰어지지? 위의 거하고 아래 거하고 딱 맞아야 되지?

기자(여) 그렇죠. 그래야 이게 돌아가죠.

큰스님 음과 양과 한데 합쳐져야 어린애도 생산할 수 있지?

기자(여) 그렇죠.

큰스님 응, 그래서 아래 위가 한데 맞춰지는 심봉이 바로 그 힘만내 주는 거야. 그런데 심봉을 꽂지 않고 맷돌을 돌렸기 때문에 그 삶이 입력이 돼 가지고 그게 인과가 되고 업보가 되는 거지.

기자(여) 네. 그러면 스님, 그걸 누가 안 꽂았어요, 그거를?

큰스님 그건 자기 자신들이 안 꽂은 거지. 지금도 모든 사람들이 기독교든 가톨릭교든 불교든 내가 볼 때 전부 바깥에서 구해.

기자(여) 그렇죠. 그러니까 '하나님 아버지시여, 뭐 주시옵소서.' 하고 뭐, 성령을 받고….

큰스님 '주여, 하나님 아버지시여, 부처님이시여, 관세음보살이시여.' 아, 이러곤 해 달라는 거야.

기자(여) 그럼 어떻게, 저 자신을 못 믿고 제가 참, 힘도 없고 제가 넘어지는 걸 아는데요.

큰스님 아니지! 수억겁 광년 전으로부터 인간이 제일 나중에 났어. 왜냐? 미생물에서부터 거쳐서 진화돼서 쫓기고 쫓으면서 인간까지 진화됐기 때문에 다른 무정물이나 이런 것은 다 먼저 자랐지만, 인간은 진화돼서 오는 과정이 수억겁 광년이 된단 말이야. 그러면 그걸 끌고 온 자기 장본인이 너무나 경험이 많고 너무나 그 힘이 대단한 거거든. 그 힘이 대단한데 그거는 믿지 않고 항상 자기가, 예를 들어서 (컵을 들어 보이시며) 이게 그거야. 그럼 요기 요렇게 하나 있어. 요렇게 하나 있다고. 이게 이렇게 가설이 돼 있다고, 이렇게. 그러면 이거는 컴퓨터, 즉 말하자면 불가에서 말하면 숙명통이라 그래, 이걸. 응? 과거를 모두 아는 거를.

기자(여) 과거를 전혀 모르죠.

큰스님 그렇지, 딴 사람들은. 그래 이걸 숙명통이라 그러는데 요거는 지금 현재의식이야, 이게.

기자(여) 네, 네. 현실, 나타나고 있는 거.

큰스님 응, 현재의식, (컵 외에 다른 물건을 가리키시며) 요거는 잠재해 있는 의식이야. 그런데 이 물이 여기서부터 이렇게 생활해서 들어오면 여기다 넣어야 돼. 여기다 맡겨야 돼. 그럼 이 힘으로 맷돌에다 물건 넣는 거야. 물건을 넣고 갈아야 되잖아.

기자(여) 네, 그렇죠.

큰스님 그러니까 여기다 물건을 넣어야지, 다가오는 대로. 물건을 넣으면 이리 돌아서 이렇게 갈아져서 여기 와서 이렇게 해서 이리로 돌아 나와. 그러니까 이게 과학적이기도 해.

기자(여) 아, 굉장히 과학적인데요. 하하하….

큰스님 하하하.

기자(여) 아, 저는 전혀 그런 생각….

큰스님 아니, 과학적이지. 이거는 심성과학이고 생활이 그냥 과학이니까.

기자(여) 네, 잠재의식에 있던 게 늘 현실 감정으로 나타나니까요.

큰스님 그렇지. 그래서 이거는 움죽거리지 않아도 힘을 가하고 있단 얘기야. 차도 굴러가는 데, 이 바퀴를 이렇게 꿰었는데 가로로 낀 거는 움죽거리지 않지만 이 바퀴는 움죽거리고 돌아가잖아.

기자(여) 그렇죠, 그렇죠. 네.

큰스님 응. 그래서 이건 움죽거리지 않지만 이 바퀴를 돌아가게 하는 바로 그 역할을 여기서 한단 말이야, 응? 그러니까 모두 여기다 맡겨 놓으면 이리로 와서 여기서 운전수가 이 차를 끌고 가. 허허, 그렇기도 해. 그렇게도 표현할 수 있지. 그러니까 무조건 자기 주처를 믿고 거기다 맡겨 놓고, 맡기고 '거기서밖엔 해결 못한다.' 또 무슨 일이 잘됐으면 '아, 감사하구나!' 하고 속으로, 뜻으로, 이렇게 믿어야지 만날 바깥에서 주여, 무슨 하나님 아버지시여, 관세음보살, 부처님, 무슨 지장님, 무슨…, 아이고! 불교고 누구고 다 통틀어서 바깥에서 그럭하면 자기 영혼도 못 건져. 안 그래?

기자(여) 근데 스님, 어떤 분들은 그렇게 기도를 해서 애기도 낳았고, 어떤 분들은 그렇게 해서 대학에도 붙고 뭐, 그런 기도의 영험을 보신 분들이 많거든요.

큰스님 그런데 그러한 소소한 위안은 할 수 있을지언정 자기가 자유자재할 수는 없는 거야.

기자(여) 그렇죠. 묶여 있죠.

큰스님 그러니깐. 묶여 있으니까. 그래서 창살 없는 창살을 자기가 만들어 놓고 자기가 옴쭉 못하는 거야. 나는 요 종교가 제일이다. '주여! 아버지시여!' 그러는데 '하나님 아버지시여!' 하는 건 하나의 자기의 부(父)다 이거야. 그러면 안에 있는 거지 바깥에 있는 게 아니야. 나부터 알아야, 예를 들어서 내 집의 전화통부터 놔야 남의 집에도 전화하고 남의 집에서 내 집으로 전화도 오지 않아?

기자(여) 그렇죠.

큰스님 근데 내 집의 전화는 안 해 놓고 남의 집의 전화 해 놓은 데다가 비는 거야. 아이고, 관세음보살! 주여! 무슨 어쩌요 하고. 안 그래? 생각해 봐. 얼마나 어리석은가. 그러니까 개선해야 할 것은 기독교든 가톨릭교든 불교든 다 개선해야 돼. 하하하….

기자(여) 스님, 그러면 요 컵이 모든 한마음이란 말씀입니까? 요게요?

큰스님 이게 전체 삼라만상 우주 천지가 한데 합쳐진 거야, 이게. 가설이 돼 있는 거야, 이렇게. 인간의 근본과 천지의 근본, 이 달세계의 근본 또 태양의 근본, 혹성이 모두 많잖아?

기자(여) 그렇죠.

큰스님 그럼 은하계도 많지 않남. 그 은하계의 별성들도 전부 가설이 돼 있는 거야, 이 인간의 근본에. 그렇기 때문에 지금 장차 앞으로는 과학이 발전되는 물질로써 지금 연구를 자꾸 하잖아.

기자(여) 그렇죠.

큰스님 그런다면 잠수함도 그냥 깨뜨리려고 요만하게 만들어서, 사람같이 똑같이 만들어서 입력을 해 가지고 컴퓨터나 망원경이나 탐지기나 거기 시스템을 다 해 가지고 연구를 해서 잠수함을 깨뜨리는 그러한 것을 서로 각 나라에서 연구를 하고 있단 말이야. 안 그래?

기자(여) 그렇죠, 요즘.

큰스님 수소폭탄이나 핵폭탄도 전부 죽이는 것으로만 돼 있지마는…. 모두 태워 죽이는 것으로만 돼 있잖아.

기자(여) 그렇죠.

큰스님 그런데 지금 그러한 연구보다도 이 사람에 가설된 한생각이 그걸 좌우할 수 있단 얘기야.

기자(여) 이 한마음으로.

큰스님 그렇지. 그렇게 위대해. 인간은 이 우주의 주인이란 얘기야. 인간은 지구 안에서 살지만 지구의 주인이요, 지구는 집과 같은 거지. 또 이 몸속에 들어 있는 생명들은 의식들이 인과로 인해서 악업 선업이 모여 있는데 내 한생각에 의해서 악업 선업이 무너지는 거야. 팔자 운명도 없어. 하하하…, 너무 엄청나지?

기자(여) 네에. 아주, 네에.

큰스님 응. 엄청난 공부를 하는 거야. 그런데 그것들을 자기가 믿지 않기 때문에, 소크라테스도 왜 그때에 자기를 깨달아서 '너부터 알아야 모든 우주 전체를 감응할 수 있고 직결된 거를 알 수 있다.' 이랬는데도 사람들이 그걸 믿지 않았기 때문에 그만 미개하게 그런 사람들한테 그렇게 당하지 않았어? 그럼 천문학도 한계가 있는 거고 그러니까 천안통이다 이거야. 천안통은 마음으로 전체 탐험을 할 수가 있다 이거야, 마음의 눈으로. 또 마음으로 천체 무전통신을 할 수 있다 이거야. 일체 만물과도 더불어 같이 상응할 수가 있다 이거야. 그래야 뭘 하지. 그렇기 때문에 또 태양계가 팽창되거나 또는 예를 들어서 태양이 220V고 우리 지구가 120V라면 지구를 집어먹을 수도 있거든.

기자(여) 그렇죠, 네.

큰스님 그렇지?

기자(여) 네, 네.

큰스님 배운 사람이라 다르구먼. 그래서 집어먹을 수도 있으니까 그거를 조절해서 할 수 있는 거는 모두 이 마음에서 조절할 수 있는 거거든. 왜냐하면 이게 지수화풍이거든. 이 몸뚱이, 물질이 다. 수소폭탄도 지수화풍 아니면 못 만들어. 이 컵도 지수화풍 아니면 못 만들어. 이거 하나도 흙과 물을 한데 배합해 가지고 말렸잖아, 바람에. 그래 가지고 불에 구웠지? 그랬으니 어떻게 지수화풍 없이 이게 생산이 돼? 그래서 이 세상에 출현했잖아, 컵으로. 그러니까 모든 게 내 주처에서부터 그렇게 해 나가야 되는 그러한 도리인데, 더군다나 우리가 인간으로서 만물의 영장이라고 할 수 있는 그런 사람들이 어떻게 바깥에서 미개하게, 그냥 어리석게 '아이구, 주여!' 이러겠냐고. 뭐가 우리를 나게 했느냐, 누가 먼저 만들었느냐 이런…. 태초가 어디냐? 내가 난 게 태초라고 생각해. 왜냐하면 나부터 알아야 모두 알 테니까. 내가 났으니까 세상을 알았고 세상이 벌어진 걸 알았잖아, 각자.

기자(여) 각자는 그렇지만….

큰스님 응.

기자(여) 그렇지만 스님, 제가 죽는다 하더라도 세상은 돌아가고 있잖아요.

큰스님 그러니까, 그러니까! 그 죽는다고 하는데 죽는 게 아니다 이거야. 왜냐하면 나무가 가을이 돼서 이파리가, 가을 이파리가 떨어졌다고 그래서 그 나무뿌리가 죽는 게 아니야. 봄이 오기를 기다리면서 다시 돌아 나와서 봄이 오면 다시 잎이 피고 꽃이 피어. 인간도 그렇게 돌아 나와.

기자(여) 네에.

큰스님 허허, 그래서 인간은 이 도리를 모르면 50%가 미완성이라는 얘기지. 모두 지금 의학계도 50%가 미완성이야. 그렇기 때문에 연구를 해도 해도 끝이 없고, 해도 해도 고쳐도 고쳐도 못 고치는 병이 자꾸 소생돼, 그걸 모르기 때문에.

기자(여) 그러면요, 스님. 그 맡겨 놓는 작업이라고 하는 건 어떤 걸까요? 그러니까 가령….

큰스님 지금 "맡겨 놓는 작업을 어떻게 하는 걸까요?" 하는 그 말과 생각이 어디서 나오는 게요? 자기 근본이 있으니까 나오지?

기자(여) 그렇죠. 제 마음에 있으니까요.

큰스님 그래서 '마음에 있으니깐'이 아니라 마음을 내기 이전은 바로 불성이라고 불가에선 그러는데, 영원한 자기의 생명의 근본이다 이거야, 그게. 그래서 심봉과도 같다 이거야. 그래서 그거하고 내 현재 의식하고 계합이 된다면 50% 50%, 100%가 돼서 자유인으로 살 수 있다. 찰나 생활을 그냥 할 수 있다 이거야. 우리가 지금 고정된 게 하나라도 있어?

기자(여) 전부 변하죠.

큰스님 응. 만나는 거 또 말하는 거, 댁도 엄마 만날 때는 자식이 되고 또 친구 만날 땐 친구가 되고 동생 만날 땐 언니가 되고, 만약에 시집을 갔다면 남편 만났을 땐 아내가 되고 자식 만났을 땐 엄마가 되지? 금방금방 그렇게 돌아가. 이게 찰나 생활이야. 이렇게 찰나찰나 돌아가는데, 그게 금방 자동적으로 엄마를 만나면 딸의 행동을 하고 딸의 말을 하고 아, 그러거든. 근데 금방 남편이 들어왔어 봐. "여보!" 그러곤 그냥 아주 자동적으로 아내 노릇을 한다고. 안 그럴까?

기자(여) 그렇죠.

큰스님 그러니까 이 세상은 그렇게 묘하고 자동적인 거야. 우리가 컴퓨터 시스템을 해 놓고 거기 입력을 해 놓으면 버튼만 누르면 자동적으로 돌아가지? 나오고.

기자(여) 네, 네.

큰스님 그래서 우리는 벌써 과거로부터 입력이 돼 있는 거고 지금 현실에 나오는 것마다 입력을 해 놓으면 앞서 건 없어지면서 현실에 입력이 되는 게 들어가면서 자꾸자꾸 현실로 나오는 거지. 그러니 즐겁고 고맙지 않아? 그렇게 편안하게 살 수 있는 세상을 어찌 그렇게 고달프게만 사느냐 이거야.

기자(여) 나타나는 생각이 안되는 생각만 나타나니까 그렇죠, 스님.

큰스님 그러니까! 그러니까 "아이구, 이거!" 이러는 거야, 또. 어떤 사람이 집을 은행에다 잡혔는데 그게 그만 돈을 못 갖다 줘서 넘어가게 생겼어. 울고불고 그러는 거야. 그런데 공부하기 전에는 자꾸 도와주면서 공부를 시켜야 되잖아? 그래서 인제 알았다고 그랬는데 "한 열흘만 있으면 돈을 좀 꿀 데가 있는데, 그게 나오면 그걸 갚고선 꼭 그 집을 찾아야 할 텐데…, 안 그러면 우리 식구는 다 죽습니다.” 이러하거든. 그러냐고 그랬다고.

“그러면 내가 시키는 대로 해. 지금 주인공이 바로 컴퓨터와 같아. 그러니 당신이 전자의 그 인과로 인해서 업보가 돼서 지금 이렇게 나온 거니까, 어렵게 나온 거니까 거기다가 그냥 ‘네가 한 거니까 네가 알아서 해결을 해 주고 증명해 다오. 이게 되는 게 증명이다.’ 그러고 거기다 맡겨 놔라.” 해결을 해야 증명을 해 주는 거지. 그렇잖아?

기자(여) 걱정도 안 하고 신경도 안 쓰고….

큰스님 아, 그렇지! “신경도 쓰지 말고 거기다 맡겨 놔라. 죽으면 죽고 살면 살지 뭐, 한 번 죽지 두 번 죽느냐.” 그랬지. 그랬더니 영 은행에서 그걸 넘기지 못하는 거야. 왜 넘기지 못하는가 했더니 서류가 없어졌어요. 그래 가지고 그걸 경매로 넘기지 못하고 있다가 이 사람네가 돈을 해 가지고 가니까 그게 서랍, 그 위 천장 있지? 그 서류가 천장에 붙었다가 뚝 떨어지더라는 거지. 하하하…. 그래서 그날 돈을 갚고 그 집이 넘어가지 않았다는 거야. 그러면 ‘사람이 할 수 없다’ 이렇게 생각할 게 아니라, 내 자성신은 체가 없기 때문에 만 개도 될 수 있고 천만 개도 되고 십만 개도 될 수 있는 거거든, 내 분신이.

기자(여) 스님, 그 말씀이 참, 저희 범인으로서는 납득이 안 가는 얘긴데요.

큰스님 납득 안 가지?

기자(여) 네. 그게 어떻게….

큰스님 손오공 같은 거 봤어?

기자(여) 예. 그럼요, 옛날에….

큰스님 그랬지? 옛날에 봤는데 그 손오공과 똑같은 게 그냥 많이 나왔지?

기자(여) 네, 네.

큰스님 또 무술을 하는 데도 칼을 하나 착 들어서 이렇게 놀리니까 칼이 수만 개가 되지.

기자(여) 네.

큰스님 응, 그와 같은 거야. 그게 대일승법이야. 그러니까 우리 자체가 말로 해서 가르치고 이론으로 가르치고 지식으로 가르쳐서 되는 게 아니야, 이거.

기자(여) 근데 스님, 그런 게 있다 하더라도 사람마다 전부 다 그런 게 있을 수가 있을까요?

큰스님 그렇지. 이거는 가난하고 가난치 않고, 배운 사람이고 배우지 않은 사람이고 다 할 수 있는 공부니까. 근데 머릿속에 많이 들어가고 많이 배운 사람은 자기를 자기가 믿지 않아. 불가사의한 일이라는 거지, 이건. 믿지 않는 거야. 자긴 힘이 없다는 거지. 그런 힘이 없다는 생각을 하기 때문에 그 힘이 없다는 것이 입력이 되거든. 그러니 뭘 해? 허허허, 나오긴 뭘 나와? 힘이 없는 걸로 나오지. 그러니까 안되는 걸로 나오는 거지. 컴퓨터가 정확하잖아? 그런데 컴퓨터는 사람이 입력을 해야 되는데 인간은 자기 생각에 의해서 입력이 되는 거야, 그냥. 이건 자동적이야. 그래 만물의 영장이라고 그랬어.

그러면 또 한 가지, 앞으로 물질과학이 그렇게 발달하는데, 그렇다면 우리가 과학적으로, 자꾸 물질과학으로 이렇게 해 나간다면 우리 기가, 공해로 인해서도 그렇고 우리 안에서 여러 가지 기가 상실되는 거야, 인간의 몸체의 모든 것이.

기자(여) 생명력은 없어지는 거 같아요, 제가 이렇게 볼 때.

큰스님 응, 생명력이라고 하는 거보다도 이 기능이 모두 마비가 되는 거지. 기능이 마비가 되는 것은 뭐냐? 기가 완전히 빠진다는 얘기지, 마비가 되면. 우리가 자유자재할 수 있는 이런 도리를 안다면 모든 걸, 인간이 지수화풍이기 때문에 광력, 전력, 자력, 통신력을 충만히 우리는 가지고 있고 외부에서도 전부 지수화풍으로 돼 있다고. 그러니까 지수화풍 아니면 못 살지. 물이 없어도 안 되고, 불이 없어도 안 되고,

응? 바람 공기가 없어도 안 되고. 야, 모두 없어도 안 되잖아. 그러니까 그거 고마운 줄 알고, 여기 내 몸에도 있다는 거지. 그러니까 내가 이 도리를 배워서 능가할 수 있다면, 자석이 만약에 능가할 수 있는 거면 차도 위로 보낼 수 있는 거지?

기자(여) 그렇죠.

큰스님 응, 그렇지? 근데 그거는 자석이고 이건 자력이기 때문에 무한대로 쓸 수 있는 거야.

기자(여) 근데 무한대로 쓸 수 있다고 말씀하셨는데 쓰시는 분이 지금 현실에 없으시잖아요, 스님.

큰스님 쓰시는 분이 있지. 하하하…. (일동 웃음) 왜 없을까? 예전에도 쓸 수 있는 사람이 있었고 지금도 있으니까 쓰는 거 아니겠어? 그리고 또 과학을 연구하는 사람은 그 가운데서 천체물리학 논문도 쓸 수 있고, 심리학 논문도 쓸 수 있고, 공학 논문도 쓸 수 있고 또는 과학 논문도 쓸 수 있고, 또 의학 논문도 쓸 수 있고 뭐, 전부 거기서, 모두 거기서 나가는 거지, 원리가.

기자(여) 근데 스님, 그러신 분들이 역사상에 없으셨잖아요?

큰스님 이거 봐. 그거는 내놓을 수가 없고, 아는 사람이 없기 때문에 바깥으로 그게 나가지 않는 거지. 근데 내가 지금 말하는 거는 지금 현대 용어를 붙여서 얘길 알아듣기 쉽게 하느라고 그렇게 하는 거야. 이거를 통달 안 하면 이렇게 현대 용어를 붙일 수가 없지, 모르니까.

기자(여) 그러시죠, 네. 그것만 공부하셔 가지고는 이런….

큰스님 안 되지. 이 접시를 갖다가 이걸로 바꿀 수도 있고, 이 접시에는 담을 물건이 여러 가진데 이론으로 요 한 가지만 담는 줄 알았으니 이론으로 해 가지고 이걸 어떡해. 내가 물건을, 맛있는 물건을 할 수 있어야, 내 몸체는 종이라고도 할 수 있지만 불가에선 시자라고 그래. 그렇다면 내가 지금 말할 땐 오븐이라고도 할 수 있어, 오븐. 물건 해내는 오븐. 허허. 그러니까 물건을 내가 하고 싶은 대로, 누가 날라는 대로, 물을 달라면 컵에 담아 주고 또 잡채를 달라면 접시에 담아 줘야 될 거 아니야. 그 사람의 차원대로, 그 사람의 용도대로, 어떠한 괴로움대로.

그러니까 한 가지 그건 그렇고, 즉 말하자면 기가 약하다든가 어떤 병이 든다든가 이래도 일체 만물이 다 약이거든. 사람이 지금 피가 없어서 죽어 갈 때에, A형이 만약에 피가 없어서 못 넣을 때 A형의 피를 빼서 넣을 수 있잖아. 그렇지?

기자(여) 그렇죠, 지금 현대 의학에서.

큰스님 응, 그렇지. 아니, 현실하고 그게 딴 게 아니야. 그러면 딴 사람들은 병원으로 가서 약을 지어다 먹고 그러지?

기자(여) 그렇죠.

큰스님 그런데 이런 도리를 아는 사람은 모든 에너지가, 액체가 그 A형에 맞는, 자기 용도에 맞는 것이 들어와. 주인공에다 모든 거를, 컴퓨터에다 누르면 그냥 자동적으로 들어와, 그 에너지가. 또 광력으로 써 저 레이저 광선, 그걸로 쬘 거라면 아, 광력도 있고, 자력도 있고, 통신력도 있고, 전력도 있잖아. 그러니 저절로 그것이 그렇게 될 수 있는 거지.

그런데 그것이 누구에게나 그렇게 되는 게 아니라 아주 적합하게 그냥, 누가 시키는 거를 하는 게 아니고 자유자재하는 거야, 자기가 하고 싶은 그런 때에. 즉, 불쌍한 사람이, 소금이나 팔고 이러는 사람이 자궁암을 앓을 때는 그때는 즉시 하지만, 돈 많고 아만이나 있고 자만이나 부리고 그러면 '흥, 너흰 돈 많으니까 병원으로 가도 돼.' 이러거든.

기자(여) 네. 근데 스님이 그렇게 하실 수 있으신 그 경지까지는 정말 수많은 과정을 거치셔야 했을 텐데 이런 범인들은 금방 스님처럼 하실 수 없잖아요. 단지 그러니까….

큰스님 그래도 지금 배우는 사람들이 다 그런 거를 웬만큼은 다 가정에서 지금 이루어 가고 있거든요, 식구들을 다 건사하고. 통신력이라든가 또는 심안통이라든가 이런 거 즉, 심안통은 우리가 말할 때에 천체망원경이라고 해도 되지. 그런데 이걸 말을 붙이기 이전에 실생활 속에서 어떠한 것이 약할 때는, 자기가 약해질 때는, 시대가 시대니만큼 앞으로 그런 일이 오지 않으라는 법 없어, 시대 돌아가는 걸 볼 때.

그러니까 자기가 힘이 없고 기가 없으면 딱 넣을 줄 알고 자기가 어디가 부족하면 넣을 줄 알아야 된다 이거지. 그래야 자유스럽게 사는 사람 아니겠느냐. 그러니까 모든 사람들이 다…. 그럼 스님은 그렇게 할 수 있으시겠지만 딴 사람은 그렇게 못하지 않나? 그런 게 아니야. 딴 사람도 다 그렇게 할 수 있어. 그런데 자기 주인공을 믿지 않아, 초(初) 단계에.

기자(여) 그러니까 스님, 가장 중요한 것은 자기 주인공을 믿는다는 그 믿음이라는 게 중요한 건가요?

큰스님 믿지 않는 거지. 그래서 믿음이라는 게 중요한데, 바깥에서 찾는 거 즉, 바깥으로 대고 '하나님 아버지시여!' 고상을 놓고도 '주여!' 또 불교도 그래. 불교도 불상을 이렇게 놓고 '아이구, 부처님이시여! 나를 낫게 해 주시고 나를 돌봐 주시고 우리 자식을 잘되게 해 주시고…' 이러거든. 떡을 놓고 밥을 놓고 비는 것만이 이게 불교가 아니야. 불교라는 것은, 이 불(佛)이라는 것은 영원한 생명의 근본, 우주 전체의, 물도 생명이 있고 모두가 생명이 있거든. 그러니까 생명 없는 게 없으니까 그게 한데 계합이 돼서 같이 공존하는 것을 그거라고 보거든. 그러면 그렇게 해서 자기 주처에 가설이 된, 바로 같이 공존하는, 공심하는 그런 마음이 투철하면 공용도 같이 하거든. 지금 사장이 없으면 안 되지?

기자(여) 그렇죠. 네.

큰스님 그럼 직원이 없지?

기자(여) 네. 사장이 없으면.

큰스님 직원이 없지? 직원이 없으면 사장이 또 못 살아.

기자(여) 그렇죠.

큰스님 응, 세상이 그렇게 돌아가, 다. 그렇게 돌아가면서 우리가 공용 공체 공심 공식 이렇게 모두 돌아간단 얘기야. 그러니까 우리가 잘한다 못한다 하기 이전에 못하는 사람은 내가 전에 못할 때의 내 모습으로 보고, 또 아픈 사람을 보면 내 아픔같이 생각하고 또 거지를 봐도 나와 같이 생각한다면 그거를 자비로써 사랑할 수 있고….

기자(여) 그게 한마음이니까요, 거기서….

큰스님 그렇지.

기자(여) 네.

큰스님 벌레를 봐도, 하다못해 뱀을 봐도, 하다못해 뭐를 봐도 그것은 모습만 그랬다 뿐이지 우리도 한 번은 그렇게 겪어 왔어, 진화됐기 때문에. 넓게 봐야 돼. 미생물도 우리가 한 번쯤은 거쳐 왔다고 봐야 돼. 그러면 그걸 거쳐 올 때 그 쫓기고 쫓으면서도 부모가 있고 자식이 있더라 이거야. 그러니까 그 마음을 앎으로써, 서로 통함으로써 그 사람의 자식과 부모 사이에 그만큼 애로가 있다는 거와 똑같아. 그러니까 그건 변함이 없는 거지. 그래서 항상 이렇게 그러한 문제를 가지고 공부를 시키는 거지, 이건 불교니까 그저 너희 부처님한테 절하고 부처님한테 복 받고 부처님한테 그래라 이러는 절이 아니야, 우리는.

기자(여) 네. 스님, 이런 마음 가지면 갈등 같은 거는 해소가 되겠지만 이런 마음으로 이 세상을, 이 악한 세상, 글쎄, 좀 어지럽다고 할까요. 이런 마음으로 살아가기는 참 현실적으로 불가능한 거 같아요.

큰스님 아니, 외려 편안하지. 아주 유유히 편안하지. 나는 어디 가다가도 이렇게 하지. 돈 있는 사람더러는 나 그렇게 얘기해. 나 여기 올 때도 "나 미국에 가게 용돈 다오." 그러면 아주 고맙고 즐거워서 죽겠대, 돈 좀 있는, 그래도 쓸 수 있는 사람들이. 그러면 그걸 받아 가지고 금방, 사글세방에서 쫓겨난다 하면 그걸 줘. 그거를 뭐, 내가 좋은 일을 한다 그러고 방송국에다 이름 내고 신문에다 이름 내고 그런 사람, 그렇게 나가는 거는 그 사람들을 다 불쌍한 사람으로 매기단을 하지만 숨어 있는 불쌍한 사람들이 많아. 그리고 이름을 내려고 그렇게 하는 것이 아니잖아. 나 편안하려고 그러는 거 아니야?

기자(여) 그렇죠, 스님. 네.

큰스님 내 아픔 같고 내 어려움 같고 내 몸 같고. 그런데 그거를 신문에다 왜 내? 하하하, (가슴을 치시며) 바로 난데, 그게. 내 어려움인데. 그걸 줬다고 '야, 스님은 좋은 일 한다.' 이런 소리 들으려고 그걸 해? 난 수십 년을 그렇게 해 왔어도 그렇게 밤이면 몰래 그렇게 하고, 눈먼 사람이 있을 때는 손에다 꽉 쥐어 주고, 남이 볼까 봐 무서워서 꽉 쥐어 주고 가고. 그거는, 물질이라는 거는 또 아무것도 아니야. 전생의 업보로 인해서 그렇게 된 거니까 그걸 벗겨 주는 거지. 왜냐하면 그 사람이 지금은 이렇지마는 죽어서라도 다시 재생돼서 이 세상에서 이렇다 하고 살고 또 거기서 반성하게끔 만드는 거지. 여러 가지가 붙어 돌아가. 어지럽지?

기자(여) 네, 스님. 아유, 스님 말씀하시는 게 참 알아들을 거 같으면서도 굉장히 또 어려워요.

큰스님 이게 50%가 보이지 않는 데서 모두 추진되는 거기 때문에 아주 쉬우면서도 이상스럽게 어려워요. 자기가 그렇게 해 보지 못했기 때문에, 자기가 먹어 보지 않고 보지 못하고 그런 거는 먹고 싶은 생각도 없고 맛도 모르지?

기자(여) 그렇죠.

큰스님 그거와 같은 거야. 내가 표현을 잘하나 잘못하나?

기자(여) 아니요, 스님 표현은 참 알아듣기가 쉬운데 제가 그거를 경험을 잘 못했으니까, 그 단계를 체험을 못해 봤기 때문에 아마 '진짜 그럴까?' 이런 의구심이 있는 거 같아요.

큰스님 의심할 게 하나도 없어. 왜냐하면 세상이 그러하니까. 우리가 지금 내 집안에서, 집안뿐만 아니지, 세계적으로도 그렇지만 한 나라 나라가 이렇게 있으면 정말 경제적으로 부족하면 여기서 얻어오기 위해서 무역을 하고 서로 물건을 교환해서 재정을 막지 않아? 그거를 축소해서 이 몸이라고 그래 봐. 몸도 그래. 저기서 얻어다가 넣는 거야. 넣어서 사는 거야, 재정이 부족하면. 하하, 기가 부족하고 그래서 딴 병이 일어나고 그럴 땐 딴 데서 서로 교환해서 이렇게 하는 거지. 남도 살리고 나도 살고 이러면서. 이러는 거를 가지고 통달이라고 하지. 이 물리가 터져야 모든 것을 통달을 한다 이 소리야.

그런데 나를 믿지 않고 나의 주처를 믿지 않고 "주여! 주여! 하나님!" 이러면 어떡해. 그리고 또 부처님, 지장보살, 무슨 산신 뭐, 아이, 그것도 이름도 다 외우지도 못하지, 너무 많아서. 그거를 각각 보고 각각 저거 하니, 피땀 흘려서 돈 벌어다가 요기 놓고 조기 놓고 조기 놓고 요기 놓고, 이거는 있을 수가 없잖아? 고상치도 못하고.

기자(여) 그러니까 스님, 자기 주인공이 있다는 거가 확실히 자기한테 이렇게….

큰스님 주인공이 있으니까 지금 말을 하지, 이 사람아!

기자(여) 근데 스님, 그게요, 하하하, 그게 확실히 인식이 안돼요.

큰스님 너무, 이거 봐! 불이 말이야, 너무 가깝게 있으니까 불 밑이 차고 컴컴한 거야. 불을 못 보는 거야, 너무 가깝게 있어서. 이 속눈썹이 말이야, 너무 가깝게 붙어서 요렇게 돌아가니까, 이 아랫눈썹이 위를 보지 못하고 위가 아래를 보지 못하는 거거든. 그거와 같아. 우리가 너무 내 주처가 가깝게 있으니까 그러는 거야. 근데 '주여'를 딴 데서 찾아, 가깝게 두고도. 그러니 미칠 노릇이지.

내가 지금 수없이 얘기를 하니까 댁이 정신없어서 인제 어떻게 할 줄도 모르지? 하하하….

기자(여) 인제 조금, 하하하, 받아쓰려고 그랬더니 스님, 제가 지금 가서 또 그걸 해야 되겠어요. 아휴! 근데 스님처럼 그렇게 그런 단계를 파악하신 분이라야만 그 주처를 가깝게 느낄 수 있을 텐데요.

큰스님 그래서 이거는 글로 쓸 수도 없고, 그래서 껍데기만 쓰려도 참 정신 어지러운 일이다 이런 거지. 그러니까 글로 다 쓸 수가 없으니까 그저 어수하게 써 놓는 것도 어렵다는 얘기지. 그래서 지금 서울에서는 컴퓨터 시스템을 해 놓고선 뭐 고조할아버지 컴퓨터를 사들인다, 뭐 어쩐다 해 가지고 말하는 걸 전부 그냥 거기다가 입력을 해 놓는다고 설치를 하고 야단들 아니야.

기자(여) 지금 스님 말씀하시는 거 전부 다, 아유! 진짜 그러셔야 될 것 같네요. 아니, 근데 참, 스님! 이 마음이라는 걸 말씀하셨는데 저희가 자기 자신의 마음을 믿을 수가 없는 게 어떤 땐 참 선한 생각을 했다가 어떤 땐 아주 나쁜 생각을 했다가….

큰스님 아이, 그러니까 찰나 아니야, 찰나!

기자(여) 그렇죠.

큰스님 생각 자체가 찰나니까 생각이라는 생각도 없다, 공했다 이거야. 그것도 또 모르겠지?

기자(여) 하하, 아니, 그러니까 자기 그 마음이 가는 대로….

큰스님 그러니까 외려 아는 사람은 알아서 못 놓는다 이거야, 못 맡겨. 그러니까 모르는 사람은 무조건 그냥, 무식하게 그냥 '에이, 이렇게 변하든 저렇게 변하든 네가 다 하는 거니까 네놈 알아서 해라. 네가 해결해.' 그러고선 어떤 게 잘되면 '감사하다.' 어떤 게 안됐으면 '너밖에는 해결할 수 없다.' 또 '너밖에는, 너 있다는 것을 너밖에는 증명할 수 없다.' 이러곤 그냥 다 놓고 가면 그건 공부가 되는 거지.

기자(여) 근데 스님, 가령 이렇게 놓고 가다가 영 내 마음에 안 드는 쪽으로 가는 거 같은 그런 기분이 들 때, 그럴 땐 어느 쪽을 잡고 그러나요?

큰스님 뭘 잡아, 잡기는. 잡을 게 뭐 있다고. 안되는 쪽으로 가면 '되게 하는 것도 너고 안되게 하는 것도 너니까 너 알아서….' 내가 지금 이게 돼야만 될 때는 '너 알아서 해라.' 그러고 놓는 거지. 안될 때 안되고 될 때 되더라도 처음에 시초가 그렇게 들어가야지. 근데 부지깽이 하나라도 늘어 가면 늘어 갔지 줄어드는 법은 없습디다, 내가 이날까지 실험해 왔는데. 이게 실험이거든.

기자(여) 스님, 그렇죠. 완전히 주인공 실험하시는 거죠.

큰스님 주인공 실험보다도 별걸 다 실험했어. 세계적으로 이걸 실험도 해 봤어. 지금 그렇게 실험을 하고 있고. 어때? 난리가 날 일이지마는 그냥….

시자 스님 오늘 말씀을 너무 많이 하셔서 목이 좀 안 좋으세요.

기자(여) 하나만, 하나만. 스님, 죄송합니다. 너무 우리 스님이 재미있으셔 가지고, 야 참!

시자 스님 그때 책을 몇 권 드렸는데 열심히 읽어 보셨어요?

기자(여) 열심히, 한 번은 읽었죠.

큰스님 근데 그 속에 그것이 다 들어 있지 않아. 그 속에 있는 거를 지금 내가 말하는 게 아니야. 그건 아우트라인만 얘기된 거지. 이건 현실로, 지금 현실로 하고 있는 거를 말하는 거야.

기자(여) 근데 스님, 지금 한창 떠돌고 있는 신흥 종교 이런 분들은 타의에 기도해서 아마 그렇게 하는 것 같거든요.

큰스님 구렁이밖엔 못 될 거야, 아마 죽으면. 왠 줄 알아? 남의 땀을 착취해서 계집도 여럿 두고, 다 소비하는 게 많으니까. 어때?

기자(여) 근데 스님, 그 사람들이 기도해서 얻은 능력이라고요, 그게.

큰스님 그 기도해서 얻는 능력은 그만큼 능력이 될 수가 없어. 이거는 어디까지나 심성천체물리학이라고도 할 수 있어. 천체물리학이라는 언어도 붙지 않아, 이거는. 우리가 지금 공부하는 거는.

기자(여) 네. 그러면 스님, 그런 분들의 영력 같은 거는 어디서 나왔다고 생각하세요?

큰스님 자기한테서 둘이 아니니까 수천수만이라도 헤아릴 수가 없지.

기자(여) 그래서 그런 분들이 왜 그쪽으로 빠지셨는지…, 어떤 방법에 문제가 있었나요?

큰스님 근데 그런 사람들은 거기까지 맛을 못 봤기 때문이지. 예를 들어서 자기 주처를 만약에 알았다 해. 알았으면 그때서부터 공부거든. 그런데 알았으면 그걸로 족하게 그냥 모두들 하고 있거든.

기자(여) 네, 거기에 만족을 해서 그거를 그냥 막 나쁜 방법으로 써먹는 거요.

큰스님 응, 그런데 우리가 지금 생각을 해 봐. 이해가 안 가나, 가나. 내가 지금 나 아닌 나와, 부와 자가 둘이 상봉을 했다고 해. 상봉을 했으면 하나가 돼서 돌아가고 있거든. 그렇게 됐다면 실험을 해야지. 실험을 해야 될 거 아니야? 둘이 아닌 도리를, 이 모든 우주가 전부 가설이 돼서 전기 가설되듯이 거기 가설이 됐으면 실험을 해야 된단 얘기야. 이게 정말!

기자(여) 켜지나 안 켜지나를 뭐, 이렇게 눌러 본다든지, 네.

큰스님 그렇지. 이 실험도 해 보고 저 실험도 해 보고 다 둘이 아니게끔 실험을 해 봐서 내가 완전히 증득을 해서 그 결과를 얻어야만이 되는 거고, 그 다음에 또 얻어야 하는 것은 다 실험을 해 봤으면 그때 또 한 번 둘이 아니게, 즉 말하자면 태양을 조절하려면 내가 태양이 돼야 될 거 아니야. 그렇지?

기자(여) 그렇죠. 그 입장…, 네.

큰스님 응, 그래. 내가 또 무엇에 쓰려면 태양과 나와 둘이 아니라면 얼마든지 할 수 있잖아. 그것도 나투는 방법이거든. 시간과 공간을 초월해서 돌아가. 그것도 실험해야 될 거 아니야? 근데 그 실험을 안 한 사람은 아무래도 습이, 과거로부터 내가 하고 싶고, 욕심이 있고, 서로 살고 싶고, 예쁜 거 알고, 좋은 거 알고 이러니까 남이 그 어렵게 돈

번 거를 생각을 못해. 그저 너희는 가져오면 나한테 정성을 다하는 거고 자기는 정성 대가를 받기만 하면 된다고 생각을 하고 그렇게 숭배를 받으면 된다고 생각을 하거든. 그렇기 때문에 거기에 빠지는 거지.

기자(여) 네. 그러니까 그 단계까지 와서 다시 또 출발해야 되는데 그 사람들은 거기에 그냥 딱 멈추고 그 옛날 과거의 습으로 다시 돌아가 가지고 휘적거려 놓는 거가 되네요.

큰스님 그렇지. 그러면 어떻게 되느냐 하면 불쌍한 줄을 몰라. 그래서 껌팔이도 시키고 뭣도 시켜서 크게 물건을…. '내가 죽어도 뭐 하나 이렇게 해 놓고 갔다.' 이런 소리만 들으려고 하는 거거든. 그러면 어느 가정이 파괴가 돼도 그건 아랑곳없어. 사람이 자유스럽게 살게 해 주지 않아. 그저 고에서 그냥, 살기도 바빠 죽겠는데 종교 믿는 거까지도 고에서 휘달리고 거기 가면 가는 대로 자기가 싫어도 결혼을 하게 만들고, 응?

기자(여) 그게 하나님의 뜻이다 뭐, 그래 가지고….

큰스님 그건 제 뜻이지 하나님의 뜻은 무슨 하나님의 뜻이야? 자기 뜻이지!

기자(여) 네.

큰스님 그러니까 모두 사람을 그렇게 현혹시켜서 그렇게 하는 건 제 뜻이지 하나님의 뜻이 아니다. 자기 하나의 마음의 소견의 뜻이다 이거야. 하나님이 따로 있나? 우리 마음을 둥글리면 하나님이지. '님이시여, 님이시여! 당신의 그 소식을 전달하니 당신은 내 소식을 전달하고 사랑하면서 서로 당신 오기를 기다린다.' 하는 그런 시도 있듯이 말이야. 오늘도 내가 저거 했지만 말이야.

기자(여) 네.

큰스님 그러니까 모든 사람들을 내 자식같이 생각하고 내 몸같이 생각을 한다면 어찌 그럭할 수 있어! 집은 짓지 못하더라도 그 사람들의 삶을 좀 아리땁고 충분히 자유스럽게 살게 해 줄 수만 있다면 그것을 불쌍히 생각해야지, 공장을 짓고 그래서 돈 많이 벌고 그런다고 해서 그 사람네들을 풍족하게 해 주나?

기자(여) 아니죠.

큰스님 그러니까 나는 틀리다 좋다 언짢다 이러진 않아. 그러나 죄가 있다면 모르는 게 죄겠지. 안 그래?

기자(여) 그렇죠.

시자 스님 이제 그만 하셔야겠어요. 죄송하지만 또 앞으로….

기자(여) 스님, 정말 감사합니다.

한군데서 듣고 남을 실험하고 체험하는 공부

대담(뉴욕지원)

1990년 4월 11일

큰스님 기가 허해서 사람이 쓰러진다거나 그래도 그 물질 몸뚱이가 없으면 공부를 못 할 테니까 물질이 있는 반면에, 또 영원한 생명이 있다면 생각을 하고, 생각을 하면 움죽거리고, 그게 삼합이 찰나찰나 돌아가는 게 주인공 아니겠습니까? 어때요? 자기가 자길 믿을 줄 모르죠, 모두. 약하다고만 생각하고. 모든 재료가 충만한데도 불구하고 항상 자기에게서 자기를 발견해 내려고 생각을 안 합니다. 자기에서 그 에너지가 다, 자력이나 전력, 통신력이 다 이렇게 충만하게 있어서 자기가 자기를 보필할 수 있는데도 불구하고, 기독교에서나 천주교에서나 신학을 꼭 배우고 또는 그거를 읽고 거기에서만 그냥 뱅글뱅글…. 불교도 그렇죠, 뭐! 경서를 읽어서 거기서 나오는 대로 그것이 그냥 다인 줄 알고 그것만 가지고 들입다 옳다 그르다 하고 싸우죠.

근데 이 삼라만상의 이 세상 돌아가는 게 전부, 새소리가 나도 소식 아닌감. 전부 소식 아닌 게 없다고. 세상살이 돌아가는 소식 말이야. 물이 파도가 치는 것도 생명이 있으니까 그것도 흘러가는 소식을 전달하고 있고 그런데, 그 글 풀이, 말 풀이 그런 거 때문에, 아는 것 때문에, 나라는 것 때문에 그냥 모두 자기 성능을 제대로 100% 쓰지 못하고 있는 거죠. 앞으로 점점 더하지 않을까 생각해요. 기가 부족하면 자기가 충전해서 쓸 줄 알아야 하는데 그렇지도 못하고, 또 정신이 해이해지면….

어떠한 거든지 에너지 없는 건 없으니까 모든 건 자기 자성신이 오관을 통해서 들이고 내면서, 서로 나누어서, 즉 말하자면 피를 사람들끼리 나누어 쓰듯이 에너지를 서로 나누어 쓸 줄도 알고 그랬으면 좋겠는데 모두 그렇게 못하고 있죠. 그러니까 자유스럽지 못하고…. 어떠한 학문이라도 서로 통달하고 서로 세상이 통달해지면 내 마음도 서로 공용하고 공식화한다는 걸 알게 되고, 즉 말하자면 인간이 마음이 넓어지면 저절로 부자가 되고, 부자가 되면 마음이 가난치 않죠. 그래서 다 할 수 있는 거겠죠.

그렇게 인간에게 다 주어져 있기 때문에 지금 모두 연구들을 하고 있고 그렇죠. 만약에 인간에게 주어져 있지 않다면 천체물리학이나 과학이나 공학, 천문학까지도 그렇게 연구들 하겠습니까? 의학도 마찬가지겠죠. 사람의 마음은 체가 없어서 무한대이고 한계가 없지만 물질은 한계가 있는 거죠. 선생님은 불교를 믿어 보셨는지 모르겠지만, 불교라는 게 별다른 게 아니죠. 자기의 영원한 그 끝없는 생명, 영혼 그 자체, 근본이죠. 모두가 사대 성인들과 역대 조사들이 다 해 주신 좋은 말씀이고요. 그래서 불교라고 하는 건데, 불교든 뭐든 모든 종교가 서로 자기 마음에서 이건 내 종교 네 종교 하는 거지 진리가 네 종교 내 종교로 갈라 놓은 건 없죠. 그래서 삼천 년 전에도 그 진리는 있었고 인간에게 만물의 영장이라는 것이 주어진 거죠. 지금 현시대에 컴퓨터 시스템을, 그 모든 걸 만들어 놓고 쓰듯이 인간에게도 그렇게 돼 있다는 거죠. 그러면 한생각으로 사는 사람, 그 생각으로 사는 사람들은 그 생각이 어디엔들 안 가겠습니까? 가고 옴이 어디 있겠습니까, 그 생각이. 무한히 있겠죠.

선생님, 안락사라고 들어 보셨습니까? 안락사.

교수(남) 안락사요?

큰스님 예. 그거 어떻게 생각하십니까?

교수(남) 글쎄요, 제가 보기에는 만일 우리가 병이 나 가지고 죽게 된다면, 약이나 이런 걸로 빨리 단명을 시킨다는 거에 대해서는 저는 찬성을 못합니다. 또 다 죽게 된 사람을 일부러 인위적으로 여러 가지 기계로 해서 그거를 오히려 연장시키는 것도 찬성을 못하고요. 그건 물론 케이스마다 다르겠죠. 그렇지만 외부적으로 단명을 시키는 거는 제가 보기에는 그게 순리가 아닌 것 같고, 하여튼 순리대로, 사람의 명이 있을 테니까 의학적으로 할 수 있는 데까지 하고 아, 그 다음에는 맡겨야 되는 거겠죠.

큰스님 이 불가에서 안락사라고 하는 거는 죽이는 것이 아닌, 예를 들어서 소가 도살장으로 끌려갈 때도 그 의식을 빼내면 송장이 되듯이 말입니다. 그것이 아마도 사람이 수술을 받을 때도 그 뭡니까, 그걸 뭐라고 그러죠? 마취라고 그럴까요? 마취를 시켜서 의식이 없게 만들어서 아프지 않게 하고 수술을 한다는 그런 게 있지 않습니까? 그런 거나 그런 거나 뭐, 매일반일 겁니다, 아마.

첫째는 때에 따라서 그런 의식을 빼는 거, 또 열 사람이나 스무 사람이 그 한 사람으로 인해서 다 죽게 되고 도저히 어떻게 할 수 없을 때는 부처님께서도 그 모습을 벗겨 줬거든요, 무명을. 그 모습은 벗겨 주고 그 영혼은 건져 주시고. 그래서 건져 주실 때에 이 한마음이 물방울과 같죠. 부처님 마음이 이 물이라면 물방울 하나 더 넣었다고 해서 두드러지는 법은 없거든요. 마음공부라는 것은, 그러한 관계상 여러 가지가지 인간에게 그렇게 자유인이 되는 길을 가르쳐 주신 것이 바로 우리가 지금 하는 마음공부죠. 공부를 이끌어 가고 공부를 시키고 공부를 하고 이러는데, 지금은 너무 기복으로만 가기 때문에 사람 살기가 더 고통스럽다고 볼 수 있겠죠. 찰나의 생활을 그냥 편안하게 할 수 있는데 그렇단 말입니다.

아까 애기했듯이, 생각 내고 생각나면 움죽거리는 그 자체를, 자기를 먼저 믿어야 합니다. 자기는 공했으니 그 주인공을, 자기 주인공을 진실히 깊숙하게 믿고 거기에 맡기고 거기서밖에, 전부 들이고 내는 거 거기서밖엔 하는 게 없으니 그렇게 해서 믿고 가는 길에서 모두 타파가 되지 않나 이렇게 보죠. 또 자기를 깨닫기도 하고 자기가 나오기 이전을 맛을 보기도 하고요. 그게 왜냐하면 과거에 살던 그것이 컴퓨터에 입력이 돼서 현실에 자꾸 나오는 거니까, 그걸 팔자 운명 뭐 어쩌고 저쩌고 하죠, 고통이니 뭐니. 그런데 그 입력된 데다 다시 입력을 해 넣는다면, 맡겨 놓는다면, 거기서밖엔 증명 못하고 거기서밖엔 해결 못한다고 하고, 참 감사하단 생각도 거기서 하고, 그렇게 하다 보면 결국은 앞서 입력된 거는 다 없어지지 않나 이렇게 보는 거죠. 그렇지 않을까요?

그래서 우리가 사는 것마다 벌써 입력이 되는 거죠. 그러니 좋게 생각하고, 또 좋게 말하고 부드럽게 하고, 평등한 마음으로. 또 남을 남이라고 생각하기 이전에 둘로 보지 말라고 하는 말이 그냥 행동으로서 지금 주어지고 있죠. 시간과 공간을 초월해서 모든 것이 말입니다, 조화를 이루면서. 상대성 원리도, 산과 물이 둘이 아닌데 산은 산대로 있고 물은 물대로 있다는 뜻은, 모두가 각각 이렇게 자기 멋대로 주어져 있지마는 시간과 공간을 초월해서 돌아가는 건 다 같이 돌아가죠. 그런데 모습이 각각일 뿐이라는 것이죠.

그래서 될 수 있으면 모든 종교인들, 무종교인이라도 못났든 잘났든 자기부터 믿고 자기부터 발견해야 하고, 본래 있는 거니까 발견해야 하고, 자기가 엎드러졌으면 자기가 일어날 줄 아는 것이 바로 그런 이치죠. 누가 일으켜 주지 않는 거죠. 그래서 그런 걸 탐구하고 그런 걸 좀 생각할 수 있는 여유를 갖고 잠재의식적으로 조금 생각해서 현재의식과 둘이 아니게 생활을 할 수 있는 사람들이라면 아주 현명하게 살 수 있겠죠, 항상. 그래서 불교니 가톨릭교니 기독교니 그걸 떠나서 한 버스를 타고 가는 지구의 벌레라고 해도 되고 인간이라고 해도 되고 주인이라고 해도 됩니다. 그런데 지구의 주인들 노릇을 하려면 좀더 그렇게 해야 되지 않나. 지구도 역시 우리의 집이니까요. 보존해야죠. 이 상대성 원리라는 건 우주로부터, 삼라대천세계로부터, 중세계의 인간세계로부터, 하세계의 벌레세계로부터 모든 것이 상대성이니까요. 몸도 상대성이지만 마음내는 것도 상대성으로 들어가서 싸움들을 하고 그러는 근본은 둘일 수가 없죠.

그래서 이 근본만 안다면 모든 것이…. 불법 믿어 보셨습니까?

교수(남) 글쎄요, 저는 안다기보다 피상적으로 좀…, 불법을 제가 공부를 해 본 적은 없고.

큰스님 그럼 기독교는요?

교수(남) 기독교도 뭐, 어느 정도, 물론 성경을 많이 읽은 거는 아니지만 좀 읽기도 했고, 교회라든지 목사님 얘기도 들어 본 적이 있고 그 다음에 제가 제 나름대로 생각인데요, 하여튼 저는 그렇게 생각해요. 결국은 궁극적으로 가면 예수님이 말씀하신 거나 부처님이 말씀하신 거나 결국 같은 것이 아닌가. 저는 잘 모르지만 제 나름으로는 그렇게 생각을 하고 있어요.

큰스님 근데 물론 기독교에서 편집을 잘못했는진 모르죠. 나도 천주교에 입교해서 한 철은 있었으니까요. 그런데 그것을 사람들이 잘못했다고 생각은 합니다. 아, 글자 하나만…, 이게 깨친 사람이 그것을 쓰지 않았을 때는 잘못 나갈 수도 있으니까요. 그래서 부처님이 가르친 것은 결국은 부처님이 있기 이전에도 진리가 있었노라 하고 가르치신 거고 자기 자성을 깨치게끔 했죠. 그리고 둘이 아닌 도리를 가르쳤고 둘이 아니게 나투는 방법을 가르쳤습니다, 이 삼라만상 우주를요. 그랬는데 제가 천주교에 입교해서 봤을 때는 꼭 타의에서 구하는 걸로 이렇게 가르침을 받았거든요.

또 한 가지는 신부한테 고해 성사를 할 때도 꼭 타의에 고하게 만들고, 그건 고하기만 하면 죄가 사해진다고 들었거든요. 그랬기 때문에 나는 거기에서 뭘 느꼈느냐 하면, 자기가 아는 거는 이 우주간 법계에 모두 통신이 돼서 다 알고 있다고 믿었습니다. 그랬는데 내가 어떻게 거짓말을 하리까. 또 남한테 거짓말을 했어도 이미 자기가 잘못한 걸 알고 있는 이상 위안은 될 수 있을지언정 그 죄는 벗어질 수 없다는 거, 그런 거. 또 이런 거 이런 거를 하다 보니까 나중에 인간에게는 참 톡톡한 게 있다는 것을 알겠더군요. 부처님께서 말씀하신 거를 말하는 게 아니고 제가 실험하고 느낀 걸로 봐서 인간에게는 그 지수화풍이라는 바탕으로 광력이나 전력 자력 통신력을 충만히 이끌어 갈 수 있구나 하는 거를 느꼈고요.

그 다음에 인제 불가에서 오신통이라고 하는 말을 합니다. 그런데 그 오신통이라는 것은 우리가 늘 여여하게 가지고 있는 거라고요. 심안으로 보는 거, 보는 것도 그냥 이렇게 보는 게 아니라 과거에 내가 살던 거기까지, 과거 미래를 몽땅 보는 걸 말하죠. 그렇기 때문에 육안으로 보는 게 아니라 심안으로 보는 걸 말합니다. 그렇게 심안으로 보는 그 묘한 법도 도가 아니라고 그랬거든요. 보기만 해도 쓸데없는 거니까요. 또 그렇게 천체 우주 소리를 다 듣는다 하더라도 도가 아니라고 그랬죠. 또 남의 속을 아주 빤히 다 안다고 그래도 도가 아니라고 그랬어요. 이 몸이 가고 오는 사이 없이 가고 온다 하더라도, 이 우주 세계를 다 탐험을 한다 하더라도 도가 아니라 했거든요.

왜냐 하니까 거기에 다섯 가지 중에 한 가지를 바로 컴퓨터라고 비유할 수 있죠. 그것을 숙명통이라고 하죠. 그런데 그게 제일 귀중한 게 뭐냐 하면 과거에 살던 것이 입력이 다 돼 있는 거예요, 거기. 그래서 지금 현실에 나오는 거예요. 그래서 딴 사람들은 '내 팔자야. 나는 지금 나쁜 일도 안 하고 그랬는데 왜 내 팔자가 이렇냐.' 이러는 거죠. 내 운명이 왜 이렇느냐고 하죠. 과거에 그렇게 입력된 거는 모르고 말입니다. 그러니까 '나는 팔자 운명이 붙을 자리도 없고 병고도 붙을 자리 없고, 그 어떤 것도 그냥 공해 버려서 붙을 자리가 없다.' 이러는 건, 거기다 되놓는다면 그 입력이 됐던 것은 다 녹아 버리고 없다는 말입니다. 시간과 공간이 초월돼서 비행기 프로펠러 돌아가듯 하는 건데, 진리가 그런 건데 거기 먼지 앉을 자리가 어디 있으며 죄 붙을 자리가 어디 있으며, 아무것도 없다 하는 것입니다.

그런데 사람의 마음들이 말입니다, 의식 자체가 '있다 없다' 이것이 항상 뒤범벅이 돼 돌아가거든요. 그것이 바로 날 끌고 다니는 지배인이거든, 그 마음이. 그럼 속에 있는 수없는 그 생명체들도, 의식이 다 그 지배인의 마음에 의해서 움죽거리거든요. 그것이 과거의 인으로 인해서 현재 과로 나온 거니까. 그러니 그렇게 참….

그래서 거기에서 그렇게 나오는 대로 놓는다면 무슨 병 붙을 자리가 어디 있겠느냐고. 여기 선원에 계신 분이 언젠가 안양에 왔기에, 그렇게 아프다고 그래서 "병이 있다면 내놔 봐라." 그랬습니다, 고쳐 줄 테니까. 그 소리를 듣고선 뚱하니 갔습니다. 지금 말짱하게 그냥 건강하게 살고 있지 않습니까? 지금 공부 잘하고 말입니다. 붙을 자리는 없는 겁니다.

그런데 자기 마음이 그렇게 만든 것입니다. 이 한마음이라는 것이, 이 구조를 변경시킬 수도 있고 몸의 상태의 모든 것을, 체질을 바꿀 수도 있고 기를 넣을 수도 있고 기를 뺄 수도 있는 것이 바로 자기죠. 지금 이 오장 육부 안에 공장이 얼마나 많습니까? 세포 하나하나가 전부 자기 소임을 맡아 가지고, 그 사장이나 회장의 말 한마디면 공장장은 다 듣죠. 그와 같은 거죠. 그래서 우리 마음이라는 게 마음내기 이전은 힘이요, 마음을 내는 거는 법이고 움죽거리는 것은 바로 우리 생활입니다. 모두가 행이죠. 그래서 삼합이 한데 합쳐서 일체로 돌아가죠. 그래서 주인공이라고 하고. 그래서 그 도리를 알면 모든 사람들이 웬만하면 편리하게 삽니다. 강당에 들어가야만 하나님이 있고 예수가 있고 또 법당에 들어가야만 부처가 있고 법신이 있습니까? 자기가 가는 곳마다, 어디를 가든지, 외국에 가든지 어디를 가든지 자기가 있기 때문에 있는 것이죠. 자기로부터 알아야 됩니다.

우리가 생사에 끄달리지 마라 하는 건 내가 금방 죽는다 해도 죽는 것이 아니라 가랑잎 떨어지는 거와 같은 거기 때문이죠, 옷 벗는 거와. 그러면 금방 또 옷을 입게 되거든. 그러니 죽으면 태어난다는, 금방 태어난다는 증거죠, 그게. 소식이. 그러니까 생사에도 끄달리지 않는 거죠. 죽는데 뭐 그렇게 그러겠어요? 그러니까 여기 앉은 우리 이 법우님은, 어떤 사람이든 다 그렇지만 먹을 게 없든 있든 다 먹고 살기 마련이에요. 그러니 걱정할 필요가 없죠. 내가 걱정을 해서 병이 들고 그러면 외려 식구들한테 고난을 주는 거죠. 그래서 편리하게 생각하고, 네 몸에서 병이 났으니까 네 몸에서 고쳐야지 누가 고치는가. 의학적으로 지금 내가 볼 때는 70%가 부족하다고 봅니다. 70%는 누가 그럼 보충합니까? 모두 각자 마음들이죠.

앞으로 점점 발전이 돼서 이렇게 나갈 수 있다면 인간들에게는 체내의 기도 점점 약해질 수 있으니, 약해지자 더 늘어 나간다고는 볼 수 없겠죠. 그렇기 때문에 모두 자기 자신이 자발적으로 넣고 꺼내서 쓸 수가 있는 그러한 능력이 있어야 되지 않나. 인간들에게는 뭐든지 주어져 있으니까요. 그래서 주인공이라고 하는 것은 모든 걸 합쳐서 주인공이라고 합니다. 한마음, 한, 한 주인공! 주인공에다 모든 걸 맡겨서 해결을 하고, 죽는 것도 한 번 죽지 두 번 죽지 않으니까 절실히 믿고 물러서지 않는 믿음으로써 놓는다면 어떠한 거든지 물러설 게 없고 낫지 않는 게 없고 또는 풀리지 않을 게 없고 자유스럽지 않을 게 없다고 보죠. 그건 기독교나 불교를 떠나서 얘기예요, 지금, 허허.

신도(남) 질문드릴 게 없어요?

교수(남) 글쎄요, 그 자기에 대해서 지금 상당히 많이 말씀을 하셨는데요, 어떤 경우에는 사람이 물론 자기를 믿고 해야 되겠지마는 자기가 약할 수가 있잖아요? 그러니까 결국은 뭐….

큰스님 거기는 그런 약하다 힘있다 이런 게 붙지가 않아요. 만약에 이 진리가 프로펠러와 같이 돌아간다면, 지구도 그렇다면 거기에 무슨 힘이 없다 있다 그게 붙을 수가 있나요? 그런 도리를 넘어서는 공부라고 볼 수 있겠죠. 마음은 체가 없으니까요. 그런 게 붙지 않는답니다. 그래서 입산을 할 때는 각오를 단단히 하고 자기 생을 다 버리고 들어서는 거죠. 약해질 수 있다 하는 것도, 마음이라는 게 약해질 수 있죠. 고정되지 않고, 마음도 고정되지 않고 가고 오는 것도 고정되지 않고 먹는 것도 고정됨이 없고 만남도 듣는 것도 보는 것도 다 고정된 게 없죠. 그렇기 때문에 뭐, 약하다는 생각도 들겠죠. 그러나 약하다 하는 것도, 그 생각마저도 거기서 나오는 거지 외따로 자기가 그냥 둘이 돼서 약한 거 따로 있고 약하지 않은 거 따로 있는 게 아니죠. '한군데서 나오는 거니까 한군데다 믿고 한군데다 맡기고 한군데서 나고 드는구나.' 하는 거를 실험하고 체험하는 것이 이 공부 아니겠습니까? 여직껏 살아오신 거 누가 살아오셨습니까? 선생님이 살아오셨잖아요? 상대가 많다 하더라도 그걸 받아서 자기가 결정짓고 자기가 하고 그리고 자기가 살아왔죠. 약하든 약하지 않든 말입니다.

그래서 그렇게 끌고 다니는 장본인은 누굴까요? 자기 운전수죠. 그 운전수가 위로는 기름을 넣고 아래로는 자기가 가는 거죠. 그것이 삼위일체 아닐까요? 기름을 조금 넣는 것도 거기요, 많이 넣는 것도 거기요, 가득 채운 것도 거기요, 또 기름이 없어서 못 넣는 것도 거기고, 그러니까 거기 알아서, 운전수 알아서 할 탓이지, 모두가. 그러니까 우리 마음내는 거에 달려 있으니 알아서 할 탓이라는 것입니다.

산은 산이요 물은 물이다

초청법회(프로비던스선원-통역)

1990년 4월 12일

큰스님 이렇게 같이 한도량 같은 자리에 앉았으니 한도반으로서 참 감사합니다. 오늘 말씀드리는 것은, 숭산 큰스님께서 잠깐이라도 서로 대화를 좀 하고 가라고 그러셨기 때문입니다. 인체의 나로부터, 나로부터 세상이 있다는 거, 또 나로부터 모두 참선도 있다는 걸 말씀드리겠습니다.

간단히 말을 하자면, 나는 이렇게 생각합니다. 다 아시리라고 믿습니다마는 여러분 모두 각자 지, 수, 화, 풍 이 바탕으로 인해서, 인으로 인해서 과가 돼서 인간의 몸뚱이가 나왔다고 봅니다. 지금 간단히 말하려니까, 할 수 없으니까….

숭산 큰스님 조금씩, 조금씩 해요.

통역(여) 왜냐하면 제가 잊어버리니까요.

큰스님 예. 그것이 바탕으로 돼 있기 때문에 광력 전력 자력 통신력이 충만히 거기에 대두가 된다고 봅니다. 지수화풍이 있기 때문에 그 바탕으로 인해서, 그걸 바탕으로 해서 광력 전력 자력 통신력, 거기에 합류화되고 있다는 겁니다. 인간에게는 누구한테나 그러한 능력이 주어져 있기 때문에 불가에서 오신통이라고 말하는 것은, (통역을 못하고 머뭇거리자) 그럼 이렇게 말하죠. 다섯 가지, 천체망원경, 또 컴퓨터, 컴퓨터는 과거 숙명통을 말하고, 그런데 이게 말이 씨가 먹힐까? 하하하. 팩스는 신족통을 말하고 또 천이통은 천체무전통신기를 말하고, 남의 마음을 아는 것은 탐지기를 말하고, 그래서 요 다섯 가지를 누진이 있으니까 그 레이더망으로 인해서 대뇌로 해서 이게 다 통신이 되는 겁니다. 우리 몸도 그렇듯이 모두 우주 전체가 가설이 돼 있어서…. 그것은 인간에게, 누구에게나 재료로 갖추어져 있는 것을 말해요.

우리가 생각하고 그러는 것도 고정됨이 없어. 생각하고 보고 듣고 만나고 먹고 같이 살고, 이러는 게 전부 공해서 찰나로 돌아간다고. 그래서 그 다섯 가지, 아까 말한 그 수레는 그게 인간에게 아주 재료가 다양하게 있는, 불바퀴라고 해도 되는 거지. (김치에 비유한 통역을 들으신 후) 하하하…. (대중 웃음) 아이구, 그게 이렇게도 돌아가고 저렇게도 돌아가네, 정말! 그러면 그 불바퀴를 꿰어 가지고 움쭉도 안 하는 변함이 없는 나 불성 자체가, 바로 그거를 꿰어 가지고 있는 나의, 우주 전체의 근본이 인간의 마음의 근본에 가설이 돼서 딱 기둥이 돼 있는 그 심봉, 바로 여러분의 마음이 있기 이전 그 불기둥, 그것이 딱 꿰어서 이게 돌아간다는 얘기죠, 우리가 지금.

그래서 그것이 그렇게 자유스럽게 돌아가기 때문에, 예를 들어서 이 스님이 말씀하시는 거와 마찬가지로 "산과 물은 둘이 아니로되 산은 산이요 물은 물이로다." 하는 것은 이 스님께서나 여러 일체 조사들이 모두, 중생들이 그릇이 다 똑같지가 않고, 접시도 있고 컵도 있고 사발도 있고 바다도 있는가 하면 항아리도 있고 그렇기 때문에 그 용도에 따라서 여러분이 가져오는 대로 그 요리를 담아 주셨다 이거지. 그러니까 컵은 컵대로 있고 접시는 접시대로 있고 그런 것을 다양하게 천차만별로 된 것을 요리를 해서 담아 줄 수 있다. 여러분과 우리가 이 도리를 공부하면 그렇게 자유스럽게 담아 줄 수도 있고 담아 먹을 수도 있다 이런 거죠.

그러니까 우리가 자유인이 되고자 해서 이 길을 걷는 겁니다. 더 넓히면 말이 길어지니까 짧게 하기 위해서 그렇게…. 이 몸속에 수십 수백 수천 마리가 들어 있다 이겁니다. 오장 육부의 세포 하나하나 뭐…. 몸뚱이는, 정자 난자라고 해도 좋지만 즉, 어머니 아버지한테서 이 뼈를 받고 살을 받아서 몸이 나왔지만, 내가 이 세상에 나기 이전에 살던 그 인으로 인해서 지금 태어난 게 과가 돼 가지고 악업 선업을 이 몸뚱이 속에 지금 다 가지고 있죠. 그리고 자기는 그거를 지배하는 지배인이 되죠. 이거는 내가 이 세상에 태어나기 이전에 그 컴퓨터에 입력이 됐던 것이 지금 현실에 나오는 것입니다. 그러니까 관한다는 것은, 우리가 좌선을 하면서 항상 자기 컴퓨터에 입력돼서 지금 현실에 자꾸 나오는 데다가 거기다가 되맡겨 놓는다면 과거에 입력됐던 것은 다 무너져 버리고 아주 슬기롭고 청정하게 밝아질 때에 나를 발견할 수 있고 습도 무너질 수가 있다는 것입니다.

그래서 부처님의 형상이나 조사의 형상이나 우리 스님의 형상이나 내 형상이나 여러분의 형상은 다 다를지언정 그 생명의 근본은 둘이 아니죠. 부처님의 마음을 동방에는 아촉이다 하고 이름을 지어 놓으셨고 서방에는 아미타라고 지어 놓으셨고 사바세계에서는 관세음이라고 지어 놓으셨고 지천국에는 지장이라고 지어 놓으셨으니, 그 마음이 어찌 따로따로 있겠느냐는 얘기죠. (통역을 못하고 머뭇거리자) 그러면 그건 뭐, 전부 하나라고 해 버리죠. 모든 우주의 일체 생명들과 무정물들이든지 동물이든지 일체가, 보이지 않는 세계, 무의 세계와 유의 세계가 한데 합쳐서 모두 가설이 돼 있어요. 모든 근본이, 태양의 근본도 달세계의 근본도 전부 인간의 근본에 가설이 돼 있어요, 모두 여러분한테.

그래서 자기가 몸에 병이 났으면 바로 자기한테서 병이 난 거니까, 여기 여러 의식들이 모여서 내가 된 거니까, 내 몸뚱이는 내 시자와 같고 그 생각, 의식들은 내 업보로서 악업이든지 선업이든지 그 인과로 인한 거니까…. 그래서 병이 나면 주인공만이, 내 주인공만이, 여기서는 뭐라고 부릅니까?

숭산 큰스님 주인공.

큰스님 주인공만이 그 병을 낫게 할 수 있다. 믿고 물러서지 않는다. 그러면 그것이 바로 찰나에 약사가 되는 것이고 또 가난하면 '당신만이 나를 가난에서 벗어나게 해 줄 수 있다.' 하는 생각으로 믿고 맡겨 놓으면 그대로 거기에서는 입력이 돼서 바깥으로 나오니까 그대로 내 가정이 밝아진다. 좋은 데로 못 갈 때는 '나 좋은 데로 가게끔 할 수 있는 것은 주인공밖에 없다.' 한다면 지장이 되는 것이다. 그러니까 모든 일체 용도에 따라서 찰나찰나 바뀌어 그 이름 아닌 이름이 다, 자기 근본의 그 수많은 이름들이 다 자기한테 있다.

그렇기 때문에 모든 한마음은 대(對)가 없는 게 한마음이니, 그거를 모르겠거든 가정에서 부모를 만날 때는 금방 자식이 되고, 자식이 되는 동시에 말도 행도 뜻도 그렇게 자식으로서의 행을 하게 되죠. 자동적으로 거기에서, 남편을 만났을 때는 바로 자동적으로 "여보!" 하고 뜻도 말도 행도 그렇게 아내로서의 구실을 하죠. 그러니 어떤 거 어떤 거 이렇게 할 때에 나라고 할 수 없는 것이, 바로 그게 찰나에 찰나에 돌아가기 때문에 부처님은 어느 이름 있는 것이 부처가 아니다라는 얘기죠.

여직껏 살아오시기를 여러분이 이 오관을 통해서 모두 살아오셨죠, 여직껏? 여러분이 아니라면 세상도 벌어지지 않았고 부처도 없고 아무것도 없을 테니까요. 여러분부터 알아야 하기 때문에 이렇게 공부하시는 거죠. 여러분네 집에, 가정에 전화를 놓지 않으면 남의 전화도 듣지 못할 것이고 또 남의 집에 전화도 못할 것이니까. 여러분 마음부터 공부해야 하겠기 때문에 나부터 알고 나부터 믿고 나부터 정진할 수 있는 그런 그 마음이 진실해야 하고 성실해야 하고 물러서지 말아야 하겠죠.

(시자 스님에게) 네가 간단하게, 주인공에 맡겨서 모든 것을 내가 자유스럽게 할 수 있는 거 즉, 거기다 맡겨야 내 습도 떨어지고 나도 발견할 수가 있다는 거, 간단히만 설명해 줘라. 네가 그냥 생각해서 네 마음대로 해. 그르든지 옳든지 다 맞는 거야.

시자 스님 그런데 여기는 여기대로 가르치는 관법이 있으니까요, 스님.

큰스님 괜찮아, 괜찮아. 스님이 계시는데 뭐 걱정이야. 걱정 없어.

숭산 큰스님 생각나는 대로 해 봐, 그냥. 내가 보충해 줄 테니까.

큰스님 너희들이 느끼고 배운 거….

숭산 큰스님 스님한테 느끼고 배운 것을 얘기하라고.

시자 스님 (2분 정도 영어로 얘기함)

큰스님 그러니까 여러분 주인공 안에 이 스님과 여기 주지 스님과 여기 원장 스님과 여러분 가정의 부모나 여러분 마음속에 다 한마음으로 들어 있으니까 주인공입니다. 한마음으로 들어 있으니까 그 한마음을 지키면서 모든 걸 거기다 맡겨 놓고 자기가 실험하고 체험하는 것, 그것이 관하는 겁니다. (녹음 안됨) … 아예 생각하지 말아야죠. 지구는 시간과 공간이 없이 돌아가니까. 알았죠? 감사합니다.

중심으로서 들이고 내는 생활이 그대로 참선이다

뉴욕지원 법회

1990년 4월 12일

…불교만 미신짓 하는 게 아니고 기독교나 가톨릭교도 다 바깥에서 끄달리고 바깥으로 구원을 받으려는 사람들은 다 미신이에요. 나도 한 철 다녀 봤어요. 나로부터 이 세상이 벌어졌고, 나로부터 모두 안 거지 나 빼놓고 뭐 아는 게 있겠어요. 모든 게 나로부터지. 종교라는 것이 어느 회사의 간판처럼 돼 있죠. 그러나 진리라는 것은 시간과 공간을 초월해서 그대로 돌아가고 있습니다. 이런 상(床)도 지금 그대로 있는 게 아니라 돌아가고 있어요.

그런데 하물며 어디를 믿을 수가 있어요? 모든 게 찰나찰나 돌아가는, 공해서 돌아가는 이런 시대에, 우리가 생각하고 또는 뛰고, 뛰면서 생각하는 것이 그대로 생활이며 그대로 진리며 그대로 참선 아닐까요? 나의 중심으로서 들이고 내고 하면서 생활을 하니까요. 내가 이 세상에 나기 이전에도 내가 있었고 지금도 내가 있는 거고 내가 지금 있기 때문에 미래도 있는 거 아니겠소? 그러니까 영원한 거죠. 그 뜻을, 보이지 않는 세계 무의 세계 50%를 유의 세계 50%에다가 같이 계합을 한다면 우리가 자유스럽게 살 수 있지 않겠어요? 의학적으로도 볼 때에도 반쪽이 잠재의식이고 반쪽이 현재의식이거든요.

그런데 현재의식에서만 지금 알거든요. 거기서 복작복작하다가 해결을 하고 거기서 복작복작하다가 그냥 병이 들고 그러죠. 그런데 그 지견으로 살아라. 소견으로 살면 병든다. 또 소견으로 살면 모든 게 나한테 다복하게 오질 않아요, 지혜롭게 살아야지. 그래서 우리가 잠재의식 쪽에다가 조금만 여유 있게 생각을 한다면, 급히 뭘 하면서도, 장사를 하면서도, 회사를 가든지 일을 하든지 하면서도 잠재의식 속에다가 좀, 아하! 이것은 내가 이 세상에 나기 이전에도 내가 있었고 바로 지금 현재에도 몸은 비록 어머니 아버지한테서 뼈와 살을 빌려서 났어도 내 몸속의 수십억 마리에 관한 의식은 바로 인으로 인해서 과가 돼서, 내 몸뚱이 속에 모두 이렇게 소임을 맡아 가지고 운행을 하고 있지 않느냐. 그러니까 내 마음은 지배인과 같아서 내 마음 한생각을 하는 데에 모두 안에서 따라 주고, 지혜로운 마음으로 포용력 있게 잘해 나가는 건 바깥에서 따라 주고 이렇게 해서 안팎이 없이 이 생활을 진행하는 것이 삶의 보람을 느끼는 우리 자유인의 생활이 아닐까 이렇게 보죠.

그런데 내가 하고 싶은 말은, 우리가 절에 오면 삼 배를 하게 합니다. 그것은 왜냐하면 강당에 가든지 무릎을 꿇고 "주여!" 하든지 그렇게 바깥으로 하는 거보다도, 즉 말하자면 "법당에 들어오면 삼 배를 너희 스스로 하라." 이렇게 했거든요. 그건 뭐냐 하면 일 배는, 모든 천지의 근본이 인간의 마음에 직결돼 있다는 뜻입니다. 그렇기 때문에 모두 공생이자 공심이다 이거야. 우린 혼자 사는 게 없어, 독불장군 없듯이: 사장이 있으면 직원이 있고 직원이 있으면 사장이 있듯이, 사장이 없는데 직원이 어떻게 살아? 직원이 없는데 사장이 어떻게 살아요? 그래서 그 생명, 공생·공용·공심·공체·공식화 하고 있죠. 그런 것을 모두 한데 합쳐서 내 자성 삼보에 귀의한다. 그러면, 즉 말하자면 영원한 생명의 근본, 내가 마음을 내면 법, 마음을 내니 몸뚱이가 움죽거리니까 승, 이래서 삼보에 귀의한다 이런 겁니다. 자기 삼보에 귀의한다는 겁니다, 이게. 그러니까 자기한테 결국은 고개를 숙여서 자기가 겸손한 거를 배우는 겁니다.

그래서 자기한테 절하는 거지 나한테 절을 하는 게 아니에요. 이 고깃덩어리한테 뭐 하러 절을 하겠어요. 이걸 대상을 두고서 이 몸뚱이에다 하는 게 아니라 그 마음과 마음이 둘이 아닌 까닭에 거기다가 내가 겸손하게, 즉 말하자면 지견으로 할 수 있는 자유인이 되고자 하는 그 마음에서 겸손한 마음으로 자기 주인공에 바로 자기가 절을 하죠. 그래서 바로 내 주인공을 믿고 거기다 맡기고 '거기서밖에는 해결해 줄 수 없다.' 앞으로도 그렇고 모든 일에, 용도에 따라서 그렇게 하면서 '바로 내 주인공밖에 나를 이끌어 가 주는 게 없다.' 그렇게 생각하세요. 자성 삼보가 어떤 거냐 하면 첫째 기름, 영원한 생명의 근본, 또 생각을 냈다 하면 운전수, 또 차, 이 몸뚱이는 차와 같아요. 마음이 움죽거리지 않는다면 몸뚱이가 움죽거려지지 않아요. 의식이 빠지면 송장이에요. 그러니까 이게 자성 삼보에 귀의한다는 거라. 차가 없어도 안 되고 기름이 없어도 안 되고 운전수인 나가 없어도 안 되고. 그러니 삼위일체가 다 구성돼서 서로 공해서 찰나 생활을 하는 거예요. 찰나찰나 돌아가는 거예요, 그냥.

오늘도 미국 사람한테 그런 얘길 했지만, '이 세상의 진리가 공했다.' 이겁니다. 진리는 쳇바퀴 돌듯 하는 거며 체에다 쳐서 상세계로 올리고 하세계로 떨어지고, 중세계에서 윤회에 말려서 고통을 받고 사는 것이 인간이라면 체로 쳐서 거르는 거와 같아요, 이 중세계가. 삼차원의 중세계가. 그렇기 때문에 내 한생각이면 이 몸뚱이 속에 있는 생명의 그 의식도 다 한마음을 따라 줘야 돼요. 따라 주게 만들어야 돼요. 바깥에서도 그렇고요. 이게 바깥에서 들어오는 것도 세균이 있다, 영계가 있다, 유전성이 있다 이런 게 그냥 들어오는 줄 모르게 들어오죠. 댁네가 주장심을 가지고 그렇게 믿고 그렇게 하지 않는다면, 자기 주인공을 믿지 않는다면 바로 여기 주인이 없는 거와 같아서 바깥에서 세균이 들어오든 영계가 들어오든 유전성이 들어오든 그건 막을 수가 없어요. 안에, 내 집에 주인공이 있어야만이 바깥에서 나그네가 와도 "그 누구요?" 그렇게 해서 아는 사람이면 들이고 알지 못하는 사람이면 들이지 않아요. 이렇게 해야만이 내 몸을 잘 이끌어 가지고 갈 수 있죠. 모든 게 다 그래요.

그러니까 나로부터 이 세상이 있는 거지 내가 없고 뭐가 있습니까? 그리고 믿을 게 뭐 있겠어요. 뭐가 믿을 게 없느냐 하면, 대신 죽어 주지도 않아요. 아파 주지 못하죠, 먹어 주지 못하죠, 똥 눠 주지 못하죠, 자 주지 못하죠. 그러니 현재의 나는 바로 내가 나기 이전 영원한 자기의 근본을 안 믿을 수가 없죠. 그 근본으로 인해서 어머니 아버지, 정자와 난자가 두 부분이 있는데 자기 영혼이 거기 포함됐기 때문에 삼위일체가 된 거니까, 구성된 거니까 말입니다. 그러니 자기를 어째 믿지 못해요? 미생물에서부터 수억겁 광년을 흘러 내려오면서 쫓고 쫓기면서 진화돼서 사람까지 됐는데 자길 끌고 나온 거를 믿지 못해요? 어림도 없죠. 자길 믿지 못하면 벌써 자기 몸뚱이가 구덩이에 들어가서 일어나지 못하고 구덩이에 빠져서 허덕이고 이러는 문제들이 한두 건입니까, 어디? 나고 죽어도 살아도, 변소에 가도 자도 항상 같이 있는 건, 내 주인공밖에 나를 이끌어 주는 건 없어요.

그래서 지난번에 뉴욕에 와서도, 기독교나 가톨릭교에서 초청을 해서 그 학교에 갔지 않습니까? 그래도 그 기독교나 가톨릭교에 있는 집사든지 또는 목사든지 어느 누구든지 나 싫다고 하는 사람 없어요. 왜냐? 어느 교수도, 의학계의 교수들도 들어 보면 그것이 정당하거든요. 지금 현실에 천체물리학이든 과학이든 공학이든 천문학이든 지리학이든 의학이든 모든 것이 여기에서, 즉 말하자면 이 한 중심에서 다 나가는 거니까. 천체, 우주의 천체를 한데 합쳐서 근본이 어떤 거냐고 그러면 인간의 마음의 근본이에요. 직결돼 있어요. 가설이 돼 있다니까요.

그래서 옛날에 이랬다지 않습니까. 아, 뇌물을 가지고 절친한 친구에게 갔는데 아무도 없어서 "여보게, 내 자식이 놀고 있으니 내 자식을 취직을 시켜 줄 수 있는 사람은 자네밖에 없네. 그러니 자네가 이 돈을 가지고 가서, 다 주고 우리 아무개를 취직을 시켜 주게." 이러니까 "이렇게 절친한 사이에 내가 넣어 줄 수만 있다면 그냥 넣어 주지 돈이 무슨 필요 있나. 가져가게. 이것을 받은 줄을 알면, 얼마나 이게 나쁜 짓인가. 자네와 나와 같은 처지에 꼭 돈을 받고서 해 줘야겠나. 그런데 나는 지금 돈을 갖든 안 갖든 그렇게 넣어 줄 수가 없네. 공직이라 그것도 때가 있는 법, 지금 당장은 어떻게 할 수가 없겠네. 이 돈을 가져가게." 그러니까 "여보게, 이 돈을 쓰면 다 될 수 있지 않은가?" 하니까, "글쎄, 그 돈을 써서 될 수 있다 하더라도 이 돈을 받았다는 걸 내가 알고 자네가 알고 그렇게 알고 있으니 우주 법계에서도 다 알 거 아닌가." 이랬다고 합니다. 한, 이 한울이라는 건 '한 울'을 말하는 겁니다. 이거 뜻을 잘 아셔야 돼요. 하나님, 이러는 거는 나로부터 나를 깨달아, 소크라테스도 그랬듯이 나의 님을, 내 님을 먼저 발견하는 거를 하나님이라고 그럽니다. 이 우주 전체가 하나로 돌아가는 진리를 내가 탐구했다는 뜻이죠. 그래서 하나님입니다. 그리고 또 불가에서는 이걸 한 소식이라고 그럽니다.

그러나 두번째는 나로 인해서 하나님을 알았기 때문에 모두, 선지식들이나 중생이 모두가 둘이 아님을 또 거기서 실험으로 들어갑니다. 둘이 아닌 도리를 알기 위해서 실험하게 되면 바로 체험하게 되고 체험하게 되면 내 마음이 당당해지면서, 어떠한 마음이, 내가 아들이 됐을 때 나라고 하겠느냐, 그럼 아버지가 됐을 때 나라고 하겠느냐. 남편이 됐을 때 내가 했다고, 내가 산다고 하겠느냐 이겁니다. 지금 그렇게 살고 계시죠? 그런데 자동적으로 돼 있죠? 야! 이거 아버질 만나니까 아들이 되고 아들의 행동이 나오고 아들의 말이 나와요. 뭐, 누가 그렇게 하라 마라 할 것도 없죠. 자동적으로다가 컴퓨터 시스템이 그렇게 돼 있거든요. 그래서 그건 나중에 얘기하고요. 이게 한마디 하려면 그냥 모두 붙어 돌아가기 때문에요, 얘기를 다 끝을 못 마치겠네요.

또 인제 어머니나 아버진 비켜나고 금방 저기서 조그만 애가 들어와 보세요. "아빠!" 그러고 들어올 때 "어!" 그러고 불쑥 안을 땐 금방 그냥 그게 자동적으로 변해서 아버지가 됐어요. 그리고 아버지 말을 해요. 그런데 걔를 놓고 이렇게 비켜났는데 아내가 저기서 들어오거든요. "여보, 뭐 어쩌고 어쩌고." 이러니까 금방 남편이 됐어요. 그런데 어떤 거 할 때에, 아들이 됐을 때입니까, 아버지가 됐을 때입니까, 또 남편이 됐을 때입니까? 뭐가 됐을 때에 내가 지금 산다고 하겠습니까? 그래서 그 어느 때에 산다고 할 수 없는 것이 진리요, 부처님이라는 이름입니다, 그게. 즉, 가게로 치면 상표와 한가지죠. 그리고 댁의 이름 있죠? 이름은 하나인데 그 이름 하나를 가진 그분이 여러 가지, 자기가 여러 사람이 돼요. 아들도 되고 아버지도 되고, 남편도 되고 친구도 되고, 형도 되고 동생도 되고 이렇게 되거든요. 그것이, 이 이름이 없는 것이, 부처라는 이름 없는 것이 부처다 이겁니다.

그럼 댁의 이름 없는 것이 실질적으로 볼 땐 댁이죠. 그런 뜻의 이치, 진리의 모든 법칙에 의해서 이 월세계나 태양세계나 모든 것을 다룰 수 있고 굴릴 수 있고 통신할 수 있고 또 탐험할 수 있고 하는 거는, 불가에선 오신통이라고 그러지마는 지금 현재에 내가 말하는 건 내가 나오기 이전에 살던 그 인연, 그것이 과거에 살던 그 죄라든가 죄가 없다든가 좋은 일을 했다든가 언짢은 일을 했다든가 그것이 전부, 생각했던 것이 전부 컴퓨터에 입력이 돼 있어요. 그걸 숙명통이라고 그래요. 그래서 그 숙명통 이름이 바로 지금으로 치면 컴퓨터예요. 그것도 또 아주 대단한, 고조할아버지 컴퓨터처럼 모든 걸 다 담을 수 있는, 입력이 될 수 있는 컴퓨터거든요. 작은 것도 아닙니다, 그게. 그걸 숙명통이라고 합니다.

그런데 또 전체를 탐험할 수 있는 천체망원경을 가지고 뭐라고 그러냐 하면 천안통이라고 그럽니다. 심안의 눈 말입니다. 전체 볼 수 있는 눈. 그거를 인제 천체망원경이라고 그럽니다. '천이통' 하는 것은, 불가에선 천이통이라 합니다. 이건 천체무전통신기입니다. 또 요거는 탐지기입니다. 탐지기를 불가에선 타심통이라고 그럽니다. 그러면 요 타심통은, 뭣을 봐야 또는 남의 속을 알아야, 들을 수가 있어야 어떻게 무슨 조처를 취하죠. 그렇기 때문에 요 탐지기를 바로 타심통이라고 하는 겁니다. 요것이 붙어 있습니다, 중심에. 요것이 돌아가면서 다 기구가 붙어 있는 한 시스템인데 이 전체에서 하나만 빠져도 안 되는, 인간이 하나만 없어도, 즉 말하자면 분별이 없어도 목석이고 육체가 없어도 무효고 생명이 없으면 육체가 나지도 않았고. 그러니까 그런 거와 마찬가지로 요거는 지금 용어로 볼 때에 팩스라고 할까, 내가 발음이 좋든 나쁘든 이해만 해서 들어 줘요. 팩스라고 해도 그냥 들어 달라고요. 알죠?

신도(여) 그럼요.

큰스님 그러니까 요것은 신족통이라고 그래요. 가고 옴이 없이 가고 온다 이런 거예요, 신족통. 이것이 다섯 가진데 위에, 레이더망까지 우리가 불가에 가면 주장자를 딱 짚었는데 위에 주장자의 그 용머리가 있죠? 그게 바로 누진통입니다. 누진, 이게 레이더망이라고 볼 수 있어요. 그게 아니면 들이고 내는 데도 통신망이 막히는 겁니다. 그래서 바깥에서 어떠한 것이 침략을 하는지, 어떠한 것이 안에서 일어나는지 들이고 내는 것은 거기서밖에는 해결할 수가 없습니다. 교차로에 통신하는 겁니다. 그렇기 때문에 그것을 누진이라고 합니다. 그래 다섯 가지를 다 송두리째 굴리는 것은 바로 누진이 굴리는 거죠.

그러니까 과거에 입력이 된 것은 바로 숙명통, 그것이 컴퓨터인데 이 컴퓨터를 자동적으로 이렇게 하는 것도 여기 레이더망에서 다 사대를 통해서 통신을 해야만이 그 통신이 대뇌서부터 내려가서 다 돌죠, 안으로는? 바깥에도 들이고 내면서 다 통신이 되는 겁니다, 이게. 가설이 돼 있기 때문입니다. 이 무전전화가 왔다 갔다 하듯이 말입니다. 우리가 꽃 한 송이를 보고도 저 남산에 그 고요하게 그냥 잔잔한데 그 산 봉우리 위에, 거기에는 우리네들 인간으로는 상투 위에 동곳 꽂은 것처럼, 즉 말하자면 머리에 동곳이, 그 모든 머리들은 이 인간 사이를 말합니다, 뜻으로는. 그래서 '한데 어우러져서 매서 틀어서 동곳을 꽂았으니….' 하는 겁니다. 그러니까 이 모든 도리를 알면 이 주먹 안에 다 들어 있다 하는 뜻에서 얘기죠.

그런 거와 같이 우리가 지금 생활하는 데에 아주 그걸 필요로 하는 거죠. 우리는 모든 것을, 마음도 조절할 수 있고, 장사를 하는 데도 그쪽 사람이 까다로우면 우리가, 즉 말하자면 물건을 내가고 또 물건값을 들여오고, 또 어떠한 무역을 하는 데도 그렇고 장사를 하는 데도 그렇고 회사를 하는 데도 그렇고, 모든 게 이 마음의 조절도 스스로 내 힘이 그렇게 이 보당을 누를 수 있으니까, 입력을 해 놨으니까 한생각을 하면 그대로, 가고 옴이 없이 그대로, 아까 팩스라 그랬지요? 가고 옴이 없이 가서, 즉 말하자면 타심통 즉, 탐지기라고 그랬죠? 그게 모두 쓰여져요, 하나 하는 데도. 이렇게 하나 집는 데도 이 두 손이 다 들어가듯이. 그래서 아, 봐야 뭘 어떻게 조절을 하든지 하죠. 그렇죠? 그래서 가고 오기는 하나 봐야 또 되죠. 보니까 그 사람의 마음이 이렇게 이렇게 돼 있어요. 그러니까 또 들어야죠? 그러니까 조절을 하는 거예요, 다.

그래서 그렇게 조절을 해서 생활의 자유인으로서 이 체질도 바꿀 수 있지마는 내 마음도 모든 게 바뀌어서, 팔자나 운명이나 모든 것이 전혀 붙을 자리가 없다. 언어도 붙을 자리가 없다. 병이 붙을 자리도 없고 업보도 붙을 자리가 없고 내가 죄가 있다는 것도 붙을 자리가 없다 이겁니다. 이건 아주 너무 냉철한 우리의 그 마음 계발에, 즉 말하자면 한마음 계발 생활선으로 나가는 거죠.

그래서 어느 종교도 그것은, 즉 말하자면 지구라고 한다면 한 버스를 타고 요거는 내 자리 요건 네 자리 그러면서 요 간판을 붙여 놓은 거밖엔 되지 않는다는 거. 그러니까 우리 공부하는 사람들이 좀더 지견으로 쓸 수 있는 지혜로운 마음이 있다면 거길 다니더라도, 어디 강당에 나가더라도, 누가 나가지 말라는 건 아니거든. 그렇다고 해서 자기를 창살 없는 감옥에다가 집어넣고서 꼼짝 못하게 해 놓을 리는 없거든, 어디고. 안 그래요? 왜? 산 사람이 기독교를 믿으면 기독교를 믿을 때 믿더라도 어디라도 내가 배울 게 있으면, 배울 게 없든지 있든지 좀 넓혀 보기 위해서 어디든지 가 보기도 하고 들어 보기도 하고, 이 책도 보기도 하고 저 책도 보기도 하는 거지, 꼭 저 틀 안에 넣어 놓으면 거기서 옴짝 못하라는 법이 어디 있느냐 이거야. 불교든 무슨 가톨릭교든 기독교든 말이야.

그리고 바깥에다가 구원을 청하고 바깥에서 구원을 받으려고 하고 또 내가 잘되게 해 달라, 뭐, 관세음보살, 무슨 보살 하고 잘되게 해 달라고 기복으로 타의에서 구하는 거는 그거는 진짜 종교가 아니에요. 불이라는 것은 영원한 생명의 근본을 불이라고 하고, 교라고 그러는 거는 좋은 말씀이라고 해서 교라고 그러는 거지, 풀 한 포기도 불교 아닌 게 어디 있어요? 생명 없는 게 없잖아요. 그리고 우리가 말을 못 들어서 그렇지 그것도 마음이 있고 바로 말을 하고 있단 말입니다. 그러니까 이 일체 만물이 모두 서로 보고 서로 말을 듣고, 새소리도 들을 수 있고 아, 어떤 초목 소리도 들을 수 있고, 돌도 생명이 있어서 돌아가고 있고 말을 하고 있어요. 흙도 그렇고. 그래서…. (녹음 중단)

둘이 아닌 도리의 실험과 체험

초청법회(오하이오)

1990년 4월 14일

… 태어난다 이거지. 그게 씨니까 말이야. 어디 가서 또 태어난다 이거야. 그래서 얼음이 얼어서 찬 데도 생명은 있고, 불이 펄펄 끓어서 타오르는 데도 생명이 있다는 얘기죠. 무슨 추워서 못 살고 생명이 없고, 무슨 더워서, 뜨거워서 생명이 없다고 그러지만 그 자체가 생명인데요, 뭐. 허허허. 용암 자체가 생명이라고요. 그렇기 때문에 그 생명 자체가 또 생명이 있고 생명이 있고 그래서 거기도 똑같이, 우리가 이렇게 서로 통하고 뜻이 있고 말이 있고 그렇듯이 다 그렇게 해서 생명이 존재해

그런데 그것이 있다는 것만 알아서 되는 게 아니라, 우리가 그 속에 들어가서 내가 한 번씩 돼 보는 것이 실험이거든요. 인간의 인식이, 즉 말하자면 우리가 뜨거운 불 속에는 들어가면 타 죽는다는 생각을 가지고 있거든요. 또 깊은 물에 들어가면 빠져 죽는다는 생각을 하고 있어요. 살아 있으면서 의식이 그렇게 하고 있기 때문에 죽어도 그 뜨거운 데, 그 불 속에 가면 '아이구, 타 죽는다.' '펄펄 끓어 죽는다.' 이런 의식을 가지고 있기 때문에 거길 못 들어가요. 그래서 이 공부를

하는 겁니다. 우리 의식 구조가 그렇게 돼 있지 않다면, 예를 들어서 내 마음이라면 불 속에 들어가도 타지 않을 거고, 또 물속이 아무리 깊어도 빠져 죽지 않을 거고, 산이 아무리 높아도 넘지 못할 일이 없을 거고, 은산철벽이 아무리 두꺼워도 뚫지 못하는 이치는 없을 거다 이거야, 내 마음이. 그런데 의식이 그렇게 생겼기 때문에, 생각을 그렇게 하고 있었던 거를 벗어나지 못했기 때문에 죽어도 그걸 못 건너가는 거야. 그렇기 때문에 살아생전에 우리가 훨훨 털고, '이 마음은 체가 없으니 몸은 가만히 앉았어도 마음이 저 지구 바깥을 한번 솟아 보자.' 그러고 내려다보면 어떻겠느냐고요.

몸뚱이 육신으로다 축지법으로 해서 한다는 거는 지금 세상에는 씨가 먹히지 않아. 그러니까 지금 세상에는, 앉아서 한번 마음이 저 뉴욕으로 뛰어 보자. 안 가지겠습니까? 가깝고 멀고가 없는 거죠. 지금 댁에서 살고 계신 아파트를 여기 앉아서 한번 가 보세요, 안 가지나? 그와 마찬가질 거예요, 아마. 그리고 그렇게 자세히 보일 거예요. 그리고 내가 무엇을 어떤 자리에 놨는지도 잘 아실 거예요. 그게 바로 참나가 아주 심안이 밝아서 볼 수 있고 탐험할 수 있기 때문입니다. 그래서 앉아서 뛰어야지 서서 뛴다면 백 발자국 만 발자국을 뛰어도 한계가 있어서 그거는 뛸 수가 없다 이거지.

그런데 이 공부라는 것은, 얼음 속인들 못 가겠소? 다른 혹성에 추워서 못 가고 또는 들어갈 수가 없어서 못 가죠. 왜냐? 저항력을 느끼기 때문에. 인공위성을 띄워서 거기를 탐험한다고 하더라도 저항력을 느껴서 가까이는 못 갈 겁니다, 절대로. 저항력을 느끼지 않는다면 그냥 들어갈 수가 있죠, 받아들이니까. 그래서 끌어 잡아당기는 힘과 미는 힘이 서로 있어서 이렇게 한다 하더라도, 지금 자석이라든가 이런 거는 힘이 있어서 차도 공중으로 가고 뭐, 그러지만 그거와는 달리 이건 자력이 끌고 가는 겁니다. 자석이 아니라 자력이라고요.

그렇기 때문에 동일하게, 내가 이 수박을 탐험을 하려고 한다면 내가 수박이 돼야 이 수박을 알 수 있어. 수박 속에 들어가려면 내가 수박이 돼야 갈 수 있거든. 만약에 딴 거라면 이 수박 속에 들어갈 수가 없어요. 수박의 경계망이 투철하기 때문에. 인간도 세포에 세균이 들어오려 해도 여기 세포 하나하나가 모두 지금 받아들이느냐 안 받아들이느냐를 자기 세포에서 다 경계를 하죠. 이게 법계라고 하죠. 그래서 마음만 통한다면 '얘, 들여보내라.' 이런 정도거든요. 뜻으로다가 그냥 통해 버려요. 그러면 그냥 들어가는 거죠. 이익 하게 하는 세균이 있고 아주 나쁘게 하는 세균이 있는 거는 바깥에서나 안에서나 마찬가지예요. 하여튼 어떻게 됐든지 참 묘한 거는 우리가 개구리의 심리를 알고 그 모두를 알려면요, 내가 개구리 속으로 들어가 봐야 개구리를 알거든요. 그래서 개구리 속에 들어갈 때 내가 개구리라고. 그래서 부처님은 부처님이라는 이름 없는 것이 부처다 이랬거든. 불교에서만 부처님이라고 하는 게 아니에요. 진리의 이름을 그렇게 부른 거죠.

근데 진리가, 예를 들어서 소 속에 들어가 봐야 소의 심정을 알고, 그러니까 말을 하자면 실험 단계죠? 또 실험이 끝나고 나니까 그거를 진화시키고, 또는 자연적으로 진화시키고, 거기에서는 말하자면 모습도 바꿔 주는 작업이 필요하고, 또 어떻게 생각하면 잘못된 거 잘된 거를 구분해서 자기가 그 기술 있는 데로, 이쪽으로 방향을 둬서 자꾸 만나면 이렇게 하게끔 작업을 합니다. 우리가 요런 생물들만 가지고 탐험하고 실험하는 게 아니라 우주의 혹성계든지 별성계든지 그런 별이 담겨져 있는, 질서 있게 모든 거를 행하는 은하계를 탐험하기도 합니다. 은하계를 떠나서도 은하계가 많고, 그 은하계를 떠나서도, 은하계라는 것이 별다른 게 아닙니다. 이런 별성들이 나가서 많아지고, 우리 신도들 많아지듯이 조그맣다가 많아지고 많아졌다가 또 떨어지기도 하고, 또 떨어졌다 붙기도 하고 이러는 것도 역시 은하계지 은하계가 아닌 것이 아닙니다.

결국은 그것이 서로 질서 있게 돌아가면서 그 옷을 벗고 다시 아기별이 되고, 아기별이 됐다가 또 옷을 벗고 어른 별이 되고 이러는 것이 다, 이런 살림살이와 무엇이 다른 게 있느냐는 얘기지. 별성이 지금, 우리가 지구 벌레라면 지구가 지금 온통 돌아다녀도 우리는 어디로 다니는지도 몰라. 그냥 찰나찰나 어디로 돌아가는지도 모른다고. 그런데 우리 배 속에 들어 있는 생명체들은 어떻게 생각하겠습니까? 우리가 지금 여기 와서 이렇게 앉았는데 말입니다, 내 생각이 여기 와 앉았다고 생각을 안 해 주면 이 지금 생명체 의식들이 몰라요. 누구든지 그래요. 내가 여기 와 앉았다고 생각하기 이전에 벌써, '여기 온다, 왔다' 이걸 알 수 있지 않습니까? 그렇기 때문에 여기도 알 수 있다 이거죠. 이거를 생각한다면 여기도 진화된다 이거야. 그런데 내가 그것을 한 번도 생각해 보지 못해. 의학적으로도 잠재의식 쪽 현재의식 쪽이 있는데 한 번도 여유 있게 그쪽으로 생각을 해 보는 사람이 없어. 이건 생각 부족이에요. 그러니까 현재의식에서 끝나는 거예요. 들어왔다 나갔다 들어왔다 나갔다 하다가 꽁지에 꽁지를 물고 그냥 막 속을 썩이고 또 속을 썩이는 반면에 좋아하기도 하고 이러다가 끝나는 거죠.

그래서 내가 엊그저께 이랬죠. 하도 못 알아듣기에 물그릇 세 개를 갖다 놨어요. 그래서 여기를 이렇게 이어 놨죠. 삼각형으로 이어 놓고선 여기가 지금 현재에 우리가 받아들이고 내고 하는 거다 이거지, 육신 이 자체 이것이. 근데 여기서 받아들이는 것을, 이게 깊은 물이라면 여기다 놔야 되거든요. 그래서 여기다 놔서 이게 이리로 돌아서 이리로 다시 나와야만이 정상이거든요. 이건 수원지와 같은 거고요. 그래서 이리로 해서 이리로 해서 걸러서 이럭해서 나와야 될 텐데, 본래 이런 사람들은 현재의식에서 요 현재의식으로만 요렇게 가요. 여기다 놔요. 그러니 이리로 물이 나오는 데다가 되놓으니 이게 그리로 들어가겠어요? 안 들어가죠. 순서가 이리로 들어가는 건데. 그러니까 여기는 물이 항상 나와 있으니까 이 물이 이리로 들어가지 못하고 여기서 들어왔다 여기로 다 다시 나왔다 들어갔다 이러다가 여기서 끝나는 거예요.

그러니 얼마나 피곤해요. 그리고 괴롭게 사는 거죠.

그래서 여기다 정상적으로, 지금 주인공에다 놔라. '거기서 형성시켰고 거기서만이 해결을 할 수 있고, 너만이 해결할 수 있다.' 하고 놓을 땐 바로 이것이 깊은 바닷물이라고도 하고 또 수원지라고도 하지만 이거는 큰 고조할아버지 컴퓨터다 이거야. 하하하. 이 천체를 그냥 모두 받아들이고 내놓고 하는 이런 컴퓨터다. 그렇기 때문에 여기다가 놔야 여기 입력이 돼 가지고 이리로 해서 이리로 나오는데, 근데 이 순서를 안 밟아. 거기 들어가지도 않아, 그냥. 여기 여기서 그냥 왔다 갔다 하다가 그냥 끝나 버리지. 그래서 여기다 놓으면 앞서 과거에 입력됐던 게 없어지면서 현재에 넣는 입력이 되면서 이쪽으로, 입력이 되는 대로, 넣는 대로 이쪽으로 나오는 거예요, 샘물이. 이게 생명수라고 하는 거예요, 이름해서 그것도.

그런데 자기를 자기가 못 믿어요, 왜? 나는 그렇게 생각해요. 못났든 잘났든 자기 영혼이 자기를 형성시켰고 자기를 이끌어 가지고 다니는데 어찌 자기를 못 믿나. 자기 주처를 못 믿나 이거죠. 나 이상하다. 사람들이 저 형상을 해 놓고 그런 데는 모두 믿고 빌고 잘되게 해 달라고 그러고, 또 어디 이름이 위대하다 그러면 그냥 그 이름을 부르고 야단법석을 하고. 왜들 그러느냐 이거야, 지조 없이. 응? 그것이 정당하게 누구도 업신여기지 않고, 업신여길 것도 없고, 엎드러질 것도 없고 젖혀질 것도 없지. 그건 왜? 모든 게 둘이 아니니까. 이 삼라대천세계가 둘이 아니야, 전부. 사는 것도 둘이 아니고, 그 생명은 크고 작을 뿐이지, 똑같고.

그러니 우리가 진짜 이 도리를 대대적으로 알려면 놓는 작업부터 해야 된다 이거야. 이 방법부터 알아야 돼. 여기다가 맡겨 놓는다, 자기 주처에. 꼭 주인공을 진짜로 믿고, 자기 영혼을 진짜로 믿고 맡겨 놓는다. 그래서 여기서 다 걸러 가지고 참생명수를 이리로 내보내서 이리로 내보낸나. 그럼 반 가시 용노에 따라서 다 이리로 내보낸다. 여기서 생각해서 넣은 대로 컴퓨터에 입력이 돼 가지고 입력된 대로 자동적으로 나와서 이리로 나온다. 그래서 한쪽으로는 들어가고 한쪽으로는 나오고 그래요, 이렇게 나오면서 들어가면서….

그래서 우리는 나 아니더라도 이 공부는 하고 넘어가야지, 하지 않으면 안 된다는 말이죠. 사람들끼리도 그 마음을 모르고, 또 사람들끼리 그 사람이 과거에 어디서 왔는지도 모르고, 자기도 과거에 어디서 왔는지도 모르고 지금 어디로 가는지도 모르고, 또 과거 그 사람이 무얼 했는지도 모르고, 현재 마음을 어떻게 가지고 있는지도 모르고, 어떻게 이것을 모두 연구를 할 수 있나요? 그리고 담아 줄 수 있고 또 나도 먹을 수 있고, 그럴 수 있겠어요, 어디? 모두가 다 모르니까. 그래서 나는 그러죠. "죄는 없다. 고(苦)도 없고 모든 게 없으나 아마 고가 있다면, 죄가 있다면 모르는 게 죄겠지." 이러죠. 모르는 게 죄고 모르는 게 고다. 내가 생각할 땐 하나도 죄 붙을 데도 없고, 인과응보라든가 그런 데 끄달릴 것도 하나도 없는데 딱 모르기 때문에 그래요. 그러니까 우리는 알아야겠다는 얘기죠.

어린애도 생산하기만 하면 자식이 아니거든요. 우린 여기에서 이리로 넣어서 이리로 해서 이리로 나와야만이 그게 정상적인 사람이다라는 거. 정상적인 사람을 낳아야만이 그 애는 하나를 알면 셋을 알고, 셋을 알면 다섯을 알고 최고 인간으로서 만물의 영장이라는 소리를 들을 수 있는, 손꼽히는 아주 틀림없는 인간이다 이거야.

모르겠어요? 뭐 그대들이 더 잘 배우고 더 잘 아니까 모르겠지만 이것만은 나보다 못할 거야. 난 어려서부터 안 해 본 게 없어. 내가 못났기 때문에 더 해 봤을 테니까. 내가 잘나고 또 모든 게 구조가 아주 잘났더라면 어디 꼬임에 빠져서라도 이걸 했겠소? 그러나 그것을 참, 연구하고 그러느라고 딴 사람하고 말할 사이도 없었단 말이야. 여지가 없지. 무슨 생각할 여지가 어디 있어? 벌써 생각하고 가면 뭐, 말 없이 말을 자꾸 하고 지금 가고 있는데 어디 옆댕이에서 말할 새가 어디 있어? 목신하고도 말을 하고 또 거기에 그 목신들이, 무정물들이 어떻게 하고 살고, 어떻게 생각들을 하고 어떻게 유지를 하고 또는 무엇을 먹고 살고, 무엇을 주고 살고, 공생 공용이 진짜로 넣어 준 게 있느냐 없느냐 이런 거, 그냥 뭐…. 근데 인간하고도 아주 가깝게 돌아가고 있잖아요, 주고 먹고 이러면서.

그리고 목신도 없는 게 아니죠. 인간의 자신도, 이게 자성신이거든요. 자신, 자성신. 이게 자성신인데 그래, 목신이라고 없나요? 목신도 있다고요. 그래서 물도 신이 있어서 수호신이라고 그러죠. 허허. 용신이라고도 그러고요. 수호신하고 용신하고 뭐가 다르냐? 수호신은 가만히 물이 흐르는 걸 말하지만, 가만히 물이 이렇게 동요 안 하는 걸 말하지만, 그 물만 있는 거 말입니다. 그런데 용신은 그 물에 생명이 있어서 나왔다 들어갔다, 나왔다 들어갔다 하면서 생각을 내면서 모든 거를 생산시키는 그런 작업을 하는 거를 용신이라고 합니다. 우리도 그래요. 바로 자성신이 용신이죠. 왜냐하면 생각을 내지 않으면 무엇이 성사가 되지 않으니까. 목석이니까요. 악한 생각이든 선한 생각이든 생각을 누구나가 다 내죠. 그러니까 누구나가 그 생각 내는 데에 달려 있다. 악도 거기서 나오는 거고 선도 거기서 나오는 거니 좀더 선 쪽으로다 무겁게 간다면 한번 생각해 볼 점이 있지 않으냐. 또는 잠재의식 쪽으로 한번 생각을 기울여 봐라. 그러면 전자에, 내가 나오기 이전에 살던 그 세상의 맛을 한번 볼 수 있지 않겠느냐. 네가 어디서 왔는지 지금 내가 어디로 가는지, 그걸 알 수 있지 않겠느냐 그런 거죠.

그냥 쓸데없는 말이 아니에요, 나는요. 내 생에 정말이지 아픈 눈물을, 어느 때에 걸음을 걸으면서 육이 아프고 춥고 배고프고 쓰러지고, 쓰러지면서도, 엎드러지면서도 그 오직 하나만 생각하고 걸었다는 거. 그럴 때의 그 맛을 여러분은 모르실 겁니다. 그런데 우리가 공부하면서 자식 낳고 살림하면서 그것 좀 여유 있게 생각하라는데 뭐가 잘못입니까? 누가 더럭더럭 돈을 달라나 옷을 달라나. 모두가 이 지구도 내 몸과 같으니 최상의 몸을 유지하고 좀더 보전할 수 있다면, 그리고 내가 태양이 될 수 있다면 태양도 조절해서 또 그것이 확산될 수도 있고, 또 만약에 지구도 힘이 세면 집어먹을 수도 있는 거지 없는 건 아니에요. 우리가 생각할 때는 그렇게 생각이 들어요. 그냥 이 물에서 빗방울이 올라가서 통신을 하고 모든 연계를 하고 진화하고, 이렇게 만드는 작업을 하는 그런 거와 마찬가지로 또 거기서도 그렇게 하거든요, 작업을. 그렇다면 그것이 나 하나가 수만 개가 돼 가지고, 바깥의 모든 게 돌아가면서 작업하는 것이 나라면 그거 조절도 할 수 있지 않겠어요?

우습게 볼 게 하나도 없어요. 둑에 조그맣게 요만큼 뚫린 것이, 사람이 안 보이는 데서 조금조금 고였던 그 물이 큰 둑을 다 무너지게 해요. 그와 같은 거예요. 조그맣다고 우습게 생각을 하지 말고, 우리가 지금 아무렇게나 산다고 우습게 생각하지 마세요. 인간은 이 세상에서 제일가는 동물이자, 바로 99%, 100% 자유인이 될 수 있는 겁니다. 돼지처럼 먹기 위해서 사는 것이 아니라 마음으로 살고, 만물의 영장이 바로 인간이라는 얘기죠. 그런데 조그맣게 밥이나 끓여 먹고 이렇게 산다고 자기네들을 자기네가 우습게 생각하는 거야. 자기가 우습게 생각하려고 하는 게 아니라, '이게 뭐람. 이렇게 사는데, 뭐. 아이구, 이렇게 살면 뭘 하지?' 이러면서 말이에요. 아휴, 그렇게 나온 것만 해도, 형성된 것만 해도 고맙게 생각을 해야 할 텐데도 불구하고 말이야. 자기 인간 아래로 한번 보세요. 다른 걸 못 보걸랑 내 배 속을 들여다보란 말입니다. 천차만별로 생물이 그렇게 돼 있고, 나도 생물에 속하지만 뭐, '생물' 하면 다죠. 하지만 너가 다르고 나가 다르듯이 내 몸뚱이 속에 보면 아주 갖은 각색으로 다 있어요. 진드기 같은 것도 있고, 기다란 지렁이 같은 것도 있고, 판때기 같은 것도 있고 네모진 것도 있고, 둥근 것도 있고 길쭉한 것도 있고, 토막 난 것도 있고 아, 이 속에 죄 있는데 뭐가 징그럽습니까? 그것이 운집해서 자기 소임을 맡아 가지고 움죽거려 주니까 내가 나라고 지금 이러고 있죠. 아이, 그러니 자기가 몇 명이나 되는지 모르죠, 하하하!

하여튼 어떻게 생각하면 지구가 내 몸뚱이고 내 몸뚱이도 지구고 그러니까 그것이 작고 클 뿐이지 다 똑같다 이겁니다. 그래서 한 번쯤은 생각을 넓게도 해 보고 높게도 해 보고 아주 땅속으로 들어가 보기도 하고 이러는 작업이 우리에겐 참 필요하지 않을까 이렇게 생각합니다. 그래서 나무를 짚고 기대서 한없이 생각을 하는 그런 때도 많고, 물 흘러가는 걸 보고 앉아 있기도 하고, 그게 딴 사람은 그냥 우두커니 물 흘러가는 거 보고 앉아 있는 거 같지만 그게 아니죠. 시간과 공간을 초월해서 이 세상이 돌아가는 거를 지금 보고 있는 거죠.

또 "우리가 종교 안 가지면 어때요? 아니, 자기 사는 게 종교인데, 종교 안 가지면 어때요?" 이러거든요. 하하하…. 종교라는 건 이름이지, 사람이 사는 게 그냥 종교인데…. 그래서 사람이거든요. 아니, 모든 것을 평등하게 보라. 그래도 세상을 넓게 볼 줄 알아야 된다. 나아가서는 국민을 생각할 수 있고 또는 부모를 섬길 줄 알고, 나라를 생각할 줄 알고 또는 평등한 마음으로 부하를 거느릴 줄 알고 상사를 모실 줄 알고 모든 사람에게 이렇게 하는 그런 도리를 생각하면서 한 번쯤은 우리가 평등한 마음으로 못나고 잘나고, 여자 남자를 떠나서 한 번쯤은 생각해 볼 점이 있지 않을까. 그리고 부드럽게 누구한테든지, 남편한테나 자식한테나 부모한테나 부드럽게 말을 하고, 어떠한 속상한 일이 있더라도 아까 내가 말했듯 여기 수원지에다가 놓으면 여기서 가라앉혀서 다 독을 빼 가지고 이리로 보내서 생각을 이리로 내보낼 때, 우리가 그거를 먹으면 그냥 이쪽저쪽 부모 자식, 전부 마음이 평화로워져. 그리고 새 마음 새 혈기를 가지고, 새 의단을 가지고 그냥 전진해 나갈 수 있는 그러한, 부모에게는 묵은 빚을 갚게 되고 자식에게는 햇빛을 주게 되는 그런 능력자가 바로 자유인이죠.

아이구, 지금 내가 뭘 얘길 했는지 모르죠. 그런데 생각해 보세요. 내가 미치지 않았나. 미쳤죠? 어때요? 미치지 않았을까요? 여기 뭘 하러 왔죠, 이 사람은? 그 먼 데서 비행기를 타고 말이에요. 자기가 살려고 그랬을까요, 돈을 벌려고 그랬을까요, 여러분한테 무슨 이득을 보려고 그랬을까요? 아닐 거예요. 단 하나, 우리가 한 사람이라도 이 도리를 알면 전체가 달라져. 하나하나 건지는 게 아니라, 그까짓 거 하나하나 건져서 뭘 해, 응? 모두를 손바닥 안에 놓고 세세히 알아야 요걸 조절을 해서 달라지도록 작업을 하지 않느냐 이겁니다. 이 세상을 손바닥에 딱 놓고 작업을 하는 거야. 딴 데 놓고 하는 것도 아니야. 그렇다면 여러분이 내가 될 수도 있죠. 그런데 내 모습은 아닐지언정, 모습은 다를지언정 그 마음의 그릇은 다 똑같이 될 수가 있죠. 그러면 뭐가 달라지느냐? 유의 세계 무의 세계가 전부 합치면서, 죽은 사람의 마음도 산 사람의 마음도 전부 하나로 돌아가면서 정말 용탕이 되죠, 용탕! 평등한 마음으로 서로가, 너무 높으면 얕아지고 얕은 거는 조금 높이고 해서 조절을 해 놓으면 공산주의 국가도 건져 주고, 어때요? 요즘 좀 어떤 생각 안 들어요?

신도(남) 스님께 감사합니다.

큰스님 나는 이것을 6년 전부터 아니, 하나하나 단계를 두고서 작업을 그래도 조금씩이라도 해 나가는데, 좀 다르지 않을까요? 내가 어떠한 것을 이렇게 하겠다 하면 하는 거지, 누가 하지 못하게 하는 사람 어디 있어요? 그렇기 때문에 자유인이에요. 열 사람으로, 이런 사람으로 인해서 이 사람이 망가진다. 내가 망가뜨린다 하는 것도 살리는 법이죠.

아프리카 지역의 난민들, 이런 사람들에게 수많은 돈을, 수많은 약재료, 수많은 옷 그런 걸 디밀어도 도대체 형편이 없더군요. 나는 올초부터, 아니 2월달인가 그때서부터 이런 생각을 했죠. '하나하나 갖다 줘서 그게 되는 게 아니다. 작업을 시키자. 거기에 모든 작업을 시키면서, 그 사람들이 살게끔 해 주는 것은 두 가지 여건밖에 없다. 물을 준다. 또 한 가지는 작업을 시킨다. 어디서든지 생산이 되게 하고, 어디서 그것이, 즉 말하자면 발전이 된다면 그 사람네들도 살고 그렇게 될 게 아니냐.' 이런 생각도 하고, 그러면 그렇게 해서 다 살려야지 하나하나, 이거 풀 하나만 집어도 벌써 이것은 독이 있고 그래서 병들이 생기고, 아무리 낫게 해 주려고 그래도, 의사가 백 명이 가 있어도 안돼, 그건. 이거를 없애고 보면 면역성이 생겨서 이게 생기고 이게 생기는데 어떻게 그걸 막을 수 있겠느냐 이거야.

그래서 그거를 난 이랬죠. 내가 가르치기 위해서 한마디씩은 딱 하고 해요. "나 이 작업을 지금 이래서 한다." 이런다고. 건방지다고 그럴까 봐, 그것도 몇 사람 있는 데 말이에요. 그렇든지, 써 놓고 하든지. 88올림픽이라든가 전자에 있었던 일도 몇 가지 있지만 하여튼 그런 문제, 또 지금 이렇게 하는 문제, 또 앞으로 그게 되면 이렇게 이렇게 되는 문제. 사람이 그렇게 참 모든 것을 평등하게 조절을 하고 삶으로써 경제라든가, 또는 무역의 성사라든가 모든 이런 문제들이 완화되고 교류가 된다면 아마 삼분의 이가 아주 평화스러울 거예요. 왜냐? 지금도 소련 지역에서는, 가 봤지만, 중국에서도 물건과 사람과 바꿔서 쓰고 물건과 물건끼리 바꿔서 쓰는데, 그럭하다가는 서로 망해요. 망한다고요. 그리고 공산주의라고 하는 게 공산주의가 아니에요. 진짜 공산주의는 우리같이 지금 이렇게 행하는 이게 공산주의예요. 절에서 하는 이것이 공산주의인데, 콩 한 쪼가리 생겨도 같이 나눠 먹고 이런 게 공산주의거든. 그런데 이건 독재주의야. 국민들은 이거 하나를 조각조각 내서 나눠서 나래비로 서서 받아먹는데 뭐, 권한이라도 있고 그러면 이거 덩어리째 갖다 놓고 먹어. 나래빌 왜 서?

영국은 불도가 세더군요. 연구하는 사람이 많아요. 정부에서도 암암리에 거치잖아요? 그런 거는 이렇게 길을 인도해 주고 있어요. 좋은 사람이 나요. 그런데 우리 한국은, 물론 탄압 안 하는 것만도 감사하죠. 조선시대 때에 탄압을 해서 그렇게 풍지박산을 만들어 놓고 그랬으니까 말입니다. 하여튼 거지같이 역사를 가져오게 만든 것도 인간의 머리에서 오는 생각이에요, 생각. 나밖엔 없다 이러는 생각. 왜 나밖에 없겠습니까? 아, 저렇게 풀 한 포기 난 데를 거닐다가도 거기서 배울 점이 있는데 하물며 글쎄, 나밖에 없다니 그게 말이 돼요? 내 말이 그르다면 내일 그냥 쏜살같이 치고 들어오세요. 허허허.

그리고 내일은 설법이 있기 이전에, 설법이라기보다는 질문할 거를 서로서로 하면 내가 한번 질문하는 데 남들도 배우지 않겠어요? 알아도 남들을 위해서 보살행을 하시라 이겁니다. 그런데 자청해서 이런 말을 할 수는 없거든요. 내가 실험을 해 보니까 이렇다. 지금 몇 분 안 계시니까 내가 이러지, 내가 저기 서서 그런 얘기 하게 생겼습니까? 그릇도 없는데 뭘 담습니까? 그릇이 있어야 담지, 하여튼.

신도(남) 드시죠.

큰스님 나는 이 신 거를 영 잘 못 먹어요. 그전에요, 돌아다닐 때 먹을 걸 짊어지고 다니니까 난 그렇게 생각했거든요. 내가 먹을 걸 가지고 다니면 먹을 게 없을 거다. 먹을 게 나오지 않을 거다. 나를 먹을 것이 있는 데로 인도를 안 할 거다. 이렇게 생각하고 난 맨손으로 그냥 나왔거든요. 시흥 있죠? 그 진잎 삐꿈 나오는 삽주 뿌리 뭐, 이런 거. 그런 게 이렇게 죽죽 산에는 많죠. 지금은 산에 올라 다니지 못하게 하니까 그렇지만. 그런 거 그냥 뚝 따서 씹으면요 어떤 건 신 것도 있고요, 이게 먹을 수 있다 하는 건 내가 다 뜯어 먹은 거예요, 내가 먹을 수 있다 하는 건. 자기가 제놈 죽이려고 먹고 죽을 거 먹이겠어요? 참 묘해요. 먹고 죽을 거 절대 안 먹여요, 고놈은. 그래서 그거 먹고 물 마시고 이러는데, 아주 그때에 겪어서 그런지요, 신 것이 그렇게 싫어요. 그리고 지금도 좋은 것이 외려 나한테는 아휴, 맞질 않거든요. 여기 오니까 피자도 사다 준다 뭐, 그러는데 그저 보리밥이면, 보리밥 끓인 거 그저 한 그릇이면 한 그릇, 반 그릇이면 반 그릇하고 된장 아니면 김치, 또 짠지, 썰어서 그냥 물 담아 놓은 거, 그런 게 맛있거든요. 그러니깐 내가 그래요, 날더러. '너도 애당초부터 그렇게 먹고 살면 그거밖엔 맛 모를 거다.' 허허허. 내가 날더러 그래요. 좋은 거를 맛을 몰라요. 그러니 세상의 이치도 그렇지 않을까 생각하고, 그까짓 음식이야 뭐, 그렇다고 하더라도….

그래서 바깥에서 남편들이요, 부인이 간다면 그냥 차 태워다 주곤 자긴 붕하니 가 버리고, 또 데리러 올 때나 데리러 오고 또 지키고 있다가 데리고 가고 이러더니요, 인제 아내가 가면 "뭐라고 그러는 소릴 들었어?" 물어보면 이러고저러고 조잘 조잘 조잘, 이게 하루 이틀이 아니고 몇 달을, 일 년 이럭하다 보니까 자연적으로 오게 되죠. 그렇게 돼 가지고 지금 외려 부인보다도 아, 남자들이 하려고 드니까 아주 대단하던데요? 그러니까 내외가 도반이 돼 가지고 상당히 참 열렬해요. 일요일날, 그러니까 한 달에 두 번 법회를 하는데요, 두 번 나오고 두 번은 자기네들 일볼 거 일보고. 그런 것도 안 봐 줄 수가 없죠. 내가 만약에 그렇게 산다면 그렇게는 돼야 될 거다 이러니까요. 가정을 돌봐야 하니까. 그리고 아침에도 일찍 나오면 안 되니까 좀더 있다가 남편하고 같이 나오면 아무 일이 없잖아요. 애들 데리고 말이에요. 산책 말입니다. 애들 데리고 나오면 또 청년 애들 법회가 있고, 중·고등학교 또 소학교 그런 애들을 가르치는 스님네들이 다 소임을 맡아 가지고 있거든요. 그렇기 때문에 부부가 어린애들 데리고 오면 부부만 법회 듣고 또 자기 일도 하고. 그런데 그렇게 참 좋아해요. 그런데 좋아하는 거는 둘째고 내가 탈이에요, 내가. 내가 미쳤어요. 여기 온 것도 가만히 생각해 보세요. 내가 얼마나 미쳤나.

그리고 신행회를 조직을 해 가지고 그중에서 좀 어려워서 학비도 못 내는, 공부를 못해서 못 하는 게 아니라 자연적으로 어머니가 아프다거나 가정이 불우해서 그러면 그것도 해 주거나 등록금을 내 주거나 이런 일을 하죠. 그 다음에 또 한 가지는, 그중에서 너무 가난한 사람을 돌보죠. 내 앞에 있는 것도 처리 못하는 사람이 어떻게 먼 데 걸 처리하겠소. 그래서 가만히 생각하면, 나는 나 하고 싶은 대로 그냥 이렇게 묵묵히 다니지만 남이 볼 때는 미친 사람에 절반은 들어가죠.

그런데 변하지 말래도 변해 가는 것이 진리죠. 그래서 내가 이랬지. "어린애 적이 당신입니까, 저 중·고등학교 때가 당신입니까? 지금 젊었을 때가 당신입니까, 앞으로 늙었을 때가 당신입니까?" 그러니까 아무 말도 못하죠. 그래요. 어느 때를 나라고 할 수 없는 게 바로 사람이고 그게 진리고, 나라고 할 수 없는 게 그게 부처라는 거죠. 그러니까 여러분이 다 부처라는 거죠. 그런데 고정되게 이름을 붙여 놓고 그 이름이 나라는 거죠. 그건 방편상 쓰는 건데 종교마저도 그렇게 이름을 붙여 놓고선 요 종교는 꼭 내 거라고 그럴 수는 없거든요. 허허허.

그래서 좀더 속이 넓은 사람들은 이 종교든 저 종교든 여기도 한번 들어가 보고 저기도 한번 들어가 보고 지혜를 넓혀야지, 어느 종교에 자기가 자기 마음으로 자기를 딱 묶어 놓고 옴폐부득 못하게 한다면 이거는 어떻게 폭넓은 사람이라고 볼 수 있겠어요? 어느 종교든지 다니는 거는 자유죠, 그거야. 배우는 거는 그렇게 뭉쳐 놓고 자기가 그렇게 해서는 안 되죠. 그리고 바깥으로 자기 영혼을 구원받으려고 하고 바깥으로 자기를 잘되게 찾으려고 하면 안 돼요. 빌어서도 안 되고. 그리고 자기가 잘못해 놓고 신부님한테 고해 성사를 한다고 그래서 그게 되는 게 아니에요. 자기 위안은 될 수 있겠죠, 모르는 사람들은. 그러나 아는 사람은요, 위안은커녕 외려 자기가 자기를 욕하고 있어요. '야 이 놈아, 네가 고하기 이전에 고할 짓을 안 하면 될 거 아냐! 이놈의 새끼, 아유 너도!' 이러고 돌아서거든요. 난 그랬으니까. 그래서 이날까지 여자가 뭔지 남자가 뭔지, 난 그거 몰라요. 그래서 남자 제자도 가르치고 여자 제자도 가르치고, 남자가 뭔지 여자가 뭔지 모르거든요, 나는요.

아까 저기 우리 지원 이름을, "거기 동네 이름이 뭐요?" 그러니까 롱아일랜드래요. 그래서 그거를 잊어버릴까 봐 이 손에다 써 가지고 내렸거든. 그거 잠깐만 쓰면 있다가 잊어버리지 않아요. 근데 그걸 자꾸 잊어버리거든. 그래 그거를 서울 갈 때까지는 잊어버리지 말아야 할 텐데, 그래서 써 가지고 가재. "싫다, 그런 거는." 그랬죠. 그런 거와 마찬가지로….

(녹음 안됨) … 됐다고 할 때 애를 쓰고 하루하루 벌어 가지곤 거기다 홀랑 집어넣고 자기는 자기대로 빈약한 사람이 되고 그러고 말죠. 그러니까 '너희놈들이 다 이렇게 병을 내놨으니까 너희놈들 알아서 해.' 하고, 주인공이라는 게 그 소리거든요. 고정됨이 없이 자꾸 돌아가니까 주인공이에요. 그래서 공했다. 그래서 '주인공' 하는 거니까 '당신이 그렇게 해 놨으니까 주인공! 당신이 알아서 해. 주인공이 있는데 내가 왜 못 일어나. 눕힌 것도 주인공이요, 일으키는 것도 주인공이요, 나 아닌가.' 하고 일어나면 그냥 허리를 못 쓰던 사람도 그냥그냥…. 참 묘하다 그래요. 자기네들이 그래요, 묘하다고. 그럼 난 또 빙긋이 웃고 외려 "고마워!" 그러죠. 허허허.

그럼 이제 우리 밥 지어 주느라고 피로하셨으니 우리가 건너갈까요? 건너가고….

신도1(남) 반밖에 안 됐는데요. (대중 웃음) (녹음 안됨)

큰스님 대답들 해 보세요. 가는 게 옳겠습니까, 오는 게 옳겠습니까?

신도2(남) 찰나찰나 가는데, 오는 것도 없이….

큰스님 그것도 말이 맞소. 그런데 그 찰나찰나 가고 오고 그러는데 말입니다, 그것도 아니고 그것도 아니면 어떤 게 있을 것 같소? 어떤 게 정통이겠소? 찰나찰나를 어떤 놈이 하느냐는 얘기지. 이렇게 밥 숟가락으로 떠먹여도 모르겠소?

신도2(남) 저 바깥에 새가 지지배배 하고 우는 소리를 제가 조금 전에 들었습니다.

큰스님 응. 그것도 멀군. 길이 멀어, 조금. 허허허. 댁도 그만해도 참 성과가 아주 상당한데. 그래, 뭐든지 만물이 다 지저거리는 게 바로 소식이지. 부처님의 소식이자 진리의 소식이고 내 소식이지. 그러니까 그 소식을 누가 전달을 하고 누가 받느냐는 거지. 그것이 바로 당신이에요. 지금 당신이 말했잖소? 이것도 아니고 저것도 아니고, 바로 '이것도 아니고 저것도 아닌 것을….' 하는 것이 그 소리이기 때문에, 자기가 한 소리이기 때문에 탕!(상을 한 번 내려치심) 이럭하고선 "이 소식을 아느냐." 이러거든. 이게 낚싯밥을 걸어 놓고선 걸리나 안 걸리나 보려고 하는 소리라고. 그러니까 그런 말 하는 것도 상당히 난 아주 좋았어요.

신도2(남) 근데 어떤 때는 그런 생각이 들고, 항상 여여하지가 않은데, 항상 그런 생각이 들고 그렇게 느끼지 못하는 게 좀….

큰스님 아니오. 그렇게 느끼지 못한다 이런 생각이 들 때 '아, 그런 생각을 느끼지 못한다 하는 이 생각도 바로 그놈이 하는 거로구나.' 이걸 알면 돼요. '그놈이 생각하는 거로구나.' 그래서 공한 것을 어찌 느끼십니까, 공했다면서? 그러니까 공한 것을 분별 안 하면 공한 것을 체험할 수 있느니라.

그럼 만약에 내가 지금 여기 이렇게 앉았는데 어떤 중이 와서 작대기를 떡 짚고 "어디다 절을 해야 옳겠습니까?" 하고 물었을 때 만약에 댁이 나라면 뭐라고 대답하겠소? 작대기를 떡 짚고선 서서 하는 소리가 "어디다가 절을 해야 옳겠소?" 어, 그런단 말이야. 그런데 뭐라고 대답을 해야겠습니까. 뭐라고 대답을 해야 겨냥을 하고 활을 쏠 때 정통에다 놓느냐 이 소리야.

신도2(남) 온 사방 천지에다 대고 절을 해야 될 것 같습니다.

큰스님 아이유, 또 저렇게 벌이는구먼. 오므리라니까 벌리고 있네. 하하하….

신도2(남) 그러면 주인공에다 절해야 맞습니다.

큰스님 아유, 그거는 조금 더 있걸랑 얘기하고요. 그래요, 그렇게 가다 보면 이거, 이거부터 깨쳐요. 여기서 감응이 되면요, 그냥 이 한가운데서 심리학이다, 의학이다, 공학이다, 천문학이다 뭐 모두, 천체물리학이다 이게 다 물리가 터진다니까, 전부! 상업도, 하다못해 생물 하나하나도, 생물학과도 이게 전부 거기서 나와요, 전부. 그래서 천체망원경, 또 천체무전통신기, 또 신족통이니까, 즉 말하자면 팩스, 그 다음에 또 뭐야, 탐지기 불렀나? 탐지기. 또 뭐 안 불렀지? 응, 숙명통, 그러니까 컴퓨터. 이 다섯 가지가 아주 나란히 요렇게 그, 절차가 돼 있다는 소리지. 여러분은 그걸 시스템이라고 그럽디다마는 그렇게 돼 있다는 거죠. 그러니까 거기에서 다 나가요, 입력이 다 돼서. 지금 우리 살고 있는 거, 우리가 지금 한 혹성에 무엇이 이렇게, 뭔 놈이 이렇게 돼 있을까 하고 우리가 보고 알고 듣고, 가고 옴이 없이 가고 올 수 있고 그래서 탐험을 하고 내가 알면 바로 즉시 그 컴퓨터에 입력이 돼요.

그런데 아 이놈의 작대기를 가져와서 "아, 어디다 절을 해야 옳겠소?" 그러기에 글쎄, 여기 둘이 나라면, 여기 둘이 아니라 전부 나라면 어떻게 대답을 했겠느냐, 그 중한테.

신도3(남) 맞절을 합니다.

큰스님 그래도 맞는 말이오. 우수해. 근데 한 대 쥐어박으려면 어떻게 해야 돼? 그것이 맞절을 한다고 해서 그렇게 되는 게 아니에요. 썰물과 밀물이 왜 생긴 줄 알아요? 상대성 원리가 왜 생겼고. 둘이 아니면서도 너가 있고 내가 있듯이. 이 그릇이라는 건 다 똑같지만 접시라는 게 있고 접시에는 접시에 담을 물건이 있고 컵에는 컵에 담을 물건이 따로 있단 말이에요. 그렇기 때문에 "어디다 절을 해야겠소?" 할 때에 뭐라고 대답을 해야 옳으냐 이거지. 그래서 그것은 실험을 좀 게을리 했기 때문에 얼른 말이 안 나온다. 속에서는 육진의 고를 가지고도, 지금 말로는 어떻게 함이 없이 할 수가 없는 거죠. 함이 없는 말을 해야 할 텐데. 그래서 습득을 자꾸 해라 이거야.

그게 왜냐. 자기를 지금 자기한테 단련을 하는 거예요. 자기가 모가지가 빳빳하고 고개를 빤짝 쳐들고 자기라는 아만과 자만이 가늑 차 있거든요. 아, 지금 대학, 대학원까지 공부해 가지고 들어오는 놈이 얼마나 빳빳하겠어요? 빳빳하면 이 공부 못 하거든요. 어디든지 들어갈 수 있어야 되거든요. 이건 탐험하는 거니까. 그리고 실험이니까. 빳빳하면, 더러우면 안 들어가고 구역질이 나면 '에이구' 그러곤 돌아서는 거거든요. 그렇기 때문에 그걸 돌아서게 안 하기 위해서는 처음부터 아예 죽이는 겁니다. 죽는 공부부터 시켜야 됩니다, 나라는 존재를 아예 빼 버리는 공부. 그래서 처음 입산하면 고양이한테도 절을 해요. 얘도 지금 대학원을 졸업하고 들어온 애지만, 하여튼 그런 걸 전체 버리고 들어와야죠. 그래야만이 자기를 자기가 볼 수 있고 자기를 자기가 돌아다보고 지금 단련을 시키면서 전진해서 나가는 거죠. 그래서 계 받고 1년이든 3년이든 이 마음공부를 해서, 여기로 감응이 잡힘으로써 이제 미국으로 보내든지 유학을 보내죠. 또 서울에서도 승가대학을 보내든지 동국대 승과를 보내든지 그러죠. (녹음 안됨)

어떤 정신병 환자가 이렇게 오죠. 그러면 스님네들이 어떠한가 그걸 보느라고 정신병 환자들이요, 그냥 와서 더 난리를 쳐요, 더. 아주 그냥 뭐, 때리기도 하고, 막 악을 쓰기도 하고 자기 어머니를 막 때리기고 하고 이런 짓들을 하거든요. 우리 중들이 어떡하나 보려고 그러는 거죠. 실험을 하는 겁니다. 외려 더 그런 걸 가졌어요, 영계들이. 그럴 때에 그건 둘로 보지 않아야만 되겠죠? 겸손하고 항상 둘로 보지 않고 불쌍히 생각하고, 내 몸과 같이 생각하고 내 마음같이 생각하고 항상 나같이 생각을 하기 때문에 그 영가들도 그러다가 아주 조용해지면서 참 감사하다고 그러죠.

그럴 때 올바로 끌고 나가죠. 이 세상에 죽은 사람이든 산 사람이든 한 번 나왔다 한 번 갔다 한 번 나오고 하는데 수없이, 삼차원에서도 살지 못하고 저 하천세계에 떨어져서 수없는 나날을 다시 인간으로 올라오려면 얼마나 어려운데 당신 그러느냐고, 당신과 나와 어찌 둘이겠느냐고 하고선 딱 거기 앉아서 이 육신을 끌고 나가게, 정신을 끌고 나가게 해 주거든요. 그러면 사흘도 못 가요. 학교 나가지 못하던 애들도 학교 나가게 되는 거죠. 그러니까 모든 게 우리 공부하는 데에 이것이 필수적이라고 생각하셔야 돼요. 전화기하고 냉장고 이런 것이 아주 필수적으로 필요하죠? 그런 거와 마찬가지예요. 지금 우리가 알아야 할 문제가….

앞으로 인제 살아 보세요. 더 바쁜 세상이 되고 더 그런 세상이 될 테니까. 그러니까 병고가 점점 늘어 가고 그럴 때 그건 누가 해결을 하나요? 의학적으로요? 30%밖에는 맡길 수가 없어요. 70%는 누가 어떻게 하죠, 충당을? 자신들이 충당해야 돼요. 거짓말 아니에요.

진정한 사람의 행

초청법회(오하이오)

1990년 4월 15일

오늘 우리가 한자리 하게 된 것을 참 기쁜 일이라고 생각합니다. 지난번에 한번 이 자리에 왔었습니다. 그러나 내가 오늘 또 와서 이렇게 한자리를 하게 된 것은 인간으로 태어났다면 어정거정하다가 그냥 갈 수 없기에, 인간은 자기가 어디서 왔는지 어디로 가는지 그것을 감지하고 마땅히 그것을 알아야 하기에 이렇게 또 자리를 같이 하게 된 것입니다.

여러분이 아시다시피 우리 인간의 몸은 없어서는 안 되지만 한편 생각하면 가을이 되면 낙엽이 떨어지듯 하는 하나의 고깃덩어리일 뿐입니다. 그렇지만 우리가 비유해서 본다면 저 나무가 잎이 떨어진다고 해서 아주 죽는 것은 아닙니다. 인간도 역시 자기가 숨어 버렸다가 다시 봄이 오면 태어나듯이 나무도 그렇게 봄을 기다리면서 인내로써 추위와 바람 이런 것을 다 겪어서 봄을 맞이하는 것입니다. 그와 같이 인간도, 우리가 살아나가면서 음식을 먹으면 체에다 거르듯이 해서 모두 대변으로 다 나가고 그 나머지 액체의 물은 모두 인간의 몸들에게 다 나누어지죠. 그런 거와 같이 우리도, 저 나무들도 모두, 일체 만물만생이 다 그러한 것이죠.

우리가 불법을 믿는다고 해서 불법을 믿는다는 것만으로 국한돼 있는 게 아니라 일체 우주 전체가 시간과 공간을 초월해서 쉴 사이 없이 돌아가고 있다는 사실을 여러분도 아마 인정하실 겁니다. 그럼으로써 여러분이 생각할 때 기독교나 가톨릭교나 불교나 어떠한 상표에 끄달려서 내 마음으로 나를 꽁꽁 묶어 놓고, 창살 없는 감옥에다가 넣고 옴쭉 못하는 그 좁은 마음, 소견으로 사시지 않는 것을 한번 생각해 보셨으면 합니다. 우리가 좀더 마음을 넓게 쓴다면 지견으로 쓸 수 있는, 대범하고도 당당하고도 우리 마음은 체가 없어서 어디고 탐험할 수 있는, 우주 전체를 탐험할 수 있고도 남음이 있는 그러한 그 광대무변하고도 묘법이 우리들한테 주어져 있다는 사실입니다.

그런데 기복으로 하는 그 마음에서 벗어나지 못하고 항상 타의에서 구하고 타의에다가 빌고 타의에다 놓고 또는 위대한 사람을 보면 위대하다고 거기에 마음이 쏠리고 거지를 보면 거지를 보는 대로 자기 마음은 착잡하고 내려다보게 되는데 일체가 여러분 마음, 우리 마음과도 마찬가지라고 봅니다. 우리의 마음은 평등한 것입니다. 우주의 모든 것도 다 평등하죠. 왜 평등하냐 하면, 아까 반야심경 읽을 때도 있었듯이 공생이면서도 공심이고 공심이면서도 공용을 하고 공식화한다는 사실이며 그렇기 때문에 불교는, 불이라는 것은 영원한 생명의 근본이 될 것이요, 교라는 것은 서로서로 좋은 말을 해 줄 수 있는 말씀이라고 해서 교라고 하는 것입니다. 그러니 어떠한 풀 한 포기도, 어떠한 벌레, 미생물도 결국은 불법 아닌 것이 없다고 생각합니다. 작든 크든 생명은 다 있고 말 없이 말을 하고 있는 것입니다. 부모와 자식이 이렇게 같이 살고 있고 부모가 자식을 생각하면 자식이 죽을 때는 대신 죽어 줄 수도 있는 부모의 그 아리따운 자비와 사랑, 그것이 바로 인간의 마음이라고 봅니다.

그럼 인간은 무엇인가? 바로 99%가 평등한 마음을 가지고 있을 수 있는, 그리고 재료가 풍부해서 내 마음으로 첨단을 넘어갈 수 있는 그러한 소질을 가지고 있고 또는 자료를 가지고 있고 능력을 가지고 있다고 봅니다. 그런데도 불구하고 기복으로 나가는가 하면 아니, 가톨릭교나 불교나 기독교나 모두 타의에서 구하고 찾는 것은 이 진리에 비유해 볼 때, 저는 맞지 않는다고 봅니다. 하지만 죄가 있다면 모르는 게 죄지 무슨 죄가 있겠습니까? 지금 우리 몸을 생각해 본다면 몸속에 있는 중생들, 그 생명들 의식들이 우리 마음 쓰는 대로 돌아가고, 또 마음 쓰는 대로 자기의 소임을 충실하게 할 수 있는 그런 이치가 있습니다. 그래서 우리 마음을 쓸 때 악으로 가느냐, 선으로 가느냐 하는 문제도 바로 한마음에 있지 않나 생각합니다.

그런데 불교가 어느 한계점에 국한돼 있는 줄 알고, 이렇게 생각하는 여러분이 있다면 한번 좀더 생각해서 음미해 볼 수 있는 그런 여유를 가지십시오. 또 기독교나 가톨릭교도, 저도 입교해서 세례를 받고 반지까지 받고 또한 고해 성사를 하고 그렇게 해 봤지만 모든 것은 자기 마음에 따라서 주어지는 것이지 누가 나를 편안하게 해 주고, 누가 나를 뺏어 가고 가져오고 이러는 것이 아닙니다.

여러분, 가끔 생각해 보시죠? 인간은 찰나찰나 돌아간다고요. 시간과 공간이 초월됐으니까 우리 자체가 자동적으로 컴퓨터에 입력해 놓은 것처럼 그대로 돌아갑니다. 그대로 자동적으로요. 왜 그렇게 자동적으로 부모를 만나면 자식이 된 도리를 그대로 하게 되고 자식을 만나면 부모가 된 도리를 그대로 하게 되느냐 이런 점입니다. 보이지 않는 데 50%의 그 모든 근본에, 유(有)의 법의 50%가 직결돼 있기 때문입니다. 그런데도 불구하고 불교가 따로 있고 모두 따로 있다고 생각합니다. 물론 따로 있긴 있겠죠. 여러분의 몸을 보신다면 간은 간대로 있고 위는 위대로 있고 소장은 소장대로 있고 대장은 대장대로 있으니까요. 그러나 그렇게 이름은 각각 주어져 있지만 한 덩어리의 몸이 되려면 여러 부분이 다 함께 돌아야죠. 그 조그마한 내 몸뚱이 돌아가는 걸 본다 하더라도 우주 삼천대천세계의 이 진리가, 끝간 데 없는 이런 소용돌이가 다 우리 몸과 같이 그렇단 말이죠.

그러면 우리 자체는 어떻게 발견할 수 있을까? 진정코 나부터 알고 나부터 믿고, 나를 형성시킨, 그리고 나를 끌고 다니는, 그리고 나하고 항상 같이 있는 나를 발견할 수 있을까? 그리고 나를 믿을 수 있을까? 여러분, 생각해 보면 여러분 없이는 이 세상은 모두 없는 것입니다. 무효입니다. 삼위일체로서 여러분이 이렇게 말을 하고 먹고 자고 눕고 또는 똥 누고 이렇게 하는 것도 여러분이 있기 때문입니다. 그렇기 때문에 여러분은 타의에서 구하는 게 아니라 바로 자의에서 구하는 것이라고 봅니다. 여기 제가 이렇게 말을 하는 것을 여러분이 잘 들으실 줄 믿고 이렇게 한마디를 하고 다시 넘어가겠습니다.

어저께도 얘기했습니다만 우리 인간이 귀신 노릇을 안 하면 귀신은 없는 것입니다. 인간이 이 도리를 알아서 걸리지 않는다면 바로 팔자 운명도 없는 것입니다. 병고도 붙을 자리가 없고 업보도 붙을 자리가 없는 것입니다. 찰나에 비행기의 프로펠러가 돌아가듯 그렇게 돌아가기 때문입니다. 너무 빨리 돌아가기 때문입니다. 거기는 먼지 앉을 자리도 없다고 생각할 수 있겠죠. 그러니 시대가 시대니만큼 인간의 두뇌와 더불어 마음도 그렇게 돌아가야 하지 않나 싶습니다. 물이 흐르는 거와 같고 시대가 흘러가는 거와 같고, 찰나 생활이 그대로, 우리 24시간 돌아가는 그것이 바로 우리의 살림살이가 아닌가 봅니다.

우리가 왜 어떠한 일이 있으면 물어봐야 하고 또 어떠한 일이 있으면 기도를 해야 합니까. 기도를 하는 건 벌써 돌아가는 길입니다. 왜? 타의에서 구하는 거니까. '주여! 부처님이여! 관세음보살이여!' 하고 나를 잘되게 해 달라고 그러고 또는 나를 공부 잘하게 두뇌가 아주 통달하게 해 달라고 그러고 이렇게 비는 거기 때문입니다. 관하는 게 아니라 비는 거기 때문입니다. 내 주처를 믿고 찾는다 하더라도 내 주처에게 해 달라는 게 아닙니다. 먹고 싶으면 그대로 먹고, 내 주인공밖에 나를 형성시킨 데가 없고, 내 주인공밖에 나를 이끌어 가는 데가 없고, 바로 내 주인공밖에 항상 영원히 같이 있는 게 없고, 내 주인공밖에 나의 병을 해결해 줄 수 없고, 내 가정을 다복하게 해 줄 수 없다는 믿음을 진실하게 가졌을 때 모든 걸 거기에 맡겨 놓을 수 있는 것입니다.

맡겨 놓는 그 자체를 우리 한번 지금 현대 용어로다가 여러분하고 논의해 봅시다. 남을 나쁘다 좋다, 잘한다 못한다 이러기 이전에, 우리 자체가 바로 불가에서 말하는 숙명통이라고 하는 것을 가지고 있는데 아주 모든 전체의 입력이 돼서 들어갈 수 있는 컴퓨터라고 볼 수 있겠습니다. 과거에 내가 나오기 이전에 살던 것이 그 컴퓨터에 입력이 다 돼 있다는 사실입니다. 그래서 팔자 운명이 따로 있는 게 아니라 자기 한 것대로 인(因)이 과(果)가 돼서 지금 현실에 뭉쳐 있는 게 바로 우리 몸 안에도 수십 수백, 그 생명들이 지금 이렇게 움죽거리고 있는 것입니다. 이거를 불가에서는 고라고 합니다. 그래서 사제법을 설했죠. 고집멸도(苦集滅道) 말입니다. 사람이 걸리지 않고 고 하나만 벗어난다면 집이 어디 있으며 멸이 어디 있으며 도가 어디 있겠습니까? 그 언어도 붙지 않는 자리라고 봅니다.

이 공부라는 것은 공부라고 할 게 없이 우리 생활 속에서 너무도 당연히 짚고 넘어가야 할 문제이기 때문입니다. 그러니 그 컴퓨터에 다 입력이 돼 있으니까 지금 여러분이 사는 것은 과거에 여러분이 살았던 것, 했던 것, 말했던 것, 행했던 것 그 모두가 인연에 따라서 거기 바로 입력이 돼 있는 것이 나오는 겁니다. 그것이 바로 악업 선업이요 업적이요 인과요 유전이요 이런 것입니다. 지금 여러분이 물질적으로 발전이 돼서 만든 컴퓨터는 사람이 반드시 입력을 해야만이 거기서 나오게 돼 있습니다. 그러나 아주 고차원적인 컴퓨터는 항상 자유스럽게 생각을 할 수 있으니 얼마나 그 입력이 자유스럽습니까? 바로 생각하면 생각하는 대로 바깥으로 나오게 되는 것입니다. 여러분이 집을 지으려고 생각했을 때에 그 설계를 금방 해서 나오고 또는 집이 바깥으로 벌써 지어져서 나옵니다. 이것이 과학이 아니고, 바로 심성생활과학이 아니고 뭐겠습니까?

그리고 이론에 너무 치우치지 마십시오. 왜냐? 내가 목마를 때는 이론이 거기 붙지도 않고 바로 냉장고 문 열고 그대로 물을 따라서 먹고 난 뒤에 생각도 하는 겁니다. 이렇게 빠른 것입니다. 이렇게 자유스러운 겁니다. 그리고 여여한 겁니다. 무슨 귀신짓들이나 하는 것이 불교가 아닙니다. 떡을 놓고 빌고 바깥에서 해 주길 바라며 비는 귀신짓 하는 것이 불교가 아닙니다. 불교라는 당당하고 끝없이 돌아가는 이 진리에 우리는 순응하고 있고, 물을 먹고 살고 바람으로 공기로 인해서 우리는 생명을 유지하고 살고 있고, 불이 없어도 안 되고 어떤 것이 없어도 안 되는 존재인 것입니다. 이 존재로 인해서 광력이나 전력이나 자력이나 통신력이 충만히 우리한테 주어져 있다고 봅니다. 이 한생각을 할 때에 바깥에서나 안에서나 광력이든 전력이든 자력이든 통신을 능히 자유스럽게 할 수 있고 자유스럽게 지금 실천할 수 있는 그러한 도리라고 봅니다. 그렇기 때문에 여러분은 이름해서 만물의 영장이며 바로 자유인이 될 수 있는, 99%가 될 수 있는 문제를 가지고 있습니다.

인간은 그렇게 자유스럽고 충만히 재료가 주어져 있는데도 불구하고 항상 남한테 기대지 않으면 바람에 쓸리고, 쓸리지 않으면 그저 말에 끄달리고 이렇게 하니까 자기 중심은 영원히 잃고…. 그런데 지금 현재 요번만 살다가 가는 것이 아닙니다. 우린 영원한 것입니다. 나무 이파리가 떨어졌다고 그래서 나무가 죽는 게 아니니 그 이듬해에 다시 잎이 피고 바로 꽃이 피고 그렇게 살죠. 그래서 어떤 분들은 몸이 허무하다 그러고 몸이 고깃덩어리니까 아무것도 아니라고 합니다. 이것은 허망한 거라고 그러지만 여러분이 남의 눈에 띄지 않는다면 무효입니다. 그렇기 때문에 이 색신도 중요한 겁니다. 이 색신을 어디서 받았습니까? 엄마 아버지 정자 난자에서 몸을 받은 것입니다. 그래서 몸을 간

수하는 것도 바로 효도인 것입니다. 자기 몸이 아닌 것입니다. 그렇게 해서 부모의 마음을 편안하게 해 드림으로써 부모의 은혜를, 묵은 빚을 갚는 것이요, 자식들에게는 햇빛을 줄 수 있는 능력을 수여하는 것입니다.

아까 얘기하다 말았지만 컴퓨터가 과거생으로부터 현실로 나오는 어떠한 자동적인 기구라면 영원한 것입니다, 그건! 변질도 안되는 것입니다. 생각하면 생각하는 대로 만약에 우리 지금 생활, 과거에 있었던 것이 현실로 나오는 이 입장을, 모든 것을 작든지 크든지 더럽든지 깨끗하든지 잘났든지 못났든지, 지식을 잘 배웠든지 학식을 배웠든지 못 배웠든지 그걸 막론하고 모두, 살림살이가 크든 작든 모든 거를 주인공에다가 맡겨 놓고 아까 첫번에 얘기했듯 그렇게 하신다면, 바로 앞서 그 입력이 됐던 과거의 팔자 운명은 다 무너지고, 인과응보나 유전성이 다 무너지고 습이 다 끊어지게 됩니다. 수억겁 광년을 거쳐 오면서 쫓고 쫓기면서 진화된 우리 인간들이기 때문에 살아나오면서 그 습이 너무도 많아서 끊을 수가 없습니다. 그래서 망상을 끊어라, 습을 끊어라, 욕심을 부리지 마라 하는 이런 문제가 있죠. 아집을 부리지 마라, 아상을 갖지 마라 하는 이런 문제. 그러면 그런 대로 그것을 거기에다가 맡겨 놓을 때는 그 모두가 무너지니, 그래서 체질도 바꿀 수 있거니와 내 팔자 운명도 바꿔서 자유스럽게 쓸 수 있는 자유를 가지고 있음에도 불구하고 기복으로 믿어서 진짜 자기를 탄생시키지 못한다면 그것은 그냥 넘어갈 수 없는 아주 후회가 막심한, 세세생생에 끄달릴 수밖에 없는 그런 여러분이 될 것입니다.

사람은 사람대로만 있는 것이 아닙니다. 죽어지면 구름이 다시 모이고 또 구름이 모였다가도 다시 흩어져서 딴 구름하고 또 모이고, 이렇듯이 자식이 따로 없고 부모가 따로 없고 형제가 따로 없습니다. 우리는 순간 한 철 났다가 한 철 가고, 한 철 갔다가 한 철 오고 이러는 것입니다. 우린 한 철의 나그네죠. 그 나그네 생활 한 철 할 때에 어떻게 사느냐, 어떻게 하느냐, 어떻게 말을 하느냐 이런 것입니다. 평등한 마음을 가지고 어떻게 웃으면서 받아들일 수 있고, 어떻게 부드럽게 남한테 말해 줄 수 있고, 어떻게 내 마음을 내 탓으로 돌리고, 내가 있는 탓으로 돌리고, 모르는 사람이 있을 때 '그것도 바로 내가 몰랐을 때 내 모습이지.' 하고 사랑할 수 있는, 자비를 베풀 수 있는 그러한 넓은 아량과 지혜를 가지고 살 수 있는 인간이 되느냐, 그렇지 않으면 모든 것을 가리지 않고 악조건으로 어떠한 짓을 해서라도 살아야겠다는 그런 일념으로 나가느냐 여기에 달려 있겠죠.

그래서 우리 인간에게는 주어져 있는 것이 있는데, 아까 컴퓨터 얘기 했습니다. 그 컴퓨터에는 컴퓨터 하나만 있는 게 아닙니다. 과거로부터 현실로 짊어지고 나온 것이 지금 컴퓨터인데, 그 컴퓨턴 짊어지고 나온 걸 지금 자꾸 내놓는데, 지금 거기에 포함된 것이 뭐 뭐 있습니까? 천체망원경이라고 합시다. 이걸 천안통이라고 그러죠. 망원경이라고 합시다. 컴퓨터가 있으면 거기에 그게 달려 있습니다. 보는 게 없으면 아니 되니까. 또 듣는 게 없으면 아니 되니까 천이통이라고 불가에서 말하는 거를 지금 무선통신기라고 합시다. 무의 세계나 유의 세계나 일체 만물이 같이 통할 수 있는 바로 그런 통신기 말입니다. 지금 요런 통신기 말고 말입니다.

또 우리가 '가고 옴이 없이 가고 온다.' 할 때는 모든 일체 우주를 탐험하고 어떠한 국토든지 어떠한 혹성을 탐험할 수 있는 그런 대대적인 것을 신족통이라고 불가에서는 말합니다. 그것을 오고 감이 없는 팩스라고 말합시다. 조그마한 거지만 우리가 알아듣기 쉽게 하기 위해서 이 용어를 쓰는 것입니다. 너무도 광대하니까. 여기에서부터 연구를 해 들어 가면 아주 말을 할 수가 없어서 입을 딱 벌리고 하늘을 쳐다보고 껄껄 웃지 않으면 아니 되고, 너무 어마어마해서, 이 산하대지를 내려다보고 한번 울지 않으면 안 되는 이런 과정이 끝없이 반복되는 진리입니다.

그러면 거기 뭐가 또 대두돼 있느냐? 불가에서는 타심통이라고 그럽니다. 이것을 탐지기라고 제가 이름을 붙이죠. 남의 속을 알아야, 저 사람이 뭘 했고 뭐 어떻게 생각하고 있는지, 배가 고파서 그러는지, 뭘 알아야 그 사람 차원이 컵이라면 컵에 담아 주죠. 그렇죠? 그 사람 차원이 접시라면 접시에다 담아 줘야죠. 만약에 그 외에 바다라면 그것은 둘이 아니죠, 우리가.

불교는 그렇게, 무의 법 50% 유의 법 50%가 한데 계합이 돼서 자유스럽게 찰나 생활을 할 수 있게끔 여러분이 다 갖춰 가지고 있다는 사실입니다. '어떻게 우리가 그렇게 할 수 있어?' 그러지만 여러분도 한생각 내서 이 지구 바깥을 벗어나 보십시오, 안되나! 여러분 가정에 가 보십시오. 지금 이 자리에 앉아서 가 보실 수 없는가. 무엇을 어디다 놓고 무엇을 어디다 놓고, 밥 먹던 건 어디 있고 반찬 먹던 건 어디 있다고, 반찬도 수요를 요것조것 요것조것 다 알고 있다는 사실입니다. 그와 같이 마음은 내놓을 수 없으면서도, 볼 수 없으면서도 그렇게 위대하고 그렇게 광대무변하고도 묘한 것입니다.

그런데 불교가 어느 귀신이, 마구니가 빌고 있는 고장으로 알고 그렇게 인식을 하고 있다면 아예, 이 세계를 맛보고 이 세계 첨단을 걷고 있는 지식인이라고, 또는 자유인이라고 볼 수 없죠. 배웠다고 할 수도 없죠. 배웠다기보다는 여러분의 몸의 구조가 의학적으로 본대도 잠재의식 쪽 현재의식 쪽, 뇌도 그렇게 딱 나누어져 있죠. 그러면서도 한데 붙어 있죠. 그런데 여러분의 마음을 한 번도 잠재의식 쪽으로 기울여 보지 않는 그런 여러분이거든요. 아니, 다는 그렇다고 볼 수 없고요. 죄송합니다. 하여튼 그런 편이 말하자면 80%는 된다고 보죠.

여러분이 그런 도리를 모르기 때문에 가정에 어떠한 우환이 오거나 병고가 오거나 또는 법정에 어떠한 걸림이 있거나 어떤 일이 생겨도 해결을 못합니다. 왜냐하면 잠재의식 쪽으로 한 번도 생각해 보지 못하고 현재의식 쪽에서 판단을 내리고 자기는 아무 능력도 없는 것처럼 그냥 남한테로 기대러 갑니다. 돈 얼마 줘고 말입니다. 그 땀방울을 줘고 말입니다. 그러나 돈으로 해결되는 것도 있지마는 돈으로 해결 못 하는 것이 여러 가지죠.

그럼 이런 얘기를 하고 다시 한 번 또 돌아옵니다. 이 다섯 가지가 전부, 여러분이 맛을 아시는 거와 같이 다섯 가지가 구성된 그 시스템은 모두가 이 누진통으로 직결됩니다. 하나하나 들어오는 것이 전부 직결돼서 거기서 다시 판단을 해서 내리는 것입니다. 모든 것을, 바깥의 거 안의 거 전부 들어오고 나가는 것을 체크해서 통신을 합니다. 통신을 하면 바로 사대의 모든 분야에서 그걸 받습니다. 이렇게 아주 철두철명하게 인간의 몸에서도, 이것도 한 개의 혹성이라고 볼 수 있죠. 이것도 국토입니다. 오대양 육대주의 국토라고 볼 수도 있죠.

그런데 이렇게 현명한 인간의 도리를 배우는 거를 귀신짓이라고 하지 않나, 또 그렇지 않으면 내 종교 네 종교 이걸 따져서 온통 불편을 가지고 오고 모두 선입감을 가지고 오고 싸움질들을 하고…. 왜 그렇게 해야만 합니까? 우리 마음은 사방이 툭 터졌어. 어디를 갈 수가 없는 사람이 아니에요. 어디도 갈 수가 있어요. 사방이 터졌다고요! 지붕도 없다고요! 우리 마음은 지붕이 있어서 못 가고 저 벽이 있어서 못 가고 이런 게 없거든. 그런데 그 상표에 묶여서 그렇게들 애를 쓰거든요. 그러니 마음이라는 게 그렇게 위대한 거를 우린 한 번도 생각해 보지 못하고 항상 가난하고, 마음이 가난하면 여러분이 살아나가기도 가난해. 여러분의 마음이 부자라면 여러분이 살아나가기도 부자로 살아나가. 그러고도 또 아주 활달하고 그렇게 좋을 수가 없이 이 세상을 자유스럽게 살 수 있는 거죠.

제일 중요한 게, 여러분이 처음에 그 컴퓨터에서 나오는 대로 컴퓨터에다, 주인공에다 다시 맡겨 놓고 '여기서밖엔 해결 못한다. 거기서 나온 거니까.' 엎드러져서도 여러분이 일어나지 남이 일으켜 줍디까? 남이 똥을 눠 줍디까? 남이 죽어 줍디까? 남이 먹어 줍디까? 남이

자 줍디까? 남이 아파 줍디까? 이건 대신 못해 줍니다. 그와 마찬가지로 그렇게 아주 기묘한 법을, 무한의 진리를, 그리고 그 광대무변한 법을 우리가 자유스럽게 가지고 있는 거, 우린 모르고 있지 않습니까.

예전에 육조 스님이 말씀하셨듯이 '내 어찌 청정함을 알았으리까!' 이 청정한 것이란 뭐냐? 더러운 물이나 깨끗한 거나 또는 유의 법이나 무의 법이나 모든 걸 평등하게 가질 수 있어야만이, 젖는 것이 법이라고 해서 청정한 것입니다. 깨끗한 것만 얹어 놨다고 그래서 청정한 게 아니라 더럽고 깨끗한 게 없는 게, 부처다 중생이다 그 둘이 아닌 게, 여자다 남자다, 동서가 둘이 아니다 이럴 때에 청정한 것입니다. 청정함을 어찌 알았으리까. 내 어찌 여여함을 알았으리까. 내 어찌 갖추어 가지고 있음을 알았으리까. 내 어찌 일체 만법을 내 한마음으로 들이고 낼 줄을 알았으리까. 그러다 보니 한 찰나 찰나, 한생각에 우주가 들릴 수 있는 이 찰나 생활을 어찌 할 줄 알았으리까 이겁니다.

지금 여러분이 학식도 지식도 상식도 교양도 다 잘 아시리라고 믿지만 그건 50%의 진정한 자유자재권을 여러분이 가지고 있질 않기 때문에 그걸 가지고 있으려면 바로 자기가 가지고 있는 거를 발견하시라 이겁니다. 누가 주는 것도 아니고 누가 뺏어 가는 것도 아닙니다. 내가 그렇게 통달했다 하더라도, 수많은 선지식이 통달하고 부처가 됐다 하더라도, 바로 부처님께서 그걸 가르쳐 주셨습니다. 다자탑에 앉았다가 반 자리를 내놔 주셨습니다. 그걸로만 안다는 게 아닙니다. 진리를 볼 때 어떠한 사람이 이 진리를 통달했다 하더라도, 부처님이 그 진리를 통달했기 때문에, 그 부처님 마음과 내 마음이 둘이 아닌 까닭에 바로 따로 있는 게 아닙니다.

여러분! 이게 부처님 물그릇이다, 마음이다 할 때 마음의 이 한 그릇이 여기 들어가면 한 그릇일 뿐이지 여러 몫이 따로 있는 것이 아닙니다. 그리고 또 예수나 부처나 모두가 따로 있는 게 아닙니다. 이걸 하나를 보십시오. 요 버스가 지구라면, 또는 우리 몸뚱이가 지구라면 몸뚱이 속에 있는 바로 이 생명들은 우리가 어디를 돌아다니는지 모릅니다. 우리도 지구가 어디로 돌아다니는지 모르고 있습니다. 지구 바깥을 벗어나야 지구가 어디로 돌아다니는지 알 수 있습니다. 그 반면에 우리 인간이 나 인간에게서 벗어나면 나 인간이 어디로 돌아다니는 걸 다 알겠죠. 안 그렇습니까?

자기가 병원에 가서 수술을 하는데 바로 자기가 수술하는 걸 보고 있듯이, 그것도 한번 해 봤습니다만, 이 자리 큰 데다가 물도 흐르고 그냥 시원하게 정자를 만들어 놓고 꽃도 아주 잘 그려 놓은 게 있습디다. 그런데 말입니다, 이를 빼는 데도 어떠한 경우에 있어서 마취를 못할 때가 있습니다. 그럴 때는 그 정자 속에 의식이 들어가서 논다면, 앉아서 그걸 들여다보고 있다면 그건 마취가 된 겁니다. 아시겠습니까? 그러니까 내가 어디가 아프다 하더라도 아픈 괴로움이 없다 이 소리입니다. 인간이라면 누구나 다 아픈 것이 없을 수는 없습니다. 왜? 몸이니까. 그러나 남보다 십 배 아플 거를 아주 일 초, 순간의 아픔으로 그 열 번 아픈 거를 대치할 수가 있다 이 소립니다. 열 번의 고를 일 초로 줄일 수도 있는 것입니다.

그래서 제갈공명이 동남풍을 불게 해서 나라의 위기를 면했다 이러는데, 난 어떤 땐 이런 생각을 합니다. '야, 제갈공명은 촛불이 꺼지면 죽는다고, 명이 한이 있다고 했다. 그 촛불이 만약에 꺼진다면 한명(限命)으로 생각을 하고 죽는다.' 이거죠. 난 그때 이런 생각을 했습니다. 촛불이라는 것도 물질이다 이겁니다. 만약에 내가 제갈공명이라면, 내가 지금처럼 알았다면 나는 그 불을 가지고 내 몸을 죽이고 살리지는 않았을 거다 이런 생각이 듭니다. 왜? 시기가 급한데 아, 촛불 가지고 논의할 때가 돼 있습니까? 응? 촛불이 꺼지면 어떻고 켜지면 어떻습니까? 내 마음의 불을, 인등을 켠다면 천체 밝을 수가 있고 내 마음에 불을 켠다면 광선, 즉 말하자면 레이저 광선으로써 안에도 치료할 수 있는 그러한 문제인데, 하물며 촛불로다가 자기 생명을 가게 하고 오게 하고 그렇게 한다면 그거는 한 소식, 자기밖에는 깨치지 못했다는 말입니다.

우리가 자기를 깨치고 나서 실험을 하고 체험을 하고 그때에 둘이 아닌 도리를 배우기 위해서 모든 것을 이차적으로 또 놓아서 공부를 하게 돼 있는 것입니다. 그래서 육조 스님도 깨치고도 12년이 걸렸고, 달마 대사도 9년을 면벽을 했어요. 앉아서 자기가 모든 것을 돌아다니며 탐험했거든요. 그러고서 실험을 하고 체험을 했거든요. 둘이 아닌 도리를 말입니다. 그리고 둘이 아니게 나투는 도리를 습득시키느라고 6년을 면벽을 했다는 사실을 여러분은 아셔야 될 겁니다.

우리가 깨닫는 건 쉽습니다. 내가 지금 말하듯이 그렇게 할 수만 있다면 여러분은 이 불교가 어떤 것인지 기독교가 어떤 것인지, 그런 건 상관없이 우리 인간들이 이 세상에 나왔다면 그대로 갈 수는 없다. 반드시 이것은 알아야 되지 않나. 그리고 인간으로 태어났다면 아까 말했듯이 어디서 왔는지 어디로 가는지는 알고 가야 될 거 아니냐 이겁니다. 내 말이 틀리걸랑 여러분이 또 질문을 하시면 나도 배울 수 있고, 여기 이렇게 같이 앉아 있을 때는 여러분과 나는 같은 도반입니다. 누가 높고 얕고 이런 거를 생각하기 이전에 우리는 같은 인간입니다.

여러분, 손오공 보셨죠? 물론 그걸 보실 때에는 애들이 보는 그런 걸로 보시겠죠? 그러나 사람이 서산 대사가 사명 대사를 시킬 때도 이 컵 하나를 놔두고 이것이 만약에 자비의 칼이라면 칼을 하나 들었을 때 칼이 만 개도 될 수 있고 만 불상이 될 수도 있습니다. 또 그 자비의 칼은 아무 데나 휘두르는 게 아니고 정히 할 수 없을 때에 이거를 들었을 때는 상대방이 볼 때, 이 칼이 만 개가 돌아갈 때 어떤 것이 진짜 칼인 줄 알고 죽이겠습니까? 치겠습니까? 몸뚱이가 만 개가 돌아갈 때 어떤 것이 진짜 몸뚱인 줄 알고 하나를 치겠습니까 이겁니다. 이것이 바로 우리 인간이 참답게 갖추어 가지고 있는 그런, 이것도 한 국토의 도장이라고 볼 수 있습니다. 내 이 말이 잘못됐걸랑 항의하세요.

나는 생각할 때에 여러분이 불교 기독교 가톨릭교 이런 걸 떠나서 인간이 좀더 인간답게, 한 발을 떼 놓을 때에 백 발을 떼 놓으려고 애를 쓰지 말고 가만히 앉아서도 천 리를 뛸 줄 알아야 지금 세상에는 살 수 있다고 생각됩니다. 세상은 지금 변천해 가고 새삼스럽게 이런 말 하는 거는 아닙니다. 어느 길이든, 갈 수 없는 길은 없습니다. 비행기가 날아다니는 데도 길이 있지만 우리 마음의 길이라는 것은 따로 없는 것입니다. 그러니 아주 소견으로서 쪼그맣게 생각하고 '나는 이만치 배웠는데, 스님은 뭐 안다고 이러니저러니 하시오?' 하고 속으로 비웃는다면 여러분이 여러분을 비웃는 것입니다. 나는 그런 거 걱정 안 합니다. 여러분이 욕을 하든 말든. 돈을 벌려고 다니는 것도 아니니까. 돈을 달라는 것도 아니니까. 또 여러분한테 내가 피해를 끼치려고 하는 것도 아니니까. 난 나 하고 싶은 대로 그냥 하는 거니까 누가 나한테 어떠한 탄압이 들어온대도 나는 상관이 없어. 나를 욕을 한대도 상관이 없고 거기 끄달릴 내가 아니야. 왜? 사람의 몸뚱이는 한 번 죽지 두 번 죽지 않아. 가루가 된다 하더라도 말이야. 아니, 아무리 가루가 된다 하더라도 '나'는 죽일 수 없어.

하여튼 모든 것을 타파하고 내가 내 종교를 가지고 있더라도 이 컵이 내 종교라면 이 컵을 버리라는 게 아니라 내가 어디 가든지, 변소에 가든지 강당에 가든지 법당에 가든지 거기 내가 있기 때문에 그 자리에 있다는 얘깁니다, 내 주처가. 그래서 한마음 한뜻으로서 여러분이 이 공부를 내내 하실 수만 있다면 나는 기꺼이 마다 안 할 겁니다. 어떤 사람은 날더러 이러죠. "스님! 스님 몸도 좀 생각하셔야죠. 아니, 오라는 데도 없고 가라는 데도 없는데." "아, 그렇기 때문이지." 나는 이럽니다. 그렇기 때문이야. 누가 오라 그래서 가는 것도 아니고 가라고 그래서 가는 것도 아니야. 나 가고 싶으면 가고 오고 싶으면 와. 여기 인연들이 있기 때문에 인연에 따라서 오는 거야. 그래서 여러분이 마음이 없다면 인연이 없는 것이고 마음이 있다면 인연이 있는 것입니다.

이 나를 믿으라는 게 아니거든. 똑같이 평등하게 될 때까지 나를 따르라는 거지 나를 믿으라는 게 아니거든. 지금 자기를 끌고 다니는, 자기를 말하게 하는, 자기를 지금 먹게 할 수 있는, 별의별 생각이 다 나게 할 수 있는 그런 묘용이 있고 바로 자기 주인공이, 주처가 있다는 거야. 그걸 믿으라는 거지. 바깥에서 하나님 아버지시여, 부처님이시여, 관세음보살이 따로 있는 줄 알고 관세음보살이니 뭐니 뭐니 뭐니 이름 그냥 쭉 해 놓고 그냥 모두, 가르치는 사람이나 배우는 사람이나 어째 그렇게 똑같은지 몰라. 기울지도 틀지도 않아. 왜? 중이 벌어먹고 살려고 입산을 하고 그랬나? 이 옷이라는 게 저기다 내버려도 주워 갈 사람이 없어요. 그러나 들어갔던 구멍으로 다시 나오게, 콩 알갱이 하나가 들어갔던 자리로 다시 나오게끔 만드는 것이 이 가사입니다. 진리입니다, 이게! 또한 이것은 뭔 줄 아십니까? 이건 검지도 않고 희지도 않다. 중용을 말하는 것입니다, 중도!

언젠가 한번 뉴욕에 가니까 이렇게 질문하더군요. "먹기 위해서 삽니까, 살기 위해서 먹습니까?" 하고요. 그래서 이렇게 말했죠. "목이 마를 때에 냉장고 병에서 물을 따라서 그냥 먹습니까, 그렇지 않으면 내가 이걸 먹을 때 '살려고 먹나, 죽으려고 먹나, 먹으려고 사나?' 하고 생각하고 먹습니까?" 하니까 "그런 생각 할 여지가 어디 있습니까? 목마르면 그냥 따라 먹고 볼 일이죠." 그거다 이거야. 바로 그거!

그래서 이렇게 불교는 풀 한 포기 하나도 불교 아닌 게 없고, 지렁이 하나 벌레 하나도 불교 아닌 것이 없습니다. 어떤 상표가 아니라 그것도 이름이라고 하지만 그런 이름도 붙이지 않는다면 우리가 어떻게 배웁니까? 그렇기 때문에 그 이름을 붙인 것입니다, 그대로요. 그리고 또 주인공이라고 하는 것도 여러분이자 공했다 이 소리입니다. '색이 공이요 공이 색이니라. 네 주장자가 없다면 내가 네 주장자를 뺏을 것이고 네 주장자가 있다면 내 주장자를 너를 줄 것이니라.' 이런 것도 주장자가 서로 똑같이 있다면 그 주장자는 둘이 아닌 것입니다. 없다면 집이 빈집입니다. 그렇기 때문에 세균이고 영계고 유전성이고 다 빈집이기 때문에 들어왔다 나갔다 해도 여러분은 모르십니다. 그리고 우환이 끓네, 병고가 났네 하고 야단들이죠. 암이 걸렸네 뭐, 이러고 말입니다. 자기 집을 자기가 지키지 못해서 그런 거를 누구한테다 항거를 합니까? 자기 집을 자기가 지키지 못하고 자기를 자기가 끌고 다니지 못한다면 어떻게 남을 리드하고 남을 어떻게 이끌어 줍니까? 그리고 내 부모의 묵은 빚을 어떻게 갚으며 내 자식들에게 햇빛을 어떻게 줍니까?

여러분한테 말하는 것을 어떻게 생각하면 비웃을 수도 있겠지마는 비웃을 수 없는 것은 전 하나서부터 열까지 실험 안 한 거는 말하지 않습니다. 저는 조그마한 것 하나로 인해 둑이 터져서 세상을 망가뜨릴 수도 있는 그런 도리라고 봅니다. 그럼으로써 우리가 지금 이렇게 조그마한 데, 조금 모여서 이렇게 얘기하는 요런 걸 가지고 '아이고, 뭐 별거 아니야!' 이렇게 하지 마시고, 나를 보지 마시고 여러분이 여러분의 마음을 한번 여유 있게 음미해 볼 수 있는 그런 마음을 가지시고 저녁에 주무실 때 단 오 분도 좋고 십 분도 좋으니까 그렇게 앉아서 '주인공! 네가 나를 형성시켰기 때문에 여기 이렇게 있고, 여기 이렇게 있기 때문에 상대성 원리가 있고, 이끌어 가는 것도 바로 너 아냐? 너가 있다면, 네가 있다는 증명을 바로 주인공이 해야 될 거 아닌가?' 하고 관해 보는 거, 한번 이렇게 탁 놓고선 지켜보는 거, 이것이 바로 참선이에요.

우리 이 몸도 공했는데 공한 화두를 잡아 가지고 그냥 십 년, 이십 년, 삼십 년씩 가도 지금 자기 싹도 틔우지 못한 분들이 얼마나 많은 줄 아십니까? 어저께도 얘기했지만 아니, 여러분은 겨울에도 오이 수박 뭐, 이런 걸 먹으면서도 그 생각은 한 번도 못하세요. 왜 인간은 그렇게 빨리 트일 수 없을까요? 그래서 겨울 여름 가을 봄 사철에 다 먹을 수 있는 그런 걸 한번 연구해 볼 수 없어요? 허허허.

또 한 가지 부탁할 것은 이런 게 있습니다. 우리가 처음에 배울 때는 어떠한 모르는 사람이 있다고 해도 타박을 해서는 안 됩니다. 학교에서 배울 때도 그렇고 또 우리가 생활을 할 때도 그렇고, 누가 모르는 사람이 있으면 내가 전자에 모를 때 내 모습으로 보고, 이거는 무의 법 유의 법이 쌍방이 맞아야 하니까. 모든 것을 배우면서 또는 하면서, 이게 별거 아니라는 걸 알면서도 거기 모든 것을 맡겨 놓고선 차근차근히 다 끝마치고선 그때는 그걸 홀렁 뒤집어서 여러분을 가르치기 위해서 책도 써내고 가르치기도 하고 그럴 때 한번 무 유를 한데 합쳐서 내는 겁니다. 그리고 가르치는 겁니다. 그럴 때 세상은 그냥 밝아지죠.

그렇게 정말이지 역사를 밝게 가져올 수 있는, 또 학업을 아주 그렇게 밝게 가져올 수 있는 연구를 해서 무 유를 한데, 즉 말하자면 이론과 지식과 이런 거 모두, 그게 아무것도 아니라고 안 배워선 안 됩니다. 배워 가지고선 한번 무의 법과 유의 법을, 유의 법을 배웠으니까 무의 법과 한데 겸해서 이것을 만약에 자유인으로서 이끌어 간다면 그 학생들은 얼마나 우리나라의 역사를 점점 좋게 가져올 수 있으며, 세계적으로 얼마나 우리는 좋은 길로서 또는 바탕을 정말이지 좀 튼튼하게 가져오며 지구의 집을 얼마나 소중하게 보존할 수 있는 그런 길을 인도할 수 있겠습니까? 조그마한 일이 아닙니다, 이게. 우리가 조그마한 일이 아니기 때문입니다. 우리가 영원하기 때문입니다.

분별을 끊어라 이러는데, 분별을 끊으면 목석이 될 텐데 부처를 어떻게 이룹니까? 또 육신이 아무것도 아니다 이런다면 어떻게 서로 상대를 해서 느끼고 그걸 생각할 수 있고 실험할 수 있고 체험할 수 있겠습니까? 만물만생이 다, 하다못해 벌레 하나라도 있기 때문에 우리는 그걸 보고 실험을 하는 것이고 연구를 하는 것입니다. 그렇기 때문에 스승 아닌 게 하나도 없습니다. 아니, 날아가는 나비 하나도 스승 아닌 게 없죠. 그렇게 모든 것에 내 마음이 고개를 숙이고 뛰어들어야만이 모든 거를, 하나도 버릴 게 없다는 거를 나중에서야 알게 되는 것입니다.

여러분하고 인연이 깊다면, 여러분이 또 같이 공부할 수만 있다면 나는 여러분하고 또 한자리를 하겠죠. 그런데 여러분이 그것을 “에이구, 뭐 우리 사는 거 그저 벌어서 먹고 살고 이렇게 해서 하면 되지.” 그냥 이걸로써 끝내지 마십시오. 왜냐하면 여러분이 지금 석사 학위나 박사 학위를 받고 어떠한 공부를 해 가지고 우리나라에 가도 지금 상태로 봐서는 여러분이 충분히 일할 자리를, 내 자리를 찾을 수 없는 그런 형편이죠. 그러나 여러분이 이 공부를 하신다면 국민을 살리고 나라를 살리고 내 앉을 자리를 찾을 수 있고, 한생각에 이렇게 엄청난 일이 벌어지는데 어떻게 그렇게 그냥 팽개칠 수 있겠습니까? 부처라는 거는 선반 위에 올려놓고 비는 것이 부처가 아닙니다. 여러분입니다. 즉, 여러분의 마음에 달려 있습니다. 무의 법 유의 법을 한데 계합해서 내가 자유스럽게 쓸 수 있는 그런 여러분입니다.

옛날에 “귀신이 있습니까, 없습니까?” 하고 어느 신부님이 날더러 묻습디다. 그런데 난 이렇게 말했죠. 당신네나 나나 귀신짓을 안 한다면 귀신은 없을 거라고요. 산 사람이 귀신짓을 하기 때문에 귀신이 있는 거라고요. 살았을 때의 의식이 그렇게 해 가지고 가던 차원이라면 죽어서도 그런 차원밖에 더 되겠습니까? 이 세상에 나와도 그 차원에서 나올 것입니다. 금은 금방에 갈 것이고 은은 은방에 갈 것이고 또는 무쇠는 무쇠방에 갈 것이고 넝마는 넝마전에 모일 것입니다. 자동적으로 말입니다. 누가 그렇게 가라 오라 하기 이전에 말입니다. 여기도 이 학교에 오니까 과목대로 정해져 있더군요. 내가 여기만 와서 아는 건 아니지만 하여튼 과목대로 정해져 있고, 박사 학위나 또는 석사 학위나 할 분들은 또 할 분들대로 따로 있고, 대학원도 따로 있고 학생들도 따로 있고, 이렇게 모든 장소와 모이는 그 팀들이 모두 달리 있는데 사람이라는 것도 똑같고 생명이라는 것도 똑같고 마음을 낼 수 있는 자격을 가진 것도 똑같아요. 그런데 어떻게 만드느냐에 달려 있죠.

그럼 이걸로써 마칠까요? 전 여기 오니까요, 바람은 불고 꽃은 나부끼고 봄이 오기를 기다리면서 모든 시냇물이 소리치면서 환성을 높이더군요. 산도 멀리 있고 그러면서도 산은 산대로 들은 들대로 잔디는 잔디대로 아주 서로 다복하게 지내는 걸 봤습니다. 여러분도 그렇게 되시길 바라면서 이만 그칩니다.

깊은 마음속의 한생각

초청법회(오하이오)

1990년 4월 15일

여러분이 여러분을 믿지 않는다면 누구를 믿겠습니까? 여러분 생명의 근본 자체를 믿지 않는다면 누구를 믿겠습니까? 상대를 믿겠습니까? 아니, 여기 부처가 있다 하더라도 그렇고 석존이 여기 있다 하더라도, 또는 예수가 여기 있다 하더라도, 성모가 여기 있다 하더라도 대신 먹어 줄 수는 없는 것입니다. 여러분, 못났든 잘났든 그분이 깨달은 거지 여러분이 깨달은 게 아닙니다. 그렇기 때문에 자기 주인공을 믿고 모든 것을 거기서밖에는 해결 못한다는 믿음을 가져라 하는 것은, 자기 주처가. 지금 진리를 탐구해 보세요. 모든 게 직결돼 있고 가설이 돼 있으니까요. 그 마음은, 자식이라고 생각하면 자식한테도 가설이 돼 있는 겁니다. 알고 있다면 그게 인연줄이 가설된 겁니다, 바로. 그런데 그것을 못 믿으십니까? 그럼 형상을 믿어야 할까요, 이름을 믿어야 할까요? 뭘 믿습니까? 자기로부터 알아야 하고 믿어야 하지 않겠습니까? 자기가 있기 때문에 상대가 있을 텐데요.

만약에 내가 220V 전력이라면, 120V가 있든 220V가 있든 내가 만약에 농능하다고 한다면, 너 전력이 그나번 난 집어삼키고 그냥 넘어가겠어요. 둘이 아니니까. 200, 200이라면 그냥 둘이 아니지 않겠습니까? 또 그쪽이 220V고 내가 120V라도 나는 내가 알아야 하겠기 때문에 나는 부처가 여기 있다 하더라도 거기를 기대진 않겠습니다. 기대지 않는 원인이 어디 있느냐? 모든 마음은 체가 없기 때문에 내 마음속에 믿음을 갖는다면 바로 나와 둘이 아닌 것입니다. 그래서 내 거름이 되는 거죠. 바로 내가 되는 거죠. 모습을 보고 물질을 보고 자꾸 기대고 또는 어떤 위대한 이름을 가지고 믿거나 이런다면 내가, 즉 말하자면 각자 여러분이 좀더 넓어질 수가 없습니다. 마음을 넓게 낼 수가 없습니다. 마음을 넓게 내는 것도 내 마음의 계발입니다.

즉, 경서를 갖다가 그대로 여러분한테 설법을 하고 그러는 걸 난 능사로 삼지 않습니다. 또 과거에 어떠한 설법을 방편을 써서 했다 할지라도 지금 시대가 어느 때입니까? 용어도 좀 바꿔서 할 수 있고 또 우리가 계율도 잘못된 거면 좀 개선할 수가 있고, 진리를 봐서라도 여자 남자 모습은 각각이지만 어찌 마음이야 둘이겠습니까? 생명도 둘이 아닌데. 이와 같이 모든 일체가 다 둘이 아닌 것입니다. 그래서 '살생하지 말라. 사랑하라. 평등한 마음으로써 안아 줘라. 부드럽게 대해 줘라.' 이것이 진짜 사람의 행입니다. 그럼에도 불구하고 모두가 이것저것 나누고 그렇게 된다면 우리는 지구 안에서 아니, 지금 요 지구가 내 몸뚱이 안이라면요, 대장은 대장대로 이렇게 나누어서, 거기 공장에서 말입니다, 직원들이 내 회사 네 회사 이러고 따지고 모두 갈라 가지고 파워를 일으킨다면 이 몸뚱이는 뭐가 될까요? 이 몸뚱이는 산산조각이 날 겁니다. 그냥 쓰러질 겁니다. 안 그럴까요?

그와 같이 인간의 마음도 그런 것입니다. 그렇기 때문에 '주인공!' 그것은, 공이라는 것은 뭘 가지고 공이라는가? 아까도 얘기했듯이 찰나찰나 화해서 돌아가기 때문에 너무 많아서…. 이 전등 좀 보세요. 어떤 것이 진짜 불입니까? 어떤 것을 진짜 불이라고 하시겠습니까? 대답해 보십시오. 어떤 것이 진짜 불이라고 할 수 없기 때문에 공했다고 하는 겁니다. 여기 주욱 앉았는데 여러분이 전부 불입니다. 저런 불과 같아요. 그런데 어떤 것이 진짜 불이겠습니까? 근데 그것도 그만두고요, 모두 사람입니다. 근데 어떤 사람이 사람입니까? 축소해서 우리가 요렇게 이걸 세상이라고 볼 때 그대로 사람이기 때문에, 그대로 사람이 이렇게 많기 때문에 사람은 없는 것이 사람이다 이렇게 할 수 있겠죠. 너무 많기 때문에 무(無) 했던 거죠. 너무너무 많기 때문에, 많고도 공해서 자꾸 화해서 돌아가기 때문이죠. 그래서 공했다는 거예요. 주인이자 공했다 이거야. 그렇기 때문에 주인공이다 이거야. 그러면 생각하는 것도 천차만별로 생각을 하게 되고 금방금방이죠, 뭐, 그것도. 보는 것도 그렇습니다. 듣는 것도 그렇고 말하는 것도 그렇고 행동도 그렇고 먹는 것도 그렇고 고정된 게 있습니까, 없습니까? 그렇기 때문에 주인공이라고 하는 것이니 누구 어떠한 사람 하나를 개별적으로 놓고 주인공이라고 하는 게 아니라 포괄적입니다. 포괄적으로 한데 합쳐도 합친 사이가 없고 내놓을 건더기가 없고 이런 것이 바로 주인공입니다, 안이나 바깥이나.

믿지 못하시걸랑은…, 그 어떡합니까? 자기를 자기가 믿지 못하는데, 그리고 세상도 돌아가는 걸 못 믿는데 난들 어떡하겠습니까마는 여러분이 잘 생각해 보시고 한 번 한 번 자꾸 생각해 보시면 그 뜻을 알게 되실 겁니다. 어떠한 말씀이든지 다 옳은 말씀을 하시는 겁니다. 사대 성인들이 여러분한테 그른 말 하신 분 있는 거 보셨습니까? 우리는 심성생활과학이기도 하고 우리가 실천궁행하는 것이 바로 사대 성인들이 가르친 거죠. 우리는 내가 알고 가만히 있는 것이 목적이 아니라 내가 알았으면 바로 둘이 아닌 까닭에 사랑하라 하는 것도 가르치라 이거죠. 그리고 당겨 주고 실천을 같이 하는 데에 목적이 있는 거고요. 내 마음을 보세요. 내 마음을 '저놈!' 하고 웅크려 쥐고 있으면 그 쪽에서도 '저놈!' 하고 웅크려 쥐고 있습니다. 그러나 내가 아무리 그 쪽에서 나쁜 말을 해 왔더라도 '아이, 내가 있는 탓이지.' '소가 인덕이 없다면 비빌 수가 있을까. 언덕이 있기 때문에 비볐지.' 이러고 언덕이 생각을 한다면 그것은 나쁘게 생각이 안 듭니다. 모든 게 내 탓으로 돌려지죠. 그럴 때에 바로 내 마음이 벌써 그 사람으로 인해서 서로 이렇게 오고 가고 했기 때문에 인연의 가설로 인해서 벌써 나누어지죠.

지금 숫자로 헤아릴 수 없이 많은 팀들이 안양 본원에 있습니다마는, 그거는 우리가 한두 번 겪어 본 예가 아닙니다. 그렇기 때문에 어떠한 경우가 오느냐 하면, 자기가 그런 마음을 먹으면 그쪽에서도, 남편이든지 자식이든지 다 그렇습니다, 남이든지. "여보게! 내가 괜히 신경질이 나서 자네보고 그렇게 나쁜 언행을 했는데, 참 미안해!" 하고 들어온답니다. 그러면 서로 더 친절해진답니다. 또 안에서도 자식이 나가서 나쁜 일을 저지르고 싸우고 깨뜨리고 이래 가지고 부모가 오라가라 이런 소리를 듣는데, 이 도리를 배우는 사람들은 말을 들으니까 그 자식한테 부드럽게 말해 주고…. 내가 그랬거든요. "항상 자식이라는, 부모라는 가설이 돼 있으니 당신 주인공의 스위치를 눌러도 거기까지 불이 들어올 거고 그 아들의 주인공에다 맡겨 놔도 당신까지 불이 들어올 거다. 그러니 그렇게 해라." 했거든요. 그랬더니 그 자식이 그전에는 늦게 들어와도 "그래, 이놈아! 이렇게 해서 되느냐? 아버지는 벌어서 너 공부시키려고 이렇게 애를 쓰고 있는데 뭐 어쩌고 어쩌고…." 말이 많았죠. 그랬으나 "얘, 이렇게 늦게 들어왔으니 몸인들 지탱하겠니? 그런데 밥은 먹었니? 배고프지 않으냐?" 하고서 좋은 말을 부드럽게 해 주면서 웃으면서 과일도 깎아 주고 밥도 차려 주고 이러면서 기다리고 있는 그 어머니의 모습을 보고 말을 안 하던 사람이 "어머니! 나를 기다리느라고 이렇게 계시지 마세요. 인제 내일부터 일찍 들어올게요, 어머니! 어머니 모습이 새삼스럽게 이렇게 참 초라해 보입니다." 하면서 그렇게 착해졌답니다. 이런 거를 볼 때 우리가 마음에 어떤 억울함이 있고 어떠한 괴로움이 있더라도 거기 맡겨 놓는 겁니다. 맡겨 놓고 '아휴! 저 자식을 끌고 다니는 주인공이 잘 올바르게 이끌어 가지고 가겠지. 바로 그 길밖에는 없으니까.' 하고선 생각을 해 줄 때에 그 자식은 올바로 가게 됩니다. 진짜입니다.

젊은이들은 젊은이들대로, 장가 안 든 사람은 안 든 대로 자기도 훗날에 자식을 낳을 거고 부모를 섬길 거고, 지금도 섬기고 있고 이런 사람들도 많죠. 그러니까 자기가 실천을 해 봐야, 실험을 해 봐야 체험이 되지 내 말만 듣고 무효로 돌린다면 그건 또 무효죠. 한번 우리가 실천하고 넘어가는 그런 생활, 그것이 참선이 아닐까요? 아니, '참선' 하니 또 말이 나오는군요. 가만히 앉아서 좌선을 한다고 할 때 그때만 이 지구 우주가 돌아갑니까? 일어나면 안 돌아가고요? 앉으나 서나 일을 하나 깨나 자나 이건 그대로 돌아갑니다. 그러니 그대로 참선이죠. 그러니 걸리지 마시라 이겁니다. 내가 앉을 여유가 있으면 앉고 시간이 없으면 시간이 없는 대로 뛰는 대로도 그냥 참선이니까요. 누가 뛰는 건데요? 누가 앉는 거고, 누가 서는 겁니까? 누가 일하는 겁니까?

그래서 어느 중이 풀숲에 가서 딱 도사리고 앉아서 일어나질 않으니까, 어느 중이 가다가 그랬대요. "당신은 앉았을 때는 앉았다고 생각하고 앉았고 설 때는 다 했다고 일어나니 그것이 참선이겠느냐. 도루묵이지." 그러니까 그때야 탁 일어나더니 고개를 끄떡거리면서 "주먹이 깊기는 깊군." 하면서 "나는 참 감사함을 받았다." 하면서 "이제는 깊은 물에 배를 띄워도 노를 저을 만하다." 그러고 일어나더랍니다. 그러니 우리가 이런 걸 그냥 무심하게 넘길 수가 없죠.

전 한 가지 한 가지 모든 사람에게 강요해서 여기 오너라 이러진 않습니다. 자유입니다. 모두가 자유입니다. 그래서 각 지원에도 조직이 돼 있고 이렇지만, 강제적인 조직은 못 쓴다. 자유적인 조직이라야 된다. 나 하고 싶어야 하는 거지 누가 하기 싫은 거 억지로 주느냐. 또 불교만 오라는 게 아니다. 어느 누구도 올 권리가 있고 갈 권리가 있다 이겁니다.

질문자1(남) 저는 잘 알지 못하겠습니다마는 스님께서는 불교에서 말씀하시는 견성을 하셨다고들 말을 하는데 스님께서 견성을 하셨다는 걸 제가 알든 모르든 저한테는 아무런 도움이 안되겠습니다마는 여전히 호기심은 거기 있습니다. 그래서 스님께서 견성하시기 전과 견성하시고 나신 이후에 어떠한 개인적인 차이가 있는 것인지, 제가 지금 현재 걸려 가지고 하는 말입니다. 걸리지 말아야 되는데 걸려 있습니다, 제가.

큰스님 저는요, 이 세상에 나온 것이 없었기 때문에 갈 것도 없듯이 저는 견성한 게 없기 때문에, 또 견성을 했다고 할 것도 없습니다. 내 말은 내가 이렇게 걸어 보니까 또는 실험을 하다 보니까 체험을 하게 되고, 체험을 하다 보니까 '이 진리가 그렇게 돼 있더라. 생활이 그냥 심성과학이자 생활이더라.' 이런 걸 얘기하는 거뿐이지 나는 이날까지 부처가 되겠다, 깨치겠다, 무슨 남을 가르치겠다 이런 점도 없었습니다.

그러나 이렇게 만든 것도 내가 이렇게 만든 거예요. 바람 부는 대로 물 흐르는 대로 이렇게 가다 보니까 이렇게 돼서 이 자리도 온 것입니다. 그러니 여러분과 나와 평등한 거지. 같이 앉았으면 그냥 평등한 겁니다. 우리가 밥상을 차려 놨을 때 사발도 있고 대접도 있고 접시도 있고 종지도 있는데 그 자리에 사발만 크고 종지는 쓸모가 없는 게 아닙니다. 이거는 다 놓일 자리에 놓여 있고 담길 자리에 담겨 있는 것입니다, 그대로. 그러니 한 상에, 그 밥상 위에 놓여 있는 모든 그릇이, 물건이 따로따로 있는 게 아니고, 견성한 놈이 따로 있고 견성 못한 놈이 따로 있는 게 아닙니다. 내가 또 견성을 했다고 하는 것도 아닙니다. 왜? 했다고 해도 아니 되고 또 하지 않았다고 해도 아니 됩니다. 그러면 했다고 하는 것도 틀리고 또 하지 못했다 하는 것도 틀리니 어떤 것이 한 것입니까? 말씀해 보시죠.

질문자1(남) 일반적으로 견성을 했다 그러면 일체 차별 분별 같은 것이 없어지니 만일 스님께서 견성을 하셨더라면 견성을 한 사람이든 안 한 사람이든 일체 차별이 없으실 것입니다. 그렇지만 저같이 확실히 견성을 하지 못한 사람들은 어떤 사람은 견성을 했고 나는 못했는데, 저 사람은 견성을 했으면 어떻게 될까? 견성하기 전과 견성하고 난 이후에는 어떤 차이점이 있을까? 이런 의식적인 질문이 계속 저한테 남아 있는 것입니다. 스님께서는 어쩌면 진리적인 답변을 해 주셨을지 모르지만 저의 호기심에 대한 대답은 전혀 안될지 모르겠습니다.

큰스님 그거는 지금 질문하는 사람이 질문을 할 수 있게끔 된 것도 바로 그 대답이 아닐까요? '견성' 이것도 이름인데 이 이름, 언어도 붙지 않는 자리가 바로 견성이라고 한다면, 아주 초보입니다, 초보! 우리가. 응? 진짜 공부할 수 있는 단계. 견성이 뭐가 그렇게 대단합니까? 예?

우리가 초보적으로 나를 발견했다 그랬을 때는 어린애가 지금 갓 태어난 것과 똑같습니다. 그 어린애가 자라서 공부를 해야 합니다. 공부를 하고 사회로 나가서 일을 해 봐야 그 이치를 알듯이, 세 단계가 없는 세 단계가 있다고 봅니다. 그러면 견성을 했느냐 못했느냐 이런 것도 여러분이 거기까지 와 봐야 그것을, 내가 뭘 하는지 알 수 있는 거지 여러분이 오시지 않고, 그걸 알지 못하고 내가 지금 뭘 하고 있는지 어떻게 아십니까? 지금 이 자리에 앉아 있는 이 육신만 보지 내가 지금 어디로 가고 어디서 뭘 하고 그러는 거를 여러분이 보실 수 있어야, 또 할 수 있어야 그것을 바로 아실 겁니다.

그러니까 그런 것을 이론으로 자꾸 따지지 마시고 무조건 내 몸을 끌고 다닐 수 있게, 자유스럽게 끌고 다닌다. 지금 병고에 휘달리는 사람도 많고 이 모두 공해로 인해서 허하고 기가 상실되고 이런 경우가 참 많습니다. 여기는 공기가 좋아서 그런 일은 없을는지 모르겠지만 말입니다. 그러니까 우리가 그것을 마음대로 조절해서 기를 넣고 허한 거를 조절하고, 우리 이 몸 안에 들어 있는 생명들의 그 의식을 지배하고 이럴 수 있다면 우리는 몸도 끌고 다닐 수 있거니와 우리 가정도 다복하게 이끌어 갈 수 있고…. 그거 자유스럽지 않을까요? 요것만 봐도 말입니다.

그러니 조그만 거서부터 여러분이 좀더 하려고 노력을 하신다면 우리는 '이거 해 주십시오. 저거 해 주십시오.' 하고 어디다가 빌거나 귀신짓을 안 할 겁니다, 아마. 난 이렇게 생각합니다. 불교가 어떤 건지 자세히 아신다면 그게 아닌 것입니다. 저도 천주교에 입교해서 고해 성사도 해 봤고 또는 묵언도 해 봤고 단식도 해 봤고 별짓 다 해 본 사람입니다. 그러나 그것이 전부 타의에서 구한다는 의론에 빠졌습니다. 그걸 아셔야겠습니다.

참, 우리가 살아나가다 보면 생활 속에서 어떠한 분노와 어떠한 괴로움과 어떠한 고독함과 그 어떠한 아픔이 수시로 오는지 모르게 온다는 것을 모두 여러분이 모르실 리가 없다고 봅니다. 오늘은 성했다가 금방 며칠 안 돼서 쓰러지는 사람도 많이 봤습니다. 그러니 우리가 앞으로 서로 이렇게 토론을 한다면, 우리가 겨울이 돼도 오이를 먹고 수박을 먹듯이 때 아닌 때도 우리는 빨리 깨칠 수 있지 않은가 이렇게도 보고요, 허허. 정히 앉아서 좌선만 해서 되는 게 아니라 내 한생각의 거울은 바로 우주의 탐험도 할 수 있는 이 한 손바닥의 거울입니다.

여러분이 다 그렇게 하실 수 있는 능력을 가지셨습니다. 생각을 냈다 하면 법신이요, 가만히 있다 하면 부처인 것이고 바로 움죽거렸다 하면 화신인 것이고 보신인 것입니다. 그래서 부처님께서 한마음을 내서 문수로 옆에 앉혀 놓고 한마음을 내니까 또 움죽거리는 보현을 옆에 앉혀 놓으셨죠. 그래서 삼 불을 모시게 된 것입니다. 그것도 조선 초엽부터 말엽까지 사람들이 공부를 못 하게 되니까 그런 의견들을 내서 모두 모셔 놓은 것이지 부처님 당시에는 그렇게 모셔 놓았던 것도 아니죠. 또 화두를 주거나 화두를 받아 가지고 그렇게 애를 쓰는 그런 일도 없었고요. 그러니 좀더 개선할 건 개선하고 우리 이 자체 내에서 못났든 잘났든 내가 나를 끌고 가는 수밖에 소중한 게 더 어디 있습니까? 그럼….

질문자2(남) 저는 불교에 대해서 아주 문외한인데요, 제가 불교에 대해서 알고 있기로는 '불교는 깨달음의 종교다. 자기 자신을 깨닫는 종교다.' 그런 얘기를 많이 들었거든요. 근데 오늘 스님의 말씀 중에서 아까 "자기 자신의 주인공을 믿어라." 그런 말씀을 하셨습니다. 그 깨닫는다는 것과 자기 자신의 주인공을 믿는 것과는 같은 것인가, 아니면 어떤 연관이 있는가 그런 걸 좀 알고 싶습니다.

큰스님 예. 그것은 우리가 씨는 있는데 싹을 틔우지 못할 때 그 싹을 틔우기 위해서, 그걸 깨달음이라고 말합니다. 씨는 본래 있는 것입니다. 그러나 우리 마음이, 지금 현실의 나 자체의 마음이 과거의 마음과 동일해 가지고 내가 알아야 되니까 그 싹을 틔우는 거죠. 그러기 위해서, 바로 싹을 틔우기 위해서 생사윤회가 둘이 아니다. 크고 작은 게 둘이 아니라는 찰나 생활이 그냥 공했으니까, '공했노라' 해서 네가 돌아가고 있는 이 공한 너 주인공이 그대로 대(對) 없는 한마음이요, 한마음은 대가 없는 게 한마음이요, 어떤 걸 이름해서 나라고 할 수 없는 게 공한 것이다. 그래서 공이라고 한 것이니까 우리가 깨달으려면 촉촉하게 물도 줘야 하고 흙도 골라 줘야 하고 그래야 바로 거기 씨가 싹이 트지 않겠습니까? 마른 땅에서 마른 씨가 어떻게 싹을 틔웁니까.

그렇기 때문입니다. 그 과정을 말하는 겁니다. 누구나가 과정 없이는 깨달을 수가 없으니까요. 그래서 화두를 받아 가지고도 '이 뭣고?' 하고선 글쎄, 그냥 노상 자기가 지금 움죽거리고 돌아가고 알고 그러면서도, 지식과 학식이 충분히 여기 들어갔는데도 그냥 모르는 척하고 '이게 뭣고?' 하고 10년을 있어 봐도 그것은 싹이 트지 않습니다. 행을 해야 합니다. 싹을 틔우려면 그대로 물을 주고 흙을 골라 주고 그러면서 지켜보는 겁니다. 그래 싹이 트면 그때부터 이제 기르는 거죠.

그 과정입니다.

그래서 '깨닫는다.' 또는 '주인공에다 맡겨 놓는다.' 이것은 깨닫는다는 이 언어마저도 거기다 붙여서는 아니 됩니다. '깨달아야 되겠다.' 이런 것도 거기 놔야 합니다. 그것은 모든 걸, 예를 들어서 말한다면 어떠한 물건이든지, 쇠 부스러기라는 건 다 용광로에 집어넣는 작업만 한다면, 그냥 그 작업만 하면 돼요. 뒷걱정은 하지 마세요. 그 작업만 하면 자동적으로 쇠가 생산이 돼서 나가니까요. 그리고 또 그 뒤의 걱정은 생각도 하지 마세요. 그 쇠는 그 이름을 가지고 또 이 세상에 출현을 할 테니까요.

여러분, 어떻게 생각하세요? 수박을 갖다 놓고 말입니다, 경설을 하듯이 수박의 거죽은 파랗고 속은 하얗고 그 다음에 빨갛고, 씨가 있고, 이런 이론을 벌여 놨을 때에 그 이론을 배우시겠습니까, 수박을 탁 잘라서 그냥 맛을 보시겠습니까? 어떤 거든지 오는 대로, 내 앞에 오는 것대로 용도에 따라서 그냥 잘라서 먹는 겁니다. 그럼 벌써 맛을 알죠. '아, 이건 맛이 있구나! 아, 이건 익었구나!' 이 맛을 알면 내년 걱정은 하등 할 게 없죠, 그 씨가 있기 때문에. 그래 내가 수박이라면 내 속에 수박씨를 놔두고도 내 바깥에서 수박씨 찾게 됐습니까, 지금? 수박씨는 바로 나한테 있는 겁니다. 그런데 여러분이 생각할 때는 그 수박이 익으려면 싹이 있어야지 싹까지 끊어 버린다면 수박이 익겠습니까, 또? 이 과정이 있는 겁니다.

그렇기 때문에 무조건, 우선적으로 내 몸과 내 마음과 내 가정과 이 모두를 해 나가는 데만 한번 해 보세요. 그러다 보면 나중에는 우주의 탐험도 할 수 있으니까요. 어떠세요? 거짓말이라고 생각하지 마시고 '저거 미친 거 아니야?' 이런 생각이 있다면, 그러한 생각이 있다면 그렇게 생각하는 대신 실험을 좀 해 보세요. 어떠세요? 아니, 남을 위해서 하는 게 아니니까, 여러분이. 자기와 자기 가정과 자기 자식과 자기 부모와 그 모든 것에서부터 해 보면 알게 되고 바깥의 딴 사람까지도 할 수 있습니다.

여기 OO씨 어디 있어? 자기가 실천한 거 한번 얘기해 봐. 자기가 알고 있는 사람을 그 병고에서 거둬 준 거. 그 한생각이 그렇게 중요하다는 거. 언젠가 나한테 얘기했지. 난 누구든지 자기 자랑은 하지 마라 이거야. 난 이러죠. "아유! 스님, 참 고맙습니다. 우리 아이가 정신분열증을 일으켜서 그렇게 못 고치던 거를 스님이 고쳐 주셔서 지금 학교에 나가고 있습니다. 참 고맙습니다." 이런다면 난 이러죠. "여보세요! 당신이 없다면 내가 어디 있습니까? 내가 그렇게도 잘 알고 당신에게 해 줬다 하더라도 당신이 없다면 무효야. 그렇기 때문에 당신이 한 거야. 그러니 당신 주인공에게 감사함을 느끼고 또한 나하고 당신하고 둘로 보지 말고 모두 감사하게 생각하라." 이러죠.

얘기하기 싫은가? 하하하…. (대중 웃음) 그만둬, 얘기하기 싫으면. 여기에서는 그런 거 저런 거 얘기하게 되면, 물론 쫙 깔릴지도 모르지, 또. 허허허. 그런 건 자기 혼자만 알고, 공부하는 사람들은 그렇게 하고 가기 때문에, 또 그런 거를 절대 얘기하지 말고 자기가 자기 실험으로 알고, 그런 것을 자꾸 실험을 하라고 그럽니다. 왜냐하면 스님네들도 그렇지만, 가정에서 남편이 나가서 늦게 들어올 때도 실험을 하고 또는 자식이 늦게 들어올 때도 실험을 해 보고 신경이 날카로울 때도 실험을 해 보고, 서로 실험을 해 보면서 공부해라. 그러면 그게 지혜가 늘어나고 바로 체험을 하게 된다고요. 조그마한 거를 체험을 하면 큰 것도 할 수 있다고 그러죠.

그러니까 오늘은 여러분과 같이 이렇게 토론도 하고 재미있게 지냈습니다. 더 질문하실 분 계십니까? 우리는 이렇게 다복하게, 열 명도 좋고 스무 명도 좋고 단 한 명도 좋아요. 여러분이 한 명만 깨쳐도 아마 우리나라는 구제를 받을 수 있을 겁니다. 또 우리 지구라는 집도 오래도록 보존할 수 있을 겁니다. 그리고 모든 것이 어떠한 데도 집어먹히지 않고 보존될 수 있다 이 소리입니다. 하여튼 질문하실 분 있으면 또 질문하시죠.

질문자3(남) 제가 질문하고자 하는 거는 아주 쉬운 질문 같습니다. 지금 이 앞에 콜라도 드시고 쿠키도 드시는데 저 콜라와 쿠키는 색깔도 다르고 서로 취향도 다릅니다. 취향이 다른 이유는 내가 있기 때문에 내가 좋아하는 걸 택하는 겁니다. 뭐냐 하면 우리가 살면서 물건과 물건을 끊임없이 비교를 하는 거예요. 이 물건보다 저 물건이 좋고 저 물건보다 이 물건이 좋다. 그러나 이게 인간에 대한 비교일 때, 길 가는 여자를 쳐다볼 때 '아, 저 여자가 예쁘다. 저 여자보다 다른 여자가 더 예쁘다.' 또 남자를 볼 때 '저 남자 아, 마음에 든다. 저 남자보다는 이 남자가 더 마음에 든다.' 우리는 끊임없이 비교를 하면서 사는 겁니다.

또 그 비교 중에서 좋은 비교는 참 좋은데 비교 중에는 좋은 것도 있고 나쁜 것도 있어요. 사람을 볼 때 '야, 저 사람 참 별론데. 아, 저 사람 상당히 똑똑한데.' 그러면서 비교를 하면 스님 말씀대로 비교를 함으로써 저 사람 속도 우리를 비교하게 되는 거예요. 우리는 아무리 비교를 누르려고 그래도 끊임없이 아주 희한하게 사람들을 비교합니다. 제가 생각할 때 인간의 불행은 많은 부분이 서로가 서로를 비교하는 데서 온다고 생각합니다. 그러면 우리가 비교를 하는 데서 어느 정도, 얼마만큼 자유스러워질 수 있는가? 진정으로 자유스러워질 수 있는가? 스님께서 말씀한 진정한 자유, 그게 될 수 있는가 그게 참 의문입니다.

큰스님 그게 의문입니까?

질문자3(남) 그래서 비교를 벗어나는 방법, 혹은 벗어날 수 있는 길, 그럼 어떻게 하면 벗어날 수 있는가에 대해서 조금 이야기를 해 주십시오.

큰스님 예, 그러죠. 아까 말씀드릴 때 컴퓨터에 입력이 됐다고 그랬죠? 악업 선업이 인과로서? 그랬죠?

질문자3(남) 예.

큰스님 예. 그래서 지금 현실에 모든 사람들이 비교를 하고, 좋고 나쁘다 비교를 하고 예쁘다 또 밉다 '저건 참, 아이고, 저건 저렇게 생겼구나!' 하고 이럽니다. 그런데 그 비교에 속지 마십시오. 여러분한테 입력이 돼 있기 때문에, 이 지금 수십억 마리의 세포 하나하나가, 운행을 하고 있는 그 의식이 털구멍을 통해서 나고 들면서 내 마음을 유혹합니다. 그러면 자꾸 그걸 생각을 하든지, 예뻐하든지 미워하든지 거기에 자기가 충동을 일으킬 게 뭐 있습니까? 예? 자기는 자기가 생각하고 비유해서 나가더라도 거기에 속지 말고, 그것을 그대로 생각했으면 그대로 그냥 놔두고 거기에 자꾸 속지 마시라 이겁니다.

질문자3(남) 그런데 아까 수박을 예를 드시고 수박이 어떤가를 보기 이전에 수박을 깨 보고 수박이 이런 거라는 걸 먼저 행할 때 이론보다 행이 더 앞선다라고 말씀하….

큰스님 그러니까 말입니다, 하얗다 파랗다는 생각을 말고, 거기에 속지 말고, 이 소리입니다. 그걸 깨뜨려 먹기 이전에 그거에 속지 않아야 그걸 먹을 수 있다는 얘깁니다. 파랗다 하얗다 붉다, 이런 말에 속지 말라 이런 겁니다. 예를 들어서 그런 것을 이 주인공에 놔라 하는 것은, 속지 말고 '거기에서 나오는 거니까 내가 왜 거기에 끄달리랴. 거기서 하는 거니까 거기서 모든 것을 해결을 할 수 있다.' 그러고선 내가 그렇게 끄달리지 않고 속지 않는다면 수박을 아무 생각 없이 그냥 먹을 수 있습니다. 틀렸습니까? 하하하….

우리가 살아나가는 게요, 어떤 때는요, 꼬리에 꼬리를 물고 엉뚱한 생각으로 갑니다. 그래 가지고 잠을 못 잡니다, 또. 허허허. (대중 웃음) 이게 참, 여러분 살아나가는데 "나는 그렇지 않습니다."라고 말할 수 있겠죠. 왜냐? 나로 인해서 꼬리에 꼬리를 물고 가는 법은 없습니다. 단 하나, 어떡하면 쉽게 여러분한테 말씀을 해 드려서 여러분이 이

해를 해서 이 도리를 알 수 있을까 하는 데서 생각을 하다 보면 시도 읊어지고 어떤 때는 눈물도 흘려지고 말입니다, 아주 먼 산을 바라보고 '인간은 왜 먹고 살아야 해? 먹고 사는 거 때문에 모든 게 죽이고 죽고 쫓고 쫓기고 이러지 않나. 이런 처참한 일이 어디 있나.' 하고선 나 혼자 그럭할 때가 많이 있었습니다. 그랬으나 인제는 좀 다릅니다. 속지 않으면 모두 될 겁니다, 아마.

그래서 전자에 살던 그 자기가 말했고 행했고 한 것대로 입력이 돼 있는 게 지금 현실에 나오는 거니까 속지 마시라 이겁니다. 뭐 붉다 검다, 모른다 안다 이런 그 모두에 속지 말고, 자기는 자기가 모든 걸 못하든지 하든지 지켜보고 지켜 주고, 자기가 하더라도 꽁지에 꽁지를 물고 밤새도록 잠 못 자지 마시고, 그럴 때는 '에이그, 그것도 거기서 나오는 거니 너 알아서 해라.' 그러곤 그냥 탁 맡겨 놓고 그냥 '잠 좀 재워! 네가 있다면 잠 좀 재워, 좀.' 이러고선 그냥 자는 거죠, 뭐. 허허 허…. (대중 웃음) '네가 없다면 모르지만 네가 있는데 잠 좀 재워!' 이러고선 그냥 자는 거죠.

그러면 또 이런 게 있습니다. 저는요, 중이기 때문에 그런지는 모르겠습니다마는 12시나 1시 이렇게, 즉 말하자면 스님네들의 생활은 9시에 취침종을 치면 자고 3시나 3시 반이면 일어나야 합니다. 3시에 일어나서 씻고 뭐 하고 3시 반이 되면 그때에 도량석 하고 예불 모시고 그러고 난 뒤에 참선하고, 참선한 뒤에는 공양주는 공양 짓고 채공은 반찬을 하고 이러고, 소지할 사람은 소지하고 이렇게 합니다. 그렇게 하면서 공양을 하고 난 뒤에 모든 절차가 자기 소임 맡은 것대로 돌아가죠.

그렇게 하는데 나만은 항상, 지금 나만 그런 게 아니라 지금 여기 스님네들도 있지만 12시 전에는 잠을 못 잡니다. 왜냐하면 지금은 예전과는 달라졌다는 얘기죠. 어떤 땐 1시도 됩니다. 그러면서도 3시 반에는 꼭 일어나야 합니다. 뭐 늦게 잤다 더디 잤다 이런 게 우리한테는 씨가 먹히지 않죠. 왜냐하면 생각을 그렇게 하지 말라는 겁니다. 내가 3시간을 잤다는 생각을 하고 내가 잠을 못 잤다는 생각을 한다면 벌써 피로가 와요. 그러나 3시간을 잤든 10시간을 잤든 그런 건 하등 상관이 없이 거기에 끄달리지 않고 그대로 10시간이면 10시간 잔 거와 같다는 생각을 하실 때는 반드시 그건 피로가 오지 않습니다.

저도요, 어젯밤에요, 4시간밖에 안 잤는데 4시간이라는 것은 우리 소견이지 아, 제놈들이 자건 말건 내가 왜 그걸 상관합니까? 잘 생각해 보세요. 제놈들이 여기 지금 전부 돌아가면서 합니다. 근데 우리가 잔다고 그래서 맥박이 안 뛰는 법은 없거든. 뜁니다. 그러니까 덜 잤든 더 잤든 제놈이 그렇게 상황이 돼서 그렇게 된 거를 내가 왜 그런 거 걱정을 합니까? 예? 인생이 요렇게 몸뚱이를 가지고 얼마나 갑니까마는 내 이 생각은 영원한 겁니다. 누구도 죽이지 못해. 누구도 간섭하지 못하고. 이것은 이 도리를 이 중심에서, 이 만법의 컴퓨터가 중심으로 돼 있고 아까 얘기한 거와 마찬가지로 모두 주동이 돼 있는데 거기에서 자동적으로 나올 때, '자력' 이러면 그건 무한이지만 '자석' 하면 벌써 그거는 한계가 있는 거죠? (녹음 안됨)

옛날에 어떤 스님이, 나라의 국사로 아주 유명하다고 하는 분이 아주 재세를 부리고 그냥 중들을 업신여기고 그러니까 어느 스님이 거기에 왕림을 해 가지고 "내가 지금 어디 있는고?" 하고 그 국사 스님한테 물었더랍니다. 그러니까 "아니, 스님께선 왜 그렇게 풀밭에서 애를 쓰십니까?" 그러더랍니다. 그래서 한참 있다 또 "내가 어디 있는고?" 하고 물었답니다. 그랬더니 "아이, 스님은 왜 들판이고 산이고 그냥 길도 없는 데를 그렇게 다니십니까?" 하더랍니다. 그래서 잠자코 한참 있다가 또 "내가 지금 어디 있는고?" 하니까 깜깜한 거야. 문을 탁 닫아 버렸단 말입니다. 그러니까 캄캄하죠. 그러니까 "요 요망한 거!" 하고 그냥 주장자로 한 대 얻어걸리고선 그냥 도주를 하더랍니다.

그와 마찬가지로 우리는 이것도 공했고 주장자라는 이름조차도 공했으니 때릴 것도 없고 때리지 않을 것도 없어. 아무것도 없어. 아무것도 없다는 건 우리가 그대로 여여하기 때문에 아무것도 없는 거죠. 그러니 거기에 모두 끄달려서 잠 못 자고 병들고, 또 이 회사를 하는 것도 그래요. 그게 망했다고 해서, 장사를 하다 망했다고 해서, 공부를 하다가 지장이 있다고 해서 그거를 낭패로 생각을 하지 말고요, 모든 건 거기에 속지 말고 그건 그것대로, 그 생각이 나오는 건 그것대로 그냥 그 주인공에서는 모든 게 과거에 입력된 게 나오는 거지 지금 현실의 것이 나오는 게 아니란 말입니다. 그러니까 그건 그냥 놔두고 나 할 거를 꾸준히 해 나가다가 그것이 완성됐을 때는 그것을 한번…. 우리가 위가 따로 있고 아래가 따로 있는 게 아닙니다. 머리가 없어도 아니 되고 발이 없어도 아니 되죠?

그래서 부처님께서는 천상천하 유아독존이며 평발이라고 했습니다. 평손! 이거 소홀히 생각할 게 아니죠. 그러니 아래면 어떻고 위면 어떠냐. 이게 둘이 아닌 것입니다. 그러니 그것을 다 끝마쳐서 한번 뒤집어서 양면을 다, 무의 법 유의 법을 한데 합쳐서 이 세상에 내놨을 때는 크나큰, 이 세상의 모든 사람들에게 정말이지 빛을 주는 거와 한가지입니다. 광력을 주는 거죠. 그러니 이 세상에 나왔다가 그러한 거 하나를, 정말이지 모든 사람한테 밝고 밝은 광력의 그 길을 틔워 줄 때 그거는 어마어마합니다. 그걸로 인해서 연구를 백 배 이상 더 할 수 있고요.

그러니 중단하지 마시고 속지 마시고, 속아서 잠 못 주무시지 마시고 또 속아서 병들지 마시고, 또 가정이 화목하고 그래야 할 텐데 속아서 그냥 서로 으르렁으르렁하고 껄쭉껄쭉하게 사시지 말고요, 우리 다복하게 한 생을 즐겁게 이렇게 삽시다.

질문자4(남) 스님, 감사합니다. 저는 오늘 여기서 불교라는 걸 처음 알았고 또 여기 설법을 처음 들어 봤습니다. 다른 분들은 전부 불교에 대해서 공부도 좀 하시고 또 여기에 모임이 있는 걸로 알고 있는데, 그러다 보니까 상당히 문외한이 돼서 어리석은 질문을 하게 되는 것 같습니다. 오늘 스님 하신 말씀 중에 불교라는 게 결국 자기 자신을 알고 깨닫는 거다, 그런 식으로 해석해도 좋겠습니까?

큰스님 예, 예. 그렇습니다.

질문자4(남) 그렇다면 예를 들어서 석가모니라든지 부처님이라든지 또 예불이라든지 이런 형식이 그런 불교하고 어떤 관련이 있는지 그게 상당히 저로서는 좀 궁금합니다.

큰스님 불교라는 거, 아까도 얘기했죠? 우리 영원한 생명의 근본이기 때문에 생각할 수 있고 움죽거릴 수 있다고요. 그렇기 때문에 우리는 예의도 있어야 하고 예불도 있는 거고요. 우리가 예불을 올리는 데도 삼 배를 올릴 걸 일 배로 둥글려서 해도 삼 배가 되고 삼 배를 해도 일 배가 되고 이럴 수 있다. 그리고 백팔 배를 할 때 일 배를 진정코 둥글려서 자신의 주인공과 부처와 둘이 아닌 그 마음으로써 지극한 일 배를 올린다면 백팔 배, 아니 삼천 배 삼만 배 한 거보다도 그 일 배가 더 중요하다는 걸 알게 되죠. 그래서 예불도 중요합니다. 우리가 그걸 배우려면, 또 가르치려면, 그것이 어떻게 생각하면 간판과 마찬가지죠. 간판 없는데 들어갈 수가 있나요?

그래서 우리는 '자유인이 되는 길' 이렇게 지원에는 이름을 붙여 놓고 있습니다. '대한불교조계종 한마음선원 자유인이 되는 길' 어떻습니까? 이름이 좋아서가 아닙니다. 이름이 좋으면 뭘 합니까. 우리가 자유인이 되는 반면에 가정이 다복하고 성실하고, 몸이 튼튼해야 또 성실한 마음도 생기지 몸이 병들어 보세요. 벌써 자기는 '난 다됐군.' 이렇게 가는 겁니다. 그러니까 마음이 그렇게 진실하고 성실하게 갈 수 있겠습니까? 몸도 건강해야 되겠죠. 그리고 또 몸에 있는 그 법우들이, 친구들이 다 내 한생각에 지배를 받아야 되겠죠. 한마음으로 말입니다. 그래서 '내 한마음이 지배인이 된다면' 하는 거죠.

하여튼 그 말씀도 옳고 저 말씀도 옳은데 그른 말은 하나도 없네요. 여러분도 그렇고 나도 그렇고 그른 말은 여기서 하나도 없네요. 모두 질문하실 거 당당히 하셨고 또 들은 것도 당당히 들었는데 지금 보니까 질문한 분도 없고 대답한 사람도 없네요. 여러분이 방귀를 뀌었는데, 방귀 소리는 부룩! 났습니다. 근데 온데간데가 없군요. 어떻게 된 일이죠? 이것이 우리들의 사는 일입니다, 지금. 살고 가는 일입니다. 여직껏 여러분이 사시고 오신 과거가, 어저께도 과거니까, 과거는 벌써 지나갔으니까 지금 흔적이 없고 현실에 지금 여기 앉아 계신 겁니다. 앞으로 갈 거는 아직 오지 않았으니까 그렇고. 그런데 오늘 여기 앉아 계시면서 어떠한 생각을 해야 옳을지 말입니다, 우리 전체 모두 한 철나그네로서 어떻게 생각을 하고 어떻게 움죽거리고 어떻게 걸어야 하는지 그런 마음 가짐가짐에 대해 우리는 좀더 생각해 봐야 되지 않을까 생각합니다.

사회자 오늘은 기독교인이나 가톨릭 교인들이 모두 숭상하는 부활절입니다. 그 부활절을 맞이해서 스님께서 여기에 오신 것도 뜻깊은 일이라 생각하고 또 그렇게 생각하다 보니까 스님께서 부활절에 대한 참다운 의미를 기독교인들한테 말씀하신다면, 스님께서 어떻게 보시는지….

큰스님 네, 그러죠. 사람이 태어나고 죽고, 생사를 두고 하는 말도 거기에 관계가 있다고 보죠. 부활절이다 하는 것도 사람이 죽었다가 태어나는 것, 살아나는 걸 부활이라고 그럽니다. 그렇다면 우리는 항상 영원히 살아 있는 겁니다. 부활절이 오늘만 부활절이 아닙니다. 과거에도 부활절이 있었고 지금도 언제나 죽은 게 아니기 때문에 오늘도 부활절이요 내일도 부활절입니다. 우리는 오늘만 부활절로 생각해서는 절대 안 됩니다. 영원한 오늘 말입니다. 어저께도 오늘로 줆어지고 나왔고 내일도 다시 오늘로 줆어지고 나옵니다. 그러면 과거도 미래도 바로 오늘이니까 오늘은 영원히 오늘, 오늘, 오늘, 오늘, 하하하…, 영원히 오늘, 오늘입니다. 오늘 오늘 부활절입니다.

부처님 오신 날 메시지를 써 달라고 본원에서 그래서요, '영원한 오늘이야, 그것 또한. 우리가 모두 불에 타서 다 없어진다 해도 그 의식 자체 영혼만은 그대로 살아 있기 때문에 영원이야, 영원히. 영원히 오늘이 오늘이야. 오늘이야.' 이랬습니다. 여직껏 살아 계시지 않습니까? 여러분이 지금 살아 계시는 한 예수도 부처도 다 살아 있는 겁니다. 그게 부활절이지. 오늘도 부활절인데요, 내일도 부활절이에요. 오늘만이 아니에요. 생각을 그렇게 얍삽하게 가지시지 말고 느긋하게 넓게 포용력 있게 하루하루를 살아나가는데, 고해 성사를 신부한테 하실 생각 하지 말고 그거를 잘 지킬 수 있다면 항상 살아 계신 걸, 자기와 둘이 아니라는 걸 알게 되면 항상 밝게 살아나가고 거짓이 없을 거고, 시간도 지킬 거고 도의 의리도 있을 거고 아주 깊은 자비도 있을 것입니다.

어때요? 남한테다 뒤집어씌우기 이전에 자기가 좀 다 쓰면 어떻습니까? 자기가 이 세상에 났으니까 자기 탓이지 누구 탓입니까, 그게 다. 그러니 오늘 오늘, 하루하루를 항상 부활절로 생각을 하십시오. 그러면 좀더 사람이 달라지고 우리가 앞으로 밝게 살 수 있는 그런 계기가 생기지 않을까요? 왜? 날마다 충전이 되니까. 어때요? 일 년 내내 충전이 안되다가 그래 부활절 하루만 충전을 해 가지고 살겠습니까? 제 말이 틀립니까, 안 틀립니까?

대중 가운데서(남) 맞습니다. (대중 웃음)

큰스님 틀리면 틀리다고 그러셔야죠. 전 여기에요, 내 마음은 하나도 버릴 게 없다고 생각합니다. 때에 따라서는 참, 예수를 생각하면 예수가 되는 거고 성모마리아를 외우면 마리아가 되는 거고 구원을 받으려고 애를 쓰는 사람이 있다면 아, 그거 돼 주는 거지 뭘 그래요. 그건 마음입니다. 또 가난해서 "아이구, 관세음보살!" 그런다면 관세음보살이 좀 돼 주고 또 좋은 데로 못 가서 애를 쓴다면 지장이 돼 주고 아파서 애를 쓴다면 약사가 돼 주고 아, 그러는 거지 뭐 따로따로, 거기 이름대로 따로따로 있는 겁니까, 어디?

그러니까 또 질문하실 게 있으면 하시죠. 내가 말을 잘해서 이러는 게 아니에요. 진리가 그러해요. 우리 종교인들이 알아야 할 일이 바로 그거예요. 날마다 우리가 부활절로 생각한다면 항상 충전이 되죠.

사회자 어느 누구도 그렇게 말씀하신 것 같습니다. 우리는 오늘 오늘 매일 새로 태어난다고. 새로 태어난다는 의미 그 자체가 바로 부활이라 이거죠.

큰스님 예.

사회자 그렇게 스님께서 말씀하셨는데 그 뜻을 새기고, 새로 태어났으니까 항상 새롭죠.

큰스님 새롭고 새로 충전이 되고, 하하하…. 지나간 거를 산다고 하고 그러지 마시고요. 하루하루 우리가 살아나가는 게 그냥 생명이 다시 다시 화해 가면서 탄생을 하는 겁니다. 알아지는 것도 탄생이거든.

질문자5(남) 많은 사람들이 불교와 다른 종교를 비교를 할 때 밖의 사회 활동이나 사회 운동 그런 것으로 비교를 하는 분이 상당히 많이 있는 것으로 알고 있습니다. 예를 들어서 지금 한국에서 사랑의 쌀 나누기 운동이라든지 또 아프리카에 배고프고 목마른 사람들이 많을 때 기독교인들이 뭘 이렇게 모아서 보내 주고 그런 것을 보면서 많은 사람들은 '불교는 자비나 보시나 사랑을 얘기는 많이 하면서 이렇게 당신들은 하는 일이 없다.' 그런 식으로 실제로 많이 비교를 하고 있습니다. 그런 점에서 스님께서는 어떠한 것이 참된 보시고 불교인이 드러난 그런 것이 아닌 더 큰 보시가 있다면 그것이 무엇인지, 우리가 아프리카나 정말 배고픈 사람 그 모두를 함께 구제할 수 있는 방법이 있다면 그것은 무엇인지 그것에 대해서 말씀해 주십시오.

큰스님 이것은 우리가 마음의 조절법이라고 봅니다. 이 도리를 안다면 한생각을 해서 그쪽 절반을 계발을 하는 데에 문제가 있습니다. 둘째, 물을 주는 것입니다. 셋째, 모든 그 물에 독이 없이 하는 것입니다. 흙에, 물에 독이 없는 거, 그것을 만약에 해결해 줄 수만 있다면 거기는 구제를 받을 수 있습니다. 우리 인간은 형형하기 때문에 또 생명도 우리와 둘이 아닌 까닭에 도와줄 수 있는 그런 계기가 있다면 그런 것이죠. 육체가 다니면서 뛰고 아무리 물건을 모아서 줘도 그건 한계가 있는 것입니다. 그 사람네들은 지금도 발을 쓰지 못하고 들고 괴로워합니다. 많이 먹지 못하고 병으로 인해서, 발 하나만 디뎌도 벌써 그것은 병고가 생기고 이러니 어떻게 편안하게 살 수가 있겠습니까. 그러니 물질을 아무리 들이대고 약을 아무리 들이대고 해도 그것은 아마 밑 빠진 두멍에다가 물 붓기라고나 할까요? 그렇겠죠.

그래서 유 무가 다 필요하다 이런 것이죠. 유의 법이나 무의 법, 이 깊은 마음속에서 그 한생각이 그렇게 중요하고, 마음의 조절법이 중요하고 통신법이 중요하고 광력이 중요하고 전력이 중요하고 또는 컴퓨터가 중요하다, 조절을 하고. 그러니까 이게 여러분 마음속에 시스템이 다 돼 있는 그 재료가 여러분한테 있으니까 여러분의 마음도 그렇게 할 수 있다는 얘기죠. 그래서 이 도리를 우리는 깨닫고 알아야 된다 이 얘기죠. 그러니 누구라도 이 도리를 깨달으면 그렇게 할 수가 있는 거죠. 그러니 얼마나 광대무변하며 그것이 참, 무량수와 같은 겁니까? 그리고 묘한 법입니까? 우리가 다 가지고 있는 겁니다. 우리는 물질을 보고 쫓아가질 말고, 한생각에서 그렇게 던져 줄 수 있고 또 한생각에서 그렇게 할 수 있고 내가 될 수 있고 또 그를 내 속에 넣어도, 수만 명을 여기다 넣는다 하더라도 두드러지지 않고 또는 여기서 수만 명을 굴려서 내놓는다 하더라도 줄지 않는 것입니다.

이 도리가 이렇게 큰 것입니다. 그러면서도 내놓을 게 없는 것입니다. 그렇습니다. 지켜보십시오. 모든 게 자기가 해 놓고 자기가 지켜보고 이렇게 하다 보면 우리가 큰 뜻을 헤아릴 수 있고, 이게 그르다 저게 그르다 탓하지 않고 큰 빛을 이룰 수가 있는 것입니다. 지금 과학적으로 아무리 발전이 됐다 하더라도 지금 빛으로 이렇게 가고 오고 하면서 활용할 수 없고, 가고 오고 하면서 모두 정체를 밝히는 게 아닙니다. 그러나 마음은 빛보다 더 빠른 게 마음입니다.

제가 틀리다면 이다음에 여러분이 또 생활면에서 깨달으셔서, 이 도리를 깨닫는다는 거보다도 자유스럽게 할 수 있을 때에, 또 실험하고 체험했을 때 나한테 그때 한번 "야! 이런 게 아닌데 스님, 이게, 이게 뭡니까?" 하든가 또 "스님, 그렇게 해 보니까 정말입디다." 하고 아마 껄껄대고 하늘을 쳐다보고 한번 웃지 않으면 안 될 거예요. '에이! 이거 아닌데 이렇게 우리가 했었다고?' 그러고 너무 기가 막혀서 울지 않으면 안 되는 이런 이치가 있거든요. 오늘 저녁에 참 감사하군요, 모두. 또 질문하실 분 없으면….

사회자 없습니까? 더 질문하실 분이 없으시면 오늘 법회 마치겠습니다. 좋은 시간 이것으로 마치고요, 다음에 또 모일 때도 좀더 자기 스스로를 연구해 보고 그렇게 해서 많은 질문 또 해 주시기 바랍니다.

큰스님 즐겁게 보냈습니다. 우리 앞으로 이 공부를 같이 해서 우리 서로서로 어디를 "이렇게 이런 일이 있는데 스님, 이렇게 이렇게 우리 합시다." 우리 같이 한마음 같이 낸다면 "이거 어떻습니까?" 할 때 선뜻 대답을 할 수 있고 이러길 바라면서 이만 줄입시다. 감사합니다.

마음으로 그리는 그림

모건힐지원 법회

1990년 4월 22일

오늘 모건힐에서 한자리를 한 것은 어느 종교에 국한됨이 없이 서로가 화합해서 이 진리를 탐구하면서 생활 속에서 자기를 돌아볼 수 있고 자기를 발견할 수 있고, 자기부터 있기 때문에 세상이 벌어졌다는 거를 좀더 음미해 볼 수 있는 그런 여유를 갖게 하고, 이러기 위해서 한자리를 했습니다.

그런데 우리는 지견으로 쓰지를 않고 항상 소견으로써 좁게 쓰기 때문에 자기 마음속의 모든 생명체들이 자기가 지금 어디를 가는지 어떻게 무엇을 하는지 그것을 모르고 있는 겁니다. 여러분이 생각하는 대로 이 속의 모든 생명들이, 의식들이 다 한마음으로 통신이 돼서 같이 한마음으로 돌아가야만 내 몸도 건강체요, 바깥에 있는 모든 살림살이도 건강하게 해 나갈 수 있는, 또 좌절이 없는, 즉 말하자면 아주 당당한 내 마음으로 가정과 사회와 국가, 모든 면을 이루어 나갈 수 있는데도 불구하고 우리는 소견으로만, 자기가 요렇게 마음으로 틀을 짜 놓고 거기에서 한 발짝도 나가지 못하는 그러한 마음 소견을 가지고 살아나가고 있습니다. 그런 것을 탁 틔워서 지견으로써, 한마음으로써 대

우주의 근본이 내 근본과 더불어 직결돼 있다는 사실을 좀더 우리가 폭넓게 알아내면 좋겠고 또 한 가지는, 우리가 직결돼 있으니까 모든 이 마음 자체가 그렇게 무한의 능력을 가졌다는 그 사실을 여러분은 믿지 않으면 안 되십니다.

여러분이 소견으로 쓰기 때문에 자기의 그 능력을 발휘 못하고, 또 이 50%의 유(有)의 세상, 무(無)의 세상 50%를 한데 계합시켜서 자유스럽게 쓰지 못하는 것은 여러분의 탓이지 우리 가르치는 사람의 탓이 아닙니다. 그렇기 때문에 기복으로만 나가도 아니 되고, 소견으로만 써도 아니 되고, 또는 무의 세상의 공에 빠져서도 아니 됩니다. 그러면 어떻게 살아야 하느냐? 우리 마음먹기에 달렸습니다. 우리 마음이 좀더 폭넓은 지혜로써 지견을 쓴다면 그렇게 나갈 수 있겠죠. 그런데 아까 내가 말했듯이, 우리 몸속에 있는 그 의식 자체가 악업 선업이 뭉쳐서 우리 인간이 됐는데, 그것들이 모두가 내 마음의 지배를 받아야만 되겠죠. 그런데 내 마음이 악으로 쓴다거나 선으로 쓴다거나 그런다면 그대로, 악으로 생각하면 여기서 악으로 같이 해 주고 선으로 쓴다면 선으로 같이 해 줍니다. 그러니 그걸 모르는 거죠.

우리가 말입니다, 그럼 우리가 지구 벌레라고 합시다. 우리 몸속에 들어 있는 벌레와 같이, 이 몸을 지구로 삼고 사는 내 생명들과 같이 우리도 지구의 벌레로서, 지구의 주인으로서 이렇게 산다고 생각한다면, 우리는 지금 지구가 어디로 돌아가는지 어디로 가는지 어디서 오는지 그것도 모르면서 항상 서로 으르렁거리고 싸우고 서로 이렇게 하기 때문에 지구도, 즉 말하자면 수명을 오래도록 둘 수 없는 그런 지경에 이를 수도 있지 않으냐 이런 문제도 없을 수 없죠.

그러니까 여러분의 이 몸도 그렇습니다. 지구와 같이 안에서 파워가 일어나고 싸우고 이런다면 이 몸뚱이가 벌써 망가집니다, 세포가 굳어지고. 벌써 콩팥에서 걸러 주는 데 지장이 있어지고, 그럼 붓고. 또 간이 나빠지고 위가 나빠지고, 어디는 안 나빠집니까? 나빠지면 거기가 잘못됐다고 해서 고치면 또 딴 데가 벌어지고, 그럼 몸뚱이가 뭐가 되겠습니까? 우리 집이 망가지죠? 이 몸뚱이는 우리의 집이라고 봅니다. 집이 망가진다면 눈에 보이지 않으니 무효죠. 아무리 우리 의식이 있다 하더라도, 지금 현 세상에, 차원에 따라서 이 세상에 다시 바꿈질을 해서 진화되기도 하고, 또는 끝간 데 없이 우리는 이 중세계에서 벗어날 수가 없는 겁니다. 우리 몸에서 벗어나고, 지구에서 벗어나고, 세상에서 벗어나야 합니다.

어떤 분들은 나 하나가 금방 깨쳤다고 해서, 그럼 한 소식 얻었다고 합니다. 그러나 그것이 한 소식 얻은 게 아닙니다. 갓난 어린애 금방 낳아 놓고서 "너, 사회에 나가서 일을 해서 너 멋대로 살아라!" 이러면 되겠습니까? 그렇기 때문에 금방 깨친 사람은 어린애 금방 낳아 놓은 거와 같아서, 그걸 부모가 기르고 또 가르쳐서 이렇게 사회인이 될 때까지는 부모의 보조가 필요합니다. 그와 마찬가지로 우리도 깨쳤으면 그때서부터 실험으로 들어가고, 즉 말하자면 체험으로 들어가고 연구로 들어가는 겁니다, 그때는. 둘이 아닌 도리를 알기 위해서 말입니다.

그렇게 해서 그게 체험이 된다면, 당당하게 안으로는 내 생명체들을 모두 한마음으로 굴려서 지배하고, 바깥으로는 마음들을 조절해서 지배하고 그렇게 해서 둘이 아닌 도리를 알게 해 놓고, 그 다음에 또 한 가지는, 즉 말하자면 세 번 죽어야 한다는 것입니다. 죽는 것은 나를, 모든 것을 놔라, 자기 주인공에 놔라 하는 것입니다. 그것은 컴퓨터에 놓으라는 얘기와 똑같습니다. 컴퓨터에 입력을 해 놓으면, 그냥 아무렇게나 버려라 이러는 게 아니라 입력을 하는 겁니다. 과거에 입력이 돼 가지고 지금 현실에 이렇게 고생을 하니까, 지금 고생하는 것을 입력을 다시 한다면 앞서 팔자 운명이라는 그 단어가 없어지고 그 언어가 없어지고 업보가 없어지고 녹아진다 이 소립니다.

그러면 우리 자제가, 지금 우리 몸뚱이가 살아서 지금지금 움죽거리면서 가기도 바쁘고, 옳게 가기도 바쁘고, 나 발견하기도 바쁘고, 둘이 아닌 도리를 알기도 바쁘고, 둘이 아니게 나투는, 우주 천지가 전부 가설이 돼서 직결돼 있다는 그 사실도 연구하고 탐험도 해야 할 텐데 말입니다. 바빠 죽겠는데 싸울 새가 어디 있습니까? 누가 욕을 해도 그렇고 나하곤 상관이 없는 거죠. 네? 죽인다고 하더라도 상관이 없어요! 내가 바빠요, 지금.

인간까지 올라온 것도 천 년을 공을 닦아서 온 겁니다. 그래서 사람 하나 되기가 그렇게 어렵다고 하는데도 불구하고, 사람이 돼 가지고도 거기서, 즉 말하자면 진화해서 승진을 못한다면 여기서 빙빙빙빙 끝간 데 없이 돌다가 또 미해져서 잘못되면 짐승의 허물도 쓸 수 있는 거죠. 만약에 보지 못하고 듣지 못하고 의식만 가지고 있다 보면 아, 부부가 자는 것만, 그 의식만 가지고 있으니 거기 아무 데나 들어갈 수밖에요. 그래서 그 모습을 가지고 나온다면 사람의 모습이 없어지고 짐승의 모습으로도 나올 수 있는 거죠. 그렇기 때문에 과거 현재 미래가 분명히 있으나 우리는 과거도 없고 현재도 없고 미래도 없다고 합니다. 그건 왜냐하면 과거는 지금 짊어지고 나왔으니까 없고 미래는 아직 오지 않았으니까 없으니, 지금 모두 찰나찰나 돌아가면서 생활하는 거를 한번 지켜보면서, 여유 있게 한번 생각해 볼 수 있는, 잠재의식 쪽으로 한번 생각해 볼 수 있는 여유를 가져라 이거죠.

이 종교라는 이름을 가지고 즉, 불교다 이러면, 불교가 무슨 미신이 있는 것이 아니라 지금 가톨릭교 기독교 불교 할 거 없이 전부 바깥에서 숭상하고 바깥에서 끄달리고 바깥에서 구하고 그러니, 전부 그게 미신들이지 뭡니까? 사람이 미신 노릇을 하면 미신이 있는 거지 사람이 미신 노릇을 하지 않는데 귀신이 어디 있습니까? 우리가 귀신 노릇을 안 한다면 귀신은 없을 것입니다.

그러니 우리 인간의 도리를 그대로 참답게 해 나가면서 당당하게 살 수 있고 당당하게 자유스러울 수 있고, 돈을 좇는 게 아니라 내가 없으면 당당하게 돈을 끌어다 쓸 수 있는, 즉 말하자면 인간의 이 모두를 자유스럽게 살 수 있으며 또는 만물의 영장이 될 수 있으며 또는 법신이 될 수 있으며, 찰나찰나 돌아가면서 사니 화신이 될 수 있으며, 뭐든지 내가 사는 대로 그대로 여여하게 살 수 있는 것이 인간의 도리이며, 인간이 만물의 영장으로서 무한의 능력을 가지고 있다는 사실, 재료가 다 돼 있다는 사실, 여여하다는 사실, 청정하다는 사실입니다. 그런데 일체 만법을 들이고 낼 수 있다는, 자유자재할 수 있는 그 근원을, 근본을 여러분이 가지고 있으면서도 소견으로 아주 작게 써서 '요거는, 요거는….' 이럭하고는 그냥 자꾸 따로따로 가르니 지혜가 넓어질 수 있겠습니까?

그래서 여기 족자에 붙여 놨죠, 저기. 저 보십시오. 불(佛)이라는 것은 영원한 생명의 근본, 그 자체가 불입니다. 여러분은 생명 없는 여러분도 없거니와 그 생명이 있기 때문에 마음이 있다는 사실도 부정 못하시겠죠? 그리고 마음이 있으니까 움죽거린다는 그 사실도 부정 못하시겠죠? 그것이, 우리 사는 게 그냥 불교라는 걸 아셔야 합니다. 생활입니다, 그냥. 불교가 어디 국한돼 있는 게 아닙니다. 우리가 살고 먹고 죽고 이렇게 돌아가는 생사윤회도 없느니라 했습니다. 나중에 그 도리를 알면 생사윤회도 없어요. 잠시 잠깐 없어졌다 잠시 잠깐 잎이 피듯이. 여기는 사철이 따로 없습디다마는 그래도 가을이 되면 잎들이 떨어지더군요. 어쨌든 간에 잎이 떨어졌다고 해서 나무가 죽는 것은 아닙니다. 우리 몸뚱이가 떨어졌다고 그래서 나무뿌리가 죽는 것은 아닙니다. 서울에서나 추운 데 보면요, 가을에 잎이 탁 떨어지고 나면 그 나무는 앙당한 가지만 남죠. 이번에도 알래스카에서 보니까 푸르름은 푸르름대로 있고, 아주 그냥 흰 백설이 덮여서 아무것도 보이지 않고, 그 외에는 아주 앙당한 가지만 남아서 추위를 참으면서 인내로이 봄이 오기를 기다리는 그 마음이 우리 인간의 마음과 더불어 같이, 똑같이 공존하고 있더군요.

그러니 저것도 그렇습니다. 자성이 본래 청정함을 알라 하는 것은 여러분이 그대로, 모든 게 찰나찰나에 돌아가고, 작은 거면 작은 거 큰 거면 큰 거, 선후가 없이 용도에 따라서 닥치는 대로 돌아가면서 산다 하는 것을 명시해 놓은 겁니다. 그것이 바로 청정한 거죠. 마음은 항상 국한돼 있지 않고 매여 있지 않고, 찰나찰나 그냥 슬기롭게 돌아가는 게 여러분 마음이죠? 그 마음이 청정함을 어찌 알지 못하느냐 이 소리죠.

그래서 여러분 자성이 본래 여여함을 알라 이랬죠? 그대로 여러분이 살고 있는 그 자체를, 여여함을 왜 모르느냐 이겁니다. 마음만 조금 넓게 쓴다면, 서로 대적하고 서로 욕하고 서로 긁어내리고 그럭하지 말고 넓게 쓴다면, 그저 남한테 꼭 말을 하고 다녀서 넓게 쓰는 게 아니라 내 마음을 넓게 쓴다면 보이지 않는 데서나 보이는 데서나 귀인이 닥쳐서 나를 살게 해요. 내 마음 쓰는 대로라고요. 내 마음 쓰는 대로, 내 양심이 부처라는 말도 있듯이 내 양심이 잘 써지면 바로 수없이 오고 가죠. 그래서 이 인간의 마음 자체가 바로 천체무전통신기처럼 통하고 있죠.

그러니 오늘은 여러분하고 서로 토론을 하고, 요다음에 뭐 내일 모레 또 저기서 한다니까, 거기 가서 할 때 차곡차곡 인간의 몸이 어디서 이렇게 왔는지 지금 왜 이렇게 하지 않으면 안 되는지, 그거를 자세히 말씀해 드리죠. 오늘은 말입니다, 여러분이 궁금한 게 있으시니까 질문하십시오.

질문자1(남) 큰스님께서 항상 주인공 말씀을 하시는데, 그 주인공이라는 거는 보통 얘기하면 영혼을 얘기하는 게 아닌지 좀 말씀해 주십시오.

큰스님 그렇게 생각하실 수도 있죠. 그런데 마음 안의 주인공은 움죽거리지 않으면서도 힘을 가해 준다고 했습니다. 이런 거 한번 들어

보세요. 다른 물건은 다 먼저 됐는데 인간은 제일 나중에 났습니다. 왜 그럴까요? 왜 그랬을까요?

질문자1(남) 정신적인 거, 영혼적인 게 있기 때문에 그런 거 아닙니까?

큰스님 그게 아닙니다. 우리 인간이 제일 나중에 난 것은 미생물에서부터 거쳐서 진화되고 수억겁 광년을 거치면서 진화돼 왔기 때문에 인간이 제일 늦게 된 폭이죠. 그런데 그렇게 진화돼서 끌고 온 장본인이 누구냐? 자기 주인공입니다. 자기 주인공이 이끌고 왔기 때문에, 주인공이라는 뜻은, 한 새도 없고 안 한 새도 없이 그냥 시간과 공간을 초월해서 돌아가는 진화력을, 그 능력을 가지고 있기 때문입니다. 그래서 자기 주인공 없는 사람은 하나도 없다 이겁니다. 그래서 그 마음 안에 주인공이 있기 때문에 '주인공에다 모든 것을 놔라.' 하는 것은 그것이 과거생으로부터 온 컴퓨터이기 때문입니다. 과거의 입력이 모두 돼 있는 바로 숙명통.

지금 사람들은 숙명통이라고 그러면 도대체 이해가 가지 않기 때문에 아주 고조할아버지 컴퓨터라고 합시다, 허허. 모든 것이 다 입력이 될 수 있는 그런 컴퓨터라고 합시다. 그것이 불가에서 말하면 숙명통이라고 그럽니다. 그런데 말입니다, 그 숙명통만 있어서도 아니 되죠. 컴퓨터 그것만 있어서도 아니 되죠, 또. 이 모든 시스템이 다 돌아가려면 거기는 팩스도 있어야 하고 탐지기도 있어야 하고 무전통신기도 있어야 하고 망원경도, 천체망원경도 있어야 하고 또 레이더망도 있어야 하고 전부 붙어 돌아가야 합니다, 이거는. 하나라도 빠지면 아니 되죠. 모든 전체가 거기서 다 풀려나오니까요. 그래서 그것을, 즉 말하자면 오신통 그 바깥으로 벗어나야만이, 오신통이 여러분의 몸이라고 한다면 바깥으로 벗어나야 몸을 마음대로 굴릴 수 있다 이 소립니다. 이 뜻을 아시겠습니까?

그런데 또 한 가진 뭐냐 하면 여러분이 팔자 운명 이런 타령을 하는데 팔자 운명이 어디 있습니까? 지금 시간과 공간이 초월돼서 찰나찰나 돌아가고 있는데 거기 붙을 자리가 어디 있다고 붙어야 하고 운명이 있고 그렇습니까? 그런데 한 가지 말씀드릴 것이 있다면 모르는 게 죄입니다. 모르는 게 죄예요. 모르는 게 고(苦)고요. 모르니까 어떻게 할 수가 없거든요. 그러니까 그 컴퓨터에 과거에 살던 과정이 전부 입력이 돼 있었던 겁니다. 그것이 지금 현실에 나오는 겁니다. 근데 현실에 나오는 데다가 다시금 거기다가 입력을 시킨다면 과거에 입력이 됐던 건 다 없어진다 이 소립니다. 그러니 팔자 운명이고 뭐고 병고고, 그런 거 어디서 왔느냐? 무슨 미신에 걸쳐서 뭐가 나왔느니 부모 조상이 잘못돼서 뭐가 나왔느니, 그렇게 말을 하죠. 그건 사실이죠. 인과응보로서 악업 선업이 나오죠. 유전이 나오죠, 세균에서 나오죠, 영계에서 나오죠. 조상들이 잘못됐으면 그 연결의 인과로 나오죠. 아주 복잡하죠. 잘못됐다 하면 복잡한 겁니다.

그러나 우리가 이 도리를, 한군데서 나서 한군데로 든다 하는 것만 알면, 여러분이 계시니까 세상이 벌어졌고 여러분이 계시니까 지금 잘못됐네 잘됐네 하고 이렇게 종교도 믿는다 안 믿는다 이게 나오지, 여러분이 없으면 무효지 뭐가 있습니까? 여러분 탓이고 여러분이 있기 때문에 있는 겁니다. 그러니 오관을 통해서 여러분 속에서 나오고 여러분 속에서 들이고 생각하고 아, 그러지 누가 합니까? 아이, 생각해 보세요, 안 그런가! 그러니까 여러분한테서 나오는 거는 여러분한테 되놔요! 되맡겨요! 왜? '네놈이 엎드러졌으니까 네놈이 일어나!' 이러고요.

이 종교라는 것은, 이 불법이라는 것은 저 풀 한 포기도 불법 아닌 게 없어요. 이 세상의 모두가 전부 직결돼 있습니다. 전부 직결돼 있고 전부, 이 전기가 가설돼 있듯이 전부 가설이 돼 있어요. 부처님께서 수많은 해골바가지 앞에서 큰절을 하신 것도 '우주 삼라만상 대천세계가 전부 직결돼 있느니라. 전부 돌아가면서 내 자식 아님이 없고 내 부모 아니었던 부모가 없고 내 형제 아니었던 형제가 없고, 그러니 바로 그 해골도 내 부모가 될 수도 있고 내 할머니가 될 수도 있고, 내 형제가 될 수도 있고 내 어머니가 될 수도 있느니라. 그런데 어찌 절을 안 하겠는가. 풀 한 포기도 버리지 말라. 내가 배울 때는 모두가 하나처럼 천체가 스승이고, 그건 왜? 그것들이 없다면 우리가 생각을 할 수가 없으니까 못 배웠다 이거야. 그러니 풀 한 포기도 스승 아닌 게 없느니라. 그거를 안다면 하나도 버릴 게 없느니라.' 이런 거죠.

이렇게 불법이 심오하고, 여러분한테 불법이 있다는 것을 심오하게 알아야 합니다. 여러분 가정에 가도 변소에 가도 여러분이 있기 때문에 거기 부처가 있다는 거를 어찌 모르십니까? 그리고 부처는 가만히 있으면 부처고, 생각을 냈다 하면 법신입니다. 움죽거렸다 하면 화신이고 보신입니다. 그렇기 때문에 세 부처님을 모셔 놨는데 하나가 석존이면 하나는 문수입니다. 하나는 보현입니다. 이렇게 된다면 하나는 그냥 힘만 가지고 있는, 즉 말하자면 어떤 기계화가 됐다면 그 중심, 심봉, 그것만 딱 힘을 주고 있고 그 가장자리에 붙어 돌아가는 그 자체가 바로 문수, 보현이거든요. 그러면 여기선 생각을 안 하고 그냥 하늘을 받친 불기둥이다 한다면 이쪽은 생각을 하는 겁니다. 그래서 이 부처님이 생각하는 거는 문수고, 또 생각을 하고 움죽거리는 거는 보현이거든요. 그래서 자성 삼보에 귀의한다 이러는 거지, 어디 신이 따로 있어서 귀의한다 이러는 게 아니거든.

여기 법당에 왔으면 저 부처님 형상하고 내 형상하고 둘이 아니요, 마음하고 둘이 아니요, 생명과 둘이 아니다 이거야. 또 강당에 갔으면 주처가 하나님, 님이야. 하나님은 나에게 있는 것이고, 하늘님은 나의 그 지혜로운 마음이고, 한울님은 나에게 모든 일체가 통신이 되는 그 한마음이 바로 님이시여, 님이시여 하는 겁니다. 그래서 하나의 님으로 인해서 수많은 님이 하나로 뭉쳐서 조화를 이룬다 이런 뜻입니다. 그러니 하나님이 무슨 딴 데 있는 줄 알지 마시고, 부처가 딴 데 있는 줄 알지 마시고 언제나 부처나 중생이 둘이 아니요, 하나님과 부처라는 이 단어가 둘이 아니라는 거, 이걸 아셔야 됩니다. 그래서 하나님은 너부터 알라, 하나님부터 알라 이 소립니다. 왜 각자라고 말씀을 안 해 주셨는지 그건 모르겠습니다마는, 그 각자라는 말을 안 했더라도 편집하는 사람이 좀더 이 뜻을 알았더라면 그렇게는 안 해 놨을 겁니다.

그러니 누가 나쁘고 누가 좋고 이걸 떠나서 우린 인간으로서 이 세상에 나왔으니 모두가 조화를 이루고 같이 공생·공용·공체·공식화 하고 지금 시간과 공간을 초월해서 돌아가고 있는데 누가 나쁘고 누가 좋고가 어디 있습니까? 지구가 지금 어디로 돌아가는지도 모르면서. 내 몸뚱이가 지금 돌아가도 이 몸뚱이 속에서 생명들이 지금 어디로 돌아다니는지도 모르고 있습니다.

그거를 좀 알 수 있게끔 모두 알려서 한마음으로 돌아가게 하고 내가 지배인이 된다면 한생각으로써…. 하루는 어느 불자가 그랬더래요. 아, 저기 가다가 무르팍을 탁 부딪쳐서 무르팍이 아팠어. 그런데 그것이 도져 가지고는 다리가 아파서 못 다니거든. 그래서 '야, 네 집을, 네 다리를 이렇게 망가뜨려 놓으면 내가 너를 어떻게 누가 되지 않게 이렇게 끌고 다닐 수 있겠냐?' 그러고선 주인공한테 '네가 알아서 해. 네 집을 네가 고치는 거지, 운전수가 고치는 거지 누가 고쳐?' 그러곤 갔더니 아이, 조금 가다 보니까 다 나았더라지 않습니까. 그걸 알아들으니까 그러는 거예요. 지금 이 자리에서 혼자 앉아서 돈 어디 착취한 거를 아무도 모르고 나 하나만 알아도요, 아니에요. 이 보이지 않는 우주 법계에서 다 아는 거예요. 왜? 우주 법계에서만 아는 게 아니죠. 이 세포에서 다 아는 거예요. 세포가 법계거든. 내가 아는 거는 다 아는 거라.

그러니 우리 하나하나가 거짓 없는 사실이라는 거. 예전에도 누가 접시에다 시주를 했는데 시주를 했으니까 그래도 뭐를 정성이라도 들여 줄 줄 알고 가만히 기다리고 있으니 아니 글쎄, 여기선 멍크(monk)라고 그러니까 중이라고 그러는데, 예를 들어서 예의를 가지고 있는 사람이라면 "스님!" 이렇게 잘 불러야 되겠죠. 그러니까 모든 것을 스님이 해 줄 줄 알고 가만히 있는데 안 해 주거든. "스님, 저 어떻게 정성은 안 들여 주십니까?" 그러니까 "정성을 안 들여 줬다고 생각하걸랑 이 돈을 도로 가져가거라." 그랬거든. "나는 너한테 돈을 받은 새도 없고 내가 너 준 새도 없어. 네가 가게 가서 필요한 물건을 돈을 주고 사 왔을 때 그 사람 돈 줬다고 하겠느냐?" 하니까 그만 "아이구, 그러면 알겠습니다." 그러곤 갔더랍니다. 가니까 아팠던 자기 아들은 그냥 일어나서 밥을 먹고 앉아 있더랍니다. 그겁니다, 바로.

아까도 얘기했듯이 이 지수화풍이라는 것이 우리 생명을 가져오게 한 장본인이면서도, 지수화풍을 가지고 살고 지수화풍을 먹고 살면서 지수화풍을 고맙게 생각하지도 않고 자기 이 몸뚱이가 허망하다고 생각하고 이럽니다. 자기 몸뚱이를 이렇게 좀 곱게 생각해서 어떻게 잘 보존할 수 있는 그런 마음씨를 갖는 것도 부모한테 효도요, 자기 자성신한테 효도예요. 이것도 없어지고 망가지면 좋지 않아요. 이것도 효도가 될 수 없어요.

그러니 지수화풍이 있는 반면에 여러분, 어때요? 전기가 어디서 들어오고 광력이 어디서 들어오고 전력이 어디서 들어옵니까? 그리고 통신은 어떻게 하고요. 그 원리가, 바로 그것이 있기 때문에, 그 모든 광력이라든가 모든 게 대두돼 있기 때문에 병원에 가도 뭐, 레이저 광선을 쬔다 뭐 어쩐다 이러죠? 그것보다 더 빠른 것을 여러분이 가지고 있어요. 속에 의사가 있어서 만약에 레이저 광선을 가지고 광력을 쐐준다면, 아프지도 않고 아주 슬기롭고 머리도 안 빠지고 좋을 거 아닙니까? 그런데 그런 거를 약을 먹고 그걸 쬐면 머리가 빠지고 온통 딴 데까지, 딴 부위까지 마비가 되는 수가 있거든요. 그리고 그것이 100% 다 됩니까? 30%밖에는 안 되죠. 그런데 여러분이 지수화풍 그 바탕이 있기 때문에 광력이나 전력 자력 통신력이 충만히 있어서, 그래서 '자력' 이러죠. 자력이라 하지 '자석' 이러지는 않습니다. 그런데 물질은 자석이라고도 할 수 있죠.

그러니 여러분이 생각을 깊이 해서 '불교라는 것이 무언가?' 한 번 생각해 볼 수 있는 그 여유를 좀 가지셨으면 하고요. 불교라는 게 무언가? 내가 있는 게 불교요 내가 사는 게 불교고, 지금 내가 움죽거리는 게 불교야, 전부가. 그런데 그게 왜 무슨 상표 붙듯이 꼬리표가 붙어야 합니까? 꼬리표가 붙은 게 아니에요. 상품이 아니란 말입니다. 불교라는 상품도 아니요, 기독교라는 상품도 아니요, 가톨릭교라는 상품도 아닙니다. 여러분이 이 컵이라는 상표는 붙어 있지만 누구라도 이 컵으로 물을 먹을 수 있다는 사실은 아셔야죠.

참으로 어떠한 문제가 있는 거, 근본만 지금 얘기했는데요, 이 근본에 대해서도 그렇고 이것이 잘못됐다면, 내가 여러분한테 잘못 말씀해 드렸다면 반문하세요. 여러분이 반문하실 때에 서슴없이 함이 없이 하세요. 여러분이 생각해 보세요. 대나무 귀신 방귀씨가 "너 찾았느냐?" 하니까, 대나무 귀신 방귀씨를 모르거든. 그랬는데 말입니다, 그것이 깨쳤나 안 깨쳤나, 익었나 안 익었나, 그걸 보느라고요, 박을 심어 놓고 바늘로 콕콕 찔러 보는 격이거든요. 그런데 가만히 생각해 보세요. 우리가 방귀를 뀌었다면 소리는 났는데 온데 간데가 없죠. 그러니 그와 같이 질문을 해도 질문한 사이가 없고 질문을 받아도 받은 사이가 없다 이 소립니다.

우리 인간이 살아나가는 데에 그 도리부터 알아야 합니다. 우리는 때에 따라서 참, 저 우주의 모든 거와 더불어 우리도 나올 때 물주머니에서 나왔듯이, 고향이 물주머니듯이, 또 우리의 고향이 지수화풍이듯이 말입니다. 부처님 법이라고 해서 저 부처님이 부처님이 아닙니다. 어느 부처님이 소 앞을 지나가는데 이랬더래요. 소가 한 열 마리쯤 도살장으로 끌려들어갔답니다. 그래서 그 도살장으로 끌려들어가는데 그 의식을, 문 밖에 쩍 들어가는데 그냥 의식을 뺐더래요. 그러니 남의 손에 고삐가 쥐여서 그냥 끌려들어가기만 했지 아픈 거를 느끼지 못했더랍니다. 그 소들이 얼마나 고마웠는지, 그 사람한테 참 고마움을 느끼면서 죽어 갔죠.

그런데 죽기 전에 미리 그 의식을 빼서 자기한테다가 넣어도, 열 명뿐만 아니라 만 명을 집어넣는대도 두드러지지 않고 빼내도 줄지 않는다는 그런 엄청난 사실이 있답니다. 그러니 그렇게 해서 죽는대도 그 소 모습을 벗어나는 거, 그 소 모습으로다가 있다면 그게 물이 들어서, 소로 살던 그 습이 있어 가지고 소 벗어나기가 어려워요. 사람도 물질화돼 가지고 물질로서 살던 이 습을 벗어나기가 얼마나 어렵습니까? 그러니까 거기에 걸리지 마시고, 그렇다고 해서 물질화돼 있는 거를 다 버리고 살아라 이런 게 아닙니다. 사랑을 하되 함이 없고 돈을 가지되 가짐이 없고, 쓰되 씀이 없고 하되 함이 없어서 걸림이 없이 여여함이라. 이 도리를 알라 이 소립니다, 지금!

그래서 예전에도 큰마누라, 둘째 마누라, 셋째 마누라, 넷째 마누라로 비유해 놓고 "얘, 큰마누라야! 나 죽게 됐는데 너하고 같이 가자." 그러니까 "나는 당신하고 못 가요. 난 안 가요." 그러더랍니다. 그래서 둘째 마누라더러 또 그러니까 "나도 못 갑니다." 그러더라는 거죠. 그래서 자세히 물어보니까 큰마누라는 "추우면 당신이 추우니까 입었고, 더우면 당신이 시원하게 입었고 그랬지, 내가 입혀 달랬느냐?" 허허, 그거죠. 또 둘째 마누라는 돈이란 말입니다. 그래 같이 가자니까 "당신이 좋아서 나를 쫓아다녔지 내가 좋아서 당신을 쫓아다닌 건 아니지 않느냐?" 이러더랍니다. 셋째 마누라더러 물어보니까 "난 당신 죽어 가는 데 배웅은 갈 수 있지만 아주 같이 갈 수는 없다."고 하더랍니다.

그래서 공동묘지나 또 그렇지 않으면, 저기 저 태우는 데 뭐요? 화장터! 화장터까지만 가겠다고 하더랍니다. 자식들과 부인이 되든 남편이 되든 그것뿐이거든요. 그러니 권속들이죠. 그게 셋째 마누라거든요. 그래 권속들은 다 거기밖에는 못 간다고 하더라는 거예요. 넷째 마누라더러 물어보니까 그거는 주인공이거든요. 자기가 죽으나 사나 같이 있는 거거든요. 그렇기 때문에 의식적인 문제와 자기의 그 근본적인 문제, 이게 합류화돼서 항상 같이 다니지 않습니까? 그래서 당신이 같이 가자고 해도 그렇고 가지 말자고 해도 그렇고 항상 그냥 같이 있노라고, 걱정 말라고 그러더랍니다.

그런 거와 같이 우리는 변소에 가도 자기가 거기 있기 때문에 자기를 도와주는 자기가 있는 거죠. 누가 도와주지 않아요. 여러분, 잘 생각해 보세요. 야, 먹는 거 대신 먹어 줄 수 있습디까, 사랑한다고? 예? 또 사랑한다고 대신 죽어 줄 수 있습디까? 대신 자 줄 수 있습디까? "아이구, 당신 피곤하니 내가 대신 자 줄게!" (대중 웃음) 이렇게 하는 사람 있습니까? "여보, 당신 피곤하니 드러누워 있어. 내가 대신 똥 눠 줄게!" 이럴 사람도 없어요. 그러니 어떻게 하시렵니까? 대신해 줄 수 없는 것도 여러 가지일 뿐만 아니라, 그것이 혼자 왔다가 이 세상을 좀 더 알고 혼자 간다면 '우리가 가고 오는 것이 둘이 아닌 까닭에 이 세상에 난 게 없기 때문에 죽을 것도 없느니라.' 이런 도리가 나옵니다. 영원한 것이죠.

그래서 저 나무 한 그루가 서 있는데 나무는 자기 뿌리를 못 보지만 우리 인간은 보듯이, 깨달은 사람은 사람의 뿌리를 모두 보고 있습니다, 과거에 어떻게 했는지 모든 걸. 즉 말하자면 컴퓨터에 입력해 놨으니까 한 번만 탁 누르면 거기서 다 나와요, 그 사람 살아온 게. 그렇듯이 그걸 숙명통이라고 한답니다. 천체통신기는 천이통. 또 타심통은 탐지기로 비유했고 신족통, 이건 팩스로 비유했습니다. 천안통, 이거는 천체망원경으로 비유를 했습니다.

그러니까 우리가 천체망원경이라고 한다면 물질적인 망원경은 한계가 있지만 이 심안의 천체망원경은 한계가 없는데 모든 걸 탐험을 해도 도가 아니라고 한 것은, 우리가 이런 모두를 알고도 해결하지 못하고 내가 자유스럽게 할 수가 없다면, 먹을 수가 없다면 이건 도가 아니다, 이런 말씀을 하신 겁니다. 그렇기 때문에 우리가 오신통에서도 벗어나야, 들이고 내고 바깥에서 들어오는 거 또 안에서 나가는 거, 또는 거기서 통신을 하고, 거기에서 딱딱 정리해서 통신을 하는 겁니다. 이게 누진입니다. 그래서 그것을 레이더망으로 비유를 했습니다.

그러니까 우리가 살아나가는 데에 좀더 마음을 넓게 쓴다면, 기독교니 가톨릭교니 뭐 알라신교니 하고 야단법석 하는 거는 우리가 어느 지역이라고 문패를 해서 붙여 놓은 거와 같다 이겁니다. 그 지역이라고 안 갈 수 있겠습니까? 모두가, 우리가 지역 싸움을 하지 말고 인간이라면 인간으로서 서로 지견을 써서 좀더 한마음으로 조화를 누려야지, 우리가 공용으로 돌아가고 있는데도 불구하고 이거다 저거다 싸울 필요가 뭐 있나 이겁니다. 좀더 유순하고 좀더 그렇게 합일점으로 돌아간다면 우리는 참으로 꽃다운 인생을 자유스럽게 느낄 수가 있지 않겠느냐 이겁니다. 영원히 말입니다. 우리는 영원히 그 자유를 누릴 수가 있다. 요 몸뚱이 가져 나왔을 때 잠시 잠깐 한 철 사는 겁니다. 우리 중들이 한 철 나듯이, 요거 한 철입니다. 이 몸뚱이 가지고 한 철 날 동안에 그 도리를 좀 알아야죠.

그러니 오늘 이렇게 같이 앉아서 여러분과 같이 이렇게 말씀드리고 그런 것을 요다음에 자세히 한번 또 들으시도록 하고, 또 들으실 때에 그때도 질문을 하시면요, 여기서 자세한 게 아주 꿰어져 나옵니다. 질문을 안 하면 아우트라인만, 이렇게 이렇다더라 하는 것만 알지 실질적으로 우리가 실천하는 것이 나오지 않습니다. 그러니까 뭐든 질문하세요.

질문자2(여) 큰스님, 제가 질문 하나 하겠습니다. 아까 말씀 도중에 소가 도살장에 끌려가는 것을 즉시 제도한다 그러셨는데, 그러면 짐승들이 사람으로 화할 수 있는 것은 어떠한 인연으로 해서 그렇게 될 수 있는 건지 한번 말씀해 주십시오.

큰스님 부처가 왜 부처인 줄 아십니까? 예를 들어서 소가 사람을 보면 저항력을 느끼듯이, 짐승이 사람을 보면 달아나갑니다. 그러나 내가 그 짐승 속에 들어가서 여러 짐승을 만날 때는 저항력을 느끼지 않습니다. 그래서 개구리를 건지려도 개구리가 내가 돼야 개구리를 건질 수 있다는 말이죠. 그렇기 때문에 소가 내가 될 수도 있고, 내가 소가 될 수도 있는 거죠. 그래서 소를 그대로 좀 연장을 하려면 내가 소 속에 들어가야 하고, 또 소로 연장할 게 없죠. 무명을 치고서 그대로 의식을 해서 내 컴퓨터에다 넣으면 그냥 전부 알아지는 거죠. 인간이 살아나가는 그 도리가 알아져요, 그냥 의식이. 그러면 그냥 그대로 사람으로 환생시킬 수 있는 거 아닙니까? 환생을 시키려고 시키는 게 아니죠. 그대로 그렇게 돌려서 내놓으면 눈도 떠지고 귀도 터졌으니까 사람한테로 다시 가서 환생을 할 수가 있는 거죠. 그러나 눈도 뜨지 못하고 귀도 뜨지 못하면 그냥 의식만 가지고 참, 소나 말이나 즉, 잠자리를 하는 데 그냥 들어가죠. 그렇게 그냥 들어가서 그 모습을 가지고 그냥 나오죠. 그러면 그 모습에서 천 년이 가나 이천 년이 가나 벗어날 수가 없죠. 그래서 사람 되기가 어렵다는 겁니다.

질문자3(남) 모든 자성이 원래가 불(佛)인데 불에서 중생으로 화했다 하게 되면 어떤 뜻이 있다고 생각합니다. 그래서 이제 큰스님 가르침같이 "거기에서 나온 거를 그대로 놓아라. 거기다 놔라." 하게 되면 과거의 업이 다시 화해서 무로 된다. 말하자면 다시 자성을 밝히는 데에 지름길이라고 할까요? 표현을 하자면. 지름길을 지금 큰스님이 알려주시는 거로 알고 있는데, 그 지름길을 누구나 다 밟게 되면 본래 자신의 업대로 화한 뜻이 없어지지 않겠느냐? 현재 모든 존재가 업에 따라서 제 길을 가고 있는 도중이라고 보게 되면, 큰스님이 가르치시는 길은 제 길을 떠나서 지름길을 가르치는 걸로 알고 이해가 되는데요, 과연 지름길이 될 수가 있느냐 하는 생각이 듭니다.

큰스님 네, 지름길이 될 수가 있죠. 우리가 지금, 예를 들어서 집

한 채를 지었는데도 그것이 나중에 보니까 시설도 잘못됐고 그래서 자꾸 고치다 보니까 나중에는요, '이것이 잘못됐구나. 고쳐도 고쳐도 이거는 워낙 애당초에 잘못 지었기 때문에 우리가 다시 한 번 경험을 살려서 한번 해 보겠다.' 하고 집을 지으니까 집이 자기 마음에 쏙 들게 지어졌더래요. 그와 같이 우리가 그림을 그려도 마음으로 그리는 것은 깔축없습니다. 그래서 이 도리를 알아야만이 태교도 정상적이라는 거죠. 그러니까 마음, 이 마음을 빼놓고는 없습니다. 그러니 아까 얘기한 거와 마찬가지로 지름길이라고 볼 수 있겠죠.

이 세상에 종교가 생긴 것도 사람들이 태어났기 때문에 생긴 거죠. 사람으로서 사람이 먼저 되라고 해서 종교가 생긴 거거든요. 그런데 사람이 되긴커녕 종교를 믿으면서도 점점 분리가 되고 점점 악의가 생기고 말입니다, 거짓말이나 하고 이럭하니까 종교가 있으나마나가 돼 버렸어요. 이건 장사꾼이지 종교가 아닙니다. 그리고 뼈다귀까지 팔아먹고 말입니다. 아니, 누구를 욕하기 이전에 말입니다, 때에 따라서는 십자가까지 팔아먹고, 부처님 믿는 사람은 심지어 뼈다귀까지 팔아먹는 입장에 있거든요.

그러니 여러분이 생각을 깊이 하셔야 될 것은, 만약에 30%, 40%, 50%가 현실세계에서 그렇다면 그 나머지를 채우는 거는, 즉 말하자면 60%든 70%든 여러분이 채우셔야 돼요. 또 병이 나도 병원에 가서 고치지 못하는 게 많은 것은 그 도리를 모르기 때문이에요. 50%가 거기 대두되지 않았기 때문이거든요. 그러면 어디서 오느냐. 이건 영계에서 왔느냐, 세균에서 왔느냐, 그렇지 않으면 유전에서 왔느냐, 인과에서 왔느냐, 이 도리를 모르기 때문에 거기에서는 50%밖에는 도저히 할 수가 없습니다, 정신병자가 생겨도. 그렇기 때문에 나중에 모자라는 건 누가 채우느냐? 자기네들이 채워야 돼요. 그건 누가 채워 줄 수도 없고 그러니까 말이에요.

그러니까 병이 안 날 것도 병을 내요, 자기가. 왜냐? 무슨 일이 생기면요, 여기서 그냥 불끈 솟아 가지고 화를 내고 '이건 이제 다 죽었어, 인제.' 그러고선 그냥 뭐 온통 야단법석이 나죠. 그러면 어떻게 되느냐 하면 이 속의 모든 공장에서 그냥 전부 파워가 일어나는 겁니다, 내가 그렇게 하기 때문에. 지배인이 그렇게 하기 때문에 전부 파워가 일어나 가지고는 모두 직원들이 일을 안 하거든요. 직원들이 일을 안 하니까 그냥 세포가 굳어지고 말입니다, 뭐 분쟁이 일어나고…. 아, 삽을 들고 제대로 해 줘야 제대로 즙을 내서 모두 각처로 배달을 하는데 그 우유 배달을 안 해 주거든, 허허. 그러니 그것이 파워가 일어날 수밖에. 그러니 살 수가 있나요? 그러니 몸 병나서 죽게 되니까 걱정, 그 한 사람만 죽으면 좋은데 가정이 다 파괴가 돼. 예?

그러니까 이 속의 가정이 파괴가 되면, 국토가 파괴가 되면 자기 가정이 파괴가 되고, 가정이 파괴가 되면 사회가 파괴가 돼. 아니, 자식들서껀 모두 파괴가 되는 거지, 뭐. 그러면 사회가 파괴되면 뭐가 됩니까? 국가도 파괴되고. 성실한 사람이 나와야 국가도 참 성실하게, 즉 말하자면 살아나가면서 경제난도 그렇고, 모든 게 발전이 되고 나중에는 국가의 역사도, 우리나라의 역사도 그런 좋은 역사를 가져오게 되는 문제가 생기죠. 그리고 또 말씀하세요.

질문자3(남) 그런데 인과응보의 법칙이 작용한다 하게 되면 인과응보도 뜻이 있어서 작용한다고 보고 있고, 병고 액난에 부딪치는 것도 자기 인과응보고 거기서 나온다 하게 되면 그 자체의 병고 액난을 통해서 자기가 스스로 깨치는 계기가 된다고 생각을 하거든요. 그것이 없게 되면 아무리 말로 하거나 글로나 책으로 가르쳐도 말을 듣지 않고, 자기가 직접 병고 액난을 거쳐야만 진심으로 깨닫는 계기가 생기는 것 같은데….

큰스님 들어 보십시오. 내가 말하는 것은 '좀더 뛰어넘어라!' 이 소리죠. 왜냐하면 어느 스님한테 화두를 받아 가지고 '이게 뭣고?' 하고 있으면 10년, 20년, 30년 가도 그냥 뭣고예요. 하이, 나 참! 기가 막혀서. 그리고 시공을 초월해서 돌아가는데도 불구하고, 자기가 배운 지식도 있고 학식도 있고 모든 게 이게 사람이 살아나가는 데 그것도 뭣고예요, 그냥 뭣고. 자기가 뭣고니까 그냥 뭣고예요. 이게 뭘까? 이걸로 통해요, 그냥. 그러니까 또 좌선을 할 때만이 지구가 돌아가는 것도 아니거든요. 앉으나 서나 자나 깨나 맥박이 뛰듯이 돌아가고 있거든요. 그 사실을 왜 모릅니까?

그런데 지금 말씀하시는 거 답변해 드릴게요. 이 도리를 알면요, 예를 들어서 우리가 지금 컴퓨터 세상으로 발전이 됐죠? 그래서 사무실에도 열 사람 쓸 거를 지금 한 사람만 써도 되는 이치가 있지 않습니까? 백 사람을 쓸 텐데 지금 서른 사람만 가지고 일을 합니다. 그거 아시죠?

질문자3(남) 그렇죠.

큰스님 예, 그럼 아시면 됐어요. 그런데요, 아니, 가만 계세요, 그거 얘기해 드릴게. 지금 이 도리를 안다면 과거에 어떠한 입력이 된 것이 다 무효가 돼 버리죠.

질문자3(남) 그건 이해가 갑니다.

큰스님 예, 이해가 가죠? 무효가 되니까 지금 현실에 입력을 하는 것만 나오는 겁니다. 그런데 지금 입력을 하는 건 좋은 마음으로 입력을 하거든. 그러니 좋은 일로밖엔 나올 수가 없는 거지. 전자에는 모르고 막 지었는데… 그러니 여러분이 그 입력해 놓은 것부터 없애고 우리가 좋은 마음을 자꾸 내서 주인공에 놓는다면, 그 컴퓨터에 입력을 한다면 그대로 좋은 일만 나와.

그래서 뭐 기도를 한다, 난 이런 거 없습니다. 그래서 저 서울에 있는 법우님들이 뭐라고 그러냐 하면 "세상에 스님을 알지 못했으면 이렇게 즐겁게 편리하게 살 수는 없었을 텐데, 세상에 이렇게, 이렇게 편리하고 이렇게 행복하게 살 수가 없습니다." 이거야. 거기는 팀들이 말입니다, 선생님 팀은 팀대로 이렇게 아주 자유로이 조직이 돼 있습니다. 자기네들이 아주 만들었어요. 자동적으로 그렇게 된 거예요. 정치인들은 정치인들대로 모이고 그렇듯이 말입니다. 우리 상인은 상인대로 모이고 신문 기자는 기자대로 모이죠? 누가 뭐 모이라는 대로 모이나요? 그냥 저절로 그리로 가는 거죠. 그런 기술이 있으면 그냥 저절로 그리로 가요, 뭐. 허허. 그래서 금방에도요, 금이라면 그냥 저절로 금방으로 가고요.

그래서 우리 자체가 그대로 그 도리를 그렇게 하면 자기가 인제는 그릇이 비면서, 이 인과응보라든가 모든 것이 다 그리로 용광로에 들어가듯 들어가니까, 그 작업만 자꾸 하니까 거기서 새 쇠로 그냥 생산이 돼서 저절로 나가는 거죠. 그래서 자동적이라는 겁니다. 우리는, 이 물질은 한계가 있지만 이 물질이 없는 마음이란 건 한계가 없다는 얘기예요. 그래서 무한의 어떠한 용도든지 걱정이 없다 이거죠. 그러니 그거를 알게 되면, 그때 무얼 알게 되느냐 하면 아하, 내가 이렇게 내 속도 알게 되고, 모든 꽃나무나 저런 무정물이나 풀 한 포기나, 저 지렁이 하나의 마음도 알 수 있으니 몸으로 몸소 그 고행을 하지 않아도 그 모든 게 고행을 하고 간다는 사실을 전부 알게 되는 거예요. 그게 바로 실험이고 바로 탐험입니다. 탐험을 해서 모든 걸 알게 되는데 무엇 때문에 그걸 내 몸뚱이로…. 부처님이 말씀하시지 않았습니까?

그 당시에도 힌두교가 그렇게 몸뚱이로 고행을 하는 거를 "그 몸뚱이로 고행을 하다가 몸뚱이 떨어지면 그 생각도 떨어지는데 무얼 그렇게 몸뚱이로 고행을 하느냐?" 이거죠. "그러니 몸뚱이로 고행을 하지 말고 정신력을 기르고 정신력을, 즉 말하자면 실험을 하고 탐험을 해서 그것을 전체를 알라. 그러면 하나 버릴 게 없느니라. 가질 것이 없는 반면에 버릴 게 없느니라." 이랬거든요.

그러니 여러분이 내가 이렇게 말하는 것을, 그래도 이 못난 나 같은 사람이라도 이렇게 인연이 돼서 만났으니 좀더 가정에서 실험을 해 보면서 우리가 나갈 수 있다면, 이거는 종교가 어디 따로 있는 게 아니라 우리 가정에서, 지금 이 세상에 사람들이 살고 있는 게 그냥 종교로구나 하는 걸 여러분이 아실 거예요. 싸움들 하지 마세요, 그리고. 허허, 하이구, 싸울 게 뭐 있나요?

우리 서울에서 보면요, 알래스카에서도 보고 그랬는데요, 저런 나무도 참, 사계절이 없이 저렇게 살지만 그래도 사계절을 느낍니다. 저런 나무들이 왜 섰나를 한번 생각해 보셨습니까? 우리들에게 이익을 준다는 거를 아셔야 합니다. 또 우리들은 그 무정물에다가 모두 이익을 준다는 걸 아셔야 됩니다. 하다못해 지렁이 하나도 우리와 서로 상응하고 서로 조화를 이룬다는 걸 아셔야 합니다. 우린 하나도 버릴 게 없다는 사실입니다. 하나로 표현한다면, 저런 무정물도 공기를 우리 사람들한테 전달하고 있습니다. 그러면 우린 뭘 가지고 전달을 합니까? 우리도 전달을 하고 있죠? 여러분, 더 잘 아시죠? 배운 분들이기 때문에. 뭐, 요새 배운 분들의 용어는 이산화탄소니 뭐니 이렇게 말씀하시는데요, 여러분이 숨 한 번 들이쉬고 내쉬는 데 그것이 전달입니다.

지난번에 말한 오하이오 주 주립대학에서 석사 학위 박사 학위자들이 지금 한 80명 이 공부를 하고 있습니다. 그렇게 하고 있는데 기독교인들도 거기 포함돼서 들어오고 있어요. 그런데 그분들이 부활절을 어떻게 생각하시느냐는 거죠. 그래서 내가 그랬죠. "초 초마다 부활절이다." 이거야. 하하, 일초 일초가 그냥 부활절이다 이거야. 내가 법회를 할 때 그때가 바로 부활절이에요, 글쎄. (대중 웃음) 우리 부처님 오신 날도 일초 일초가 부처님 오신 날이야. 여러분이 안 계시다면 부처님 오신 날이 어디 있으며, 여러분이 한생각 한생각 고정됨이 없이 돌아가는 게 그냥 초 초마다 부처님 오신 날이지 딴 게 있느냐 이거야, 응? 우리가 부처님 도리를, 부처님 당시에 그분이 깨치고 통달해서 그분이 49년을 설하여 놓고 그렇게 일러 주고 가르쳐 주고 써 놓고 이래도 모르니까 되풀이하는 거죠. 우리가 지금 마음으로 깨달았다 하면, 만 명이 깨달았어도 그 부처님이나 지금 깨달은 사람이나 둘이 아니에요. 모습만 각각이지 영원히 살아 계신 분이요, 영원히 여러분이 계신 반면에 풀 한 포기가 있어도 영원히 살아 계신 겁니다. 어떠한 분이든지 다 말입니다.

그러니 나는 어떠한 분 하나를 버릴 수도 없고, 어떠한 분 하나도 내가 가졌다고 할 것도 없고요. 왜? 그렇게 가깝게 계시니까 구태여 그럴 게 없죠. 아, 이게 그냥 조화를 이루고 돌아가는데 무얼 그렇게 네 거 내 거, 이게 옳으니 저게 옳으니 하겠습니까? 그럭한다면 편이 갈라져서 싸우기 십중팔구죠. 보이지 않는 데서도 아니, 그 뭡니까? 저 날아온 거 말입니다. 그거 뭐?

신도 UFO요? 비행접시요.

큰스님 비행기 접시고 뭐고, 하여간에 말입니다. 그게 바로 내가 된다면, 네? 핼리 혜성이나 뭐 이런 것도 내가 된다면, 이게 모두 내가 아닌 게 없거든요. 내가 사는 데를 해롭게 하겠습니까? 난데! 그래서 그게 세 번째 마지막 나투는 방법입니다. 그래 둘이 아님을 알아야 나투는 방법을 압니다. 그래서 사람은 이 도리를 알려면 세 번 죽어야 나를 본다, 나를 통달한다 이거야. 그래서 한 번 죽어 나를 발견하고, 두 번 죽어 둘이 아님을 알고, 세 번 죽어 둘이 아니게 나툼을 안다. 계단 없는 계단을 세 계단 밭두렁처럼 넘어야 한다 해서 이 가사를요, 이 들어갔던 구멍으로 다시 나오게끔 만든 게 이게 스님들 가사입니다.

질문자4(남) 질문 있습니다. 한마음선원에서는 각자 개개인을 주인공으로 생각하고요, 풀이라든가 아니면 소라든가, 모든 데 각자 개인의 생명체가 있는데 사람이 암이 걸려서 죽게 되면 몸 안에 암세포가 있는데, 그 암세포 하나도 생명체가 있다는 말입니다. 살아 있기 때문에 그게 번져서 사람이 죽고 하는데, 이 몸도 살려야 되고 암세포도 살려야 되는데 그러면 어딘가 모순이 있는 거 아닙니까? 암세포를 죽여야만이 사람이 살 수 있는 거고….

큰스님 아이구 참! 모순이 왜 모순이에요? 사람과 그 큰 덩어리 생명과 작은 생명이 다 자기하고 둘이 아닌데, 왜 그게 문제가 됩니까? 아, 내가 한생각을 하면 그 생각에 전부 같이 따라 주는데. 그렇게 내부에서도 같이 따라 주는 반면에 외부에서도 같이 공존하기 때문에요, 즉 말하자면 내가 지금 A형인데 암을 앓아. 그랬는데 피를 좀 가져야 되겠다 할 때, A형의 피는 저런 무정물에도 있고 동물에도 있고 식물에도 있고, 다 약이 있어요. 뭐 꼭 보이는 데서만 그거 하나 연구해 놓으면, 10년 몇 년이 걸려서 하나 연구해 놓으면 또 딴 게 나오고 그렇기 때문에 의사들도 여간 힘이 드는 게 아니죠.

질문자4(남) 암세포가 따라 주지 않기 때문에 사람이 병에 걸려 죽지 않습니까?

큰스님 이 죽는 것도 뭐 자기가 이런 도리를 모르면 죽는 거고요, 이런 도리를 알고 진실히 저거 하면 거기까지 가기 전에 그것도 해결할 수 있고, 또 의사한테 가더라도 그것이 남의 손이 아니라 그 의사 손이 내 손이 돼야죠. 아시겠습니까?

질문자4(남) 모르겠는데요.

질문자3(남) 허허허, 잘 모르죠. (대중 웃음)

큰스님 모르죠. 그런데 둘이 아닌 도리를 그래서 연구하고 그래야 된다 이런 문제죠.

질문자5(남) 저, 질문 좀 하겠습니다. 지금 이 한마음 공부는 정신적인 공부라고 볼 수 있는데요, 사람 몸은 육체와 정신이 공존한다고 생각합니다. 그러면 육체적인 단련으로써 단전호흡이라든지 그런 것을 공부를 하면 좀 효과적인 공부가 아니 되겠는가, 그런 생각을 한번 해 봤습니다.

큰스님 안 됩니다. 단전호흡이라는 것은 육체에 기를 모으는 겁니다. 그래서 육체를 좀더 돕자고 하는 겁니다. 그런데 그것은 육체를 돕는 거지 어떠한 정신을 돕는 건 아닙니다. 그렇기 때문에 그것이 잘못되면 머리로다 기를 빼지 못해. 넣으면 빼야 되거든. 빼지 못한다면 그냥 정신분열자가 되고 또 머리로다가 열이 모이면 그냥 피를 토하게 되고 또 정신분열이 되고, 이런 거를 무척 봤습니다. 그렇기 때문에 그것도 좋지마는 한데 모으는 거를 어차피 하려면 마음을 모으지 단전을 해서 기를 모으지 말라 이거죠.

그러니까 모든 것은 마음에서 병이 나는 거거든요. 그러니까 나는 단전이라기보다는 그냥 어디고 마음을 내놓으라고 그런다면 내놓을 거는 없지만, 내놓을 게 없기 때문에 그것은 무궁무진한 거죠. 그래서 단전을 하게 돼서 잘못돼 가지고 온 선생님들을 많이 봤습니다. 우리 조카 하나도 장군이거든요. 그런데 머리로다가 열이 나서 그냥 여기가 벌겋고 인제는 작업도 못하겠다고 그러더군요. 그런데 우리가 밥을 먹고도 대변을 못 누면 부작용이 생기죠? 그와 마찬가집니다. 그러니까 그것을 하기가 어렵다는 문제가 있죠.

그러니 우리가 평상시에 그대로 컴퓨터에다, 그전에 과거에 입력이 된 컴퓨터에다가, 주인공이라는 게 바로 그거니까 '주인공! 나를 넘어트린 것도 너니까 나를 일으키는 것도 너다.' 그러고 일으켜졌으면 '감사하다.' 일으켜지지 않았으면 '일으켜지게 하는 것도 너다.' 하고 이렇게 편리하게 맡겨 놓고, 이렇게 사는 방법이 얼마나 편리합니까? 그런데 그거를 뭐 단전을 한다 하고 그냥 꿇어앉고, 이렇게 바쁜 세상에 지금 일분일초가 바쁜데 말입니다. 그거를 꾸부리고 앉아서 그렇게 해야만 되느냐.

아, 가서 일하는 것도 참선이요, 먹는 것도 참선이요, 누운 것도 참선, 자는 것도 참선, 아주 사랑하는 것도 참선. 아, 모두 참선 아닌 게 없는데, 모두들 절에 간다면 무슨 멸치 꽁다리도 먹지 말아야 하고, 고기도 먹지 말아야 하고 남편하고 자지도 말아야 하고 뭐, 다 목욕해야 하고 아침에 또 백팔 배를 해야 하고, 애들 어른 할 것 없이 죄 굶주려

놓고는 그냥 가는 거야, 저 혼자. 허허허. (대중 웃음) 이게 가정을 이룩하는 부부냐. 가정을 이룩하고 살아나가는 게 그것이 바로 종교라는 거를 왜 모르느냐 이거죠. 응?

서로 다복하고, 아침에 일찍 나가는 애들한테도 도시락을 싸 주더라도 그렇고 안 싸 주더라도, 말 한마디에 천냥 빚을 갚는다는 말이 있듯이 부드럽게 해 줘라. 아무리 나쁘게 하더라도 부드러운 말을 해 주고, 평등한 마음으로 웃으면서 받아들여 줄 수 있는 그런 능력을 길러라 이거지. 그럼으로써 자식도 잘못되지 않고 잘못 빗나가지 않고, 뿌리를 길러 주기 때문에 그 가지나 이파리는 왕성하게 될 것이다 이겁니다. 그냥 사람은 애나 어른이나 따뜻한 데로 고이게 마련인데 이것은 그저 만나기만 하면 "어이구, 너 어디 갔다 왔니?" 이러고 "아, 왜 이렇게 늦었어?" 이러면서 그냥, 남편도 그렇고, 조금만 어디 가서 저거 해도 그냥…. 좀더 사랑하고 믿는다면 잘못된 일이 있더라도 여기다 맡겨! 잘못되지 않게. 주인공은 둘이 아니니까.

가설이 돼 있지 않아요? 아, 가설이 돼 있는데 무얼 믿지 못해? 가설이 돼 있으니 뭐 그냥 주먹 안에서 어디 가겠습니까? 이 전기 가설 돼 있듯이 가설이 돼 있는데. 그쪽 주먹 안에서도 가설이 돼 있고, 이쪽 주먹 안에서도 가설이 돼 있어. 그럼 어디 가겠습니까, 그게. 우린 자가발전소거든. 그러니 항상 그렇게 '그럼 빨리 오시오.' 조금 못 미더우면 '주인공밖에는 빨리 오시게 할 수 없어. 당신, 빨리 와.' 하면 어딘가 모르게 빨리 가고 싶어서 허둥지둥 온다는 거죠. 허허, 그게 자력의 통신입니다. 자력이 있으면서 이 통신도 들어가야 되거든요, 포함해서. 그러니까….

질문자3(남) 그 자력이라는 말씀은 보통 얘기하는 기운 기(氣) 자 기하고 같은 거를 얘기하시는 겁니까?

큰스님 끌어 잡아당긴다 하고 이렇게 붙는 걸 자석이라고 그러죠?

질문자3(남) 예, 그건 압니다.

큰스님 그건 물질입니다. 차도 위로 막 다니고 그럽니다. 그러니까 이 자석, 아래의 자석과 위 자석을 동시에 이렇게 잘 조절을 해 놓으면 그냥 이것이 그 자석에 딸려서 어디로 이렇게 이탈을 하지 않고 그냥 나갑니다. 그와 같이 우리도 자력입니다. 이거는 무한의 능력을 가졌다 하는 뜻에서 자력이죠. 그리고 그 자력이 있음으로써, 자력만 있다고 해서 무조건 끌고 오는 게 아니라 통신이 있어야 되지 않겠습니까? 그래서 통신도 거기 들어가요. 또 '탐지기다' 이러는 거는요, 왜 그 탐지기, 타심통이 들어가느냐 하면 접시의 마음이냐 컵의 마음이냐 이거 알아야, 마음도 알아야 '아, 쟤는 물을 먹고 싶어서 그러는구나.' 그러고 물을 주지 않아요? 그리고 쟤는 접시의 마음이니까 아, 물건은 잡채든지 뭐든지 담아 줄 수 있는 것이 그게 자유자재죠.

그래서 그 오신통에서도 벗어나야 그 도리를 다 알아서, 정말이지 벗어나야 된다 하는 것은 우리가 지금 그렇게 공부를 하고 가면 벌써 나를 발견하게끔 되는 이치도 있습니다. 여기 저 보살님, 서울에서 오신 보살님도 그것을 발견하셔서 지금 실험을 하고 가시는 도중이죠. 질문을 해야 그 속까지 다 나와요. 질문을 하지 않고 내가 자청해서 그놈의 걸 말을 하다 보면요, 내가 잘난 게 되거든. 그래서 내가 될 수 있으면 그런 묻지 않는 질문에 대답하고 싶지 않다 이겁니다.

질문자3(남) 기라고 지금 말씀을 드렸었는데요.

큰스님 기는요, 이거 보세요.

질문자3(남) 우주 삼라만상의 기와 마음과 같은 겁니까, 다른 겁니까?

큰스님 오신통이라는 이것이 합류화돼야 맘대로 기를 주기도 하고 넣기도 합니다. 그러니까 내가 기운이 없는데 '아이구, 기운이 없어서 되겠어? 그냥 내 여기 주인공이 알아서 정도에 맞게 이렇게, 너무 넣으면 열이 나니까, 이거 하는 데 정도껏 넣게 한다.' 이렇게 생각하면 그냥 정도껏 넣게 됩니다. 그런데 우리가 이 도리를 배우지 못하면 앞으로 칠팔 년 십 년이 넘어간다면 기가 분실돼요. 인간에서 자립적이 돼야 하는데 자립이 잘 되지 않고 있을 때에 바깥에서 그 기를 넣기도 하고 이래야 우린 앞으로 살아나가요.

그러니 이 도리를 부처님께서 가르쳐 주신 것도 그렇지만 우리 당초에, 이 조선이라는 데는 단군 할아버지가 81자를 남겨 놓고 갔어요. 81자를 남겨 놓고 간 것이 바로 그 80종호나 81자나 똑같습니다. 그러니 그 도리를 좀더 생각해 볼 수 있는 여유를 갖는다면 얼마나 좋겠습니까? 그러니 우리 지금 81자다 하는 거는, 사무 사유 한데 합치면 그대로 그냥 돌아가는 거, 만으로 돌아가는 거거든요. 그러면 일 자는 뭐냐? 종을 말한다. '내가 말하면, 그냥 말한 사이 없이 그 음파가 우주 법계로 그냥 두루 한다.' 이런 뜻입니다.

그러니 그 모든 우리가 앞으로 살아나가는 그 방법과 자녀들을 기르는 데, 그래서 내가 '묵은 빚을 갚을 줄 알아야 하고 햇빛을 줄 줄 알아야 한다.' 이런 말을 합니다. 그리고 '원수는 빨리 잊어버리고, 은혜는 갚을 거를 언제나 생각하고 갚으라.' 이런 말을 하죠. 그리고 항상 평등한 마음으로서 웃으면서 받아들일 수 있는 가정을 가지고, 또는 바깥의 모든 사람들도 웃으면서 받아들일 수 있는 영향력을 가지고, 또는 부드럽게 말 한마디 해 주는 데 사람이 그 모든 괴로움에서 벗어날 수도 있고, 사실은 그냥 그대로 될 수가 있다. 그래서 "요놈의 새끼, 넌 만날 그러니까 깡통을 찰 놈의 새끼! 나가서 급살이라도 맞아라!" 이러고 욕하는 사람 많이 봤습니다. 그것 그대로 그 말 한마디가요, 그렇게 못쓰거든요, 그거.

그렇기 때문에 일본에서는 부처님 믿는 것을 아주 국보로 해 놓고요, 말을요, 자식한테도 막말을 하지 않지 않습니까? 그거 아세요? 그리고 누가 또 하다못해 성냥 한 곽을 줘도요, 꼭 거기 초 하나라도 놔서 보내요. 왜 그런 줄 아십니까? 철두철미한 게 진리기 때문입니다.

여러분이 내게 10불을 줬다면 여러분은 10불 이외에, 요새 증권 있죠? 허허허, 증권을 하시는 거와 마찬가지예요. 근데 증권은 밑지기도 하지만 여기는 밑지는 법은 없어요. 망하는 법은 없거든. 그것도 부처님께서는 그러셨죠. "절이 많지마는 그 절에 사람이 있으면 부처가 있는 절이요, 사람이 없다면 부처가 없느니라." 또 그런 말씀도 하셨죠. 사람한테 밥 한 그릇을 주면 곱이 들어오지마는, 사람이 아닌 사람한테 밥 한 그릇을 주면 밑천도 못 건진다고요. 또 질문할 사람 없습니까?

질문자2(여) 하나만 더 하겠습니다. 이거는 제가 평생 생각하고 있는 문제인데요, 얼마 전에도 미국에서 두 아들이 부모를 총으로 쏴서 죽인다든지 또 아버지가 아들을 불에 태워서 죽인다든지 이런 일이 많이 일어났거든요. 그래서 저는 '왜 그런 일이 일어날까? 그렇게 되면 그런 인연으로 해서 자기 몸을 버리는 사람, 그러니까 죽게 되는 사람들은 어떻게 될까?' 하고 항상 의문을 갖고 있습니다.

큰스님 예전에 이런 말을 묻더군요. 어느 스님이 나한테 이렇게 물었어요. 첫째 "귀신이 있습니까, 없습니까?" 하고 하나 묻고요, 그 다음에 묻기를 또 "그럼 죄가 없는 어린애가 서로 놀다가 연탄집게로다가 이 정수리를 찍어서 죽였는데, 어린애들이 무슨 죄가 있다고 그러느냐? 그건 어디에 속하느냐?" 하고 물었어요. 그래서 내가 그런 말을 했죠. 모르고 죄를 지은 거는 모르고 받게 마련이고, 알고 짓는 죄는 알고 받게 마련이다 그런 말을 했죠.

질문자2(여) 그런데 제가 하는 거는, 물론 자식이 부모를 그렇게 총으로 쐈으면 그렇지마는, 그 받는 부모들은 어떻게 되느냐 하고….

큰스님 그럼 그걸 비유해서 한마디 할까요. 옛날에 거미와 깻벌레가 있었습니다. 그런데 옛날에는 집 가장자리에 거미줄을 치고 거미가 얼마나 많았습니까? 또 깻벌레라든가 무슨 벌레가 요만큼씩한 게 씩씩 씩씩 하는 벌레가 있습니다. 그건 다 갉아 먹습니다, 그냥 뭐든지. 그런데 농사를 지으려니까 그거를 안 죽이고는 안 되겠어서 두 영감 마나님이 그냥 깡통에다가 오줌을 담아 가지고는 뭐 그냥 반 깡통씩, 한 깡통씩 잡아서 죽였거든요. 그런데 얼마나 많이 죽였던지 말입니다, 그것이 이 세상에 영감 마나님의 원수를 갚기 위해서 그 집 자식으로 다시 태어났어요. 아시겠어요? 그 한번 이렇게 감춰지는 걸 못 보셔서 그러세요. 이 돌아가는 것만 보시지 50%로 돌아가는 건 못 보시기 때문에 그 문제가 나오는 거예요.

그래서 인제 두 아들을 낳았거든요. 하나는 거미고 하나는 깻벌레인데 아주 뭐, 금이야 옥이야 하고 기르는데, 하루는 스님네가 탁발을 하러 오셔서 뭐라 그랬냐 하면 "아하! 이거 안됐구먼!" 하시더랍니다. 그래 "왜 그러십니까?" 그러니까 "댁의 아들이 두 형제가 있죠?" "예." "내가 말을 할 테니 믿으시렵니까? 당신은 죽고 사는 게 문제가 아니라, 앞으로 꼭 3일만 있으면 당신 부부는 그냥 그 두 형제한테 뜯어 먹히고 맙니다." 하면서 얘기를 쭉 해요. 그러니까는 "그러면 스님 시키는 대로 하겠습니다." 하고 하라는 대로 했습니다.

그래서 무얼 했느냐 하면, 철망 있죠? 철망 요렇게 좁게 해 가지고 쭉 둘러놓고는, 예전에 왜 병아리 기르면 철망에서 나가지 못하게 하듯 그렇게 해서 둘러놓고, 거적을 둘러놓고 그 가운데다가 겻불을 피워서 두 군데에 놓으라고 그랬어요. 놓고, 아들 둘이서 글방에 갔는데 기다리고 있다가 오기 직전에 딱 항아리 속으로 전부 들어가서 항아리 제 뚜껑을 자기가 덮고 그러곤 들어가서, "엄마! 아버지! 배고파." 하고 아무리 울어도 그 착을 놓고서 한 시간이나 기다리고 있다가 아무 소리 없을 때 인제 나오너라, 그랬거든요. 그런데 한 시간을 그렇게 막 그냥 부르짖고 그러다가 한 반시간은 또 욕으로 나올 테니까 그때 보면 알 거라고 하거든.

그래서 그냥 그 스님이 시키는 대로 해 봤어요. 그냥 "엄마! 아버지! 어디 갔어?" 하곤 그냥 "배고파, 밥 줘." 하곤 그냥 난리가 났거든요. 난리가 났는데도 가만히 있었더니 나중에는요, "얘, 시간이 늦어 가는데 큰일 났구나." 둘이 그러더라는 거예요. 그러면서 "아이구, 지금 이 고비가 넘겨지면 우리 원수를 갚지 못할 텐데 어떡하면 좋으냐?" "지금까지 때를 기다리고 있었는데 이렇게 될 줄이야 누가 알았겠느냐?" 그러고 막 울면서 그냥 이 연놈들 어디 갔느냐고, 응? 그 수많은 우리가 그렇게 몸부림치고 죽어 갈 때 어떻게 된 줄 아냐고 그러면서 그냥 막 울거든요.

그러니까 항아리 속에서 소름이 쭉쭉 끼치는 거예요. 그래서 그 항아리에 있으면서 그 소리를 들으면서도 아무 소리 없이 그냥 죽은 듯이 가만히 숨도 못 쉬고 있는데, 한 시간 반쯤 아무 소리가 없더래요. 그래서 나와 보니까요, 그게 다 그 스님의 도력도 있겠죠. 그냥 한쪽은 깻벌레고 한쪽에는 거미인데요, 철망에 매달려서 겻불에 그냥 죽어 가는데, 그 많은 것을 다 그 스님이, 즉 말하자면 인과응보로서 그렇게 되는 거를 양쪽을 다 풀어 주고선 그냥 사람으로서 다시 인도환생을 시키기 위해서 그 의식을 빼느라고 전부 한군데서 죽게 했답니다.

질문자2(여) 그러면 만약에 스님이 오셔서 그렇게 지시하지 않으셨으면 그 자식들한테 죽음을 당해 가지고요, 그러면….

큰스님 그렇죠.

질문자2(여) 이 자식들은 다시 깻벌레가 되지 않고 그냥 사람으로서 그대로 생활이 되는 건가요, 그럼?

큰스님 깻벌레가 되지 않는 거보다도 그 부부에게 원수를 갚을 때에 깻벌레로나 거미나 그걸로 그냥 끌어당기겠죠.

질문자2(여) 그러면 큰스님, 우리가 지금 현재에서 모든 것이 연결되는 그 인연은 그러면 그, 전생이라고 그러나요? 그런 인연에 같이 뭉쳐 가지고….

큰스님 그렇죠, 예. 어저께가 없으면 오늘이 없듯이. 어저께 말입니다, 댁하고 약속을 하지 않았더라면 오늘 만나지 않았을 것을…, 하는 거와 똑같죠. 우리가 그렇게 연결돼 나가는 거죠. 우리는 연결이 없으면 화목도 없고, 연결이 없으면 싸움도 없고 그럴 거니까요. 그래서 자기 한 대로 또 이렇게 받고 돌아가는 거죠.

질문자2(여) 감사합니다.

큰스님 예, 그래서 그 아버지 어머니에게 그 스님이 말씀하시기를 그랬거든요. 오늘 당신 둘이 자는데 이 집에 전부 불이 일어나서 타게 되면, 그 두 형제가 그렇게 불을 놔서 타게 만들어 놓고 죽으면 그냥 거기에 달려들어서 전부 그냥 뜯어 먹어 가면서 같이 죽어 간다고요. 그래서 전부 깻벌레를 만들고 거미를 만들어서 그렇게 그 원수를 갚는다고요.

그러니까 우리 자신들이 그 50%에 관한, 돌아가는 일들을 모르고 있다 이거죠. 자기가 지금 하고 싶은 대로 말하고 하고 싶은 대로 행동하고 그렇게 하는데, 좀더 삼가서 한번 굴려서 생각해 보고, 욕을 하더라도 생각해 보고 거기다 맡겨 놓고 좋은 말로 부드럽게, 타이르더라도 부드럽게 타이르면 좋지 않겠느냐 이거죠.

질문자2(여) 큰스님, 자꾸 질문을 해서 죄송합니다. 그러면 한 가정에 그런 전생의 인연으로서 태어날 경우가 있다면, 그게 전생에서 그 원을 풀지 못하고 그러니까 원수를 갚는다는 그런 마음의 연속이 된다면, 만약에 그 부모들이 자기의 주인공한테 맡겨서 일을 했으면 그 깻벌레의 그 원수 되는 마음도 막을 수가 있는지요?

큰스님 그러니까 이 도리를 알면 깻벌레 의식을 그냥 자기한테로 넣어서 인간의 그 모든 것을 알게끔 해 주죠. 그럼으로써 그 불바퀴에 한번 넣어서 굴려서 내놓는다. 이것이 바로 삼십이상이 구족하며 삼십이응신이 모두 응해 주신다, 마음이 응해 주신다, 그래서 천백억화신으로서 나툰다 이런 거죠. 이 몸에 들어 있는 이 생명체가 전부 보살이 돼서 털구멍을 통해서 천백억화신으로 나툰다 이런 겁니다.

그러니까 그 모든 어떠한 익이라도 잘 이끌어 길 수가 있는 거죠. 그래서 지난번에도 회사를 경영하시는 분들이 망하게 됐는데 어떤 두 사람이 자꾸 도둑질을 해 가지고 그 회사를 망하게 만들었어요. 그래서 증거는 잡을 수가 없는데 그 사람이 하는 건 틀림없기 때문에 내가 그랬죠. "그 두 사람한테다 다 맡겨라!" 이랬어요. 그래서 맡기면서 그러라고 그랬죠. "너희들 둘밖에 이 회사를 일으킬 수가 없고, 너희들 둘밖에 도둑을 막을 수가 없고 너희들 둘밖에 이 모두를 해 나갈 수가 없다." 그러고 다 맡기고 돈을 벌어도 그 사람한테 더 줄 수 있는, 그리고 승진을 시키고 그러라고 그랬더니 지금 회사가 잘되고 있어요. 그날부터 도둑을 안 맞아요, 네. (대중 웃음)

그러니까 그와 같이, 당신도 당신 배 속에 지금 어떠한 파워가 있다는 걸 알아야 돼요. 그리고 당신, 나라는 이 존재를 아주 귀신처럼 그냥 높이 두지 말고 나라는 존재, 이 나라는 존재가 하상 뭡니까? 이 나라는 존재요? 저 가랑잎과 같아요. 한 철 나는 거. 한 철 났다가 가을이 오면 한 철 떨어지는 거와 같은 거거든요. 그런데 이 몸 있을 동안에 공부하는 게 그렇게 귀중해요. 이것이 없으면 부딪침이 없으니까 공부 못 해요, 상대가 없기 때문에. 그러니 우리가 열심히, 자기 주인공을 자기가 믿고 내부에서부터 파워가 일어나지 않도록, 그래서 진화되도록, 그러면 이 의식 자체가 보살이 돼 가지고 자꾸 남도 건져 줄 수 있는 천백억화신으로서 화하게 됩니다.

그러니 내가 다니는 회사든지 무슨 어떠한 생각을 하든지 하여튼 자기 살기 위해서 남도 살리고, 남을 살리기 위해서 나도 살고, 이렇게 해야 되지 않습니까? 그러니 내부의 국토부터 잘 다스리십시오. 그리고 몸을 좀, 집을 좀 조용히 쉬고요. 그럼 이것으로써 마치겠습니다.

마음의 도법

초청법회(산호세 태권도장)

1990년 4월 23일

여기 와서 여러분과 같이 한자리에 앉게 된 것을 감사히 생각합니다. 이렇게 와서 보니까 선방에서 하시듯이 삼정례를 하시는 것도 아주 대단히 잘하시고 있습니다. 그리고 율법을 조금도 어김없이 예의를 잘 지키고 나가시고 계십니다. 너무 놀랐습니다. 그리고 감사했습니다.

우리가 전 세계를 한데 합쳐서, 한 항아리 속이 세계라면 그 항아리가 바로 버스와 같은 것입니다. 그래서 지구가 만약에 버스라면 우리는 그 한 버스를 탄 것입니다. 그 버스를 타고도 이 종교니 저 종교니 탓할 수 있겠습니까? 우리 세계가 지금 공생이며 공심이며 공용이며 공체며 바로 공식화하고 있는 것입니다. 그렇기 때문에 우리는 한 지구 안에 한마음과 더불어 한 생명인 것입니다. 모든 사람들이 세계에 평화를 가지고 올 수 있는 것은 모두가 한마음으로 계합이 돼야 그렇게 되지 않나 이렇게 생각합니다.

지금 세계가 천체물리학이나 과학, 또는 문화 문명이 발전이 됐다 할지라도 이 마음의, 빛보다도 더 빠른 마음의 그 도법은 누구도 따라갈 수 없는 것입니다. 우리는 우리 마음 자체가 있음으로써 이 몸,

물질적인 몸이 있습니다. 모든 물질은 한계가 있지만 지수화풍 즉, 바람 물 불 흙, 이러한 것을 바탕으로 해서 광력이나 전력이나 자력이나 통신력이 충만히 인간에게도 대두가 됐다고 봅니다. 그렇기 때문에 사람의 마음속에는 컴퓨터, 탐지기 또는 천체무전통신기, 천체망원경, 팩스 이렇게 다섯 가지, 또 레이더망, 여섯 가지 이것이 모두 여러분의 마음속에 시스템이 다 돼 있다는 겁니다.

그렇게 대두돼 있기 때문에 사람의 마음과 가고 오는 거와 또는 보는 거 듣는 거 만나는 거, 모두가 고정됨이 없이 공해 버렸다 이겁니다. 그게 공했기 때문에 고정됨이 없이 우리는 시간과 공간을 초월해서 돌아가고 있습니다. 그러나 여러분의 이 육(肉) 안에도 오대양 육대주가 돌아가듯이 그렇게 고정됨이 없이 찰나찰나 돌아가고 있습니다. 수십억 마리의 생명들이 말입니다. 그 속의 생명들은 자기 소임을 맡아 가지고, 식도나 위나 대장 소장 방광 콩팥, 모든 소임을 맡아 가지고 활보하고 있습니다.

지금은 우리 이 마음 하나가 그 안의 모든 생명체들을 지배하고 있습니다. 지배하고 있는 까닭에 앞으로 이 지구에 공해라든가 이런 게 있어도, 인간의 모든 생명의 의식 자체가, 말하자면 이 기가 공해로 인해서 작아진다 또는 커진다 이런 걸 자유자재할 수 있는 것이 자기 마음의 지배인입니다. 보이지 않는 무의 세계의 50% 유의 세계의 50%가 바로 무의 세계에서 모든 것을, 에너지를 갖다가 나한테다 넣기도 하고 병이 났으면 레이저 광선도 자기 자신으로서 치료를 할 수 있는 그런 자기 마음의 지배인이, 그 마음이라는 것이 극히 귀중하고 자기의 보배라는 것을 아셔야 할 것입니다. 자기의 주처, 그 마음이 안의 생명들을 지배할 수 있기 때문에, 의식들을 지배할 수 있기 때문에 털구멍을 통해서, 세포 하나하나를 통해서 나고 들면서 세균 유전 인과 영계, 모든 것을 자유자재하게 들일 수도 있고 낼 수도 있고, 그러한 능력을 자기가 마음의 지배인이기 때문에 소유하고 있다 이 소리입니다.

아까 얘기한 다섯 가지 여섯 가지 중에 아주 큰 이 세계 전체, 우주와 전체가 레이더망으로 다 들이고 내고 통신할 수 있는 그것을 이 머리 누진통이라고 합니다. 인간의 머리가 한쪽의 잠재의식과 한쪽의 현재의식이 통일돼서 계합이 돼서 돌아가고 있는데 지금 현실의 물질을 가지고 사는 사람은 현재의식으로 그냥 판단을 내리고 사는 것입니다. 그럼으로써 이 머리가 무의 세계 50%, 유의 세계 50%가 합쳐진다면 100% 우리가 활용을 할 수 있고 중용을 할 수가 있는, 자유인이 될 수 있는 그런 기초가 되겠습니다.

아까 얘기했듯이 여러분이 이 세상에 나기 이전에 살던 그 모두가 여러분 컴퓨터에 입력이 돼서 나왔기 때문에 그 입력된 것이 지금 현재에 나오는 것입니다. 그러니까 여러분이 운명이니 또는 '나는 왜 이렇게 살아야 하나!' 하는 그런 한탄도 하게 되는 것이 바로 그런 데서 나오는 것입니다. 그렇기 때문에 자기의 주인공, 즉 말하자면 주인공이라는 것은 여러분의 중심과 여러분이 고정됨이 없이 자꾸자꾸 시공이 없이 돌아가고, 또는 마음도 고정된 게 없고 만남도 고정된 게 없고 가고 오는 것도 고정된 게 없고 또는 모든 일체가 고정된 게 없이 찰나찰나 돌아가기 때문에 그런 것을, 즉 말하자면 공했다고 하는 거죠.

그래서 그 주인공이라는 것이 바로 컴퓨터라면 지금 현재 사는 것이 거기에 입력이 돼서 나왔다고 믿으면, 거기다 일임해서 맡겨 놓고 다시 입력을 한다면 앞서 입력됐던 것이 없어지는 것입니다. 그럼으로써 지금 현재의 마음을 평등한 마음과 또는 평등한 마음으로 웃으면서 받아들여 줄 수 있는 그런 아량과 지혜, 또는 부드러운 말로써 우리가 예의를 지키고 사랑할 수 있는 그런 합일점을 필요로 합니다. 모든 거에 좋은 마음을 내서, 꿈이나 생시나 둘이 아닌 까닭에 모든 걸 거기 맡겨 놓고 간다면 그것이 되돌아나와서, 입력이 바로 지금 자꾸 되니까 자꾸 되돌아나와서 지금 현실에 좋은 결과가 나오는 것입니다. 그러니까 팔자니 운명이니, 나는 왜 이렇게 안되나, 나는 왜 이렇게 고독한가, 나는 왜 이렇게 외로운가. 이러한 언어가, 모든 게 무효로 돌아가는 것입니다.

그러니 여러분은 그 도리를 자기 자신의 주인공 그 자체로 인해서 알아야 합니다. 내가 아까 얘기하다 말았는데 탐지기다 하는 것은 남의 속을 아는 거, 마음을 아는 거. 일체 만물 전부 꽃 한 송이라도, 풀 한 포기라도 서로 대화를 할 수 있는 마음 연결. 또 팩스는 내 몸뚱이가 아닌 마음 자체의 모습 없는 모습이 가고 오는 사이 없이 가고 오는 그런 능력. 또는 일체 모든 소리를, 만물의 소리를 전부 들을 수 있는 바로 통신기. 천체망원경이라고 그런 것은 심안의 눈으로 우주 전체를 볼 수 있는, 이 육안으로 보는 게 아니라 심안으로 보는 눈이 모든 천문학을 즉, 전 우주를 탐험할 수 있는 그런 능력을 여러분이 소유하고 있는 것인데 여러분은 그것을 발견하지 못하기 때문에, 자기 주인공을 발견하지 못하기 때문에 그것을 쓰지 못하고 있는 것입니다.

여러분의 몸은 오븐과 같은 겁니다. 그 오븐 속에서 물건을 맘대로 해서 먹고 싶은 대로 먹을 수 있는 것이 바로 여러분이 갖추어 가지고 있는 에너지이며 또 다섯 가지 여섯 가지의 그 기구가 그대로 그 재료라고 봅니다. 그렇기 때문에 병이 나면 '주인공, 당신만이 이 병을 낫게 할 수 있다.' 또는 가난하면 '당신만이 우리를 이끌어 줄 수 있다.' 또는 모든 가정의 화목도 '당신만이 화목을 가지고 올 수 있다.'라고 하는 것은 그 재료가 있기에 일체를 다 자기 한마음으로서 모든 걸 자유자재할 수 있는 그런 능력이 그대로 돌아가기 때문입니다.

그래서 자기 주인공을 발견한다면 전 우주의 근본도 여러분의 주인공 마음에 직결이 돼 있어요. 모든 일체의 만물과도 가설이 돼 있어요. 그렇기 때문에 여러분이 그것만 발견한다면 거기서 생물학 천문학 지리학 의학 또는 문학, 모든 것이 일체 거기서 나오는 것입니다. 그래서 우리는 몸이 아파도 '네가 거기서 병난 거니까 네가 낫게 할 수도 있지 않겠느냐. 낫게 하라!' 여러분이 오다가 넘어졌으면 여러분이 일어나죠? 그러니까 거기서 병난 거니까 거기서 고쳐야지요. 병원에서 30%를 고쳐 준다 한다면 여러분이 70%를 보충해야 합니다.

한국에서도 이렇게 설법을 할 때는 4천 명 5천 명이 옵니다. 그러면 그분네들이 다 자기 팀들이 있어서 이렇게, 즉 말하자면 선생님은 선생님 팀대로, 또는 컴퓨터를 하시는 다른 분들은 또 그 팀대로 이렇게 해서 다 공부를 하고 있습니다. 그런데 자유스럽게 삽니다. 왜냐? 병이 나도 걱정을 안 하니까. 의사는 거기 있으니까. 여기에 수만 가지의 생명의 의식들이 있기 때문에 콩팥이 아프면 콩팥 공장에서 낫게 할 것이고. 안 그렇습니까? 또 뇌에서 병난 거는 뇌에서 소임을 맡아 가지고 있는 그 의식들이 다 낫게 하고 또는 어떠한 모르는 게 있으면 모르는 게 있다고, '너 알잖아.' 하고서 그렇게 서로 상응하면서 둘이 아닌 까닭에 항상 한마음으로 돌아가니까, 모든 일체를 다 거기서 하니까, 가정도 화목하고 사랑하게 되고 또는 싸움이 없어지고 부드러운 말이 나오고 항상 편안하게 살고 있으니, 병이 나도 걱정 없고, 또 하늘이 무너진대도 눈 하나 깜짝 안 하는 사람들이 됐답니다. 그래서 자유인이라고 합니다.

우리 인간으로서는 무한량의 능력을 가지고 있으면서도 자기가 자기를 발견하지 못하기 때문에 모든 자유스럽지 못한 그러한 삶을 살고 있는 것입니다.

실천궁행하는 게 진짜 사랑이다

초청법회(샌프란시스코 미야코호텔)

1990년 4월 24일

여러분과 같이 이렇게 한자리를 하게 된 것을 정말 기쁘게 생각합니다. 우리가 여기 한 항아리 속에서 그 항아리가 버스라면 그 버스가 어디를 돌아가는지도 모르면서 종파를 나누고, 또 모든 한 생명, 그 마음 법, 움죽거리는 그 모든 것이 공생 공용 공체 공식 하면서도 우리는 항상 너 나가 있다고 생각하면서 항상 불평 불만 이런 것을 조성해 오고 있습니다.

어디 가나 항상 그 상황에 따라서, 거기의 환경에 따라서 서로의 마음을 주고받을 수 있는 그런 아량과 지혜를 가지고 한마음으로서 사랑할 수 있다면 그 사랑이란 값싼 사랑이 아닐 것입니다. 정말이지 요새 사랑이라는 그 말 자체가 아주 난만해지고 있고 그것이 실천으로 옮기지 못하는 사랑이 돼 버리고 말았습니다. 그래서 나는 이렇게 말합니다. 첫째, 생활 속에서 사람부터 되라고요. 그것은 무엇이냐. 한 가정이 살아가면서도 서로 조화를 이루지 못하고 화목지 못하고 대화가 없고 자기 나름대로 사는 것은 바쁜 시대도 시대거니와 우리가 사랑하는 마음이, 진실하게 행함이 없기 때문에 그렇지 않은가 봅니다.

우리는 50%의 보이는 세상만 있는 게 아니라 50% 안 보이는 무의 세상도 있습니다. 무의 세계와 유의 세계가 100% 계합이 돼서 같이 합일한다면 우리는 정말 진짜 인간으로서 아마 자유인이 돼서 자유스럽게 활보할 겁니다. 또 한 가지 말을 하자면 의학적으로도 우리 두뇌는 두 가지로 나누어져 있습니다. 현재의식과 잠재의식으로 말입니다. 그런데도 불구하고 잠재해 있는 의식 쪽을 한 번도 음미해 보지 않고 생각해 볼 여유도 두지 않고, 현재의식 쪽으로만 살다가 거기에서 급급하게 오고 가면서 결국은 거기에서 타파를 하고 거기에서 자기 소견으로 그대로 그냥 결정을 지어 버리고 마는 것입니다. 남을 이해하려고 생각도 안 하고 말입니다. 그렇기 때문에 그런 소견으로써 살지 말고 지견으로 살면 어떤가 하는 생각을 해 봅니다. 지견 말입니다.

내가 편안하기 위해서 남을 사랑할 수 있는 것이지 우리가 남을 진짜로 사랑하는 것은 아닙니다. 진짜로 내 아픔과 같고 내 자리와 같고 내 몸과 같다면 바로 그 사람을 위해서, 그 사람이 편안하게 된다면 나도 편안한 것입니다. 여러분이 종교를 가지고 '주여!' 할 때, '하느님!' 할 때, '부처님!' 할 때 이런 때도, 때에 따라서 내 한 가정의 자식들과 부모를 위해서 형제를 위해서 기도드릴 때 여러분 마음이 편안하자고 하는 것이지 그분들을 위해서가 아닙니다. 첫째, 기도드리는 사람 마음이 괴롭고 볼 수가 없으니까, 가슴이 아프니까 그렇게 하는 것입니다. 그 아픈 마음과 같이, 진짜 사대 성인들이 다 말씀하시기를 부처님이든 하나님이든 예수님이든 성모마리아든 또는 알라신교든 가톨릭교든 기독교든 막론해 놓고 여러분이 자식을 생각하는 마음과 더불어 그것이 둘이 아닌 까닭에 바로 그 마음, 그 마음 자체가 바로 종교입니다. 그리고 불(佛)이라는 것은 영원한 생명의 근본을 말했고 말씀을 교(敎)라고 한 겁니다. 그렇기 때문에 풀 한 포기도 종교 아닌 게 없고, 풀 한 포기도 생명 없는 게 없기 때문에 불교가 아닌 것이 없고, 우리는 불교가 아닌 것이 없기 때문에 나의 '내 님'이 없는 분이 하나도 없습니다. '내 님' 말입니다. 그 하나님은 바로 여러분 마음속의 내 님이신 것입니다.

나를 먼저 알아야 남을 알 수가 있고, 내가 이 세상에 난 것이 태초요, 이 세상에 움죽거리는 것이 화두고 그것으로 인해서 모두가, 여러분이 상대성 원리가 생기고 세계가 생기고 우주가 생겼습니다. 그러니 여러분은 모두 내 가정에서부터 나부터 알아야 되고 주처가 나한테 있다는 걸 알고 믿어야 합니다. 자기는 그렇게 허무한 게 아닙니다. 이 색신도 없다면 보이지 않으니 무효입니다. 생각이 없다면 목석이니 무효입니다. 그리고 그 영원한 생명의 근본만 있다면 여러분 눈에 보이지 않으니까 또 무효입니다. 그렇기 때문에 삼위일체가 구성돼서 시간과 공간을 초월해서 돌아가니 모두가 이것은 공했다 이런 말을 하게 됩니다.

그러니까 자기 주인공을 믿어야 하고 거기에서 모든 것을 한다는 것은, 이 세상에 인간이 제일 나중에 나왔습니다. 왠가? 미생물에서부터 쫓기고 쫓으면서 경험하면서 진화돼서 인간까지 이렇게 출현이 됐습니다. 그랬는데 그렇게 끌고 오고 지금도 끌고 가는 자기 운전수를 믿지 못하고, 그 운전수로 인해서 기름을 넣고 또는 그 차를 끌고 다니는 걸 모르는 것입니다. 자기 몸뚱이가 자기 차도 되고 오븐도 됩니다, 불교에서는 시자도 되고, 예수교에서는 종도 됩니다, 심부름꾼이죠. 그런데도 자기가 자기라는 거죠. 자기 없는 자기가 진짜 자기겠죠. 그렇기 때문에 주처는 자기한테 있는 것입니다. 어느 종교를 막론해 놓고 그렇지 않은 데가 없습니다. 불교라고 그런 게 따로 있고 기독교라고 따로 있는 것이 아닙니다. 여러분 마음속에 마음이 없고는 모든 종교도 없고 세상도 없는 것입니다. 그렇기 때문에 한마음이죠. 모두가 한마음입니다.

우리가 지금 생활을 심성과학이라고 해도 되고 심성천체물리학이라고 해도 됩니다. 왠 줄 아십니까? 어떠한 물질이라도 지수화풍으로 뭉쳐져 있기 때문입니다. (컵을 들어 보이시며) 이 컵도 지수화풍이 아니고는 출현을 못하는 것입니다. 이것은 흙과 물을 개서 바람에 말려서 불에 구워서 여기 이렇게 컵이라고 하는 이름을 가지고 출현을 한 것입니다. 그래서 컵이라고 출현을 했는데 컵이라고 출현을 했기 때문에 여기 물이 담긴 거죠. 또는 커피도 담길 수 있고요, 여러 가지 담길 수가 있죠.

그렇기 때문에 여러분의 마음을 지견으로 쓴다면 바다도 될 것이요, 또는 접시도 될 것이요, 사발도 될 것입니다. 용도에 따라서 모든 마음을 그렇게 넓게 낼 수가 있는 그런 그릇이 된다면, 여러분은 나누고 쪼개고 네가 그르니 내가 옳으니 이게 정법이니 사법이니 이게 귀신이니 이게 선신이니 하고 싸우진 않을 겁니다. 이 마음으로 마음이 싸울 때 남하고도 싸울 수 있는 그런 계기가 생기는 거죠. 그렇기 때문에 우리 종교인들은, 종교인 아니라 하더라도 우리가 전부 세상 살아나가는 이 생활이 그대로 종교며 그대로 진리며 그대로 법이다 이겁니다. 그러니 여기에서 이탈할 수가 있겠습니까? 모든 것을 우리가 이탈할 수 없는 것은, 가만히 생각해 보십시오. 짤막하게 한마디 해 드리죠.

우리는 무한의 능력을 가진 것입니다. 그런데도 자기가 자기를 발견하지 못하기 때문에 무한의 능력을 쓰지 못한다는 사실이죠. 소크라테스도 너부터 알라고 했습니다. 너부터 믿고 너부터 알라. 아리스토텔레스도 말입니다, 어떠한 병이라도, 옮기는 병이라도 들어가서 다 고쳐서 살렸습니다. 그건 물질로만이 아닙니다, 그것은. 아무리 약을 써도 되지 않는 그런 병 증세도 한생각이면 그렇게 건졌습니다.

여러분, 가정에서도 여러분이 여러분 몸뚱이 하나 끌고 가지 못한대서야 어찌 이 세상에 났다고 만물의 영장이라고 하겠습니까. 그리고 종교인이라고 말하겠습니까. 여러분이 아프면 여러분이 의사가 될 수 있는 그런 능력이 있어야 하고, 또 여러분이 괴로우면 그것을 편안하게 할 수 있는 능력이 돼야 합니다. 그래서 이런 말이 있죠. 하나의 마음속에서 천백억화신으로서 나툰다. 성모마리아를 구하면 성모마리아로 응해 주시고, '주여!' 한다면 예수로 응해 주시고, 부처님 찾는 사람 부처님으로 응해 주시고, 산신을 찾는 사람은 산신으로 응해 주고, 약사를 원한다면 약사로 응해 주고 천차만별로 달라는 대로 응해 주시는 것이, 바로 우리의 털구멍을 통해서 우리네 마음속에, 이 몸속에 헤아릴 수 없는 그러한 생명들이 있습니다. 그 생명의 의식 자체는 인으로 인해서 과가 돼서 같이 선업 악업이 뭉쳐 있는 것입니다, 지금. 이것도 하나의 혹성이죠. 그렇다면 여러분의 마음을 넓게 쓰면, 이 지배인이 넓게 쓰면 직원들도 넓게 쓸 거고 지배인이 좁게 쓰면 직원들도 좁게 쓸 겁니다. 그러니 내 한마음에 달리지 않겠습니까? 여러분이 한번 실험을 해 보세요. 우리가 인간으로 태어나서 실험을 해 보지 않고 한번 생각해 볼 수 있는 여유를 두지 않는다면 항상 노예로서 맹종하면서 목탁이나 치고 밥이나 내려 먹고 남이 가져오는 땀방울을 가지고 이리저리 편안하게 살려고 노력할 겁니다. 뼈다귀까지 우려먹으면서, 이름을 팔아먹으면서 말입니다.

또 한 가지는, 우리가 '주여!' 하면서도 바깥으로 끄달리면서 내 영혼을 구원받으려고 하는 그런 어리석은 생각은 아예 하지 않는 것이 좋을 것 같습니다. 왜냐? 나도 그런 생활을 해 봤거든요. 왜? 내가 잘못한 거는 내 양심이 더 잘 알아. 내가 알기 때문에 이 세포 하나하나가, 의식 하나하나가 다 잘 알아. 그렇기 때문에 우주간 법계에서도 알아. 왜? 우주의 근본이 인간의 마음의 근본에 직결돼 있거든. 모두가 생활하는 것은 전부 가설이 돼 있는 거거든. 이러니 여러분이 한 치라도 속일 수 없는 것은 여러분의 마음인 것입니다. 우리가 어떻게, 어떻게 거짓을 하고 살겠습니까, 자기가 아는 것을.

이 도리를 만약에 아시려고 든다면 이런 이론 하나가 아니라 진실을, 우리 생활 속에서 진실을 좀 들으셔야 합니다. 물질이 전부 지수화풍입니다. 지수화풍이 있기 때문에 이 전력도 끌어 쓰고 모두 쓰죠.

여기 지수화풍이 있기 때문에 광력이나 전력이나 자력이나 통신력이나 공기를 우리가 가지고 감사한 줄도 모르고 그냥 지금 쓰고 있습니다. 이래도 감사하지 않습니까? 여러분의 주처를 감사하게 생각해야 합니다. 여러분의 주님은 딴 데 있는 게 아니고 여러분의 그 법신도 딴 데 있는 게 아니고 부처도 딴 데 있는 게 아닙니다. 부처는 가만히 있는 게 부처고 생각을 냈다 하면 법신이고 움죽거렸다 하면 화신이에요. 이것이 삼위일체로 같이 돌아가는 것이 주인공입니다. 공했다 이거야. 어떤 것을 나라고 할 수 없으니 공했다. '모두가 공이 색이요 색이 공이니라.' 하신 말씀과 또는 기독교에서 말하던, 예수 그리스도가 말하던 모든 게 그렇습니다. 이게 마음내는 것도 생명이 있어야 내죠, 네? 영원한 주처는 자기한테 있습니다. 주처가 있으니까 생각을 낼 수 있는 거죠. 그게 법이에요. 우리가 움죽거리는 거 이것이 바로 삼위일체로 여러분이 다 돌아갈 수 있는 거, 기독교니 불교니 다 둘이 아니라는 사실을 여러분은 아셔야 됩니다.

어째서 그렇게 소견으로서 가르고 가르고…. 또 한 가지 얘기할까요? 우리 이 지구가 지금 (컵을 짚으시며) 이거 하나라면 여기에 다 타고 지금 그렇게 돌아다니면서 여러분 몸뚱이 속에 있는 그 생명체들이 지금 여러분이 어디로 돌아다니는지도 모를 겁니다. 그래서 이 몸을 벗어나야 하며 지구를 벗어나야 하며, 지구를 벗어나지 못하면 이거를 굴릴 수가 없고 내 몸에서 벗어나지 못하면 내 몸을 가지고 마음대로 굴릴 수가 없다는 얘기죠.

예를 들어서 아주 구태의연한 얘기지만 맷돌을 굴리는데 심봉이 아래 위 꿰어지지 않는다면 절대로 맷돌을 굴릴 수가 없습니다. 어떠한 기계도 그렇습니다. 여러분이 지금부터라도 작업을 하시려면 모든 것을 평등하게 보시고 마음을 넓게 지견으로 쓰시면서 생활 속에서도 모든 것을 용광로에다가, 내 가슴속의 용광로에다가 놓는 작업을 하셔야 합니다. 제일 최초에 용광로에다가 작업을 하는데 모든 것은 거기서 나오는 거니까, 주처에서 나온 거니까 주처에서 다 알아서, 거기서밖엔 해결할 수 없다 하고 거기다가 일임하고 놨을 때, 그 작업만 한다면 그 쇠는 저절로 생산이 돼서 나가 여러 가지 이름을 가지고 출현하죠. 그런데 내가 그것 걱정까지 하는 거예요. 요것만, 그저 용광로에 놓는 것만 놨으면 좋겠는데 저기 생산돼 나가는 것까지 걱정을 하는 거죠. 그러니 얼마나 여러분이 걱정을 많이 하고 사시는지, 나는 기가 막히죠. 또 그거는 제쳐 놔 두고요, 그렇다 합시다. 우리가 그러면 이런 말로 할까요? 미국이니 말입니다.

이 불가에서는 오신통이 있다고 합니다. 오신통은 뭘 가지고 말하느냐. 지금 여기 시쳇말로 합시다, 그럼. 우리가 지수화풍으로 바탕이 돼 있기 때문에 자력이나 통신력 광력, 이 모두가 여기에 대두돼 있다고 했죠. 그런데 그게 대두돼 있기 때문에, 즉 말하자면 큰 모든 세상에, 우주 전체에 입력이 될 수 있는 컴퓨터가 자동적으로 돼 있다 이 얘깁니다. 여러분은 지구의 주인이에요. 그러니 그것이 자동적으로 돼 있는가 하면 거기에 그 모두가 붙어 돌아갑니다. 팩스가 붙어 있는 것은 가고 옴이 없이 가고 올 수 있는, 육신통이라고 합니다. 컴퓨터는 숙명통이라고 합니다. 이것을 우리 지금 말로 한다면 그렇다는 얘깁니다. 그러면 천이통이라는 건 무얼 가지고 말하느냐. 이것은 바로 천체 무전통신기를 말하죠. 그리고 또 천안통이라는 것은 천체망원경을 말하죠. 그런데 이거는 그냥 육안으로 보는 망원경이 아닙니다. 이거는 심안으로 보는 망원경이죠. 천체 보고 탐험을 할 수 있는, 빛보다도 더 빠른 그러한 탐험을 할 수 있는 거죠. 여러분한테 그러한 모든 시스템이 다 돼 있다는 겁니다. 그러니까 무한의 능력을 가지고 있고 무한의 능력을 발휘할 수가 있다는 그 사실을 여러분은 아셔야 될 겁니다.

그것을 모른다면 이 세상에 나와서 만물의 영장이라는 소리를 듣지도 못할 겁니다. 종교인이라고 어떻게 말을 합니까. 예? 인간으로 태어났으면 인간의 도리와 인간의 그 무한의 능력이 있다는 사실을 왜 우리가 몰라야 합니까. 모르라고 써 붙이기라도 했나요? 그러나 사람은 벌써 물질적으로 욕심이 많고 먹고살아야 한다는 거 이것 때문에 가리지 않는 겁니다. 가리지 않고 한번 여유 있게 50%의 무의 세상을 생각해 볼 수 있는 그런 여유를 한 번도 갖질 않아요. 진짜로 사랑하려면 그런 거를 알아야 진짜로 사랑할 수 있고 진짜로 자비를 베풀 수 있는 그런 능력을 갖는데, 그뿐이 아닙니다. 위로는 길러 주시고 낳아 주시고 가르쳐 주신 조상들의 묵은 빚을 갚을 수 있는 능력이 생기고 아래로는 햇빛을 줄 수 있는 능력이 생겨서 영원토록 끄달림이 없이 돌아가면서 그 새 자루의 새 뿌리를 도와서 촉촉하게 해서 가지와 이파리가 싱싱하도록 영원히 도와줄 수 있는 여러분이 되실 텐데 잠시 잠깐 쉬었다 가는 길에 그렇게 우리가 여유 있게 좀 살아 볼 수는 없는지요.

우리 인간은 한 철입니다. 가을이 되면 낙엽이 떨어지죠. 그러면 그 낙엽을 딛고 가면서 한번 생각해 봅니다. '아, 인간의 몸뚱이도 가을이 되면 이렇게 낙엽과 같은 것을, 그렇다고 해서 그 나무가 죽는 것은 아닌데 말이야.' 하면서 '그 가지는 발발 떨면서 추운 겨울을 나면서도 인내 있게 견디며 봄이 오기를 기다리건만 인간은 여유가 없이 방방 뛰고, 춥다고 방방 뛰다가 그냥 병이 들고 더 쉽사리 가게 되고, 이렇게 어리석을 수가 있나.' 그러면서 나도 한 점의 눈물이 가슴속에서 흐르곤 하죠.

제가 이 승복을 입은 거, 이것을 한번 생각해 볼까요? 이거는 검지도 않고 희지도 않은, 악도 아니고 선도 아닌 그 자체 속에서 그대로 인간은 여여한 것이니라. 그대로 자유자재할 수 있는 것이니라. 목마르면 냉장고 문 열고 그냥 마시는 것이지 이유가 거기 붙지 않느니라 한 겁니다, 이게. 이 표상입니다. 이유가 붙지 않는, 언어가 붙지 않는 자리니라. 이것은 악도 아니요 선도 아닌 그 가운데에서 너는 자유스럽게, 자유스럽게 네 마음 내는 대로 이루어지느니라. 이것은 생활이 그대로 과학이니라 하는 소리와 똑같습니다. 여러분은 한번 실험도 안 해 보고

'나는 중생이기 때문에 그렇게 못해. 나는 종이기 때문에 못해. 나는 하느님이 될 수 없어. 나는 부처가 될 수 없어.' 하는 그런 어리석은 생각은 아예 하지 않는 것이 나는 바람직하다고 봅니다.

나도 아홉살부터 부모를 두고도 그렇게 혼자 고독한 생활을 했습니다마는 그렇게 그 길을 걸어왔기 때문에, 그 길을 걸어오면서도 왜 내가 나쁜 길로 들어서지 않았나 하는 것을 생각해 봅니다. 그것은 내가 고독하기 때문에 아빠를 내 가슴속에서 붙들고 나갔고 아빠라고 가슴속에서 찾았기 때문입니다. 나는 누구를 믿을 사람도 없었습니다. 왜? 믿을 게 없으니까요. 나는 내 마음속에서 내 아빠를 부르짖고 찾았을 뿐이지, 엎드러져도 '아빠!' 또는 먹을 게 없어서 굶어서 쓰러져도 '아빠!' '죽는 것 사는 것도 당신밖엔 없어.' 하고 아빠라는 그 이름 하나로 이날까지 살아왔습니다. 그러나 여러분은 사랑이다 뭐다 하고 바깥으로만 끄달렸지 남의 아픔을 몰라. 또 도와준다 도와준다 하고 물질로만 도와주는 것은 큰 게 아니야.

옛날에 어떤 중이 바리때를 들고 공양을 얻어먹으러 나가니까 어느 집에서 뜨물 한 그릇을 폭폭 끓여서 식구가 다 먹고 한 그릇을 남겨 놨더랍니다. 스님이 오시면 드리려고요. 그래서 그거 한 그릇을 얻어먹고 어떻게나 불쌍했던지 지게를 지고 가서 나무 한 짐을 잔뜩 해 가지고는 내려오다 보니까 자기 은사가 거기 있으면서 "그건 뭘 하려고 그렇게 나무 한 짐을 꼬박꼬박 지고 내려가느냐?" 하고 묻더랍니다. 그러니까 "오늘 아침에 바리때를 들고 공양을 얻으러 가니까 이렇게 이렇게 불쌍한 사람이 있어서 나무라도 한 짐 해다 주려고 이렇게 해 옵니다." 하니까 그 지겟작대기를 뺏어 가지곤 그냥 다리를 몹시 때리면서 "이놈아, 사랑이라는 거, 자비라는 건 그런 게 사랑 자비가 아니니라. 그리고 그런 것을 도와준다고 하느냐. 그건 도와주는 것이 아니니라." 하고서 작대기로 한층 치더랍니다. 그러니까 나뭇짐째 사람째 그냥 디글니글 굴러서 딱 떨어지는데 얼마나 아프던지 무릎을 만지면서 한번 생각했답니다. '옳지! 이 나뭇짐은 한 짐 져다 주면 때 버리면 그뿐인 것을 내가 참 생각을 잘못했구나.' 하고선 그때서야 그렇게 아픈데도 "스님!" 하고 소릴 지르면서 주먹을 벌컥 내밀면서 "스님의 뜻을 알겠습니다. 감사합니다." 하고 그냥 울더랍니다. 그 우는 소리가 우주 법계에 두루 했습니다. 그래서 그 사람은 그 해부터 마름을 얻게 됐고 좋은 귀인이 모두 나서서 그 집이 그 동네에서 둘째가라면 서러운 부자가 됐다는 얘기가 있습니다. 그러나 또 그 사람은 부자가 됐어도 가난한 사람을, 지금으로 치면 그 동네 일판뿐만 아니라 어디고 가는 대로 그걸 가지고 도와줬다는 얘기가 있습니다.

우리가 아까 얘기한 거 있죠. 오신통이라는 것은 모든 게 시스템이 돼 있으니까 내가 한번 생각할 때, 예를 들어서 모든 거를 자기 주처에 맡겨 놓을 때는 자동적입니다. 왜냐? 이 숙명통이라는 것은 컴퓨터와 같습니다. 과거에, 내가 이 세상에 태어나기 이전에, 바로 거기에 입력이 다 돼 있는 것입니다. 입력이 돼 있어서 현실에 나오는 것입니다, 입력이 돼 있으니까 그대로 자동적으로.

그러니까 여러분은 "왜 나는 나쁜 짓도 안 했는데 내 팔자가 이래? 운명이 이래? 왜 나는 하는 일마다 안돼?" 이런 한탄 하실 일 없어요. 왜? 자기가 만들어 놓은 거니까. 그래서 모든 일을 자기 탓으로 돌려라. 남을 원망하기 이전에 자기 탓으로 돌려라. 모든 건 자기 탓으로 돌리고 자기한테 맡겨 놓고 '자기밖에는, 거기서 잘못된 거니까 거기서 해결할 수밖에 없다.' 하고 믿을 때에 비로소 지금 현재에 입력이 들어가니까 앞서 입력이 없어진다 이 소리입니다. 이것은 어디까지나 이 생활이 과학적이면서도 그렇게 광대무변한 법이 여러분한테 주어져 있다는 그 사실을 여러분은 깨달아야 할 것입니다. 그래서 그렇게 하면 모든 게, 한생각이 빛보다 더 빨라. 여러분, 여기 앉아 계시면서 다른 데 좀 가 보십시오. 집 좀 가 보십시오. 갔다 오실 수 있겠죠? 마음이라는 건 내놓을 수 없으면서도 그렇게 무한의 능력을 가졌다고요. 체가 없는 마음은 어디라도 이 지구 바깥의 꼭대기, 우주까지도 탐험할 수가 있다고요. 여러분 집에 지금 가서 어디 뭐가 놓이고 뭐가 놓였다 하는 거를 한번 보고 와 보세요. 그와 같은 것이 마음입니다. 마음이라는 것은 그렇게 값싼 게 아닙니다. 여러분한테는 아주 보배입니다.

그래서 나는 항상 그렇게 생각합니다. 나는 없다. 여러분이 가정에서 손자가 왔을 때는 할머니가 되고, 금방 남편이 들어오니까 아내가 됐습니다. 자동적입니다. 그런데 아들이 들어왔습니다. "어머니!" 하니까 금방 어머니가 돼 버렸죠. 그렇듯이 어떤 것이 될 때에 나라고 할 수 없는 것이 마음입니다. 그리고 또 어떤 것을 할 때 나라고 할 수 없듯이, 여러분이 애기 적에 나입니까, 젊었을 때 나입니까, 늙었을 때 나입니까? 나라고 할 수 없는 것이 이름해서 부처라고도 하고 이름해서 하나님이라고도 합니다. 그런데 그 이름을 따라서 이름을 놓고선 상표처럼 내 거니 네 거니 그런 싸움을 하실 필요가 없죠. 그 속에 진짜 알맹이 마음이 있다는 사실을 아셔야 합니다.

나는 서울에서도 기독교 가톨릭교 무슨 알라신교 이런 거 모두, 불교든지 모두 가리지 않습니다. 그래서 우리 선원에는, 선원이기 때문에 그런 것이 아니라 항상 환경에 따라서 우리는 모든 사람들한테 마음을 아주 공편하게 이끌어 준다고 그럴까요? 누구한테든지. 한 가정에도 남편이 술을 먹고 때리고 온통 집안을 부숴 놓는다 하더라도 그거를 진짜로 건지려면 말로 하지 말고 이 마음 주인공 자체에, 모든 것은 주인공, 너도 주인공이 있고 나도 주인공이 있으니 주인공에 스위치를 눌러 놓으면, 거기에서밖엔 해결 못한다 하고 맡겨 놓고 평등한 마음으로 웃으면서 받아들여 주고 또는 부드러운 말로 해 줄 때 한 번 두 번 세 번, 자꾸 이러할 때는 그 사람 마음이 슬그머니 봄눈 녹듯이, 아니 추운 겨울의 얼음이 녹아서 봄이 되듯이 그렇게 녹아 버립니다. 녹아 버리고 '내가 왜 이러지?' 하면서 그 모든 생활이 달라집니다. 그리고 마음도 달라집니다. 서로 선기가 들어옵니다. 서로 사랑하게 됩니다. 이것은 기정사실입니다.

여러분은 자식이 나쁘게 해도 "저놈의 새끼, 나가서 뒈지지도 않아." 이런 욕들을 하는가 하면 남편이 나가서 저거 한다면 "저놈, 저놈! 오다가 차에라도 치여 죽지 않아." 이런 소릴 하는 걸 내가 많이 들었거든요. 화가 난다고 해서 아무렇게나 말을 내뱉는 것은 그것은 천부당만부당한 소리입니다. 이 마음 하나가 그렇게 구덩이에 빠뜨려서 죽일 수도 있고, 사랑을 가져오고 구덩이에서 건져 낼 수도 있는 이런 위력을 가진 것입니다.

그리고 여러분은 불교에서도 그렇고 모두 타의에서 구하는데, 요만한 꼬리표 하나 붙여 놓고, 요만한 전등 하나 켜 놓고 그걸 인등이라고 하거든요. 그게 될 일입니까? 마음을 냄으로써 그것은 마음의 인등입니다. 마음을 냄으로써 마음이 밝아짐으로써, 이건 자가발전소와 같은 겁니다. 그래서 한생각을 잘하면 그게 인등을 백 번, 천 번 켠 거보다도 더 위력이 온다는 것입니다. 그렇게 가깝게 내 보배를 내가 두고도 써먹지 못하고 항상 바깥에서 그런 꼬리표나 붙이고 다니고 이러는 마음이라면, 여러분이 귀신짓을 하니까 귀신이 있는 거지 귀신짓을 하지 않는데 어찌 귀신이 있겠습니까.

여러분은 사람입니다. 사람이기 때문에 사람의 행과 사람의 말과 사람의 생각이 그렇게 투철해야, 세 가지가 투철해야 따를 수 있는 것입니다. 그 세 가지가 동일하지 않으면 따르질 말라는 얘기입니다. 왜? 행과 말과 마음과 이 세 가지가 동일해야 돼, 따르는 것도. 믿으라는 게 아니야. 고깃덩어리 믿으라는 게 아니야. 이름 믿으라는 것도 아니고, 상표 믿으라는 것도 아니고, 허공 믿으라는 것도 아니야. 자기한테 직결돼 있거든, 모두가. 그래서 모든 것은 누가 잘못했다 잘됐다 하기 이전에 자기부터 한번 돌아볼 수 있는 그런 여유를 가지고 우리가 생각해 볼 수 있는 거, 이런 까닭에 자식도 잘되게 할 수 있고 또는 남편도 잘되게 할 수 있고, 부모한테도 묵은 빚을 갚을 수 있고 자식들한테도 햇빛을 영원히 줄 수 있는 겁니다. 지금 살면서 이런 의식을 가지고 몸이 죽는다 하더라도 그 의식의 차원이 3차원 그대로 있기 때문에, 2차원 그대로 있기 때문에 그냥 그 차원대로 의식이 이 세상에 또 출현을 할 겁니다. 콩 난 데 콩 나고 팥 난 데 팥 나듯이.

그러니 지금 세상을 돌아보십시오. 사람도 정치인들은 정치인들대로 모여 있고 또는 공학을 하는 사람은 공학, 생물학을 하는 사람은 생물학, 천문학을 하는 사람은 천문학, 이렇게 모입니다. 그런데 물건도 보십시오. 가게 좀 가 보세요. 사과는 사과대로 놓여 있고 배는 배대로 놓여 있습니다. 금은 금대로 놓여 있고 넝마는 넝마전에 놓여 있죠. 그러니 누가 갖다 놓고 안 갖다 놓고 간에 금 있는 덴 금이 모여 있게 마련이죠. 그러니 여러분이 살아나가는 그 도리가 바로 어디에 있느냐는 문제입니다. 책에 있는 게 아닙니다. 여러분의 마음에 있는 겁니다. 책은 거름일 뿐입니다. 여러분의 그 마음으로 싹을 내고, 씨가 터서 싹을 내고 바로 열매를 맺게 해서 그게 무르익으면 그 무르익은 과일 하나가 만 가지 맛을 낼 수가 있는 그런 위력이 있다는 사실입니다. 그런데 그 무르익은 과실 하나에는 내년에 심을 씨도 또 있거든, 맛도 훌륭하거니와. 그렇기 때문에 우리 한 철 날 때에 이 영원한 이 뜻을, 이 도리를, 이 법을 모른다면 싸우다가 볼일 못 보고 항상 그렇게 살다가 마음세계로 승진을 하느냐, 냄새만 맡고 사는 하세계로 좌천을 하느냐는 문제가 있죠. 여긴 3차원의 세계입니다. 이것이 바로 체로 걸러 내는 세계입니다. 여러분의 마음에 달려 있습니다. 여러분이 마음을 잘못 쓰면 그렇게 한 가정이 파괴도 올 수 있는 것입니다.

사랑, 사랑 말로만 사랑하지 말고 실천궁행하는 데 사랑을 하도록 하는 거. 나는 이렇게 생각하고 있습니다. 난 어려서부터 그렇게 살아왔기 때문에 남한테 내가 물방울 하나도 얻어먹은 사이가 없겠죠. 그러나 이런 게 있습니다. 아프다고 한다면 천리만리에서 전화가 와도 "예, 알겠습니다." 공손히 대답합니다. 왜 그런 줄 아십니까? 이 세상에 몸뚱이는 강을 건널 수 없지만 마음은 강을 건너고도 남음이 있고 은산철벽을 뚫고도 남음이 있고 불구덩이에도 타는 법이 없죠. 또 여러분, 가만히 생각해 보십시오. 지금 살아가시면서 의식은 벌써 불구덩이에 들어가면 타 죽는다는 걸 알고 있습니다. 물에 들어가면 빠져 죽는다는 걸 알고 있습니다. 요 세 가지만 말하죠. 또 산이 높으면 우리가 넘어가지 못한다는 그런 의식을 가지고 있기 때문에 죽어도 그렇게 의식을 가지고 있는 겁니다. 그러니 죽어도 높은 데 못 건너가고, 빠져 죽을까 봐 못 가고 불에 타 죽을까 봐 못 가고 아이, 이러니 자기 갈 자리를 가겠습니까. 승천이니 천당이니 하는 것도 자기가 현실에 그 도리를 알아야지, 또 알면 천당이니 지옥이니 하지도 않아요. 그런 언어도 붙지 않아. 자기 하고 싶은 대로 하기 때문이죠. 길을 알기 때문에 걱정도 안 하죠. 무슨 천당 지옥 이런 언어도 붙지 않을 뿐만 아니라 자기 갈 길을 걱정도 안 해요. 그런데 그런 걸 모르기 때문에, 난 "흥, 사람이 죄가 뭐 있던가. 모르는 게 죄지." 항상 그러죠. 나는 죄가 있다고 보지 않습니다. 난 팔자가 있다고 보지도 않습니다. 운명이 있다고 보지도 않습니다. 여러분 마음먹기에 달렸다고 생각합니다. 그러니 여러분이 마음먹고 한생각을 잘못하면 팔자를, 운명을 그렇게 가져올 것이고 한생각을 잘하신다면 팔자 운명은 바뀌지고 체질도 바뀌질 수 있습니다.

그러니 우리는 불교다 가톨릭교다 기독교다 이런 걸로 인해서 대립이 되고 싸우고, 기독교끼리도 대립이 되고 싸우고 신도를 세워서 강당을 팔고 이러는 장사꾼이 되지 맙시다. 또 불교도 역시 뼈다귀를 팔고 우리고 이름을 팔아서 목탁을 쳐서 먹고사는 중이 돼서는 절대로 또 아니 되겠고요. 모두가 다 그렇습니다. 나는 나입니다! 그렇기 때문에 나는 그전에도 그랬습니다. 지금 누가 죽인다 하더라도 나는 죽일 수 없습니다. 몸뚱이는 산산조각이 나서 가루가 된다 할지라도 나는 죽일 수 없는 것입니다, 절대로. 여러분, 그것을 진실하게 아셔야 합니다.

지조를 잘 지키시면서, 한국 분들도 한국의 지조를 지키시면서 우리가 서로 한마음으로 뭉쳐서, 열 사람이 한 사람을 살리려면 살릴 수 있지만 열 사람이 한 사람을 죽이려면 금방 죽이고 금방 미치광이를 만들 수도 있는 겁니다. 그래서 잘못한다고 하기 이전에 여러분 말마따나 서로 자비를 베풀면서, 한 사람을 건질 수 있는 것은 말없이 행동으로 실천에 옮기는 데 문제가 있는 겁니다.

오늘 저는 이만 하겠습니다마는 질문하실 분이 있으면 하십시오. 이렇게 질문하시다 보면 아주 배울 점이 많습니다. 정말이지 이런 아우트라인만 듣고서 하는 것보다도, 이론 쪽으로만 이렇게 흘려 버리지 마시고 진실하게 생활 속에서 그대로 실천하는 법을 우리는 모두 배워야 되겠죠. 알아야 되겠죠.

질문자1(남) 아까 자유라고 말씀하셨는데요, 어떤 자유를 말씀하시는지요. 그 어떤 종교라든가 어디에 속해 있는 것도 자유가 아니라고 저는 생각하는데요. 그런 데 속해 있으면 저희가 자신을 찾기가 어렵다고 생각하거든요. 그런 자유를 말씀하시는지 그걸 대답해 주시고요, 그 다음에 사랑이라고 그러면 마음적인 사랑과 어머니가 자식을 사랑하는 거, 여러 가지 사랑이 있고 그 다음에 또 육체적인 사랑, 정신적인 사랑이 있는 걸로 보는데 어떤 사랑을 해야 가장 힘 있는 사랑이 될 건지를 말씀해 주시면 고맙겠습니다.

큰스님 사랑이라는 것은 우리가 꼭 말을, 사랑이라고 말을 해서 사랑은 아닙니다. 단 하나, 지금 아들이 나갔다고 봅시다. 그런데 늦게까지 안 들어온다 하더라도, 이 지금 무의 세계, 무심적으로 얘기합시다, 이게 진짜 사랑이니까. '애, 너도 주인공이 있으니까 너를 끌고 다니는 너 주인공만이 빨리 데리고 들어올 거야, 아무 사고 없이.' 하니까 빨리 들어오거든요. 응? 철학적인 문제뿐만 아니라 철학이라는 언어도 붙지 않는 겁니다, 그게, 진짜 사랑은. 그렇게 해서 그 자식이…. 여러분은 그런 걸 한번 실험해 보지 않은 것 같습니다. 그러니 그렇게 실험 한번 해 보십시오. 어떤 것이 진짜 사랑인지 아시게 될 겁니다. 또 앞서 말씀하신 건 뭐죠? 난 잊어버렸으니까요.

질문자1(남) 아, 자유 말씀하셨습니다, 자유!

큰스님 자유, 참! 자유도 그렇습니다. 우리가 자유스럽다는 것은 아까도 얘기했지만 이 몸에 모든 생명들의 의식이 있습니다. 그럴 때 안으로는 이게 오대양 육대주도 됩니다. 이 공장이, 여러 공장이 많습니다. 소임을 맡아 가지고 공장장들이 많이 있죠. 그럴 때 내가 어느 부분이 정말 파워를 일으켰다 이런다면 '아, 거기서 파워를 일으켰으니까 거기서 해결할 수밖엔 없잖아.' 하고 모든 입력을 넣는다면 그냥 입력을 넣는 동시에 바로 전체가 움죽거리게 됩니다.

왜? 아까도 얘기했죠? 거기 모든 시스템이 돼 있다고요. 탐지기, 또는 팩스, 팩스는 무슨 역할을 하는 줄 아십니까? 그게 신족통입니다. 즉 말하자면 내가 A형인데 저 타의에서, 무정물이나 식물이나 동물이나 전부, 이 해산물이나 모두, 흙도 진흙도 약이 됩니다. 그게 액체가 있습니다. 액이 있어요. 그렇기 때문에 그것을, A형을 갖다가 넣으면 기가 일어나듯이 그러니까 모든 일체 만법을, 모든 걸 자유껏 할 수 있다 이 소립니다. 그러니까 그런 것도 다 이렇게 넣어서, 내가 기가 부족하면 기도 넣어. 그것도 너무 많이 넣으면 안 되니까 알맞게. 내 몸뚱이 내가 더 잘 알아. 그런데 내 몸뚱이 내가 더 잘 아는데 그게 아는 게 아니라 이 컴퓨터가 아예 그냥 다 해 버려. 그 시스템이 다 해 버려. 왜냐? 탐지기죠, 팩스죠, 또는 무전통신기죠, 레이더망이죠, 또 망원경이죠, 컴퓨터죠, 허허허. 이것이 다 아주 해 버리거든요. 우리 사는 생활도 이것이 다 해 버리거든요. 이 마음먹고 그냥 해 버리는 거를 여러분은 그것을 한번 실험을 해 보지 못했던 관계상 이러는 겁니다. 이것이 자유인인 것입니다. 모든 걸 내 안에서부터 바깥으로, 바깥에서부터 직결된, 또는 가설이 된 이 우주 전체하고도 우리는 서로, 꽃 이파리 하나하고도 서로 대화가 이루어지니까요. 날아가는 새들도 같이 대화가 이루어지고 저 서 있는 돌하고도 대화가 이뤄지고, 이것도 그냥 있는 게 없습니다. 전부 돌아갑니다. 생명이 있습니다.

그런데 어떻게 자유스럽지 않겠습니까. 아, 새들도 모여서 조잘거리면서 말입니다, '저 집은 어디가 어떻고 어떻고.' 이런 얘기들을 합니다. 그리고 또 저런 나무들도 말입니다, 목신이 다 있고, 지신이 다 있고 아니, 모두가 자기의 자성신 없는 게 없어요. 생명이 있다 하면 다 있어. 그런데요, 산에 올라가도 모두 친구고 벗인데 아이, 뭐가 두렵고 무섭겠습니까. 또 내 몸이, 이것이 공해 버렸어. 내가 이것도 될 수 있어. 누구를 건지려면 아, 개구리를 건지려면 내가 개구리 속에 들어가야 개구리가 저항력을 느끼지 않지 않겠습니까? 진짜 사랑한다면 개구리가 돼야죠. 그래서 개구리가 돼야 개구리들이 알아들을 수 있는 말을 할 수 있단 말입니다. 그런 걸로 인해서 모든 연구와 더불어 실험과 체험을 하기 위해서 나는 십 몇 년이라는 세월을 돌아다니기 시작했습니다.

그러니 불교다 가톨릭교다 기독교다 이런 상표에 놀아나지 마시고 진짜 기독교인이라면, 진짜 불교인이라면 불교나 기독교나 따로 없다고 생각하시고, 이거는 이 지구도 바로 내 집이니까 이 지구도 좀더 수명을 보존하려고 생각하신다면 내 한생각이 그 도리를 아셔야 될 겁니다. 내 몸도 내 맘대로 이끌고 다닐 수 있고 또…. 이런 게 있죠. 익지 않은 콩깍지는 그걸 까려면 속이 죄 붙어 있어요. 그래서 아픈 거예요. 3년도 앓고 그저 4년도 앓고 몇 년도 앓고 이렇게 고통을 받다 죽지만 콩깍지가 익은 거는 건드리기만 해도 콩깍지가 탁 까져요. 그러면서도 콩은 아주 잘 여물었거든요. 그러니 내년도 또 바라볼 수 있는 거죠. 그 얼마나 좋은 겁니까. 그와 같이 인간도 그렇단 말입니다.

그래서 우리는 마음의 차원을 기르면서 사랑하면서 실천하면서, 조금도 욕심은 부리지 말고, 아집이라는 거, 이런 것도 좀 빼 버리고

'내가 이런 권세가 있는데….' 이런 것도 빼 버리고 그런 걸 하면서도 함이 없이, 권세가 없이 한다면 그것이 바로 너그러운 자비, 그것이 바로 하나님이 아닐까요? 하하. 님은 모두 님이죠. 아름다운 님이시여! 그런 것도 있죠. 나는 항상 시골길도 가면서, 여기 길도 가면서 차를 타면서도 언제나 한 소식 읊고 다닙니다. 왜? 어떤 때는 내 가슴에 아휴, 흙물이 내릴 때가 있고 핏물이 내릴 때가 있고 맑은 물이 내릴 때가 있고, 여러 가지가지, 그 골짜기에는 너무도, 이거다 저거다 할 게 없이 장마가 들면 그냥 흙물이 내려옵디다. 내 가슴의 골짜기에는 말입니다. 그러니 여러분 모두가, 인간은 죄도 없고, 모르는 게 죄기 때문에 이런 도리를 좀더 아셨으면 하는 그런 마음에서 나는 그저 여기에다가….

서울에서도 보면 정신병원에 그 귀여운 아들들을 갖다 넣고는 그냥 잠자는 약만 먹여서 모두가 살이 비대해지고 허청 걸음을 떼고, 죽을 때만 바라고 있는 그 부모의 가슴 아픈 거를 생각할 때 기가 막힌 일들이 한두 건이 아닙니다. 여기 와 보면 마약 중독 또는 길에 늘비하게, 뉴욕의 맨해튼에서도 보면 그냥 늘비하게 드러누워 있는 것도 많이 봤습니다. 또는 자식을 귀엽다고 그렇게 애지중지했는데도 그냥 나가서 나쁜 짓 하고 몰려다니면서 그런 거나 하고 저런 거나 하고, 그렇게 하고 다녀서 어머니가 땅을 두드리고 우는 것도 많이 봤습니다.

그리고 정신병자로 인해서 서울은 지금 무척 혼란이 일고 있고 지금 여기도 내가 많이 보지는 않았지만 이렇게 제 생각으로 쭉 한번 본다면 청년들이 많이 나빠지고 있다는 사실, 그리고 또 생명들을 죽이고 이기고 그러려고 그 모든 것을 연구하는데, 무슨 핵이라든가 수소폭탄이라든가 이런 거는 옛날에 벌써 만든 거지마는 지금도 잠수함 이런 쪽으로, 어떡하면 작으면서도 큰 거를 해칠 수 있을까, 이런 걸로 연구들을 하기 때문에 공해가 앞으로는 점점, 지금 3분의 1이 왔으니까망정이지 만약에 3분의 2가 온다면 여러분은 그래도 기를 자기 소임껏 넣어서 자유스럽게 쓸 수 있는 그런 자력이 있어야 하지 않나 이런 생각을 합니다. 그러니 보이는 것만 약이 아니라 보이지 않는 거, 즉 말하자면 여기 불이 들어와 있습니다. 그런데 전력이 들어오고 나가는 것은 보지 못하시죠. 그 전력이 들어오고 나가는 건 보지 못해도 전기가 들어와서 밝은 건 아시지 않습니까. 그러니까 우리가 약, 그 액체도, 에너지도 모든 것을 가져오는 것도 오는 사이 없고 갖다 주는 것도 가는 사이가 없는 겁니다.

그래서 어떤 분들은 이러죠. 여기 미국 분들도 병원에서는 고칠 수 없다 그런다고 엊그저께 와서 울부짖고 있더군요. 그러니까 우리 사무장님이 "아이, 이 부인을 병원에서 고칠 수가 없다니 어떡합니까?" 그러더군요. "응, 무조건이야, 무조건. 몰라서 죄지 알면 죄를 저지르지 않아. 모두 사람들이 괴로운 것도 몰라서 죄지, 모르니까 괴롭지 왜 괴롭겠느냐." 그러니까 무조건 그것은 그저 알았다고, 열심히 주인공밖에는 해결 못한다고 그렇게 해서 보내라고 했더니 그 사람은 지금 며칠 안 됐지만 완전히 자기가 자기를 고칩니다. 왜? "아휴, 스님 고맙습니다." 그러면 "당신이 없었더라면 내가 어떻게 있어, 이 사람아! 그러니까 내가 고친 게 아니라 당신이 고친 거지. 그러니 당신이 언제나 용도에 따라서 오는 대로 그렇게 살면 스스로 자유인이 되고 스스로 재생인이 돼. 남들도 그렇게 건질 수가 있어. 그러니 그 도리를 알면 그것이 바로 생활 종교고, 그것이 바로 진리고, 참선이고 그런 것이지, 뭐." 이러곤 말아 버립니다.

그러니 여러분이 물질적으로 돈을 주는 것보다도 진짜 사랑을 하는 그 마음으로서 한생각을 던져 준다면 그렇게 큰 공덕이 될 수 있는 거죠. 그래서 아까 지게꾼 이야기도 그런 공덕을 주지 않고 나무 한 짐으로다가 갚으려니 어떻게 그런 생각밖엔 없느냐고 그렇게 작대기로 맞은 거죠. 그러니 우리가 인간이 만물의 영장이라고 한 것은 우리 인간이 어디서 왔는지 어디로 가는지 지금 뭐를 하고 있는지, 여유 있게 생각해 볼 수 있는 그런 인간의 도리를 한번 생각해 보시면서, 우리가 종교 싸움을 하지 맙시다. 하하하, 내가 이런 것을 진짜로 원하고 있는 사람입니다. 그럼 또 질문하시려면 하시죠.

질문자2(여) 저희들은 부처님을 믿는 것이 진리이자 사는 건데요, 어디서 왔다 어디로 가는지 그것 좀 스님한테 한번 여쭈어 봤으면 좋겠어요.

큰스님 그것은 그 도리를 알지 못하고는 여러분이 어디서 왔는지 어디로 가는지 모르실 겁니다. 왜냐하면 엊그저께 이런 일이 있었죠. 어떤 사람이 소를 많이 끌고 갔습니다. 그 크고 어진 눈으로 눈물을 흘리면서 도살장으로 끌려갔습니다. 그럴 때 나는 그 소 눈에서 눈물이 흐르는 걸 보고 나도 울었습니다. 울었는데 금방 그 소는 소의 모든 무명을 벗고 내가 그 의식을 내 가슴에다 모두 안아 주니까 내가 돼 버렸습니다. 내가 돼 버리고 그 소는 간데 온데가 없었습니다. 그랬으니 한 찰나에 바로 이 사람이, 못난 이 사람이 된 거죠. 그래서 나는 그 어진 눈을 보고서 참 그렇게, 그렇게 어질 수가 없어요. 그래서 '네 고기는 남의 약이 되지마는 네 마음은 바로 내 마음이니 네 몸은 모든 사람들에게 약이 돼 줘라. 그리고 네 마음은 내가 되면 되지 않겠니.' 이렇게 해 놓고는 거기서 한 바퀴 굴려서 또 내놓고 '너는 그렇게 어질고 착한 것이 어쩌다가 소 옷을 입어서 남들이 그렇게 부리고 때리고 채찍으로 치게끔 돼 있니?' 하고 불쌍히 생각했습니다마는, 나도 그 소와 둘이 아닌 까닭에 언제나 각각 보지 않습니다.

며칠 전에 어떤 사람이 애기를 못 낳는다고 왔어요. 그걸 한번 생각을 해 봤는데요, 열 달이 되니까 아주 아들을 떡두꺼비같이 어질게 낳았거든요. 그러니 그것이 어디서 왔는지 어디로 가는 건지는 여러분이 이 도리를 아신다면, 바로 과거는 지금 찖어지고 나왔으니까, 컴퓨터에 입력이 돼서 지금 찖어지고 나왔으니까 없고, 미래는 아직 가지 않았으니까 없을 테고, 현실은 자꾸 돌아가니까 그저 한마음이죠. 그저 자꾸 돌아가니까 공했느니라 한 겁니다. 응? 그냥 아주 없어서 공한 게 아니라 자꾸 돌아갔으니까.

질문자2(여) 때가 됐으니까 어디로 가나 그게 궁금해요.

큰스님 그것도 궁금하실 게 없어요. 그게 궁금하시거든요, 내가 지금 어떡하고 살아왔나 그것만 아시면, 허허허, 내가 어디로 갈 걸 다 아실 겁니다, 예.

질문자2(여) 저도 그렇게 생각을 해요. 감사합니다. 어느 절에서 오셨는지 명함 좀 하나 주십시오.

큰스님 네?

질문자2(여) 어느 절에서 오셨는지 명함 좀 하나 주십시오.

큰스님 저요, 전 명함도 없고 절도 없고 아무것도 없어요. (대중 웃음) 저는 항상 다니는 게요, 명함도 없고 저도 없고, 그래서 어떤 때는 "스님, 참 뵙고 싶습니다." 하고 어디서 오면 '나 보고 싶어서 네가 그러니?' 속으로 이러죠. "그래, 무엇 때문에 전화하셨소?" 이러면 "아이구! 지금 간염이랍니다. 이러니 이건 어떻게 했으면 좋죠?" "알았어." 그러면 "아유, '알았어' 한마디만 듣기 위해서 그랬는데 감사합니다." 그러거든요. 어느 때 가 보면 그 사람이 와서 참 고맙다고 할 때는 그것이 너무도 좋았습니다. 왜? 이 못난 내가 그래도 '알았어' 한마디라도 할 줄 알았으니…. 그 '알았어' 한마디 하기 위해서 얼마나 피를 흘리고 얼마나 쓰러졌던가. 얼마나 울었던가. 아마 여러분은 그것을 짐작하려야 짐작할 수도 없을 겁니다. 그런 까닭에 풀 한 포기도 내 스승이라고 여겼으니 그 풀 한 포기도 버릴 게 없더라는 얘깁니다. 그러니 사랑하실 때 풀 한 포기라고 짓밟지 마시고 꽃도 피어 있으면 자르지 말고 그냥 두고 보시는 게 아마 훨씬 좋으실 겁니다.

질문자2(여) 저는 일생 꽃 한 번 안 꺾어 봤어요.

큰스님 네. 그럼 좋으신 데로 가시겠군요. 허허허…. (대중 웃음)

그래서 과거에 사신 거는 현실이니까 지금 현실에 사시는 건 미래일 것입니다. 그러니 좋으실 테죠. 허허허…. 그럼 또 질문하실 분 안 계십니까?

질문자3(여) 스님, 앉은 자리에서 한 말씀 드리겠습니다.

큰스님 예.

질문자3(여) 아까 여러 번을 나, 나 하셨는데 나라는 걸 어디다 기준을 하십니까? 이 깨친 자리를 기준 하십니까, 이 다리와 몸뚱이를 나라고 합니까?

큰스님 아니죠. 나라는 건 없는 거죠. 여러분, 나라는 것은 모두 여러분과 전체가 나, 납니다, 모두 각자. 만약에 예수님이 "하나님을 믿어라, 하나님." 이럴 때 각자 하나님을 믿으랬으면 빨리 알 건데 편집을 잘못해 놨을 거야, 아마. 허허허…. 나는 그럽니다, 항상. 편집하는 사람이 깨친 사람이라야 그놈의 게 잘됐겠지. 아니, '각자 나'라는 말을 왜 못하고 "나를 믿어라." 이래 가지고선 그렇게 만들어 놨는지 모르겠다고 그러죠. 그러니까 나, 나라는 거는 없습니다. 왜냐? 아까 얘기했죠. 내가 어머니가 됐다 금방 형제가 됐다 금방 딸이 됐다가 아, 부인이 됐다 그러시면서 나가 어디 있습니까. 그러니까 모두가, 여러분이 다 각자 나가 납니다, 이것도 이름해서. 어떡합니까, 말을 하려니까. 하하, 또 질문하실 거 없는지요? 허허허.

질문자4(남) 여기서 말씀드리겠습니다.

큰스님 아이, 이거 좀 가지고….

질문자4(남) (마이크를 받아서) 스님 말씀이 전반적으로 자비의 말씀을 요약해서 하셨습니다마는 지금 제 질문은 좀 벗어난 질문이 되겠습니다. 불자의 한 사람으로서 대행 스님이 보실 때 최근에, 얼마 전입니다마는 서울에서 사찰을 둘러싸고 있었던 여러 싸움에 대해서, 그분들도 역시 부처님을 믿는 불자의 한 사람이고 사찰을 지키시는 주지 스님들인데 그 스님들의 그 참, 세상에서 욕된 그러한 싸움이 있는 거에 대해서는 대행 스님의 입장에서 어떻게 보시는지요? 솔직한 의견을 좀 말씀해 주십시오.

큰스님 네. 솔직하게 말씀해 드리죠. 이 최초에 화산이 일어나지 않았더라면 우린 세계적으로 발전을 이루지 못했을 건데 화산이 일어났기 때문에 발전을 했죠. 많은 발전을 했죠. 불씨도 알았고 말입니다. 그랬듯이 중들이 싸우는 거는 발전이죠. 우리가 전부 발전입니다. 자기가 싸우고 난 뒤에는 반드시 '이게 잘못된 거로구나!' 하고 생각을 하게 됩니다. 그렇기 때문에 그것은 발전의 길입니다. 그렇기 때문에 우리가 잘못을 하면 저는 이럽니다. 우리 승려들이, 저도 많은 제자들이 있습니다. 그런데 어떠한 일로 인해서 아주 피치 못할 잘못을 할 때가 많습니다. 그럴 때는 "얘, 참 잘했다. 지금 미리 그것을 잘못하지 않았더라면, 이다음에 그보다 더 큰 잘못을 저지른다면 어떡할 뻔했느냐." 합니다. 어떻습니까? 하하하…. 그러니까 우리 모두가 발전이죠. 난 좋도록만 얘기해서 그런지 이거 무의미한 거 같습니다, 어째. 허허허…. (대중 웃음)

질문자1(남) 제가 질문 한 가지 더 하겠습니다.

큰스님 예.

질문자1(남) 우주 만물은 음양의 조화로 이루어지고 그 다음에 신진대사가 되는데, 늙으면 죽고 또 태어나고 그러는데 스님들같이 그렇게 독신 생활을 해야만이 세상을 깨닫는다고 그런다면 평범한 사람들이 깨달을 수 있겠는지 궁금합니다.

큰스님 아닙니다. 깨달을 수 있습니다. 왜냐하면, 전 이렇게 생각합니다. 처음에 공부할 때는 먹는 것까지도, 자기가 죽고 산다 이런 것까지도 다, 이런 생각을 하기에는 너무도 급급한 문제입니다. 그렇기 때문에 무슨 혼자 산다 둘이 산다 이런, 여자다 남자다 이런 생각 할 사이도 없습니다, 사실은. 그렇기 때문에 그 시기가 지나면 그때는 '아하! 이런 걸, 별거 아닌 걸 가지고 이렇게 애를 썼구나.' 하고 그때는 생각하게 되죠. 그런데 예를 들어서 통달을 했다 이러면 아, 그때는 뭐 여자는 시집가고 남자는 장가들어도 그 둘이 도반이 돼 가지고 해도 좋은데 모르는 사람에게 보여 주려니까 그때는 그때대로 또 못하는 거예요. 아시겠습니까? 모르는 사람은 보고 배우고, 이게 보고 듣고 행해야 되는데 모르기 때문에, 그 이치를 모르기 때문에 그냥 '아이구, 안 되겠군!' 이럽니다.

그렇기 때문에 처음에는 내가 나를 알기 위해서 했는데, 둘째 번에는 너와 나와 같이 알기 위해서 또 그렇게 못했고, 세 번째는 너와 나와 같이 사랑하면서 나투기 위해서, 나툰다는 것은 이렇게 네가 내가 되고 내가 네가 되는 그거. 그래서 일체 나투는 까닭에 모든 것은 그렇게 한만히 경솔하게 생각할 수 없다는 결론입니다. 그리고 또 이런 게 있죠. 음과 양이 다 결부돼서 인간의 한 생명이 태어납니다. 또 천지인이 없다면 우리가 지금 이렇게 있을 수도 없죠. 우주의 모든 삼라만상 대천세계가 다 그렇게, 그렇게 조화를 이루죠. 이 조화를 이루는 까닭에 우리가 이 도리를 알아야 되겠다는 얘깁니다, 이 조화가 어디서 나오는지. 인간에게서 나옵니다. 그렇기 때문에 우리는 꼭 99% 알 권리가 있다고 보고 갖추어 가지고 있다고 봅니다. 그래서 "내 어찌 청정함을 알았으리까. 내 어찌 여여함을 알았으리까. 내 어찌 갖추어 가지고 있음을 알았으리까. 내 마음이 능히 일체 만법을 들이고 냄을 어찌 알았으리까." 하는 구절도 있죠.

질문자1(남) 만일에요, 인류가 전부 독신으로만 산다 그런다면 어떻게 되겠습니까? 끝날 거 아니겠어요? 그러니까 그 음양의 조화로 이루어졌을 때 나오는 에너지, 그것을 어디다가 비교할 수가 있나요?

큰스님 이 대천세계의 모두, 무생 유생이 다, 그 에너지가 충만히 들어 있고 충만히 그게 돌아간다고 봅니다. 그렇기 때문에 우리가 지금 그 미생물에서부터 거쳐 오는 진화력, 그것이 바로 거기에 있지 않나 이렇게 봅니다. 그러면 지금 우리가 인간이 됐으니까 그렇지마는, 우리가 미생물에서부터 지금까지 거쳐 온 것을 어디에서 보느냐? 바깥에서도 보지만 이 배 속에서도 봅니다. 육신 속에서도, 그전에 내가 미생물이었을 때에 나였던 거를 내 속에서도 볼 수 있습니다. 그렇기 때문에 그러한 조화를 이루는 그런 능력이 바로 그게 무한의 묘법이라고 합니다. 그러니 그 에너지가 어디에 있느냐. 지금 내가 만약에 '아이고, 저기서 산새가 운다.' 그럴 때 '허, 그래! 나도 같이 동행을 하자.' 이런다면 같이 갑니다. 지금 내가 여기에 이렇게 있는데 말입니다, 몸뚱이는 여기 있는데 내가 만 개가 돼서 남이 원하는 대로 어디를 다닌다면 여러분이 날 보실 수 있겠습니까? 그런 능력이 어디서 나오느냐. 그런 데서 나오는 겁니다, 그런 조화를 이루는 데서. 안 그럴까요?

질문자1(남) 조금 더 구체적으로 말씀해 주셨으면 좋겠습니다. 제가 질문한 거는 바로 음양의 조화에서 나오는 그 에너지를 얘기했습니다.

큰스님 아이구 참, 그래요. 음양의 조화가 이루어지는 까닭에….

질문자1(남) 조화가 안된다 그런다면….

큰스님 아니죠. 그런 음양의 조화가 일어나기 때문에 지금 쓰레기를 갖다가, 지금 과일 껍데기든 뭐든지 갖다가 통에다 넣고 뚜껑을 꽉 덮어 두었다가 탁 열어 보세요. 거기서 생명들이 나가지 않나. 그것이, 즉 말하자면 네 가지 조건이 있죠. 태로 낳는 거, 알로 낳는 거, 습에서 낳는 거, 화해서 낳는 거 네 가지가 그 조화를 이루고 있죠. 그런데 천차만별로 돼 있죠. 그 음양의 조화가 아니라면 우리가 이런 에너지도 끌어오고 끌어갈 수도 없어요, 지금. 이 전력도 말입니다, 이 전력도 자력도. 이 지금 물질 자석은 한계가 있지만 자력은 한계가 없는 겁니다. 그렇기 때문에 음양 조화로 이루는 이 만법의 근본이 바로 이 세상 도리입니다. 이 세상을 지금 창조해 나가고 있는 여러분의 그 만법이죠.

그러니까 이거 참 좋은 법인데도 우리는 만날 그냥 겉껍데기만 보고, 아이구, 어떤 때 절에 가면 등잔 같은 데다가 요만한 꼬리표를 하나 이렇게 이름을 딱 써서 얼마씩 내곤 요렇게 붙여 놓고는 스위치 올리면 전깃불이 들어오죠. '아이, 참 내! 저네들 참 웃겨.' 이러고선 싱그머니 웃곤 돌아서지 어떡합니까, 그걸. 어떻게 해요? 할 수 없지. 그러니까 천차만별이라는 얘기입니다, 이게. 인간들도 천차만별이요, 짐승들도 천차만별이요, 날아다니는 새들도 천차만별이니 어찌 그것을 말로 다 하랴 이런 소립니다.

그러니 제가 아무리 말을 해도 그것은 말로 해서 되는 게 아니고 우리가 마음과 마음이 서로 통할 때 서로 에너지가 오고 가고 이럴 수도 있고 또는 그 약의 에너지도 왔다 갔다 할 수도 있고 또 그 의식과 내 의식이 통할 수도 있는 거고 그런 거죠. 그래서 아무리 멀다 해도 마음은 멀지 않고 아무리 가깝다 해도 마음이 멀어지면 아주 먼 거고, 그런 얘기를 하죠. 그래서 미국이라도 가깝게 생각하고 또는 아무리 멀다 하더라도, 춥다 하더라도 생명이 살아 있는 걸 아셔야 한다 그러고요. 저 금성이나 저런 수성 같은 데도 아주 뜨거워서 생명이 살 수 없다고 그럽니다. 그러나 뜨거우면 뜨거운 대로 생명이 있고 차면 찬 대로 생명이 있는 걸 알라고 그럽니다. 그러니까 우리가 참, 세계를 볼 때도 그래요. 이쪽을 녹이면 이쪽은 물이 돼 버리고 이쪽을 또 물이 되게 해 버리면 이쪽이 얼어 버리고 이러한 문제들도 적잖이 있죠. 그리고 그것도 음양 조화로 이루어져서 이렇게 되는 겁니다. 그렇기 때문에 옛날에도 제갈공명이 동남풍을 불게 했죠? 예? 어떻습니까? 그것이 급할 때는 그렇게 할 수도 있는 거죠.

그렇기 때문에 한국인으로서도 그렇지만 미국인도 그렇고 지조를 가지고 자기의 근본을 귀중하게 생각하고 보배로 알고, 마음을 함부로 쓰지 말고 좀더 한번 굴려 보고 생각을 할 수 있는 그런 의지력을 가졌으면 좋겠다고 생각합니다. 모든 사람들이 기복을 좀 벗어났으면 합니다. 모두 이 껍데기를 좀 벗어났으면 하는 그런 생각을 합니다. 아예 아무렇게나 하면 어떻습니까. 그냥 솔직하게 "넌, 내가 못 줘." 아, 이러면 어떻고, "내가 너 줄게." 이럴 수도 있는 거고 아, 그렇지, 그거를 그냥 가면을 쓰고 이렇게 살다가는 우리가 가면 속에서 죽을 거예요. 보자기에, 가면 보자기에 싸여서 죽을 거라고요.

질문자1(남) 그것을 진실에서 나오는 그 마음이 에너지라고도 볼 수 있을까요?

큰스님 진실한 마음이 조화를 이루는 거는 자기의, 아까 말씀드렸듯이 그런 데서 조화를 이루죠. 사람이 둘이 살다가 하나가 없어지면 아주 그냥 생을 다 버리는 거와 같은 그런 문제가 생기죠. 그래서 음양이 조화를 이루어서 힘도 나오고 거기서 조화가 일어난다는 얘기죠. 불도 만약에 양쪽에 돌을 쥐고 탁 치지 않았더라면 애당초에 불씨를 얻을 수가 있었겠습니까? 그걸 보고, 돌덩어리가 드르르 내려오면서 그 돌과 돌이 마주치는 바람에 불씨가 일어나는 걸 알고 그 부싯돌을 썼지 않습니까. 우리가 그러한 영리한 머리를 가지고도 지금 이렇게 모두 기복에서 벗어날 수가 없거든요. 그러니까 그런 조화 속에서 모두가, 사랑도 자비도 또는 악도 그런 속에서 나오지 않나 이렇게 봅니다. 그러니….

질문자1(남) 제 사견 말씀드릴까요? 우리는 몸과 정신을 이렇게 가지고 있어요. 그런데 몸은 하나의 물체로 보지 않습니까? 그걸 인간 공학 측면에서 볼 적엔 인체는 거대한 역학적인 구조물이라고도 설명을 했는데요, 그 다음에 거기에 정신이라고 하는 그 마음이 작용을 하거든요. 그런데 우리가 육체에서 나오는 에너지하고 정신에서 나오는 에너지가 있음으로써 우리가 생명을 유지하는 거거든요. 그런데 거기에서 그 마음 작용이라든가 몸을 움직이는 그 에너지라든가 그 작용의 힘은 어떻게 보시는지요?

큰스님 어떻게 보긴 뭘 어떻게 봅니까? 그대로 보지. 하하하. 이거 보십시오.

질문자1(남) 예.

큰스님 만약에 지금 몸속에 들어 있는 이 세포 하나하나의 의식 속에, 그것도 에너집니다. 에너지인데, 그 에너지는, 마음의 에너지는 분량을 늘리면 늘린 대로 커지고 적게 하면 적게 하는 대로 적어지는 겁니다. 그리고 없애려면 아주 없앱니다. 그래서 안락사가 있는 겁니다. 그러면 우리가 지금 한생각, 지배인이 '야, 너 파워 일으키지 말고 이쪽 저쪽 좀, 힘을 가해서 힘이 좀 있게 해. 세포가 지금 굳어 들어가.' 그러면 거기에서 그대로 운행을 합니다. 그러면 '액체를 내서, 즙을 내서 사방으로 지금 모든 걸 공급을 해.' 하는 그런 생각이, 그건 생각을 하기 이전에 그렇게 뜻이 갑니다, 벌써. 그러면 그것이 에너지로 화하죠. 그러니까 힘으로 화한다 이거죠. 그리고 또 약으로 화하고. 그러니까 그 힘이, 아까 얘기했듯 지수화풍이기 때문에 광력도 전력도 자력도 충만하다. 그러니까 통신력도 벌써 대뇌를 통해서 이 사대로 통신이 된다. 이 통신이 되는 것도 내 몸만 그런 게 아니라 외부에도 통신이 된다 이런 거죠. 그러니까 그 조화가 아주 좋은 거죠, 이 마주치는 조화가.

질문자1(남) 제가 육체와 정신이 조화가 이루어져야 되지 않겠느냐 하는….

큰스님 그 조화가 이루어지지 않았어도요, 오늘 저녁부터라도요 여러분이 조화가 있다 없다 그런 생각도 좀더 놓으시고 모든 것을, 내가 육체가 움죽거리고 마음이 생각을 내고 또 생각을 낼 수 있는 생명이 있다면 그대로 조화를 이루고 돌아가니, 그 조화를 이루고 돌아가는 나 자신이 주인공 아니냐. 응. 주인공이 근본이에요, 그게. 그러면 근본 거기에다가 모든 것을 한번 놓고, 맡겨 놓고 실험하는 그러한 사람이 돼 주신다면 아마 가정도 행복하게 이끌어 갈 수 있을 겁니다. 그러니 소견으로 좁게 이 세상을 사시지 말고 좀더 넓게 사세요. 우리가 살면 이 몸뚱이를 가지고 얼마나 그 나무의 가지에 붙어 있겠습니까.

그러니 좀더 넓게 사시고 평화롭게 사십시오. 우리가 종교를 믿는다면 한 푼이라도 좀 회비를 모아서, 어떻게 해서 제주도도 좀 가시고 또 어디 스트레스도 좀 풀러 가시고, 산악대를 만들어서 여자 남자 동반해서 가시고, 이게 사람 사는 본(本)이 아닐까요? 우린 지금 그렇게 하고 있거든요. 그건 우리가 간섭을 안 합니다. 산악대장이 다 이렇게 해서 하죠. 그래서 회원들이 50대면 50대 또 70대면 70대 신행회가 있습니다. 심단회, 심연회, 심선회 무슨 이런 거죠. 심공회 이런 팀이 있습니다. 즉 말하자면 판사팀이면 판사팀, 또 박사팀 선생님들팀 사장님들팀 뭐, 이런 분들이요, 외국 분들도 더러 계시지만, 그렇게 해서 팀이 되면 한 팀 한 팀이 때에 따라서는 한 달에 두 번씩 모임을 갖고선 뭐, 흉할 것도 없죠. 부부가 나오니까요. 팀을 한데 모아 가지고는 어떤 때는 노래도 부르고 춤도 추고 그럽니다, 이런 강당을 빌려서. 그러면 그걸 구경하러 나오시라고 하죠. 그래서 한번 구경 가서 이렇게 앉아 있으니까요, 날 앉혀 놓고 부부가 아, 춤을 추는데 그것 참 구경스럽더군요. (대중 웃음) 노래도 하고. 사람 사는 거란 말입니다, 그게. 응? 새도 지저귀고 있는데 사람이 어째 쳇바퀴 돌듯 그렇게 무지하게, 인간으로 태어나서 그렇게 살아야만 하느냐는 얘기죠. 그러니까 여러분도 좀더 쾌활하고 넓게 사십시오. 나는 그런 걸 원합니다.

난 어떤 때는 참, 사람이 살면 얼마나 살기에, 내가 이럭하고 다니라는 꼬리표도 붙여 놓지 않았는데, 내가 하고 싶어서 하는 것도 아닌데, 이상스럽게 나는 이렇게 돼 버리지 않았나. 이리로 가도 내 길이고 저리로 가도 내 길이고. 처음에 내기 그 모진 비바람 속에 갈대풀 있는 거를 보면서 갈 때, 내 스승이 그런 말을 했습니다. '이 길이 길이 아니라 저 길이 길이니라.' 아주 그냥 그믐밤인데 그 갈대밭이 길이라는 겁니다. 거기에서 어떤 생각을 한 줄 아십니까. '아하! 그렇지. 마음은 사방이 다 터졌는데 구태여 길만 길이겠느냐. 아하! 그렇지. 그렇고 말고.' 내가 그런 걸 짐작하면서도 '그래, 한번 걸어 보자. 어디 종아리에서 얼마나 피가 나나.' 그래서 한번 걸어 보니까요, 갈대가 그냥, 그때 나이가 아주 젊었으니까 말입니다. 중이 돼서 받은 바지는 다 헤져서 갈갈이 다 없어지고 아이, 또 6·25가 시작이 돼 가지고 말입니다, 그 얼마나 고생을 했는지 모릅니다. 아, 그런데 남의 그, 뭡니까? 국방색 그거 하나 얻어서 입은 것이 다리가 또 다 떨어졌지 않습니까. 그러니 다리가 그냥 전부 갈라져 가지고 피가 나지 않습니까. 그래서 그런 생각을 했습니다. '그래, 맞았어. 이 피가 산하대지에 전체, 소나무 한 가지를 꺾어도 그게 진이 나오는 게 내 피와 같아. 그러니까 나는 남의 거를 꺾어서 내 생명을 잇자고는 내가 절대 안 하겠다.' 이런 생각을 한 거죠.

하여튼 질문해 주셔서 참 재미있었습니다. 이렇게 질문을 해 주시고 서로 토론을 해야 재미있지, 웃고. 아이, 그냥 뭐 꿔다 놓은 거처럼 말 몇 마디 하다가 그냥 그러면 참 아주 정말 재미있지 않아요. 허허…. (대중 웃음)

질문자5(남) 스님! 『도(道)』와 『무(無)』라는 책 잘 봤습니다만 저희들은 속세인이기 때문에 잘 모르는 것들이 많습니다. 그런데 제가 궁금했던 게요, 가장 많이 흔하게 나오는 말이 '나무아미타불'이라는 얘기가 있는데 그것을 진정 어떤 뜻으로 설명하실 수 있는지 가르쳐 주셨으면 좋겠습니다.

큰스님 우리가 '나무아미타불' 하는데요, 나무라는 건 아주 큰 거를 뜻합니다, 전체를요. 우주 삼라대천세계를, 전체를 뜻하는 거죠, 나무라는 게. 예. 그래서 '나무, 아미, 타불' 모든 전체, 큰 그것은 그대로 우리가 생각하는 대로 그대로 응해 주시니, 돌아가고 응해 주시니 그것을 나무아미타불이라고 합니다. 속상하면 '아휴, 나무아미타불!' 이러죠. 나무아미타불 해 놓고 그냥이나 있나요, 또. '나무아미타불' 그래 놓곤 '어휴, 관세음보살!' 그럽니다. 하하하. 그래서 나무아미타불은 이 우주의 전체를 말하는가 하면, '관세음보살' 하는 것은 부처님의 마음으로 이 사바세계에 관세음보살을 세워 놓은 마음입니다. 응? 그래서 그거를 따지고 본다면 우리가 보고 듣고 관해 보고 세상살이를 이렇게 사는 거, 여러분이 관세음보살입니다. 응? 그래서 우리 생활하는 것이 그대로, 여러분이 관세음보살이요, 글자 그대로 관해 보고 세상살이를 살고 이렇게 하는 거 아닙니까? 그러니 그대로 여러분이 관세음보살입니다. 그러니 이 큰 세계에, 조화를 이루고 이렇게 돌아가는 이 큰 세계에서 우리가 그냥 관해 보고 관해 듣고 생활하면서 행하면서 잘 그렇게, 자비스럽게 해라 이런 뜻이죠.

그런데도 그거를 생각지 못하고 관세음보살이 따로 있는 줄 알고 '관세음보살! 아이구, 관세음보살! 우리 아들 좀 잘하게 해 주시오.' 하고 그러거든요. 하하하. (대중 웃음) 그러면 어떤 때는요, 내가 하도 기가 막혀서 웃고 말죠. 웃고 마는데 우리 신도들이 옛날에 하도 그런 걸 하고 그렇게 가르치려고 애를 써도 안되기 때문에 나뭇가지 하나 꽂아 놓고도 가르치고 별짓을 다 해도 안돼요. 그래서 "이리 내려와. 이리 내려오라고!" 그러니까 아이, 남자 분이 인제 내려왔다고요. 어떻게 화가 나는지 도끼를 쥐고 말이야, 부처님을 그냥 막 때려부수니까 아, 그놈의 게 영 잘 부숴집니까, 어디? 아, 머리가 더럭 떨어져서 제일 먼저 굴러가는 겁니다. 그래서 그거를 부술 때도, 그것은 모든 사람이 신념을 가지고서 관세음보살이라고 생각하고 문수보살이라고 생각하고 그러는데, 그 마음 의식이 거기 모두 모인 걸 모두 내 마음에다가 탁 이렇게 의식을 넣고 그 흙만 부순 거지, 내가 그 마음을 부순 건 아닙니다. 또 잘못 생각하시면 안 되죠. 그 흙으로 만든 모습만, 흙만 부순 겁니다. 하하하. 결국은 그 의식 자체의 마음은 내가 내 마음과 둘이 아닌 까닭에 다 놓고 그렇게 한 거죠. 그랬기 때문에 탈이 없죠. 만약에 남을 갖다가 그랬다면 살인했게요?

그러니까 옛날에 어느 스님도 신중당을 부수고선 자기 몸이 그냥 맞아서 죽은 스님네도 계시죠. 그러니까 없다고는 못 봅니다. 지금 뭘 나한테 물으셨죠? 난 얘기하다가 말고 이렇게 잊어버려요.

대중 속에서 나무아미타불!

큰스님 응, 나무아미타불! 그래서 그것이요, 그런 말 하다가 왜 그 말이 나갔습니까, 또? 아이구, 하하하. (대중 웃음)

그러니까 그것은 우리가 지금 살아나가는 이 세상을 말하는 겁니다. 그러니 이 큰 세상을 우리가 크게 생각하고 관해 보고 관해 듣고 우리 행이 오로지 올바르게 가는 것이 즉, 관세음보살이 그대로 행하는 것입니다. 그리고 부처님의 마음은 사바세계의 관세음보살로 자기 마음으로 지어 놓으시고, 분신으로서, 또 동방에 아촉불로 세워 놓으시고 또는 서방에 아미타를 세워 놓으시고 지천국에 지장보살을 세워 놓으셨답니다. 그것이 깨달은 사람의 마음의 힘으로 세워 놓으신 겁니다. 그러니 달리 생각하지 마시고, 신(神)이 있어서 그런 게 아니라 우리 여러분이 다, 자성신(自性神)이 그대로 신인 것입니다.

그러니 또 있으시면 말씀하시고요. 아이, 참 여러분하고 재미있게 오늘 저녁 지냈습니다. 오늘도 그렇고 이렇게 여러분과 더불어 한자리를 하게 만들어 주신 우리 사장님, 우리 사장님입니다, 하하하. (대중 웃음) 참, 감사하기가 이를 데가 없습니다.

마음을 지견으로 써라

L.A. 동아일보 기자 대담

1990년 4월 27일

기자(남) 제가 가장 여쭙고 싶은 것은, 모든 중생들에게 그 마음을 나투셔서 마음의 치료를 하신다고 하셨는데 사실 L.A.에 있는, 미주 사회에 있는 모든 동포들은 자기 자신의 시간을 가지지 못하고 삽니다. 그동안 돈이라는 물질에 끌려서 사람들이 자기 본성을 잃어버리고 살고 있는데, 그 사람들이 어떻게 하면 그 마음의 병을 고칠 수 있는지요. 그리고 조금은 자기 자신을 볼 수 있는 어떤 계기가 될 수 있으면 좋겠고 또 특히 많은 불교 신자들이 여기 미국만 오면, 땅에 닿자마자 기독교로 옮기고 있는데 물론 믿고 안 믿고는 본인의 마음이겠지만 저 같은 속인이 보는 입장에서는 한편으로 안타까운 게 많았습니다. 그러니까 어떤 인터뷰 형식이 아니라 스님께서 말씀을 전해 주시면 제가 쭉 받아서 정리를 했으면 합니다.

큰스님 내일 설법을 하면 그게 다 나올 텐데요. 하여튼 인간이라는 것은 첫째, 공생·공용·공체·공식화 하고 시간과 공간을 초월해서 돌아가고 있습니다. 그런데 사람은 마음으로 항상 자기를 가둬 놓고 항상 자기 소견을 쓰고, 그리고 너 나 이렇게 갈라 가면서 서로 대접을 하고, 좋게 대접을 하는 게 아니라 항상 남을 못되게 하는, 좋아하는 마음은 그저 30% 정도고 남을 못되게 하는 마음, 그것이 70%나 되기 때문에 그것이 이 진리에 순응이 안되죠. 그렇기 때문에 모든 게, 병증세가 많이 생기고 또는 여러 가지 안되는 일이 생기고 그러는데, 내가 생각할 때는 모든 사람이 이 지구의 주인이라고 볼 수 있죠. 그러면 이 지구의 주인이 지금 이 몸뚱이 하나에서도 지배인이죠, 자기 마음이.

그렇다면 지배인으로서 안을 다스리는 마음, 그 마음이 공심으로서 모든 일체가 우주와 더불어 직결이 돼 있고 가설이 돼 있다는 그 사실을 알고 그대로 공심으로서 공용을 할 수 있는 무한의 능력을 자기가 가지고 있다는 점을 알아야 합니다. 그래서 우리 인간의 몸속에, 이런 게 있죠. 자석이라는 것은 한계가 있지만 자력이라는 것은 한계가 없다. 그렇기 때문에 과거에 살던 모든 것이 그걸 짊어지고 나온 자기한테 입력이 돼 있기 때문에 현실에 나오는 거죠. 컴퓨터와 같죠. 그러니까 컴퓨터나 탐지기나 팩스나 천체무전통신기나 또는 천체망원경이나, 이 다섯 가지가 같이 시스템이 돼 있단 말입니다, 인간에게. 그러니까 여기에서 이 시스템이 돌아가면서 만약에 이것을 방지하고, 안에서든지 바깥에서 들어오는 거든지 방지하는 건 레이더망이거든. 그 레이더망은 어떤 역할을 하느냐 하면 누진 역할을 하거든. 누진! 머리, 정신.

기자(남) 아, 예.

큰스님 그러니까 정신인데 이 정신도 의학적으로 본다면 잠재의식 쪽 현재의식 쪽 이것이 동시에 이렇게 돌아가고 있는데, 그 레이더망이 보이지 않는 데서 오는 거와 보이는 데서 나오는 거를 다 이렇게 체크한단 말이야. 체크해서 통신을 이 안으로도 해 주고 바깥으로도 하면서 나쁜 것은 제거하고 좋은 것은 받아들여서 내 걸로 만들게 해 주면서 이렇게 돌아가거든.

그런데 이 사람이 마음을 제대로 쓰질 못해. 좋게 쓰질 못해. 꿈만 잘못 꿔도 '아이고, 나는 잘못되겠구나. 꿈이 이렇게 나쁘구나.' 이런 생각을 한단 말이야. 자기 생각으로 인해서 자기를 구덩이에다 넣는 걸 몰라. 그러면 그 꿈을 잘못 꿔도 그렇게 '이거 이렇게 나쁜 꿈을 꿨으니 오늘 좋지 않겠군.' 이렇게 생각을 하면 그 생각이 그만 컴퓨터에 입력이 되는 거야. 그러면 입력됐던 그 컴퓨터에선 현실로 나오는 거지. 이건 과학적이기도 해.

기자(남) 다섯 가지 그 시스템에 의해서요?

큰스님 그렇지! 응. 그러니까 그 다섯 가지의 시스템이 컴퓨터가 하나 가면 이건 과거의 숙명통이거든. 그렇기 때문에 과거에 살던 것이 전부 자기가 한 것대로 입력이 돼 있는 거라고.

기자(남) 그게 하나의 업이라고….

큰스님 그렇지. 인과라고 할 수 있지. 그러면 그것으로 말미암아 지금 현실에 자꾸 나오는 거라. 그럼 나는 지금 가르치는 게 과거에 입력되어 있는, 컴퓨터에 입력되어 있는 게 지금 나오는 거니까 그 입력되어 있는 데다 다시 거기다 맡겨 놔라. 그러면 앞서 입력됐던 게 없어진다.

기자(남) 그렇군요.

큰스님 예. 알겠죠? 그래서 그렇게 한다면 모든 과거의 게 없어지면서 지금 좋게 생각하는 것이 입력이 되는 거예요. 자꾸 입력되는 대로 나오면서 또 입력을 하니까 그 아까 입력했던 것이 또 바깥으로 나오고 없어지는데 지금 새로 입력을 자꾸 해 들어가니까 그게 자꾸 돌아가면서 나오는 거지. 그러니 좋은 일만 나올 수밖엔 없지. 모든 게 좋은 일만 나올 수밖에 없고 또 좋은 생각을 하니까, 내 몸 지배인이 좋은 생각을 하니까 이 몸 안의 공장장들이, 직원들이 다 그냥 움죽거려 주는 거야.

기자(남) 네, 그렇군요. 스님께선 언제 득도를 하셨고 어느 스님을 은사로 하셨습니까.

큰스님 나는 득도랄 것도 없어요. 사람이 이 세상에 태어나면 태초고 움죽거리면 벌써 이것은 화두야. 내가 나왔다는 화두라고. 그런데 이 뜻을 여쭤 보고 한 거는 한암 스님이죠. 내가 아마 스님께 제일 끄트머리로 몰래 사미니계를 받았을 거예요.

기자(남) 그러면 그게 언제쯤입니까, 스님?

큰스님 내가 스물세 살 적이니까.

기자(남) 그럼 참 어려운 세상이었겠네요.

신도1(남) 그러면 한 42, 3년 전일 거예요.

큰스님 6·25 나던 해니까.

기자(남) 아, 50년대요. 그러셨군요, 네. 그러면 스님, 불교 신자들뿐만 아니라 이 지구상에 있는 모든 중생들을 어여삐 보시는 마음에서 스님께서 정말로 불교 신자가 아닌 사람들에게도 '아하! 이것이구나.' 하고 탁 깨칠 수 있는 특별한 말씀을 한마디 좀 해 주십시오.

큰스님 아니, 그러니까 불교 신도든 가톨릭교 신도든 기독교 신도든 난 그런 건 생각 안 해요. 단 하나, 어느 사람이든지 마음을 좀더 지견으로 써라. 소견으로 쓰지 마라.

기자(남) 그러니까 지견이라면 어떻게, 크게요?

큰스님 넓게 써라.

기자(남) 넓게요?

큰스님 그리고 마음은 체가 없지 않으냐? 그럼 지금 이 마음으로 저 지구 바깥으로 올라가 봐요, 지구가 어떻게 보이나. 그 마음을 모르겠거든 지금 여기 앉아서 집에 갔다 와 보라고요, 못 갔다 오나. 뭐가 놓이고 뭐가 놓인 것 다 아시겠지요? 그게 마음이에요. 그러니 마음이라는 것이 어떠한 특정된, 고정되게 있는 그게 마음이 아니고 찰나로 돌아가는 게 마음이라.

기자(남) 찰나로 돌아간다면 모두 그….

큰스님 일체가 다 찰나로 돌아가는 거지. 그러니까 댁이 장가를 들었다면 아, 금방 들어갔는데 아내가 나왔어. "여보! 인제 와요?" 그러니까 금방 남편이 됐지? 그런데 아내와 같이 들어갔는데 애들이 와서 "아빠! 인제 와?" 그러고 들어오니까 금방 아버지가 돼 버렸어. 근데 이게 자동적이거든. 누가 그렇게 정망(定望)해 놓은 것도 아니고 그러니까, 어머니를 봤을 때는 자식이 되고 이러니 어떤 거 될 때 나라고 할 수 없는 것이 부처다 이거야. 그게 이름이야.

기자(남) 제가 좀 짧게 인터뷰를 하라고 말씀을 들어서, 하고 싶은 말도 많고 듣고 싶은 말씀도 많은데 나중에 또 중앙일보 소강당에서 스님 말씀을 대하겠습니다. 저, 마지막으로 돈을 좀 벌 수 있는 비결은 어디 있습니까? 이건 기사가 아닙니다, 스님!

큰스님 돈을 벌 수 있는 거?

기자(남) 네, 네.

큰스님 이 돈이 말이요, 돈도 생명이 있고 모든 게 생명이 있다고. (탁자를 가리키시며) 이런 것도 다 생명이 있지? 이런 것도 그냥 있지 않아. 움죽거려, 이것도. 돌아간다고. 그런다면 내가 마음이 편안하고 모든 걸 주인공에 맡겨 놓고, 거기서만이 나를 이끌어 갈 수 있고, 거기서만이 나를 형성시켰고, 거기서만이 지금 병도 낫게 할 수 있다. 내가 엎드러져도 내가 일어나지 않아? 이열치열로. 그러니까 내가 그렇게 돈을 좇아가는 게 아니라 내 자력과 광력과 통신력이 충만하니까 여기서 언제든지 마음을 넓게 쓰고 돌아가고 거기다 맡겨 놓으면 돈도 슬그머니 나를 좇아와. 내가 따라가면 자꾸 도망가고, 내가 같이 한마음이 돼 주면 그냥그냥, 그 돈이 아주 따뜻한 데로 오게끔 돼 있거든. 뭐든지 그래요. 사람도 따뜻한 데로 고이고, 내가 아내와 부부 사이를 맺었어도 무슨 말이든지 할 수 있고 털어놓을 수 있는 그런 데서 부부가 따뜻해지지 '어휴, 저거 또 뭐라고 그럴까 봐….' 하고 하지 못할 말이 있으면 벌써 그건 참나운 부부가 못 돼. 그런 거와 같아요.

그러니까 돈이나 어떠한 문제도, 또 예를 들어서 '짐승 하나를 내가 건진다.' 이럴 때도 내가 그 짐승 속에 들어가서 짐승이 돼 줘야 그걸 건질 수 있는 거거든. 저항력을 느끼지 않고 달아나가지 않거든. 소 속에는 소가 들어가야 저항력을 느끼지 않지, 뱀 속에 뱀이 돼서 들어가야 저항력을 느끼지 않고 말이야. 그러니까 돈 속에 내가 돈이 돼서 들어간다면 돈하고 얼마나 같이 합쳐지겠소, 응? 그러니까 돈이 된단 말이야, 내가. 돈도 될 수 있고 뭐 아무것도 다, 이 세상에 모두가, 물도 될 수 있고 흙도 될 수 있고 다 될 수 있기 때문에, 미생물도 될 수 있기 때문에 모두가 하나도 나라고 할 게 없는데, 그러다 보니까 나중에 하나도 버릴 게 없더라 이 소리야. 전부 나이기 때문이야.

기자(남) 그러면 다들 부자가 될 수 있겠군요.

큰스님 부자는 아, 우리 지금 철새처럼 이렇게 다녀도 부자야. 우리는 돈을 이렇게 가지고 다니고, 누구한테 받아 가지고 다니는 것보다도 나는 어디 가다 주머니에 돈이 있으면 벌써 주머니 털어 줘야 돼. 주고 다녀야지 이놈의 게 글쎄, 누가 주면 금방 나가고 주면 나가고 주면 나가고, 이러니까 들어오지 내가 주머니에다 돈을 자꾸 쌓아 봐. 그놈의 돈들이 그냥 도깨비가 돼 가지고, 하하하….

기자(남) 저희같이 가난한 동아일보 기자들은, 줄 돈도 없는 기자들에게는 뭐 이렇게 돈이 생길 일도 없겠군요, 그러면.

큰스님 아이, 그렇지 않지.

기자(남) 네, 알겠습니다.

큰스님 댁이 그 도리만 알면 누구 마음에 돈 주고 싶은 생각이 그냥 불현듯 들어 가지고는 주게 되고, 또 기사 낼 것이 어떤 것이든지 그냥 엄청나게 생겨서 기사를 내게 되거든. 그러니 그 회사 잘되니 좋지, 나 돈 생기니 좋지, 가정 화목하니 좋지, 내 마음 편안하니 좋지 얼마나 좋은감! 아, 이게 세상 살 맛이 있는 거지. 세상 맛이라는 게 뭐야? 응? 그러니 뭐 돈을 이렇게 쌓아 가지고 다녀야 부잔가? 나는 안 쌓아 가지고 다녀. 왜? 전부 내 돈이니까. 하하하…. (대중 웃음) 아, 왜 그거 무겁게 가지고 다녀, 응?

기자(남) 스님, 언제 출국을 하시게 되는지요?

큰스님 내일 지나서 모레 가겠죠.

기자(남) 아, 일요일날 가십니까? 가시면 안양 한마음선원에서 유하시죠?

큰스님 예, 그렇죠.

신도2(남) 지금 제가 말씀 듣자 하니까 큰스님께서요, 알래스카에서 미국 정부로부터 한마음의 원리로 정신병 환자들을 치료하는 라이선스를 받아 가지고 오신 모양이에요.

기자(남) 마인드 컨트롤 같은 건가요?

신도2(남) 마인드 컨트롤하고는 다른 거죠.

큰스님 아니, 그거하고는 다르지. 그거하고는 달라.

기자(남) 스님, 진짜 하실 말씀은 안 하시고….

큰스님 그거는 그런 거를 떠나서 자유인이 되는 길이야, 내가 가르치는 거는. 왜냐? 내가 하고 싶으면 하고 말고 싶으면 마는 거야, 응? 그게 자유인이야. 그래서 이게 악이냐 선이냐. 악도 아니고 선도 아니다. 그 두 가지를 다 봤을 때 그 두 가지가 없는데 내가 자유스럽단 말이야, 자유.

이런 예가 있었거든. 어떤 사람이 고개가 돌아가지를 않아. 그냥 이렇게 멈춰 있어. 그런데 아, 고개를 이렇게 하고 이게 돌아가지를 않으니까 얼마나 괴롭겠소, 아프고. 그런데 고개를 이렇게 돌린 채 어떤 남자가 나한테 들어와서 그냥, 부처님한테 가서 하는 거라면 내가 말도 안 해. 나한테 고개는 이럭하고 공손히 절을 삼 배를 한단 말이야. 그걸 보고 가만히 앉아서 생각을 했어. 거기는 부처도 없고 아무것도 없단 말이야, 내가 깔고 앉은 방석밖엔. 참, 가만히 생각을 하니까 '에이, 나같이 무지렁이 같고 모자라는 사람 앞에 저렇게 지극하게 남자가 절을 하니 세상에 저렇게….' 그렇게 참 아름답게 보일 수가 없었어. 그래 '그렇구나!' 하고선 생각을 하곤 "고개는 왜 그렇소?" 그러니까 이게 돌아가지를 않는다는 거라.

그래서 그러냐고, 그러고 갔어요. 버스 간에서 버스를 타다가 누가 옆에서 탁 치니까 그냥 "아이, 좀 가만히 좀 있어라." 이러는데 그냥 고개가 휘딱 돌아갔다 그 말이지, 하하하. 그래서 고개가 마음대로 돌아간다는 거지. 그러니까 사람은 이렇게 무슨 무얼 하고 자시고 이게 없어. 사람의 마음이라는 게 서로 사랑하고, 자비스럽게 사랑하는 마음이 진정한 사랑이지. 요새 사랑 사랑 하는데 나는 그 사랑이 너무 천해서 죽겠어. 사랑을 한다 그래도, 사랑을 한다고 둘이 죽자사자 하고도 다 돈 뺏어 가지고 도망을 안 가나 사람 죽이고 가질 않나, 이런 판국이야. 그러니 사랑이 어디 있겠느냐?

기자(남) 네. 그러니까 그런 사랑이 아니라 진정한 그….

큰스님 그러니까 둘이 아니게만 볼 수 있고 둘이 아닌 행을 그대로 한다면, 모두가 나 아님이 없고 내 아픔 아님이 없고 내 자리 아님이 없고 하나도 버릴 게 없고 그러니 뭐 나다 너다 할 거 없이 그게 바로 나이기 때문에 내가 괴롭지 않기 위해서지. 저 사람을 위해서가 아니야. 내가 괴롭지 않기 위해서 하다 보면 저 사람 병이 낫는 거야. 알아듣겠소? 이건 무슨 뭐, 이름 뭐? 그거 아까 부른 이름?

신도2(남) 마인드 컨트롤?

큰스님 응, 그것이 아니란 얘기야, 이거는.

기자(남) 그러니까 차원도 많이 다르겠죠.

큰스님 어떤 사람이 날더러 이렇게 묻더군. "스님은 왜 주머니에 들어갈 사이가 없이 돈을 누굴 주고 그렇게 하십니까?" "돈도 주고 마음도 주고, 아무리 그래도 그렇게 하십니까?" 그때도 기자가 그렇게 물었어. 그래서 이랬지. "난 저 사람들을 위해서 그러는 게 아니야. 내 마음 편안하자고 그러는 거지. 그게 나이기 때문이지." 그랬지. 그렇다니까! 그게 그게 아니야. 이 부처님 법이란 부처님 법이 있기 이전에도 있었고 또 진리야, 이게. 지금 모두가 조화를 이루고 가지 아니, 너 나가 따로 사는 거 봤소? 아니, 지금 신문사에도 사장이 있기에 기자가 있지 사장이 없는데 무슨 기자가 있어?

기자(남) 그렇습니다, 네.

큰스님 그래. 그러니까 공생하고 공용하고 사는 거지.

기자(남) 네. 알겠습니다, 스님.

나 자신을 알아야 인간의 도리를 다할 수 있다

초청법회(남가주 불교 청년 연합회)

1990년 4월 28일

L.A.에 와서 여러분과 같이 한자리를 하게 된 것을 참 기쁘게 생각합니다. 그리고 난 이렇게 생각합니다. 여러분과 더불어 같이 모든 생명이 이 세상에 나서 필수적으로 해야 할 문제를 넘기고 그냥 갈 수는 없다고요.

불교라고 하는 그 뜻은 어떤 것인가? 불은 영원한 생명의 근본이 될 것이고, 종교라는 그 자체의 교라는 것은 바로 여러분과 더불어 좋은 말을 하는 것을 좋은 말씀이라고 해서 교라고 하죠. 그렇다면 풀 한 포기 벌레 하나도 불교 아닌 것이 없는 것입니다. 불교가 어떻게 국한돼 있겠습니까. 불교를 국한된 종교라고 생각하신다면 영 틀린 일입니다.

그럼으로써 우린 인간으로서 인간의 도리를 먼저 알아야겠고, 두 번째는 인간의 도리를 알려면 나 자신부터 알아야 된다는 조건입니다. 나 자신부터 알아야 하며, 나 자신의 주처가 있다는 사실을 알아야 할 것이며 또는 남을 나무라기 이전에 항상 나를 한번 돌아보고 생각해 볼 수 있는 여유를 갖는 것이 인간의 도리라고 생각합니다. 그럼으로써 모든 가정이 편안하고 또는 조화를 이룰 수 있는 그런 지혜로운 지견이 나올 수 있는 것이죠.

여러분! 우리가 이 세상에 나왔다가 그냥 갈 수는 없다는, 필수적이라고 한 문제는 이런 겁니다. 우리가 잘한다 못한다를 떠나서, 정법이다 사법이다라는 것을 떠나서, 또는 기독교다 불교다 가톨릭교다를 떠나서, 그 이름은 한계가 있는 상표에 지나지 않는다고 봅니다. 여러분! 생각해 보십시오. 지구가 버스라면 우린 지금 같이 타고 가는 그 버스가 어디를 돌아서 이렇게 다니는지 모르는 것입니다. 그러면서도 불교가 어떠니 종교가 어떠니 하고서 이것이 나쁘다 좋다, 무슨 대승법이다 소승법이다 하고 싸우겠습니까. 벌레 하나도 버릴 게 없는 것이 진리인 것입니다. 또 한 가지는 우리 몸뚱이 속에 조그마한 별성들이 지금 운행을 하고 있습니다. 그런데 우리는 어디를 돌아다니는지 정신없이 돌아다니다 보면 그 속의 오장 육부나 세포에서는 어디로 돌아다니는지도 모르고 있는 판국입니다. 우리가 이 도리를 상세히 알고 본다면 너무나 어마어마하고 광대무변한 법이라고 생각합니다. 우리가 지구에 있는 인간이라면 인간 속에 들어 있는 그것은 무엇이겠습니까. 인간 벌레라고 하고 지구 벌레라고 해야 되나요?

아까도 말했지만 불교가 따로 국한돼 있는 게 아니라고 했습니다. 여러분이 살고 있는 지금 현 생활이 그대로 불교며 그대로 진리이며 그대로 평등하며 그대로 종교인 것입니다. 여러분은 여러분이 계신 곳에 바로 종교가 있고 진리가 있고 부처가 있고, 생각을 안 내면 부처인 것이고 생각을 냈다 하면 법신인 것이고 움죽거렸다 하면 화신인 것입니다. 그래서 여러분이 99%가 부처라고 말씀하죠.

이런 것을 한마디 하고 싶습니다마는, 법당에 가면 석가모니를 모셔 놓고 문수, 그 다음에 보현을 모셔 놓습니다. 그거를 어떻게 생각하십니까? 깨달은 분들은 한생각을 내는 것을 바로 법신으로, 문수로 칩니다. 그리고 움죽거리는 것을 보현으로 칩니다. 그렇다면 한생각에서 바로 움죽거림이 나온다는 것이죠. 생각을 안 하면 부처고 생각을 했다 하면 법신이고 움죽거렸다 하면 화신이자 보신입니다. 이러한 모든 것을 생각할 때 우리 한생각이 그렇게 중요한 것입니다. 여러분이 이거는 좋고 이거는 언짢고 말을 잘하죠. 여자 남자도 가립니다. 비구 비구니도 무척 가립니다. 그러나 나는 그렇게 생각하지 않습니다.

옛날에 이런 일이 있었죠. 옛날이 아닙니다. 이 미국에 와서 그런 소리를 들었습니다. 어째 비구니인데 '큰' 자를 붙이느냐고요. 전화에다 대고 그러더군요. 그래서 그런 말을 했습니다. "나는 여직껏 당신이 비구라는 것도 모르고 내가 비구니라는 것도 여직껏 생각해 보지 못했다. 근데 스님께서는 비구도 알고 비구니도 아시니 참 훌륭하십니다. 난 훌륭칠 못해서 비구니 비구를 아직까지도 모릅니다." 그랬죠. 이런 말을 한 예가 있고, "그러면 비구 비구니를 그렇게 잘 아시는 분이라면 한번 오시죠." 이런 말도 한 예가 있죠. 그런데 안 오셨어요.

여기 앉으셔서 여러분 마음이 여러분 가정에 갔다 와 보십시오. 어디 뭐가 놓이고 어디 뭐가 놓였다는 것도 잘 아실 겁니다. 그리고 금방 갔다 오실 겁니다, 빛보다 더 빨리. 여러분의 마음이 우주 바깥으로 훌쩍 떠나서 이 지구를 한번 보십시오, 안 보이나. 이 마음이라는 건 내놓을 수 없는 까닭에, 그리고 분별이 많은 까닭에 부처를 이룰 수 있는 그런 여건이 주어져 있다고 봅니다. 그러나 모든 사람들이 그것을 생각지 못하고 있습니다. 나쁜 거 좋은 거는 잘 알지만 나쁜 거 좋은 거를 해결할 수는 없는 걸로 생각을 하고 있거든요. 왜냐하면 내가 과거에 살던 바로 그 업보가 인으로 인해서 과가 돼서 뭉쳤으니 너는 인과를 벗어날 수 없다 이런 말이죠. 유전성이나 영계성이나 또는 세균성이 모두를, 오간지옥의 업보도 당신이 저질렀으면 그것을 해결치 못한다고 합니다. 그러나 난 안 그렇습니다.

여러분이 잘 아셔야 할 것이 있습니다. 이 세상에 모든 것이 다 물질로서, 여러분이 지금 생명을 유지하는 것도 바로 지수화풍이 있는 관계로 생명을 유지하고 있습니다. 또 지수화풍이 지수화풍을 먹고 삽니다. 어떻습니까? 틀립니까? 그런 까닭에 우리는 우리대로 지금 시쳇말로 이산화탄소라고 합니다마는 이렇게 내놔 주는 것이 있다면 저장을 했다가 주는 무정물도 있고, 저런 목신들도 다, 나무들도 저장을 했다가 우리에게 바로 줍니다. 그러나 그뿐이 아닙니다. 모든 생명체들이 서로 주고받고 먹고 산다는 것을 이렇게 말하죠. 공생·공심·공용·공체·공식화 하고 있다고요. 그리고 조화를 이룬다고요. 그리고 우리가 생각을 해 본다면, 사장이 없으면 직원도 없다는 사실이죠. 서로가 먹지 않고 서로가 공생을 안 한다면, 또 서로가 공용을 안 한다면 우리는 살지 못합니다. 종교가 따로 있는 줄 알지 마시고 여러분 생활 속에 있다는 사실을 아셔야 합니다. 여러분이 이 세상에 나지 않았다면 상대성도 없을 것이고 또는 종교도 없을 것이고 부처도 없을 것이고, 내가 없는데 뭐가 있겠습니까.

그래서 지수화풍으로부터 이런 컵도 출현을 했습니다. 이 컵이라는 이름을 가지고 출현을 한 겁니다. 흙에 물을 붓고 그렇게 만들어서 바람에 말려서 불에 구웠습니다. 바로 우주 개공이 이 안에도 있다는 사실이죠. 이거 하나도 그냥 있는 게 아니라 돌아가고 있다는 사실입니다. 어떤 거 하나 그냥 놓여 있는 게 없죠. 그런데 우리가 어떻게 땅에 발을 붙이고 다니는지 모르겠다고 생각을 해 보신 분 없습니까? 우리는 지수화풍의 뒷받침이 돼 있기 때문에 자력과 광력과 통신력과 전력이 뒤따르고 있습니다.

그것이 뒤따르고 있기 때문에 그 큰 재료로 인하여 우리 마음속에, 우리 인간이 하나 이 세상에 났다면 모두 여러분 각자에게 바로 오신통이라는 시스템이 돼 있습니다. 불가에서 오신통이라고 하는 것을 내가 한번 지금 현재 용어로다가 대 보죠. 이 천안통을 바로 천체망원경이라고 비유한다면 숙명통 그것을 바로 컴퓨터라고 칠 수 있습니다. 천이통을 천체무전통신기라고 칠 수 있습니다. 탐지기를 바로 타심통이라고 할 수 있습니다. 신족통을 팩스라고 해도 됩니다. 누진통을 바로, 뭡니까? 레이더망이라고 할 수 있겠죠. 이 다섯 가지가, 누진통 빼고 다섯 가지가 우리에게 시스템이 돼 있는 겁니다. 이것이 돼 있는 까닭에 바로 들어오고 나가는 그런 문제를, 바깥에서 들어오든지 안에서 이런 파워가 일어나든지 모든 통신을 해 주고 있습니다, 누진에서 말입니다.

그러면 여러분이 생각할 때 우리가 지은 과거의 업보 인과응보 유전성, 그 모든 것이 어떻게 해서 지워질 수 있을까. 여러분, 생각해 보셨습니까? 즉 말하자면 '콩 심은 데 콩 나고 팥 심은 데 팥 난다.' 하는 그 문제를 어떻게 해결을 하느냐? 숙명통이라는 그 자체의 컴퓨터에는 이 세상을 거쳐 오면서 과거에, 내가 나기 전에 살던 그 모든 것이 거기 그냥 자동적으로 입력이 돼 있던 겁니다. 자동적으로 입력이 돼 있던 거니까 현실에 누가 팔자다 운명이다 하기 이전에 그냥 술술 나오는 겁니다. 그런데 나는 죄도 안 짓고 이렇게 잘 사는데 왜 이렇게 고통이 오고 이렇게 쓰라림이 오나, 이러시죠? 그러나 그것은 과거에 입력된 것이 나오는 것입니다. 그러니 여러분은 그 입력된 데다가 다시금 입력을 한다면 앞서 입력한 것이 없어지지 않을까요? 잘 생각해 보실 점이 있다고 봅니다. 여러분, 지금 시대가 어느 시댑니까? 앞으로는 더할 겁니다, 아마.

그렇다면 어떻게 그거를 없애는가? 그걸 거기다가 놓는 반면에 '어, 거기에서 입력이 된 거니까 거기서밖에 해결할 수 없다.' 하고 거기다 맡겨 놓는 겁니다. 주인공이라는 그 자체는 왜 주인공이라 하는가? 색이 공이요 공이 색이라 했으니 가만히 따져 보십시오. 내가 주인이라 하면서 주인은 공했어. 그러니까, 공했으니까 주인도 없다는 얘기죠. 왜? 찰나로 돌아가니까. 고정됨이 없으니까. 여러분, 잘 생각해 보세요. 그래서 자기 주인공에다 되맡겨 놓는 겁니다. 자기 주인공만이 해결을 할 수 있고 자기 주인공만이, 거기서 병난 거니까 거기서 해결을 할 수 있는 것이요, 또는 거기서 고독함도 생긴 거니까 거기다가 맡겨 놓는 것이에요. 고독하지 않게 할 수 있는 능력이 거기밖엔 없으니까. 그래서 나왔던 구멍으로 다시 봐라 이 소리죠.

일체를 그렇게 해 나가게 하기 위해서 여러분한테 그렇게 말씀드린 거고, 육조 스님이 말씀하실 때 '내 불성이 청정함을 어찌 알았으리까.' 그 청정한 것은 더럽고 깨끗하고 높고 낮고, 또는 여자고 남자고 남녀노소 할 거 없이 전부 평등하다. 그 평등한 거를 청정이라고 그럽니다. 바다에 똥물이고 더러운 물, 핏물이고 다 들어가서 가라앉히는 그런 너그러운 바다의 물과 같은 것이 바로 청정입니다. 선반에 얹어 놓고 깨끗하게 잘 두는 것만이 청정이 아니라 더러운 것도 깨끗한 것도 없는 것이 청정입니다. 그래서 '청정함을 어찌 알았으리까. 여여함을 어찌 알았으리까.' 하셨는데 '내 불성이 여여함을 어찌 그렇게 알았으리까.' 이 소리죠. 여러분이 배고프면 그냥 아무 소리 없이 먹죠? 배고픈데 이유를 붙이고 밥 먹는 법은 없고, 목마른데 이유를 붙이고 냉장고 문 열고 물 먹는 법은 없습니다. 그러니 그렇게 여여한 뜻이라고 하는 겁니다. 모든 것은 갖추어 가지고 있다. '내 어찌 갖춰 가지고 있음을 알았으리까.' 이런 것은 여러분이 아까 내가 말했듯이 그렇게 갖춰 가지고 있어. 그래서 자동적으로 돌아가. 용광로에 모든 헌 쇠를 넣으면 자동적으로 새 쇠로 재생이 돼서 나가듯이 그렇게 자동적으로. 그렇기 때문에 '갖추어 가지고 있음을 어찌 알았으리까.' 했죠. 그런데 또 비유를 하나 하자면 여러분 몸뚱이를 오븐으로 치고요, 그 재료가 모두 갖춰져 있기 때문에 자기 먹고 싶은 대로 오븐에다 넣어서 다 해 먹죠? 안 그렇습니까?

또 우리가 갖춰 가지고 있는 반면에 여여하게 일체 만법을 들이고 냄을 어찌 알았으리까, 했습니다. 그러면 여러분이 누가 시켜서 하는 것이 아니라 그냥 그대로 여여하게, 집안에 들어오면 집안에 들어오는 대로 "여보, 오늘 몇 시간이나 일했어? 피곤하진 않아?" 자동적이에요, 이게. 근데 그때는 남편이 됐어요. 아내가 됐고요. 그런데 자식이 들어왔단 말입니다. 그러니까 금방 아버지가 되고 엄마가 됐죠. 그런데 부모가 "얘, 아비야! 벌써 갔다 왔니?" 하니까 어머니한테로 이렇게 돌아보면서 자동적으로 자식이 되고 며느리가 됐답니다. 그러면 어떤 거 됐을 때 나라고 할 수 있을까요? 나라고 할 수 없는 것이 그대로 평등한 것이며 그대로 불법인 것이며 그대로 부처라는 것이고 그대로 바로 여여하다는 뜻입니다. 그대로 여여하죠. 그리고 일체 만법을 들이고 냄을 어찌 알았으리까 하는 것도 그 여여함에서 그대로, 여러분이 이유 없이 살지 않습니까?

그런데 우리가 이런 도리를 모르기 때문에 항상 조그만 일에도 싸우게 되는 것입니다. 그래서 여러분한테 이런 말을 하죠. 사람은 따뜻한 데로 고이고, 여름에는 시원한 데로 고인다. 그러니까 여러분이 가정을 이루고 사시면서 자식들이 좀 잘못하는 일이 있다 하더라도, 도둑질을 한다 하더라도 또는 나가서 폭행을 한다 할지라도 될 수 있으면 '주인공!' 하고 말입니다. 아들이라는, 어머니라는 가설이 돼 있거든. 그게 마음의 가설이거든요. 그러니 그 주인공과 그 주인공이 둘이겠습니까. 여러분은 불을 켤 줄 몰라. 여기 스위치만 누르면 거기까지도 불이 들어올 수 있는데 말이에요. 가설이 돼 있으니까. 한방 식구거든. 천 리를 간들 만 리를 간들 한방 식구거든요. 그러니 가깝고 멀고가 없다 이런 겁니다. 빛보다 더 빠른 마음은 가깝고 멀고가 없다.

여러분, 이 마음은 보지도 못하고 내놓을 수도 없지만, 비유를 한다면 이 전력이 들어오고 나가는 건 못 보지만 이렇게 밝게 보이지 않습니까? 그러나 전력이 나가고 들어오는 건 못 보시죠? 통신력도 그렇고요. 우리가 전화를 받을 때도 그렇습니다. 그 신호가 들어오고 나가는 건 못 봐도 바로 전화기를 들고 전화는 할 수 있죠. 이렇게 되듯이 자동적으로 그렇게 되는 것을 우리는 뭐가 그렇게 사단이 많은지 들어오기만 하면 "또 왜 이렇게 늦었니? 아이, 또 무슨 짓을 저지르고 다녀?" 이렇게 하거든요. 이게 참 기분 나쁜 소리거든요. 남편한테도 그렇고 아내한테도 그렇고 자식한테도 그렇고. 여기 와 보니까 더해요. 한국보다도 더해요, 아주. 냉랭하고. 그리고 여러분이 아침에 나가고 저녁에 들어오고 또 저녁에 나가고 아침에 들어오고 이렇게 해서 부부지간에도 참, 정답게 화목하게 만남을 갖는 사람이 적더군요. 그러니 자식들하고는 더할 거 아닙니까. 그런데 이 마음까지도 그렇게 '빌어먹을 새끼! 또 저거 저럭하고 일도 안 하고 빙글빙글 돌면서 저런다.' 고 하니 이게 될 수가 없죠.

왜냐하면 마음 한생각이 그렇게 중요하단 말입니다. 마음 한생각이 '야! 당신밖에, 내 주인공하고 재 주인공하고 둘이 아니니 이 주인공밖에는 이 몸을 이끌어 가지고 갈 수 없고 마음을 이끌어 가 줄 수가 없어. 그러니 당신밖에는, 내 님밖에는 해결할 수 없다.' 하고 그렇게 믿고 거기에 맡겨 놓고 지켜보는 게 바로 실험입니다. 그렇게 하면서 그 애를 지켜보세요. 자꾸자꾸 그렇게 하면서 지켜보면 바로 통신력과 밝음과 전력 광력, 그것이 서로 통해서 애가 아주 착하게 됩니다. 남편도 그렇죠. 그래서 내 사랑을 찾지 못해서 왔던 사람이 내 사랑을 찾게 되고 내 가정에 화목을 못 찾던 사람이 화목을 찾고 병을 앓던 사람이 병이 낫고 가난했던 사람이 가난을 면하고 자유스럽지 못하던 사람이 자유스럽게 되고, 이렇게 자유스러운 것을 무슨 이거는 내 종교니 네 종교니 하고선 아니, 끼리끼리 싸우는 거 보면 말도 못합니다. 신도 수를 세어서 팔아먹지를 않나, 부처님 뼈다귀를 우려서 먹지를 않나, 이름을 팔아서 먹지 않나. 그러면서도 비구니 비구를 따지지 않나.

보십시오. 마음인데, 사방이 툭 터졌는데 여자 남자가 어디 있고, 동서가 둘입니까. 이 세상에 뭐가 그렇게도 걸리는 게 많습니까. 모자라는 사람을 봐도 '전자의 모자랐던 내 모습이로구나.' 하고 봤으면 얼마나 그것이 지견으로써 지혜로써 보람 있는 인생을 걸어가겠습니까. 그런데 이거는 만날 틀리고 이거는 좋고, 이거는 잘하는 거고 이거는 못하는 거고…. (컵을 들어 보이며) 이 항아리 속에서 항아리 바깥으로 벗어나야 이 항아리를 굴릴 수 있는데도 불구하고 항아리 속에서 전부 제각기 이게 틀리다 옳다 하고 이 속에서만이 그러는 겁니다.

이 공부를 필수적으로 해야 한다는 뜻은 우리가 조그마한 거를 가지고 실험하고 체험하고 이렇게 생활 속에서 하면서, 절에 가는 것은 충전을 하러 가는 건데 옛날에 한암 스님도 그런 말씀을 하셨습니다. "절은 많으나 그 절에 사람이 있어야 부처가 있지." 이런 말씀을 하셨거든요. 또 한 가지는, 예전에는 짚신을 신고 방울을 달고 작대기로다 휘휘 둘러 가면서 팔자걸음을 걸었거든요. 왜냐? 생명을 죽일까 봐. 그랬는데 지금은 그렇게 하긴 애초에 글렀고요, 오히려 이 불교도 서로 뜯어요. 그러니 한마음으로 뭉쳐야 살 텐데 전부 제가끔들 헤어지니 그게 살 수 있겠습니까. 지금 지구에 사는 사람들이 어떤 종교를 가졌든지 종교가 아니라 진리인 것입니다, 진리! 진리를 탐구하는 사람들이 무슨 종교라는 상표를 가지고 이 상표가 옳고 저 상표가 옳고 이렇습니까.

내가 이런 소리를 가끔 합니다. "얘, 너희 아들은 요새 좀 어떠냐? 손버릇이 나쁘다더니." 하고 물으니까 "스님, 참 고맙습니다." "왜 날더러 고맙대?" 하니까 그 사람이 그러더군요. "스님이, 가설이 돼 있어서 내 주인공에다 스위치를 누르면 그 주인공에도 불이 들어온다고 하셔서 유념 그렇게 했더니 지금은 너무나 착해지고 엄마의 고생도 알아주고 월급을 타면 꼭꼭 들여옵니다. 그러고는 빵 한 개라도 사서 그게 식을까 봐 겨드랑에다가 넣어 가지고 옵니다." 이러거든. "엄마, 시장하지 않아?" 하면서 갖다 주더라는 겁니다. 생전에 스물다섯 살이 되도록 그런 소릴 처음 들어 봤다고, 얼마나 울었는지 모른다고 합니다.

그것뿐만 아니라 우리가 얼마나 고통스럽습니까. 먹고살기도 바쁘고, 생각하면서 먹으면서 뛰고, 뛰면서 생각하면서 먹고, 내가 여기 와서 그런 거 많이 봤어요. 우유 하나 빵 하나 들고 먹으면서 차 타고 가면서 머리 빗으면서 말하면서 이러고 가더군요. 그러니 한 사람이 몇 가지를 합니까? (대중 웃음) 그런 세상인데도 아침이면 주문 외워라, 백팔 배 해라, 삼천 배 해라 이렇게 한다면, 또 몇 시간씩 좌선해야 되고요. 이것이 지금 세상에는 맞지 않아요. 여러분, 잘 생각해 보세요. 한 생각이에요, 이게. 우리가 생각하고 먹고 자고 똥 누고 그냥 부지런히 뛰고 일하고 하는 것이 그대로 참선이에요. 그대로 행선이란 말입니다. 조금 여유가 있을 때, 내가 앉고 싶다 이럴 때 진짜로 앉는 것이 그것이 바로 참(眞) 좌선이고 그래요. 시간을 정해 놓고서 '나는 요 시간이면 꼭 좌선을 해야겠다.' 하는 사람은 시간과 공간을 초월해서 이 우주 전체가 돌아가는 이치를 모르는 사람이에요. 인간이 시공이 없이 돌아가는 이치도 모르고요. 만약에 그것을 모르는 분들은….

서울에선 또 이럽니다. 여기선 모르겠습니다. 여기선 못 봤습니다. 방생을 한다고 말입니다, 아, 자꾸 고기를 한 자배기씩 사 가고 두 자배기 세 자배기씩 사 가니까, 거북이 새끼 뭐 이런 것도 다 사 가니까 어부들이 자꾸 잡아다 놓는 겁니다. 그러니까 잡아다 놓을 때 죽죠. 잡을 때 죽고 갖다 놨을 때 죽고, 가지고 갈 때 죽고 갖다 넣었을 때 죽거든요. 그럼 갖다 넣었을 때도 그렇습니다.

이런 생각을 해 봅니다. 일제시대 때, 즉 보급대로 끌려가고 정신대로 끌려가고 또 무슨 뭐, 그때 또 한 가지 있었는데 잊어버렸습니다. 그렇게 끌려가서요, 8·15 해방이 되니까 털썩 그냥 놔 놨단 말입니다. 아무 데나 그냥 놔 준 거 아닙니까? 그러니까 기차 꼭대기고 어디고 다 타고 오다가 죽은 사람이 얼마나 많습니까. 산 사람 얼마 안 됩니다. 그와 같이 그냥 방생한다고 가서 넣으니까, 자기 집 찾아가느라고 온통, 10리든 뭐 20리든 30리든 그런 거 아랑곳없이 찾아갑니다. 그러다 죽습니다. 사는 것도 있고요. 이것이 방생입니까?

연세 드신 분은 아실 겁니다. 예전에 웅덩이 물이 위로 솟아서 다시 떨어질 때에 이 산에도 미꾸라지니 붕어니 새우니 가재니 뭐 이런 것이 늘비하게 떨어졌습니다, 지렁이도 그렇고. 우린 그런 거 많이 봤습니다. 그래서 통에다 물 담아 가지고 이렇게 집어넣어서 물 있는 데 갖다 넣어 줬습니다. 그래서 방생이라는 유래가 생긴 겁니다. 그랬는데 물에서 잘 사는 놈의 거를 왜 잡아다가 그렇게 합니까. 그건 놀부지. 응? (대중 웃음) 아니, 그러면서도 지금 자기 이웃에 병을 앓고 드러누워서 자식을 학교에 못 보내는 사람이 있어도 그건 방생 안 하고 그걸 해요, 그걸. 그걸 하면서 정말이지 지금 여기 돈으로 몇백 불을 버리면서까지 합니다. 그것을 어떻게 생각하십니까.

이 말을 하는 것은 누구를 헐뜯으려고 말하는 게 아닙니다. 지금 세대가 세대니만큼 그렇게 바쁘게…. 나는 눈물이 찡하게 나곤 하죠. 저기 있는 보살이 선원의 지금 사무장님으로 일을 하고 계십니다. 차를 타고요, 머리 빗고요, 빵 한 개 들고요, 그거 마시면서 그 빵을 먹으면서 얘기를 하면서, 그뿐이 아니에요. 이 카세트를 거기 끼고 들으면서, 그러니까 귀도 일을 하고 입도 일을 하고요. 하하하. 아주 전체 몸뚱이가 일을 하는 거예요. 그분뿐 아니라 그렇게 사시는 여러분을 볼 때, 참으로 이것은 참선이 딴 데 있는 게 아닌데 이러는구나. 그러면 저런 분은 기독교 믿어도 한 번도 천당에 못 갈 거고 또는 불교 믿어도 승천 못할 거 아닙니까. 가난한 사람은 백팔 배를 못 하고 그래서 리어카 끌어 먹는 사람은 그럼 승천 못할 거 아닙니까. 바빠서 절을 못 하니까 말입니다. 하하하.

그러니 여러분이 될 수 있으면 이 도리와 더불어 아까 얘기해 드린 거와 모든 것을, 지금 인공위성이 위로 올라가는 시대, 시대를 따라서가 아니라 부처님이 전자에 말씀해 놓으신 그 뜻이 바로 오늘도 있으신 겁니다. 여러분이 계시는 한, 여러분이 계시기 때문에 부처님은 계신 겁니다. 그러니까 기독교에서 얘기하는 부활절도 초 초마다 부활절이요, 4월 8일도 일 초 일 초 바로 부처님이 탄생을 하신 날이란 말입니다. 어떻게 생각하십니까? 공해서 찰나찰나 돌아가는데, 찰나찰나 돌아가면서 생각이 나고 그러는데 생각을 일으킬 때마다 바로 부활이고 바로 부처님 오신 날입니다. 그러니 부처님 오신 날 일 년에 한 번씩 와서 인등을 켠다고 하는데, 인등은 내 마음을 일으키고 불심을 일으키는 데서 그게 밝은 인등입니다. 그것을 꼭 해야만 되느냐 하지마는 마음이 일으켜졌으니까 움죽거려지고 활동을 하는 겁니다. 그걸 켜는 겁니다. 그러니 절마다 인등을 켜 놓는다고, 그 뭡니까? 요만한 항아리에다가 예전에 기름으로 켜던 그런 식으로 된 데다가 요렇게 전깃불 하나 해 놓고, 거기다가 인등 켠다고 여러분이 기도한다고 그러거든요.

난 그런 것도 여러분 자신들이 개선해야 된다고 봅니다. 내 마음 한생각이 그렇게 광대무변하고 내 한생각이 우리 식구를 다 살릴 수가 있고, 내 한생각이 잘못돼서 구덩이에 빠지게끔도 할 수 있고 구덩이에서 꺼낼 수도 있는 그런 자력이 여러분한테 주어져 있고 재료도 주어져 있는데 그렇게 남한테 의존하고 맹종하고, 사람을 믿으라고 하는 것도 아닙니다. 이름을 믿으라는 것도 아닙니다, 더군다나 불교는. 기독교도 그렇고 다 그렇습니다. 어떤 형상을 믿으라는 것도 아닙니다. 단, 모르니까 나를 익게 하기 위해서, 겸손하게 하기 위해서 절을 시켰고, 또 자기가 자기 나무에서 실과가 무르익어서 아주 갖가지 맛을 내라고 그런 거고, 그 씨가 익으면 내년에 또 심으니까 영원한 자기를 맛보라고 그렇게 절을 시킨 겁니다. 절을 꼭 108배 할 것을, 마음을 둥글려서 일 배를 잘 하신다면 108배 한 거보다도 그 일 배가 더 중하다는 걸 아셔야 합니다. 남편은 바빠서 지금 그냥 공당공당 뛰고 나가는데 자기는 자기대로 돌아서서 자기 할 일만 뭐, 주문을 외운다거나 이런다면 굶주리게 되고 또는 고독하게 되고 이러는 거죠. 자기도 그렇고 가정이 다 그런 거죠. 말 한마디에 천 냥 빚을 갚는다지 않습니까.

그러니 우리가 이런 것도 있습니다. 이 도리를 그냥 지나갈 수 없는 도리라고 하는 것은 자기가 자동적으로 그렇게 그 모든 시스템이 돼 있어서 자동적으로 자유스럽게 살 수 있다. 이 도리를 아실 거 같으면 어떠한 별성도 바로 나인 것이고, 내가 별성이 될 수도 있고 핼리 혜성도 될 수 있고 또 그 핼리 혜성이 내가 될 수도 있는 것입니다. 그렇기 때문에 첫째도 죽어서 나를 발견하고 두 번째는 또 나를 발견해 가지고 둘이 아닌 도리를 실험하고 체험해서 그 도리를 알아야 하고 세 번째, 내가 또 죽어서 서로 같이 둘이 아닌 도리를 알았기 때문에 둘이 아닌 나툼을 나툰다. 네 번째, 이 모든 사람들이 그 도리를 알았기 때문에 자유스럽게 산다. 자유인이 된다. 찰나찰나 생활을 그대로 자유스럽게 산다 이런 겁니다.

그러니 우리 생활 속에 바로 부처님이 계시고, 변소에 가도 자기가 변소에 갔기 때문에 부처님이 계시다는 걸 아셔야 할 것입니다. 불당에만, 법당에만 부처가 있는 게 아니고 또 교당에만 하나님이 계신 게 아닙니다. 하나님이라는 것은 나에게 내 님이 있는 것을 먼저 알아야 하고 발견해야 하고 나를 발견한다면, 바로 내 주처를 먼저 알아서 내가 구원을 받았을 때 비로소 그때부터는 바로 실험과 체험이 들어갑니다. 둘이 아닌 도리. 둘이 아닌 도리를 진짜로 알아야만이 스승도 팔아먹지 않을 거고 뼈다귀도 우려먹지 않을 거고 이름을 팔아먹지도 않을 거고, 또는 거기서부터 둘이 아닌 도리를 행하기 때문에 진짜 사랑을 할 수 있는 그런 도리가 나옵니다. 그리고 모든 여러분이 그대로 자유스럽게 살 수 있기 때문에, 어른들이 잘함으로써 자식들도 뿌리가 싱싱해지고 병 안 들고 그렇기 때문에 가지와 이파리는 아마도 싱싱할 겁니다.

그러니 불법이 어디 따로 국한돼 있는 걸로 알지 마시고, 또는 기독교가 따로 있는 걸로 알지 마시고, 우리 젊은 사람이나 또는 남녀를 막론해 놓고 법당에 들어가면 부처님 바로 그 생명이 내 생명이고, 부처님 마음이 내 마음이고, 부처님 형상이 내 형상이고 둘이 아닌 까닭에 둥글려서 일 배를 진실히 진심으로 할 때 바로 과거심 현재심 미래심이 일심으로 돌아가서, 일체로 돌아가서 일 배가 만 배를 능가할 수도 있는 그런 이치가 돌아온답니다.

그래서 달마 대사가 양 무제더러 말했듯이 "얼마나 공덕이 됩니까?" 하니까 "넌 공덕이 하나도 없느니라." 했지 않습니까. 돈을 많이 갖다 준다, 집을 지어 준다 해서 공덕이 되는 게 아니라 이 마음공부를 하면서 물 한 컵을 떠 줘도 공덕이 된다 이겁니다. 더군다나 만민이 다 와서 이 공부 하는 자리를 만들었을 때 이 공부를 하고 가는 사람의 공덕은 얼마나 크겠습니까. 여러분이 지금 사시는 그 마음씨가 바로 이 다음에 다시 돌아서 나오실 때 무심의 통장으로서 다시 가지고 나오기 때문에 여러분이 편안하게 사실 수 있고 또는 자식들에게 햇빛을 줄 수도 있고 또 부모들한테 묵은 빚을 갚을 수도 있는 그런 능력으로 훌륭한 여러분이 될 수 있지 않겠습니까. 꼭 중이 돼서만이 아니라 이 세상에 수백 명 수천 명을 거느리고 사는 회사 회장도 있고 또는 정치가들도 있고 또는 장관도 있고 대통령도 있고 그렇듯이 말입니다.

이 도리를 잘 알아서 그렇게 태어나서 다시금 그 통장을 쥐고 바로 자기가 자기를 인정한 그, 지금 사인이라고 그러죠? 사인을 착 받아 가지고 이 세상에 나와서 그렇게 많은 사람을 건질 수도 있고 살릴 수도 있지 않겠습니까. 여러분이 하지 않은 일이 어떻게 돌아오겠습니까. 여러분이 한 달 내내 일을 안 했으면 일한 대가를 어떻게 받습니까. 그래서 내가 안 한 일은 나한테 돌아오지 않습니다. 그것은 악도 그렇고 선도 그렇습니다. 그런데 모든 것을, 악도 거기 놓고 선도 놓고 잘한 것도 놓고 못한 것도 놓고 다 놓고 거기서만이 해결할 수 있다는 그 믿음을 가질 때 비로소 자성신, 자기 주처에서는, 바로 자기 님이 자기를 이끌어 갑니다. 내 님이라고도 할 수 있지마는 부처님이라고도 할 수 있죠. 그러나 부처님이라고 하는 거는 나라고 하는 것이 없는 거, 하나도 부처라고 하는 게 없는 것이 부처예요. 부처라고 했다면 벌써 부처가 아닙니다. '큰스님이다' 이런 말도 이름이지 그것은 그 사람이 통달해서 남을 이익 하게 하고 말 한마디를 해도 한데 떨어뜨리지 않고 실천으로써 그것이 법이 돼야만이 그게 이득이 가고 여러분이 오면 말없이 왔다가도 충전이 돼야 합니다.

여러분, 생각해 보세요. 여러분도 지수화풍으로 뭉쳐진 거기 때문에 지금 과학적으로 연구도 할 수 있는 겁니다. 그러면 안에서도 그렇고 여러분은 어떻게 생각하실지 모르지만 지금 세상에 살아가면서 좀 더 앞을 내다보고 우리가 살아야 하지 않겠습니까. 어차피 과거는 어저께도 과거고 아까도 과겁니다. 그런데 내다보고 살려면 사는 대로 우리가 도리를 다해야죠. 앞으로는 모든 것이 점점 살아나가면서 내 뿌리를 상실하고, 즉 말하자면 나무로 친다면 그렇죠. 그러나 인간의 뿌리는 뭐 상실하고 자시고 할 것도 없고 항상 밝은 거고, 항상 심봉과 같은 거니까요. 맷돌을 돌릴 때에 아래 위를 꿰는 심봉과 같은 것이 바로 불성이니까요. 그러니까 없어지고 뭐 더하고 덜함도 없지마는 우리가 그 심봉이 딱 끼워져야 맷돌이 제대로 돌아가고 맷돌이 제대로 돌아가야 물건을 넣고 갈아 내서 우리가 맘대로 먹을 수 있다 이 소리죠.

두서없이 이렇게 얘길 하는 것도 잘 들으시기 바랍니다. 지금 핵폭탄이나 수소폭탄이나 이런 것을 잠수함에 해도, 더 적게 하고도 크게 성과를 이루려고 연구들을 하는 판국에, 우리는 우리대로 기가 약해지고, 의술이 약해서가 아니라 약재가 아주 약해지는 겁니다. 만약에 감기약이 있다. 그러면 감기약을 먹고 나아야 할 텐데 감기약이, 이 약재가 벌써 사람으로 치면 기가 약해지고 그 성분이 약해졌어요, 똑같은 약인데도. 그렇기 때문에 잘 낫지 않는 거예요. 그러니까 여러분이 이 도리를 필수적으로 알아야 자유자재로서 내가 어디가 아프면, 즉 말하자면 콩팥이 잘못됐다, 걸러 주질 못한다 이런 때 그 콩팥에 대한 문제를 주인공에 맡겨 놓으면 그대로 저절로 자동적으로 충당이 됩니다. 이 식품이나 동물 생물 무정물 전부 약 아닌 게 없어요. 그렇기 때문에 서로 나누어서 살 수 있는 거라 이 소립니다. 이렇게 나누어서 살 수 없다면 앞으론 살기가 더 어렵고 쓰러지는 사람이, 병사가 더 많을 테죠.

요새 정신 환자들이 너무도 많은 것 같아요. 나는 그런 분들을 많이 봐서 그러는데 그것도 이런 도리가 아니면 고칠 수 없다 이 소립니다. 그것은 약으로 해서 고치는 것도 아니고 이 말로 해서 되는 것도 아니고 행동으로 해서 되는 것도 아닙니다. 그 마음속의 그 의식과 이 마음, 이 내가 하나가 되어야 합니다. 그게 영계가 들어서 잘못됐다 하더라도, 이것이 한두 가집니까? 머리에서 나는 정신병도 있고 타의에서 세균으로 그런 법도 있고 유전으로 그러한 법도 있고 영계로 해서 그런 법도 있고 인과로 인해서 그런 법도 있습니다. 그런데 그것을 어떻게 약으로 해서 낫게 하겠습니까.

그러니까 모든 것은 내 마음의 주처에서 그 주처로 아주 집어 주는 거죠. 모든 거를, 즉 말하자면 유전이다 또는 영계다 인과다 하는 것도 이 물 한 방울이, 보십시오. 한 사람의 마음속에 이 물이 이렇게 들어갔습니다. 들어갔으면 이것이 한 그릇의 물이지 두 그릇의 물입니까? 마음은 체가 없기 때문에, 의식은 체가 없기 때문에 한 그릇입니다. 그러니까 '주인공!' 하면 벌써 둘이든 셋이든 하나가 돼 버려요. 그러면 '네가 끌고 가지 않는다면 어떡하느냐. 네가 끌고 가야지!' 할 때 바로 이것이 올바르게 됩니다.

내가 지난번에도 그런 얘길 했습니다. 회사 직원이 도둑질을 너무 해서 그 회사가 망하게 됐다고요. 어느 분이 그래서 내가 "그러면 그 도둑질해 내는 사람은 증거를 잡지는 못했지만 알고 있느냐?" 그러니까 "대략 짐작은 합니다." 그래. "그럼 그 사람한테 모든 관리를 맡기고 진급을 시키고 보수를 더 주고, 너희들 둘밖에는 이 회사를 살릴 수 없다고 그렇게 말을 하고 다 맡기십시오." 이렇게 얘기했습니다. 그랬더니 아, 그 두 사람한테 맡기고부터 회사에 도둑을 안 맞더랍니다. 도둑도 안 맞고 또 회사가 잘되는 거예요. 좀도둑이나 대도둑이나 이게 있으면요, 너도 해먹고 너도 해먹고 그러면 회사 망하거든요. 근데 증거가 없으면 잡을 수가 없죠.

그러니까 그렇게 하듯이 이 속에도 말입니다, 인과로 인해서 뭉쳐진 이 악업 선업이 있다 할지라도 거기에 속지 마시고 거기서 별 생각 다 나와도 거기다 다 맡겨 놓으시고 '너밖에는 나를 이끌어 갈 수 없다. 너밖에는 나를 살릴 수 없다. 너밖에는 내 가정을 이끌어 줄 수 없다.' 하고선 그냥 맡겨 버린다면, 이거 보세요. 예전에 종을 부려도 이름을 부르고 "야, 이건 너밖에 심부름할 수가 없다. 얘, 너밖에는 이걸 해 가져올 수 없으니 이것 좀 해 가져오너라." 하고 참 좋게 추켜주면서 하면 몇십 리라도, 어떠한 위험을 무릅쓰고라도 해 가져옵니다, 군말 없이. 그러나 아주 종이니까 너는 으레 그런 걸 하려니 하고선 그냥 "야! 너 이거 좀 해 가져와." 이러고 할 때는 빗나갈 수도 있는 겁니다. 또 빗나갈 수도 있거니와 가다가 빨 수도 있죠. 또 '얘, 이거 해 가져와.' 이러지도 않았다면 "얘, 아무개야!" 하고 이름만 부르면, "주인공!" 이러고 이름만 부르고선 가만히 있으면 그건 뭐를 하라는 줄 압니까? "예." 그러고선 왔는데 뭘 하란 말을 안 하니까 그냥 도로 돌아갔다가 또 "주인공!" 그러면 또 와요. 또 왔다가 그냥 아무 말도 안 하고 그냥 가죠. 이렇듯이 주인공만이 지금 이 문제를 해결할 수 있고 주인공만이 이것을 해결할 수 있다는 그런 아주 단호한 믿음! 이것이 바로 진실하고, 해결할 수 있는 그런 방법이라고 볼 수 있죠.

그러니까 항상 나는 이렇게 생각합니다. 오늘도 그런 생각을 했습니다 전화가 왔는데요, 의사인가 봅니다. "제가 알기로는 며칠 됐는데 거기 갈 수는 없고요, 제가 지금 폐암에 걸렸습니다. 근데 병자들을 봐야 할 테니까 못 갑니다." 그러면서 전화로다가 "그거를 어떻게 하면 낫겠습니까?" 이러는 겁니다. 가만히 전화기를 들고 생각해 봤습니다. '이 세상에 잘났든지 못났든지 내가 나서 무조건이지, 무조건 심부름꾼이 돼야지 무조건 심부름꾼이 되지 않는다면 아니 되겠다. 그게 무슨 섭섭하고 섭섭하지 않고가 어디 있을까.' 그렇게 생각하고선 "예!" 이렇게 하면서 그렇게 하시라고 잠깐 말을 해 드렸습니다마는, 이것은 무슨 나를 위해 준다 이렇게 해서는 아니 됩니다.

나를, 누구든지 따르더라도 세 가지를 보시고 따르세요. 그러면 틀림없어요. 말과 행과 마음 씀씀이, 이거. 그것도 믿는 게 아니라 따르는 거요. 믿는 건 여러분의 주인공을 믿으세요. 누굴 믿습니까? 이 세상에 누굴 믿습니까? 또 대신 죽어 줄 사람도 없습니다. 대신 아파 줄 사람도 없고요. 대신 똥 눠 줄 사람, 먹어 줄 사람, 자 줄 사람 이런 것도 없죠? 여러분은 이렇게 만났다가 헤어지면 구름이 한데 모였다가 다시 구름이 흩어지면 또 딴 구름하고 모이고 이러는 거와 같죠.

그렇기 때문에 수억겁 광년을 미생물로부터 거치면서 인간이 제일 나중에 태어났다고 보는데 그게 진화되는 과정이죠. 다 같이 그렇게 생겼지만 인간이 제일 나중에 됐다 하는 거는 진화되는 과정이 있기 때문에 그렇죠. 그러니까 우리 인간이 그렇게 태어나서 쫓고 쫓기면서 인간까지 왔는데 그 인간의 도리를 모르고 간대서야 어떻게 되겠습니까. 우린 필수적으로 그것을 알아야 되겠죠. 그래서 마음의 세계로 승진을 하느냐 또는 냄새만 맡고 사는 세계로 좌천을 하느냐. 그런 삼차원 세계의 체로 거르는 세상, 이 삼차원 세계 중세계에서 다시금 또 돌아서 이거 뭘로 태어나느냐 이게 문제죠. 그러니 모르면 바로 그렇게 팔자 운명이 있는 것이고, 자기 한 것대로 자기한테 올 것이고, 모르고 죄를 지은 것은 모르고 받게 마련이고 알고 지은 것은 알고 받기 마련입니다. 그러나 우리는 알고 지었든 모르고 지었든 모든 거를, 그 입력이 된 거를 없애 버려라. 지금 자꾸 입력을 해 넣으면 그 앞서 것이 다 없어짐으로써 우리는 편리하게 살 수 있다 이러는 겁니다. 만약에 그게 없어지지 않는 한 자꾸, 이렇게 금방 될 것도 안돼, 막으니까. 그게 인과거든. 자빠져도 코가 깨지죠. 허어, 그런 거 뭐 한두 건입니까.

그래 가지고 날더러 와서요, 뭐라 그러는 줄 아세요? "스님, 아휴! 지금 당장 거리로 나앉게 됐는데 집이 팔려야 됩니다. 은행으로 그냥 당장 넘어가게 생겼습니다." 이럽니다, 또. 그럼 내가 복덕방이 돼야 되거든요. (대중 웃음) 그래서 나는 그러죠. "당신 속에 복덕방도 있고 의사도 있고 또 판사도 있고 검사도 있고 서기도 있고 또 관세음도 있고 지장도 있고 용신도 있고 뭐, 다 있어. 그러니 당신 속에다가 당신이 시켜, 당신이. 당신이 해!" 이럽니다. "당신이 그렇게 하다 보면 정히 당신이 모자랄 때 나도 거기 있잖아? 둘이 아니야, 이게." 이럽니다. 그러니까 어떻게 보면요 이거는 복덕방만 되는 게 아니라 삼신인 저, 저 뭡니까? 애도 받아야 하고 뭐, 남의 손(孫) 받는 데도요, 그것도 있죠.

어느 사람이 이러더군요. 어느 신도의 올케가요, 아주 가난했고 남편은 병들었고 참, 이 속에 옷을 못 입어서 배가 다 나올 지경으로 극히 기가 막혔습니다. 나도 울고 그 사람도 울었지만 어린애를 임신을 했는데 병원에 가 보니까 거꾸로 앉았다고 배를 째야 된다고 그러는데 돈은 한 푼도 없고 속에 옷도 없어서 못 입은 사람이 어떻게 수술을 합니까. 그래서 "아휴, 그 의사 오진했단 말이야. 오진했으니까 걱정하지 마라. 오진한 거야. 거꾸로 있을 리가 없어." 그랬죠, 어떡합니까. 그 의사가 오진한 건 아닙니다. 그러나 그렇게 해야지 안정이라도 할 수 있는 겁니다. 그래서 그렇게 말을 해 놓고 생각을 깊이, 그 배를 보니까 너무나 기가 막히고 그래서 그 애는 걔대로 울고 돌아서고 "이삼 일, 삼 일만 있다가 나한테 다시 오너라." 그래 놓곤 이제 나는 나대로 울었습니다. 그랬는데 말입니다, 아이, 제대로 돌아서서 어린애를 낳을 수 있게 됐더군요. 그러니까 병원에 다시 가 봐라 이랬습니다. 왜냐하면 자꾸 고통을 받으니까, 사람이. 그러니까 의사가 하는 소리가 이러더랍니다. "야, 나는 오진을 안 했는데…." 이러면서 "아, 거반 바로 다 섰네요. 아휴 참, 당신은 운이 좋은 사람입니다." 이러면서 의사 선생님이 그러시더래요. 그래서 속으로만 '의사 선생님이 잘 돌봐 주셨으면 좋겠다.' 이런 생각을 하고 그냥 "그럼 병원에 가서 그 의사 선생님한테 어린애를 돌봐 달라고 그래라." 그러고선 보냈어요. 보내고 돈을 준

비해서 암암리에 전달할 수 있도록 딴 사람을 시켰죠.

그런데 이런 적도 있어요. 어린애를 배기만 하면 낙태가 되는 거예요. 그건 어쩔 수가 없는 거죠. 그래서 낙태가 돼서 쫓겨나게 됐어요. 부잣집인데 그냥 쫓아냈어요. 친정으로 갔어요, 인제. 그래 친정으로 가서 이 선원에 왔어요. 어린애만 생기면 한두 달만 되면 벌써 낙태가 되는 거예요. 외아들인데 그거 안 되잖아요. 그러니까 시부모가 친정에 가 있으라고 하고 아마 혼인을 시키려고, 여기 득보던 모양이죠. 그러니까 색시도 아주 참해요. 그래서 친어머니하고 와서 울더군요. 그 우는 거를 보니까, 난 참 약하거든. 이런 생각이 들어 갔어요. '에이 참, 어린애 낳고 사는 게 뭔지. 남이 낳은 애 좀 기르면 어떤가. 아이, 꼭 그냥 낳아야만 하나.' 이러고선 속으로 중얼중얼하면서 "그러면 어린애 낳으면 나 뭐 해 줄 거야?" 웃으면서 그러니까, 웃기려고요. 그러니까 쭈물쭈물하면서 하는 소리가 "제가 뭐 잡숫고 싶은 거 맛있는 거 사다 드리죠." 그래요. 그래서 "야, 잡숫고 싶은 거 사다 드리기 이전에 너나 맛있는 거 사다 먹어. 어서 가거라." 그랬는데, 그달부터 어린애가 있어서 그 어린애를 지우지 않고 낳았어요. 남편이 정은 있으니까 아마 친정으로 왔던 모양이죠. 그래서 어린앨 배서 낳았는데 아들 쌍둥이를 낳았어요. (대중 웃음) 그래 가지고 그 시집에서요 내쫓았던 며느리 찾으러 오느라고 사돈한테 두 손 싹싹 빌고 그냥 데려갔다고요. 저, 상쾌하데요, 그럴 때는요.

그런데요, 사람사람이 모두가 이 도리를 공부하게 되면, 그거는 우리가 전화가 없으면 아주 갑갑하듯이 필수적으로 이거를 알아야 된다는 얘깁니다. 그건 무슨 종교를 믿고 안 믿고 그걸 떠나서요. 종교다 종교가 아니다 이걸 떠나서 말입니다. 지금 제가 이런 말을 한 것을 깊이 잘 들으시고 요담에 만났을 때 실험을 얼마나 하셨는지 한번 다시 질문을 하겠어요. 그리고 또 요담에 만날는지 그건 모르겠습니다마는 또 만나게 되겠죠, 인연이 있으면요. 그리고 질문하실 분이 있다면 질문하십시오.

질문자1(남) 큰스님께 질문 있습니다. 제가 작년에 큰스님 여기 오시고 나서 『도(道)』라는 책과 큰스님의 법문집을 읽고 나서 이런 연습을 했어요. 어떤 보살님도 마음속으로 주인공을 부르고 '네가 대답을 해.' 하라고 하기에 '주인공아!' 그러니까 속에서 '네.' 그래요. 제가 하는 거죠. '주인공아!' 그러니까 또 '네.' 그래요. 어떤 때는 어머니한테 화를 내서 막 잘못하다가 혼자 묻는다고요. '주인공아! 이게 잘한 짓이냐, 잘못한 짓이냐?' 그러니까 즉각 대답하길 '이놈아, 빨리 가서 잘못했다고 사과해라.' 그런단 말이에요. 이게 마음 법이고 주인공 공부를 조금씩 알아가는 건가요, 큰스님? 이렇게 되어지는 것이요?

큰스님 예. 그럭하다 보면 자기를 발견하게 되고 자기 소리를 듣게 되고 자기한테서 생수가 나오게 되죠. 그것은 그렇게 되는 과정에서, 자기를 발견하고 나서부터 공부거든요. 자기를 발견하고 나서부터 그때는 둘이 아닌 실험을 하게 돼요. 그래서 생물, 이 모든 것을 다 한 번씩 접해 보죠. 내가 그 속에 들어가 보기도 하고 그거를 갖다 내 속에 넣어 보기도 하고, 내 몸을 잘라 보기도 하고 이럭해서 실험을 한 것이 내 일생이라고 봅니다.

그럭하다 보면 진짜 야, 분명히 내가 있으니까 네가 있다는 건 아는데 영 모르겠다 할 때 '네가 증명을 해라. 네가 있다면 증명해라.' 할 때에 정말 손으로 증명을 하든지 고개로 증명을 하든지 말로 증명을 하든지, 예전에도 그랬거든요. "주인공!" 해 놓고선 "예." 그러니까 아, 시자들을 가르치는데 어떡합니까. "주인공!" 해 놓고서 "예." 그러니까 "아침 공양 했느냐?" 하니까 "식기 닦았습니다." 하는 놈도 있고 "아직 공양 안 했습니다." 하는 놈도 있고 그냥 그러더라는 얘기죠. 그러니까 그러한 걸로 인해서 또 깨우쳐 주기도 하고 그랬답니다. 그런 거와 마찬가지로 지금 그렇게 하시고 그런 거를 반복해서, 이 어차피 반복되는 세상인데 반복해서 자꾸 실험을 해 보신다면 그것이 바로, 바로 갈 겁니다.

질문자1(남) 큰스님, 제가 여쭤 보고 싶은 거는 제가 '주인공아!' 그랬을 적에 즉각 '네.' 하고 대답하는 그것이 바로 주인공이냐는 겁니다.

큰스님 그 뜻으로 말입니다, 대답하고 나오죠? 뜻으로 나오는 그 대답이 바로 자기 대답입니다, 진짜의 자기 대답.

질문자1(남) 예.

큰스님 그러면 부른 놈과 대답한 놈이 둘이 아닌 거죠. 둘이 아닌 까닭에 그것이 진짜의 대답입니다.

질문자1(남) 물었을 적에 즉각적으로 대답되어지는 것, 그것을 연습하라는 말씀이지요?

큰스님 예. 뜻으로 이렇게 나오죠. 예.

질문자1(남) 알겠습니다, 큰스님.

큰스님 그랬으니 둘이 아닌 도리를 실험하세요, 또.

질문자1(남) 알겠습니다.

질문자2(남) 예를 들어서 발심을 해 가지고서 참선을 하겠다고 가부좌를 해서 고요한 상태에 들어갔을 때 자기 과거나 현재 하는 행동에 대해서 '아, 이것이 잘못된 행동과 잘못된 생각을 가졌다.' 하고 뉘우칠 때, 자기 스스로 그것이 잘못된 것을 느끼면서 스스로 사랑을 남에게 베풀어야겠다 하는 그런 생각 속에서 환희심을 느낄 때, 이것이 지속적이면 좋은데 그것이 길지 않고 어느 한계에 도달했다가 다시 본성으로 돌아가서 화내는 마음도 생기고 감정적으로….

큰스님 예. 지금 말씀하시는 거요, 잘 알아듣겠어요. 그런데요, 이 참나를 발견하는 문제는요, 성내는 거든 성을 안 내는 거든 환희심이 나는 거든, 환희심이 안 나는 거든 무조건 거기 맡겨 놔야 됩니다. 왜냐하면 악과 선도 다 놔야 되니까요. 그래서 안되는 것도 거기서 하는 거 되는 것도 거기서 하는 겁니다. 그렇기 때문에 안되는 거라면 '어, 거기서밖엔 해결하지 못하겠구나. 나를 테스트해 보려고 그러는 거지.' 하고선 거기 놓고, 잘됐으면 감사하게 거기 놓고 이렇게 두 가지 요건을 다 그렇게 해야 됩니다. 내가 참 이거는 아주 슬기롭게 해야 하면서도 내가 했다는 건 없습니다. 내가 한 것도 없고, 내가 했다는 생각조차, 또 안된다는 생각조차, 빨리 하겠다 하는 생각조차도 놔야 합니다. 거기에 모든 걸, 일체 실험해 보십시오. 모든 걸 거기 맡겨 놓고 거기에 '감사하다. 거기서밖에 못한다. 물러서지 않는다. 믿는다.' 이거를 꼭 하세요.

질문자2(남) 그러니까 그런 생활의 굴곡이 있고 생각의 차이가 있더라도 거기에 의지하지 않고 계속 정진한다 이 소립니까?

큰스님 예. 앉으나 서나 말입니다. 꼭 앉아 있어야만 지구가 돌아가는 게 아닙니다. 서도 지구가 돌아가고 변소간에 가서 앉아 있어도 지구는 돌아가요. 그렇기 때문에 참선이라는 것이, 바로 앉았다가 '나는 이거 참선 오늘은 참 잘했다.' 하고 일어나면 그거는 벌써 끊어지는 겁니다. 그러니까 지속적으로 가지 못해요. 그러니까 앉으나 서나 누우나 자나 깨나 일하나 그냥 그대로 참선이라야 돼요.

질문자2(남) 그러니까 제가 말씀드리는 것은 그런 지속적인 참선을 한다.

큰스님 무조건이요, 이 공부는 이유가 붙어서는 안 됩니다. 무조건 그 찰나에 돌아가는 자기 주인공한테 그냥 무조건, 거기서 나오는 거니까 거기다 맡겨 놓으시고 감사하게 생각하세요. 그럭하고 나가시면 어느 땐가 그것이 발견이 될 때가 있으니까요.

질문자2(남) 감사합니다.

큰스님 또 질문하실 분 있습니까?

사회자 청년연합회 회원들 질문하실 분 계세요?

질문자3(남) 살아 있는 동안에 한마음 공부의 결과에 따라서 아까 말씀하신 거와 같이 다시 중생계로 돌아서 탄생을 거듭하게 되느냐, 아니면 거기서 떠나서 완전히 마음세계로 승화돼 버리느냐 하는 그것이 살아 있는 동안에 마음공부 한 거에 의해 결정되는 겁니까?

큰스님 그렇습니다. 이 공부라는 것은 몸이 있을 때 부딪침이 있고 생각이 있고 이렇기 때문에 공부가 되는 거지 몸이 없을 때는 더하고 덜함도 없으니까요.

질문자3(남) 그렇다면 마음공부를 할 수 있는 기회를 가진 사람도 있고 그렇지 못한 사람도 있고, 그것이 환경에 의해서 그런 사람도 있고 여러 가지 여건이 있을 텐데, 또 마음공부를 하더라도 그런 경지에 도달을 한 사람도 있을 거고 그렇지 못한 사람도 있을 텐데 그 인연이 없다든가 어떤 여건에 의해서 마음공부를 하지 못한 사람들은 다시 중생계로 환원될 수밖에 없는 운명에 놓이게 되는 겁니까?

큰스님 그렇겠죠. 그러니까 우리가 지금 콩 심은 데 콩 나고 팥 심은 데 팥 난다 이러는 결과가 되겠죠.

질문자3(남) 그렇다면 그것은 그 사람의 잘못이라고 봐야 됩니까, 아니면 환경이 허락지 않아서 그렇다고 봐야 됩니까, 아니면 주인공이 여건을 허락해 주지 않아서 그렇다고 봐야 됩니까?

큰스님 그거는 여러분이 현재의식에서 모든 거를 넓게 보지 못하고 또 모르는 게 죄죠. 죄는 있다 없다 할 수가 없습니다. 왜냐하면 그것은 마음먹기에 달려 있으니까. 그러니까 죄가 있다면 모르는 게 죄지 뭐가 죄가 되겠습니까.

질문자3(남) 지금 마음공부를 해서 중생계를 벗어날 수 있는 그런 정진할 수 있는 기회를 갖는 사람은 참 복이 있다고 보겠지만 그렇지 못한 환경과 그런 인연이 되지 못한 사람들은 그 사람 본인의 잘못이라고 봐야 됩니까, 아니면 그 주인공이….

큰스님 그러니까 이렇게 생각하시면 됩니다. 오늘 여기 여러분과 더불어 같이 이렇게 앉아 계신 분들을 제가 이렇게 봐도요, 어떤 분은 저항력을 느끼고요, 어떤 분은 받아들이고요 이렇거든요. 그렇다면 저항력을 느끼는 분에 한해서는, 또 저항력을 느끼고 그러는 것도 자기가 자기를 못 믿는 저항력이죠. 나는 지금 그냥 이렇게 얘기만 해 드릴 뿐이지 나를 믿으라는 것도 아니고 자기 믿으라는데 자기 믿는 것에 저항력을 느낀다면 그건 말이 안 되는 거죠.

또 한 가지는, 그럼 여기서 만나지 못했으니까 그런 도리를 몰라서 다 이 세계에 또다시 사람으로나 짐승으로나 좌천되지 않느냐. 또 이 자리에서 태어나지 않느냐. 이건 맞습니다마는 본래 천성이 착한 분들이 있습니다. 이 종교를 믿든 안 믿든 말입니다. 그런 착한 분들은 저절로, 저절로 그런 인연이 또 닿고 저절로 자기가 스스로 그렇게 알아지는 겁니다. 뭐 저는 누구한테 들어서 그랬습니까. 저도 아무것도 아무한테도 듣지 않았습니다. 그러나 단 하나의 돌을 봐도 아, 그냥 얘기를 했습니다. 왜냐하면 내가 고독하니까. 나무를 봐도 참 내 생명같이 아끼면서 그 나무 한 가지를 꺾지를 못했습니다, 배가 고파도. '내가 살기 위해서 네 가지를 꺾으면 네 가지에서 피가 나올 테지.' 하고서 말입니다. 그것은 내가 어린 마음에 그런, 그때 얘깁니다. 그러니까 그렇게 착한 사람 앞에 열쇠가 주어지지 착하지 못한 사람 앞에는 열쇠가 주어지지 않습니다. 인연도 주어지지 않고요.

그러니까 우리가 여기 이렇게 만난 인연도 그렇게 좋은 인연이라고 봅니다. 내가 어느 절에 가지 마라, 가라, 종교를 바꿔라 이러는 게 아니고 여러분은 어떠한 종교를 믿더라도 자기부터, 자기부터 이 세상에 나왔기 때문에 종교는 이차적으로 있다는 걸 아셔라 이거죠. 네? 안 그렇습니까?

질문자3(남) 알겠습니다. 그러니까 말씀과 인연이 되지 못한 사람들은 그 사람의 인연의 업보가 아직까지 미비하기 때문에 말씀을 듣는 장소까지 또는 이렇게 오도록 인연이 연결되지 못하고 있는 상태라고 봐야 되는 겁니까?

큰스님 어떻게요?

질문자3(남) 스님의 말씀과 인연이 돼서 마음의 덕을 얻을 수 있는 그런 기회를 갖지 못한 사람은 그 사람의 업의 입장이 아직까지 말씀에 올 수 있는 그런 형편이 못 되기 때문에 그렇다고 봐야 되는 겁니까?

큰스님 그렇겠죠. 예.

질문자3(남) 그러면 그 말씀과 인연이 된 사람이 해야 될 도리는 무엇입니까?

큰스님 여기 이 자리에 앉아서 봐도 여러분이 다 자기를, 진짜 자기 몸을 위하는 것도 자기가, 운전수가 자기 차를 위하듯이, 닦고 고치고 그럭해서 차를 몰고 다니듯이 그런 형국입니다. 그럼 모르니까 넌 지옥고로 떨어지지 않느냐. 그런 것도 아닙니다. 단 하나, 우리가 그 도리를 모르면 모르는 대로 요다음 세계에 다시 굴러다니다가 언젠가는 그것을 또 알게 되는 거죠. 그러니까 이것이 몇 번 굴러야, 인간으로 탄생을 하든지 짐승으로 탄생을 하든지 몇 번이고 굴러서 다시 이 마음의 세계로 진화되는 거죠.

질문자3(남) 일반적으로 기독교 같은 데서는 포교 활동을 아주 강력하게, 적극적으로 많이 하는 덕분에 그 교세가 자꾸 확장이 돼 가고 있지 않습니까? 그거에 비해서 불교 같은 데서는 기독교와 같이 적극적으로 이렇게 하는 것이 뭐라 할까, 상대적으로 좀 약하다고 할까. 그래서 말하자면 많은 사람들에게 말씀이 전해질 수 있는 기회가 오히려 좀 빈약하지 않나 하는 생각을 가질 수도 있는데, 그것도 그냥 하나의 자연적인 현상으로 때가 돼야 된다고 하는 그런 면에서 그냥 기다려야 되는 겁니까, 아니면 기독교와 같이 말씀이 내려질 수 있는 기회를 많은 분들에게 주기 위해서 적극적으로 더 움직여야 되는 것입니까?

큰스님 적극적으로 더 움죽거려야 될 겁니다. 왜냐하면 적극적으로 움죽거려도 타의에서 구하는 것은 자기 영혼도 구하지 못할 뿐만 아니라 남도 구해 주지 못합니다. 지금 기독교나 가톨릭교에서 하는 거…. 저도요, 신부님한테 가서 고해 성사도 해 봤습니다. 그러나 고해 성사를 하고 돌아서는 내 씁쓸한 생각, 그것은 이런 생각이었습니다. '내가 저 고해 성사를 하기 전에 잘못하지 않았더라면 이렇게 고해 성사를 안 했을 것을…. 또 고해 성사를 한다고 하더라도 내 마음속에서 이 잘못한 것을, 지워질 수 없는 이 마음을 어디다가…. 이건 위안은 될 수 있을지언정 내가 알고 있는 거는 이 우주간 법계에서 다 알고 있을 거다.' 하고 생각이 되더군요. 그래서 나는 그때부터는 고해 성사 안 하기로 하고, 잘못한 거를 잘못하지 않기로 했죠.

그리고 "하나님 아버지시여!" 하는 것도 자기 전(前) 조상부터 알아야, 자기 영혼부터 알아야 내가 지금 현재 모든 것을 알고, 모든 마음을 알고 또 모든 생명들의 그 마음을 뚫어 볼 수 있는데 나를 모르고는, 현세 내가 나를 모르고는 절대로 그건 알 수가 없는 겁니다. 그렇기 때문에 하나님이라고 걸어 놓고 이것을 딱 하나로 모아 주는 건 좋은데, 그 하나로 모아 주는 것을 몰아서 자기한테서 다시 굴러 나오게 했더라면 참 좋을 걸, 자기를 먼저 믿으라고 했더라면 좋을 걸…. 왜냐? 마음은 체가 없는데, 만약에 예수를 믿는다 하면 내 마음속에 있는 거지 바깥에 있습니까? 아이, 생각들 해 보세요, 글쎄. 바깥에서 뭘 찾습니까? 바깥의 신이 나를 도와주는 게 아닙니다. 내가 지금 신의 말을 하는 게 아닙니다. 인간은 누구나가 다 자성신이 있어요. 내 님, 내 신부터 먼저 알아야 남의 신을 서로 통신하죠.

질문자3(남) 그러면 이와 같은 장소에 인연이 돼서 말씀을 듣는다 하더라도 본인의 전생이라든가 선업을 통한 그 어떤 수업의 축적된 내용이 없다면 그 말씀을 들어도 깨달음이 오기가 어렵다고 그렇게 생각이 됩니다.

큰스님 아니죠. 지금 제가 말씀드린 것은요, 수억겁 광년을 거쳐서 업을 지었다 하더라도 그것은 컴퓨터에 입력이 다 돼 있다. 근데 그 입력을 없애려면 거기다 다시 입력을 하면 그건 다 무너지고 없어진다 했습니다. 어떻습니까?

질문자3(남) 그러니까 전생의 어떤 공덕의 그 업이 없다 하더라도 현생에서 그것을 다 일소시키고 새롭게 전개해 나갈 수 있다는 말씀이십니까?

큰스님 예.

질문자3(남) 그것도 하고 안 하는 건 본인의 마음에 달려 있다.

큰스님 네, 네. 그런데요, 과거는 여러분이 그 컴퓨터에 줢어지고 나왔고요, 앞으로는 아직 가지 않았으니까 없고요, 지금 현실은 찰나로 돌아가니까 없단 얘깁니다. 그러면 모두가 없는 거죠. 공해 버렸어요. 과거도 없고, 지금 현실로 줢어지고 나왔으니까, 미래는 가지 않았으니까 없고 현실은 지금 찰나로 공해서 돌아가니까 어떤 거 할 때에 나라고 할 수 없고, 어떤 생각을 할 때 내가 생각했다고 할 수 없는 반면에 공했다라는 얘깁니다. 그러니 어떠한 것을 나라고 할 수 없고 내가 했다고 할 수 없는 것이 부처다 이겁니다. 그 도리만 아시면 되죠. 그러니까 지금 강도짓을 하고 백정짓을 했다 하더라도 그 도리를 알아서 탁 무너뜨리면 그뿐이에요. 그러니 여러분이 죄가 있다 없다 할 수가 없다 하는 것은, 모두 이 시간과 공간을 초월해서 돌아가는데 거기 병 붙을 자리가 어디 있습니까.

어느 젊은이가 뉴욕에서 안양에 찾아왔습니다. "20년째 병이 있는데 이거를 어떡하면 낫겠습니까?" 했습니다. 저는 그렇게 얘기했죠. "병이 있다고?" 그러니까 "예." "그럼 있으면 내놔 봐. 내 고쳐 줄게." 그랬습니다. 그러니 어이가 없겠죠. 그러나 그래도 공부한 사람이라 그랬는지 갸우뚱하더니만 "알겠습니다." 그러고 나갔습니다. 그 뒤에 뉴욕에 와 보니까 아주 그냥 건강해졌더군요. 그래서 물었습니다. "어떻게 해서 병을 고쳤어? 나한테 내놓으라니까 내놓지도 않았으면서, 못했으면서." 하니까 "아이, 병 붙을 자리가 없는 거를 그때서야 알았습니다. 그랬는데 아이, 거기 나오면서 차 타면서 그냥 그 병이 다 없어졌습니다." 이러거든요. 허허허. (대중 웃음)

그러니까 이건 맛보지 못한 분들은 이 도리를 모를 겁니다. 자기가 그렇게 위력이 있고 자기가 그렇게 갖추어 가지고 있고, 자기가 그렇게 광대무변한 법을 가지고 있는 줄은 아예 꿈에도 모를 겁니다, 아마. 좀 맛들을 보셔서….

질문자3(남) 지금 현실적으로는 우리가 일반적으로 기독교의 큰 세력권 속에 살고 있다고 해도 과언이 아닐 정도로 듣고 접할 수 있는 기회를 많이 갖고 있습니다. 그래서 그런 것에 대해서 많은 집착을 가지고 있습니다. 예를 들어서 예수를 믿으면 천당에 간다든가, 뭐 죄를 지으면 지옥에 간다든가, 뭐 또 말세가 와 가지고 이 세상이 다 심판받는다든가 하는 이런 기독교적인 것이 우리 사회의 많은 사람들에게 영향을 주고 있는데 그 문제에 대해서는 어떻게 생각하십니까?

큰스님 제가 스물 몇 살 때도 불로 심판을 한다고 그랬죠. 그런데 그때 웃으면서 전 이렇게 생각을 했습니다. 불로 심판을 하는 것은 자기 마음과 자기가 심판을 하는 거지 불이 떨어져서 정말 심판을 하는 게 아니다라는 얘기죠. 그러니까 자기와 자기가 심판을 하는 때죠. 지금도 자기와 자기가 심판을 해야 할 문제들이 많죠. 지금 불이라는 것은 인간의 영원한 생명의 근본이라고 그랬습니다. 그러면 이 우주의 근본도 인간의 마음의 근본에 직결돼 있고 인간이 살아나가면서 모두 움죽거리는 게 전부 가설이 돼 있습니다.

그렇기 때문에 여러분은 여러분의 마음과 여러분의 현실 의식으로서 지금 싸움을 하는 거지 무슨…. 거기에서 생각을 잘하면 천당거리요, 또 생각을 잘못하면 지옥거리죠. 아, 자기네들이 자기 심판을 하는 거지 누가 심판을 해 줍니까. 전 이렇게 생각했습니다. 그러니까 불로 심판을 한다. 그건 마음으로 마음을, 자기 몸을 심판하겠죠. 그 의식을 심판하는 건데 그것을 이 세상을 두고 말하진 마세요. 여러분이 이 공부를 열심히 하시면 지구라는 것도 우리 몸과 같은 겁니다. 그러니 그것도 수명이 오래 지속되게끔 소중히 보존할 수 있는 것입니다. 그것도 내 집이기 때문이죠.

질문자3(남) 기독교에서는 이 세상에는 하늘나라에서 쫓겨나서 우리를 지배하고 자꾸 나쁜 곳으로 이끄는 그런 마귀라는, 사탄이라는 존재가 있다고 우릴 가르치고 그 사탄을 격리시키고 그렇게 하기 위해서 많은 노력을 하고 있는데, 큰스님께서는 그런 문제에 대해서 어떻게 가르쳐 주실 수 있습니까?

큰스님 언젠가 이런 말이 있었습니다. 저한테 어느 신부님이 이렇게 물었습니다. "귀신이 있습니까, 없습니까?" 하고 물었습니다. 저는 이렇게 말했죠. 사람들이 귀신짓을 하지 않는다면 귀신은 없다고요. 여러분이 귀신짓을 안 한다면 귀신이 어디 있습니까? 네?

대중 가운데서 네, 맞습니다. (대중 웃음)

큰스님 지금 여러분이 다, 어떤 때는 귀신짓을 하고 도깨비짓을 하고 미신짓을 하고 온통 야단입니다. 그러니까 미신도 있고 귀신도 있고 도깨비도 있죠. 그러니까 그런 데에, 그 모든 것에 끄달리지 마십시오, 속지 마시고. 절대로요. 여러분도 마음을 잘못 먹어서 뭐 회사가 망했다든가 이런 일이 있으면…. (녹음 안됨)

지구가 만약에 120V의 전기이고 태양이 만약에 220V의 전기라면 태양이 이 지구를 집어삼킬 수도 있고 태워 버릴 수도 있고 먹어 버릴 수도 있고 이런 것입니다. 또는 핵폭탄이 있기 이전에 수소폭탄이 더 위력이 있어서 그것이 이 세상을 다 없앤다고 하더라도 공부하신 여러분의 손아귀에 들어 있습니다. 핵폭탄도 다 태워 버리는 힘만 가지고 있지 그건 사람의 손에 달린 겁니다. 안 그럴까요? 그러니 그것도 사람의 손아귀에 들어 있는 것입니다.

모든 게 전체 우주가 아무리 크고 아무리 다른 혹성들이 뜨겁다

차다 이래도 뜨거우면 뜨거운 대로 생명이 있고 차면 찬 대로 생명이 다 있는 것입니다. 그렇기 때문에 생명이 있는 자는 무조건 무심으로서 서로 왕래가 있다는 걸 아셔야 합니다. 그렇게 일체가 다 왕래가 될 수 있습니다. 그렇기 때문에 그런 것도 마음대로 못하죠. 자기 죽을까 봐 그렇게 하나요? 자기 죽을까 봐! 모두 자기는 위하거든요. 그렇기 때문에 이쪽은 이쪽대로 서로, 여러분이 아시다시피 그렇게 되면 서로 다 죽을 테니까 그렇게 못하죠. 그래서 그렇게 맞죽지 않고 죽이는 방법이 있나 하고 연구들 하고 있어요, 지금. 그러니까요 그 연구들 하는 것도 여러분이 만약에 이 공부를 한다면 여러분의 손가락 하나만 들었다 해도요, 그것은 꼼짝 못하게 할 수 있는 것입니다. 내가 이런 소리 하는 것은 허튼 소리가 아닙니다. 여러분이 내가 저 불이 저기 있다 하면 손가락을 보지 마시고 저걸 보세요. 그래야 됩니다. 나를 보지 마시고 저걸 보시라. 이 손가락을 봐서는 안 됩니다. 가리키는 손가락을 보지 마시고 저 밝은 불을 보십시오. 그러시면 됩니다. 어디고 걸리지 마세요.

질문자4(여) 제가 여쭤 볼게요. 마음을 비우면 환희가 오는데 간혹 그 자리에 허무가 들어앉아서 말이에요, 생명도 헛되게 느껴지고 모든 게 덧없어지는데 그게 또 마음의 병인 것 같습니다. 그거는 어떻게 고치면 됩니까?

큰스님 그 덧없는 것도 거기서 나오는 거 즐거운 것도 거기서 나오는 거, 다 거기서 나오는 겁니다. 그러니 즐거워도 감사하게 거기 맡겨 놓고 또 덧없어도 '어, 덧없는 것도 거기서 나오는 거니까 덧없지 않게 하는 것도 거기서 할 수 있다.' 하는 것을 믿으십시오. 그러면 그냥 발칵 바뀌집니다. 금방금방 바뀌져요.

어떤 때는 제가요, 두 시간만 자고선 일어났다 이런다면 그날 하루 종일 사람들에 치여서 피로가 옵니다. 그럴 때에 내가 두 시간을 잤다고 생각을 했기 때문에 피로가 오는 겁니다. 만약에 두 시간 잤다는 생각이 없다면 피로가 안 옵니다. 절대입니다, 그건. 여러분, 그럭해서 이 몸들을 망가뜨리지 마시고 한 시간을 잤더라도 한 시간 잤다는 생각을 하지 마십시오. 모든 것은 다 맡겨 버리고 그냥 그 피로를 느끼지 마십시오. 그 생각이 자기한테 피로를 오게 하는 것입니다. 속지 마십시오. 절대로 속으면 안 됩니다.

사회자 시간이 많이 됐습니다. 그래도 또 질문하실 분들이 계실지 모르겠는데….

큰스님 아주 여러분이 재미있게 질문을 좀더 하실 분이 있으시면 하십시오.

사회자 큰스님께서 질문하라고 하시니까 질문들 하세요. 질문하실 분들 기회를 놓치지 마시고 질문하세요. 한 번 가면 오지 않는 시간입니다. 나오세요.

큰스님 우리가 또 만나려면 오래 걸릴는지 모르죠.

질문자5(남) 평소에 의문점이 있던 것을 큰스님께 여쭙고자 합니다. 이 불문에서 참선을 많이 하신 덕 높으신 스님들도 많이 계시죠. 그런데 일반 사회에서도 각계각층 각 분야에서 일념으로 과학을, 정치학을, 윤리학을, 또는 사회학을, 각 분야에서 전심전력으로 이 사회에 무언가 공헌하고자 해서 열심히 일하고 있는 그러한 분들도 많이 있습니다. 스님께 여쭙고자 하는 것은 그러면 선(禪)을 공부하신다든가 하는 그러한 그 정성과 성의, 또 이 사회에서 일반학을 공부하는 그 성의와 이런 것이 결국 끄트머리 가서 그 값어치가 같은 것입니까, 다른 것입니까? 이것을 여쭙고 싶습니다.

큰스님 다르지 않습니다.

질문자5(남) 예.

큰스님 모든 것은 여러분의 마음속에 주인공이라는 이름 없는 그 주인공 자체에서 나갑니다. 바로 주인공이라는 것은 쉴 사이 없이 돌아간다는 뜻이죠. 그렇기 때문에 여러분도 쉴 사이 없이 돌아가기 때문에 그 쉴 사이 없는 그 마음, 그 마음에 모든 게, 여기에서 아까도 얘기했죠. 물리학도 사회학도 철학도 모두, 지리학도 천문학도 모조리 거기서 나가는 겁니다. 그래서 어떤 학생이 이러더군요. "스님! 저는 이 공부하고부터 논문이 그냥 나갑니다. 생물학도 그렇고 천문학도 그렇고 그냥 논문이 나가는데, 거기에서만이 천체가 다 나오더군요." 이렇게 얘길 들었습니다.

또 덕이 높으신 스님네들도 많이 계시겠죠. 그런데 우리가 생각해 보니까 이런 점이 있어요. 그 절에 가 보면 벌써 그분을 알 수 있다 하는 것을 느낍니다. 그건 왜냐하면 지금 참, 개선을 해야 할 때 개선을 안 하시고 신중단도 만들어 놓고, 없애 놓으면 더 갖다가 만들어 놓고 또 위패도 그냥 벽 벽에 붙여 놓고 말입니다. 또 졸졸 달아 놓고 불을 켜고 말입니다. 이렇게 하는 것은 역시 말없이 알 수 있는 사실입니다. 그러니까 '사람이 있어야 부처가 있느니라.' 한 것은 인간이 그 모두를 실험해서 자기가 체험하고 자기를 깨달아서 알고 통달하고 이런 분들이 계시다면 아무것도 없어도….

이런 얘기가 있죠. "스님, 스님! 저 천도를 시켜 주십시오." 하고 돈을 갖다 놓으니까 알았다고 이래 놓고는 아, 시켜 줄 때를 바라고 영 안 가고 있으니 어디 천도를 시켜 줍니까? 그래서 "스님, 스님! 천도를 왜 안 시켜 주십니까?" 하니까 "천도를 안 시켜 줬다고 생각하거든 이거 도로 가져가거라." 이러거든요. 그렇게 하니까 아, 그냥 갔거든요. 그런데 그날 저녁에 꿈을 꾸니까 그 6·25 때 죽은 어머니나 아버지나 전부, 잠가 놓고 그냥 죽였던 그 방에서 전부 꺼멓게 탄 분들이 나오더니만 하얀 옷을 다시 갈아입고서, 어떤 스님이 서서 이렇게 쳐다보니까 그 꺼멓게 탔던 게 전부 없어지고선 전자의 모습대로 하고 하얗게 입고 그냥 구름을 타고 올라가더랍니다. 그런 꿈을 꾸고서 그 스님한테 가서 다시 한 번 감사의 뜻을 빌었답니다.

그런 거와 같이 저도 그런 소리를 들은 예가 있습니다마는 예전에 OO통상이라는 회사의 사장이 있었죠. 근데 천도를 여기저기 가서 많이 해도 도대체 꿈을 꾸면 보따리 싸 가지고 나갔다가 다시 들어온답니다. 그래서 할 수 없이 왔는데, 전 그랬죠 "아무 데나 놓고 아무 데나 절하고 가라." 그랬거든요. 그랬더니 어디다 대고 하느냐 이겁니다. 당신 하고 싶은 대로 아무 데나 놓고 하라고 그랬죠. 근데 그거 가르치느라고 다 때려 바쉈거든요. 이런 얘기는 할 게 아니지만요. 그랬더니 글쎄, 아, 부처도 없고 그러니까 그냥 땅바닥에 놓고, 방석에다 놓고 그냥 절하고 갔어요.

그래 인제 설마한들 그랬는데 그날 밤에 꿈을 꾸니까 "얘야, 네가 노비를 줘서 인제는 아주 잘 가겠노라. 그러니 너희들도 잘 살아라, 인제는. 내가 아무리 저거 해도 영 가질 못했는데 인제는 가게 됐느니라. 고맙다." 그러고선 다들 가거든요. 그래서 까만 세단 차를 타고선 가는 걸 보고 그냥 아주 고맙다고 그러는 겁니다. 그러면서 그 OO통상 회사가 일어난 겁니다. 그래서 부자가 됐죠. 그런 일도 있었습니다마는, 재미있는 얘기 하나 해 드릴까요? 보세요.

천도를 시켜 달라고 우리 절에 와서 그러는데도 모르는 사람은 그냥 차려 놓고 해 주는 거를 바랍니다. 그래서 차려 놓고선 이런 얘기를 했습니다. 이 상에다가 스님네들이 요거를 차려 놓고선 요거 차려 놓은 것만 안다 이거예요. 스님네들이 요거 차렸다는 거 알고 있지 않습니까? 잘 차렸든지 못 차렸든지. 그러니까 영가들이 와서 스님네들이 아는 거를 알고 있다는 얘깁니다. 그러니까 그 차려 놓은 것만 알죠. 그러나 이 세상 전체를 떡 하나로 해서 만약에 갖다 놨다 하면 아, 이 세상에 없는 게 없이 다 자기 거 아닙니까. 그럭할 거를, 떡 하나면 될 거를 아니, 그냥 떡이란다고 또 떡으로만 생각하지 마시고요. 그냥 음식을 상에다가 잘 차려야만 천도가 되는 줄 알거든요.

그래서 내가 어떤 때는 그럽니다. 없는 사람이 천도해 달라고 가져오면 "이거 봐. 당신 두 내외가 얼마나 어려운 고생을 하고 번 돈인데 함부로 쓰려고 그래? 또 한 가지는 돈을 벌기보다도 쓰기가 더 어려운 거야. 돈 쓰는 법을 좀 배워." 이러고선 돈을 단 삼만 원이든 이만 원이든 빼고선 다시 줍니다. 왜냐. 그 어려움이 바로 내 어려움이기 때문입니다. 왜 그러냐고 그러죠? 내가 괴로우니까 그래요. 내가 편안하자고요. 내가 그 어려운 사람 거를 갖다가 그렇게 해서 이 몸뚱이를 가지고 한 철 나는데 뭘 그렇게 그럽니까? 그러니까 도로 줘야죠. 명태라도 사다가 찌개를 해 놓고 애들하고 오손도손 재미있게 먹는 거를 보면 내가 얼마나 흐뭇할 겁니까. 그러니까 말입니다. 그래서 그걸 갖다 놓고 이렇게 말을 하죠. "이거 봐. 내일 아침에 상 차려 놓고 먹을 때 마음으로 합장을 딱 하고 모든 조상이나 모든 부처님 모두 둥글게 생각을 하고 '주인공! 당신, 당신만이 해결해 줄 수 있습니다. 묵은 빚을 좀 갚게 말입니다.' 할 때 천도가 금방 돼. 그러니까 가서 그렇게 해, 돈 없애지 말고." 그랬거든요.

아, 돈 있는 사람이 그 소릴 듣고선 또, 하하하, 아이, 이삼만 원 가져와서 해 달라는 겁니다. "안 돼, 너희는! 가져가." (대중 웃음) "가져가. 당신네들이 돈 내놓는 거 가지고 없는 사람들 학비도 내 줘야 하고 그러는데 어쩌면 그렇게 방생을 안 해?" (대중 웃음) "다 당신네들 자식이고 당신네들 부모고, 부모 형제가 딴 사람이 어디 있어? 수억겁 광년을 거치면서 여기 가서 자식 노릇 하고 부모 노릇 했다가 저기 가서 자식 노릇을 하고 저기 가 부모 노릇 하고 이랬는데, 수억겁을 거쳤는데 부모 형제 아닌 게 어디 있어?" 그러고선 얘기를 했습니다.

그러니까 그때 따라서 그런 얘길 하면 그러죠. "어이구, 알겠습니다." 그러고 가서 100만 원이 되든 150만 원이 되든 가져옵니다. 거기서 조금 가지고 그분이 아주 좋아하던 그런 음식, 아주 비싼 거라도 좋아하던 거 그거 갖다가 서너 가지 놓고 정말 떡 하나 둥글게 해 놓고선, 그저 방편으로서 그 떡 하나면 되거든. 떡 한 켜 그냥 갖다 놓고는 그냥 해 주죠, 초 켜 놓고 그냥. 해 주면 그 집이 잘되니 좋고 지저분하게 음식 놓고 그렇게 하지 않으니 좋고. 아, 세상 게 다 자기 건데 뭘 걱정입니까? 그냥 호텔에 가서 잘 차려 놓은 거 다 하고. 김삿갓 모양으로 여기 가도 내 가게, 저기 가도 내 음식, 여기도 내 땅, 저기도 내 집, 다 그런데 뭘 그런 걸 글쎄, 상 요만하게 차려 놓고 그걸 원합니까? 위패를 해 놓는 것도 그런 영가들이 지접을 하게끔 만들어 놓기 위해서 그렇게 만들어 놓거든요. 꽃을 갖다 놓는 것도 그런 뜻이고. 그런데 그런 걸 그러한 마음으로 소견을 그렇게 써서 한다면 정말이지 천당에 보낼 수가 없죠. 그러니 부모한테 묵은 빚을 갚지 못하는 형국이죠. 그러니….

질문자6(남) 스님, 질문 하나 하겠습니다. 만일 어떤 사람이 어떤 밝은 경지를 만났는데요, 거기에 머무르는 것도 잘못된 게 아닌가 해 가지고 거기에 머무르지 않으려는 마음을 내다가 그 마음속에서 또 다른 생각이 나오니까 그걸 의심하다가 한 발 내딛지 못하고 뒤로 물러났다 하면 다시 어떻게 해야 한 발을 내딛겠습니까?

큰스님 이 공부는 한 발을 내디딜 것도 없고 들이디딜 것도 없는 게 이 공붑니다. 그렇기 때문에 모든 것을, 내 경지가 이만하면 됐다 또는 내 경지가 이만치 못하다 이러한 생각까지도 놔야 됩니다. 이 공부라는 것은 따지고 본다면 너무 엄청난 공부입니다. 정말이지 이 모든 우주의 혹성들이나 별성들도 다 왕래할 수 있는 공부기 때문입니다. 그렇기 때문에 한번 한생각을 해서 한다면 정말, 이 지진이 나는 것도 어떤 때는, 지진도 만약에 나라면, 이 땅도 전부 생명이 있는 겁니다. 전부 이 세포가 있단 말입니다. 그렇기 때문에 모든 것이 통신이 되고 모든 것이 내가 될 수 있는 문제죠.

그러니까 그 공부라는 거는 그렇게 한 발 디뎌 놓는 게 공부가 아니고 한 발 내려놓는 것도 아니고 또 내 경지가 이만하다 하는 것도 아니고 저만하다 하는 것도 아닙니다. 오로지 자기가 자기를 발견했으면, 아까 회장님 말하듯이 내가 내 소릴 들었을 때에 그때서부터 실험하고 들어가는 겁니다. 둘 아닌 실험! 육조 스님도 12년을 그렇게 실험했고 달마 선사도 6년을 면벽을 하면서 실험을 했습니다. 각자 조사들도 그렇게 했죠.

지금 여러분을 가만히 보면요, 한 소식 얻어 가지고선 실험도 하지 않고, 그냥 갓난 어린애를 낳아 놓고 어떻게 사회인이 됐겠습니까? 그 갓난 어린애가 나왔으면 길러져야 되지 않겠습니까. 배우고 길러져야 되죠. 그런데 한 소식 얻었다고, 즉 말하자면 경서하고 한데 합쳐서 그냥 그게 통했다고 하다가 보면 한계가 생기죠. 한계가 생기면 그 경서를 보지 않고는 도대체 설법이 나가지도 않죠. 설법이 나가지도 않는 반면에 그게 그냥 법이 안되고, 법설이 안되고 한데 떨어지는 거죠. 예를 들어서 이렇게 설법을 한대도, 말 없다 하더라도 그게 충전이 되게끔 하는 거죠. 충전이 되면서 말도 하면서 이게 그렇게 나가는 거지 말만 하고서 이론으로 또 떨어진다면 그 사람들한테 무슨 이익이 있겠습니까.

여러분의 마음과 더불어 같이 이렇게 충전이 되면서 이 전기와 광선 자력도, 자력은 무한의 자력이지만 자석은 한계가 있는 것입니다. 그리고 이 지금 전력도 자가발전소라야지 바로 이 자가발전소가 아니라면 전기가 나갔다 꺼졌다 고장났다 이런 게 있지 않습니까. 그러나 사람의 그 전력이라는 것은, 자가발전소라는 것은 꺼지고 켜지고 이런 게 없습니다. 그렇기 때문에 이 공부를 하시는 데는 이 무전통신기도 이렇게 지금 요런 데서 하는 게 아니라 전체 어디고 생각했다 하면 가고 오는 사이 없이 가고 오고 통신이 그대로 되는 것입니다. 만약에 말입니다, 내가 통했다면, 난 통하지도 못했지만 말입니다. 미국에서 만약에 "스님! 내가 지금 이러이러하니 어떡했으면 좋겠습니까. 나 좀 살려 주세요." 할 때 어떻게 가야 되겠습니까? 뭐 여권 받고 뭐 하고 뭐 하고 비자 받고 하려면 벌써 죽은 뒤에 가야죠. 그러나 마음은 빛보다 더 빠르기 때문에 그냥 그 당시에 거기 가는 거죠.

그렇기 때문에 부처님께서 가르치신 그 뜻은, 49년을 설했고 행으로 보여 줬고 그랬는데도 우리는 그 뜻을 모르고 항상 무슨 크니 작으니 여자니 남자니, 이 논설이 붙고 투기를 하고 질투를 하고 아집을 가지고 온통 그러는 거예요. 왜냐? 모든 것이 벌레하고 나하고도 도반인 줄 알아야 된다 이거죠. 여러분이 모두 부처인 것으로 볼 줄 알아야 된다는 얘기죠. 왜냐하면 나는 높고 너는 얕다 이런다면 벌써 그건 글렀습니다. 왜 똥 친 막대기라고 말씀하셨겠습니까. 부처가 어떤 거냐고 하니까 그렇게 말씀하셨듯이, 또 여러분의 부모가 자식을 기를 때에 부모라는 이름만 가졌지, 그게 심부름꾼이지 그게 부모입니까? 그러니까 그와 같다는 얘기죠. 그래서 부모가 자식을 기를 때에 어려서 유리창을 깨뜨려도 부모가 물어줘야죠, 부모의 책임이니까. 그와 같이 부모는 언제나 한 발 내려디뎌야 되지 않나 이런 생각을 합니다.

질문자6(남) 만일에 내가 내가 아닌 도리를 알았을 때 어떻게 하면 계속 보림을 지켜 나갈 수 있을까요?

큰스님 지켜 나가긴 뭘 지켜 나가우? 밥 먹고 소화 잘 시켜서 똥 잘 누고 잠 잘 자면, 그 세 가지만 잘해도 그냥 여여하지, 뭐. (대중 웃음)

질문자7(남) 스님, 한 말씀 더 질문하겠습니다. 그 선이라고 하는 것이 어느 지역에서는 악으로 통할 수가 있고요, 또 어느 지역에서는 악이 또 선으로 통할 수가 있고요, 또 어느 시대에는 악이 선, 선도 악 이렇게 지역과 시대에 따라서 흐름이 다른 경우가 많이 있습니다. 예를 들어서 마호메트교라고 그러죠? 일부다처제를 인정하는데 미국이나 우리 한국에서 누군가가 일부다처제를 했다면 이것은 악이라고 규정짓지 않겠습니까? 근데 어느 나라에서는 그것이 악으로 통하지 않는 것 같습니다. 이런 것을 그 어느 것이 절대적인 선이다 어느 것은 절대적인 악이다라고 규정을 지어서 어떻게 말씀을 해 주실 수 있겠습니까?

큰스님 이 도리는 말입니다, 아까도 얘기했지만 찰나로, 찰나로 돌아가기 때문에 악도 없고 선도 없느니라. 그런데 바로 선생님께서도 없는 것입니다. 그런데 악이 어떻게 붙을 수가 있고 선이 어떻게 붙을 수가 있겠습니까. 그 뜻은 뭐냐? 자꾸 애가 어른이 되고 어른이 늙고 이렇게 변화가 오듯이 어저께는 요렇게 마음을 먹었는데 오늘은 글쎄 요렇게 마음을 먹거든요. 그러니 수시로 변하는 일이 있습니다. 악한 사람이 악만 저지르는 게 아니고 선한 사람이 선만 저지르는 게 아닙니다. 그렇기 때문에 수시로 악한 사람도 선하게 될 수 있고 선한 사람도 환경에 따라서 악하게 될 수가 있으니 선도 없고 악도 없는 거죠. 그것은 용도에 따라서 또는 환경에 따라서 생기는 일이라고 봅니다. 그러니 그것은 말로 규정지어서 악이다 선이다 할 수 없다 하는 얘기죠.

사회자 여러분, 감사합니다. 모두 자리에서 일어나 주세요.

전생 어머니

모건힐지원 담선법회

1990년 6월 16일

… 상징만 남은 거지. 그러니까 영혼이라는 것은 의식에 따라서 거기에 착을 갖고, 자기 육신에 착을 가진 사람은 거기 붙어 있는 거지. 그랬을 때 나는 거기 가서 눈을 굴리면서 생각을 한 게 그거거든. 그런다면 인제 예를 들어서 그렇게 초망지에 태어난 사람들은 그런 게 아주 여기에 맺혀. 자긴 몰라. 이 세상에 태어나도 자기는 과거에 그렇게 돼서 원수가 됐다 이러진 못하지, 모르니까. 그러나 어딘가가 모르게 미워하게 되고, 여기 사람으로 태어났으면서도 여기 사람을 미워하게 되고. 그렇게 되는 거지. 그러니까 그 의식의 앙금은 뭐, 어쩔 수가 없는 거야. 그래서 이 공부를 해야 그 앙금까지도 없어진다. 자꾸자꾸 인연줄에 매달려서 그냥 자꾸 돌아가질 않고.

(녹음 안됨) … 앉아서 제삿밥을 해 놓고는 그렇게 정성스럽게 제사를 지내는데, 그 노파는 아예 그냥 파파 늙었거든. 하여튼 어려서부터 꿈을 꾸면 그냥 그렇게 거기가 보입니다.

그래서 인제 커서, 한 스무 살이 넘어서 하루는 자기가 꿈꾼 대로 찾아가. 그래 그날 찾으니까 아, 자기 찾아가던 대론데 그 집이야.

한 몇십 리가 되는데 거길 찾아갔어. 그래 어떡하나 볼 양으로 찾아가서 보니까 그날 저녁에 나물도 없으니까 캐다가 씻고, 장에 가서 뭐 사다 놨던 것도 요렇게 놓고, 요만큼 쌀 있는 걸로 밥을 짓고, 자기 아들한테 하는 거예요. 아들이 먼저 죽었으니까. 그냥 아들 제사 지내 주는 거예요.

그러면서 어머니가 그걸 사다 씻고 그러거든. 자기가 그날 저녁이면 꿈에 거기 와서 같이 밥을 먹고 그랬는데 아, 노파도 꼭 그 노파고 집도 그렇고 개천도 있고. 아, 그래서 들어가서 물어봤거든. 뭐를 그렇게 하시느라고 저녁나절에 이렇게 하시느냐고. 그러고 물으니까 "우리 아들이 하나밖에 없었는데 나를 두고 죽었다오. 그래서 내가 살아 있을 동안 이렇게 해 주지 않고는 내가 너무나 가슴이 아파서 견딜 수가 없다오. 그런데 인제 죽게 됐으니 누가 우리 아들 밥 한 그릇을 떠놔 줄는지 모르겠다오." 그러면서 울거든.

그래 가만히 그 구경을 다 하고 아예 집에 갈 생각을 안 하고 그냥 거기서 그러니까, 그 하인들도 따라왔을 거 아냐. 그런데 그냥 하인들은 보내려고 그래도 뭐 근방에서 아, 난리가 날 텐데 그냥 갈 수가 있나? 그래 인제 있는데 아, 그냥 "가시죠, 가시죠." 해도 "안 가." 그러고는 저녁에 인제 제사를 지내는데 아, 자기가 꼭 고렇게 와서 먹던 그 걸로다가 차려 놓은 거야. 그러고는 거기 앉아서 어머니 제사 지내는 걸 다 보고는 밥을 같이, 꿈처럼 같이 먹고선 인제 이 얘기 저 얘기 하는데 아, 그냥 자기 꿈에 개천을 그냥 건너다니면서 뛰어놀고 이랬던 그런 거, 그래선 자기가 아무 소리 없이 "어머니!" 그랬대. 그러니까 "아이, 누구신데 날더러 어머니라고 부르시냐?" 하니까, 내가 아무 때 죽은 아무개라고 그러곤 찾아온 얘길 했거든. 그만 거기서 놀라는 거지, 뭐. 그래서 뭐 이러고저러고 하지 않고 그냥 내가 내일모레 모시러 올 테니 가시자고 그러고 가서는 그냥 아예 자기네 아버지 어머니한테 얘기를 해서, 전생 어머니지, 그러니까. 전생 어머니를 모셔다가 지금 현생 어머니하고 같은 이런 초당을 짓고는 그냥 거기서 사시게 모셨어. 그래서 전생 어머니, 현생 어머니 이렇게 두 분을 다 모셨다고.

신도1(남) 복도 많네요.

큰스님 허허허…. 이런 얘길 하면 이게 웃기는 얘기라고 그러죠. 그런데 그게 아니야. 그래서 혼은 꼭 자기가 쥚어지고 나오는 거고, 그 쥚어지고 나온 혼백은 열 개도 되고 백 개도 될 수 있어. 체가 없으니까.

신도2(여) 근데 예를 들어 누가 애기를 낳았는데 그 애가 자라면서 엄마가 살았을 때 그분이 아닌가 생각나는 건 어떤 경우가 되는지요?

큰스님 그건 그 사람이 태어난 것이겠지. 그전에 OO할머니 형님의 딸이 어린애를 못 낳았어요. 그런데 그 교를 믿었죠. 그런데 그이도 인제 혼자 살아요. 혼자 딸 하나 데리고 살았는데, 그 딸이 시집가서 사위를 들였는데 어린애를 못 낳으니 어떻게 되겠어요? 그랬는데 OO할머니네 집에 와서 만날 이렇게 있다가 날 만나고 이렇게 하면서 나한테 소원을 했어요. 우리 딸 꼭 어린애 좀 낳게 해 달라고. 그래서 내가 그랬죠. 어떻게 돌아가시라는 말은 못하고 "낳게 되겠죠. 그런 생각하시면 낳게 되겠죠." 그랬는데 그분이 그 후에 석 달 만에 돌아가셨나? 그렇게 돌아가셨어요. 돌아가셨는데 그분을 거기다가 그냥, 하여튼 원하니까 거기다가 그냥 그렇게 했지. 그래서 그 아들을 낳았는데요, 꼭 자기 친어머니 얼굴이에요. 아주 요기 점 박힌 것까지 딱 그냥 따 가지고 왔어요. (녹음 중단)

최초의 불씨

모건힐지원 법회

1990년 6월 17일

오늘 모건힐에서 이렇게 또 한자리를 하게 되었습니다. 우리 식구가 아무리 적다 하더라도 한 사람만 이 세계의 모든 이치를 통달한다면 세계를 평화스럽게 할 수 있다는 이치도 있죠. 우리가 이 공부를 해야만 하는 것은 필수적으로 해야 한다는 조건입니다.

우리가 지금 어디서 살고 있는지 아시죠? 한 지구를 우리 몸뚱이 집과 같이 끌고 다니는 주인은 여러분 몸에 있고 우리는 또 지구 안에 있습니다. 지구가 우리 몸뚱이와 같은 집입니다. 그런데 여러분이 냉정하게 판단을 해서 한번 생각해 보십시오. 만약에 이 속의 모두가 운행을 안 해 준다면 여러분은 빈 껍데기일 겁니다. 그리고 의식이 빠질 겁니다. 그와 마찬가지로 우리가 만약에 이 공부를 게을리 한다면 이 도리를 몰라서 지구의 주인이 없어지는 거와 같습니다. 지구의 주인은, 지구하고도 주인의 마음하고도 둘이 아니어야 하며 지구와 둘이 아닌 까닭에 역시 우주와도 둘이 아니어야 한다 이겁니다.

모든 것은 일체가 다, 천지인(天地人) 삼재(三才)가 다 직결이 돼 있고 가설이 돼 있다는 사실입니다. 그럼으로써 가설된 자가발전소이 자체는 항시 찰나찰나 돌아가는 자동적인 심성에 의한 바로 불바퀴라고 할 수 있는 겁니다. 불바퀴는 어떻게 생겼느냐? 여러분이 아시다시피 거기에 컴퓨터가 주장으로 돼 있다면 그 위로는 레이더망이 있고 그 밑으로 네 군데는 뭐가 있느냐? 바로 천체심성망원경 또 남의 속을 잘 알 수 있는 탐지기, 또 천이라고 한다면 천체무전통신기, 팩스 이 모든 게 시스템으로 돼 있다 이겁니다. 이렇게 시스템이 돼 있는 것은 과거로부터 현실을 알고 현실로부터 미래를 알고, 미래와 과거를 현실에 우리가 작용해서 중용으로 쓸 수 있는 그런 보람 있는 생활, 자유인의 그 길, 진리를 탐구해서, 즉 말하자면 물리가 터져서 정신 문명, 문화를 일으키고 또 나아가서는 경제 발전과 심성공학 심성의학, 철학도 물리학도 생물학도 모든 것을 심성으로부터 정신 무의 도심으로서 작용할 수 있는 그러한 역할을 우리가 자유스럽게 해 나가자 이런 뜻입니다.

이런 뜻이라면 만약에 지구에 어떠한 문제가 있어서 잘못된다 이런 것도 우리 주인이 잘못하기 때문에 그 집이 썩어 들어가듯, 주인이 집을 비워 놓기 때문에, 즉 말하자면 먼지가 앉고 거미줄이 생기고 벌레가 생기고 썩어 들어가고 이러는 겁니다. 그와 마찬가지로 인간도 내 주인을 내가 모른다면 빈집이 그렇게 썩어 들어가는 것과 같아서 병이 들어도 어떻게 할 수 없고 어떤 우환이 와도 어떻게 할 수 없고 재난이 와도 할 수 없고, 내 가정의 내 남편이 아파도 할 수 없고 내 여자가 아파도 할 수 없고 자식이 아파도 할 수 없고, 그거를 도저히 할 수 없는 그런 입장에서 우리가 자유스럽게 살지 못하고 항상 고에서 허덕인다는 얘기입니다.

그렇다면 우리 자신이 필수적으로 해야 하는 것이 바로 이런 것인가? 그럼 만약에 집에 주인이 없다면, 내 몸에 주인이 없다면 나는 송장이 될 것이고 의식이 빠지고 병들고 죽어 버릴 겁니다. 그런가 하면 우리가 이런 공부를 해서 만약에 내 지구를 내 몸뚱이라고 생각한다면 딴 데 혹성들하고도 서로 교류가 있어야 하고, 즉 말하자면 서로 주고받는 무역도 있듯이 말입니다. 지금 세계에서 서로 무역이 있고, 그렇게 평등하게 돌아갈 수 있는 세계평화를 위한 그런 말들을 하고 있는데 그런 말이 있기 이전에 마음과 마음이 통할 수가 있다면 뭐든지 서로 주고받을 수 있기 때문에 아마 지구의 수명도 인간의 수명도 곱 곱이 늘어 갈 겁니다. 이런 수명이 꼭 길어야 되느냐 이러겠지만 우리가 수명이 길어야 이 뜻을, 이 진리를 탐구해서 결국은 통달해야만이 우린 영원한 세계의 맛을 볼 수 있다 이 소리입니다.

그런데 그저 불교 가톨릭교 기독교 항상 갈라서 내 집 네 집 찾는 것은, 지금 우리가 가정집들도 내 집 네 집 하고 있죠? 그러나 대의적으로 본다면 네 집 내 집이 없는 것입니다. 이 몸뚱이도 모습만 달랐다 뿐이지 우리의 생존에 대해서 가고 오고 죽고 살고 또는 이렇고 저렇고 하는 것은 아마 작으나 크나 마찬가지일 겁니다. 그러니 우리가 저 산을 본다면 높은 산이 있고 얕은 산이 있는데 우리가 볼 때에는 모습은 얕고 높지만 대의적으로 볼 때는 얕은 게 있기 때문에 높은 게 있고 높은 게 있기 때문에 얕은 게 있는 것이니 평등한 법이다, 이렇게 볼 수 있죠. 그러니 얕아도 얕은 게 아니고 높아도 높은 게 아니다라는 얘기죠.

이런 거와 마찬가지로 불교 서적이나 읽고 달달달달 외우고 염불만 잘한다고 해서, 그리고 또 좌선한다고 앉아만 있는 게 중요한 것이 아니라 그 앉아 있는 동안에 어떠한 생각을 하느냐에 문제가 있는 거죠. 그냥 그저 마음 편안하게 가만히 놔두고 마음을 내지 않는 데 있느냐? 아니면 관하는 일이냐? 아니면 '이 뭣고?' 하고 지켜보고 '이게 뭣고?' 하고 있는 거냐? 음식도 그 사람 솜씨에 따라서 음식 무친 것이 다 다르고 맛이 나듯이 다 똑같은 좌선이지만 여기에 따라서 다르다 이겁니다.

아까 얘기했죠. 컴퓨터는 과거를 짊어지고 나온 입력된 컴퓨터다.

그렇기 때문에 그 컴퓨터에서 자꾸 현실로 나오는 게 여러분이 지금 가지고 있는 거죠. 스스로 시스템이 여러분 마음속에 다 그렇게 돼 있다는 얘기죠. 그래서 누진통 숙명통 타심통 천안통, 그리고 천이통 신족통, 사무 사유가 뚜렷하게 한데 합쳐져서 돌아가는 이 정신적인 마음에서, 정신은 대뇌로 올라가서 대뇌에서 통달한 그 용법을, 그대로 중용을 쓸 수 있다 이거죠. 그런데 우리가 이렇게 시스템이 돼 있는데도 불구하고 딴 데 물질로서만 찾는다면, 지금 물질과학이나 물질문명과 문화가 이렇게 발달이 됐는데 앞으로 더 발전이 된다면 바깥에서 그렇게 껍데기로만 돌아다니니까 껍데기만 찾는 거죠. 그러니까 껍데기 주욱 갖다 놓고 껍데기가 앉아서 살다가 껍데기 수명이 없어지면 껍데기가 다 그냥 몰락해 버리고 마는 거죠.

우리가 만약에 집에 주인이 없다면, 지구에 주인이 없다면, 또 만약에 딴 데서라도 팽창이 된다 합시다. 이 주인이 없어서 조절을 못한다면 모든 게 팽창되고 모든 게, 즉 말하자면 집어먹히게 돼 있는 거죠. 우리는 이게 집어먹히지 않는다고 하더라도 이 모든 것을 집어먹힌다 안 집어먹힌다 할 것 없이, 우리 능력을 우리가 120V밖에는 못 써. 그런데 그 광력이, 즉 말하자면 전력이, 통신력이, 또는 모든 게 자력과 더불어 그 능력이 몇 배가 올라간다면 120V 가지고는 도저히 살 수가 없기 때문에 타 버려. 지금 자꾸 올라가거든. 쉴 사이 없이 올라가고 있죠. 물질과학으로 문명으로 이렇게 올라가고 있는데 꼭 바깥에서 도는 거, 죽이려고 하는 거, 이기려고 하는 거, 나라는 거, 이런 것들 때문에 지금 발전이 자꾸 되는 거거든요.

'나'가 없이 무조건 사랑을 한다. 이런 정도로 연구가 되는 게 아니에요. 그렇기 때문에 앞으로는 점점 인간의 능력이 없어짐으로써 지구는 지구대로 그냥 빈집이 되는 거죠. 그런다면, 빈집이 된다면 우리는 어떻게 될까요? 집어먹혀 버릴 겁니다. 그건 인정사정도 없는 겁니다. 인간은 인정도 있고 사정도 있지만 이런 물질 자체는 인정도 없고 사정도 없는 겁니다. 여러분이 살아 보시지만 인정이 있습디까? 전기에서도 그렇고, 220V에 120V 갖다 꽂으니까 인정이 있습디까, 없습디까? 인정이 없습니다. 아주 냉정합니다. 지금 무의 세계의, 유의 세계의 법도 냉정합니다. 그렇게 냉정한데 인간이 마음쓰기에 달려 있다. 이런 거는 마음은 너무나 넓고, 폭넓고 지혜롭고 무한량이야. 왜? 늘이면 늘이는 대로 늘어지고 좁히면 좁히는 대로 좁혀지고 마음은 쓸 수 있는 대로 넓혀져. 내가 이 세상 우주 전체를 내 마음으로 안는다 해도 두드러지질 않아, 너무 마음이 넓어서. 좁지도 않고 넓지도 않아도 내 마음이라는 거는 광대무변해. 마음이라는 것은 넓히면 넓히는 대로 넓어지고 좁히면 좁히는 대로 좁혀지는 자유자재할 수 있는 마음이라 이거야. 그렇기 때문에 마음은 천차만별의 모든 생명들을 다 여기다가, 보이는 생명 안 보이는 생명을 다 넣어도 두드러지지 않고 또 꺼내도 줄지 않는다 이거지.

그렇게 줄지 않는 그 마음이 말입니다, 이 세상을 우주 전체, 즉 말하자면 우주와 더불어 인간의 마음에 집어넣고, 가설이 된 이 세상만사를, 천차만별로 돼 있는 걸 다 집어넣고 하나로 뭉쳐서 한 손으로 건어쥐고서 만약에 이 모두를 무조건 줄 수 있는 그 아리따운 마음이라면 이 세상을 다 건지고도 남음이 있지 않겠느냐 이거죠. 그래서 부처님은 자비라는 언어도 붙지 않는다. 왜? 그냥 여여하게 자비하기 때문이다. 부처님은 부처님이라는 그 이름도 붙지 않는다. 부처님의 그 뜻은 부처님이라는 그 언어도 붙지 않기 때문이다. 세상 진리이기 때문이다. 그렇기 때문에 무의 세계 유의 세계를 한데 합친 것이 사무 사유, 이렇게 이렇게, 이렇게 이렇게. (수평으로, 수직으로, 양 대각선으로 선을 그어 보이시며) 이번에도 국회 의사당에 가 보니까 법륜 마크가 딱 달려 있는 거야. 천지인이 뚜렷하게 국회 의사당에 있더라 이거지. 그 국회 의사당이 아무리 150년이 됐다 할지라도 조금도 손색이 없어. 왜 그런가? 살아 있기 때문이다 이거야. 주인이 있기 때문이다 이거야.

그러면 정치인들이 주인을 만들었느냐? 그게 아니지. 사랑하는 어느 농촌 사람이 그렇게 만든 거지. 거기에 자기의 입김과 힘과 발을 탁 디뎌 놓은 바로 그 힘이 그렇게 만들어졌다 이거야. 여기 사람이 그렇게 만들어 놓은 것도 아니다 이거야. 자비심이 만들어진 거고. 바로 법이 정해진 거고. 여신상이니 남신상이니 하는 것도 내가 생각해 보면 공중 육지를 딱 딛고 말이야, 물에서는 그 주장자를 딱 들어서 불로서, 그 불은 생명들이다 이거야. 생명들을 산하대지의 여신은 길러 내고 있고, 남신은 다스리고 있더라 이런 거야. 이 모두가 그냥 이루어진 게 아니라 우리 마음들이, 그렇게 참 이 세상을 다 덮고도 남음이 있으리만큼 광대무변한 그 마음들이 그렇게 만들어서 표상을 해 놓은 겁니다. 그러니 사람이 이 지구의 주인이지 딴 게 주인이 아니야. 그 여신상을 훌륭하게 만들고 남신을 훌륭하게 만들었어도 사람이 만든 거야. 사람의 마음으로서의 손으로, 중용으로서 여러 사람의 손길이 가서 만들어 놓은 거다 이거야. 만들어 놨지만 지수화풍으로 만들었다 이거야. 응! 물과 쇠와 불과 바람과 이게 그렇게 만들어진 거다 이거야.

그렇기 때문에 거기에는 여신상이라는 이름을 하나 딱 붙여서 턱 갖다 놨다 이거야. 그런데 여신상도 여신상이지만 그 표현을 잘해 놨다 이거야. 한쪽에는, 바른쪽에는 금빛 나는 독수리, 한쪽에는 기둥, 기둥에다가 용이 착 올라가서 머리를 탁 들게 만들었다 이거야. 여러분이 다 가지고 있는 겁니다, 그거. 여러분이 가지고 있는 걸 바깥으로 표현해서 거기다가 그렇게 해 놓은 겁니다. 여러분도 바로 한생각에 여신이 될 수 있고 한생각에 남신이 될 수 있는 거 아닙니까? 그리고 여신과 남신이 둘이 아닙니다. 여신과 남신이 둘이 아니라는 그 증거는, 여러분이 애기들을 낳죠. 대대손손이 이어지고 이어지고 그 진리는 끊어지지 않죠. 우리가 단순하지 않습니다. 하다못해 사과나무도 여신 남신이 있어서 사과가 굵게 잘 열리는데, 은행도 여신 남신으로서 마주 볼 수 있어야 은행이 열리는데 하물며 만물의 영장인 인간이 어찌 그런 걸 무시하겠습니까?

그래서 천(天)이 있으면 지(地)가 있고, 지(地)가 있으면 인(人)이 있듯이 그 삼재가 다 한데 합쳐져서 공존하고 있다는 사실을 우리가 알고 있다면 우주 전체가, 대천세계가 전부 같이 공존하고 있다는 겁니다. 그런데 우리는 항상 요것 가지고 싸우고 저것 가지고 싸우고, 요것 가지고 트집하고 저것 가지고 트집하기 때문에 항상 걸려서 이 도리를 모르는 거죠. 진짜 여러분이 한생각에 끄떡하면 저 혹성에 즉, 목성에 가고 토성을 탐험하고 이럴 수도 있는 그런 여러분이 남신 여신입니다.

'자신'이 없다면 어떻게 여러분이 지금 말을 하고 걸어다닐 수 있겠습니까? 그리고 이렇게 형성되지도 않았을 겁니다. 꼭 불교 서적을 읽고 그것으로만 따지고 이것이 정법이니 이것이 사법이니 이런다면 정법 사법을 어떻게 한 손에 걸머쥐고 정말 옳게 자유스럽게 걸어가겠습니까? 내가 지난번에도 얘기했지만 우리는 평상시에 불이 뜨겁다고 생각하고 있기 때문에 죽어서도 그 영식이 불이 있으면 못 들어갑니다. 그리고 평소에 우리 의식이 항상 물에, 저 바다에 들어가면 죽는다는 걸 알기 때문에 죽은 영식이 바다를 못 건너갑니다. 그리고 말하자면 영계들이 아귀다툼을 하고 있는데 거길 못 지나가는 원인이 벌써 저런 데 들어가면 저것이 지옥굴이라는 거를 바로 의식으로 알기 때문에, 의식적으로 그럭하기 때문에, 둘로 보고 그러기 때문에 못 들어가는 거야. 찢겨 죽이고 모두 서로 그러니까. 그러나 만약에 그 상대를 나라고 생각한다면 내가 나를 죽이는 법은 없거든. 자기가 자기 죽이는 법은 절대 없어요.

그리고 비디오에서도 그래. 주인공 죽는 법 봤습니까, 영화에도? 주인공은 절대 죽질 않아, 아무리 고생을 해도. 주인공은 절대 죽지 않아! 하치않게 보지 마라. 자기가 독립군으로서 일을 하다가 총에 맞아 쓰러시면서 그런 말을 한 예가 있어. 날아다니는 까마귀가 송장을 보니까 막 그냥 떼로 이렇게 몰려오잖아. 그냥 까옥까옥하고 울면서 달려들어서 쪼아 먹으려고 모두 오니까 "까마귀야, 까마귀야, 나를 우습게 보지 마라. 비록 내 몸은 너희들이 쪼아 먹을지언정 나의 주인공은 쪼아 먹을 수 없느니라. 뺏을 수도 없고 또는 내가 없어지는 것도 아니니라." 이렇게 읊으면서 죽어 갔대요.

그렇듯이 우리가 살면서 자기 주인공 죽는 법은 없어요. 그래서 이번에 가니까 케네디 대통령 묘지에 불이 이렇게 일어나더군요. 불을 해 놨더군요. 여신상도 불을 들고 있고요. 그걸 보고 그러는 게 아니라 인간에게는 최초의 불씨를 가져온 겁니다. 최초의 불씨를 가져왔고 우리는 최초의 흙과 물이 아니면 생명이 이렇게 이루어지지 못하죠. 또는 바람이 없으면 우리는 생명을 유지 못합니다. 같이 포함해서 돌아가지 않는다면 우리는 지금 한 발짝도 떼어 놓을 수가 없습니다. 우리 자성신이 있기 때문에 발자국을 이렇게 떼어 놔도 시스템이 그렇게 돼 있기 때문에, 자력 시스템이 돼 있기 때문에 땅에 붙는 겁니다. 우리가 땅에 붙지 않으면 이거 공공 중에 뜨거든. 그러니까 우리가 그만큼 힘이 있다는 것을 아셔야 됩니다.

여러분도 그렇게 광대무변하게 힘이 있는데도 불구하고 이 소라가 껍데기를 자기라고 하기 때문에 그런 힘이 생기지를 않는 겁니다. 우리에게 그 많은 힘이, 자력이나 통신력이나 또는 전력 광력, 이런 게 충만히 있는데도 불구하고 그거를 생각을 해야 그걸 쓸 텐데, 만약에 기름이 저 땅속에서 불같이 일어나서 많은데도 쓰는 사람이 없다면 무용지물이에요. 아무 소용 없어요. 그러나 그것이 있기 때문에 우리가 갖다가 쓰는 거예요. 물도 잘라짐이 없지만 우리가 갖다 쓰는 거고요. 이 몸뚱이가 지수화풍이기 때문에 지수화풍을 우리는 항상 먹고 살아야 돼요. 지수화풍이 지수화풍을 먹고 또 지수화풍을 주고 이렇게 하면서 거기에서 원 근본 불씨가, 보이지 않는 불씨가, 우리가 바로 이 세상을 탐험하고 이 세상을 조절하고 이 세상을 바로 보고 이 세상을 오고 감이 없이 오고 가고 이렇게 할 수 있는 그런 능력이 우리한테 주어져 있으니까 우리는 그 도리를 알아야만 한다 이거죠.

서울에서도 날더러 그러죠. 경전을, 부처님의 말씀을 그대로 하고 부처님이 이렇게 하셨다 하고 설법해 주시지, 이런다고 그래요. 그래서 아니, 부처님은 3천 년 전에, 말하자면 시대가 좀 발전이 되지 않았을 때 그 용어를 그대로 방편으로 쓰시고 그때 말씀하신 거지만 시대가 이렇게 변천해 가는 대로 용도가 달라졌어. 그리고 또 용어가 달라졌어. 그런데 어떻게 이름을 똑같이 하느냐 이거야. 그러면 우리가 지금 담배 피우는 양반들더러 '담뱃대' 이런다면, '봉지 담배' 이런다면 그것 좋겠습니까? 또는 지금 비디오나 이런 게 나오는데 말입니다, 또 뭔가, 그거? 예전에 유성기라고 그랬는데 지금 유성기라고 부르면 되겠습니까? 모두가 이름이 바뀌지고 변천하고 발전이 되고 이러는데 그 발전되는 대로 따라가면서 용어를 거기에 방편으로 쓰면서, 즉 말하자면 마음이 마음을 좀 통해서 결국 물리가 터지고 그래서 자기가 증득한다면, 지금 현시대의 용어를 방편으로 쓰면서 우리가 양쪽 손, 바른손 왼손 다 겸해서 쓰듯이 그렇게 쓸 수 있다면 우린 지금 겁나는 거 하나도 없을 거예요.

나는 그래요. 지난번에 팔십 몇 년도서부터 이런 생각을 했죠. '야, 세계는 평등해야 되겠다. 어떤 나라는 불쑥 올라오고 어떤 나라는 불쑥 가라앉고 그러니 휘휘 좀 이렇게 돌렸으면 좋겠다.' 하는 생각도 있고, 평등하게 하려면 높은 거는 가라앉고 낮은 것은 좀 올라와야 되지 않나 이런 생각을 했던 나머지, 큰 데를 먼저 이렇게 하면 평등하게 돌아갈 수 있는 그런 여지가, 여분이 생기지 않을까 이런 생각을 했던 거죠. 그런 생각을 하면서 어떤 생각을 했느냐. 우리나라만 위해서가 아니라 또 내가 태어난 자리가 그 자리고 우리 경제도 그렇지만 땅덩어리도 그렇고, 너무나 쪼그만 땅을 가지고 있는데다가 반쪽씩 나누어져 있는 형편이기 때문입니다. 그렇기 때문에 이런 입장에서 콩나물시

루라면 지금 어느 구석에, 콩나물 하나 어디 끼어 있는 거와 같아, 우리나라가. 그리고 나 자체가 어디 하나 끼어 있는 거, 먼지 하나 끼어 있는 거와 같은 거죠. 그러니 어떡하면 구경을 시키나 했습니다. (손가락을 높이 들어 보이시며) 요거를 어떻게 들고서 구경을 시키나 했죠. 그랬더니 88올림픽이 거론됐죠? 얼마나 구경을 잘 시켰습니까? 우리 조그만 나라지만 구경 안 한 데가 없죠. 여기 한국이 있다는 소리를 안 들은 나라가 없을 겁니다. 그리고 또 저 소련이나 중공이나 일본이나 지금 다 평등하게 돌아갈 수 있는 그런 계기가 마련되고 있지 않습니까?

이 우리 한생각이 얼마나 기묘합니까? 거대한 수소폭탄이나 핵폭탄이나 거대한 잠수함이나 이런 것이 있고, 또는 거대하게 로케트가 올라가고 그러지만 한 인간의 근본 한생각만은 못할 겁니다. 이건 정신문명이 발전이 되고 문화가 모든 게 교류되고 결정적으로 우리가 한마음 한뜻이 돼 나가지 않는다면 우리 집은 잃을 겁니다. 여러분이 이렇게 몇 분 안 되지만 세 분만 이 도리를 잘 알아도 미국을 손바닥에 놓고 좌우할 수 있어요. 왠 줄 아세요? 세 분이 누구냐? 한 사람은 힘을 가지고 있고 한 사람은 법을 가지고 있고, 마음을 잘 낼 수 있는 법 말입니다. 한 사람은 뛰기를 잘해. 그래서 세 사람이 필요하지 않으냐 이렇게 보죠. 그러면 뛰는 놈은 누구고 또 생각해서 그 법을 내는 놈은 누구고 가만히 뚝 앉아 있는 놈은 누구냐? 이건 한생각 내기 이전이 부처고 그 다음에 한생각을 냈다면 법이고, 법신이야. 또 그 다음에 몸뚱이가 움죽거렸다 하면 화신이거든. 그러니 보신 법신 화신 또는 부처님, 이거는 아무 생각을 안 하고 그냥 불덩이가, 저 물이 저렇게 그냥 거대하게 그냥 돌아가고 있는 거, 그 물이 그냥 바다일 뿐이에요. 바다, 그냥. 바다니까 바다라는 이름뿐이지 바다를 응용하는 건 사람이란 얘기죠. 그와 같아요.

그러니까 여러분이 불교다 가톨릭교다 기독교다 이런 걸 떠나서 정신무예로써 무심으로써 찰나 요법을 무심도법으로써 생활할 수 있는 여러분이 되어야만이 우리는 모든 걸 좌우할 수 있다. 내가 똑똑히, '내가' 라는 걸 떠나서 지금 모든 걸 조절할 수 있는 것은 여러분의 마음이 이렇게 통달한다면 할 수 있다는 얘깁니다. 저 케네디 대통령이나 또는 소크라테스나 또 아까도 얘기했지만 여러 사람들이 약사발을 받고 죽기도 하고 달마 대사도 그랬고 또는 총을 맞아서 죽기도 하고 그랬지만, 나는 그 사람들의 마음이 죽은 게 아니라고 봅니다. 육신만 없어졌다 뿐이지 그 마음이 없어진 건 아닙니다. 마음이 없어진 게 아니기 때문에 저도 여기 이렇게 있고, 저의 마음이 있는 이상 그 마음도 둘이 아닙니다. 그렇기 때문에 아마 이번에도 알선이 된 것 같습니다. 모두가 마음이 한마음이거든. 잘나고 더하고 덜함도 없으면서도 더하고 덜함이 있고, 그렇게 용렬하지 않고 자비하고 사랑하면서 아주 그, 이번에 링컨도 보니까, 지금 동상 해 놓은 걸 보고 링컨의 그 마음을 보았을 때, 전자의 그 모습을 봤을 때 그거하고는 좀 다르지만 아주 준수하게 잘해 놨더군요. 그것도 자기가 일을 그렇게 했으니까, 증거가 있으니까 그렇게 해 놨다 이거지.

내가 가만히 생각을 해요. '나는 어디에서 칭찬을 받을까?' 그랬더니 '칭찬을 받을 데가 있기는 한데 칭찬을 누구한테서 받느냐?' 이런 겁니다. 어느 학자한테서 받느냐? 그것도 아니야. 왜? 하나의 보배의 이 시스템에서 전부, 생물학도 여기서 나가는 거고 지리학도 여기서 나가는 거고, 철학도 여기서 나가. 즉 말하자면 심성학도 여기서 나가고 의학도 여기서 나가고, 과학도 여기서 나가. 물리학도 여기서 나가. 아니, 전부 여기서 나가는데 어디서, 누구한테서 한 부분만 받을 거냐 이거야. 그러면 어디에서 받을 거냐. 그러니까 받고 자시고 할 것도 없지 않나? 그러나 여러분을 가르치려면, 어떠한 대상을 딱 놓고서 여기서 다 나오게끔 해서 여러분에게 지금 의학적으로나 모든 문제, 연구 자료 이런 걸 주려면 이설 하나 어떻게 먼저 테이프를 끊어야 되지 않을까 이런 생각도 해. 왜? 여기서는 약으로 쓰고 의술로 쓰는데, 기계화하는 데 그런 거 하나도 없이 정신 무의 기계과에서 한다면 말이야. 하하하, 정신 무의 요법으로. 즉 말하자면 시스템이 된 그 찰나의 이 무심도법으로서 그냥 여기서 어떠한 거든지 다 할 수 있다면 어느 땐가 가서는, 일 년이 못 가서 이것은 확적히 드러날 수 있다고. 왜? 기계화 또는 물질화 또는 의학적인 이론, 법 이런 것을 가지고서 하는 사람과 그냥, 그냥 무조건 하는 그런 도법을 50% 가지고 50% 유에다가 내놓는다면 이것은 모든 사람들이 여기서 하나씩 하나씩 빼다가 연구할 것 아니냐 이거야.

지금 그것을 실질적으로도 배우는, 오하이오 주의 주립대학 학생들도 역시 이런 공부들을 지금 해요. 자기의 그 전공대로요. 그런데 여기는 그 과목뿐이 아니라 여러 과목이니까 자기가 그 과목에 회의를 느낄 때는 참 많이 방황한다고 그래요. 그래서 방황하지 마라. 어떤 거든지 네가 과목을 선택한 대로 연구해라 이거야. 진화론도 바로 이 도리를 알면 그냥 그대로야. 그러니까 논문 쓸 때 뭐 걱정할 것 없잖아. 슬슬슬슬 풀리니까 말이야. 그러니까 이 모두가 여기에서 나오는데도 불구하고 이것을 하치않게 생각한다 이거야.

하여튼 여러분이 좀더, 우리가 같이 한마음 한뜻으로서 여기서 배울 때 젊은 사람들, 자식들도 다 이 도리를 배워서 자기가 고개만, 한생각 끄덕하면 저 목성으로도 가서 탐험할 수 있는 그러한 도리를 알라 이거야. 만날 이 몸뚱이, 이 소라 껍데기만 가지고 서로 뺏으려고 그러고, 조금만 소라 껍데기가 깨져도, 즉 말하자면 가다가 자기 소라가 껍데기가 깨졌지? 그러면 다른 성한 소라 껍데기를 뺏고는 그놈 내쫓곤 자기가 들어가서 그 소라 껍데기를 짊어지고 가요. 소라 껍데기만 그런 게 아니에요. 달팽이도 그렇고 모두가 집을 짊어지고 다녀요. 우리 인간도 그래요. 그래서 달마 대사가 그걸 가르치려고, 구렁이가 꼼짝 안 하고 있기 때문에 구렁이 속에 들어가서 구렁이를 저 바깥에다

끌어내다 놓고서 와 보니까 자기 집이 없더라 이거야. 그러니까 달마가 소라라면 소라 껍데기를 거기다 놓고 딴 껍데기 속에 들어가서는 그냥 갔다가 오니까 아, 자기 껍데기 집이 없단 말이야. 그런데 아니, 헐어 빠진 소라 껍데기를 놓고 갔거든. 그 소라 껍데기에라도 들어가야지 어떻게 해? 그 소라 껍데기만 남한테 보이고 자기는 보이지 않는데 어떻게 안 들어가느냐 말이야. 그래서 소라라면, 소라 껍데기에 들어가면 소라 껍데기가 보이는 거고 안 들어가면 소라 껍데기는 송장이란 얘기지.

그래서 보이지 않는 내가 그대로 있어도 이 몸뚱이가 없으면 무효고, 또 참나가 없어도 무효다 이거야. 분별이 없어도 그것은 목석이다 이거야. 우리가 분별이 없어 보세요. 그냥 목석이지, 뭐. 그러니 인간으로 태어나서 이 도리를 그냥 지나치고 가시겠습니까? 열반이라고 하는 것은 내 몸이 있어 가지고 깨달음을 열반이라고 그러는 거지 몸이 죽는 것을 열반이라고 그러는 게 아닙니다. 이렇게 과거 삼심, 현재 삼심, 미래 삼심 이것을 다 통달한다면 바로 구정토입니다. 이 구정토를 왕래 없이 왕래할 때, 저런 목성이나 토성이나 해왕성이나 이런 것만, 우리 요 지구 가까이 있는 것만 있는 게 아닙니다. 다른 데도 이거보다도 더 왕창 큰 태양도 있을 거고 은하계도 있는 것입니다. 우리보다도 더 부자, 지구촌보다도 더 부자는 전기를 더 많이 달아 놓고 사는 걸요. 우리는 가난하기 때문에 전기를 하나 놓고 쓰지만 말입니다. 태양이 전기라면요. 그런데 만약에 누전이 돼서 그 태양에 왕창 불이 일어나면 우리 이 지구는요, 저, 밤 있죠? 그냥 무슨 밤 하나 홀딱 집어삼키는 거와 같아요. 거짓말인 줄 아세요?

지금 바다에 물이 그냥 있는 게 아니라 올라갔다 내려갔다 하듯이, 지금 이 정맥 동맥이 올라갔다 내려갔다 하면서 우리가 운영이 되듯이 우리 마음도 올라갔다 내려갔다 하면서 지금 운영이 되는 겁니다. 그런데 항상 쳐다보고 '저 별은 저렇게 빤짝거리고 아름다운데….' 아니, 아름다운 걸 알면 내 아름다움도 알아야죠. 글쎄, 남의 것만 좋은 줄 알지 말고 나도 좋다는 거를 알아야죠. 나도 이 세상에 나와서 별처럼 빤짝거리면서 이렇게 운행을 한다는 것도 알아야 하고 내 몸속에서 세포 세포 하나하나를 돌면서 운행을 한다는 걸 아셔야죠. 내 몸속에 있는 중생들이 다 별처럼 빤짝거리면서 운행을 하죠. '내가 지금 어디 있을까?' 하면서. 그것은 또 그것대로 그런다고요. 여러분 몸뚱이가, 우리가 지구라면 그렇게 할 수 있잖아요? 지금 이걸 지구로 안다고요, 이 속의 중생들은요. 하이 참! 우리가 지구로 알듯이. 우리가 알아야 또 이 속에 들어 있는 중생들도 다 알아서….

그래서 부처님께서 이렇게 말씀하셨죠. 네가 그 참너가 있는 줄 안다면 참너가 없느니라. 왜? 그 네 몸속에 있는 의식 자체가 바로 둘이 아닌 까닭에 모습은 다를지언정 한마음으로 돌아가기 때문에, 찰나 찰나 돌아가고 정맥 동맥이 돌아가는데 어떤 거를 너라고 할 수 있겠느냐? 그 마음이 천차만별로 한마음으로 돌아가는데 모습은 다를지언정 어찌 내가 따로 있고 네가 따로 있다고 생각하겠느냐? 그렇다면 이 세상 모두가 다 그렇죠. 그래서 공부들 하는 사람들이, 부처님 공부 하는 사람들이 그저 '계단 올라가는 까닭은 뭐냐?' 이래도 걸리고, '계단 내려가는 까닭은 뭐냐?' 이래도 걸리고 죄 거기에 그냥, 하여튼 10년이고 20년이고 그런 데 끄달려서 지내다 보니까 자기 젊음을 다 버리고 나중에 늙어서 머리가 허옇게 되고 가사 장삼을 수하고도 어쩔 수 없는 그런, 즉 말하자면 껍데기로서 허수아비처럼 지내다가 허수아비처럼 무너지는 그런 삶의 종말을 가져오죠.

그러나 그 마음의 차원은, 물론 6차원 7차원은 되지 못했을지언정, 또 9차원도 되지 못했을지언정 그 자기의 3차원, 중세계에서 살던 이 3차원은 그대로 있겠죠. 하지만 사람도 차원이 낮아서 2차원도 될 수 있고 그런 문제가 있는 거지 없는 건 아닙니다. 그러니 자기의 차원대로 이 세상에 출현을 할 때 모습을 가지고 나오는 거죠. 그러면 냄새만 맡고 사는 세계에 출현을 하느냐, 우리 지금 먹고 사는 중세계에 출현을 하느냐, 마음세계로 출현을 하느냐? 그 마음세계도 벗어나서 부처님 세계, 즉 말하자면 이 진리, 어디고 내 집 아님이 없고 내 도량 아닌 데가 없고, 나 아님이 없고 그러한 아주 천국 세상에 태어나느냐? 거기에 태어날 것도 없고, 갈 것도 없고 올 것도 없는 자리에, 그냥 자리라는 이름도 없는 데서 참 자유스럽게 살 거냐 이거죠.

그러니까 그런 용어, 이게 문제가 아니라 우리가 마음을 통달해서 여러분이 자유스럽게 살 수 있는 그 길을 택하시는 것이 우리가 지금 여기 재생의 길, 자유인이 되는 길입니다. 바로 이런 것을 49년을 설하셨습니다. '너희는 너부터 알아서 자유의 길을 걸어라. 너부터 재생하라. 너부터 재생한다면 속을, 가죽을 알고 살을 알고 뼈를 알고 골수를 알 수 있느니라. 그런다면 이 세상 어디를 가도 떳떳하고 어디에 있어도 떳떳하고 항상 마음내는 게 무조건 자비를 내 줄 수 있는 바로 그러한 싱그러운 자유인의 길이니라.' 그래서 발은 이 땅을 디뎠고 머리는 이 땅을 다스린다 이 소리죠. 그래서 손은 움죽거리고 말입니다. 머리는 다스리니까 이 손은 움죽거린다. 이 세상에 부처님 손 없는 데가 없다. 눈도 부처님 눈 없는 데가 하나도 없다. 전부 여러분 눈이 부처님 눈인걸요.

그러니 우리 자체가 오늘 내일 모레가 따로 있는 게 아니라 어제도 따로 없고 내일도 따로 없고 오늘도 따로 없으니 삼심이 바로 일심이요 일심이 바로 무심이다 이거지. 찰나찰나 돌아가고 고정됨이 없으니까. 그러니 그 일심이 무심이니 무심의 도리로서 우리가 한 손에 걷어잡고 한생각에 평화를 만들 수 있는 그 여건을 갖는다면 누가 나를 가르칠 사람이 있으며, 누가 또 나 아니라고 할 수 있으랴. 그래서 그냥 사람만 '자신'이 되는 게 아니라 저런 나무들도 목신이 있고 용신이 있고 지신이 있고 이렇게 신(神)이 다 있다 이거야, 살아서. 다 움죽거린다고. 이게 다 돌아가, 그냥. (법상을 툭툭 치시면서) 이것도 지금 돌아가고 있어요. 이거 가만히 있는 것 같죠? 지금 하나도 그냥 있는 게 아니고 그냥 우리가 지금 돌아가고 있어요. 운동하는 데 가서 이렇게 뛰고 있으니까 밑의 것은 그냥 돌아가는데 사람은 아무리 뛰어가도 그 자리를 뛰고 있다고요. 그렇듯이 그렇게 그 자리를 뛰고 있는 이상 지금 이렇게 있는 거죠. 그러나 그대로 돌아가요, 지금. 앉았어도 돌아가는 거, 누웠어도 돌아가는 거, 섰어도 돌아가는 거니 그저 나는….

"너 이놈, 해제가 돼서 나갔다가 결제가 돼서 들어온 놈! 이놈, 너 나가서 무엇을 배워 가지고 왔느냐?" 하니까 딴 사람은 다 무슨 법화경을 읽었느니, 금강경을 읽었느니 하는데 이 사람은 "아유! 먹고 똥 잘 누고요, 잠 잘 자고요." 하하하. 아니, 잘 먹었다는 얘기죠. 그렇게 세 가지 말을 하니까 "이놈, 그냥…." 하고 꾸짖고는 그냥 아래로 부목으로 내쫓았지, 뭐. 우리가 앉으나 서나 깨나, 이것이 그대로 진리요 불법이요, 바로 우리가 시간과 공간도 초월된 자유인의 그 묘법이다 이거야, 묘법!

그러면 우리가 앞으로 인제는 한 사람 한 사람이 자기만이 아니라 딴 사람도 또 괴로운 사람이 있으면 한 사람 한 사람 이 도리를 가르치기 위해서 서로가 데리고 와서, 그러니까 남이 볼 때는 '저 사람, 자기도 그러면서 뭘 그래!' 이러지마는 그렇지 않다 이거야. 우리가 그 데려온 사람으로 인해서 또 배울 점이 있고, 그 사람은 나를 보고 배우고 나는 그 사람을 보고 배울 수가 있으니 그게 도반이 아니겠느냐? 그러니 모든 도반들을 데리고 와서 같이 같이 우리 배우자. 또 같이 같이 손을 잡고 걸어가자 이겁니다.

만약에 이렇게 해서 여기 분들이 잘하실 수 있다면 우리가 여기만 그렇게 만드는 게 아니라 실험할 수 있는 재료를 남에게 주기 위해서 실천을 해 보는 주인이 되자 이거고, 나아가서는 또 딴 데도 그렇게 해 줘야 되지 않나? 그래서 이것을 다 알고 본다면 우리 지구 자체는 아주 훌륭한 땅덩어리와 훌륭한 우리 집과 정말 딴 혹성하고도 교류되고 광력이나 전력 자력을 그대로 그냥 통신해서 서로 나누어서 쓸 수 있는 그런 재료가 충만히 있다 이거야. 안에 있는 것만 있는 게 아니라 바깥에 있는 것도 충만히 끌어 쓸 수 있는 건 무심이 아니라면 끌어 쓸 수가 없고, 무의 도가 아니라면 끌어 쓸 수가 없다. 우리는 정신 무의 축지법을 쓸 수 있는 그런 까닭이죠. 그게 바로 화신의 일이라고도 할 수 있죠. 신족통 그 자체가 바로 그러한 묘법을 쓰는 거니까. 몸뚱이는 한계가 있지만 마음은 한계가 없습니다. 그렇기 때문에 생각만 하면 어디로 가서, 한 걸음이 될 수도 있고 한 찰나가 될 수도 있습니다. 사실은 빛으로 따져도 지구에서 태양이나 저런 목성 화성에 도달하려고 해도 어림도 없는 거지만, 몇 수십 광년으로 돌아가지만 우리가 한 생각이라면 광년이라는 어리석은 언어도 붙지 않는다는 얘깁니다.

그렇게 어마어마한 공부기 때문에 여러분이 모두 몰라서 이 공부를 하려고 들지를 않죠. 앞서 일이기 때문입니다. 현실에서도 도리를 알면 항상 같이 이렇게 우리가 미래에 올 낙원을 이렇게 이렇게 하자, 이런 것도 도반들끼리 할 수도 있는 거지만 우리는 그런 연구를 해서 서로 토론을 해 가지고 세계를 참, 어떻게 만드느냐? 딴 데, 딴 혹성에도 심어서 그렇게 만들자, 이렇게 해도 될 수 있는 그런 토론을 해야 할 때, 우리가 지금 이런 걸 배울 단계인데, 이게 뭐냐 이거죠.

우리가 지구 자체를 어떠한 작품으로서, 어떠한 데서 어떻게 팽창이 돼도 집어먹히지 않는 그러한 정말이지 보배 아닌 보배로서, 조마대기만하다 할지라도 보배로서 우리는 당당하게 나갈 수 있는 그런 게 돼야 되지 않겠느냐? 대결이 아니라 이거는 바로 한마음 법으로서 돌아가는 그런 화목이다 이거야. 단결이고 화목이고 조화고. 조화를 이룰 때 그렇게 꾸밀 수 있는 그런 멋쟁이, 세계가 될 수 있는 거죠. 그럼 오늘은 이것으로써 마치겠습니다.

찰나 생활을 자유롭게 하시는 부처님

모건힐지원 담선법회

1990년 6월 17일

큰스님 … 돌아다니면서 살다 보니까 한국에도 살았고, 여기도 살고, 뭐 안 산 데가 없지만 말이야, 지금처럼. 지난번에도 내 둥지가 따로 어디 있을까 하고선 그냥 철새처럼 이렇게 다니는데…. 나는 둥지가 따로 없어요, 사실. 한국에 무슨 우리 선원이 있고, 이거는 방편이죠, 자기의 그 생각에서. 생각을 해 보세요, 둥지가 따로 있나? 임시로다가 우린 둥지를 해 가지고 살고 있죠. 그런데 이 원천적인 지구라는, 공중에 매달려 있는 이것을 만약에 누가 삼쳐 먹어 버린다면, 하하하, 우리는 그 속에서 깩소리도 못하고 죽죠. 우리 지금 몸뚱이를 누가 삼쳐서 칼로 푹 찔러서 죽인다고 합시다. 그러면 까딱없이 이 속의 생명들까지도 다 죽는 거예요. 여지 있습니까? 죽을까 봐 겁나서 그러는 게 아니라요, 그 뿌리가 얼마나 고상한 뿌린데 그럽니까, 글쎄?

신도1(남) 스님, 유정물하고 무정물하고 어떻게 차이가 납니까?

큰스님 유정물과 무정물의 차이요?

신도1(남) 같지 않죠? 글쎄, 그렇게 생각이 되는데….

큰스님 그러니까 진화론이에요. 신화가 되는데 이 지금 유정물 무정물이 둘이 아니기 때문에 진화가 돼요.

신도1(남) 그러면 무정물도 앞으로 진화가 된다는 말씀입니까?

큰스님 그럼요. 무정물도 진화가 되기 때문에….

신도1(남) 어느 시기에, 어느 인연에 따라서.

큰스님 그럼요.

신도1(남) 유정물로 화할 수가 있겠군요.

큰스님 네, 네. 왜, 서낭당처럼 나무에다가 이렇게 매달아 놓고 그런 나무가 천 년이 된 게 있었답니다. 그런데 산속에서 천 년이 됐는데, 그게 너무도 잘 알아. 사람이 오고 가면서도 돌 하나 들여 놓고 그랬기 때문에 잘 아는데, 어느 날 슬피 우는 겁니다. 그래서 "왜 우느냐?" 하니까 오고 가는 사람들 다 봐도 내가 될 사람을, 한마음이 돼 줄 수 있는 그런 사람을 찾지 못했다는 거죠. 사람한테 가서, 그 정자 난자 있는 데 가서 한번 끼어서 태어나야 할 텐데 사람이 없더란 얘기야, 사람이. 그렇게 많이 사람이 오고 가도.

그런데 하필이면 중한테 글쎄 "당신밖에는 없다." 그러더라지 않습니까? 중한테…, 하하하! (대중 웃음) 그래서 그 중은 선선히 대답을 했다는 겁니다. 그런데 자기를 못 보면 죽는다는 여자가 하나 있어서 그냥 붙들고 매달리니까 거기서 딱 이틀인가 사흘 있다가 "소원 풀었느냐?" 그러니까 "예, 풀었습니다." 그러니까 "그러면 잘 있거라." 그러고 떠났어. 그런데 그 목신이 바로 거기에서 태어난 거야. 그래 가지고 지금으로 치면 장군까지 했다지 않습니까? 그런 유래가 딴 데 있는 게 아니라 지금도 그렇게, 모두 그렇게 하고 있으니까요. 그리고 짐승이 아무것도 모르잖아요?

신도1(남) 그러면 스님께서는 아까 지구가, 우리 몸과 같이 이 집이라고 말씀하셨는데….

큰스님 그럼요. 아니라고 그러든지 말든지 난 그러니까.

신도1(남) 모든 사람들이 물질에만 집착을 해 가지고 욕심만 추구하다 보니까 지구 자체를 갉아 먹고 못 쓰게 만들고 나가고 있지 않습니까? 자기가 자기 몸을.

큰스님 글쎄요. 그렇게 갉아 먹고 찢어 먹고 씻어 먹고 긁어 먹고 그러는데요, 그렇게 하더라도 때에 따라서는 좀 자식답게 주인답게 이렇게 살아라 이거죠.

신도1(남) 사람들이 그렇게 못 살아가니까 지구가 점점, 뭐랄까? 망가진다 할까 그런 상태로 돼 나가고 있거든요, 현재?

큰스님 그것이 망가지는 건 둘째예요. 사람의 마음이 비면요, 벌써 이 지구는 주인이 없다는 얘기예요. 만약에 태양이나 무슨 다른 데서 팽창이 된다면 이건 그냥 가는 거예요. 그냥 가는 거예요. 또 그걸 떠나서, 만약에 마음들을 잘못 쓰면요, 물바다가 돼 버려요. 그걸 아셔야 돼요. 이래도 죽고 저래도 죽어요.

신도1(남) 근데 스님께서 보시기는 잘못돼 나간다고 보시죠? 잘돼 나간다고 보십니까? 지구상의 인간들이요.

큰스님 내가 있으니까 그거는 면하겠죠, 하하하….

신도2(여) 감사합니다, 스님.

큰스님 하여튼요, 이런 소리 하면 또 미쳤다고 할 겁니다. 그래서 이런 소리 아예 안 하는데 오늘은 미쳤다고 하더라도 할 수 없다 그러고 한마디 한 겁니다.

신도1(남) 주인이, 이끌어 가는 주인이 있으니까….

큰스님 그래서 세계 평화를 가져오려면 이 조그만 데도 다 영향이 미치게끔 세계적으로 다 움죽거려야 되거든요. 그래서 그랬는지 참 이상하게 날 또 부르기까지 하고요.

신도2(여) 그러게 말이에요, 예.

큰스님 그래서 이런 것이 세계 평화를 가져올 수 있다, 그런 거죠. 그렇게 해 놓고는, 일꾼은 해야죠. 보이지 않게 일꾼은 이렇게 해야죠. 나는 한국에서 이렇게 써 놓고 하거든요. 누구들이 있는데 시를 읊어서 몇 년도 이렇게 해 놓고선, 그 사람네들은 뭘 하는지도 모르죠. 또 좀 가다가 또 그러고. 그건 누구에게도 비밀이니까 그건 표현 안 하죠. 고문님이나 누구나 이런 걸 가지고 있을 뿐이지 그건 얘기 안 하죠.

신도3(여) 무슨 일이 있으려면 꼭 시를 읊어 놓으셨죠. 올림픽 하기 전에도 스님이 시를 읊으셨잖아요? 그래서 그때 뭐, 김현희 사건 나고 올림픽을 하느니 못하느니 그랬잖아요? 그랬는데 스님이 시 지어 놓으신 것 보니까 아주 문제없이 치르겠더라고요. 그래서 믿었어요, 올림픽을.

큰스님 올림픽을 생각이나 했나요, 그때? 82년도인데 무슨 생각을 해요? 그때 해 놓은 건데.

신도3(여) 그래도 그때 스님께선 올림픽에 대해서 시 지으셨어요.

큰스님 예. 팔팔 공치기는 십중팔구 좋을시고.

신도3(여) 네, 네. 공치기, 좋을시고만 들어가면 그건 되는 거거든요. 그런데 그렇게 시를 읊으시더라고요, 법문에.

큰스님 생각을 좀 해 봤어요. 밤에 앉아서 세 시간을 생각한 거예요. 세 시간을 생각한 건데 무얼 생각했냐 하면, 어떡하면 우리나라를 구경을 시키느냐, 세계적으로 구경을 시키느냐 이거야. 어떡하면 소문이 잘 날까 그걸 생각한 게 그것밖엔 생각 못했어요. 하하하.

신도1(남) 그것은 이기적이 되지 않습니까? 내 나라를 생각하는 거니까.

큰스님 아니죠. 이렇게 하는 데에 평등하게 그 바람이 불 수가 있는 거죠. 누구를 뭐 죽이려고 한 게 아니죠. 나는 절대로 누구 죽이지 않아요.

신도1(남) 죽이는 게 아니라 내 나라를….

큰스님 살리는 거죠. 나부터니까. 나도 그 나라에 났으니까. 아이, 선생님도 언제나 그러잖아요? 나부터 알고 남을 구제해야 한다 이거야. 나를 모르면 안 되죠.

신도4(남) 그러니까 지금 이 사회가 자꾸 개인주의가 돼 가고 있는 거 아닙니까? 나부터 안다는 거부터가 말입니다.

큰스님 아니요! 선생님도 기술을 가르치려면 선생님이 기술을 알아야 누구를 가르치죠?

신도4(남) 그야 물론이죠.

큰스님 물론이라면서 왜 그러세요? 그러니까 개인주의가 아니라 그것을 두 가지로 표현할 수가 있어요. 그건 개인주의로 표현할 수 있고, 그것은 내가 먼저 알아야 남을 줄 수 있다는 거. 내가 줄 게 있어야 남을 줄 수 있다는 거, 이거야. 그러니까 개인주의로 생각하진 마세요.

신도1(남) 출발이 여기서부터 출발해야 된다는 것이죠.

큰스님 네!

신도2(여) 내가 총수가 돼야 남을 도울 수가 있다고 하는 거죠.

신도1(남) 내가 없이는 아무것도 없으니까.

신도2(여) 그거는 인제 나 혼자만을 위해서 하는 게 아니고….

신도3(여) 그렇게 함으로써 우리나라가 얼마나 널리 알려졌어요, 올림픽 때문에.

신도2(여) 아이고, 그럼요. 그전엔 몰랐어요.

신도3(여) 지금은 코리안이라는 것을 말하는 게 떳떳하다고요, 올림픽을 한 나라인데….

큰스님 이 세상에 나서 내가 참, 아홉 살에도 그 고생을 히고, 그 때 그러니까 고련에 물 한 지게씩 팔았습니다. 그 어린 게 물을 져다가 갖다 주기도 하고 그러면서도 그때만 하더라도 그 모든 거를 남한테로 돌리지를 않았어요. 전부 나한테로 돌렸지. 그러면서 내 마음대로 해 내려온 그거를 볼 때 내가 그래요, 날더러 내가. "넌 참 기특하다. 삐뚜로 나가질 않고 어떻게 이렇게 나갔니?" 하고요, 예. 그러니까 그것도 벌써 수없이, 전자부터 그만큼 수련을 해 왔기 때문에 그렇게 태어났어도 그렇게 됐다는 얘기죠. 어저께 없는 오늘도 없고, 오늘 없는 내일도 없거든요. 그래서 내일 걱정 하지 말고, 지금 오늘 잘하면 내년, 요 다음 생은 뭐 걱정할 것도 없다. 뭐 오늘 이렇게 했는데…. 그러니까 오늘 살아 있으면서 열반이라야지 살아 있으면서 열반이 아니고 그냥 죽는 게 열반이라고 생각한다면 그건 오산이다 이거죠.

그러니까 어떤 때는요, 내가 우리 예전 회장님, 저분을 그냥 맨 밑바닥에다가 놓고, 밑바닥에서부터 하실 수 있는 그런 마음이 생길까 하고 그냥 막 저거 해도 그게 아니 되는 거예요. 항상 그 방식대로 그냥 이렇게 주먹을 들고 계세요, 그냥. 하하, 그러니 이거를 어떡하면 좋아요, 글쎄!

신도1(남) 저도 그걸 알고 있어요. 알고 있으면서도 모자라는데 어떡해요?

큰스님 그래요, 그래.

신도1(남) 의식으로는 다 알고 있는데, 또 스님이 그런 작용을 하신다는 것도 가끔 느끼죠. '아하, 이거 한 대 얻어맞긴 맞는 건데.' 하면서도 이게 안되는 걸 어떡해요?

큰스님 그러더라도요, 그냥 열심히 여길 믿으세요. 자기 자신을 믿고 한번 쭉 나가 보시면 일 년이 되든 이태가 되든 삼 년이 되든 샘물이 솟기 시작하면요, 그때는 그냥 우주와 더불어 같이 펑펑펑펑 봄이 오는 소식이 올 겁니다.

신도2(여) 감사합니다, 스님.

신도3(여) 그런데 왜 자꾸 막히게 잡으셔? 그렇게 잡지 말지, 하하하….

신도1(남) 예? 잡는 게 아니고 현재 생활에서도 제가 그걸 알고 있어요. 현실 생활에 내가 작용이 어디서 어떻게 되고 있다는 것을 느끼면서도, 스님 가르치는 것도 이해는 다 가죠. 가면서도 안되는 걸 어떡해요.

큰스님 하하하….

신도4(남) 나도 이번에 같이 이렇게 모시고 다녀 봤는데 국회 의사당 가서 우리는 전혀 못 보았어요. 그냥 "아휴, 그림 참 좋다." 그러고, "잘 지었다, 이 사람들도." 그러고 저도 그런 걸 굉장히 세밀히 보는데 그런 기본 상식이 없고 그러니까, 그냥 그렇게 탁 나오시면서 "아, 다 불심이 있다." 그러시고, 그 다음에 아까 막 건너뛰시면서 말씀을 하셔서 잘 못 알아들으신 분들도 있겠지만, 그 케네디 묘에 가니까 불이 타오르고 있다는 게, 그 알링턴 국립묘지에 가면 존. F. 케네디 묘가 있잖아요. 그 옆에 가면 로버트 케네디가 있고. 앞에 이렇게 앉으셔서 사진 찍은 데가, 십자가 이렇게 된 데가 로버트 케네디 묘 앞이고, 그전에 불 요렇게 있는 데가 존. F. 케네디 대통령 묘 거긴데 거기 불이 이렇게 타오르고 있더라고요.

영원의 불이라고 그래 가지고 불이 켜져 있지 않아요? 우리는 그냥 불로 보고 되돌아섰죠. 그런데 그러시더라고요. "이것도 불씨, 그러니까 불심이다." 이렇게 얘기를 하시고 해서 그게 참, 저한테는 좋게 들렸습니다. 신문 입장에서 관찰하면 이게 참 재미있는 이야기예요. 그래서 저는 처음부터 우리 큰스님한테 말씀을 드렸지마는, 저는 사회생활에서 굉장히 현실적이고 사회적인 사람이고 또 신문을 오래 하던 사람이기 때문에 만날 그런 눈으로 본다고요. 저희가 보면 미국은 기독교 국가거든요. 그날 상원 회의가 열려서 그걸 방청을 하셨어요. 방청을 하시는 게 좋겠다 그래서 잠시 보셨거든요. 저도 처음 봤죠. 상원 회의가 딱 시작이 되면서 기도를 하더라고요. 국회 의사당에서, 그러니까 기도를 한다는 것은 미국이 기독교 국가임을 떳떳하게 이야기하는 거거든요. 상원 본회의가 시작되기 전에 목사님이 딱 올라가서 기도를 먼저 하고 하더라고요. 참, 우리 생각에는 완전 기독교 국가인데 스님께서 나오시면서 불심이 있다고 그러시니까 신문 하는 사람 입장에서 아주 그 대조적이고 좋은 이야기란 말이에요. 그러면 '누가 미국을 이렇게 불심이 있나고 볼 수 있는가?' 하는 걸 생각을 해 보면 참 특종감이

다. 그래서 우리가 좀 여쭤 보면서 들었는데, 아까부터 그 말씀 하시기에….

큰스님 (사진을 보시며) 이건 거인하고 무슨 뭐, 매미 하나 붙은 것 같아. 이거 어떡하면 좋아? 하하하.

신도4(남) 워낙 크더라고요, 부시 대통령이.

큰스님 아니, 워낙 큰데다가 이 사람하고 나하고는 그냥 매미 붙은 것같이 이렇게…, 무슨 요만한 보따리 하나 이렇게 옆에 낀 것 같으니 이걸 어떡하면 좋아, 글쎄?

신도2(여) 전 앉으신 줄 알았어요. (대중 웃음)

큰스님 그래 앉았다고 생각해요, 그러면.

신도2(여) 아니, 정말이에요. 앉으신 줄 알았어요. 누구 또 서셨다고 아셨어요?

신도4(남) 아니, 지금 신문에 난 사진도 찍는데, 제가 큰스님한테 말씀을 못 드렸는데, 이 키 차이가 많이 나면 사진 찍기가 굉장히 어려워요. (대중 웃음) 왜 그런가 하면요, 우선 큰 사람 머리가 나와야 될 것 아니에요? 대통령 머리 자르면 어떻게 돼요? 그럼 거기다 맞춰야 되고 스님을 맞춰야 되니까 손이 못 나오죠.

신도2(여) 여기도 부시 대통령이 좀 잘렸어요, 머리가.

신도4(남) 그렇죠. 그게 그런다고요. 워낙 차이가 나면 사진을 찍기가 상당히 힘들어요. 그래서 신문에서 여기 손이 잘린 게 원래 잘못 찍은 건데, 그런데 멀리서 찍으면 경호원들이 이렇게 막고 그래서….

큰스님 뭐, 재 손자 같네. 하하하! (대중 웃음) 그렇지만 여기서 다 나오는 거죠.

신도4(남) 아, 그러니까 사진을 이렇게 잘 찍어야 되는데 큰 사람한테 맞추어야 되니까 작은 사람 손이 다 잘리는 수밖에 없죠.

큰스님 아, 나는 좀 크게 찍지, 그냥 그렇게…. (대중 웃음)

신도5(여) 요거요, 십자가.

신도4(남) 네, 그건 로버트 케네디 묘 앞이에요.

큰스님 이것도요, 이 십자가 있죠? 이거는 이렇게 길게 그렸잖아요? 이것도 사람을 위주로 해서 한 거예요. 예수 그 자체를 기준해서 이렇게 한 거거든요. 그런데 열 십 자로 된 거는, 그 국회 의사당 거기는요, 열 십 똑바로 이렇게 한 거는 사람을 위주로 한 게 아니에요. 중도를 위주로 한 거죠. 이렇게 이렇게 해 놓고 이렇게 이렇게 해 놨거든요. 그러니까 사무 사유를 보이지 않는 세계와 보이는 세계를 한데 합쳐서 둥글린 거예요. 이건 법륜이거든요.

신도6(여) 법륜! 그렇죠.

큰스님 예, 그래서 이건 불가에서 다 나온 거거든요. 그렇기 때문에 그렇고, 그러니까 천, 지, 인 이것이 다 뚜렷하게 국회 의사당에 있는 거예요.

신도4(남) 불교 방송에서는 이제 방송이 나갔고요, 백악관 갔다 오신 이야기, 그리고….

신도5(여) 어, 그래요? 한국에 불교 방송 있지?

신도1(남) 한국 전국지 동아일보에도 실렸습니까? 사진 실렸어요?

신도4(남) 그걸 우리가 보냈더니, 동아일보는 크게 못 나오거든요. 항상 종교 소식이라고 조그맣게 나니까 그렇게 하지를 말고, 좀 크게 하기 위해서 25일까지 빨리 이걸 보내라는 거예요. 그래서 제가 지금 얘기 들은 '미국에 불심이 있다' 이런 타이틀로 해서 스님과 대통령, 뭐 이런 거를 좀 장기적으로 크게 여러 장을 쓰는 게 지금….

큰스님 미국에만 불심이 있는 게 아니에요, 또.

신도1(남) 그렇죠. 세계에 다 있겠죠.

신도4(남) 우리는 미국 이야기만 하면 되니까.

큰스님 미국에만 불심이 있다면 그건 벌써 표현이 잘못되는 거고요. 남신 여신이 있는 그 자체가, 표상을 해 놓은 거를 보고 국회 의사당을 보니까 천지인 삼재와 그 부처님, 즉 말하자면 법륜이 있고 불심이 다, 세계 우주 전체가 전부 불심이, 그러니까 한마음으로 돌아간다는 그 불심이 있다고 하더라는 얘기지.

신도4(남) 아마 뉴욕에 있는 여신상을 불심이 있다고 신문에 냈다가는 미국에서 들고 일어날 겁니다.

큰스님 아니에요. 그렇지가 않아요.

신도1(남) '진리의 힘이 작용하고 있다.' 이렇게 해석을 하면 되고, 불교에서는 불심이라고 그러지만 진리의 힘은 미국이고 어디고 다 작용하고 있다는 거.

큰스님 아니, 여기서 불심이 하나도 잘못된 게 없는 게요, 영원한 불심은 바로 불이다 이거야. 그래서 케네디 대통령 앞에도 불로 해 놓고 여신상도 횃불을 들었는데 무슨 소리를 하고 있어요? 그거 자기네들이 그럼 해 놓지나 말지.

신도1(남) 그것 부처님 불(佛) 자 아닙니까?

큰스님 예?

신도1(남) 부처님 불 자가 아니에요?

큰스님 불 자죠, 다.

신도1(남) 지금 불, 불 말씀하시는 것은….

시자 스님 스님께서 말씀하시는 불심은 불, 생명의 불이라는 뜻이에요. 그러니까 케네디 대통령의 불, 그거….

큰스님 이 지금 전부 불이거든요. 이 생명의 근본이 불이거든요. 그러니까 그거는 그대로 부처님 불이 아니라 전부 사람들이 생명이 있는 게 불이거든요. 아유, 부처님만 불을 가지고 있는 줄 아셨어요? 그러니까 부처님이라는 거는요, 이 전체 진리, 진리를 부처님이라고 그런 거예요. 그 이름이에요.

신도1(남) 근데 한 가지 질문이 있습니다.

큰스님 그래, 해 보세요.

신도1(남) 소크라테스도 사대 성인 중의 한 분에 들어가고 예수님도 사대 성인 중의 한 분에 들어갔는데, 그분들은 자기 명에 다 생을 마치지를 못했거든요. 한 분은 독배를 마시고 돌아가시고 한 분은 십자가에 매달려서 돌아가시고, 이 성인들께서 어떻게 자기 명을 다 못하셨느냐 하는 것이 의심이에요, 저는.

큰스님 의심이죠? 이거 보세요. 나를 알았어요, 인제. 인제 나를 깨달았어요. 깨달은 거는 두 번 내가 재생을 하는 거거든요. 마음을 깨달은 거하고 육신이 나오는 거하고는 다르죠. 육신이 이 세상에 나왔다 하는 거는 탄생이죠. 근데 마음이 탄생하는 거는 다릅니다. 그러니까 마음의 탄생을 했는데 자라지를 못했어, 아직. 응?

부처님께서는 그게 자라 가지고 둘이 아닌 도리를 알아 가지고, 또 둘이 아니게 나투는 방법을 알아 가지고 찰나 생활을 자유스럽게 하시다가 자기 몸도 자유스럽게 그냥 앉아서 가려면 가고 서서 가려면 가고, 마음대로 하셨다 이거예요. 그런데 이네들은 보살이란 말입니다. 어느 한 단계를 거치지 못했단 얘기죠. 여기 사람들더러 만약에 예수는 단계를 거치지 못했다 이러면 난리날 겁니다, 하하하. (대중 웃음) 그러니까 내가 그냥 그만두는 거죠, 뭐.

아이고, 이 중생이나, 뭐 따로 있습니까? 예수 배 속에도 생명이 있었고 부처님 배 속에도 생명이 있었는데, 예수 속의 생명들은 그냥 중생이었고, 그렇기 때문에 몸으로 돌아다니면서 하다가 붙들려 가지고 못까지 박혔지 않습니까? 부처님은 앉아서 하셨단 말입니다. 몸은 가만히 앉혀 놓고, 이 수십억 마리를 화현시켜서 화신을 만들어서 들고 나게 해서, 천백억화신이 들고 나면서 나가서 전부 딴 사람 속에 들어가서 했단 말입니다.

신도1(남) 그러니까 성인들께서도 실수를 하실 수 있다 하는 말씀, 그런 이야기가 되지 않습니까?

큰스님 아니요, 아이유! 지금요, 기술을…, 과학자라도 좋고, 회사, 우리 그럼 아주 간단하게 얘기합시다. 지금 구두 장사를 하시죠? 그런데 그 가죽이 어디로부터 와서 그 가죽을 가지고 재단을 해서 구두를 만들어서 남을 신게끔 하려면 상점까지 내서 다 판매를 해야 될 텐데, 구두 껍데기가 어디서 와 가지고 지금 구두를 만들었는데 판로를 알지도 못하고, 그래서 팔지도 못하는 그런 때란 말입니다.

그러니까 판로가 없으니까 이 신발 한 짝을 들고 팔러 다닌 거죠, 얼른 쉽게 말해서. 팔러 다니니까 "야, 이놈의 새끼! 너, 우리는 구두 신는 나라가 아닌데, 너 지금 우리는 농구화를 신는 나라인데 너 구두 왜 파느냐? 구두 팔지 않겠다고 해라. 그러면 내가 죽이지 않겠다." 이러는데 굳이 구두 팔겠다고 했거든. 하하하…, (대중 웃음) 이게 들어 보세요. 그러니까 구두를 굳이 팔겠다고 하니까 "너 굳이 팔겠으면 그냥 안 둔다." 이런 거거든요. 부처님께서는, 예를 들어서 구두를 만들어서 자기가 팔지를 않고 그냥 누구든지 구두를 갖다가 그냥 신게 만들었거든요. 그러니까 부처님이 죽을 필요가 없지, 허허. 그러니까 이 마음으로요….

내가 이런 얘기를 하죠. 언젠가 한번 어떤 사람이 미친 조카를 데리고 와서 낫게 해 달라고 그래요. 그 사람이 과거로부터 욕심이 많아 가지고 빚을 잔뜩 지고 그래서 그런 건데, 같이 벌어서 해 놓고는 세 사람이 죽었어요. 네 사람이 번 건데 죽고 인제 한 사람만 남은 거예요. 근데 이 세 사람이 죽고 나니까 그 네 사람이 번 걸 몽땅 이 사람이 가졌어요. 그러니까 죽어서 거기를 떠나지를 못하는 거예요. 그래 가지고 남아서 이걸 다 가진 사람의 딸 속으로 들어간 거예요, 이 셋이 다. 그래서는 이 딸이 미쳐서 돌아다니는 거예요. 저 엄마더러 하는 소리가 "너 내 돈 다 먹고 너 좋게 살 줄 알았어?" 아이, 이러죠. 또 한 놈이 또 나와요. "야, 난 아무개야. 너는 말이야, 내 돈도 너 그렇게 그냥 먹을 수 있을 줄 알아?" 세 놈이 한 딸 속에 들어가서는 다 그러는 거예요. 이 여자가 맹추가 돼서 모르는 여자인데 그러니 그거를 내가, '야, 그전에 젊어서 돈 벌 때에 동업자가 있었는데 그렇게 죽고, 장마

때에 물에 죽었다. 그런데 그렇게 죽어 가지고 너희 딸한테 있으니 너 먹은 돈 삼분의 일이라도 내서 시주해라.' 이럴 수가 없더라고요. 이거를 어떻게 하면 좋을까 하고 곰곰이 생각을 하다가 옛차! 그냥 그 미친 애 있잖아요? 걔한테다가 그냥 딱 내 마음 자체를 갖다가 합쳐서 그 말할 거를 걔 입을 통해서 말을 하게 만든 거예요. 그러니까 그냥 좍 얘기를 하고 "이 도둑년아." 하하하, (대중 웃음) 그러곤 "삼분의 일이라도 내놔, 이년아. 그러면 내가 가지고 갈 거야. 이분을 드리면 내가 가지고 갈 거다." 이거야. 그러고 저희 어머니를 복 패듯 하네. 그러니까 아이고, 그냥 드리겠다고 그냥 뭐, 막 요동을 치죠. 그럭하고선 "야, 인제는 준다니까 너는 이리로 가거라." 그러고 그때 대접에 나 먹으라고 물 떠다 놓은 게 있었거든. 그래, 이렇게 보면서 "이 속을 들여다봐봐. 얼마나 너 갈 자리가 좋은가?" 그러고선 이렇게 내놓으니까 거길 들여다보니까 참 금수강산이거든요. 너무 좋고 그러니까. 그래서 접시 물에 코도 박고 죽어요. 그게 바다로 보이니까요.

그래서 인제 거기서 그렇게 해 가지곤 천도시켜서 그 시주한 것 다 가져오고, 옷 한 벌 해 오라고 그래서 딴 사람 입히고요. 그렇게 해서 태워 버려 주고선 그 애가 제정신이 든 거예요, 그게 다 나가고 나니까. 그래서 딸을 살렸죠. 그래, 돈이 뭐기에 그래요, 글쎄, 응? 자식들도 있고 그런데 돌려주지 그거 뭐라고 글쎄 그냥 홀딱 다 집어먹어 가지곤, 딸을 갖다 20년을 그렇게 고생을 시킨 거 아닙니까? 뭐 신문이요? 신문에 날 거요? 한두 건이 아니에요. 한두 건이 아니지만, 그런 건은. 왜냐하면 그렇게 되면 내가요, 뭐가 되는 줄 아세요?

예전에 부처님께서도 법왕이라고 소문이 났지만, 즉 말하자면 의사왕이라고도 소문이 났거든요. 사람들이 고생하는 걸 못 봐, 너무 자비해서. 그러니까 그냥 모두 건져 주시니까 그때 그렇게 됐죠. 그런데 내가 30년 동안에, 30년 동안뿐만 아니지만 쭉 내려오면서 아주 증거가 탁탁 있는 그런 문제들도요, 그냥 하나서부터 열까지 다 이거는 신문

기사거리죠. 그렇지만, 허허허…, 그거 어떻게, 그거 내가 할 수는 없죠. 제삼자가 할 수는 있죠, 제삼자가. 그래서 요새요, 자기가 공부해 온 것, 백분지일도 안 되지만 이거 해 오고, 또 해 오고, 또 해 오고 그런다고요. 아주 책을 내겠대요. 그러니까 신도 회장단들이 나서서 전부 체험담을 모으는 거예요. 어느 때 요렇게 해서 누구 이렇게 한 것도 아마 하려면 하죠.

신도6(여) 미국에서 해도 되나요?

큰스님 네, 여기 미국서는 뭐 그냥….

신도6(여) 그럼 한 30년 내려온 그 날짜까지도 알아낼 수 있어요.

큰스님 아뇨. 그걸요, 내가 가르쳐 드릴 테니 딱 단순하게 요렇게 하나만 하고, 한 가지니까. 또 요런 거 한 가지 딱 떼어 놓고, 요런 것 한 가지 딱 떼어 놓고, 요렇게 하는 거죠. 그렇게 해야지 이렇게 죽 연달아서 무슨 뭐, 연재 소설처럼 그럭하면 신문은 제로니까요, 하하하. (대중 웃음)

신도5(여) 스님, 별거를 다 아세요. 하하하.

신도6(여) 그런데 스님, 서울에서 그때 어딥니까? 전라도서 떡 가져와서, 깡패 그 말씀 하셨잖아요.

큰스님 몰라요, 난 잊어버려서. 나는 한번 주었으면 잊어버려요. 그런데 모두 지금들 "와아" 해 가지고 그걸 전부 적어오는 거예요.

신도3(여) 저도 딱 한 가지 쓸 거 있는데요.

신도6(여) 근데요, 그 집에서 어느 날요, 저 전라도의 친구가 떡을 가지고 왔다고 와서 먹으라고 그래요. 그땐 내가 가야 되는데 우리 큰딸을 보냈어요. 그런데 그 떡을 다 나눠 먹었는데 우리 큰딸은 먹으라니까 안 먹더래요. 아이, 나 싫다고. "그럼 가지고 가라." 그러니까 싫다고 그러더래요. 그런데 그 떡을 가지고 와서 다 나눠 줘서 먹었는데 그 떡 먹은 사람은 무조건 다 병이 나는 거예요. 병이 나도 크게 나는 거죠.

큰스님 병이 들었단 말이죠?

신도6(여) 네, 그랬는데 그분이 저한테 와서 의논을 하는 거예요. "이거 어떡하면 좋으냐? 이러이러한 사실이 생겼다." 그래서 "아니, 뭐 어떡해? 스님한테 가야지." 스님한테 갔는데 이렇게 말씀하셔요. 몇 겁을 아주 깡패로, 이를테면 깡패짓 하다 또 태어나서 또 깡패, 그냥 계속 그러다가 거기 그냥 떡에 착 이렇게 된 게 와 가지고 그냥 이렇게 사람들한테 병이 나게 한 거라고요. 근데 큰스님이 말씀하신 그 나머진 잘 모르겠어요. 그래서 이제 누가 기도비를 내야 되느냐? 그 사람은 나한테 떡을 갖다 먹었는데 금방 죽게 병이 들었으니까 어떡하면 좋으냐 이거죠. 그래서 제가 그래도 당신이 해야 된다고 그랬어요. 당신이 시주를 해서 여러 사람 살려야 된다고.

신도3(여) 떡 가져온 사람보고….

신도6(여) 그렇지. 그 주인보고. 그래 가지고 그 사람이 돈을 마련해서 스님한테 인제 기도를 했는데 스님께서 그러시더라고요, 그때. "참 내가 여태까지 지나온 중에 이렇게 아주 악질 깡패는 처음 봤다." 그러시더라고요. 참 그때는 한두 사람 그런 게 아니거든요. 그런데 어째서 우리는 피해졌는지 저도 모르겠어요. 우리 딸에게 떡을 가지러 보냈는데 싫다고 안 가져왔어요. 근데 그게 국민학교 2학년인가 3학년 때거든요, 우리 큰딸이 지금 서른 살인데, 어려서 조그마했죠.

큰스님 근데 그걸 하려면요, 한순간이에요. 즉 말하자면 오백 년, 육백 년 이렇게 만약에 거슬러 과거로 돌아갔을 때, 그 일들을 저지른 거라면 그리로 돌아가야 해결이 돼요. 그래서 이 무의 세계, 유의 세계를 이렇게 미래 삼세, 과거 삼세, 현재 삼세를 구정토라 그러거든요. 이 구정토를 왕래를 못한다면 그건 안 돼요.

신도2(여) 삼삼은 구?

큰스님 예.

신도6(여) 또 인제 한 사람은, 저 서울서 있었던 일이에요, 우리 동네.

큰스님 저이는 어저께 밤에도…, 아니, 어떻게 그렇게 끌어내 가지고 이야기를 하는지, 얘길 하면 내가 생각이 나고 얘길 하면 생각이 나고 그래요, 그냥. 지금 얘기하면 이 원주 바닥에요, 하여튼 엄정면, 금가면, 봉양, 제천, 태장, 봉산동, 영월, 제천.

신도6(여) 제천!

큰스님 아니, 제천은 했잖아. 또 저 충주, 금가면 엄정면, 하여튼 그 일대로는요, 하루 팔백 명, 칠백 명 오는 거예요.

신도6(여) 건 건을 셀 수가 없어요.

큰스님 그러니까 어떻게 한 줄 아세요? 경찰서에서요, 몽둥이들 들고요, 저건 사람이 아니라 산에 여우가 도섭을 해서 있다고도 그러고, 또 말이 어떻게 난 줄 아세요? 선녀가 하강을 해서 왔다, 또 무슨 뭐, 부처님이 화해서 법신으로서 보살로서 나왔다. 무슨 호랑이가 또 도섭을 해서, 하하하…. 그러니까 경찰서의 주임하고 한 20명이 몽둥이들을 들고 오는 거죠, 인제. 어떡하다가 절에 그냥 오다가 보니까는 아이, 대호가 말입니다, 입을 떡 벌리고 이러고 있으니까는, 낭떠러지에 막 넘어오다 그랬으니까 낭떠러지로 전부 들입다 구른 거예요, 그냥. 그러니까 죄 그냥 오지 못했죠. 그러다가 어떤 때 인제 한 삼십 명이 올라왔어요. 근데 내가 보니까 저 아래 허덕허덕하고 모두 올라와요. 그래서 '요놈들, 맛 좀 봐라.' 그러고 나는 인제 토굴에서, 이 토굴이 거기서 한 50리가량 되죠?

신도6(여) 아니, 절에서는 10리 치죠.

큰스님 10리 치죠? 그래서 10리를 내가 올라가서 방에 턱 앉아 있으니까, 토굴에 가 보니까 없거든요. 그럼 절로 올라올 거 아닙니까? 절로 올라왔어요. 절로 올라와서 구둣발로, 그 구두를 벗을 수도 없거든. 그러니까 법당이나 뭐, 방이나 주인 찾느라고 이렇게 들어오기에 나가서 그랬죠. "당신네들 법을 배운 사람이야, 안 배운 사람이야?" 그러니까 배웠다 이거야. 그랬는데 "몇 항 몇 조에 걸리는 줄 알아, 신발 신고 이렇게 법당에 들어오고 남의 방에 침입을 하는 게? 이거 당신네들 배웠지?" 그러니까 "허." 이럭하고선 아무 소리 못해요. 그래서 "그럼 나 잡으러 왔다면 검사 구형장 떼 가지고 왔나?" 그랬어.

그러니까 그냥 기겁을 해요, 그냥. 그러고는 말 못하는 거죠, 뭐. "무슨 증거가 있어?" 이러면서. 그렇게 많은 사람들이 와서 그렇게 되니까 경찰서에다가 아마 투서를 했던 모양이야, 전부. 그러니까 없다 이거야. 그래도 내려가랄 권리가 있다 이거지. 그래서 무슨 권리냐고 그랬어. 그러니까 총하고 여기 채우는 것, 그 고랑 있잖아? 그게 무섭지 않으냐 이거야. 그래서 내가 그때 그랬어. 껄껄 웃으면서, 그때도 아주 나이가 연소할 때 아닙니까? 껄껄 웃으면서 "아니, 당신네들 그 총하고 고랑이 무서울 것 같으면 내가 이날까지 여기 이렇게 산중으로 다니지도 않아." 하하하, 그러고 "나도 이렇다 하는 당신네들 단번에 집어넣으려도 넣겠지만 내가 이날까지 공부한 것에 비추어 볼 때 참 나답지 못한 일이 되겠으니까 그냥 내려보내니 곱게 가거라." 그랬거든.

그랬더니 나중에는 어떻게 할 수가 없으니까 배고픈데 밥 좀 달라는 거라. 내가 너희들을 초청했으면 밥을 주지만 너희들이 그냥 강제로 나를 잡아가려고 올라왔는데 내가 왜 너희 밥을 주느냐 이거야. 그냥 내려가라고 그랬더니 "나 참, 그렇게 보지 않았는데 꽤 맹랑한데? 하!" 이러면서 그냥 내려가더라고요.

그때에 내려가서 경찰서장이나 주임이나 다 저 숯 장사 돈 먹은 걸로 인해서 다 모가지가 그냥 덩겅덩겅 잘라진 거예요. 핑계가 그거죠. 아, 그런데 그 부인이 와서 살려 달라고 그리는 거예요. 우리 남편이 이 절에 올라왔다 가서 그냥 모가지가 잘렸다고요. 그러고는 그냥 막 살려 달라고 그래요. 그래서 그때 그랬죠. "당신 남편이 부처님 앞에 와서 다시는 그런 짓 안 하겠다고 삼 배 절을 하고 내려가지 않는 이상에는 못 한다." 그랬죠. 버릇을 가르쳐 놔야지 그놈의 거…. 그랬더니 인제 가서 절하고 그러고는 갔는지 그건 모르지만. 하여튼 도로 복직이 됐대요.

신도6(여) 하여간 상원사는 웬만한 사람은 못 가요. 1180고지예요. 올라가는 데만 몇 시간 올라가요. 평지도 한 사십 리…. 근데 이번에 저 갔다 왔거든요. 근데 그 입구 있는 데다가, 이런 나무에다가, 우리 스님 옛날에 '이생님'이라고 그랬거든요. '여기 이생님 안 계십니다.' 하고 이렇게 크게 써서 붙였어요, 한번 올라가니까. 그래도 저는 올라갔지, 뭐. 하여튼 올라가려고 마음먹었으니까.

큰스님 그러니까 그 이생이라는 것은 이할 리(利)거든요. 날 생(生)이고요. 그렇기 때문에 여러 사람들을, 그냥 당신네들도 이생이라고, 그러니까. (녹음 안됨)

그랬는데 인제 가르쳤죠. 그게 육바라밀이에요. 그러니까 그때 당해서 "이생 스님! 이생 스님!" 했는데 지금은 대행 스님이 됐지마는 그때는 외려 그게 내 이름이 아니거든요. 근데 내 이름으로 그렇게 부른 거죠. 그러니까 여러 사람이 이름을 붙인 게 그냥 이름이 돼 버렸죠. 그때는 '청각'이라고 계를 받았거든요. 근데 그걸 숨기느라고 그냥 내버려 두었죠.

신도6(여) 우리 스님이 꼭 써야 될 글이 있어요. 인제 처음에 백련사로 산을 아홉 개를 넘어서 가셨는데, 한동안 이렇게….

큰스님 아이, 그런 얘기는 할 거 없어요.

신도3(여) 스님의 영험을 글로 잘 쓰셔야 해요. 괜히 까딱 잘못해서요, 우리 스님한테 정말 피해가 될는지 모르니까 잘 쓰셔야 돼요. 근데 대개 우리 스님의 지나가신 행적을 딴 사람이 들을 적에는 까딱하면 오해를 하거든요. 신(神)으로 오해를 해요.

큰스님 지금도 신인 걸요, 뭐. 전부 신인데, 뭐. 신 아닌 게 어디 있어? 하하하….

신도3(여) 그렇게 오해를 하게끔 하시면 안 됩니다.

큰스님 가시겠어요? 에이구, 우리 부처님들 안녕히 가십시오.

신도1(남) 얼마나 오래 계십니까?

큰스님 아이, 내일 모레는 가야죠. 거기도 또 행사가 있대요. 저희들 배운 거대로, 무슨 뭐요? 학춤, 승무, 바라 뭐 그런 것 하면서 설법도 하고 뭐 어쩌고저쩌고, 말이 많아. 나 안 갈랬는데요, 거기서 닥터 웨버하고 약속이 있기 때문에 안 갈 수가 없어요. 신랑 색시가 인제, 하하하…. (대중 웃음)

신도1(남) 도반! 도반이에요, 지금.

큰스님 안녕히 가세요.

자신의 소임을 다하는 길

알래스카지원 법회(통역)

1990년 6월 22일

오늘 앵커리지 여러분과 더불어 한국 신도님들이 이렇게 한자리를 하게 된 것을 너무나 감사하게 생각합니다. 감사합니다. 또 더불어 여기에 티베트 불교 스님도 계시고 그래서 더군다나 더 감사함을 느낍니다. 오늘 토론을 하기로 했는데요, 제가 잠깐 어두를 꺼내고 우리 서로 질문하고 또 대화를 나누는 거를 계기로 삼아서 진행합시다.

우리가 세계를 비롯해서 어느 누구를 막론해 놓고 인간으로 태어났다면, 풀 한 포기도 불교 아닌 것이 없습니다. 그러나 우리 인간은 만물의 영장이라고 해서 아주 고도로 물질과학으로서 문명의 발전은 했으나 정신문명과 정신과학이 발전이 되어야 되지 않을까 하는 생각을 합니다.

그런데 요즘 기독교 또는 가톨릭교 또는 불교, 어느 교를 막론해 놓고 기복이 많습니다. 타력 신앙! 타력에서는 자력이 나올 수 없다는 사실을 아셔야 됩니다. 우리가 타력으로서 간다면, 사람도 마음의 주인이 없다면 빈집과 같습니다, 빈집. 그래서 집이 만약에 비었다면 모든 생명들이 이 빈집을 항상 느나늘게끔 돼 있으니 그 집은 망가지게끔 돼 있습니다. 그렇기 때문에 '이 육신이 육신 값어치를 해야 한다.' 하는 것은 이 몸을 타고 나서는 눈으로서 할 일, 듣는 걸로 할 일, 냄새 맡는 걸로 할 일, 말을 하는 걸로 할 일, 몸이 움죽거리는 걸로 할 일, 머리가 돌아가는 걸로 할 일, 모든 것을 합리적으로 내 육신을 가진 소임을 다할 수 있는 그런 겁니다. 그러나 내 참나가, 근본적으로 있는 그 자체의 화해서 돌아가는 그 이유를 좇아가려면, 보이지 않는 데서 작용하는 그 컴퓨터에 맡겨 놔야 합니다. 만약에 거기에 맡겨 놓지 않는다면 내가 남의 소임을 터치하는 게 됩니다.

오늘도 그런 얘기를 했습니다만 야, 육신을 가진 소임을 다해라. 예를 들어서 보이는 데 손을 올리고 이러는 건 다 내 소임이지만 보이지 않는 데 컴퓨터가 있다면 거기에서 만약에 입력을 한다거나 보는 걸 올바로 보지 못한다면 여기 갈 거 저기다 갖다 놓고 저기 갈 거 여기 갖다 놓을 거 아닙니까. 그런다면 육신의 소임이 다 안된다는 얘기입니다. 그럼 살림살이하거나 또는 정치를 하거나 또는 과학자거나 심리학자거나 누구를 막론해 놓고 보고 듣고 또는 움죽거리고 냄새 맡고 그 사람의 모든 작용을 알게 되고 움죽거리는 이 소임을 육신이 하는 겁니다, 모든 기능과 전부 다 말입니다. 이 소임을 똑바로 함으로써, 똑바로 생각함으로써 똑바로 이 컴퓨터에 입력이 된다 이 소립니다.

그러면 그 컴퓨터는 전부 나 자체에, 즉 말하자면 모든 일체가 다, 생물학이니 철학이니 또는 지리학이니 공학이니 또는 심리학이니 과학이니 천체물리학이니 이 모든 것이 그 한군데서 나가는 겁니다.

이 탐지기라는 것은 남의 마음을 아는 거를 말하고 또 팩스라는 것은 내가 가고 옴이 없이 가고 올 줄 아는 거를 말하고 천이, 즉 말하자면 천체무전통신기를 말하는 거는 이 천체를 듣는 거, 또는 천체망원경이라는 것은 천체를 보는 거, 이런 내 소임에 대한 작업을 하는 데에 이 육신을 필요로 하는 거죠. 이 육신이 전체 그런 거를, 보고 듣고 하는 거 이런 것을, 내가 그것을 가지고 모든 걸 해 나가는데 탐지기다 하는 것도 중요하지만 팩스다 하는 것도 중요합니다. 가고 옴이 없이 가서 그 속의 모든 것을, 마음을 알아내고 거기에서 알아내야만이 내가 모든 통신을 할 수 있고 통신을 해야만이 모든 것을 근본에 자기 소임을 다 입력을 할 수 있다는 얘기지.

그래서 자기 소임을 입력을 해야만이 이 천지 우주간 법계에 다 통신이 되고, 누구든지 직결이 돼 있고 가설이 돼 있기 때문에, 다 이것은 한마음으로 돌아가기 때문에 내가 태양계가 될 수 있고 태양계의 모든 그 복사체질이라나 이런 문제가 바깥으로 서리고…. 그것은 우리가 몸뚱이의, 세포의 모든 이 생명체들이 안의 것은 내보내고 바깥의 것은 들이고 이럴 때에 차질이 없게 합니다. 이게 누진이라고 하는 이 정신 즉, 레이더망, 바깥에서 들어오는 거 안에서 나가는 거를 정밀하게 검토해서 들이고 낸다는 거, 이런 것을 우리 인간이 알아야 하고 해야 하고, 모든 걸 탐험해야 하고 모든 걸 정밀하게 남의 속을 알아야 하고 들어야 하고 가고 올 줄 알아야 한다. 그런데 그렇게만 하더라도 즉 말하자면 다섯 가지 시스템에서 벗어날 수가 없다. 거기서 벗어나야만이 이 자기가 모든 일체를 다스릴 수 있다. 다스려 간다. 태양도 다스려 갈 수 있고 어떤 딴 혹성도 다스려 갈 수 있다.

그렇기 때문에 지구의 내 집도 다스려 가고, 내 몸 내 집도 또 다스려 가고, 내 나라도 다스려 가고 모든 것을 다스릴 수 있는 것이 마음의 조절과 가고 옴이 없이 빛보다 더 빨리 가고 올 수 있는 그런 능력과 모든 것이 합쳐져야만이 된다는 얘기지. 그러니까 우리는 인간이 할 수 있는 자기 소임을 다할 수 있느냐? 그래야만이 자유인이다 이거야. (통역에게) 그럼, 여기서 나름대로 그냥 하세요.

그래서 우리는 필수적으로 이 공부를 해야 한다는 거. 인간은 몸이 죽는다고 해서 아주 죽는 게 아닙니다. 저 나무에 낙엽이 져서 가을에 떨어지듯이 몸뚱이가 떨어졌다 할지라도 그 나무의 뿌리는 항상 살아 있듯이 영원한 것입니다. 그렇기에 여러분한테 주인이 있는 것을 발견하고, 발견을 함으로써 이 모든 몸뚱이의 생명들을 리드해 나가고 다스려 나가는 반면에 화해서 이 털구멍을 통해서 어디든지, 이 온 우주에 아니 보는 게 없고 아니 듣는 게 없고, 어디고 아니 닿는 데가 없이 가고 옴이 그렇게 여여하게 될 수 있다는 점입니다. 그렇기 때문에 모든 것이 한마음으로 돌아갈 수 있고 한 눈으로 볼 수 있고 한 귀로 들을 수 있고, 그래야만이 우리 인간은 이 몸뚱이가 집인 것처럼 이 몸뚱이 속의 이 생명들이 한마음으로 따라 주는 겁니다. 또는 우리가 지구의 주인으로서 이렇게 지구 속에 살고 있듯이 지구는 우리의 몸뚱이 집과 같이 집으로 돼 있는데, 우리 지구의 인간이 마음의 주인이 없다면 지구에도 주인이 없듯이 만약에 그렇게 주인이 없다면 힘이 없는 지구는 힘이 있는 어떠한 혹성한테, 어떠한 태양한테, 비유하자면 이것이 120V의 전력이라면 220V의 전력의 혹성이 있다면 딱 집어삼켜질 수도 있어. 그러니까 주인이 반드시 있어야 된다는 점. 우리도 내 마음 속에 주인이 없다면 세균, 영계, 유전성 이러한 문제들이 드나들기 때문에 내 몸이 망가지고 병이 들고 쓰러지게 돼. 내 주인공이 없기 때문에 이 집은 빈집이 돼서 모두가, 세균성도 영계성도 유전성도 어떠한 생명의 연결이 돼 가지고 막 자기 집처럼 뛰고 망가뜨리는 거죠.

그렇기 때문에 만약에 지구가 내 몸뚱이라면, 내 주인이 없다면 지구도 역시 누가 광력이나 전력이나 자력 통신력으로서 그런 능력을 가지고 여기 침입을 해도 속수무책이야. 어쩔 수가 없어. 그렇게 되면 또 한 가지 있지. 첫째, 만약에 얼음이 다 녹는다면 물이 돼 버리고 말아. 또 둘째, 만약에 주인이 없다면 타 버리고 말아. 집어먹히는 거야. 그러니 내 집이 많은 소임을 맡아 가지고 있는데 이 지구의 주인이 만약에 한생각으로서 내 집을 지킬 수 있고 내 집을 다스릴 수 있고 그런다면 우주 전체의 마음이 한마음이니 즉, 주인공 죽는 법은 없듯이, 이 지구 또는 다른 혹성, 태양 모두가 한마음으로 돌아가기 때문에 나를 내가 죽일 수는 없는 거니까, 모두가 내가 된다면 이 지구의 수명도 많이 연장될 거고 우리 몸뚱이도 건강하게 수명이 길어질 거다 이거야. 길어지면서 우리는 뭘 해야 하느냐. 우리의 소임을 다하면서 육체로는 지금 현재 생활면에서 아주 부드러운 말과 평등한 마음과 또는 사랑할 수 있는 그런 마음으로서 행할 수 있는 거, 이것을 자비라고 그래요. 이것을 행할 수 있는가 하면 보이지 않는 데서도 우주의 어떤 혹성하고도 풀 한 포기하고도 남이 아니라 모든 마음이 합하여서 바로 공용하게 되고 공생으로서 공식하게 돼요.

그렇기 때문에 우리 지구 안에 주인들이 있다면, 이런 공부를 많이 한 사람이 있다면 우리 지구의 어떠한 재료를 끌어다가 우리 지구의 수명을 넓힐 수가 있다 이거야. 길게 할 수 있다 이거야. 우리도 물론 힘이 없다 그래서 단전을 한다 이런 경우도 많지만 우리는 내 몸에서 나오기도 하지만 부족하면 딴 데서도 끌어넣을 수가 있거든. 그것은 무슨 소리냐? 우리에게는 모두 재료가 주어져 있어. 광력이나 전력 자력 통신력이 주어져 있다 이거야, 우리 인간에게도. 왜? 지수화풍이 있기 때문에 그것으로 바탕이 돼서 그것은 얼마든지 지구 바깥에서도 끌어올 수 있고 내 몸 바깥에서도 끌어서 내 몸을 유지시킬 수 있다 이거야. 그리고 또 어떠한 생명체들 무정물 식물 모두가 공생 공용 공체 공식 하기 때문에 내가 이 컴퓨터에 모든 것을 입력을 하게 되면 입력한 대로 통신력이 쫙 퍼져. 그래서 보이지 않는 데 그 액체의 즙이 나한테 그대로 자동적으로 들게 돼 있어요. 이것이 거짓이라면 여러분이 부지런히 배워서 실험하고 체험해서 바로 여러분이 알아보라 이거야, 거짓인가. 마음은 체가 없어서 이 한 찰나에 빛보다 더 빨리 이 우주 탐험을 할 수도 있어. 인간은 만물의 영장이기 때문에 그런 걸 할 수 있는 것을 지금 우리는 모르고 있다 이거야.

끝으로 한마디 할 것은 우리가 물질과학으로서 이날까지 고도로 발전이 됐다 이거야. 문화 문명도 발전이 됐다 이거야, 세계적으로 볼 때에. 그랬으나 우리는 앞으로 물질문명 과학 문화가 아니라 정신문명

문화가, 과학이 전체가 이렇게 돌아가야 된다 이거야. 그래야만이 우리는 모든 생명들이 공생을 하면서도 유지할 수 있고 또는 경제 발전이라든가 공업 발전이라든가 또는 전 세계의 우주 전체가 한데 합쳐서 교류할 수 있는, 한마음이 될 수 있는 그런 멋진 세상을 아마 꾸려 나갈 수 있기도 하고 아주 참 멋진 역사를 가져올 수가 있다 이거죠.

그럼 불국토다, 마음의 세계, 3차원, 아니 4차원 5차원 6차원 7차원, 9차원까지 갈 수 있다. 그래서 부처님이 말씀하실 때는 구정토를 찰나로서 찰나 생활을 자유스럽게 살 수 있다. 구정토! 과거 삼, 현재 삼, 미래 삼 이렇게 해서 한마음으로 통하고 보니까 미래도 통하고 과거도 통하고 이러니까 삼삼은 구라. 이게 구정토라. 이게 도리천이니라. 내 한생각이면 우주에도 거침없이 갔다 올 수가 있고 전체를 볼 수가 있다. 내가 될 수 있는 이상 핼리 혜성이 와서 지구를 망가뜨린다 하더라도 내가 핼리 혜성이 돼서 핼리 혜성을 저리로 끌고 갔다 멀찌감치 갖다 놓고 내가 이리로 온다면 괜찮잖아요.

그러니까 마음은 한 찰나에 들고 한 찰나에 나니까 그렇게 묘법을 인간들이 다 가지고 있다 이거야. 지금 의학적으로나 과학적으로나 모두 물질로만이 해 나가는데 그 물질과 더불어 정신으로서, 의학 쪽도 40%, 아주 많이 봐서 35%밖엔 의학적으로 결론이 나지 않는다 이거야. 그럼 65%는 뭘로 충당을 하느냐? 바로 이 공부를 해야만이 65%를 충당할 수가 있다. 그러니 모든 면에서 지구가 잘못 이지러지고 잘못 돌아가는 것도 사람의 한생각이라면 지구를 보존할 수 있다는 겁니다.

여러분이 이렇게 한자리에 앉아서 이런 것을 서로 논의하고 이렇게 가는 것을 영광으로 생각하면서, 여러분이 만약에 그 도리를 안다면 한생각으로서 한생각에 살고 한생각에 즉, 정신 축지법이라고 할까요? 그걸 이름을 지을 때에, 빛보다 더 빠르니까 정신 축지법이라고 할 수밖엔 없죠. 예전에는 물질적인 육신의 축지법으로 해서 유명했지만 지금 시대는 정신 축지법이라야만이 가능하다 이거야. 앞으로는 점점 더할 거야. 앞으로 10년만 두고 보라고, 내 이 말이 한데 떨어지나. (통역에게) 그러면 또 대치를 해 주시겠습니다. (대중 웃음)

여직껏 말씀드린 것은 우리가 서로 기억하고 서로 앞으로도 우호 협력 하셔서, 이 한마음으로서 협력해서 우리가 이 공부를 서로 하고 나갈 수 있는 그런 자리가 됐으면 합니다. 그리고 우리가 그냥 갈 수 없으니 여러분, 질문하십시오. (통역를 보시며) 그럼 이분이 대치해 주실 겁니다.

질문자1(남) 한 가지 질문 있습니다. '법성' 하는데 그 법성이 무얼 뜻하는 겁니까? 법성이 불경에서 가장 중요한 덴가 본데요, 잘 모르겠는데요.

큰스님 여러분이 '법성' 하는 것은 이 생각을 내서, 생각을 내면 법이죠? 일으키는 것이 법성입니다. 여러분이 마음을 일으켜서 어떤 작품이 하나 나온 것이 법성이에요.

질문자1(남) 그럼 식(識)과 똑같은 얘깁니까?

큰스님 예?

질문자1(남) 식이라는 말과 똑같은 얘깁니까?

큰스님 식이라니요?

질문자1(남) 의식하는 그 식!

큰스님 의식 그 자체는 잠재해 있지만 내가 생각 내는 기는 불을 붙여서, 불은 있지만 불을 붙여서 일어나게 하는 것을 뜻하죠. 그래서 법성신이라고 그러죠?

질문자1(남) 네, 알겠습니다.

큰스님 (통역에게) 지금 뭐라고 하셨어요? (대중 웃음)

통역 지금 스님 말씀하신 게 통역하기 어렵다고 했어요. (대중 웃음)

큰스님 그럼 요것으로써 끝마치고요, 이렇게 한마디 해 보죠. 예전에 달마가 동쪽으로 온 까닭이 뭐냐고 그랬어요. 달마가 죽었거든요, 양 무제가 약을 먹여서. 그랬는데 묘지에다 딱 파묻어 놓고선 왔는데 양 무제의 사신이 오다가 보니까 달마 스님이 아, 작대기에다가 신을 꿰어 가지고 어깨에다 짊어지곤 터덜터덜 가거든요. 그래서 "달마 스님, 어디 가십니까?" 하니까, "나는 서쪽으로 가네." 하고 갔거든요. 그랬으니 아, 전에 저 한국에서도 그렇고 '달마 대사가 동쪽에 온 까닭이 뭐냐?' 했는데 아, 서쪽에 간 까닭은 또 뭡니까? 여러분, 요거 한마디로써 여러분한테 답을 물은 것입니다.

신도1(남) 인도가 고향이라 인도로 돌아가는 것 아닙니까?

큰스님 (고개를 좌우로 흔드심)

큰스님 여러분, 여러분이 여기 오신 까닭은 무엇이며 가시는 까닭은 무엇입니까? 또 한마디 질문했군요.

신도1(남) 여기 온 것은 지식을 얻기 위한 거고 가는 것은 자기 위해서 가는 겁니다. (대중 웃음)

큰스님 (손을 가로저으심) 탕! 탕! 탕! (법상을 세 번 두드리신 후 주먹을 높이 들어 보이시며) 한번 여러분이 생각해 보십시오. 이건 사량으로 알려고 해서 되는 것이 아닙니다. 여러분은 여러분 소임을 가진 육신이 육신 속에 있는 참자기를 발견해서 믿고 거기에다가 모든 소임을 맡겨 놓을 수 있는 그런, 바로 참자기와 자기가, 현재의식과 잠재의식이 한데 부합이 될 수 있어야 온 우주하고도 전체 한마음이 될 수 있는 겁니다.

그럼으로써 우리가 만약에 저기 지금 내려가는 계단이 있다면 달마가 올라왔으면 올라온 까닭이 뭐냐고 하고 내려갔으면 내려간 까닭이 뭐냐고 하고 이러니 이것도 바로 낚시질을 할 때 낚시에다가 낚싯밥을 매서 고기가 걸릴 때를 바라고 이렇게 해 놓고 있는 소리라고도 볼 수 있죠. 그러나 이것은 여러분이 마음을 증득하면, 깨달으면 스스로서 모든 걸 알게 되고 스스로서 함이 없이 하게 되고, 보는 게 없이 보게 되고 듣는 게 없이 듣게 되고, 말하는 거 없이 하게 되는 그러한 문제가 생김으로써 정말 한생각 까딱만 해도 저 우주를 여러분이 탐험할 수 있는 그런 기회가 생길 겁니다.

그러니 그것도 도가 아니라고 그랬지마는 그 모두가 갖추어져야 하듯이 우리 육신이 팔 하나가 없어도 안 되고 머리가 없어도 안 되고 또는 생각 내는 게 없어도 안 되고 몸이 없어도 안 되고 생명이 없어도 안 되고 그렇기 때문에 삼합이 삼위일체로서 같이 구성돼서 돌아가는 이런 우리 인간의 여유나 묘법이나 자료나 여여함을 다 가지고 있는 겁니다. 갖추어 가지고 있으니 우리가 될 수 있으면 참자기한테, 스스로서 자기가 소임을 맡아 가지고 있는 자기 주인공한테, 자기 이 소임을 다할 수 있는 육신은 모든 걸 다 거기다 맡겨 놓고 거기서 다시 돌아와서 바깥으로 나오는 거를 지켜보고 실험하고 체험해서 우린 증득합시다. 그럼 오늘은 이것으로써 끝을 마치겠습니다.

(통역을 마치자) 내일은 윤회성과 진화론에 대해서 서로 질문하고 토론하자고 그러세요.

질문자2(외국인 여) 스님, 우리 마음과 그 사랑이 어디에 있는지요, 우리 몸에서. (대중 웃음) 금방 시작한 그런 초보자기 때문에 이런 어리석은 질문을 합니다.

큰스님 지금요, 여러분이 의식이 빠지면 송장이죠? (통역에게) 물어보세요. 그렇다면 지금 말을 하고 살아서 움죽거리죠. 그래서 살아서 움죽거리기 때문에 그 움죽거리고 그러는 그 자체가 바로 자기 주인공이에요. 이 몸뚱이는 오븐과 같아요, 오븐. 음식을 데워서 내먹는 오븐. 그 오븐은 형체고 그 속에서 음식을 해 먹고 꺼내 먹는 것은 자기 마음, 그 몸속의 마음. 지금 현재 살아 있는 생명과 마음내는 거와 말하는 거와 그것이 동시에 같이 돌아가는 게 자기, 참자기 주인공이에요. 지금 그것을 모르기 때문에 그것을 다시 자기가 반복해서 자기가 살고 있는 걸 다시 한 번 컴퓨터에 입력을 해 놓는 것, 주인공에다 입력을 해 놓고 그 입력을 한 것이 스스로 나올 때를 바라는 것이 바로 관한다고 하는 거죠. 관한다고 하는 겁니다. 지켜본다, 그리고 실험하고 체험한다 이런 겁니다. 그래서 좌선을 할 때 그렇게 실험하고 체험하고 그러고 또 어떤 생각이 나면 다시금 그 자기한테, 주인공 자기한테 맡겨 놓고 '너밖에는 나를 증명해 줄 수 없다.' 하는 믿음을 가질 때 증명이 나오는 겁니다.

질문자3(외국인 남) 각 사람들의 주인공이, 우리 전부 각자가 갖고 있는 주인공이 전부 각자 따로따로 돼 있는 겁니까? 아니면 그 사이에 어떤, 하나로 돼 있는 것입니까? 깨달으면 부처가 여럿이 따로 있는 다 각각 부처인지, 아니면….

큰스님 이 우주 전체가 생명이 다 똑같고요, 또 이 마음이 다 똑같아요. 생각 내는 데에, 어떤 차원에서 어떻게 생각을 내느냐에 달려 있는 거죠. 그렇기 때문에 그게 합쳐진 게 주인공이거든요. 우린 공식하고 있어요, 또. 왜냐하면 사장이 있으면 직원이 있고 직원이 있으면 사장이 있는 거지 사장이 없어도 안 되고 직원이 없어도 안 되거든. 이것이 공생이며 공용이며 공체며 공식하는데 어째서 주인공이 각각 있겠습니까?

질문자4(외국인 여) 부처님한테 절을 할 때 누구한테 절을 하는 겁니까?

큰스님 자기한테. 참자기가, 자기가 자기한테.

질문하실 분 없으시면요 (법상의 꽃을 가리키시며) 형상인 이 꽃도 우리 몸과 같고요, 이 마음은 우리 마음과 같고 이 생명은 우리의 생명과 같아요. (부처님을 가리키시며) 저 부처님도 역시 마찬가지예요. 저 형상도 내 형상과 똑같고 저 마음도 내 마음과 같고 그 생명도 내 생명과 같아요. 모두 일체가 다, 우주 전체가 다 그래요.

요다음엔 앉으실 때요, 꼭 그, 뭔가? 그걸 깔고 앉으시도록 하세요. 허허허. (통역을 들으신 후) 쿠션이 입에서 안 나와서…. (대중 웃음) 한국 사람들은 이렇게 앉는 것이 줄창 배여 있어서 괜찮은데 미국 분들은요, (좌복을 만지시며) 이게, 이게 필요하거든요. 이 엉덩이에다 쿠션을 이렇게 놓고서 타악 (손을 단전에 모으시며) 하고 앉아 있으면, (대중 웃음) 그러니까 그렇게 하고 앉아 있으면 이 다리가 안 아파요. 다리가 안 아프다고요.

이 공부를 하시려면요, 마음이 이 종교나 저 종교나, 이렇게 걸리면 안 돼요. 여기 가도 그 자리 저기 가도 그 자리, 자기 마음자리는 어딜 가나, 변소에 가나 여길 가나 저길 가나 안방에 들어가나 침대에 눕거나 바로 그 자리에 자기 부처가 있어요. 그렇게 어느 자리가 따로 없지만 그러나 여기 이 한마음선원에서 이 마음공부를 하면 한번 올 때는 충전을 해 감으로써 첫째, 믿음이 생기고 편안해지고 둘째, 항상 자기가 마음을 완벽하게 발견하기 이전까지는 마음을 한군데로 집중해야 된다는 점, 그걸 믿으세요. 헛갈리면 안 되니까요. 그럼 안녕히 계시고요, 안녕히 가시고요. (대중 웃음)

시공을 초월해서 찰나 생활을 하니 무(無)다

알래스카지원 법회(통역)

1990년 6월 23일

오늘은 우리 서로 질문과 토론으로써 진지하게 한자리를 꽃피우도록 노력합시다. 그럼 어저께 말씀드린 것에 대해서 질문하실 게 있다면 하십시오.

질문자1(라마승) 큰스님께서 어제 설법하신 것 중에 분명하지 않은 것이 몇 개 있어서 질문합니다. 첫번째 질문부터 드리겠습니다. 법성과 불성과 무(無)의 차이점이 뭔지, 그 다음에 젠 부디즘과 부디즘의 차이, 이 두 개가 한 질문입니다.

큰스님 하나만 간단하게….

통역 예. 제가 질문을 하나 드리고요, 그 다음에 답변을 하시고 또 다음 질문 드리고 그렇게 하겠습니다.

큰스님 무와 뭐?

통역 법성, 불성, 그 다음에 무. 무와 법성과 불성과의 차이점.

큰스님 무(無)라는 것은 일체 만물이 모두가 고정됨이 없이, 여러분이 이 사람 만날 때 저 사람 만날 때 이렇게 바꿔져. 고정됨이 없이 돌아가. 가고 옴도 고정됨이 없고 보는 것도 고정됨이 없고 듣는 것도 고정됨이 없고 먹는 것도 고정됨이 없고 만남도 고정됨이 없어. 그렇기 때문에 대(對)가 없는 게 무거든. 그게 무슨 소리냐 하면, 누구든지 어떤 걸 만날 때 어떤 걸 볼 때 내가 봤다고 할 수 없는 게 무다 이거야. 그게 무심이다 이거야. 이 세상을 통틀어 봐도 이 우주 전체가 그대로 시간과 공간을 초월해서 돌아가기 때문에, 고정됨이 없기 때문에 무! 색이 공이고 공이 색이다. 무!

법성이라는 것은, 사람이 아무 생각이 없을 때는 무로 전체가 같이 돌아가지만 한생각을 냈을 때는 법성이라, 한생각을 냈을 때. 그 다음에 불성이라는 것은 그대로 우리가, 저 풀 한 포기도 남김없이 전체에 지금 시공이 없이 돌아가고 생명이 있는 거다 이거야. 생명이 있는 것은 그대로 불성이다 이거야, 그대로. 불성은 누구에게나 다 있습니다. 그렇기 때문에 여러분이 마음을 내는 것은 법성이고 본래 가지고 있는 거는 불성이다 이거야. 시공을 초월해서 돌아가는 거는 무다 이거야. 이것이 따로따로 있는 게 아니라 이 끝없는 진리, 시공을 초월해서 돌아가는 진리, 그 다음에 찰나찰나 나투는 도리, 이것을 한데 합치면 그것이 무야. 어떤 걸 나라고 세울 수가 없어. 내가 제일이라고 세울 수가 없어. 그것이 무다 이거야. 우리가 생각을 내지 않으면 몸뚱이가 움죽거릴 수가 없어. 그렇기 때문에 지금 내가 '아, 저기 지금 일을 하고 있고 약속을 했으니까 빨리 일어나야지.' 하는 생각을 일으켜야만이 내 몸이 움죽거리고 가거든. 그래서 법성이야. 불성은 여러분이, 또 다시 한 번 말하자면 영원한 생명의 근본, 그게 불성이야.

통역 다음 질문은….

큰스님 (통역에게) 가만히 있어요, 그거를 마무리지어야 되니까. 그래서 무! 법! 불! 이것이 둘이 아니라 하나로서 돌아가는 거조차도 무다 이거야. 하나로 돌아가는 거. 보는 것도 오늘 여러 사람 봤죠? 고정됨이 없어요. 듣는 것들도 그렇고. 그러니까 모든 게 무예요. 찰나찰나 돌아가니까, 무. 찰나의 무. 찰나 생활이거든. 시공을 초월해서 찰나 생활이기 때문에 무야, 전체가. 불 법 승, 전체 무다 이거야. 그래서 우리는 무에서 유로 유에서 무로, 무의 세계에 유의 세계를 같이 걷어쥐고 100%를 찰나찰나로 자유스럽게 살 수 있는 이 길을 인도하는 거다 이거야.

질문자1(라마승) 다음 질문은, 모든 것이 무라고 했는데 무라는 것이 곧 없다는 말이면 지금 현재 있는 거 그것과의 인연 관계가 어떻게 되는지요?

큰스님 지금 얘기했는데요, 미리 얘기했는데, 허허허. 자세히 얘기를 하자면 무라는 이치는 우리가 끊임없이 찰나 생활을 하고 있는 겁니다, 본래 여여하게. 여러분의 불성이 본래 있고 마음을 내는 법성이 그대로 있고 움죽거리는 이 생활이 그대로 있다 이거야. 여러분이 그렇게 있기 때문에 그대로 찰나찰나, 자기가 보는 것도 하나만 고정되게 보는 게 없고, 만나는 것도 고정되게 한 사람만 만나는 게 없고, 먹는 것도 한 가지만 먹는 게 없고 또한 말하는 것도 한마디만 고정되게 하는 게 없고, 듣는 것도 고정된 게 하나도 없어. 그래서 찰나찰나 이렇게 돌아가. 요렇게 말을 하죠. 여러분이 여러분 아내나 남편을 만났을 때, 애가 "아빠!" 하고 들어왔을 때 금방 아버지가 되고, 부인을 만났을 땐 금방 남편이 되고, 부모를 만났을 땐 금방 자식이 돼요. 이렇게 화해서 돌아가는 것이 고정됨이 없기 때문에 바로 '무(無)' 했던 거예요. 깨닫지 않고는 참 어려운 문제죠.

질문자1(라마승) 어제 스님 말씀하신 거로 보면 티베트 부디즘과 젠 부디즘, 그러니까 스님께서 설법하시는 부디즘하고 거의 같다고 그렇게 말씀하셨고, 과거불 현재불 미래불이 있는데 어떻게 우리가 현재불일 수 있습니까?

큰스님 우리가 어저께도 얘기했듯이 과거에 살던 의식 자체의 마음은 자기 인(因)에 의해서 과(果)가 돼서 지금 여기 다 지니고 나왔다 이거야. 그러니까 늘 인간은 숙명통이라는 커다란 컴퓨터 자체가 시스템이 돼 있다 이거야. 인간에게 전부 시스템이 돼 있다 이거야. 그래서 컴퓨터, 그 다음에 탐지기 팩스 망원경 천체무전통신기 레이더망, 이 모두가 다 시스템이 돼 있다 이거야. 이 시스템이 돼 있기 때문에 바로 과거가 현실이고 미래가 현실이다 이거야. 미래는 가지 않았으니까 현실이고 과거는 지나갔으니까 없다 이거야. 그러니까 나한테, 누구나가 각자 시스템이 돼 있다 이거야. 그렇게 시스템이 돼 있기 때문에 과학자는 과학을 연구할 수 있는 그런 능력이 두뇌로부터 나온다 이거야, 정신력으로.

우리가 그런 능력과 그런 시스템이 돼 있지 않다면 우리는 자료를 먹을 수 있게끔 해서 바깥으로 내놓을 수가 없어. 요리를 해서 바깥으로 내놔야 모두 먹을 텐데 내놓을 수가 없거든. 그렇기 때문에 그 시스템이 돼 있기 때문에 바로 과거심 미래심 그것이 현재심으로 규정돼 있으면서 현재심마저도 없느니라. 세울 게 없느니라. 현재심마저도 세울 게 없느니라 이거야. 찰나찰나 돌아가기 때문에. 그건 무슨 까닭이냐? 폭포수가 흘러내리는 데 거기 새, 틈이 없듯이, 시공을 초월해서 지구가 돌아가듯이 비행기 프로펠러가 돌아가는 데에 거기 먼지 앉을 자리가 어디 있으며 거기에 중단될 자리가 어디 있느냐 이거야. 시간과 공간을 초월해서 돌아가는데. 우리도 지금 그렇게 돌아가고 있다 이거야. 이거 하나도 그대로 있는 게 없다 이거야.

질문자1(라마승) 사람들이 자기 지혜를 계발해 가지고 그거를 활용을 해야 된다 하는 그런 점에서 자기도 공감하고 좋은데요, 무엇이 원인이 돼 가지고 그런 계발을 해야 되는지?

큰스님 무엇이 원인이 돼서 그런가! 인간에게는, 인간에게만이 아니라, 영원한 생명의 근본이 있어. 근본은 우주하고도 직결이 돼 있고 이 세상의 모든 생명체들하고도 가설이 돼 있다 이거야. 이 삼라만상에 다 가설이 돼 있고 직결이 돼 있어, 이 불성에는. 그렇기 때문에 지 수

화 풍은 이 세상의 모든 물질이다 이거야. 그 물질이, 지수화풍이 바탕이 돼서 광력 전력 자력 통신력 이것이 충만히 재료가 돼 있다 이거야, 인간에게. 지금 물이 없으면 전력을 끌 수 없듯이 인간에게도 습이 있고, 습이란 것은 피, 물 말이야. 예를 들어서 자석은 물질이지만, 자력은 한계가 없다. 무한계다. 그래서 자력이 있기 때문에 우리가 지금 땅에 발을 붙이고 다닌다 이거야. 자력이 없으면 땅에 붙이고 다닐 수가 없어. 지수화풍이 아니면 공기가 없어서 사람이 생명을 유지할 수가 없고, 지수화풍 속에서 다 나오는 거라. 광력도 나오고 전력도 나오고 통신력도 나오고, 모든 게 거기에서 나오기 때문에 그것이 종합되면 공기로서 화해서 내가 생명을 유지한다 이거야, 모든 게.

그러니까 그 원인이, 벌써 누구에게나 다 여여하게 자료가 주어져 있으니 그거를 요리를 해서, 네 몸뚱이는 오븐과 같으니까 본래 가지고 있는 여여한 그 재료를 오븐에 넣어서 요리를 해서 전부 먹이기도 하고 자기도 먹고 그래라 이거야. 그게 자유자재의 찰나 생활이다 이거야.

(통역을 보시며) 자세히 얘기해 주셔야 해요. 지금 그것이 어떻게 어디서부터 나오느냐 하는 기초적인 문제가 있잖아요. 자기가 그 근본이 있기 때문에 모두가 전 우주와 직결이 돼 있어서 자유스럽게 생각이 스스로 나고 스스로 일으키는 걸 얘기해 주셔요.

그거를 더 자세히 한마디만 하고요. 우리가요, 그런 과학적인 문제와 세상의 모든 문화 문명을 꽃 피우는 것도 스스로, 자동적입니다. 여러분, 목이 말라서 집에 들어왔을 때 냉장고의 문을 아무 생각 없이, 물 먹을 생각만 있기 때문에 가서 냉장고 문을 열고 시원한 물을 아무 이유도 없이, 이름도 붙이지 않고 물을 마시죠? 바로 그런 거요. 그렇게 목말라서 물 마실 때는 거기 아무것도 붙지 않아요. 똥마려워서 똥누러 갔을 때도 이유가 붙지 않아요. 똥마려우니까 그냥 가서 똥 누는 거예요. 잠이 오면 그냥 아무 이유도 없이 그냥 자는 거예요. 이 세상

도리가 다 그렇게 자동적으로, 그렇게 시스템이 돼 있어서 자동적으로 돌아간다 이거야. 그러니까 모두 연구를 하고 그러죠. 그러면 실험하고 체험하고 바로 세울 수가 있는 거죠. 작품이 나오는 거죠.

또 질문하실 분 없습니까? 이 도리는요, 너무나 신비하고 너무나 묘법입니다. 너무나 광대무변한 그 진리를 누구나가 다 가지고 있는 겁니다. 그렇기 때문에 몸뚱인 가만히 앉아서도 나라도 다스릴 수가 있는 겁니다. 아니, 우주와 세상과 전체가, 세계가 전체 직결이 돼 있고 가설이 돼 있는데 어찌 다스릴 수 없겠습니까? 그래서 정치와 이 종교가 둘이 아닙니다. 급하면 다 할 수 있는 겁니다, 가만히 앉아서.

왜? 부처님께서 말씀하셨습니다마는 우리가 깨닫지 못하면 이런 걸 모릅니다. 이 속에 수십억 마리가 지금 직결돼 있습니다, 여러분 몸에. 그런데 그 의식 자체가 바로 화해서 화신으로서 털구멍을 통해서, 만약에 아프다는 사람이 있다면 이 분신이, 즉 화해서 화신이 그 집을, 즉 말하자면 한 찰나에 가고 옴이 없이 가고 오는 겁니다. 그래서 여기에 큰 덩어리의 근본 사장이 있다면 여기는 공장장이 있듯이, 그래서 직원을 시키듯이, 모두가 이 시스템이 돼 있어서 자동적으로 한생각에 벌써 거기까지 다 통신이 되는 겁니다. 그래서 화해서 그 집에 동시에 가서 찰나에 들었다가 찰나에 나오는 그런 이치에 도달하고 있습니다. 그뿐만은 아닙니다, 어떤 혹성에도 그렇고 전체입니다.

여러분이 이 공부를 하는 것은 상표를 보고서, 간판 말입니다. 그냥 어느 종교에 가담해서 상표를 보고 왔다 갔다 하고 믿고 다니는 게 아니라 진정한 자기, 각자 자기를 믿고, 모든 일체는 자기로부터 생겨난 거니까 자기가 이 세상에 나온 게 태초요, 자기가 이 세상에 나온 것이, 상대성 원리가 자기로 인해서 생긴 겁니다, 이 모두가 다. 그러니까 나를 죽인다 할지라도 내가 있기 때문에 나를 죽이러 오는 거지 내가 없다면 아무것도, 죽이러 올 사람도 없습니다. 내가 없다면 부처님도 없고 상대도 없고 자식도 없고 가정도 없고 우주도 없고 다 없는 겁니다.

그런데 내가 있기 때문입니다. 그렇기 때문에 너부터 알라 한 겁니다. 왜? 달마는 너부터 알라고 양 무제더러 그러니까 이게 미친 짓이라고 하면서 약사발을 안겨서 죽였단 말입니다. 소크라테스는 어떻게 했습니까? '너부터 알고 너부터 믿고 너부터 계발해야만이 이 세상을 다, 모두 두루 한 손에 쥐고 주는 사이 없이 사랑을 베풀어 줄 수 있다. 유(有)의 법이나 무(無)의 법 무심법이나 다 베풀어 줄 수 있다.' 이러니까 미쳤다고 또 죽이지 않았습니까? 죽은 사람이 한둘 아니지 않습니까?

우리는 지금 미거한 정신을 가지고서 살아서는 안 됩니다. 세계는 지금 어디로, 어느 방향으로 흐르고 있습니까? 정신 문화 문명이 꽃필 데로 지금 소생해서 흐르고 있습니다. 물질과학보다도 정신문명과 문화가 꽃 피어야 되고 정신과학이 발전이 돼야 하고, 정신 천체물리학이 발전이 되어야 하고 정신의학이 발전이 되어야 하고, 그래야만이 의학적으로도 35% 가지고 할 거를 65%를 충당해서 100%를 쓸 수 있다 이 소립니다. 의학뿐이 아닙니다. 모두가 그렇습니다. 우리 지구의 재료가 부족하면 딴 데서 재료를 끌어들여서 쓸 수가 있는 이런 무한의 진리를 가지고 있는 여러분입니다. 이 공부를 하는 겁니다, 지금. 그런데 나조차, 나 하나조차도…. 과거의 나라는 건 이게 나가 아니라, 육신의 나가 아니라 내가 있기 이전 과거의 나와 현실의 나가 둘이 아니게 계합이 돼야 전체에 직결된 것도 알 수 있고 가설된 것도 알 수 있는 겁니다.

이러니 얼마나 엄청난 일입니까마는 이것을 모르고서는 자유인이 될 수 없는 겁니다. 보이지 않는 세계와 보이는 세계가 이게 둘이 아니어야, 항상 보이지 않는 세계 보이는 세계가 돌아가지 않습니까? 그걸 표현하자면 여러분의 마음이 '아! 내가 집을 짓겠다.' 하는 생각을 한다면 설계가 나오지만 집을 짓겠다 생각을 안 한다면 설계가 안 나와. 설계가 나왔으면 벌써 집을 지어. 집이 생겨. 그럼 작품이 생겼다 이겁니다. 그러니까 한마음을 어떻게 가지고 끌고 가느냐에 문제가 있다 이거야.

그리고 기복으로 어떤 대상을 놓고 믿는다는 건 천부당만부당하다. 대상은 (가슴을 두드리시며) 여기 있다 이거야, 각자. 어떤 사람을 스승이라고 믿는 것은 아니 됩니다. 즉 말하자면 스승이다 하면 그 사람의 세 가지를 봐라 이거야. 하나는 말하는 거, 행하는 거, 모든 뜻을 같이 봐라. 그럼으로써 그 사람을 따를 수 있다 이거야. 따를 수는 있을지언정 믿을 수는 없다 이거야. 난 그렇게 가르칩니다. 나를 따를 수는 있을지언정 믿지는 마라. 이 고깃덩어리를 믿어서 되는 게 아니다 이거야. 왜? 자기를 자기가 판단해서 자기가 자기를 성취한다면, 자기 주인공을 진짜로 계합해서 안다면 내 주인공은 둘이 아니거든, 그렇게 되면. 이 세상이 전체 둘이 아니야. 그러나 만약에 그것을 이루지 못하고 이 껍데기 고깃덩어리를 믿는다면, 고깃덩어리는 없어지면 그건 그만이야. 그러나 생명의 근본, 영원한 것은 그대로 영원하기 때문에 그 영혼과 영혼이 둘이 아니어서 세상을 모두 두루 살필 수 있고 두루 볼 수 있고 두루 들을 수 있고 두루 내가 될 수 있는 그런 원력이 필요하다 이거야. 과학을 연구하는 사람에게는 내가 그 과학자가 돼 주는 것이 필요하다 이거야. 과학자의 몸뚱이는 우리와 몸뚱이가 다 똑같지만 이 마음이 거기 가서 만약에 내가 돼 준다면, 그 마음속에 들어가 준다면 그 과학자는 과학을 이룩할 거다 이거야. 두뇌가 물리가 터져서 말이야. 도와주는 것이 꼭 여러분을 봐서만 도와주는 게 아니다 이거야.

항상 보이지 않는 데 화신은 항상 두루 하고 있어서 어디가 어떻고 어디가 저렇고, 어느 나라에는 어떻고 어느 나라에는 어떻고 세계적으로 잘들 보살피면서, 나아가서는 이 지구와 더불어 같이 동등하게 있는 혹성도 별성도 또는 큰 혹성도 태양도 모두가, 즉 말하자면 다스릴 수 있어야만이, 내가 될 수 있어야만이 이 지구를 보존할 수 있고 우리 지구에 사는 사람들을 다 사랑할 수 있고 또 보존하게 할 수 있다 이거야, 영원히. 어떤 사람들은 수명이 짧아서 뭐 이렇게 가고 이렇게 죽고, 이렇게 타 죽고 물로 죽고, 또 싸움이 붙으면 수소폭탄에 죽고 산다 이러지만 천만에! 여러분이 이 도리를 안다면 한 손에 들려 있고 한 손가락만 들어도 우주 전체 법계가 통신이 돼. 그런데 어떻게 마음대로 합니까? 이 도리를 모르면 마음대로 못해, 절대로.

우리가 이 공부를 하면 얼마만큼 자유스럽고 좋은가를 여러분은 상상하지도 못하실 겁니다. 말로 어떻게 다 하리까. 거기에 비유해서 그대로 목마르면 물 먹듯이 똥마려우면 똥 누듯이 자고 싶으면 그냥 자듯이 만약에 대국적으로, 세계적으로 문제가 있을 때는 얕은 건은 올리고 높은 건은 얕게 하고 이렇게 해서 평화를 가져오게 할 수 있는 것도 바로 여러분의 한생각에 달려 있는 것입니다. 그것은 어떠한 원리로 그렇게 되느냐.

어떻게 말을 해야 여러분이 잘 알아들으실지 모르겠지만, 그럼 만약에 고르바초프 속에 내가, 예를 들어서 여러분이 이 공부를 해서 그 속에 내가 될 수 있다면 바로 평전은 내 마음대로 가져올 수 있을 겁니다. 그런데 여러분이 둘로 본다면 아니 되죠. 항상 이 몸뚱이는 하나지만 나 아닌 나는 이 우주 천체에 없는 곳이 없다 이거죠. 이 도리를 어떻게 증명할 수 있느냐? 예전에 달마 대사가 동쪽으로 오는데 구렁이가 있어. 그것이 영 비키질 않고 사람들을 해칠 테니까 구렁이 속에 들어가서 구렁이를 저기다 끌어다 놓고 자기는 다시 왔다 이거죠, 자기 육신은 거기 놔두고.

그런데 나는 어떻게 생각하느냐 하면 하나만 되는 게 아니다 이거야. 하나만 되는 게 아니라 한생각이라면 우주를 덮고도 남고 굴리고도 남고 들고도 남는다 이 소리죠. 내가 만약에 당신 속에 들어간다면 당신은 나야. 껍데기는, 모습은 다를지언정 마음은 나기 때문에 내 행동으로 그냥 할 거야. 그러나 언제나 자유를 보장하면서 누구나가 나 아님이 없고 내 아픔 아닌 게 없고 내 도량 아닌 게 없고 내 집 아닌 게 없으니 바로 그 또한 내 아픔이기 때문에, 그 또한 내 몸이기 때문에, 그 마음이 내 마음이기 때문에 항상 자비를 베풀 수 있고 사랑할 수 있는 것입니다. 이런 말들이 어처구니없이 들릴지 모르지만, 그렇기 때문에 천체물리학이 찰나 무심도법에 있다 이거야. 천체물리 찰나 무심도법! 이렇게 말씀드리는 거고 또 우리가 필수적으로 이 공부는 해야 한다는 점입니다. 이 육신이 없어지면 부딪침이 없기 때문에 배울 수가 없습니다. 육신이 없어지기 전에 이 공부를 해야 그 의식이 항상 여여하게 걸림 없이 영원할 겁니다. 모습이 다르고 차원이 다르고 그럴지언정 어찌 근본 불성이 다르리까?

질문 없으면 이것으로써 끝마치겠습니다. 내일 또 만납시다. 라마 스님께서 질문을 해 주셔서 감사합니다. 내일은 여러분이 또 질문을 많이 해 주시기 바랍니다. 그럼 오늘은 이만 그치겠습니다.

불성은 둘이 아니다

알래스카지원 법회(통역)

1990년 6월 24일

큰스님 그저께도 어저께도 오늘도 이렇게 같은 자리에서 서로 토론을 해 나왔습니다. 그러나 오늘은 여러분이 좀 질문해 주시길 바랍니다. 우리가 배우는 데 있어서는 서로 토론을 함으로써 더 친근감이 가고 또 서로 더 도움이 되지 않을까요?

통역 어저께 어떤 미국 불자님이 질문하시기를, 스님이 설법하시는 도중에 제스처를 쓰시는데 가슴을 가리키기도 하고 머리를 가리키기도 하시는데 그것이 갖고 있는 의미를 좀 설명을 해 달라고 합니다.

큰스님 여러분이 이 세상에 태어났기 때문에 여러분 자체가 바로, 우리 불가에서 말하기는 화두라고 합니다. 여러분 자체가 없다면 세상도 우주도 가정도 모두가 없으니까요. 무(無)예요. '없을 무'도 쓰고 '있을 무'도 쓰는데 말입니다. 그런데 여러분이 있기 때문에, 각자 여러분이 있기 때문에 나, 그대, 모두가 있는 거죠. 그렇기 때문에 (가슴을 짚으시며) '나, 이 마음속 깊은 속' 이렇게 말을 하죠. 또 그리고 '한마음' 할 때는 (주먹을 쥐어 보이시며) '한마음' 이러죠. 그래서 그렇게 쓴 겁니다.

질문자1(라마승) 여기 참석하신 분들의 이해를 돕기 위한 질문인데요, 어제 질문했던 무와 법성과 불성에 대해 각각 서로 다른데 무와 법성과 불성이 어디에 있습니까? 그리고 법이라는 게 무엇입니까?

통역 제가 느끼기에 학승이라 그런지 경전에 나오는 내용을 가지고 그것과 맞나 틀리나 이런 거를 상당히 따지는 그런 질문 같습니다.

큰스님 여러분이 경서를 보고 또는 강설을 하는 데에 이것이 틀리다 옳다 또는 무다 법성이다 불성이다 하는 그 자체도 선(禪)에는 무(無)입니다. 없습니다. 없다는 걸 어저께 명시해서 밝혔는데, 뭐냐? 무라는 건 공했기 때문입니다. 공했기 때문에 나를 깨닫지 못하면 이 공한 이치를 몰라. 보이지 않는 50%를 몰라서 보이는 50%에 의해서 모두 여러분이 현재의식을 가지고 산다 이겁니다. 잠재해 있는 의식 자체의 그 무의 광대무변한 법을 모르기 때문에 선이다 불성이다 또는 법성이다 무다 이런 것을 따로따로 두는데, 이게 따로따로도 없다 이겁니다. 과거도 현재도 미래도 없다 이거예요.

왜 그런가? 어저께도 얘기했듯이 찰나찰나, 우리는 찰나 생활을 지금 하고 있는 겁니다. 고정된 게 하나도 없이, 보는 거 듣는 거 먹는 거 말하는 거 가고 오는 거 하나도 고정된 게 없어요. 전부 돌아가면서, 찰나찰나 돌아가죠. 지구도 그렇게 돌아가고 인간도 그렇게 돌아가고 모든 물질이 다 그렇게 돌아가죠. 그러는데 이것이 따로따로 있다는 것은 말도 안 됩니다.

왜? 사람이 영원한 생명의 근본이 있다면 마음을 낼 수 있고 마음을 낼 수 있다면 움죽거릴 수가 있는 겁니다. 바로 우리가 불성도 되고, 마음을 내는 것이 법성이요, 무라는 것은 이 진리를 말한다 이겁니다. 이 진리의 공한 도리를 그대로 무라고 했다 이거야. 그래서 모든 것은 참나, 내가 태어나기 이전 나를 발견해야만이, 현재의 나와 계합이 돼서 하나가 돼야 이것이 '법성신도 따로 없고 무도 따로 없고 공했고 불성도 공해서 공도 또한 공했느니라.' 하는 말이 나오는 겁니다.

여기 여러분 생명이 똑같지 따로따로 있습니까? 생명이 따로따로 있는 게 아니고 다 똑같이 생명은 가지고 있습니다. 여러분이 마음을 내는 것도 똑같이 마음을 내고 있습니다. 그러나 차원에 따라서 이 생각 저 생각을 할 수도 있는 거죠. 좋은 생각 하는 사람도 있고 나쁜 생각 하는 사람도 있고, 그건 차원에 따라서고요. 몸이 움죽거리고 이렇게 물질적으로 육신을 가지고 있는 사람이면 똑같죠. 그러니까 어느 거 하나 같지 않은 게 없기 때문에 공했다 이겁니다, 모두가.

무는 찰나찰나 돌아가면서 끝없는 진리를, 길을 말했고 또는 법성은 마음을 일으키면 그게 법성이야. 왜? 그냥 보통 중생들이, 깨닫지 못한 사람들이 마음을 일으키는 거는 법성이 못 되지만 깨달은 사람이 마음을 일으킬 때는 우주가 다 들썩거려. 다 돌아가기 때문이지. 그렇기 때문에 법성이라고 한다 이거야. 그러니 불성은 누구에게나 다 있기 때문에, 영원한 생명의 근본을 불성이라고 한다면 그대로 여러분의 불성도 다 똑같은 것입니다. 각자가 따로따로 불성이 있는 것이 아니라 불성은 다 같습니다, 생명이 같듯이. 개미의 생명도 있죠. 인간의 생명만 중한 게 아니라 짐승의 생명도 중하죠. 그 생명은 누구에게나 다 있듯이 불성도 역시 또 다 있습니다.

질문자1(라마승) 근본적인 무가 무엇입니까? 근본적으로 무로 돌아가는 이유가 무엇입니까?

큰스님 지금 저기 물이 흘러 돌고 있습니다. 물이 흘러 돌고 있는데 끊임없습니다. 그 물은 여기서 흐르나 저기서 흐르나 똑같이 흘러서 제자리로 항상 모입니다. 또 위로도 올라갔다 내려갔다 합니다. 돌기도 같이 끊임없이 돌고 있습니다. 그 물을 만약에 산으로 비유한다면 저 높은 산이 있고 낮은 산이 있습니다. 그런데 높은 산이 있기 때문에 낮은 산이 있으며 낮은 산이 없다면 높은 산이 없습니다. 그렇기 때문에 물 흘러 도는 이 자체가 바로 무의 세계 유의 세계와 같이, 우리가 죽어서 그냥 없어지는 게 아니라 우린 항상 살아 있는 겁니다. 저 물이 흘러서 돌듯이 항상 몸은, 예를 들어서 저 이파리가 떨어져서 낙엽이 졌지만 그 이듬해 봄이 오면, 여긴 봄도 없고 가을도 없나 봅니다만 말입니다. 하하하…. 항상 나무뿌리는 살아 있듯이. 그거는 설명을 해서 아는 게 아닙니다. 항상 여러분은 그냥 저 물이 흘러 돌듯이 도는 거, 산이 높고 낮고 이것이 둘이 아닌 까닭에 낮은 게 있기 때문에 높은 게 있고 높은 게 있기 때문에 낮은 게 있는 것이지 어떻게 낮은 게 없는데 높아 보이겠습니까? 그렇기 때문에 이것이 모두가 평등하게 돌아가는 것을, 찰나찰나 돌아가는 것을, 이 물이 끊어짐이 없이 돌아가는 것을 무라고 한다 이겁니다.

그렇다면 이거를, 마음을, 나를 증득해서, 내가 나기 이전을 발견해서 만약에 물리가 터지고 지혜가 생기고 모든 걸 통달한다면 나도 없고 너도 없고 다 없어. 이것이 무야. 왜 없다느냐. 번연히 이렇게 앉아 있는데 왜 없다느냐. 그것은 여러분의 근본 자체는 영원히 살아 있기 때문이다 이거야. 근본 자체가 살아 있고, 근본 자체가 살아 있기 때문에 마음을 낼 수 있고, 마음을 낼 수 있기 때문에 움죽거릴 수 있고 이렇게 돌아가는 것이 그대로, 그대로 다 무다 이거야. 그래서 이거를 통달하기 전에는 모른다 이거야, 모두. 나 나기 이전과 나와 결부돼야만이, 깨달아야만이 그 도리를 알 수 있는 것입니다.

이거는 경설을 해서 이것이 정법 사법, 이것이 어떤 것이고, 이것이고 저것이고 이렇게 따진다면 여러분이 각자 나를 깨달을 수가 없어요, 여러분이. 지금 여러분이 계시니까 여러분 마음속에서 마음을 내고 바깥으로 움죽거리고 이러시죠? 만약에 여러분이 안 계시다면 아무것도 없잖아요? 그런 관계상, 그게 고정된 게 없이 돌아가는 이 자체가, 이 진리가 공했다 이 소립니다. 이거를 알아들으려면, 이거를 알려면 깨달아야만 안다 이겁니다. 그거는 말을 해 가지고 아는 게 아니니까. (컵을 들어 질문자에게 주시며) 이게 그 법이야. (질문자에게 물을 마시라고 하여 물을 마시고 나자) 그게 법이야. 무도 되고 법성도 되고 불성도 되고, 불성이 없으면 그렇게 받을 수가 없고 먹을 수도 없어. 이렇게 가르쳐 줘도 모르는 것은 깨닫지 못해서 모르는 걸 어찌하겠나.

그래서 모든 사람들이 나 나기 이전 과거의 나를 발견해야만이 현재의 모든 걸 똑똑히 보고 모든 걸 똑똑히 처리하고 똑똑히 이 내 몸속에 있는 중생들을 제도할 수 있고 부처님과 일체제불과 한마음이 돼서 한마음 자리에 있는 것이다 이거야. 일체제불의 마음은 내 한마음이요, 일체제불의 법은 내 한마음의 법이고 생활이고, 그렇지 않아요? 악행을 저지르는 것도 선행을 저지르는 것도 내 한마음입니다. 부처 마음이 따로 있고 중생 마음이 따로 있는 게 아니라 부처 중생은 둘이 아니다 이거야. 높고 낮음도 둘이 아니요, 동서가 둘이 아니요, 여자 남자가 둘이 아니요, 일체 중생이 둘이 아니다 이거야. 이 둘이 아닌 도리를 알려면 나를 깨닫지 않고는 절대로 그 도리를 증득할 수가 없습니다. 나를 증득하고 나를 발견해서 둘이 아닌 도리를 알아야만이 그 도리를 환하게 통달할 수가 있는 것입니다.

질문자1(라마승) 현재에 우리가 살고 있는 것이 네 가지 근본 요소, 사대에 의해서 이루어져 있고 그 사대를 먹고 사는데, 경전에 의하면 여섯 가지 큰 것이 있다고 얘기를 하는데 그 사대라고 하는 것과 여섯 가지 육대라고 하는 것과의 차이점이 무엇입니까?

큰스님 지금 스님이 질문하신, 어저께도 그렇고 오늘도 그렇고 이것은 여기에서 제가 지금 여러분한테 아주 극치적으로 손을 꼽아서 (컵을 가리키시며) 이 먹는 게 그대로 여여하며 그대로 법이라고 이렇게 일러 주고 있는 동시에, 육근(六根)이라든가 또 육진(六塵)이라든가 육식(六識), 이 자체를 놓고 여러 가지로 사대가 나와서 육근이 되고 육진이 되고 육식이 되고, 우리가 그것을 이론적으로 따지자면, 즉 말하자면 이건 마음공부 하는 게 아니라 경서에 의해서, 즉 말하자면 경설입니다. 이건 강설을 하는 겁니다. 여긴 마음공부 하는 데지 강설을 하는 데가 아닙니다. 그럼으로써 이 사대육신이, 지금 움죽거리는 육근이 사대육신이거든. 사대가 네 가지 요소로 인해서 지 수 화 풍이 사대로 한데 합쳐져서 육근이 된 거라. 그러니까 여러분이 이것을 타개하는 데에 그렇게 낭비하지 마세요. 이 육근은 오븐과 같고 집과 같고 시자와 같다. 이 육신이 있는 동시에 그 속에 바로 육진과 육식, 그 자체가 그대로 반영되고 있다 이거야.

그러니까 그렇게 경설을 늘어 놓고 그러다 보면 죽을 때까지 해도, 죽고 또 죽고 또 죽어도, 이 몸뚱이 이것을 죽여도 그것은 벗어날 수 없는 겁니다. 이 사대를 일으켜서 가져온 이 속에 바로 고집멸도(苦集滅道) 이 자체가, 이 태어난 게 바로 고(苦)거든. 이 고 속에서 이 고가 없다는 걸 안다면, 모든 게 몰락 없다는 거, 어디 붙을 데가 없다는 거, 내 마음은 체가 없어서 고가 붙을 데가 없다는 거, 이것만 안다면 바로 집(集)도 없고 멸(滅)도 없고 도(道)도 없다 이거야. (통역에게) 그것을 잘 좀 말해 주세요. (통역에게) 그거 얘기해 줘. 이 여섯 가지 안이비설신의 그것 말이야. 이 여섯 가지가 어찌 따로 있느냐.

질문자1(라마승) 몸이 사대로 이루어져 있고 그 사대는 결국 업으로부터 형성이 된다고 볼 수 있는데 그러면 그 업은 어디서부터 왔습니까?

큰스님 허허. 이것 참! 어저께도 말씀드렸지만 (질문자를 보시며) 그 업이 있으시다면 내놔 보시겠습니까? 업이 있으시다면 내놔 보십시오. 내가 업을 없애 드릴 테니까요.

통역 말하고 듣고 하는 이게 자기 업이랍니다.

큰스님 그런데 업은 붙을 자리가 없네요. 마음은 체가 없는데, 지금 말한 사이가 있습니까, 없습니까?

통역 육근 육진 육식이 있는 중에, 그 육식 중에 다섯 가지는 없앨 수가 있는데 그 나머지 한 가지 못 없애는 그게 자기 카르마, 남아 있는 거라고 그렇게 얘길 합니다. 육식 중에 하나.

큰스님 옛날에 부처님께서 말입니다, 모든 것을 통달해서, 즉 말하자면 동쪽에는, 동방에는 아촉불을 말씀해 놓으셨습니다. 그랬는데 서방에는 아미타불을 해 놨단 말입니다. 이 사바세계에는 관세음보살을 해 놨죠. 지천국에는 지장보살을 해 놨고요. 그런데 거기에서 부처님께서 말입니다, 동방에 아촉불이 될 때는 부처님이 마음을 턱 깨달아서 내놓으신 거고, 또 부처님 마음이 서쪽에 가서 아미타가 될 땐 돌아서 아미타가 되고 마음을 내서 천백억화신으로서 나투면서 관세음보살로 하고 지장보살로 했으니 그 부처님 한마음이 아촉이 될 때에 부처라고 하겠느냐, 지장이 될 때에 부처라고 하겠느냐, 또 관세음이 될 때 부처라고 하겠느냐. 이 모두가 이 한생각에서 모두 그렇게 될 때에 아촉도 그 부처님의 마음이요, 아미타도 그 부처님의 마음이야. 관세음도 그 부처님의 마음이고. 지장도 부처님의 마음이라. 그러니까 어떤 마음 될 때에 한 가지가 있다고 하겠느냐 이거야. 그것이 바로 끊임없는, 끝간 데 없는 진리다 이거지.

인제 스님에게 제가 한마디 질문하겠습니다. 옛날에 선지식들이 길을 가다가 대나무 여자를 봤습니다. 대나무 여자가 아이를 낳고 있거든요. 그런데 대나무 귀신들이 그 아이를 받아서 대나무 방귀씨를 먹이더랍니다. 그걸 보고 있던 어느 선지식이 "아, 저놈 잡아라." 하니까 그 대나무씨가 하는 소리가 말입니다, "나도 없고 당신도 없는데 대나무 방귀 먹여서 대나무씨를 키우라고 하니 그게 어떠한 연고인고?" 하고 묻더랍니다. 그러면 그것을 어떻게 대답을 해야 되겠습니까? (통역을 보시며) 이게 너무 길어서 안됐지만, 그럼 간단하게 얘기할까요?

통역 마지막 부분만…. (대중 웃음)

큰스님 예, 마지막 부분만 하세요.

통역 선지식이 "저놈 잡아라." 하니 대나무 방귀씨가 "나도 없고 당신도 없는데…." 그 다음에 뭐라고 말씀하셨는지 제가….

큰스님 방귀를 먹여서 씨를 키우는데, 그 씨를 키우려면 방귀를 먹여서 키워야 된다고 거뿌 두 마디를 하더랍니다. 그런데 왜 그 두 마디를 했을까요? 아주 쉬운 걸로 할까요, 그럼? (대중 웃음) 어렵죠? 어느 노인이 말입니다, 작대기를 하나 짚고선 턱 앞에 섰습니다, 내 앞에. 그런데 작대기를 턱 짚고선 "어디로 절을 하리까?" 하고 물었습니다. 스님 같으면 무엇이라고 대답을 하시겠습니까?

질문자1(라마승) 자기가 오관 위에 서 있습니다.

큰스님 하여튼 그것은, 허허허, 얼토당토 않은…. 이 스님께서 아주, 좀 모르시는 것 같습니다. 다시 한 가지 아주 쉬운 걸로, 어느 노승이 작대길 짚고 들어와서 하는 소리가 날더러 토지세를 내라고 그랬습니다. 만약에 누가 토지세를 내라고 그런다면 스님은 어떻게 대답을 하시겠습니까 하는 겁니다.

질문자1(라마승) 돈 있으면 내고 돈이 없으면 안 냅니다. (대중 웃음)

큰스님 그거는 선에 해당치 않습니다. 선에 해당치 않으니 이것으로써 오늘은 그대로 마치겠습니다. 그 토지세를 날더러 달랠 때에 만약에 나라면 "내 땅인데 토지세 낼 게 어딨어?" 할 수도 있죠. 내 땅인데, 내 도량인데, 이 전체가 내 도량인데 어찌 토지세를 받으러 왔느냐 이거지. 그래서 이것은 선문답의 요지가 되는 겁니다. 그런데 이 선은 (검지 손가락을 세우시며) 손가락을 하나 들어도 이 법성신이 다 통신이 돼서 그 한마디가 한데 떨어지지 않는다 이 소립니다. 깨닫지 못한 말은, 말로 해서 한데 떨어지는 것은 바로 법성신의 말씀이 아니고 불성을 깨달아서 말하는 게 아니기 때문에 법이 될 수가 없습니다. 한데 떨어집니다. 그럼으로써 현실로 바로 작품이 나오지 못합니다. 우리가 이 불법을 배우는 것은 한생각을 해서 작품이 바깥으로 나와야만이 생활과학이 되는 것입니다. 여러분, 모두 이 도리를…. 우리 생활이 참선이요, 생활이 선이다 이거야. 행선이다 이거야. 움죽거리면서 생각하고 생각하면서 뛰는 것이 그대로 행선이다 이거야. 참선이자 행선이고 행선이자 우리 생활이 그대로 생활과학이다. 똥마려우면 가서 눠. 이렇게 여여한 것이다 이거야.

그래서 내 불성은 내가 가지고 있기 때문에 내 불성이 있는 줄을 어찌 알았으리까 이러는 거죠. 알라 이거야. 내가 불성을 항상 가지고 있다는 그 자체를 알라 이거죠. 나는, 내 불성은 항상 여여함을 알라. (벽을 가리키시며) 여기 써 붙였죠? 요기요, 요기. 하하하. (대중 웃음) 내 불성은 항상 갖추어 가지고 있음을 알라. 내 불성은 일체 만법을 들이고 냄을 알라. 한생각에 구덩이에 빠질 수도 있지만 한생각에 구덩이에서 꺼낼 수도 있다. 여러분은 한 생활에서 모든 일체 만법에 대한 것을 자유자재할 수 있는 그런 여건의 능력을 가지고 지내기 때문에 이 공부를 한 사람들은 나라를 구할 수도 있다. 자기 나라를 구할 수도 있고 이웃의 어떤 사람을 건질 수도 있고 한생각을 해서 사랑의 배반을 당한 사람도 같이 이어지고, 아들이 잘못되는 것도 잘되게 도와줄 수 있는, 생활 자체에 그런 적용이 된다면 모든 게 여러분한테 이익이 가고 그럼으로써 이것은 바로 생활과학이면서 또 생활에 자기 자신이 법성신이 되면서 일체 만법을 행하고 들이고 낼 때에 여여하게 산다, 자유인으로서.

보이지 않는 데와 보이는 데 50%를 잘 안다면 병이 나도 자기가 '아, 거기서 병난 거니까 거기서 고칠 수도 있어.' 할 수도 있는 겁니다. 내 속에서, 이 지금 오장 육부 속에서 생명들이 수십억 마리가 지금 들끓고 있습니다. 그 의식 자체를 지배하는 거는 내 마음입니다. 여러분의 몸뚱이는 의식만 빠지면 송장입니다. 그러니까 여러 생명들이 운행하는 데에 아, 간이 아프다 위장이 아프다 그럴 때 위장 공장에다가 직속 '야, 너희들이 아프게 한 거니까 너희가 낫게 해야지.' 한다면, 그대로만 해 보세요. 여기 노인장 어른들께서도 계신데 그렇게만 하세요. 또 노인장 어른께서는 아들로 인해서 또 무슨 일이 있으면 '내 주인공만이, 그 아들의 주인공도 둘이 아닌 까닭에 내 주인공만이 내 아들을 잘 이끌어 줄 수 있을 거다.' 하는 것을 믿고 서기나가 맡겨 보세요. 바깥으로 반드시 나옵니다.

아픈 거나 가난한 거나 가정의 우환이나 또는 인과응보로 인해서 오는 거나 유전성으로 오는 거나 영계성으로 오는 거나, 용광로에 헌쇠들을 넣으면 자동적으로 쇠가 생산이 돼서 나가듯이, 모든 일체가 다 그렇게 해서 우리가 용광로에 넣는 작업만 한다면 새로 생산돼서, 이름을 가지고 다시 나가는 것은 그건 걱정 안 해도 된다 이겁니다. 우리가 위대한 말을 해서 되는 게 아니라 여러분이 위대하든지 위대 안 하든지 생활 속에서 어려운 사람이든 거지든 부자든 그거 아랑곳없어. 돈이 많든 적든 그것도 아랑곳없어. 내가 일하면서도 밥 먹으면서도 똥 누면서도 자면서도 항상 내가 내 앞에 닥친 거를 내가 생각날 때에, 여러분이 길에 오시다가 엎드러지면 누가 일어납니까? 엎드러진 놈은 누구고 일어나는 놈은 누구입니까? 그것만 대답해 주십시오. 자기가 엎드러졌으면 자기가 일어나야죠? 그렇기 때문에 이열치열이란 말이 있어요. 이열치열! 병이라는 건 몸만 아파서 병이 아네요. 마음의 병도 병입니다.

또 정신박약아가 되는 것도 여기에서, 자기한테서 나온 거지, 인과응보로 나왔든 유전성으로 나온 거든 세균성으로 나온 거든 또는 척추에서 나온 거든 두뇌에서 나온 거든 그건 아랑곳없이 거기서 나온 거 아닙니까? 결국은 자기가 있기 때문에 자기한테서 나온 거죠. 그런 거니까, 자기한테서 나온 거니까 자기한테다 맡겨. 기계도 조립한 사람이 잘 고치듯. 그러니까 자기한테서 나온 거니까 자기한테다가 맡겨라 이거야. 맡겨 놓고 '어, 거기서 나온 거니까 주인공! 내 주인공에서 나온 거니까 내 주인공밖엔 고칠 수 없구나. 너 알아서 해.' 하고선 맡겨 놓고 관해 본다. 이거 관한다 하는 건 지켜본다 이겁니다. 그러면, 지켜보면 그때에 바깥으로 어떠한 문제가 나올 때에 자기가 실험할 수 있다 이겁니다.

우리 여기 노인장 어른들께서도, 단 한 분이든 두 분이든 좋습니다. 이 말을 똑똑히 들으시고 가셔서 오늘서부터 자기가 몹시 앓지 않고 옷을 벗는다든가 자기 가정에서 속 썩지 않는다든가, 주변에서 잘되면 내가 속썩을 일이 없잖아요. 모든 문제는, 자기 주인공에서 가정을 이끌어 나갈 수도 있는 모든 능력을 가지고 있다 이겁니다. 이 전깃불과 같다 이거야. 스위치를 올리면 이 방에도 들어오고 저 방에 들어오고 전력이 가설이 다 돼 있으니까 내가 다니면서 스위치 올리면 방 불 들어오죠? 전력 들어오는 그 과정은 모르지만 불 들어오는 건 보지 않습니까? 우리가 보이지 않는 세계는, 전력이 들어오는 과정은 보이지 않고 불이 들어오는 과정은 봤다 이겁니다. 불 들어왔잖습니까? 그러니까 스위치를 올리면 불이 들어온다는 건 믿으시죠? 그렇게 믿어야 합니다.

자기한테도 영원한 자기의 불성의 그 근본이 있기 때문에 우리가 악행하는 그 마음도 선행하는 마음도 다 여기에서 나오는 겁니다. 그러니까 좋은 생각으로써 '거기에서밖에는 해결할 수 없다.' 하고 믿었을 때 바로 보이지 않는 전력이 보이지 않게 들어오듯이, 전력이 보이지 않게 들어오듯이 내 마음의 법성신의 그 뜻이 돌아서 바로 나한테 턱 나타날 때 그 기쁨이란 말할 수도 없는 겁니다. 그러니까 우리가 그런 조그마한 걸로부터 나를 실험해 보고, 내 몸으로 실험하고 내 가정으로 실험하고 내 사회로 실험하고 또 어떠한 나라로 실험하고, 이렇게 자기가 한번 던져 보고 자기가 실험하고 이렇게 해 보면 그게 나타나고, 그렇게 되면 자기가 밝아집니다. 자기 본래면목을 밝게 볼 수가 있다는 얘기죠.

오늘 여기서 마치겠습니다마는 우리가 어저께도 말했지만, 우리는 전화가 있어야 하고 냉장고가 있어야 하고 녹음기가 있어야 하고, 이렇게 필수적으로 있어야 된다 하는 그거와 같이 우리 인간도 이 세상에 나왔으면 그렇게 필연적으로 이 공부를 해야 된다는 얘깁니다. 자기 자신이 자기 자신을 알아서 자기 자신으로서의 그 능력을 가지고 우리는 살아나가야 된다 이 소립니다. 자기 자신을 자기 자신이 모른다면 어떻게 한 푼어치라도 건져 줄 수 있겠습니까?

저 나무는 나무뿌리를, 자기 뿌리를 못 내려다봅니다. 우리 인간도 인간의 뿌리를 몰라. 인간도 뿌리가 있는데 뿌리를 몰라. 그 뿌리는 내 뿌리만 있는 게 아니라 여러분의 뿌리도 다 같이 둘이 아니다 이 소립니다. 너무 뿌리가 많기 때문에 둘이 아니다 이거야. 근데 둘이 아니라는 소리를, 뜻을 모르시고 스님께선 "무가 뭐냐?" 이러는 거죠. 둘이 아닌 까닭에 무다 이거를 말입니다. 불성이 둘인 까닭이 있습니까? 불성은 다 똑같습니다. 그렇기 때문에 둘이 아닌 까닭에 무이니라 이겁니다. 어떤 거는 불성이라 그러고 어떤 거는 불성이 아니라고 그러나요? 그러니까 무죠.

그래서 우리 자체는 너그럽게, 이 공부를 해서 소견으로서 살지 말고 지견으로서 남을 사랑할 줄 알고 부드러운 말로 이끌어 줄 줄 알고 또 안아 줄 줄 아는 평등한 마음, 이것이 우리에게 참된 인간이요 만물의 영장인 인간이요 또는 자유인의 인간이요, 진짜 사랑할 수 있는 인간이요 이런 겁니다. 우리가 노인을 보면 내 아버지로 생각하고 어린 애를 보면 내 동생으로 생각하고 내 자식으로 생각하고, 또 같은 젊은 이들을 보면 내 형제와 같이 생각을 하라. 사랑 사랑 말로만 사랑하지 진짜로 행을 그렇게 안 할 때는 그 사랑이라는 건 짓밟히고 마는 겁니다. 내가 배고파 보면 남도 배고픈 줄 알아야 하는 것이 인간의 도리 아닐까요? 내가 아파 보면 남이 아픈 것이 그렇게 참 눈물 나고 어렵고 허무하고 고독하고 그런 것을 자기가 지내 보지 않으면 모릅니다. 그렇기 때문에 그 진정한 사랑이 뭔지 여러분은 잘 생각해 보셔야 할 일이라고 봅니다.

우리가 자식을 기를 때도 그저 먹을 것만 그득히 쌓아 놓고 돈만 주면 다 사랑인 줄 알지만 천만의 말씀입니다. 돈을 적게 주더라도, 여기는 바쁜 세상이니까 내가 그렇게 말하죠. 남편도 부인도 자식도 말입니다, 냉장고에다가, 좀 좋습니까? "나 이 시간에 일하러 나가니까 얘, 아무개야! 너 들어오면 여기다가 음식을 요렇게 요렇게 넣어 놨으니 요거 먹어라. 엄마는 몇 시에 들어와서 너를 사랑해 줄 거다." 하고 거기다가 요렇게 해 놓거나 또는 남편이라면 아내더러 그러고, 아내는 남편더러 그렇게 할 수 있는 그런 메모가 필요합니다. 부모면 부모, 아버님 어머님이라면 "어머님, 제가 이렇게 일을 나가다 보니까 어머님 아버님을 잘 섬기지 못하고 음식이라든가 이런 걸 잘 해 드리지 못해서 죄송합니다. 그렇지만 살려니 어떡합니까? 이렇게 이렇게 물건을 사다 놨으니 이렇게 해 잡수십시오." 하든가 "이렇게 이렇게 해 놨으니 잡수십시오." 하든가 만나지 못하면 메모로라도 써 놓고 간다면 그 한 자를 볼 때 부모는 눈물을 흘리면서 우리 자식들이 그렇게 그립고, 그렇게 보지 못해도 사랑스러워. 이 부모 자식 간의 말 한 마디 글자 한 자에 사람은 정말이지 따뜻해지고 사랑을 할 수 있는 그런 게 아닐까요?

만약에 부모 자식 간에 어린 자식들을 내버려 두고 자기가 그냥 나갈 데로 나가고 들어올 데로 들어와서 '아무개한테 먹을 거 이렇게 줬으니깐….' 이런다면 그 자식들이 나가서 별의별 짓을 다 하게 됩니다. 왜? 고독하니까. 그리고 사랑을 느끼지 못하니까 나빠집니다. 불행해집니다. 그러니까 여러분이 생각을 깊이 하셔서 진짜 사랑이 어떤 건지 한번 잘 검토해 보시고 생각해 보시도록 하십시오. 엄마 아버지가 어떻게 해야 위로는 부모를 잘 섬기고 아래로는 자식을 제도할 수 있는가? 급한 생활이라고 해서, 벌어먹기 위해서 그럭한다고 해서 사랑 못 받고 못 하라는 법은 없습니다. 한생각이 그렇게 중요합니다. 그러면 오늘 이것으로써 마치겠습니다.

질문자2(외국인 여) 하도 심하게 아프니까 스스로 목숨을 끊을 경우에 그 사람의 후생은 어떻게 되는 건지요? 그 다음 생이 어떤 쪽으로 가게 됩니까?

큰스님 마음을 착하게 썼으면 천당으로 갈 거고 마음을 악하게 썼으면 지옥으로 떨어질 테죠. 안 그럴까요? 하하하…. (대중 웃음)

또 이 공부를 잘하는 사람에 한해서는 만약에 그 상대인이 아니더라도 옆에서 누가 그 사람에게 한생각만 가져도, 예를 들어서 공부하는 사람이 그 의식을 내 의식에다 넣는다면 영 영, 둘이 아닙니다. 수십 개를 넣어도 이것은 둘이 될 수가 없습니다. 여러분, 잘 아셔야 합니다. 그래서 죽은 사람이 불쌍하고 안타까우면 죽은 그 마음을 내 마음과 둘이 아니라고 생각을 했을 때에 바로 내가 되는 겁니다. 내가 돼 가지고 다시금 천도를 하는 거죠. 그래서 좋은 어느 집에서 태어나라 하는 마음을 갖는다면 그대로 참, 다른 데서 또 태어나게 되면서 잘 살게 됩니다. 몸을 바꿔 가지고 말입니다. 그러니까 이 공부는 필연적으로 해야만 되지 않나 이런 생각을 합니다.

아주 저 두 노인이 잘 아시는 것 같은 그런 기분이 들고, 마음이 서로 통하는 그런 기분이 들고, 좋은 분이신 것 같습니다. 이 공부만 한다면 소를 수십억 마리를 죽였다 하더라도 한생각에 그 업보는 무너지게 돼 있습니다. 그래서 윤회라든가 또는 영계성이라든가 업보라든가 인과라든가 이런 것이 그대로 무너집니다. 그러니까 이 마음이라는 것은 체가 없어서 수만 개를 갖다 넣어도 두드러지지 않고 꺼내도 줄지 않는다는 얘기죠. 저 바다의 물을 떠 보세요, 줄어드나. 또 한 그릇 부어 봐도 두드러지지 않죠. 그와 같이 사람의 마음은 광대무변한 것입니다.

그러니 여러분도 생활에 좀더 안락을 가져올 수 있고 또 노인들께서는 아프지 않고 몸을 벗을 수 있게 그렇게 한다면 주위의 가정에도 고통을 주지 않고, 얼마나 좋습니까. 콩깍지가 만약에 익지 않았다면 콩깍지 벗기기가 상당히 어렵습니다, 속껍데기가 붙어서. 그러면 얼마나 아픕니까? 그러니까 아픈 것이 바로 콩깍지 깎듯 그렇게 아픈 겁니다. 콩이 잘 익었다면 손으로 톡만 쳐도 그냥 콩깍지가 홀딱 벗어지지 않습니까? 그러면 내가 '아이, 이만하면 가도 되겠다.' 할 때 옷 벗을 수 있지 않겠습니까? 이것이 바로 마음의 공부를 하는 사람들의, 일체 만법의 이익입니다. 전부 이익이 돌아갑니다. 그러면 그만 하겠습니다.

공(空)도 공했으니 언어 붙을 자리가 없다

한국일보 기자 대담

1990년 6월 25일

기자(남) 토인비가 이야기하기를 인간의 불행이라는 것은 마음의 본질의 타락에서 온다고 했거든요.

큰스님 그래요.

기자(남) 그 내용과 불교의 내용과 일치되는 것 같은데요.

큰스님 예. 기독교든 가톨릭교든 불교든 상표를 가지고 믿어서는 안 돼요. 우린 근본을 가지고 믿어야지, 그것은 간판과도 같은 거니까요. 몸뚱이 이것도 참나가 아니죠. 참나가 있는 어떠한 집일 수는 있죠. 그러니까 불교를 아시려면요, (책을 주시며) 이거 하나를 가지고 신문에 내시고, 이것대로만 해 보세요. 그럼 아시게 될 겁니다.

기자(남) 네.

큰스님 이거는 종교를 떠나서 하세요. 그리고 하여튼 세상 진리가 그렇게, 그 모두가 시공을 초월해서 돌아간다는 건 잘 아시겠죠? 지구도 물체도 어떠한 것도. 그런데 우리 인간은 항상 이 껍데기가 자기래요. 그 껍데기 속에 참나가 있는 걸 모르고요. 그러니까 이 껍데기는 차와 같고 운전수는 바로 속의 마음내는 데 있는 게 아니겠어요? 그리고 영원한 근본 그 자체는 바로 내 생명의 근본 아니겠어요?

기자(남) 예. 바꿔 말하면 자기 악의 껍질을 벗어 버리면 참나를 알 수 있다는 이야기 아녜요?

큰스님 예. 그런데 이렇게 살아 가지고 벗어야 할 텐데 죽는 게 벗는 건 줄 안다면 그건 오산이죠. 예. 그래서 믿으시려면 자기 주처, 자기 운전수를 믿어라 이거죠. 자기를 끌고 다니는 놈이 누군가?

기자(남) 아무래도 불교 쪽하고 기독교 쪽이 대비가 되지 않을 수가 없는데요, 일반인들이요.

큰스님 그래요. 기독교가….

기자(남) 일반인들로서 생각할 수 있는 견지에서 말씀드리는 건데 기독교를 제가 어디서 보니까 이런 분석이 나와요. '예수나 석가는 영원한 맞수이다.' 영원한 맞수라는 의미는, 인류의 많은 사람들이, 그를 존경하고 따르고 가르침을 받은 사람들이 지금 몇십억씩 된다 이거죠. 지금까지도 지구상에서 많은 영향을 미쳐 왔는데 그러한 영원한 맞수가 또 어디에 있겠느냐. 죽어서까지도 계속 남길 수 있는, 그들의 진리를 전파할 수 있는….

큰스님 그건 마술이라 해서는 안 되죠.

기자(남) 마술이 아니고 맞수요. 맞수는 적수가 아니고요, 선의의 경쟁 관계에서 어떤 룰에 의해서 한다는 개념에서 일반적인 맞수라 생각하지 않습니까? 짝꿍도 아니고 뭐, 원수도 아닌 중간 개념으로, 우리말로요, 맞수라고 해야 할까요? 또 영어로 표현한다면 카운터파트(counterpart)와 라이벌(rival)을 믹스한 것이라고 볼 수 있는데….

큰스님 이것 보세요. 이 중간, 중도, 중용 이것이 중심, 중용, 중도.

기자(남) 예, 불교에서는 중도주의가 또 있죠.

큰스님 중도는 그냥 가만히 있는 거고, 중용은 그냥 움죽거리는 거거든. 그런데 무(無)의 세계 50%, 유(有)의 세계 50%를 한데 합친 것이 중용이에요.

기자(남) 그건 산술적으로 계산하기는 어렵다고 생각되는데, 그 의미가요.

큰스님 중용이, 우리 머리에도 의학적으로 잠재의식 쪽 현재의식 쪽이 있어요. 그런데 우린 현재의식 쪽에서 그냥 판단하고 살거든요. 그런데 잠재의식 쪽하고 같이 이렇게 합친다면 100%가 그것은 중용이 되죠. 그걸 중도, 중용이라고 얘기하는 거죠. 근데 우리는 보이지 않는 세계 50%는 모르기 때문에 다 그런 문제가 나오죠. 그래서 기독교나 가톨릭교, 또 불교도 역시 그렇습니다마는 원 불교는 그렇지 않다 이거죠. 왜냐하면 타의에서 구하려고 애를 쓰는 건 아니라는 거죠.

기자(남) 어떤 사람이 분석한 결과를 보면 물론 기독교를 타력 종교라 하고 불교를 자력 종교라고 일컫죠. 그걸 조금 더 구체적으로 대별해서 말한다면 연역주의적이다. 결론을 내려놓은 것이 하느님의 구원을 받는 기독교 사상이고, 불교는 귀납적이다. 결국은 하나하나 깨쳐 나가서 자아 완성에 이르는 단계가 부처 경지다, 해탈의 경지다 이렇게 표현들 해요. 그러면 결국 가는 길은, 목적은 같은데 방법상에 있어서 하나는 위에서부터 하나는 아래서부터의 차이가 있지 않으냐.

큰스님 그거는 그런 게 아닙니다. 자완성이라는 거는, 자기 자신으로부터 알고 믿고 거기에 맡겨 놓는 즉, 컴퓨터 시스템이 우리 인간에게도 다 주어져 있다 하면 거기에 입력이 돼 있어서 자꾸 현실로 나오는 걸 다시금 거기 입력시키는 공부입니다. 과정입니다. 그럼으로써 좋은 결과가 바깥으로 나오는 것이 우리 심성 생활과학입니다. 우린 고정된 게 하나도 없어요. 선생님도 지금 여기 만나러 오셨지만 고정되게 누구 만나는 일 있어요? 한 사람만 만날 수는 없거든요.

기자(남) 예.

큰스님 네. 보는 것도 듣는 것도, 말하는 것도 가고 오는 것도 다요. 그렇기 때문에 찰나 생활이라고 할 수 있는 거죠. 그렇기 때문에 부처님께서 가르치신 것은 역시 나 하나도 세울 게 없는 게 지금 부처님 법이라는 얘기죠. 내가 그렇게 바뀌지니까, 화해서 자꾸 이렇게 공해서 돌아가니까 늙었을 때 나를 나라고 하겠느냐, 젊었을 때를 나라고 하겠느냐, 애기 적의 나를 나라고 하겠느냐. 그러니까 그것은 '셋이 다 공했느니라.' 이렇게….

기자(남) 공 사상에서 말씀하셨는데 제가 기억이 나는 게 있어요. 제행무상과 제법무아라는 얘기가 나오죠, 불교 경전에. 제가 그걸 이해를 잘 못하겠거든요. 세상에 항상 있는 법은 없는 것이라면 부처님 법도 그렇지 않을까요?

큰스님 그거는 틀립니다. 그 두 가지가 다 틀립니다. 그러니까 무상, 무아 이것도 다 틀립니다. 왜? 그것이 다 아닙니다, 공했기 때문에. 공한 것도 공했는데 그런 언어가 붙을 자리가 없습니다, 본래는. 우리가 예를 들어서 부처님이 한마음을 낼 때는 이 천백억화신이 털구멍을 통해서 찰나찰나 나고 든다 이겁니다. 그럴 때는 기독교에서도 그러지만 영령이라고 그러죠. 영혼, 영령 뭐 별 소릴 다 합니다마는 그것이 수천수만 개라도 한생각에 될 수가 있는 거니까. 그것도 한생각에 다 없어질 수도 있고. 그러니까 그런 거는 우리가 지금 얘기할 거 없고요.

단 하나, 누구나가 다 자기 자신부터 알고 믿고 거기에서 나오는 거는 거기에 맡겨 놓고 내 마음을 증득해서, 즉 말하자면 정신적인 과학, 정신적인 생활, 정신적인 문화 문명이 발전이 됨으로써 전체가, 우리가 화합 단결 해지고 또는 경제난에도 허덕이지 않을 거고 지구가 수명이 짧아도 또 재료를 다 끌어잡아 당겨서 다 쓸 수 있는, 그러한 그 미묘하고 광대무변한 법이, 그 능력이 누구에게나 다 주어질 수 있는 거거든요. 그러니깐 그렇게 내 마음을 먼저 알지 않으면 안 된다. 그러니까 모든 것을 그렇게 믿어야 한다는 얘기죠.

그런데 기독교나 가톨릭교는 고상을 걸어 놓고, 나도 가톨릭교 교인이었어요. 고상을 걸어 놓고 '하느님 아버지시여!' 하고 해도 나를 발견하지는 못해. 20년, 30년 가도 나를 발견하진 못해. 증득할 수는 없어. 내 마음이 편안하고 안위할지 모르지마는, 그냥 한군데다 밀어 던져 놓고, 자기가 죄를 지었어도 다 그냥 거기다 '하느님 아버지시여!' 그러고 다 밀어 던져 놓고 이렇게 살거든요. 그러니까 자기는 편안할지 모르지만 자기를 발견할 수는 없다는 얘기죠.

기자(남) 그걸 인제 구원이라고 하잖아요, 그쪽에서는.

큰스님 그런데 구원을 받을 수가 없어요. 자기한테 자기가 구원을 받는 거지 누가 구원을 주는 게 아니죠.

기자(남) 예. 어쨌든 그건 방법상에서 자력 종교냐, 타력 종교냐의 차이일 것 같습니다, 그런 문제들은요.

큰스님 그 한생각에서 고만, 이 한 백지장 사이 한생각에서 그만큼 차이가 나는 거죠.

기자(남) 근본적으로 다르죠, 불교하고.

큰스님 예. 그러니까 고해 성사를 할 때도 내가 잘못해 놓곤 신부님한테 가서 고하거든. 그래서 순간 자기 마음은 편안할지 모르지만 그게 지워지지는 않거든요. 자기가 아는 거 우주간 법계에서 다 알고 있는 건데, 그걸 속이려야 속일 수가 없는데 그게 지워지나요? 그러니 우주의 모든 것이 인간의 마음 근본에 직결이 돼 있고 또는 인간살이가 전부 마음에 가설이 돼 있는데, 구태여 내가 어느 사람한테 전가를 한다고 그래서 내가 한 일을 잊어버리거나 또 지워 버릴 수는 없어요. 그렇기 때문에 자기부터 알아야겠다. 잘못하는 일이 있다면 그 일을 미리 안 하면 될 거 아니냐. 인간이라면 만물의 영장이라고 그랬는데 그걸 안 하고 하는 건 자기 마음이 아니겠느냐. 그거 마음대로 할 건데 마음대로 못한다 하느냐 이거죠.

기자(남) 마음을 닦는 법에 따로 특별한 비결이라도 있습니까?

큰스님 아이, 비결은 무슨 비결? 그거 보시라니깐. 그거 보시면 알아요.

기자(남) 다 마음으로 돌리는데요, 마음이 가장 중요하기 때문에 또….

큰스님 마음내기 이전에다 돌리는 거예요.

기자(남) 또 뭐, 일체가 유심조니 하는 말이 나오잖아요. 뭐든 마음 짓기에 달려 있다.

큰스님 일체가 유심조라는 것도 공했어요, 사실은요.

기자(남) 사실은 공이죠.

큰스님 허허, 그러니까 초발심자를 위해서 이거를 해 놓은 겁니다. 그러니까 이게 주제니까 이것으로써, 우리가 이렇게 하면 첫째, 내 몸 안에 들어 있는 그 모든 수십억 마리의 의식 자체가 한마음으로 리드가 되고 조화를 이루고 둘째, 우리 가정이 화목하게 조화를 이루고 편안하고 또는 들이고 내는 데 있어서 조금도 걸림 없이 자유롭게 할 수 있고, 나아가서는 모든 세상, 즉 말하자면 내 나라를 구원받게 할 수 있고 또는 더 나아가서는 내 몸과 같은 지구의 수명을 길게도 할 수 있고 짧게도 할 수 있는 그런 능력을 얻는다.

인간은 지수화풍의 물질로써 생겼기 때문에 거기에서 생명이 생겨서 수억겁 광년을 거치면서 인간으로 진화가 됐다. 진화가 돼서 제일 나중에 됐다. 인간이 되기까지 그 과정이 말이에요. 그래서 인간은 지수화풍으로 됐기 때문에 어디까지나 이 재료가 주어져 있어요. 물이 없으면 전력이 나오지 않듯이 인간에게는 지수화풍이 그렇게 바탕이 돼 있기 때문에 광력이나 전력 자력 통신력이 충만히 재료가 주어져 있다. 우리는 그 재료가 있기 때문에, 아까 얘기했듯 다섯 가지의 시스템이 돼 있다. 그 다섯 가지 시스템을 자동적으로 굴리는 것은 바로 두뇌다, 즉 누진. 그런데 시쳇말로 한다면 그것을 레이더망이라고 할 수도 있지. 정신 레이더망. 그러니까 이 시스템을 자동적으로 굴리는 데는 지금 나를 발견해야 할 뿐만 아니라, 지금 나를 발견해 가지고 무의 세계 유의 세계를 검토하면서 둘이 아닌 도리를 우리가 공부해야 하는 겁니다, 실험하고. 그러니까 나를 발견하기까지 이것이 필요하다.

기자(남) 네. 지수화풍과 오행설의 관계에서는 어떻게 보십니까?

큰스님 오행설?

기자(남) 유교에서 오행설이 있죠.

큰스님 아휴, 그건 귀찮아요. 그 왜 눈, 코, 이런 걸 자꾸…. 아, 이거 봐요. 눈 가는 데 귀가 가고 귀 가는 데 눈이 가지, 이름만 각각이지. 남은 지금 직접 마음을, 그냥 이거 먹고 싶으면 먹는 걸 얘기하는 데 아니, 오행설이 왜 거기 들어가요?

기자(남) 아니, 지금 오행설이 나와 있거든요. 유교에서 나온 거거든요.

큰스님 그런 소리 하지도 말아요. 나는 오행설이고 뭐고 입담 하려고 이런 데 다니는 게 아니야. 말이 다 필요 없어요. 수만 년을 해도 말은 필요 없어. 내가 '이거 먹어라, 먹어라. 이거 먹어라, 먹어라.' 해도 갖다 먹지 못하는 거는 '먹어라' 소리를 수백 번 해도 소용없고 아무 소리 없이 목마르면 이렇게 갖다 먹는 것이 이게 행이야. 이 행을 못할진대는 아무리 말이 많아도 필요 없다 이거야. 내가 목마를 때 냉장고 문 열고 탁 마실 때 아무 이론이 거기 붙지 않듯이. 그거 말이야, 그 묘법!

그래서 기독교든지 가톨릭교든지 나는 그래. 사람이 만약에 빈집이라면 자기 몸뚱이에 그 의식들이, 많은 의식들이 있는 것이 이 집주인이 없다면 아, 그 속에서, 공장에서 막 파워를 일으키고 그러거든요. 그래 병이 드는 거죠. 영계성이라든가 유전성이라든가 또는 세균성이라든가 이런 것도 집이 비었으니까 마음대로 들랑거리거든. 그런데 집주인이 있다면 마음대로 드나들 수가 없죠. 그러니까 내 집주인부터 완전히 믿고 둘이 통해야죠. 그래야 하나가 되지. 하나가 됨으로써 둘 아닌 도리를, 바깥으로 또 둘 아닌 도리를 배우게 되는 거니까.

하여튼 이거 가져가서요, 이거를 배우면 이렇게 평화스러워지고 내가 나를 발견해서 자유인이 된다. 내 몸뚱이 속에 있는 중생들을 한

마음으로 리드하면서 화합을 가져오게 되고, 화합을 가져오게 되면 병이 나지 않고 건강하게 되고 그 다음에 내가 이 도리를 배워서 모든 거를 화합하게 할 수 있다면 내 가정도 화합과 또는 우애와 조화를 이루게 되고, 내 나라도 그럴 거지만 세계도 또 조화를 이룰 수가 있다. 평화를 가져올 수가 있다. 더 나아가서는 이 지구의 수명도 늘리고 줄일 수가 있다. 태양과 모든 월세계 모든 혹성들도 나 아님이 없다는 그런 도리를 알 것입니다.

기자(남) 자기 자신을 찾기도 어려운데 이렇게 하다 보면 지구 수명까지 조절할 수 있는 능력이 된다는 것이….

큰스님 하이고! 그건 우주와도 직결이 돼 있지, 세상하고도 가설이 돼 있지. 아, 그런데 그걸 하나만 깨달아서 둘 아닌 도리만 알게 되면 무의 세계, 보이지 않는 세계와 보이는 세계와 둘이 아니게 막, 그 한생각인데, 그러니까 빛보다 더 빠르다니까요.

기자(남) 아까 다섯 가지 시스템에 대해서 좀더 설명해 주시겠어요?

큰스님 다섯 가지? 그거 오신통을 말하는데, 시쳇말로 해 줘야 알아듣겠죠?

기자(남) 쉬운 말로 해 주십시오.

큰스님 그래요. 이거는 정신 레이더망, 정신 탐지기.

기자(남) 몸이요?

큰스님 네. 보이지 않는 데 시스템이 그렇게 돼 있어요. 그걸 알게 돼. 정신 탐지기죠? 정신적인 망원경, 천체. 그러니깐 심성이라고 그래도 되지.

기자(남) 예, 정신세계를 심성이라고요? 정신계를요?

큰스님 심성이라 해도 돼요. 그러니까 또 참마음의 팩스라고 해도 되지, 팩스.

기자(남) 팩스? 팩시밀리요?

큰스님 하하하. 내가 잘못하더라도 좀 새겨들어야죠.

기자(남) 아니요. 제가 잘 몰랐습니다. 팩시밀리요?

큰스님 네. 천체무전통신기, 정신.

기자(남) 천체무전통신기.

큰스님 음, 거기다 정신을 먼저 넣어야지.

기자(남) 제일 처음에 정신이고요.

큰스님 그리고 또 그 가운데는 그 네 가지 시스템을 다 몰고 가는 가운데 숙명통, 이것이 컴퓨터예요.

기자(남) 숙명?

큰스님 숙명통.

기자(남) 아, 숙명, '운명' 할 때 숙명이요?

큰스님 현재에다가 과거를 담아 가지고 있는 게, 아니, 모두 입력된 것이 컴퓨터 아닙니까? 하하하. 그래서 지금 넣으면 자꾸 입력이 되죠. 앞서 입력은 없어지고. 그런 것이 고조할아버지 컴퓨터죠, 아주 큰 거.

기자(남) 그러니까 정신세계의 그 심성 레이더망을 통해서….

큰스님 들어오고 나가는 건 다 거기서 정리를 하죠.

기자(남) 그리고 탐지기와 천체망원경, 무전통신기 이렇게 세 가지를 겸해서 거기서 다 주고받을 수 있다 이거죠.

큰스님 세 가지가 어디 세 가지가 있는데요?

기자(남) 다섯 가지라면서요. 오신통.

큰스님 그래. 숙명 또….

기자(남) 스님께서 지금 말씀하신 탐지기하고 망원경하고 천체무전기가 각각 다른 겁니까?

큰스님 팩스.

기자(남) 팩스는 정신, 이게 다른 겁니까, 그게?

큰스님 아이고 참! 이게 만약에 숙명통 컴퓨터라면…. 이거 무슨 유치원생을 가르치는 것 같네. 그래, 그렇게 하죠. 에이그! 이거 이론적으로 배워서 되는 게 아닙니다. 그 이치를 알아야 믿을 테니까 그렇게 하는 거죠. 당신 안에 있어요, 지금. 요렇게 컴퓨터가 있어요. 그리고 여기 천안통, 요기 천이통.

기자(남) 천안, 천이요, 예.

큰스님 네. 천이, 천체무전통신기 말이에요. 또 요거는 타심통, 요거는 신족통, 신족이 팩시밀리예요.

기자(남) 신족요, 발 족 자 쓰나요?

큰스님 하하하. 발 족 자 쓰지. 이것이 가고 옴이 없이 가고 오는 역할을 하니까요. 또 이 탐지기는 남의 속을 다 알고 조절할 수 있으니까, 타심. 천이통은 일체 다 들을 수 있으니까. 또 천체 일체를 마음의 눈으로 다 볼 수 있으니까 천안통이거든요. 그래서 요걸 시쳇말로 하는 거는….

기자(남) 천안 천이 타심 신족, 또 한 가진 뭐가 있습니까?

큰스님 아, 다 얘기했잖아요?

신도(남) 숙명이 그 앞에….

기자(남) 숙명, 숙명통이오.

큰스님 숙명통이 컴퓨터라니까. 이거 헛갈리는군. 인제 헛갈려서 못쓰겠네, 저거. 그거는 쓰지 말고 자기가 알아야 돼요. 이거부터 배우면 알아져요.

기자(남) 네.

큰스님 그래서 여기에서 이렇게 돌아가죠? 이렇게? 어떤 거든지 뭐, 맷돌을 돌리든지 차가 가려면 가로 낀 심봉이 있죠? 심봉. 그거를 이렇게 조여 놨는데 이 심봉은 돌아가지 않아도 이 바퀴는 돌아가죠? 그렇죠? 이 힘으로.

기자(남) 네.

큰스님 그래서 그와 같아요, 이게. 그러니깐 여기다가 입력만 해 놓으면 여기 네 군데서 모든 심부름을 해 준다 이겁니다. 과거에 댁이 나오기 이전에 살던 것이 여기 입력이 돼 있으니까. 그것이 인(因)으로 인해서 과(果)가 되는 이 몸뚱이지. 그래서 이걸 고라고 그러죠. 그러니까, 아이그, 나 이렇게 하다간 내 목 빠지게? 신문에 낼 거라면 그거나 내요, 어서.

기자(남) 요거요?

큰스님 네. 그리고 이렇게 배우면 내 몸으로부터 내 가정으로부터, 내 나라로부터 전 세계로부터, 지구로부터 전 우주로부터 이렇게 자유자재할 수 있다라고. 그거만 쓰면 될 거 아닙니까.

기자(남) 알려 주신 대로 써 보겠습니다.

큰스님 하하하…, 간단하지 뭘 그래요. 그거는 자기가 배우려고 하는 거고, 당신한테도 그런 힘이 있기 때문에 지금 이렇게 쓰러 왔거든요. 만약에 그런 시스템이 없다면 쓰러 오지도 못해요. 의식이 빠지면 송장인데 뭘 쓰러 와요.

기자(남) 다 있는데 계발을 좀 덜했었겠죠.

큰스님 그 차나 마셔요.

기자(남) 예.

큰스님 뭐 죽고 살 일 있소? 차나 마시고 하지, 하하하. 그렇게 느긋하게 살아요. 지금 시대는 몸으로 뛰어서 되는 시대가 아니야. 앉아서 이 마음으로서 모든 시스템이 돌아가면서, 자동적으로 하면서 몸은 건당 부지런히 뛰어야 되는 거예요. 그래서 현실과 무의 세계와, 이게 손도 두 개가 있는데 말이오, 하나로 쓸 땐 하나로 쓰고 두 개를 다 쓸 때는 다 써야죠.

아이구, 난 인제 오늘 밤에 갑니다. 재밌어요. 세상은 다 재밌어. 꽃이 피고 꽃이 지고 하지만 영원한 꽃내음 향기는 온 우주에 두루 하기 때문에 그 맛이란 만 가지 맛이 나지. 인간이 살아나가는 덴 그렇게 훌륭하기도 하고 어떤 때 보면 지루하기도 하겠지만 지루한 것도 없고 허망한 것도 없고 영원한 거예요.

우리가 그렇게 영원한 걸 알기 위해서 우리 선원에는, 한마음선원이라는 데는 남녀를 막론해 놓고 제자들이 많죠. 한 집에 40명씩 이렇게 있다는 거는 참 드문 얘기죠. 그래서 젊은 사람들도 옷 활딱 벗어버리고 부모 형제 다 버리고 말입니다. 대학, 대학원을 나왔어도 이 공부 해야겠다고 하는 겁니다. 지금 물질세계는 벌써, 벌써 과거로 돌아가요. 정신세계로, 앞으로 닥쳐오거든. 뒤질 수는 없잖아요. 그냥 갈 순 없지, 만물의 영장인데.

나는 지원이 많기 때문에, 한국에도 많고 그렇기 때문에 여기저기 다니다 보니까 자주 오지는 못합니다. 그러니 여기 계신 스님한테 배우시면 돼요.

그저 다리가 길러지지도 않고 어른도 안 됐는데 저 개천을 그냥 건너뛰려고 하지 마시고, 우리 요다음에 또 만날 때까지 얼마나 건너뛰었나 보게끔 열심히, 그 책을 한번 쭉 보고 그대로 일하면서, 사진 찍으러 다니면서 그냥 거기 맡겨 놔요. 그리고 '관한다' 하는 거는 지켜본다는 소리거든요.

기자(남) 네.

큰스님 나를 발견해서, 자꾸자꾸 지켜보다가 체험하고 이러다 보면 저절로 그릇이 비어서 벌써 난 밝아지게 되는 걸.

미국말로 돼 있는 거는 또 미국 신문에 내도 돼요, 뭐든. 여기 미국에서는 미국 시민이, 또 어린 자녀들이 그것을 좀더 알아서, 젊은이들도 그걸 알아야 위의 분은 윗분대로 아래는 아래대로 잘 이끌어 나갈 수 있을 거예요, 아마. 가정에서도. 그런데 샌프란시스코의 그 기자하고 얼굴이 아우니 형이니 했으면 똑 맞게끔 생겼거든.

기자(남) 제가요?

큰스님 어쩌면 그렇게 거반 거반 같을까.

시자 스님 어디요?

큰스님 샌프란시스코에.

시자 스님 어디 신문이요? 동아일보요?

큰스님 동아일보. 그 사람도 이렇게 싱글싱글하고 아주 좋다고.

신도(남) 스님 말씀 끝나셨으면 기념사진 하나 찍어도 될까요?

큰스님 기념사진? 기념사진은 찍어 뭘 하니? 기념도 많기도 하다. 봄이라고 기념 찍고, 가을이라고 기념 찍고, 겨울 그 눈설이라고 기념 찍고, 여름이라고 찍고 그러다 보면 만날 찍다 볼일 못 본다고.

기자(남) 기념날 챙기면서 사는 재미로들…. 그러다가 죽지 않아요?

큰스님 그러다가 인제 옷을 벗으면요, 인간의 뿌리를 알아야 하는데 뿌리를 모르거든요. 저 나무뿌리도 뿌리가 있으니까 모두 가지 이파리가 나왔잖아요. 그런데 글쎄, 뿌리를 우리는 아는데 저 나무는 모른다고. 우리가 그 짝이라고요, 지금, 사람들이.

기자(남) 저는 불교 학교를 다녔습니다.

큰스님 그래서요? 학설로는, 또 이론으로는 뻔히 그냥 배웠죠?

기자(남) 아뇨. 이론도 모르고요, 불교 학교를 다녀서 불교에 대한 기본적인 것들, 옛날에 교과서에서 배운 거요. 불교 종립 학교를 다녔기 때문에요, 중학교 고등학교를 종립 학교를 다녔어요. 근데 그 뒤로는 저희 집안이 기독교 집안이기 때문에요, 저희 작은 아버님이 목사님이고 그래서 교회 다니라고 그래요. 그런데 저는 교회 싫다고 안 나갔어요. 제가 미국에 오면서까지도 좀 소원했죠. 교회 중심이 되니까. 인간 중심이 돼야지 어떻게 하나님 중심만 됩니까? 하나님 이외의 사람들은….

큰스님 아니, 하나님이지. 하나님이란 말이, 즉 말하자면 하나의 내 님을 말하거든요. 그 내 님부터 알아야 하늘님도 알고 한울님도 알죠.

기자(남) 네, 감사합니다.

생활이 실상이며 그 실상이 참선이다

모건힐지원 법회

1990년 11월 25일

편히들 앉으세요, 스님도 편히 앉고. 우리 이 도량에, 법당에 여러 분이 꽉 차진 않았어도, 단 한 분이라도 여기 앉아 계시면 이 도량이 꽉 찬 것입니다. 여러분의 마음에 달려 있고, 이 허공에도 이 도량에도 꽉 차 있는 것입니다. 저 풀 한 포기도 우리의 생명 아닌 것이 없으니까요.

이 도량에서도 공부하는 사람이 점점 늘어 가서 생사의 어떠한 문제를 해결할 수 있는 그런 능력이 여러분한테 주어져야 살기가 좀더 원만하게 돌아갈 것이며, 이 미국 국내 자체도 그렇고 또 여러분이 사는 마을에도 그렇고 이 도량에도 그렇고, 전부 한마음 한뜻이 돼서 뭉쳐 돌아가는 그 힘이 여러분을 다 살리실 겁니다.

첫째는 우리가 이 공부를 해 나가는 데 대해서 잠깐 언급하겠습니다. 주인공이다 하면 여러분이 계신 이 자체 내에 바로 계신 겁니다. 여러분이 변소에 가니까 거기에 부처가 있고 법신이 있고 화신이 있는 것이지요. 또 '법신, 화신' 이러니까 따로 있는 줄 알지 마시고요, 여러분이 생각을 안 하면 바로 부처고 여러분이 생각을 낼 때에는 법신인 것이요, 여러분의 몸뚱이가 움죽거릴 때는 화신인 것입니다. 그러니 그 삼위일체가 함께 하는 여러분 가운데에 바로 부처는 계실 겁니다. 그러니 그 모든 거를 삼위일체로 한데 합쳐서 찰나찰나 돌아가니 바로 여러분의 마음 그 깊숙한 곳에 주인공은 계신 겁니다. 그러니 주인공은 맷돌 돌릴 때의 심봉과 같고, 맷돌은 여러분의 마음과 같고 그 맷돌이 돌아가는 거는 여러분의 마음이 돌아가는 거와 같습니다. 그러니 그걸 따로따로 보시지 말고 내 주인공만이 나를 이끌어 줄 수 있다, 내 주인공이 나를 형성시켰고 병이 났어도 내 주인공만이 고쳐 줄 수 있고 내 주인공만이 안되는 것도 되게 할 수 있는 그런 능력을 다 갖추어 가지고 계시다는 그 믿음으로 여러분이 진실하게 믿고 지켜보는 그 관법을 아셔야 됩니다.

둘째는 가정을 이루고 사는 여러분이 될 수 있으면 첫째, 평등한 마음을 가지시고, 주인공에다 맡겨 놓으면 스스로 평등해지니까 그렇게 평등한 마음을 가지시고 좀더 넓혀서 아량을 가지시고, 또 평등한 마음을 가지고 평등한 행을 하실 때에 부드러운 말도 나오는 거니까 둘이 아닌 도리를 가정에서도 모두 아셔야 합니다.

여기는 미국 사회라 한국과 같지 않아서 부부가 다 나가는 그런 집안도 많이 있을 거라고 생각합니다. 그래서 아빠도 이틀을 못 보는 사람도 있고 하루 24시간을 온통 다 아빠와 엄마가 서로 못 보고 작업을 하는 때가 있습니다. 그럴 때는 냉장고 문 밖에라도 메모를 붙여 놓으시고, 남편한테 "여보! 나는 당신을 사랑해." 애들한테도 "너희들 참 사랑해. 근데 가정이 살려니까 엄마하고 모두 나가지 않으면 안 되겠어서. 이렇게 나가는 거니까 요 음식을 요렇게 넣어 놨으니까 꺼내 먹어!" 하고 써 놓으면 애들이나 어른이나 그걸 보고 사랑을 느끼는 마음이 될 수 있고, 또는 화목한 가정이 될 수 있고 또 이탈되지 않는 그런 애들이 될 수 있고 여러 가지로 다복하고 화목한 그런 가정을 이룰 수가 있지 않나 이렇게 봅니다. 잘못되는 일이 있어도 부드럽게 말해 주고 또 그 모든 잘못된 거는 주인공에 바로 맡겨 놓고 부드럽게 말을 해 줄 수 있다면 따뜻한 데로 고이기 마련입니다. 애고 어른이고 간에 추운 데로는 안 갑니다.

그렇기 때문에 가정으로 들어오게 되죠. '어서 집에 가야지.' 하는 그런 생각이 나게끔 만드시는 것이 바로 부모의 능력이라고 봅니다. 아무리 잘못됐어도 "너 왜 인제 들어왔어? 공부하지 않고?" 뭐 이러니 저러니 욕을 하고 그렇게 너무 몰풍스럽게 말을 한다면 남편이고 자식이고 간에 따뜻한 데로 고이지를 못합니다. 그러니까 그렇게 한다면 점점 냉기가 돌아서 보금자리로 들어오지 않고 바깥으로만 돌게 마련이고 아무리 몸이 들어온다 하더라도 마음이 바깥으로 돌 때는 그 가정은 불행한 가정입니다. 그러니까 살아나가는 데 가정에 충실한 그런 멋진 여러분이 돼야만이 가정도 이탈되지 않게 이끌어 나갈 수 있는 그런 보금자리가 될 것입니다. 그래서 사람부터 되라고 그랬습니다. 부처님 믿으려면 부처님 믿는 그 마음과 더불어 사람이 되고 또 지혜롭게 위로는 부모를 모시고 아래로는 자녀를 이끌어 가면서 나라에 충성하고, 불쌍한 사람이든 가난한 사람이든 지혜롭게 이끌어 갈 수 있는 그 여유 있는 마음, 그것이 아마 사람이 사는 본의 같습니다.

또 셋째는 우리가 지금 인간 된 도리가, 이 세상에 나왔을 때에 과거에 악이든 선이든 또는 크든 작든, 잘못됐든 잘됐든, 살인을 했든 또 남을 살렸든 이런 인과가 뭉쳐서 지금 여러분 몸속에 든 그 생명들이 전부 그 의식들입니다. 그 의식들이 뭉쳐 있기 때문에, 그 의식들이 뭉쳐서 돌아가기 때문에 여러분이 살았다고 보는 거지, 그리고 여러분이 태어난 거지, 그게 아니었더라면 또 태어날 수도 없는 거죠. 그렇기 때문에 그 인과를 가지고 나온 여러분을 영혼이라고 합니다. 그럼 그 영혼이 엄마 아빠의 뼈를 빌리고 살을 빌려서 그 과거의 인과가 모두 담아져 가지고 내 몸뚱이 하나가 이 세상에 나옵니다. 그러면 여러분은 내면세계도 한마음으로 뭉쳐서 돌아가니까 그 한마음을 이끌어 갈 수 있는 지배인이 돼야만이 되기 때문에 여러분은 그거를 몸과 마음내는 거, 마음내기 이전, 그렇게 삼합이 같이 돌아가면서 그 여러 마음들이 같이 돌아갑니다.

그럼으로써 여러분의 세포 하나하나가 순화하고 있는 것이지 그것이 아니었더라면 어떻게 순응하고 돌아갈 수 있겠습니까? 또 그뿐입니까? 지수화풍이 거기 대두돼 있기 때문에 돌아가는 거지 어떻게 물이 없이 돌아가며 피가 될 수 있겠습니까? 그러니 여러분이 이 세상에 나서 이 도리를 모른다면 참 어리석다고 볼 수 있겠고, 인간이라고 할 수 없다고 하신 부처님의 말씀도 있습니다.

또 부처님의 이러한 말씀도 있죠. '이 모든 부처님의 뜻이 한데 합쳐 우주 전체, 삼라만상 대천세계로 두루 하시니….' 그것을 비로 비유한다면 비가 내려서, 수증기가 오르고 내리지 않습니까? 오르고 내려서 그 깊은 물속에 모든 그 물이 한데 합쳐서 수증기로 오르고 내리면서 여러분에게, 산천초목도 물론이거니와 풀 한 포기도 빼놓지 않고 다 두루 그 물을 주실 때에, 그 물이 저 독사한테 들어가면 독사가 돼 버리고 선지식한테 들어가면 아주 선지식이 돼 버려. 그 물 한 방울 한 방울이 그렇게 똑같은 물방울이건만 그 물방울을 집어 먹는 그 부분에 의해서 독사가 되고 독사의 피가 되고, 선지식의 피가 되고 소의 피가 되고 저 풀포기의 피가 되고 이렇게, 천차만별로 그렇게 두루 화한단 말입니다. 그 화하는 것을, 그러니까 부처님 되지 않는 게 하나도 없거니와 그 생명 아닌 게 하나도 없으니 부처님께선 '나 아님이 하나도 없느니라.' 하신 겁니다.

그래서 중생들을 건질 때 전체의 그 물방울처럼 부처님의 응신이, 빗방울처럼 누구누구를 막론해 놓고 그냥 전부 어디든지 적셔 주듯이 부처님의 마음은 그렇게 두루 해서 적셔 준다 이겁니다. 그러니 칼도 강도가 잡으면 그 칼이 강도가 되는 겁니다. 강도로 써지죠. 근데 그 칼이 말입니다, 좋은 사람을 좋게 먹이기 위해서 다뤄지는 칼이 된다면 얼마나 좋겠습니까? 묶여져서 옴쭉을 못하는 사람의 끈을 잘라 주는 칼이 된다면 얼마나 좋은 칼이겠습니까? 그러니까 선이고 악이고 모두 여러분의 마음에 달린 거지, 그리고 선이고 악이고 여러분이 행하는 데 달려 있지 딴 데 달려 있는 게 아닙니다. 아무리 독사가 있다 하더라도 내가 둘이 아닌 줄 알고 그 마음을 녹인다면 독은 없어집니다.

옛날에 원주에서 이런 예가 있었죠. 글쎄, 어떤 애가 길을 지나가다가 독사한테 물렸습니다. 근데 그 독사가 물고 말입니다, 한참 쳐다보더라는 겁니다. 그래서 걔도 애인데 말입니다, 나무하러 갔던 애인데, 또렷이 쳐다보면서 하는 소리가 "네가 나를 물었으니, 집에 우리 엄마가 아파서 지금 나무도 못하는데 내가 발목이 이래서 나무를 못하면 우리 엄만 죽어. 그래, 너는 너희 엄마가 없니?" 이러면서 부르짖었단 말입니다, 울면서. 그러니까 그 뱀이 그 소리를 알아듣고 말입니다, 어디로 어디로 가더니마는 진흙이 묻은 풀잎 하나를 갖다가 물고 왔더라는 겁니다. 그 애는 일어나지도 못하고 앉아 있었는데 거기다 붙여 주더랍니다. 그 입으로 거기다 이렇게 놓더랍니다. 그래서 그걸 손으로 이렇게 눌러 놨더니 쪼끔 앉아 있으려니까 그냥 맑은 물이 줄줄줄줄 밑으로 흐르더랍니다. 그러더니 그냥 언제 물었더냐 하더랍니다.

그런 짐승에게도 아무 기탄 없는 그 깨끗한 마음이 그냥 그리로 들어간 겁니다. 그래서 그 뱀이 말을 알아듣고 그걸 갖다가 주어서 나았다는 얘기도 있습니다. 그렇듯이 우리는 서로가 마음이 통하면 이 물질은, 즉 말하자면 모습은 다를지언정 마음이야 어찌 다를 수 있겠느냐. 이렇게 가는 겁니다. 그래서 그렇게 선의적인 행동도 많이 할 수 있다는 얘기죠, 뱀도! 사람을 살리고자 해서 뱀도 얼마나 애를 쓰는지 모르는 그런 이치를 나는 잘 압니다. 뱀이 물어서 고장이 났으면 뱀이 고쳐야 한다는 얘기가 있듯이, 옛날에 내가 했던 얘기가 있습니다. 여러 생명들의 그 모습들이 다르다 이러지마는 인간의 마음이 그렇게 착하면 서로 다 도와준다는 뜻입니다, 지금 내가 말하는 선.

예전에 내가 길을 지나가는데 어느 부자 대갓집에서 집을 헐어서 고치려고 하는데 큰 구렁이가 나왔어요, 그 집에서. 근데 그 집의 젊은이들이 모르니까 그걸 그냥 토막토막 내서 저 길바닥에다 내버렸단 말입니다. 그런데 그 토막토막 낸 것이 그냥 펄떡펄떡 뛰는 겁니다. 그것을 내가 지나가다가 봤는데 참 안됐어요. 어쩌면 그렇게 그 마음이 안됐는지 모르겠어요. 그래서 헌 통에 집게로다가 집어서 넣어 가지곤 저 모래톱이 있는 흙에다가 묻어 줬습니다. 밤동산이라고 하는 데다가 묻어 줬거든요. 묻어 주고 기왓장으로 덮어 놨습니다, 비를 맞으면 썩을까 봐. 그렇게 했는데 얼마 있다 거길 지나가다가 그것을 헤쳐 보니까 간 곳이 없어요. 그게 썩었으면 거기에 구더기가 생겨야 할 텐데 간 곳이 없단 말입니다, 아예. 해 놓은 거는 그냥 그대로 있는데, 묻어 놓은 구렁이를 한데 합치면 한 깡통이나 되는데 그게 가뭇없어요.

나는 사람들이 다 자면 저녁마다 풀숲이든 어디든 내가 앉아 있고 싶은 데 그냥 앉아서 30분, 그거는 30분이다 한 시간이다 이런 게 없습니다. 내가 앉아 있고 싶으면 별을 쳐다보고 나 보고 이러면서, 그 재미있는 거는 말도 못해요. 그 정말이지 저녁이 돌아오면 그렇게 조용하고 내 마음이 그렇게 좋을 수가 없어요. 그 별성 하나하나가 나 아님이 없고 풀 한 포기 하나하나가 나 아님이 없으니 그 벗들하고 노느라고 아주 정신이 팔렸죠. 그랬는데 그날 저녁에, 잠시 이렇게 앉아서 참, 저녁이 돼서 별이 뜨고 그래서 좋아서 쳐다보고 그러는데, 쳐다보니까 그 구렁이가 말입니다, 공중으로 저, 광목 있죠? 하얀 광목. 그것이 펴르르르 날더니 그걸 타고선 그냥 올라가는 겁니다. 그러더니 그것이 저 꼭대기로 올라가더니마는 탁 보이는데 부처님 상이 그냥그냥 보이는 겁니다, 그게 화해서. 몸뚱이는 벗어지고 그 마음이 화하면 마음이 바로 사람도 될 수 있고 부처로서 한마음이 될 수도 있고 모든 게 될 수도 있다는 얘깁니다. 그러니까 그것은 내가 거기다가 묻어 줄 때 벌써 나로 변했고 내가 변해서 벌써 그리로 올라가는 겁니다. 그러니 그 뱀도 모두가 언짢을 때는 도와줍니다. 어디 가서 어떻게 됐든지 그 용도에 따라서, 어려움의 용도에 따라서 모두 그냥 도와주는 겁니다. 그래서 시골에 다니면서 소에 치인 사람 뱀에 물린 사람, 이런 사람들도 극히 한생각만 하면 그 병이 나았단 말입니다.

그건 왜냐? 모두 그 용도에 따라서 도와주기 때문입니다. 그러니 얼마나 무궁무진합니까? 그러니 한마음으로 뭉쳐지지 않는다면 그 능력을 발휘할 수가 없다는 얘기죠. 그러니 우리 내면세계의 우리 몸뚱이 속에 천차만별로 들어 있는 그 이름들이 다, 의식들이, 그 생명들이 다 나 아님이 없다는 얘기죠. 그럼으로써 그걸 한데 합쳐서 부르는 게 바로 사람이라는 겁니다. 그 사람 속에 그렇게 자기 사람이 많은데 말입니다, 그 이름을 어떤 걸 부를 때 나라고 할 수 있겠습니까? 위장에 있는 그 모습들이 나라고 하겠습니까, 또는 간장에 있는 생명들이 나라고 하겠습니까? 그러니 내 생명이 그렇게 많고 내 모습이 그렇게 많고 내 마음이 그렇게 천차만별로 화해서 자꾸 나투고 나오는데 그걸 어떻게 끊습니까? 그렇기 때문에 끊는 것도 없고 안 끊는 것도 없느니라. 색과 공은 그냥 그대로 둘이 아니어서, 바로 여러분이 움죽거리는 대로 공해서 돌아가니까 둘이 아니란 뜻이죠. 그러니 그 뜻이 그렇게 광대무변하고 그렇게 작은 것 같으면서도 그렇게 크단 말입니다. 여러분이 그 고통이 돌아오는 용도에 따라서 그것을 이끌어 갈 수 있고 면할 수 있고, 괴감하게 민칠 수 있고 들일 수 있고 자유자재할 수 있는 그런 공부라고 생각합니다.

인제 우리가 서로 이렇게 오붓이, 사람도 많지 않고 이러니까 여러분이 서로 오손도손 질문을 하시는 게 좋을 것 같습니다. 그런 데서 우리가 얻을 바가 많이 있으니까요. 그럼 질문할 시간을 우리 가져 봅시다. 내가 내려갈까요, 그리로? 허허허, 그렇게 해야 더 재미있겠죠? 이건 그럼 치웁시다. (법좌에서 내려오셔서 좌복에 앉으시며) 야, 인제 이리로 이렇게 돌아앉읍시다.

질문자1(남) 얼마 전에 송광사에서 돈오돈수가 옳으냐, 돈오점수가 옳으냐 하는 걸 가지고 학술 대회도 했다고 그러는데요, 담박 깨닫는 게 옳으냐, 깨닫고 나서도 더 수행을 하는 게 옳으냐 하는 걸 가지고 뭐 토론들이 많았다고 그러는데 큰스님께서는 어떻게 생각하시는지….

큰스님 어린애를 금방 낳아 놓고서는 어른이 되라고 그러면 안 되죠. 어린애를 금방 낳아 놓고서 사회에 나가서 일을 해라 그런다면 못하죠. 그런 거와 똑같으니까요. 그래서 '도랑 없는 도랑이 있느니라.' 했습니다. 이거를 도랑으로 쳤거든요, 이거, 이걸요. (가사의 골을 손가락으로 그어 보이시며) 그래서 들어갔던 구멍으로 과정을 거쳐서 다시 나왔을 때 돈오라고도 볼 수 있겠죠. 그런데 이 과정을 거치지 않는다면 어떻게 돈오가 될 수 있겠습니까? 그러니까 돈오와 점수는 둘이 아닙니다. 탑을 쌓을 때 쌓는 과정과 그 한 찰나에 봉우라지 올리는 그거와 똑같습니다. 만약에 봉우라지가 없다면 탑이 없고 탑이 없다면 봉우라지가 없는데 어떻게 그것을 둘 다 따로따로 치겠습니까? 여러분의 마음과 몸이 둘이라고 보십니까? 돈오가 마음이고 점수가 만약에 몸이라면 어떻게 그걸 둘로 보겠습니까?

그래서 나는 싸움을 하기 이전에, 아랫사람들이 그러더라도 "야, 돈오와 점수가 어찌 둘이겠느냐? 둘이 아니니 그러지 말라. 어떻게 얼음과 물과 둘이겠느냐? 그러지 말라. 똥물이나 구정물이나 핏물이나 모두 개울물이 돼서 한데 모여서 바닷물이 된다 하더라도 그것은 젖는 것이니라. 똥물에도 젖고 구정물에도 젖고, 말을 하자 하면 이름해서 그것도 젖는 것이니라." 이렇게 말을 해 줘야지 아, 돈오가 옳으니 점수가 옳으니 이러고 싸움을 해야만 옳겠습니까? 만약에 학술적으로 그런다면 싸움이 그렇게 벌어질 수가 있지만 뜻으로써 선으로 들어간다면 그건 아무것도 아닙니다. 그 언어도 붙지 않는 자립니다, 이게. 아니, 얼음입니까, 물입니까? 물이 옳습니까, 얼음이 옳습니까?

대중 가운데서 다 맞죠, 뭐.

큰스님 그런데요, 뭐. 그러니까 이 뜻이라는 거는 그렇게 무궁무진하다 이겁니다. 우리가 어린애를 금방 낳아 놓고선 기르는 거와 마찬가지로, 견성이라는 거는 어린애를 금방 낳아 놓은 거와 같고 또 우리가 학업을 마치고 교양이라든가 상식이라든가 사회 상식 이런 거를 모두 배우려면 그런 과정을 거치지 않으면 사회에 딱 나설 수가 없습니다. 그렇기 때문에 그 딱 낳았을 때는 돈오지마는 그것을 배울 때는 점수입니다. 그러니 어떻게 점수와 돈오가 둘이겠느냐 이런 말입니다. 일테면 그렇다 이거죠.

질문자2(남) 깨치는 과정이 어떤 분은 점진적인 단계를 거쳐서 밝아지는 수도 있고 어떤 분은 어떤 계기로 해서 확 깨치는 단계가 있고 그런 것을….

큰스님 아, 이런 예도 있죠. 예전에도 내가 얘기했지마는 경허 스님도 아주 대 강백으로 유명하게 이름을 날렸던 분입니다. 경전이라는 경전은 무불통지하고요. 그랬는데, 호열자가 돌아다니는 마을에 들어섰는데 그거를 알아도 어쩌지 못했단 얘기입니다. 하룻밤 자고 가자니까, 죽으니까 빨리 달아나라고 그러거든요. 이 집 가도 그러고 저 집 가도 그러고. 그러니까 인심이 고약한 줄만 알았는데 나중에 보니까 호열자가 돌아다녀서 사람이 전부 쓰러졌더라는 얘깁니다. 그런데도 자기는 살자고 그 고을을 벗어나서 나무 밑에 앉아서 생각을 하니 기가 막히더라는 얘기죠. 세상에 자기도 죽을까 봐 뛰어나왔거니와 그 사람네들을 하나도 어쩌지 못했다는 얘기예요. 그러니 여직껏 배우고 여직껏 강의한 게 무슨 소용 있느냐 이래서, 다시 돌아와서 강당을 그냥 문 닫아걸고서 다 해체를 시켰단 얘기죠. 그리고 자기 공부를 시작하고 책을 다 태웠다는 얘깁니다.

그런 거와 마찬가지로 이 선에는…, 즉 말하자면 견성, 이거는 내면세계를 발견했을 때입니다. 견성을 해 가지고도 거기나 다시 뭉쳐 놓지 않는다면 미해진다 이런 문제도 있습니다. 왜 미해지느냐? 흩어지니까. 그걸 갖다가 자기가 견성했다고 온통 자기라고 내세웠을 때 벌써 착이 붙고 욕심이 붙고 아만이 생기고, 삼독을 벗어날 수가 없는 거죠, 견성을 했어도. 그래서 다시 뭉쳐 놨을 때에 둘이 아닌 도리를 그때 홀연히 알게 되죠. 그래서 견성을 하고 성불을 해야 그 다음에 열반경지에 들어서서 자유인이 되느니라, 이런 겁니다. 그러니 둘이 아니게 나툴 줄 알게끔 됐을 때에 비로소 그 원 하나 탁 놓는 거와 마찬가지라 이겁니다. 봉우라지 하나 탁 올려놓는, 그것이 돈오다 이거야. 그러면 그렇게 이름을 해서 돈오지 그걸 어떻게 돈오라고 이름을 붙이겠습니까, 그 경지에. 그러니 이 죽은 세상 즉, 보이지 않는 세상을 접하는 때라 견성을 하고 나면 그 공부를 하기 위해서 그때 대의정이 생기고 그때에 시공이 초월된 것도 거기서 배우게 되고 찰나찰나도 거기서 배우게 되고, 둘이 아닌 도리 배울 때. 그러니까 나 하나의 마음이 수천수만으로, 입자로 인해서 분자가 돼 가지고 화신으로 화해 가지고 이 털구멍을 들고 나면서 그냥 전부 응신이 돼 주는 그런 보살이 된다 이거죠. 그랬을 때에 그것이 모두가 보살 아닌 게 없고 또 나 아님이 없고 이 도리가 나오고 그러는 거지, 그 도리를 거치지 않고는 안 됩니다.

그래서 죽은 세상의 죽은 사람도, 보이지 않는 영혼도 보이는 영혼도 또는 생각이 없는 영혼도 생각이 있는 영혼도 모두 그냥 다 건질 수 있는 아주 광대무변한 그런 도리, 부처라는 건 어느 게 부처인지 모르는, 아니, 뭐라고 말을 해야 좋을까요? 말을 붙일 수가 없어요! 어느 게 찰나찰나 아니 되는 게 없기 때문에, 그리고 내 한마음이 이 우주를 전체 덮고 전체 굴리고 전체 딛고 그렇기 때문에, 어떤 걸 어떻게 갈리서 말할 건덕지가 하나도 없기 때문에 말할 아무것도 없다 이거야. 이름 붙일 수가 없다 이거야.

그런데 지금 양면에서 돈오가 옳으니 점수가 옳으니 이런다는 건 그건 있을 수가 없는 거죠. 또요? 이렇게 서로 질문하고 그러는 데서 속속들이 또 서로 토론도 할 수 있으니까요.

질문자3(남) 왜 부처라고 이름을 붙였습니까?

큰스님 아까도 얘기했지만, 어느 풀 한 포기 아니 되는 게 없으니 천체가 나 아님이 없기 때문에 나도 없느니라. 이래서 부처입니다. 그러니 끝간 데 없는 진리가 부처지 어떤 개별적인 인간의 어떤 상이 부처가 아니다 이겁니다. 그래서 지금 깨친 사람이 과거 삼천 년 전의 부처님의 모습과는 다르지만 그 골수는 다 똑같기 때문에 그게 둘이 아니죠. 삼천 년 전에 있던 부처가 지금 현실에도 있는 거죠.

질문자4(여) 스님, 그 뱀 토막 쳐서 죽인 사람들은 어떻게 됐습니까?

큰스님 그 집은 자손들이 애를 못 낳았어. 딸만 아홉을 낳았는데 아들을 못 낳아.

질문자4(여) 손이 끊어졌습니까?

큰스님 끊어졌어, 아주.

질문자4(여) 근데 저희 시어머님이 옛날에 광산 뭐 하신다고 그랬을 때 구렁이가 나왔대요. 그래서 옛날에 굉장히 잘사셨는데 그걸 술을 담아 가지고 자셨나 봐요.

큰스님 먹기까지, 허허허. (대중 웃음)

질문자4(여) 그 뒤로 그냥 집에 그렇게 재수가 없고 사업하시던 거 다 날리시고 그랬거든요. 어제도 제가 구렁이 생각을 했는데요, 그러면 그런 경우에는 이미 지나간 일이니까 '구렁이도 한마음의 내 몸이다.' 라고 생각을 하면 그게….

큰스님 아, 그럼! 그 모습은 다를지언정 어찌 생명이나 그 마음이 둘이겠느냐는 애기지.

질문자4(여) 그러니까 그 구렁이를 제 한마음으로 생각할 때 그 구렁이도 그렇게 하늘로 올라갈 수 있습니까?

큰스님 하늘로 올라가는 게 아니야. 즉석에서 요리가 되는 게 뭐냐 하면 나하고 둘이 아닌 마음이 됐을 때 구렁이는 모습만 벗어졌지 그 구렁이의 마음은 내 마음과 둘이 아니기 때문에 사람으로 그냥 체인지가 돼 버리는 거지. 여러분의 주인공에다가 수만 개를 집어넣는다고 하더라도 두드러지지 않고, 수만 개를 꺼낸다고 하더라도 줄지 않는다 이거예요.

질문자4(여) 그러니까 거기에다 착을 붙일 필요 없이….

큰스님 응, 착을 붙일 수가 없지.

질문자4(여) 일부다 그렇게 생각하면….

큰스님 '일부다' 그러지도 마라. 일부는 무슨 일부야? 그냥 거기 맡겨 놔. '당신만이 그런 모든 살생에 대해서도 그렇고 모든 것을 당신만이 해결할 수 있다.' 하는 그 믿음을 가지고.

예전에 어떤 스님도 그랬거니와 상단만 남겨 놓고 중단을 다 치우기로 했거든. 그 작업을 하다가 그걸 다 치웠는데 그 의식들, 사람이 가서 빌고 그러던 의식들을 내 마음에 한데 합쳐서 뭉쳐 놓지 않고 그거를 없앴기 때문에 동티가 난 거야. 자기 몸이 해쳐지는 거지. 그 몸이나 그 몸이나 둘이 아니기 때문이야. 내 몸을 해쳤으니 너도 좀, 따귀를 때렸으니까 결국은 따귀가 되돌아온 거지. 그래서 어떠한 물건도 그 의식을 빼서 내 주인공에다 맡겨 놓고선 그거를 하면 아무 지장이 없어. 그건 약도 될 수 있고 또 물건도 될 수 있고 여러 가지로 될 수 있는 거니까, 쓰이는 데 따라서. 암만 써도 상관이 없다는 얘기지. 그럭하면 살생도 되지 않고. 왜냐하면 내가 되기 때문이지. 외려 무명을 빗겨 줘서 감사하게 생각하고 그 은혜를 갚기 위해서 하나가 돼 가지고 좋은 마음만 자꾸 일어난다는 얘기지.

질문자5(여) 그럼 스님, 저희들과 같은 차원에서도 스님이 알려 주신 대로 하면 그렇게 되겠습니까?

큰스님 그대로 하시면 돼요.

질문자5(여) 그대로 그냥 해 나가면….

큰스님 예, 예. 실천을 지금 가르치는 건데 왜 안되겠습니까? 나는 그러한 것을 말로만 해 놓고 만약에 그것이 한데 떨어진다면 이런 말을 안 한다고 아주 다짐하고 이 세상을 살아왔으니까요. 여러분한테 한 마디라도 거짓된 말을 해서, 안되는 말을 해서 여러분이 해를 본다면 나 또한 여러분과 같이 해를 볼 겁니다. 왜냐하면 망을 본 놈도 도둑놈이요, 가서 훔친 놈도 도둑놈이요, 가지고 가는 놈도 도둑놈이니까. 붙잡히게 되면 다 같이 붙잡히게 됩니다, 도둑놈으로. 그러니 내가 한마디 했을 때에 내가 어찌 그것을 한만히 말을 하겠습니까?

이것이 진실된 말이 아니고 진실되게 우리가 살림하는 행이 아니라면…. 그대로 여러분이 할 수 있는 그런 실상의 실현과 실행이 되는데 어찌 그걸 거짓으로 돌리겠습니까? 그러니까 여러분이 이익 하게 사시라고 하는 얘기죠. 여러분은 그저 어떠한 악이 들어오더라도, 아까도 전화가 왔어요. 누가 어디 붙잡혀 갔답니다. 나라의 제일 큰 데로. 허허허. 그랬는데 벌써 그렇게 믿는 사람들이니까 정성을 한번 들여 놓고 여기다가 턱 맡겨 놓고는 있으니까 그게 그냥 스르르 풀려서 어떻게 됐든지 하여튼 문 밖을 나오지 않았습니까? 그러니까 모든 게 내가 실천하는 데 목적이 있는 거지, 내가 죽어서 천당에 가려고 믿습니까? 오늘 없는 내일이 어디 있습니까? 오늘 모자라는 사람이 죽어서 다시 태어난다고 해서 모자라는 게 자라집니까? 죽으면, 이 몸뚱이가 없으면 부딪칠 게 없어서 공부도 못 합니다. 그걸 아셔야죠. 그러니까 죽기 전에 공부 열심히 해라 이거죠. 악한 거, 모든 걸 빼 버려라. 악하지 않더라도 경우를 따지지 마라 이거야. 이게 옳고 이게 그르고 이런 거 따진다면 벌써 이 공부 하는 데는 팡입니다.

남편, 아내도 그렇고 자식들도 그래요. 내가 항상 그럽니다. 공부를 안 하고 온통 나쁜 짓은 있는 대로 하고 나가서 잠을 자고 안 들어오고 가출하고 그러는데 부모가 얼마나 속이 썩겠습니까? 배우는 시기에 배워야 할 텐데. 그러면 그거를 나무라지 말고 주인공에다 맡겨라 이거야. 그건 당신의 입 가지고는 고칠 수가 없어. 그렇기 때문에 입으로는 부드럽게 해 주고 나가서 안 들어왔다가 들어오더라도 "얘! 너 어디로 그렇게 다녔니? 배고프지 않았니? 어떻게 잠은 춥게나 자지 않았니?" 요렇게 꼭 "배고픈데 어서 먹어라! 내가 차려줄게!" 하고선 이렇게 좋은, 부드러운 말을 따뜻하게 해 줘라 이거야. 그리고 그 잘못되게 한 거를 여기다 다 맡겨라 이거야. 아무리 잘못했어도 본인들은요, "너 잘못하고 이런 거 몰라? 몰라?" 그러면요, 반발심이 생겨서 더 안 듣습니다. 번연히 잘못하는 거 알면서도 잘 안 합니다. 그것이 인간의 심정입니다. 그렇기 때문에 올바로 이끌어서 가는 데는 자비성이 거기에 깃들어야 합니다. 그런데 "속이 상하는데 무슨 자비야?" 이러겠죠. 그러나 여기다 다 맡기시고 그냥 부드럽게 말을 해 주시는 그것이 고쳐지는 방법입니다. 모든 게 다 그렇습니다.

그래서 신랑이나 뭐 이런 사람들도, 아주 나쁘고 두들겨패기만 하고 술 먹고 주정을 하고 못살게 굴었던 사람들이 술도 안 먹고 "내가 당신을 왜 그렇게 들볶았지?" 이러고 나중엔 착한 사람이 되니까 "아이고, 스님! 세상에 이럴 수가 있어요? 아이고, 스님!" 이러고는 말을 잇지 못해요. 그 사람이 좋으면 나도 좋은 거 아닙니까? 그러니 즐겁죠. 즐겁게 살지 왜 그렇게 그냥 볶이고 삽니까?

그러니 가르칠 때도 이거는 틀리고 이거는 옳고 이렇게 가르친다면 그건 팡입니다, 벌써. 내가 만약에 그렇게 여러분한테다 한다면 여러분한테 그 슬기로운 마음이 생길 때는 생겨도 분노가 있는 대로 치밀고 이래서, 반으로 나누어진 그 상태, 상대적인 원리, 이것이 상대성 원리로서 그냥 나가기 때문에 싸움이 없이는 못 산다 이런 문제가 나오죠.

그러니 우리가 이 공부 하는 데는 물질적으로 놓고 빌고 온통 타의에다가 구하려고 애를 쓰고 잘되게 해 달라고 빌고 이러는 기복을 떠나서 우리가 지금 이 공부 하는 거지, 그렇게 빌고 해 달라고 노예가 돼서 그렇게 애를 쓰다 보면 죽어서도 눈이 멀고 귀가 막혀서 그저 개나 돼지나 토끼나 닭이나 또는 새나 뭐 뱀이나 이런 소굴로 들어가게 돼 있어요. 뭔지 모르니까. 모습이 어떻게 생긴 건지 모르거든. 모르고, 즉 말하자면 쉽게 말해서 부부가 잠자리하는 데만, 그 의식만 안단 말입니다. 그러니까 그리로 들어갈 수밖에 없는 거예요. 그러니까 뱀이 그러는지 사람이 그러는지 그걸 분간을 하지 못하니까 들어가는 겁니다. 그래서 그 모습으로 된다면 얼마나 애를 쓰고 애를 써야 그 모습을 벗어나는 줄 아십니까? 그 모습을 벗어나려면 참, 눈뜬 사람을 천 년 만에 한 번 만날까 말까 하단 말입니다. 그 눈뜬 사람을 만나야만이 자기의 모습 그 자체를 벗으니까요, 무명을.

뭐 그런 일들이 한두 건이 아닙니다, 실질적으로 내가 보는 견지에서도. 한 십 몇 년 전이죠. 그때 신문에도 났지만 저 산에 있을 때 김포인가 거기에서 공양주로 다니던 보살이 하나 있었습니다. 그 보살네 집이 김포인데, 군인이 들어와서 주둔해 가지고 몇 사단이 들어와서 그 산을 닦는 겁니다. 거기다가 사단본부를 만들려고 닦는데 큰 돌이고 나무고 다 그냥 깨뜨려 내고 들어 내고 이 야단을 하는데, 그 보살 꿈에, 치우지 않은 큰 돌이 있었는데 그 돌을 딱 3일만 놔뒀다가 하면 어떻겠느냐고 가서 얘길 해 달라고 그러더라는 거죠. 그래서 군인 대장한테 가서 얘기를 하니 글쎄, 듣습니까? 안 듣죠. 그 이튿날 또 그렇게 말을 해 달라고 또 와서 그래도 안 듣는 겁니다. 그러곤 그냥 무찔렀죠. 그런데 이런 게 그냥 토막토막 갈갈이 뜯겨서 나오는데, 사람이 구렁이가 돼서 구렁이 허물을 벗으려고 살생을 하지 않고 거기서 이파리만 따먹고선 공부하는, 도를 닦는 구렁이를 그냥 그렇게 만들어 놓았어요. 그것이 그렇게 되고 아무 일 없었는데 그날 밤에 말입니다, 천둥 번개만 그냥 번쩍번쩍하더니만, 그 공부하던 구렁이가 돼서 더하죠. 군인들이 텐트를 치고 그냥 전부 잠든 연에 비가 어떻게 그냥 억수같이 쏟아졌는지…. 근데 그래도 그 군인들이 하나도 비오는 소리를 못 들었답니다. 그런데 비가 와선 그 뒷산이 그냥 무너져서 뒤덮은 거예요. 그랬는데, 다른 사람의 논밭은 다 그냥 못 지어 먹게 됐는데, 그 포천 할머니, 그 할멈네 집 논만 산이 무너져서 요렇게 자기네 집을 막아서 아무 일도 없었어. 그 집하고 논만. 군인들은 다, 싹 쓸려 죽은 거야.

질문자5(여) 스님, 그런 경우에는 그 대장의 판단이 잘못돼서 그런 일이 벌어졌는데….

큰스님 조금만 저거 했어도 좀 될 텐데 그런 거를 군대에서는 쳐주지 않는다는 얘기지, 미신이라고.

질문자5(여) 그럼 그 밑의 장병들은 죄가 없었잖아요?

큰스님 죄가 없었어도 할 수 없는 거지, 어떻게 해? 그러니까 껴서 돌아가는 거지.

질문자2(남) 거기서 가장 중요한 문제가 발생하는데, 러일전쟁 때 일본의 내목대장이 자기 부하를 많이 죽여 가지고는 전쟁은 이겼지마는 가책을 받아 가지고 일본 절에 가서 스님한테 물었답니다. 나라를 위해 이렇게 해서 전쟁은 이겼지만 이렇게 부하를 많이 죽였고 업을 지은 것 같은데 그 책임이 어디 있느냐고 물었거든요, 스님한테. 그 스님이 쓱 보더니 "저 뜨락에 있는 나무를 가서 흔들어 보아라!" 그랬거든요. 그래 흔들어 보니까 이슬이 떨어지는데 "그 어디에 떨어지는가 봐라. 시키긴 내가 시켰지만 떨어지긴 흔든 사람한테, 너한테 떨어지지 않느냐?" 이렇게 가르친 걸로 나와 있거든요. 근데 그런 경우에 군에서는 명령 계통이니 대장이 판단만 잘해서 조금 늦췄으면 그런 일이 안 벌어졌을 텐데, 대장은 실지 일은 안 했겠지마는 아랫 사람들이 그렇게 움직였을 거란 말씀이에요.

큰스님 그렇죠.

질문자2(남) 그럼 그 업이 어디로 갑니까.

큰스님 흔든 놈이나, 허허허, 뭐 흔들라고 시킨 놈이나 똑같겠죠. (대중 웃음) 그래서 아까도 그랬잖아요. 도둑질한 놈이나 망 보는 놈이나 물건을 가져가는 놈이나 똑같이 도둑놈이라고요.

질문자3(남) 그래서 아까 큰스님께서 이런 말씀을 하셨거든요. "내가 여러분한테 하는 말이 옳지 않은데 왜 말을 하겠느냐?" 그런 말씀을 하셨단 말이에요. 그러니까 그 장교가 잘못된 생각을 했기 때문에 다 그렇게 됐다 하고 생각하시면 되죠.

질문자2(남) 사실 이 업이 어디로 돌아가느냐가 문제지….

큰스님 그 업은 그 셋이 다죠, 뭐. 그러니까 예를 들어서 그렇게 살고 저렇게 살고 이렇게 잘못하고 저렇게 잘못하고 잘하고 이런 것이 다 모인 겁니다. 이 지금 여러분 몸에 모인 겁니다. 모여서 지금 작당을 하는 거죠. 근데 그 작당을 하는 데 말리지 말라 이거죠. 이 작당하는 데 왜 말리느냐? 왜 속느냐? 거기에 속지 마라. 속이 상하고 막 이러는 것도, 즉 말하자면 화탕지옥이다, 그게. 그냥 불같이 일어나고 속상하는 것도 화탕지옥이야. 그러면 지옥고를 당하라고 일부러 그렇게 하는데 왜 거기에 말리느냐 이거야. 거기에 속지 말고 그거를 허허허 웃고선 '그것도 그놈 속에서 나오는 거니까.' 그러곤 그냥 탁 맡겨 놓으면 거기서 다 저희들이 다시 집어먹게 되죠, 뭐.

질문자2(남) 글쎄, 그게 자기의 업에 의해서 일어나는데 그렇게 일어나는 것은 하나의 우주의 생명의 법칙인데요, 말려들지 말라고 가르치는 것은 법칙에서 벗어나는 방법을 스님은 알려 주시는 것 같은데….

큰스님 아니요. 벗어나는 방법을 가르쳐 주는 것도 그르지 않고 또 자기가 한 대로 받는 것도 그르지 않은 겁니다. 하지만 그것을 화해서 벗어나려면 악과 선을 벗어나야 됩니다. 그렇기 때문에 잘하는 거에도 속지 말아야 돼요. 잘되는 것도 '내가 잘됐으니까 좋다.' 이러고선 흥겨워서 그러지 말라 이거야.

질문자3(남) 스님, 인과응보라는 게 죽어서 받습니까, 살아 있을 때 받습니까?

큰스님 모르고 지은 거는 모르고 받게 마련이고 알고 지은 거는 알고 받게 마련이죠.

질문자3(남) 그러니까 자기가 지은 죄를 자기가 알았을 때는 살아 있을 때 그 죄값을 받는다 이런 말씀이죠?

큰스님 아이, 그대로 다가오죠.

질문자3(남) 네. 그걸 내가 아주, 어저께 밤에 그거를 느낀 게 하나 있어요. 제가 14년 전에 지은 죄가 하나 있거든요. (대중 웃음) 그런데 어저께 그것이 왔어요. 그래서 내가 오늘 이 질문을 꼭 스님한테 해야 되겠구나. 그런데 아직까지도 그것을 해결을 못하고 있어요.

큰스님 그래서 옛날에 이런 점이 있죠. 어떤 분이 와서 나한테 이렇게 묻습디다. 날더러 하는 소리가 "스님!" 그래서 왜 그러냐고 그러니까 "귀신이 있습니까, 없습니까?" 그러고 물어요. 그래서 "자기가 귀신 노릇을 하면 귀신이 있을 거고 자기가 귀신 노릇을 안 하면 귀신이 없을 것이다." 그렇게 얘기했거든요. 그랬더니 "어린애는 죄가 있습니까, 없습니까?" 그러고 또 물어요.

그래서 "어린애가 죄 짓는 거는 자기가 모르고 죄를 범하는 거다 이거야. 그런데 알면 아는 대로 자기가 알고 어른이 돼서 받는 수도 있고." 그러니까 하는 소리가 "아니, 그런 소리는 틀렸습니다."라는 얘기죠. 뭔 소리냐 하면 세 살 먹은 애들이 놀다가, 그러니까 불집게로다가 정수리를 찔렀나 봐. 그래 가지곤 죽었다는 거예요. 근데 그거는 그 어린애가 알지도 못하고 불집게로 찔러서 죽였는데 어떻게 죄가 됩니까, 이거야. 그러니까 죽인 놈이나 죽은 놈이나 모르고 전자에 인연이 돼서 그렇게 저질렀으니까 모르고 또 했다 이거야. 모르고 저지른 건 모르고 또 받게 마련이니까.

질문자3(남) 제가 어저께 신문에 이런 걸 봤어요. 보신 분들도 있을 거예요. 기독교에서 하루에 법회 하고 모이는 돈이 2억이 된다고 그랬어요, 한국에서요. 그런데 그 교회 자체에서 어떠한 문제가 일어나서 어려움을 당한 사람들한테 쓰는 돈은 굉장히 인색하게 한다고 그랬거든요. 그래서 그게 사회 문제가 돼서 어저께 신문을 보니까 한국이 지금 떠들썩하더라고요. 근데 옛날 우리 어렸을 때 살 적에는 지금과 같은 그런 범죄들이 없었다고 기억을 하고 있거든요. 사람을 죽이고 뭐 이러는 거를 굉장히 두려워하고 무서워하고 이랬는데, 지금은 그게 아니거든요. 종교인도 더 많아졌고 믿음을 갖는 사람도 더 많아졌다 그 말이에요. 그런데 이러한 사회가 형성되는 이유는 어디에 있다고 보십니까?

큰스님 허허허. (대중 웃음) 그래서 아까도 얘기하지 않았습니까? 이 속에 말입니다, 미친 짓을 많이 한 사람들이, 지금도 미친 마음을 가진 사람들이 여기서 일어나는 대로 생각을 하고 행을 하지 않습니까? 그러니까 그것이 은연중에, 내 생각이 그냥 저기에서도 발생하고 저기에서도 발생하고, 바람 불어서 몰리듯이 그렇거든요. 그래서 아까 얘기하지 않았습니까? 원자에서 입자로 입자에서 분자로 분자에서 화해서 악으로 나가는 것들이 그렇게 많은가 하면 선으로 나가는 것도 그렇게 많다. 근데 이 세상에 선이 많습니까, 악이 많습니까? 달아 보면 악이 아마 더 많을 겁니다. 그러니 그렇게 악이 많다면 외려 나라가 참 군색해지고 악해지고 그런 무리들이 많아지고, 선자가 많을 때는 좀 더 유해지고 그런 범죄가 덜해지고 이러는 문제가 있죠. 그러니까 이런 공부를 해서 여러분이 한생각을 잘 낸다면 범죄도 적어질 수 있고 또는 나라도 궁색한 게 조금 펴질 수도 있고 유망한 일로 자꾸자꾸 돌아가게 되죠.

질문자5(여) 스님, 그러면요, 저희들이 이 세상에 이렇게 태어나서 누구나 다 꿈을 꾸게 되는데요, 자지 않을 때는 스님 가르쳐 주신 법문대로 실천해 나가고 하는데 꿈속에서도 같이….

큰스님 이거 보세요! 꿈에 생각하는 그 의식이나 생시에 생각하는 의식이나 똑같아요. 둘이 아니에요. 그렇기 때문에 생시에 살아나가면서 두려워하던 그 마음이 꿈에도 두렵거든. 생시에 돈이 없으면 꿈에도 돈이 없어. 생시에 집이 없으면 꿈에도 집이 없어. 생시에 좋은 데서 살면 꿈에도 좋은 데서 살아. 이게 둘이 아니에요. 그러니까 생시에 그 주인공에다 모든 걸 맡기고 그렇게 해 나가던 사람이 꿈에서도 다가오니까 "야! 너하고 나하고 둘이 아닌데 왜 그러냐?" 이러더라는 거지. "모두가 너도 주인공 나도 주인공, 둘이 아닌데 어째서 그러냐?" 그러니까 그냥 없어지더라는 거죠. 그러니까 생시에 그만큼 믿고 들어가고 그렇게 하던 사람이 어찌 꿈에선 그렇지 않겠느냐 이거야. 산더미처럼 주렁주렁 들어오더라는 거야. 그래서 "야! 백이라도 천이라도 둘이 아닌데 어째서 이렇게 짊어진 채 모두 들어오느냐?" 이러니까 그냥, 그냥 순간 싹 없어지더라는 거예요.

질문자4(여) 그럼 스님, 예를 들어서 자기가 방 안에 불을 하나 켜면 주변이 다 밝아져서 옆에 있는 사람도 다, 모르지마는 볼 수 있다는 것처럼 한 가정에서도 딴 사람이 안 믿더라도 한 사람만 발심해서 한 마음으로 믿는다면 그 선지식이 그 사람들과 둘이 아니기 때문에 결국 다 이끌 수 있다는 거죠.

큰스님 음, 조금 더디기는 하지만 그저 오늘부터라도 그렇게 한다면 좀 가정이 따뜻해지고 유해지지. 아, 댁의 남편이 그렇게 안 나왔는데 댁이 염해서 그래도 예까지 왔었잖아? (대중 웃음) 아이, 그렇게 못되게 구는 사람도 그렇게 유해지고 나쁘지 않게 행을 할 수 있는 그런 사람으로 변한다 이거지. 항상 이렇게 고정되게 있는 게 아니고 물질도 부서지고 무너지고 그냥 변하고 이러지 않아? 그렇듯이 그것조차도 악으로만 있는 게 아니다 이거야. 선으로도 간다 이거야. 그러니까 이 몸도, 체질도 바꿀 수가 있는 것이 이 공부다 이거야. 모두가 바꿀 수 있다 이거야. 순간 돌아가면서 바뀌지고 바뀌지니까.

질문자6(남) 스님, 그러면 거기에 연관해서 아까 그 구렁이를 죽인 사람들이 벌을 받는 거는 자비로 거기에 충당되는 그런 경우도 있나요? 그런 경우에….

큰스님 예. 그럴 수도 있죠.

질문자6(남) 구렁이 죽이는 얘기가 나와서 그런데, 어떤 사람들은 나쁜 짓 한다 이런 생각 없이 구렁이만 보면 신이 나서 가서 그냥 때려죽이고 그러는 분들이 있어요.

질문자3(남) 아니, 나도 어렸을 때 많이 죽였는데요, 뭐.

큰스님 그런데 그런 게 전부 은연중에, 남의 그 생명, 이것 보세요. 개구리도 자기 형제가 있고 엄마가 있고 아버지가 있어요. 만약에 그거 하나를 죽였으면 그 마음이 얼마나 아프겠습니까? 우리의 자식을 누가 죽였다고 그런다면 얼마나 가슴이 아프겠습니까? 내 생각부터 해보세요. 뭐 딴 거를 생각하기 이전에, 내가 만약에 자식을 죽였다 또 자식의 부모를 죽였다 이랬을 때 그 자식들이, 자라지도 못한 자식들이 그냥 뿔뿔이 헤어지면서 엄마 아빠를 찾고 그 모진 눈물을 흘리는 그런 현상을 볼 때, 그러면 개구리는 그렇게 울지 않겠습니까? 그건 똑같습니다. 또 뱀인들 그렇지 않겠습니까? 여러 가지로 다 그래요.

질문자3(남) 그런데 스님, 한 가지 묻고 싶은 게 뭐냐 하면 이런 동물의 세계를 보게 되면 강한 자가 약한 자를 잡아먹지 않습니까?

큰스님 예

질문자3(남) 그 죽이는 거와 똑같은 얘긴데요. 우리 인간 세상도 나는 똑같다고 보고 있거든요. 약자가 강자한테 눌리듯이. 스님은 그거를 어떻게 보십니까? 살기 위해서 내가 잡아먹는 게 아닙니까?

큰스님 허허. 그래서, 들어 보세요. 내가 항상 그렇게 말하죠. 미생물에서부터 진화되면서 수억겁 광년을 거쳐 오면서 쫓고 쫓기면서 잡아먹고 잡아먹히고 이러면서 인간까지 등장했다 이거죠. 예? 그러면 그건 짐승이, 내가 그것을 잡아먹지 않으면 안 되게끔 벌써 그렇게 정해졌어요. 그래 가지곤 서로 잡아먹게 돼 있어요. 근데 인간은 꺼풀을 살짝 씌워 놨어요. 이 지금 인간으로 꺼풀을 살짝 씌워 놨거든요.

질문자3(남) 똑같은데, 동물하고….

큰스님 응, 똑같은데, 동물 마음이 지금 이 속에는 막 우글우글한데 사람으로 싹 씌워 놨거든요. 그래 놓고는 사람들끼리 서로 진짜 이렇게 잡아먹지는 않지만 그러나 마음으로는 잡아먹고 살아요. 마음으로는 잡아먹고 죽이고 살리고 쫓고 쫓으면서 살거든요. 이것도 전쟁입니다. 그러면 이 쫓고 쫓기는 세상 속에서 벗어나야 된다는 얘기예요. 이 인간 세상까지 벗어나야만이 부처의 도리를 다 알 수 있고 또 그 중생들을 다 살릴 수가 있다 이거야. 건질 수가 있다. 그러니까 그 중생들을 위해서라면 내가 이 지금 꺼풀 씌워 놓은 그 속에 있는 수많은 중생들을 벗어나야 그 중생들을 건질 수가 있거든요. 그 중생들하고 같이 그냥 복닥거리면 항아리 속에서 항아리를 어떻게 굴릴 수 있겠느냐? 그 항아리를 벗어나야 내 몸뚱이 항아리를 굴릴 수 있다 이거야. 마음대로 굴릴 수가 있다 이거야. 천차만별의 그 마음들을 마음대로 굴릴 수가 있다. 그래 내가 벗어나야, 이걸 굴릴 수 있어야, 즉 말하자면 화신으로서, 전부 응신으로서 털구멍을 통해서 그냥 들고 나면서 모두 사람들을 건지는 게 보살이다 이 얘기야.

그러니까 누가 보살이라고 이름을 안 지어 줘도 보살행을 하면 됐지, 보살이라고 이름을 안 불러 준다고 그것도 생각지 말아라 이거야. 무슨 보살이라고 누가 생각을 안 해 주면 어떻고 불러 주지 않으면 어때? 나만 즐겁게 웃으면서 응신이 돼서 건져 주면 됐고, 내 아픔과 똑같은데, 울면 나도 우는데 내가 울지 않고 정말 즐겁게 웃으면서 길을 걷는데 얼마나 좋겠어? 그러니까 여러분도 생활하면서 그대로 생활이 실상이고 실상이 바로 참선이고 마음이 편안하면 좌선이니 그렇게 굴지 말아라. 네 몸뚱이를 동여매 놓고 선방에다 끓어앉혀 놓고 그래 가지곤 몸뚱이에 병이 들게 하고 그 몸뚱이 속에 있는 중생들의 마음을 괴롭게 만들고, 이렇게 하지 말라 이거지. 그러는 것은 외려 중생들의 마음을 괴롭히는 거니까. 자기의 몸뚱이를 괴롭히고 자기 몸뚱이 속에 있는 중생들을 괴롭히고 그러는 거다 이거지. 이거를 모두가 알면 좋을 텐데, 모두 글쎄, 그냥 부처님 경전에 관념이, 착이 딱 붙어 가지고, "아이고, 경전의 부처님 말씀만이 제일이지." 이러지 말고 자기부터 봐라 이거야, 자기부터. 자기부터 봐야 부처님 말씀도 훤하다 이거야. 자기를 모르는 사람이 부처님의 마음을 어찌 알겠나?

질문자3(남) 그러나 사람이 자기의 마음을 알 수가 없는 게 뭐냐 하면, 그때 그때 환경에 따라서 자기의 마음이 움직이는 거 아닙니까?

큰스님 아, 그때 그때 환경에 따라서 자기 마음이 움죽거리는데 움죽거리는 대로 거기에 끄달리지 말아라 이거지 않습니까? 움죽거리는 대로 보고 듣는 대로 움죽거리는데 그놈의 거를 어떻게 이루종차 흔들리고 끄달립니까? 아, 그걸 누가 하는데 끄달려요? 지켜보는 놈은 끄달리지 말아라 이거야. 지켜보는 놈도 그놈, 하는 놈도 그놈. 그래 하여튼 백 놈이 그런대도 한 놈이 그러는 거라. 그러니까 그런 거 속지 말라 이거야. 지랄을 하거나 말거나 거기다 그냥 허허, '거기서 또 지랄하는구나!' 그러고는 내버려 둬! 아니, 그걸 왜 간섭을 하느냐 이거지. 그리고 지켜봐. 그러면 그대로 그냥 '흥, 너는 영 속지 않는구나!' 이러곤 그냥, 그것도 재미가 있어야 할 텐데 속질 않으니까 재미가 없단 말이야. 그러니까 그냥 없어져 버려.

질문자4(여) 스님, 현대 사회가 점점 발전할수록 마음병 앓는 사람들이 많잖아요. 우울증이라든지….

큰스님 그거야 뭐 많겠지.

질문자4(여) 그거는 왜 그런지요? 원인이 뭡니까?

큰스님 원인이 바로 거기 아냐? 내가 지금 얘기했는데. (대중 웃음)

질문자4(여) 그러니까 그것도 다 거기다 놓으라는 말씀입니까?

큰스님 아니 그럼, 거기다 놓지 않고 얻다 놔? 그냥 포기한다 하면 헤쳐 버리는 거고, 거기다 맡겨 놓는 거는 모으는 거야, 한마음으로 모으는 거. 뭉쳐 놓지 않으면 안 된다 한 뜻이, 그래 말로 붙인 뜻이….

질문자2(남) 석가모니 부처님도 6년 동안 산에서 좌선을 했다고, 앉아서….

큰스님 근데 그 6년 동안을 좌선만 한 게 아니고요, 즉 말하자면 마음이 좌선을 한 거지. 아니, 허허허…. (대중 웃음) 그러니 6년 동안 가만히 요렇게 앉아서 저 덩어리가 된 줄 아세요? 그러면 부딪침이 없는데 새가 쪼고 그러는 것을 어떻게 알았겠습니까? 그걸 알았으니까 거기에 끄달리지 않고 공부를 했죠. 만약에 그걸 몰랐으면 송장이게요? 알면서도 송장 노릇을 한 거예요, 얼른 쉽게 말해서. 그래서 살아 있을 때에 열반이지 죽은 게 열반이 아니란 얘기예요. 그러니까 부처님께서 자기를 스스로 발견을 해 가지고 보니까 모두 그냥 귀신단지 뭐 할 거 없이 여기서 그냥 일어나는 대로 일어나거든, 이 속에서. '아하! 요놈들이 그랬구나!' 이럭하고선 거기에서 '어! 다 네놈들이 그런 거니까 내가 상관할 게 뭐 있나?' 그러곤 그냥 다 물리쳤단 말입니다. 그러니까 속지 않은 거죠. '거기서 나왔구나. 내가 어떡하나 볼 양으로 그렇게 자꾸 나오는구나!' 그러고 아주 그것도 물리쳤지 않습니까? 그게 둘이 아니게 놓으니까 물리친 거죠. 그러니까 하나도 버리질 않았어요. 그냥 마구니든 귀신이든 뭐, 미녀든 그냥, 뭐든지 버리지 않고 거기다가 그냥 뭉쳐 놓아 버린 거예요. 그건 체가 없잖아요.

그러니까 뭉쳐 놓으니까 그게 어떻게 됐느냐 하면 '아, 이래도 속지 않는구나. 할 수 없지 뭐, 인젠 다 알고 있는 거 속지 않으니 자꾸 해 봤자야 재미도 없고.' 그러니까 그만 물러선 거죠. 그러니까 물리쳤다 이러는 거죠. 그래서 하나도 갖는 게 없었기 때문에 나중에는 버릴 게 없더라 하는 게 나온 거예요. 그러니까 안에서도 항복을 받았거니와 바깥에서도 항복을 받았다. 그러니까 모든 걸 항복을 받고 난 것이 뭉쳐서 자기 아님이 없는 도리로서 화한 거죠, 자비로.

질문자2(남) 스님께선 열반 말씀을 하시는데 죽어서 열반이 아니라 살아서 열반이라고 이렇게 말씀하셨죠?

큰스님 예.

질문자2(남) 근데 대개 큰스님이 돌아가시게 되면 열반하셨다 이렇게….

큰스님 에이, 그거는 인제 이렇게 말하는 거죠. 큰스님이 돌아가시거나 작은 스님이 돌아가시거나 열반했다고 이렇게 하지, 누가 몰상식하게 죽었다고 합니까? 허허허. (대중 웃음) 죽은 게 없지 않습니까? 왜냐하면, 보세요. 이 세상에 온 게 없으니 갈 것도 없느니라. 이 뜻이 뭐냐? 여러분 그 생명의 근원은 과거의 근원, 여러분의 마음이나 지금 현실에 다시 태어나서의 마음이나 똑같아요, 불성은. 그 생명 자체는.

그래서 만공 스님은 조그만 애들더러 "날 좀 때려라. 돈을 줄게, 때려라." 이래 놓곤, 막 때리니까 "난 안 맞았다, 안 맞았다." 이랬거든요. 그게 장난 같지만 그것은 남들을 가르치기 위해서 한 거지 자기가 하고 싶어 한 게 아니에요. 그러니까 이 몸뚱이가 맞은 거지 자기가 맞은 게 아니에요. 죽었어도 자긴 죽은 게 없고 살았어도 산 게 없다는 그 언어가 붙지 않는다는 얘기죠. 그러니까 열반이죠. 그러니까 누가 깨쳤든 안 깨쳤든 열반하셨다고, 즉 말하자면 예의를 갖추는 거지. 깨달았든 안 깨달았든 예의를 갖추는 거지, 그게 그러니까.

질문자2(남) 실제 열반하곤 상관이 없습니까?

큰스님 예, 예. 실질적으로 열반하곤 상관이 없는 거죠. 허허허.

질문자7(남) 근데 열반을 하셔서 고승들 다비식을 하고 나면요, 그 안에서 사리가, 고승은 많이 나오고 도가 적은 사람은 사리가 안 나오고 석가모니는 몇 말의 사리가 나왔느니 그런 얘기가 있고 그런데 그 사리에 대해서 상당히 궁금해요.

큰스님 그 사리가요, 나는 그렇게 생각해요. 석존이 열반하셨을 때 서 말 서 되가 나왔고 뭐 어쩌고 그러지 않소? 그게 전부 몸뚱이도 응신이거든요. 하나 버릴 게 없는 응신이고 화신이고 모두 법신이고 이건 부처고 이러니까 하나도 버릴 게 없이 그냥 그대로 그대로, 사그러진 채로 그대로 사리다 이겁니다. 털끝 하나 사리 아닌 게 없어요. 이걸 이렇게 따진 거지. 아니, 허허허, 그러니까 그 세포 하나하나마다 전부 사리죠. 그러니까 그 몸뚱이 털끝 하나도 버릴 게 없이 사리다 이거야. 그 뜻은 이 세상의 모두가 자기 아님이 없다는 얘기죠. 그러니 죽은 것도 없고, 즉 말하자면 사리라는 언어도 붙지 않는다는 얘기예요. 서 말 서 되라는 말도 그것도 아주 그냥 서 말 서 되라고 한 그 숫자, 액면 그대로 있는 게 아니고 천체를 말한 겁니다.

그러면 부처님 몸뚱이뿐만 아니라, 삼천대천세계의 '삼천' 하면 삼이 들어가죠, 서 말이란 말입니다. 이거를 서 말을 한 말로 따진다면 '천' 이렇게 '모은 한마음' 하는 거와 똑같은 얘기죠, '천' 이게. '천 지' 이렇게 해도 '천'은 이게 천지가 전부 이 우주 전체가 하나거든. 하나로 돌아가거든. 그게 하나로 돌아가는 게 '지' 해 놓으면 그냥 또 한데 합쳐져 버려. 아래 위로 합치는 것이 천지요, 또 천은 그냥 한데 합쳐서 둥글게 돌아가는 게 천이라는 말입니다. 그래서 '삼천' 하는 겁니다. 그러니 모두가 이 천지가 전부 사리 아닌 게 없으니 부처님 아닌 게 없고 부처님 아닌 게 없으니 부처님 도량 아닌 게 없고, 부처님 도량 아닌 게 없으니 사람이 전부 부처 아닌 게 없느니라. 그 가운데에 마음이 한 찰나 이렇게 백지장 하나 사이를 넘어서면, 저 언덕을 넘어서면 부처고 법신이고 화신이지마는, 그것도 또 말을 하자면 가만히 있으면 부(父)로 하나가 되고, 부처가 되고, 즉 말하자면 생각을 냈다 하면 그냥 법신으로 이렇게 화해 버려요, 하나로. 그러니, 내가 지금 무슨 얘기를 했지?

신도(여) 가만히 있으면….

큰스님 응, 그렇게 되니까 전부 부처님 말씀 아닌 게 없고 버릴 게 없고 천칠백 공안이 아닌 게 없고 돌 하나도 화두 아닌 게 없고 또 공안 아닌 게 없죠. 그러니까 부처님 도량 아닌 게 없는 반면에 부처님 그 자체가 아닌 것이 하나도 없거든요. 그래서 내가 생각을 해 보니까 '야! 그렇구나. 뱀이나 개구리나 소나 이런 거를 건지려면 부처님의 마음이 거기에 들지 않고는 그 무명을 벗길 수가 없구나!' 그 마음은 부처님 마음과 합일해서 하나로 뭉쳐서 놓고 돌리고서는, 그러니까 벌써 용탕을 해 먹은 거죠. 부처님은 그렇게 용탕을 수시로 해 잡쉈다는 거죠. 그러니까 그렇게 해 놓고는 무명만 딱 그냥 벗은 거야.

그러니까 무명이 바뀌어지는 거야. 금방 사람이 돼 버렸어. 그러니까 그 몸뚱이는 그냥 무명이 벗겨진 거고, 그러니까 뱀의 그, 즉 말하자면 습이 많이 남았었는데 부처님의 마음이 확 열어 주니까, 거기다 넣고는 체인지가 돼 버리니까 그게 그냥 좋은 음식과 같이, 나쁜 음식이 좋은 음식으로 그냥 화해 버렸죠. 체가 없는 거니까 화해질 수 있다 이거죠. 체가 있는 거면 잘못된 거를 잘되게 그 물건을 어떻게 그렇게 할 수가 있소? 그러나 체가 없는 거기 때문에 무궁무진하죠.

질문자5(여) 그럼 스님, 지난번 서울에서 홍수 재해 때 저희가 얘기 듣기로요, 스님께서 많은 힘을 쓰셨다는데요.

큰스님 나는 한 사이가 없지. 왜냐하면 이 세상 삼라대천세계가 전부, 일체 만물만생이, 천차만별로 된 이 만생이 다 둘이 아닌데 어떻게 내가 했다고 할 수 있겠소? 만약에 그 한마음이 바람도 불도 모두가, 이 세상에 전부 부처님 아님이 없다면 나 아님도 없을 거요. 그렇지? 그렇다면 어떻게 내가 혼자 했다고 그럴 수 있겠소? 더군다나 내 몸뚱이 속에 있는 수효가 몇 개인데 내가 했다고 하겠소? 내 몸뚱이에 들어 있는 수효만 해도 11억이 된다고. 말을 하자면 11억 개의 내가 있는데 어떤 것을 내가 했다고 할 수 있겠소? 그러니까 '내가'라는 건 없어. 그대로 했으면 그대로 했고 먹었으면 그대로 먹었고 그럴 뿐이지, 내가 했다 내가 부처다 무슨 내가 망했다 내가 줬다 이런 게 없어. 내 게 어디 있어? 아까도 얘기하셨지만. 우리 절에서 만날 앉으나 서나 그저 잠을 자나 깨나 누굴 만나면 이런 소리야, 나는. 딴 소리 할 게 없어.

그러니까 "정성을 들여라. 그러면 낫는다." 이럴 사이가 없는 거야. 이것도 길어서 안되니까 "그대로 주인공에 놔라. 네 주인공밖에는 해결할 수가 없고 네 주인공밖에는 너를 낫게 할 수가 없고, 네 주인공밖엔 너를 이끌어 갈 수가 없고 네 주인공밖엔 너희 가정을 화목하게 할 수가 없다." 그러니까 "기도드려라. 정성들여라." 이럴 사이가 없다니까, 이것도 멀어서. 그렇게 하면, 그런 소리만 하고 가다가 보면 그냥 "스님! 참, 내가 이렇게 이렇게 돼서 스님한테 왔다가 우선 이렇게 됐습니다. 고마워서 조금이라도 가져왔습니다." 이러고 갖다 놓는 것을 가지고 운영을 해요. 그럼 거기서 뭐 뭐가 나가는 줄 아십니까? 어려운 사람들 장학금 나가죠. 어려운 사람들 방 얻어 줄 때도 더러더러 있어요. 그럴 때는 주머니에 있는 거 다 털어서 해 줘야 돼요. 그러면 그러한 데서 또 없는 사람이 당장 저거 하면 연탄이라도 사라고 줘야 하고 이런 때가 아주 많거든요, 얘네들이 알다시피. 다른 사람은 몰라도 우리 양심은 알고 있죠.

그러나 그 사람이 또 얻어 갔다면 딴 사람들한테 창피를 당할까 봐 몰래 줘야 하니까 이거는 내 마음, 가져간 마음이 한마음이 돼서 알 수밖에는 없는 거죠. 그러니 그렇게 하면서 그걸 운영을 하면서 또 그것을 조금조금 모아서, 또 사람들이 많아서 자리가 모자라니까 더 짓는다 이런 것도 있는 거고 그런 거죠. 그러니까 많아서 부자가 아니라 마음이 부자라면 그대로 생긴다 이거야. 그대로 부자야. 싸 가지고 지고 다녀야만 부잔가? 내가 쓸 때 쓰면 부자지. 안 그런가?

지고 다닌다면 도둑놈 들어올까 봐 걱정, 강도 만날까 봐 걱정. 아니, 이거는 왜 걱정을 사서 해요? 골이 비었어요, 걱정을 하게? 아,

그러니까 그냥 탁 내버리고 다니다가 쓸 때 되면 그냥 "얘!" 그렇게 되면 고맙다고 갖다 주는 게 그 사람이 갖다 주는 게 아니라 내 주인공이 다 그렇게 해 놨기 때문에 오는 거니까 주인공한테 감사해야죠. 그 사람한테 감사할 게 하나도 없어요. 그 사람은 돈 주고 물건 사 갔으니까. 허이! 아니, 그 사람한테 왜 고맙다고 합니까? 고마운 것도 바로 자기 자신의 자성불이야. '자성불이, 내 마음이 청정한 줄 어찌 알았으리까. 자성불이, 내 마음이 여여한 줄 어찌 알았으리까. 자성불이, 내 마음이 갖추어 가지고 있음을 어찌 알았으리까. 자성불이, 내 마음이 일체를 들이고 냄을 어찌 알았으리까.' 이거 만날 얘기하죠.

그러니 모든 게 여러분의 마음에 따라서 주어지는 거니까 오늘부터라도 열심히 하세요. 많지 않아도 좋아요. 정말 이 자리에서 두어서너 분만 특출하게 참 통달을 했대도 이 우주를 이끌어 나갈 힘이 있어요. 그전에도 얘기했죠. 저 수소폭탄이나 핵폭탄이나, 그렇게 힘이 있는 거라도 그 수소폭탄 이전이 있다 이겁니다. 그 이전을 내가 마음대로 할 수 있다면 그 수소폭탄은 마음대로 움죽거릴 수가 없어. 그렇듯이 우리가 그 참, 밝고 밝은 컴퓨터, 자연 무심 컴퓨터가 있고 탐지기가 있고 무전통신기가 있고 또 팩스가 있고 레이더망이 있고 다 있는데 아니, 무슨 걱정이냐 이거야. 그래서 부처님께선 오신통을 말씀하신 거예요. 오신통을 벗어나면 누진통으로다가 중용을 할 수 있고 굴릴 수 있다 이런 거죠, 쉽게 말해서. 내가 지금 이렇게 쉽게 말하듯이 그렇게는 아니지마는, 난 그냥 길게 말하기가 싫어서 그래요.

그러니 여러분이 그렇게 놓고 타의에서 구하고 "주여! 나를 살려 주시오, 주여." 하고 또 부처님한테 가서 "부처님! 나를 살려 주시오." 그러다가 안되면 칠성한테로 가고 칠성에서 안되면 독성으로 가고, 산신으로 가고 신중으로 가고 온통 요기조기 요기조기 놓고, 여기 한 군데만 안 놓으면 "아이고, 거기 한 군데를 안 놔서 내가 이렇지 않은가?" 하는 그런 의심을 하면서 마음을 졸이면서 인간이 그렇게 살아야만이 종교를 믿는 겁니까? 그래서 내가 가만히 볼 때는요, 이거는 그냥 기독교든 가톨릭교든 불교든 알라신교든 남묘호랑개교든, 뭐든지 그냥 전부 기복이야. 어차피 한 번 죽을 거, 몸뚱이를 벗을 거 '내가 온 곳이 없어서 갈 곳도 없느니라.' 하리만큼 확연하게 좀 통달해야 될 텐데, 인간이라면, 인간도 벗어나야 될 텐데 그걸 벗어나지 못하는 거예요. 벗어나지 못하니까 지구 항아리 속에서 벌근벌근하곤 지구가 어디로 돌아다니는지도 모르면서 온통 들이 내 자리 네 자리 하고 싸우고, 쫓고 쫓기고 하죠. 그럴 필요도 없는데 말입니다.

질문자8(남) 스님, 제가 한 가지 여쭤 보고 싶은 게 있는데, 벌을 받는 거에 대해서 말이죠. 그러니까 인과응보 때문에, 자기가 벌을 받는 것은 그 법칙 때문에 틀림없이 올 거니까 올 것을 받는다는 자기의 그 자세 그것 자체가 모든 것의 기본적인 태도로서도 나타날 수 있나요?

큰스님 그래서 이 공부를 안 하면요, 내가 얘기한 거는요, 과거에 살던, 악이든지 선이든지 모자라는 거든지 잘하는 거든지, 전부 살던 그것이 몽땅 그냥 그 컴퓨터 숙명통에 입력이 돼 가지고 줆어지고 나오는 거거든요. 그러면 지금 현재에 그 입력된 것대로 나오는 거예요. 나오는 거를 뭐라고 말들을 하느냐 하면 팔자 운명이니 이러죠. 나는 잘못도 안 했는데 운명이 이렇고 팔자가 이렇고 그러죠. 그러나 그건 독 안에 들어도 못 면한다 이겁니다. 그러니까 거기다 다시 입력을 해라 이겁니다. 그 팔자를 못 면하니까. 자기 한 대로 못 면하니까 거기다가 다시 입력을 해 놓으면, 지금 우리가 잘못하는 거는 이 몸뚱이가 있는 걸로다가 잘못하지마는 이 인과로 뭉쳐지는 업보는 이 마음으로 잘못된 그 의식 자체들이 전부 걸려 가지고선, 그러니까 글씨 써 있지 않은 백지에 적혀 있는 거와 마찬가지로 컴퓨터에 입력이 돼 있어요. 그러니까 무심 컴퓨터에 입력이 돼 있다 이거야. 그래서 무심 속에서 나오는 것이 유심으로 나오고 유심 속에서 나오는 것이 현재 행으로 그냥 막 뒤집어엎죠. 그러니까 거기에다 다시 입력을 한다면 그 마음속에서 다시 확연히 그것을 다 벗어 버리고서 나오는 거죠.

질문자8(남) 그러면 벌은 자기가 받는 건가요, 혹은 안 받는 건가요?

큰스님 안 받을 수도 있고 받을 수도 있죠. 그거는 생각하기에 달렸습니다.

질문자3(남) 아니, 죄를 지으면 자기가 괴롭잖아요? 그러니까 불안하고 괴롭고. 그게 벌 받는 거 아닐까요?

신도(여) 그거예요, 마음이 받는 게.

큰스님 그런데 벌 받는 건데, 마음이 벌을 받고 마음이 죄를 짓기 때문에. 마음이 끌고 다니면서 육체를 움죽거리면서 강도질을 해도 마음이 끌고 다녀서 했지 이 육체는 송장이나 마찬가지예요. 근데 그 마음이 끌고 가서 손짓을 하게끔 손도 움죽거리게 하고 발도 움죽거리고 그러는 거거든요. 그러니까 마음, 이 마음이라는 주인의 문제지, 운전수가 문제지 이 차가 문제가 아니란 말입니다. 끌고 다니는 운전수의 문제지. 차를 타고 갈 때 도둑질을 시키느냐, 그래서 물건을 거기 싣고 오느냐, 그렇지 않으면 좋은 선덕을 하게끔 차를 끌고 가느냐 두 가지에 달려 있거든요.

그럼 그 두 가지를 다 한 것이 누가 했느냐? 마음이 한 거란 말입니다. 그러면 마음이 한 거라면 그 마음속에서 나오는 대로 모든 걸, 잘못되는 걸 자기가 다스리면서 거기다가 맡겨 놓고 '영원한 친구, 네가 다스려야지 어떻게 다스리니? 나는 너 하자는 대로 하고 지금 돌아다니는데 네 그 심부름을 잘하게 하려면 네가 잘 이끌어야 될 거 아냐? 아! 그리고 모순되게, 누가 되게 이렇게 해서는 안 되잖아?' 하고서 거기다가 충고해서 놓는 것도 자기고 충고를 받는 것도 자기고 아, 그러니까 그건 아주 묘한 법이죠. 그러니까 저기에다가 그렇게 다시 놔라 이거야. 그럼으로써 그 앞서 죄지은 것도 무너질 수가 있다 이거지. 왜, 카세트에다가 노래 넣었다가 또 노래 넣으니까 앞서 노래 넣은 게 없어졌죠? 안 그래요? 그렇게 돼 있는 겁니다. 그렇게 일러 드려도 뭐 자꾸 글쎄입니까?

그래서 우리가 잠시 잠깐이라도, 여기 이렇게 몇 분 안 되더라도 여러분이 자꾸 자꾸 자꾸 공부해서 그 불쌍한 사람들, 그렇게 그냥 복작거리고, 지금 외국에 와서 집도 한 칸 없이 애를 쓰는 사람들, 그런 사람들이 이 공부를 하면, 우연 중에 집도 생기고 부지깽이 하나라도 늘어 가면 늘어 갔지 줄어들진 않습니다. 나는 이거 다짐합니다. 그러니까 모든 불쌍한 사람들, 병고에 휘달리는 사람들, 이런 사람들 자꾸 자꾸 해서 여러분이 이끌고 나가세요. 그것도 보살행입니다. 과거에 내가 그냥 남을 쫓아가서 죽이고 이러던 그 업보도 없앨 수 있는 그런 보살행이니까요. 그러니까 나 한 몸뚱이만 하라는 법이 어디 있어요? 여러분도 다 보살행을 하셔야지.

그러니까 요다음에 올 때는 여기가 꽉 차도록, 그리고 토론들 할 수 있도록 노력들 합시다. 감사합니다. 여기서 마치겠습니다.

(녹음 안됨) 녹음을 해서 자료로 해 놓으면 또다시 들을 수도 있는 겁니다. 이것을 대비를 안 해 놓으면 또다시 들을 수가 없어요. 이거는 스님네들도 그렇고 여러분이 다 합류화해서 한데 모아서 "이걸 이렇게 해 놓읍시다." 하고 머리를 굴리는 것도 역시 자비요 그것도 보살행입니다. 감사합니다.

대중 일동 감사합니다.

찾아보기

ㄱ

ㄴ

ㄷ

ㄹ

ㅁ

ㅂ

ㅅ

ㅇ

ㅊ

ㅋ

ㅌ

ㅍ

ㅎ

예화

대행(大行) 스님

대행 스님은 1927년, 암울했던 일제강점기에 태어나셨다.
어려서부터 '나는 누구인가? 나는 어디에서 왔는가?' 하는
근본에 대한 의문을 참구하시다 1950년, 불문에 귀의하셨다.
십여 년간의 산중 수행을 통해
불법의 궁극적인 도리를 체득하신 스님께서는
중생 교화에 뜻을 두시고 1972년, 지금의 한마음선원을 세우셨다.
스님께서는 자성을 깨달아 자유인이 되는 길을
생활 속에서 가르치시느라 지금도 쉬임없이
길을 묻는 이들을 제접하시며
안양 한마음선원에 주석하고 계신다.